Le capital
au XXIe siècle

Thomas Piketty

Le capital au XXIe siècle

Éditions du Seuil

Ce livre a été initialement publié
dans la collection « Les livres du nouveau monde »,
dirigée par Pierre Rosanvallon.

ISBN 978-2-7578-8458-4
(ISBN 978-2-02-108228-9, 1ʳᵉ publication)

© Éditions du Seuil, 2013,
à l'exception de la langue anglaise

Le Code de la propriété intellectuelle interdit les copies ou reproductions destinées à une utilisation collective. Toute représentation ou reproduction intégrale ou partielle faite par quelque procédé que ce soit, sans le consentement de l'auteur ou de ses ayants cause, est illicite et constitue une contrefaçon sanctionnée par les articles L. 335-2 et suivants du Code de la propriété intellectuelle.

Sommaire

Remerciements 9

Introduction 15

PREMIÈRE PARTIE. REVENU ET CAPITAL 69
Chapitre 1. Revenu et production 71
Chapitre 2. La croissance : illusions et réalités 125

DEUXIÈME PARTIE. LA DYNAMIQUE DU RAPPORT CAPITAL/REVENU 181
Chapitre 3. Les métamorphoses du capital 183
Chapitre 4. De la vieille Europe au Nouveau Monde 223
Chapitre 5. Le rapport capital/revenu
dans le long terme 259
Chapitre 6. Le partage capital-travail au XXIe siècle.. 315

TROISIÈME PARTIE. LA STRUCTURE DES INÉGALITÉS 373

Chapitre 7. Inégalités et concentration :
  premiers repères 375
Chapitre 8. Les deux mondes 427
Chapitre 9. L'inégalité des revenus du travail 481
Chapitre 10. L'inégalité de la propriété du capital .. 535
Chapitre 11. Mérite et héritage dans le long terme . 599
Chapitre 12. L'inégalité mondiale des patrimoines
  au XXIe siècle 685

**QUATRIÈME PARTIE. RÉGULER LE CAPITAL
  AU XXIe SIÈCLE** 749

Chapitre 13. Un État social pour le XXIe siècle 751
Chapitre 14. Repenser l'impôt progressif
  sur le revenu 793
Chapitre 15. Un impôt mondial sur le capital 835
Chapitre 16. La question de la dette publique 883

Conclusion 941

Table des matières 951
Liste des tableaux et graphiques 963

Remerciements

Ce livre s'appuie sur quinze années de recherches (1998-2013) consacrées pour l'essentiel à la dynamique historique des revenus et des patrimoines. Une grande partie de ces recherches ont été menées en collaboration.

Peu après avoir publié *Les Hauts Revenus en France au XXe siècle*, en 2001, j'ai eu la chance de bénéficier du soutien enthousiaste d'Anthony Atkinson et d'Emmanuel Saez. Sans eux, ce modeste projet hexagonal n'aurait sans doute jamais pris l'ampleur internationale qu'il a aujourd'hui. Après avoir été pour moi un modèle à suivre pendant mes années de formation, Tony a été le premier lecteur de mon travail historique sur les inégalités en France, et s'est immédiatement saisi du cas du Royaume-Uni, puis de très nombreux autres pays. Nous avons dirigé ensemble deux épais volumes publiés en 2007 et 2010, couvrant au total plus de vingt pays et constituant la plus vaste base de données disponible à ce jour sur l'évolution historique des inégalités de revenus. Avec

Emmanuel, nous avons traité du cas des États-Unis. Nous avons mis au jour la croissance vertigineuse des revenus des 1 % les plus riches depuis les années 1970-1980, ce qui a eu une certaine influence sur les débats outre-Atlantique. Nous avons également mené ensemble de multiples recherches sur la théorie de la taxation optimale du revenu et du capital. Ces recherches communes ont abondamment nourri ce livre, qui lui doit beaucoup.

Cet ouvrage a également été profondément influencé par ma rencontre avec Gilles Postel-Vinay et Jean-Laurent Rosenthal, et par les recherches historiques que nous continuons de mener ensemble dans les archives successorales parisiennes, depuis l'époque de la Révolution française jusqu'au temps présent. Ils m'ont permis de saisir la dimension charnelle et vivante du patrimoine et du capital, et les problèmes posés par leur enregistrement. Surtout, Gilles et Jean-Laurent m'ont permis de mieux comprendre les multiples parallélismes – et aussi les différences – entre la structure de la propriété en vigueur à la Belle Époque et en ce début de XXIe siècle.

L'ensemble de ce travail doit énormément à tous les doctorants et jeunes chercheurs avec lesquels j'ai eu la chance de travailler depuis quinze ans. Au-delà de leur apport direct aux travaux utilisés ici, leurs recherches et leur énergie ont nourri le climat d'effervescence intellectuelle dans lequel a grandi ce livre. Je pense notamment à Facundo Alvaredo, Laurent Bach, Antoine Bozio, Clément Carbonnier, Fabien Dell, Gabrielle Fack, Nicolas Frémeaux, Lucie Gadenne, Julien Grenet, Élise Huillery, Camille Landais, Ioana Marinescu, Élodie Morival, Nancy Qian, Dorothée Rouzet, Stefanie Stantcheva, Juliana Londono Velez, Guillaume Saint-Jacques, Christoph Schinke, Aurélie Sotura, Mathieu Valdenaire, Gabriel Zucman. En particulier, sans l'efficacité, la rigueur et les talents de coordonnateur de Facundo Alvaredo, la World Top Incomes Database, abondamment utilisée dans cet ouvrage, n'existerait pas. Sans l'enthousiasme et l'exigence de Camille Landais, notre projet participatif sur la « révolution fiscale » n'aurait jamais vu le jour. Sans la minutie et l'impressionnante capacité de travail de Gabriel Zucman, je n'aurais pas pu mener à bien le travail sur l'évolution historique du rapport capital/revenu dans les pays riches, qui joue un rôle central dans ce livre.

Je veux aussi remercier les institutions qui ont rendu ce projet possible, et en premier lieu l'École des hautes études en sciences sociales, où je suis directeur d'études depuis 2000, ainsi que l'École normale supérieure, et toutes les autres institutions fondatrices de l'École d'économie de Paris, où je suis professeur depuis sa création, après en avoir été le premier directeur de 2005 à 2007. En acceptant d'unir leurs forces et de devenir partenaire minoritaire d'un projet plus large que la somme de leurs intérêts privés, ces institutions ont permis la constitution d'un modeste bien public, qui, je l'espère, contribuera au développement d'une économie politique multipolaire au XXIe siècle.

Enfin, merci à Juliette, Déborah et Hélène, mes trois filles chéries, pour tout l'amour et la force qu'elles me donnent. Et merci à Julia, qui partage ma vie, et qui est aussi ma meilleure lectrice : son influence et son soutien, à chacune des étapes de ce livre, ont été essentiels. Sans elles, je n'aurais pas eu l'énergie de mener ce projet à bien.

Livre et annexe technique/site Internet : guide de l'utilisateur

Afin de ne pas surcharger le texte et les notes de bas de page, la description précise des sources historiques, des références bibliographiques, des méthodes statistiques et des modèles mathématiques a été renvoyée à une annexe technique disponible sur le site Internet suivant : http://piketty.pse.ens.fr/capital21c

L'annexe technique comprend notamment l'ensemble des tableaux et séries de données utilisés pour établir les graphiques présentés dans le livre, et une description détaillée des sources et des méthodes correspondantes. Les références bibliographiques données dans le livre et en notes de bas de page ont également été réduites au strict minimum et sont présentées de façon plus précise dans l'annexe technique. Cette dernière comprend aussi un certain nombre de tableaux et graphiques supplémentaires auxquels il est parfois fait référence dans les notes (par exemple « Voir les graphiques supplémentaires S1.1, S1.2 et S1.3 », chapitre 1, p. 107, note 1). L'annexe technique et le site Internet ont été conçus pour être consultés en complément à la lecture du livre, et pour permettre plusieurs niveaux de lecture.

Les lecteurs intéressés trouveront également en ligne l'ensemble des fichiers (principalement en format Excel et Stata), programmes informatiques, formules et équations mathématiques, renvois aux sources primaires et liens Internet vers les études plus techniques servant de soubassement à ce livre.

L'objectif poursuivi est que ce livre puisse être lu par des personnes ne disposant d'aucun bagage technique particulier, et en même temps que l'ensemble livre/annexe technique puisse donner satisfaction aux étudiants et chercheurs spécialisés. Cela me permettra en outre de mettre en ligne des versions révisées et mises à jour de l'annexe technique et des tableaux et graphiques. Je remercie par avance les lecteurs et internautes qui voudront bien me faire part de leurs observations et réactions par courrier électronique (piketty@ens.fr).

« Les distinctions sociales ne peuvent être fondées que sur l'utilité commune. »

Article premier,
Déclaration des droits de l'homme
et du citoyen, 1789.

Introduction

La répartition des richesses est l'une des questions les plus vives et les plus débattues aujourd'hui. Mais que sait-on vraiment de son évolution sur le long terme ? La dynamique de l'accumulation du capital privé conduit-elle inévitablement à une concentration toujours plus forte de la richesse et du pouvoir entre quelques mains, comme l'a cru Marx au XIXe siècle ? Ou bien les forces équilibrantes de la croissance, de la concurrence et du progrès technique conduisent-elles spontanément à une réduction des inégalités et à une harmonieuse stabilisation dans les phases avancées du développement, comme l'a pensé Kuznets au XXe siècle ? Que sait-on réellement de l'évolution de la répartition des revenus et des patrimoines depuis le XVIIIe siècle, et quelles leçons peut-on en tirer pour le XXIe ?

Telles sont les questions auxquelles je tente de répondre dans ce livre. Disons-le d'emblée : les réponses apportées sont imparfaites et incomplètes. Mais elles se fondent sur des données historiques et comparatives beaucoup plus étendues que tous les travaux antérieurs, portant sur trois siècles et plus de vingt pays, et sur un cadre théorique renouvelé permettant de mieux comprendre les tendances et les mécanismes à l'œuvre. La croissance moderne et la diffusion des connaissances ont permis d'éviter l'apocalypse marxiste, mais n'ont pas modifié les structures profondes du capital et des inégalités – ou tout du moins pas autant qu'on a pu l'imaginer dans les décennies optimistes de l'après-Seconde Guerre mondiale. Dès lors que le taux de rendement du capital dépasse durablement le taux de croissance de la production et du revenu, ce qui était le cas jusqu'au XIXe siècle et risque fort de redevenir la norme au XXIe siècle, le capitalisme produit mécaniquement des inégalités insoutenables, arbitraires, remettant radicalement en cause les valeurs méritocratiques sur lesquelles se fondent nos sociétés démocratiques. Des moyens existent cependant pour que la démocratie et l'intérêt général parviennent à reprendre le contrôle du capitalisme et des intérêts privés, tout en repoussant les replis protectionnistes et nationalistes. Ce livre tente de faire des propositions en ce sens, en s'appuyant sur les leçons de ces expériences historiques, dont le récit forme la trame principale de l'ouvrage.

Un débat sans source ?

Pendant longtemps, les débats intellectuels et politiques sur la répartition des richesses se sont nourris de beaucoup de préjugés, et de très peu de faits.

Certes, on aurait bien tort de sous-estimer l'importance des connaissances intuitives que chacun développe au sujet des revenus et des patrimoines de son temps, en l'absence de tout cadre théorique et de toute statistique représentative. Nous verrons par exemple que le cinéma et la littérature, en particulier le roman du XIXe siècle, regorgent d'informations extrêmement précises sur les niveaux de vie et de fortune des différents groupes sociaux, et surtout sur la structure profonde des inégalités, leurs justifications, leurs implications dans la vie de chacun. Les romans de Jane Austen et de Balzac, notamment, nous offrent des tableaux saisissants de la répartition des richesses au Royaume-Uni et en France dans les années 1790-1830. Les deux romanciers ont une connaissance intime de la hiérarchie des patrimoines en vigueur autour d'eux. Ils en saisissent les frontières secrètes, ils en connaissent les conséquences implacables sur la vie de ces hommes et de ces femmes, sur leurs stratégies d'alliance, sur leurs espoirs et leurs malheurs. Ils en déroulent les implications avec une vérité et une puissance évocatrice qu'aucune statistique, aucune analyse savante ne saurait égaler.

De fait, la question de la répartition des richesses est trop importante pour être laissée aux seuls économistes, sociologues, historiens et autres philosophes. Elle intéresse tout le monde, et c'est tant mieux. La réalité concrète et charnelle de l'inégalité s'offre au regard de tous ceux qui la vivent, et suscite naturellement des jugements politiques tranchés et contradictoires. Paysan ou noble, ouvrier ou industriel, serveur ou banquier : chacun, depuis le poste d'observation qu'il occupe, voit des choses importantes sur les conditions de vie des uns et des autres, sur les rapports de pouvoir et de domination entre groupes sociaux, et se forge sa propre conception de ce qui est juste et de ce qui ne l'est pas. La question de la répartition des richesses aura toujours cette dimension éminemment subjective et psychologique, irréductiblement politique et conflictuelle, qu'aucune analyse prétendument scientifique ne saurait apaiser. Fort heureusement, la démocratie ne sera jamais remplacée par la république des experts.

Pour autant, la question de la répartition mérite aussi d'être étudiée de façon systématique et méthodique. En l'absence de sources, de méthodes et de concepts précisément définis, il est possible de dire tout et son contraire. Pour certains, les inégalités sont toujours croissantes, et le monde toujours plus injuste, par définition. Pour d'autres, les inégalités sont naturellement décroissantes, ou bien spontanément harmonieuses, et surtout rien ne doit être fait qui risquerait de perturber cet heureux équilibre. Face à ce dialogue de sourds, où chaque camp justifie souvent sa propre paresse intellectuelle par celle du camp d'en face, il existe un rôle pour une démarche de recherche systématique et méthodique – à défaut d'être pleinement scientifique. L'analyse savante ne mettra jamais fin aux violents conflits politiques suscités par les inégalités. La recherche en sciences sociales est et sera toujours balbutiante et imparfaite. Elle n'a pas la prétention de transformer l'économie, la sociologie et l'histoire en sciences exactes. Mais en établissant patiemment des faits et des régularités, et en analysant sereinement les mécanismes économiques, sociaux, politiques, susceptibles d'en rendre compte, elle peut faire en sorte que le débat démocratique soit mieux informé et se focalise sur les bonnes questions. Elle peut contribuer à redéfinir sans cesse les termes du débat, à démasquer les certitudes toutes faites et les impostures, à tout remettre toujours en cause et en question. Tel est, à mon sens, le rôle que peuvent et doivent jouer les intellectuels, et parmi eux les chercheurs en sciences sociales, citoyens parmi d'autres, mais qui ont la chance d'avoir plus de temps que d'autres pour se consacrer à l'étude (et même d'être payés pour cela – privilège considérable).

Or, pendant longtemps, force est de constater que les recherches savantes consacrées à la répartition des richesses se sont fondées sur relativement peu de faits solidement établis, et sur beaucoup de spéculations purement théoriques. Avant d'exposer plus précisément les sources sur lesquelles je me suis fondé et que j'ai tenté de rassembler dans le cadre de ce livre, il est utile de dresser un rapide historique des réflexions sur ces questions.

Malthus, Young et la Révolution française

Quand naît l'économie politique classique, au Royaume-Uni et en France, à la fin du XVIIIe et au début du XIXe siècle, la question de la répartition est déjà au centre de toutes les analyses. Chacun voit bien que des transformations radicales ont commencé, avec notamment une croissance démographique soutenue – inconnue jusqu'alors – et les débuts de l'exode rural et de la révolution industrielle. Quelles seront les conséquences de ces bouleversements pour la répartition des richesses, la structure sociale et l'équilibre politique des sociétés européennes ?

Pour Thomas Malthus, qui publie en 1798 son *Essai sur le principe de population*, aucun doute n'est permis : la surpopulation est la principale menace[1]. Ses sources sont maigres, mais il tente de les mobiliser au mieux. Il est notamment influencé par les récits de voyage d'Arthur Young, agronome anglais qui a sillonné les routes du royaume de France en 1787-1788, à la veille de la Révolution, de Calais aux Pyrénées, en passant par la Bretagne et la Franche-Comté, et qui raconte la misère des campagnes françaises.

Tout n'est pas faux dans ce passionnant récit, loin de là. À l'époque, la France est de loin le pays européen le plus peuplé, et constitue donc un point d'observation idéal. Autour de 1700, le royaume de France comptait déjà plus de 20 millions d'habitants, à un moment où le Royaume-Uni comprenait à peine plus de 8 millions d'âmes (et l'Angleterre environ 5 millions). L'Hexagone voit sa population progresser à un rythme soutenu tout au long du XVIIIe siècle, de la fin du règne de Louis XIV à celui de Louis XVI, à tel point que

---

1. Thomas Malthus (1766-1834) est un économiste anglais, considéré comme l'un des plus influents de l'école « classique », aux côtés d'Adam Smith (1723-1790) et de David Ricardo (1772-1823).

la population française s'approche des 30 millions d'habitants dans les années 1780. Tout laisse à penser que ce dynamisme démographique, inconnu au cours des siècles précédents, a effectivement contribué à la stagnation des salaires agricoles et à la progression de la rente foncière dans les décennies menant à la déflagration de 1789. Sans en faire la cause unique de la Révolution française, il paraît évident que cette évolution n'a pu qu'accroître l'impopularité grandissante de l'aristocratie et du régime politique en place.

Mais le récit de Young, publié en 1792, est également empreint de préjugés nationalistes et de comparaisons approximatives. Notre grand agronome est fort insatisfait des auberges qu'il traverse et de la tenue des servantes qui lui apportent à manger, qu'il décrit avec dégoût. Il entend déduire de ses observations, souvent assez triviales et anecdotiques, des conséquences pour l'histoire universelle. Il est surtout très inquiet des excès politiques auxquels la misère des masses risque de conduire. Young est notamment convaincu que seul un système politique à l'anglaise, avec Chambres séparées pour l'aristocratie et le tiers état, et droit de veto pour la noblesse, permet un développement harmonieux et paisible, mené par des gens responsables. Il est persuadé que la France court à sa perte en acceptant en 1789-1790 de faire siéger les uns et les autres dans un même Parlement. Il n'est pas exagéré de dire que l'ensemble de son récit est surdéterminé par sa crainte de la Révolution française. Quand on disserte sur la répartition des richesses, la politique n'est jamais très loin, et il est souvent difficile d'échapper aux préjugés et aux intérêts de classe de son temps.

Quand le révérend Malthus publie en 1798 son fameux *Essai*, il est encore plus radical que Young dans ses conclusions. Il est comme son compatriote très inquiet des nouvelles politiques venant de France, et pour s'assurer que de tels excès ne s'étendront pas un jour au Royaume-Uni, il considère qu'il faut supprimer d'urgence tout système d'assistance aux pauvres et contrôler sévèrement la natalité de ces derniers, faute de quoi le monde entier sombrera dans la surpopulation, le chaos et la misère. En vérité, il est impossible de comprendre la noirceur – excessive – des prévisions malthusiennes sans prendre en compte la peur qui saisit une bonne part des élites européennes dans les années 1790.

Ricardo : le principe de rareté

Rétrospectivement, il est évidemment aisé de se moquer de ces prophètes de malheur. Mais il est important de réaliser que les transformations économiques et sociales en cours à la fin du XVIIIe et au début du XIXe siècle étaient objectivement assez impressionnantes, voire traumatisantes. En vérité, la plupart des observateurs de l'époque – et pas seulement Malthus et Young – avaient une vision relativement sombre, voire apocalyptique, de l'évolution à long terme de la répartition des richesses et de la structure sociale. C'est notamment le cas de David Ricardo et de Karl Marx, qui sont sans doute les deux économistes les plus influents du XIXe siècle, et qui s'imaginaient tous deux qu'un petit groupe social – les propriétaires terriens chez Ricardo, les capitalistes industriels chez Marx – allait inévitablement s'approprier une part sans cesse croissante de la production et du revenu[1].

Pour Ricardo, qui publie en 1817 ses *Principes de l'économie politique et de l'impôt*, le principal souci concerne l'évolution à long terme du prix de la terre et du niveau de la rente foncière. De même que Malthus, il ne dispose pratiquement

---

1. Il existe bien sûr une école libérale davantage portée sur l'optimisme : Adam Smith en semble pétri, et à dire vrai ne se pose pas véritablement la question d'une possible divergence de la répartition des richesses à long terme. Il en va de même de Jean-Baptiste Say (1767-1832), qui croit lui aussi dans l'harmonie naturelle.

d'aucune source statistique digne de ce nom. Mais cela ne l'empêche pas d'avoir une connaissance intime du capitalisme de son temps. Issu d'une famille de financiers juifs d'origine portugaise, il semble en outre avoir moins de préjugés politiques que Malthus, Young ou Smith. Il est influencé par le modèle de Malthus mais pousse le raisonnement plus loin. Il est surtout intéressé par le paradoxe logique suivant : à partir du moment où la croissance de la population et de la production se prolonge durablement, la terre tend à devenir de plus en plus rare relativement aux autres biens. La loi de l'offre et de la demande devrait conduire à une hausse continue du prix de la terre et des loyers versés aux propriétaires terriens. À terme, ces derniers recevront donc une part de plus en plus importante du revenu national, et le reste de la population une part de plus en plus réduite, ce qui serait destructeur pour l'équilibre social. Pour Ricardo, la seule issue logiquement et politiquement satisfaisante est un impôt sans cesse plus lourd sur la rente foncière.

Nous verrons que cette sombre prédiction ne s'est pas vérifiée : la rente foncière est certes longtemps restée à des niveaux élevés, mais pour finir la valeur des terres agricoles a inexorablement décliné relativement aux autres formes de richesses, au fur et à mesure que le poids de l'agriculture dans le revenu national diminuait. En écrivant dans les années 1810, Ricardo ne pouvait sans doute pas anticiper l'ampleur du progrès technique et de la croissance industrielle qui allait avoir lieu dans le siècle qui s'ouvrait. De même que Malthus et Young, il ne parvenait pas à imaginer une humanité totalement affranchie de la contrainte alimentaire et agricole.

Son intuition sur le prix de la terre n'en demeure pas moins intéressante : le « principe de rareté » sur lequel il s'appuie peut potentiellement conduire certains prix à prendre des valeurs extrêmes pendant de longues décennies. Cela peut être amplement suffisant pour déstabiliser profondément des sociétés entières. Le système de prix joue un rôle irremplaçable pour coordonner les actions de millions d'individus – voire de milliards d'individus dans le cadre de la nouvelle économie-monde. Le problème est qu'il ne connaît ni limite ni morale.

On aurait bien tort de négliger l'importance de ce principe pour l'analyse de la répartition mondiale des richesses au XXIe siècle – il suffit pour s'en convaincre de remplacer dans le modèle de Ricardo le prix des terres agricoles par celui de l'immobilier urbain dans les grandes capitales, ou bien par le prix du pétrole. Dans les deux cas, si l'on prolonge pour la période 2010-2050 ou 2010-2100 la tendance observée au cours des années 1970-2010, alors on aboutit à des déséquilibres économiques, sociaux et politiques d'une ampleur considérable, entre pays comme à l'intérieur des pays, qui ne sont pas loin de faire penser à l'apocalypse ricardienne.

Certes, il existe en principe un mécanisme économique fort simple permettant d'équilibrer le processus : le jeu de l'offre et de la demande. Si un bien est en offre insuffisante et si son prix est trop élevé, alors la demande pour ce bien doit baisser, ce qui permettra de calmer le jeu. Autrement dit, si les prix immobiliers et pétroliers augmentent, il suffit d'aller habiter à la campagne, ou bien d'utiliser le vélo (ou les deux à la fois). Mais outre que cela peut être un peu désagréable et compliqué, un tel ajustement peut prendre plusieurs dizaines d'années, au cours desquelles les propriétaires des immeubles et du pétrole peuvent accumuler des créances tellement importantes vis-à-vis du reste de la population qu'ils se retrouveront à posséder durablement tout ce qu'il y a à posséder, y compris la campagne et les vélos[1]. Comme

---

1. L'autre possibilité est bien sûr d'augmenter l'offre, en découvrant de nouveaux gisements (ou de nouvelles sources d'énergie, si possible plus propres), ou en densifiant l'habitat urbain (par exemple en construisant des tours plus hautes), ce qui pose d'autres difficultés. En tout état de cause, cela peut également prendre des décennies.

toujours, le pire n'est jamais certain. Il est beaucoup trop tôt pour annoncer au lecteur qu'il devra payer son loyer à l'émir du Qatar d'ici à 2050 : cette question sera examinée en son temps, et la réponse que nous apporterons sera évidemment plus nuancée, quoique moyennement rassurante. Mais il est important de comprendre dès à présent que le jeu de l'offre et de la demande n'interdit nullement une telle possibilité, à savoir une divergence majeure et durable de la répartition des richesses liée à des mouvements extrêmes de certains prix relatifs. C'est le message principal du principe de rareté introduit par Ricardo. Nous ne sommes pas obligés de jouer avec les dés.

Marx : le principe d'accumulation infinie

Quand Marx publie en 1867 le premier tome du *Capital*, soit exactement un demi-siècle après la publication des *Principes* de Ricardo, les réalités économiques et sociales ont profondément évolué : il ne s'agit plus de savoir si l'agriculture pourra nourrir une population croissante ou si le prix de la terre montera jusqu'au ciel, mais bien plutôt de comprendre la dynamique d'un capitalisme industriel en plein essor.

Le fait le plus marquant de l'époque est la misère du prolétariat industriel. En dépit de la croissance, ou peut-être en partie à cause d'elle, et de l'énorme exode rural que la progression de la population et de la productivité agricole a commencé à provoquer, les ouvriers s'entassent dans des taudis. Les journées de travail sont longues, pour des salaires très bas. Une nouvelle misère urbaine se développe, plus visible, plus choquante, et par certains côtés plus extrême encore que la misère rurale de l'Ancien Régime. *Germinal*, *Oliver Twist* ou *Les Misérables* ne sont pas nés de l'imagination des romanciers, pas plus que les lois interdisant le travail des enfants de moins de 8 ans dans les manufactures – en

France en 1841 – ou de moins de 10 ans dans les mines – au Royaume-Uni en 1842. Le *Tableau de l'état physique et moral des ouvriers employés dans les manufactures*, publié en France en 1840 par le Dr Villermé et qui inspire la timide législation de 1841, décrit la même réalité sordide que *La Situation de la classe laborieuse en Angleterre*, publié en 1845 par Engels[1].

De fait, toutes les données historiques dont nous disposons aujourd'hui indiquent qu'il faut attendre la seconde moitié – ou même plutôt le dernier tiers – du XIXe siècle pour observer une hausse significative du pouvoir d'achat des salaires. Des années 1800-1810 aux années 1850-1860, les salaires ouvriers stagnent à des niveaux très faibles – proches de ceux du XVIIIe siècle et des siècles précédents, voire inférieurs dans certains cas. Cette longue phase de stagnation salariale, que l'on observe aussi bien au Royaume-Uni qu'en France, est d'autant plus impressionnante que la croissance économique s'accélère pendant cette période. La part du capital – profits industriels, rente foncière, loyers urbains – dans le revenu national, dans la mesure où on peut l'estimer avec les sources imparfaites dont on dispose aujourd'hui, progresse fortement dans les deux pays au cours de la première moitié du XIXe siècle[2]. Elle diminuera légèrement dans les dernières décennies du XIXe siècle, quand les salaires rattraperont en partie leur retard de croissance. Les données que nous avons rassemblées indiquent toutefois qu'aucune diminution structurelle des inégalités ne se produit avant la Première Guerre

---

1. Friedrich Engels (1820-1895), qui deviendra ami et collaborateur de Marx, a une expérience directe de son objet : il s'installe en 1842 à Manchester et dirige une fabrique possédée par son père.

2. L'historien Robert Allen a récemment proposé de nommer « pause d'Engels » cette longue stagnation salariale. Voir R. ALLEN, « Engels' pause : a pessimist's guide to the British industrial revolution », Oxford University, 2007. Voir également R. ALLEN, « Engels' pause : technical change, capital accumulation, and inequality in the British industrial revolution », *Explorations in Economic History*, 2009.

mondiale. Au cours des années 1870-1914, on assiste au mieux à une stabilisation des inégalités à un niveau extrêmement élevé, et par certains aspects à une spirale inégalitaire sans fin, avec en particulier une concentration de plus en plus forte des patrimoines. Il est bien difficile de dire où aurait mené cette trajectoire sans les chocs économiques et politiques majeurs entraînés par la déflagration de 1914-1918, qui apparaissent à la lumière de l'analyse historique, et avec le recul dont nous disposons aujourd'hui, comme les seules forces menant à la réduction des inégalités depuis la révolution industrielle.

Toujours est-il que la prospérité du capital et des profits industriels, par comparaison à la stagnation des revenus allant au travail, est une réalité tellement évidente dans les années 1840-1850 que chacun en est parfaitement conscient, même si personne ne dispose à ce moment de statistiques nationales représentatives. C'est dans ce contexte que se développent les premiers mouvements communistes et socialistes. L'interrogation centrale est simple : à quoi sert le développement de l'industrie, à quoi servent toutes ces innovations techniques, tout ce labeur, tous ces exodes, si au bout d'un demi-siècle de croissance industrielle la situation des masses est toujours aussi misérable, et si l'on en est réduit à interdire le travail dans les usines pour les enfants au-dessous de 8 ans ? La faillite du système économique et politique en place paraît évidente. La question suivante l'est tout autant : que peut-on dire de l'évolution à long terme d'un tel système ?

C'est à cette tâche que s'attelle Marx. En 1848, à la veille du « Printemps des peuples », il avait déjà publié le *Manifeste communiste*, texte court et efficace qui débute par le fameux « Un spectre hante l'Europe : le spectre du communisme[1] »

---

1. Et la première phrase de se poursuivre ainsi : « Toutes les puissances de la vieille Europe se sont unies en une Sainte-Alliance pour traquer ce spectre : le pape et le tsar, Metternich et Guizot, les radicaux de France et les policiers d'Allemagne. » Le talent littéraire et polémique de Karl Marx

et se termine par la non moins fameuse prédiction révolutionnaire : « Le développement de la grande industrie sape, sous les pieds de la bourgeoisie, le terrain même sur lequel elle a établi son système de production et d'appropriation. Avant tout, la bourgeoisie produit ses propres fossoyeurs. Sa chute et la victoire du prolétariat sont également inévitables. »

Dans les deux décennies qui vont suivre, Marx va s'appliquer à écrire le volumineux traité qui devait justifier cette conclusion et fonder l'analyse scientifique du capitalisme et de son effondrement. Cette œuvre restera inachevée : le premier tome du *Capital* est publié en 1867, mais Marx s'éteint en 1883 sans avoir terminé les deux tomes suivants, qui seront publiés après sa mort par son ami Engels, à partir des fragments de manuscrits parfois obscurs qu'il a laissés.

Comme Ricardo, Marx entend asseoir son travail sur l'analyse des contradictions logiques internes du système capitaliste. Il entend ainsi se distinguer à la fois des économistes bourgeois (qui voient dans le marché un système autorégulé, c'est-à-dire capable de s'équilibrer tout seul, sans divergence majeure, à l'image de la « main invisible » de Smith et de la « loi des débouchés » de Say), et des socialistes utopiques ou proudhoniens, qui selon lui se contentent de dénoncer la misère ouvrière, sans proposer d'étude véritablement scientifique des processus économiques à l'œuvre[1]. Pour résumer, Marx part du modèle ricardien du prix du capital et du principe de rareté, et pousse plus loin l'analyse de la dynamique du capital, en considérant un monde où le capital est avant tout industriel (machines, équipements, etc.) et non terrien, et peut donc potentiellement s'accumuler sans limite. De

---

(1818-1883), philosophe et économiste allemand, explique sans doute une part de son immense influence.

1. Marx avait publié en 1847 *Misère de la philosophie*, livre dans lequel il tourne en dérision la *Philosophie de la misère* publiée quelques années plus tôt par Proudhon.

fait, sa principale conclusion est ce que l'on peut appeler le
« principe d'accumulation infinie », c'est-à-dire la tendance
inévitable du capital à s'accumuler et à se concentrer dans
des proportions infinies, sans limite naturelle – d'où l'issue
apocalyptique prévue par Marx : soit l'on assiste à une baisse
tendancielle du taux de rendement du capital (ce qui tue le
moteur de l'accumulation et peut conduire les capitalistes à
s'entre-déchirer), soit la part du capital dans le revenu national s'accroît indéfiniment (ce qui conduit à plus ou moins
brève échéance les travailleurs à s'unir et à se révolter). Dans
tous les cas, aucun équilibre socio-économique ou politique
stable n'est possible.

Ce noir destin ne s'est pas davantage réalisé que celui
prévu par Ricardo. À partir du dernier tiers du XIXe siècle,
les salaires se sont enfin mis à progresser : l'amélioration du
pouvoir d'achat se généralise, ce qui change radicalement la
donne, même si les inégalités demeurent extrêmement fortes
et continuent par certains aspects de progresser jusqu'à la
Première Guerre mondiale. La révolution communiste a bien
eu lieu, mais dans le pays le plus attardé d'Europe, celui où
la révolution industrielle avait à peine commencé (la Russie),
pendant que les pays européens les plus avancés exploraient
d'autres voies, sociales-démocrates, fort heureusement pour
leurs populations. De même que les auteurs précédents, Marx
a totalement négligé la possibilité d'un progrès technique
durable et d'une croissance continue de la productivité, force
dont nous verrons qu'elle permet d'équilibrer – dans une
certaine mesure – le processus d'accumulation et de concentration croissante du capital privé. Sans doute manquait-il de
données statistiques pour affiner ses prédictions. Sans doute
aussi est-il victime du fait qu'il avait fixé ses conclusions dès
1848, avant même d'entreprendre les recherches susceptibles
de les justifier. De toute évidence, Marx écrivait dans un
climat de grande exaltation politique, ce qui conduit parfois
à des raccourcis hâtifs auxquels il est difficile d'échapper

– d'où l'absolue nécessité de rattacher le discours théorique à des sources historiques aussi complètes que possible, ce que Marx ne cherche pas véritablement à faire autant qu'il aurait pu[1]. Sans compter que Marx ne s'est guère posé la question de l'organisation politique et économique d'une société où la propriété privée du capital aurait été entièrement abolie – problème complexe s'il en est, comme le montrent les dramatiques improvisations totalitaires des régimes qui s'y sont engagés.

Nous verrons cependant que, malgré toutes ses limites, l'analyse marxiste conserve sur plusieurs points une certaine pertinence. Tout d'abord, Marx part d'une vraie question (une invraisemblable concentration des richesses pendant la révolution industrielle) et tente d'y répondre, avec les moyens dont il dispose : voici une démarche dont les économistes d'aujourd'hui feraient bien de s'inspirer. Ensuite et surtout, le principe d'accumulation infinie défendu par Marx contient une intuition fondamentale pour l'analyse du XXIe comme du XIXe siècle, et plus inquiétante encore d'une certaine façon que le principe de rareté cher à Ricardo. Dès lors que le taux de croissance de la population et de la productivité est relativement faible, les patrimoines accumulés dans le passé prennent naturellement une importance considérable, potentiellement démesurée et déstabilisatrice pour les sociétés concernées. Autrement dit, une croissance faible ne permet d'équilibrer que faiblement le principe marxiste d'accumulation infinie : il en résulte un équilibre qui n'est pas aussi apocalyptique que celui prévu par Marx, mais qui n'en est

---

1. Nous reviendrons dans le chapitre 6 sur les relations que Marx entretient avec les statistiques. Pour résumer : Marx tente parfois de mobiliser au mieux l'appareil statistique de son temps (qui a fait quelques progrès depuis l'époque de Malthus et de Ricardo, tout en restant objectivement assez rudimentaire), mais le plus souvent de façon relativement impressionniste, sans que le lien avec ses développements théoriques soit toujours établi très clairement.

pas moins assez perturbant. L'accumulation s'arrête à un point fini, mais ce point peut être extrêmement élevé et déstabilisant. Nous verrons que la très forte hausse de la valeur totale des patrimoines privés, mesurée en années de revenu national, que l'on constate depuis les années 1970-1980 dans l'ensemble des pays riches – particulièrement en Europe et au Japon –, relève directement de cette logique.

De Marx à Kuznets : de l'apocalypse au conte de fées

En passant des analyses de Ricardo et de Marx au XIXe siècle à celles de Simon Kuznets au XXe siècle, on peut dire que la recherche économique est passée d'un goût prononcé – et sans doute excessif – pour les prédictions apocalyptiques à une attirance non moins excessive pour les contes de fées, ou à tout le moins pour les « happy ends ». Selon la théorie de Kuznets, les inégalités de revenus sont en effet spontanément appelées à diminuer dans les phases avancées du développement capitaliste, quelles que soient les politiques suivies ou les caractéristiques du pays, puis à se stabiliser à un niveau acceptable. Proposée en 1955, il s'agit véritablement d'une théorie pour le monde enchanté des « Trente Glorieuses » : il suffit d'être patient et d'attendre un peu pour que la croissance bénéficie à tous[1]. Une expression anglo-saxonne résume fidèlement la philosophie du moment : « *Growth is a rising tide that lifts all boats* » (« La croissance est une vague montante qui porte tous les bateaux »). Il faut aussi rapprocher ce moment optimiste de l'analyse par Robert Solow en

---

1. S. KUZNETS, « Economic growth and income inequality », *The American Economic Review*, 1955. Les Trente Gloricuses sont le nom souvent donné – surtout en Europe continentale – aux trois décennies suivant la Seconde Guerre mondiale, caractérisées par une croissance particulièrement forte (nous y reviendrons).

1956 des conditions d'un « sentier de croissance équilibré », c'est-à-dire une trajectoire de croissance où toutes les grandeurs – production, revenus, profits, salaires, capital, cours boursiers et immobiliers, etc. – progressent au même rythme, si bien que chaque groupe social bénéficie de la croissance dans les mêmes proportions, sans divergence majeure[1]. C'est le contraire absolu de la spirale inégalitaire ricardienne ou marxiste et des analyses apocalyptiques du XIXe siècle.

Pour bien comprendre l'influence considérable de la théorie de Kuznets, au moins jusqu'aux années 1980-1990, et dans une certaine mesure jusqu'à nos jours, il faut insister sur le fait qu'il s'agit de la première théorie dans ce domaine qui s'appuie sur un travail statistique approfondi. De fait, il faut attendre le milieu du XXe siècle pour que soient enfin établies les premières séries historiques sur la répartition des revenus, avec la publication en 1953 de l'ouvrage monumental consacré par Kuznets à *La Part des hauts revenus dans le revenu et l'épargne*. Concrètement, les séries de Kuznets ne portent que sur un seul pays (les États-Unis), et sur une période de trente-cinq années (1913-1948). Il s'agit cependant d'une contribution majeure, qui mobilise deux sources de données totalement inaccessibles aux auteurs du XIXe siècle : d'une part, les déclarations de revenus issues de l'impôt fédéral sur le revenu créé aux États-Unis en 1913 ; d'autre part, les estimations du revenu national des États-Unis, établies par le même Kuznets quelques années plus tôt. C'est la toute première fois qu'une tentative aussi ambitieuse de mesure de l'inégalité d'une société voit le jour[2].

---

1. R. Solow, « A contribution to the theory of economic growth », *Quarterly Journal of Economics*, 1956.
2. Voir S. Kuznets, *Shares of Upper Income Groups in Income and Savings*, NBER, 1953. Simon Kuznets est un économiste américain, né en Ukraine en 1901, installé aux États-Unis à partir de 1922, étudiant à Columbia, puis professeur à Harvard ; il décède en 1985. Il est à la fois l'auteur des

Il est important de bien comprendre que sans ces deux sources indispensables et complémentaires il est tout simplement impossible de mesurer l'inégalité de la répartition des revenus et son évolution. Les premières tentatives d'estimation du revenu national datent certes de la fin du XVIIe et du début du XVIIIe siècle, au Royaume-Uni comme en France, et elles se sont multipliées au cours du XIXe. Mais il s'agit toujours d'estimations isolées : il faut attendre le XXe siècle et la période de l'entre-deux-guerres pour que se développent, à l'initiative de chercheurs comme Kuznets et Kendrick aux États-Unis, Bowley et Clark au Royaume-Uni, ou Dugé de Bernonville en France, les premières séries annuelles de revenu national. Cette première source permet de mesurer le revenu total du pays. Pour mesurer les hauts revenus et leur part dans le revenu national, encore faut-il disposer de déclarations de revenus : cette seconde source est fournie, dans tous les pays, par l'impôt progressif sur le revenu global, créé un peu partout autour de la Première Guerre mondiale (1913 aux États-Unis, 1914 en France, 1909 au Royaume-Uni, 1922 en Inde, 1932 en Argentine)[1].

Il est essentiel de réaliser qu'en l'absence d'impôt sur le revenu il existe certes toutes sortes de statistiques portant sur les assiettes fiscales en vigueur (par exemple sur la répartition du nombre de portes et fenêtres par département dans la France du XIXe siècle, ce qui n'est d'ailleurs pas sans intérêt), mais il n'existe rien sur les revenus. D'ailleurs, les personnes concernées ne connaissent souvent pas bien leur propre revenu tant qu'elles n'ont pas à le déclarer. Il en va de même pour l'impôt sur les sociétés et l'impôt sur le patrimoine. L'impôt

---

premiers comptes nationaux américains et des premières séries historiques sur les inégalités.

1. Les déclarations de revenus ne concernant souvent qu'une partie de la population et des revenus, il est essentiel de disposer également des comptes nationaux pour mesurer le total des revenus.

n'est pas seulement une façon de mettre à contribution les uns et les autres pour le financement des charges publiques et des projets communs, et de répartir ces contributions de la manière le plus acceptable possible ; il est aussi une façon de produire des catégories, de la connaissance et de la transparence démocratique.

Toujours est-il que ces données permettent à Kuznets de calculer l'évolution de la part dans le revenu national américain des différents déciles et centiles supérieurs de la hiérarchie des revenus. Or que trouve-t-il ? Il constate qu'une forte réduction des inégalités de revenus a eu lieu aux États-Unis entre 1913 et 1948. Concrètement, dans les années 1910-1920, le décile supérieur de la répartition, c'est-à-dire les 10 % des Américains les plus riches, recevait chaque année jusqu'à 45 %-50 % du revenu national. À la fin des années 1940, la part de ce même décile supérieur est passée à environ 30 %-35 % du revenu national. La baisse, supérieure à dix points de revenu national, est considérable : elle est équivalente par exemple à la moitié de ce que reçoivent les 50 % des Américains les plus pauvres[1]. La réduction des inégalités est nette et incontestable. La nouvelle a une importance considérable, et aura un impact énorme dans les débats économiques de l'après-guerre, aussi bien dans les universités que dans les organisations internationales.

Voici des décennies que Malthus, Ricardo, Marx et tant d'autres parlaient des inégalités, mais sans apporter la moindre source, la moindre méthode permettant de comparer précisément les différentes époques, et donc de départager les différentes hypothèses. Pour la première fois, une base objective est proposée. Elle est bien sûr imparfaite. Mais elle a le

---

1. Dit autrement, les classes populaires et moyennes, que l'on peut définir comme les 90 % des Américains les plus pauvres, ont vu leur part dans le revenu national s'accroître nettement : de 50 %-55 % dans les années 1910-1920 à 65 %-70 % à la fin des années 1940.

mérite d'exister. En outre, le travail réalisé est extrêmement bien documenté : l'épais volume publié par Kuznets en 1953 expose de la façon le plus transparente possible tous les détails sur ses sources et ses méthodes, de manière que chaque calcul puisse être reproduit. Et, de surcroît, Kuznets apporte une bonne nouvelle : les inégalités se réduisent.

La courbe de Kuznets : une bonne nouvelle au temps de la guerre froide

À dire vrai, Kuznets lui-même est parfaitement conscient du caractère largement accidentel de cette compression des hauts revenus américains entre 1913 et 1948, qui doit beaucoup aux multiples chocs entraînés par la crise des années 1930 et la Seconde Guerre mondiale, et n'a pas grand-chose à voir avec un processus naturel et spontané. Dans son épais volume publié en 1953, Kuznets analyse ses séries dans le détail et met en garde le lecteur contre toute généralisation hâtive. Mais en décembre 1954, dans le cadre de la conférence qu'il donne comme président de l'American Economic Association réunie en congrès à Detroit, il choisit de proposer à ses collègues une interprétation beaucoup plus optimiste des résultats de son livre de 1953. C'est cette conférence, publiée en 1955 sous le titre « Croissance économique et inégalité du revenu », qui va donner naissance à la théorie de la « courbe de Kuznets ».

Selon cette théorie, les inégalités seraient partout appelées à suivre une « courbe en cloche », c'est-à-dire d'abord croissante puis décroissante, au cours du processus d'industrialisation et de développement économique. D'après Kuznets, à une phase de croissance naturelle des inégalités caractéristique des premières étapes de l'industrialisation, et qui aux États-Unis correspondrait grosso modo au XIXe siècle, succéderait une phase de forte diminution des inégalités, qui aux États-Unis aurait commencé au cours de la première moitié du XXe siècle.

La lecture de ce texte de 1955 est éclairante. Après avoir rappelé toutes les raisons d'être prudent, et l'importance évidente des chocs exogènes dans la baisse récente des inégalités américaines, Kuznets suggère, de façon presque anodine, que la logique interne du développement économique, indépendamment de toute intervention politique et de tout choc extérieur, pourrait également conduire au même résultat. L'idée serait que les inégalités s'accroissent au cours des premières phases de l'industrialisation (seule une minorité est à même de bénéficier des nouvelles richesses apportées par l'industrialisation), avant de se mettre spontanément à diminuer lors des phases avancées du développement (une fraction de plus en plus importante de la population rejoint les secteurs les plus porteurs, d'où une réduction spontanée des inégalités[1]).

Ces « phases avancées » auraient commencé à la fin du XIXe ou au début du XXe siècle dans les pays industrialisés, et la compression des inégalités survenue aux États-Unis au cours des années 1913-1948 ne ferait donc que témoigner d'un phénomène plus général, que tous les pays, y compris les pays sous-développés présentement empêtrés dans la pauvreté et la décolonisation, devraient en principe être amenés à connaître

---

1. Voir S. KUZNETS, « Economic growth and income inequality », art. cité, p. 12-18. Cette courbe est parfois appelée « courbe en U inversé » (« *inverted-U-curve* »). Le mécanisme spécifique décrit par Kuznets repose sur l'idée d'un transfert progressif de la population d'un secteur agricole pauvre vers un secteur industriel riche (seule une minorité commence par bénéficier des richesses du secteur industriel, d'où un accroissement des inégalités, puis tout le monde en bénéficie, d'où la réduction des inégalités), mais il va de soi que ce mécanisme hautement stylisé peut prendre une forme plus générale (par exemple sous la forme de transferts progressifs de main-d'œuvre entre différents secteurs industriels ou différents emplois plus ou moins porteurs, etc.).

un jour ou l'autre. Les faits mis en évidence par Kuznets dans son livre de 1953 deviennent subitement une arme politique de grande puissance[1]. Kuznets est parfaitement conscient du caractère hautement spéculatif d'une telle théorie[2]. Il reste qu'en présentant une théorie aussi optimiste dans le cadre de sa « *Presidential address* » aux économistes américains, qui étaient tout disposés à croire et à diffuser la bonne nouvelle apportée par leur prestigieux confrère, Kuznets savait qu'il aurait une influence énorme : la « courbe de Kuznets » était née. Afin de s'assurer que tout le monde avait bien compris de quoi il était question, Kuznets prit d'ailleurs soin de préciser que l'enjeu de ses prédictions optimistes était tout simplement le maintien des pays sous-développés « dans l'orbite du monde libre[3] ». Dans une très large mesure, la théorie de la « courbe de Kuznets » est le produit de la guerre froide.

Que l'on me comprenne bien : le travail réalisé par Kuznets pour établir les premiers comptes nationaux américains et les premières séries historiques sur les inégalités est tout à fait considérable, et il est évident à la lecture de ses livres – davantage que de ses articles – que Kuznets avait une véritable éthique de chercheur. Par ailleurs, la très forte croissance que connaissent tous les pays développés dans l'après-guerre est un événement fondamental, et le fait que tous les groupes sociaux en aient bénéficié l'est encore plus. Il est bien normal qu'un certain optimisme ait prévalu pendant les Trente Glorieuses et que les prédictions apocalyptiques du

---

1. Il est intéressant de noter que Kuznets n'a pas de série démontrant la hausse des inégalités au XIXe siècle, mais que cela lui semble une évidence (comme à la plupart des observateurs de l'époque).
2. Comme il le précise lui-même : « *This is perhaps 5 per cent empirical information and 95 per cent speculation, some of it possibly tainted by wishful thinking.* » *Ibid.*, p. 24-26.
3. « *The future prospect of underdevelopped countries within the orbit of the free world.* » *Ibid.*, p. 26.

XIXe siècle sur la dynamique de la répartition des richesses aient perdu en popularité.

Il n'en reste pas moins que la théorie enchantée de la « courbe de Kuznets » a été formulée en grande partie pour de mauvaises raisons, et que son soubassement empirique est extrêmement fragile. Nous verrons que la forte réduction des inégalités de revenus qui se produit un peu partout dans les pays riches entre 1914 et 1945 est avant tout le produit des guerres mondiales et des violents chocs économiques et politiques qu'elles ont entraînés (notamment pour les détenteurs de patrimoines importants), et n'a pas grand-chose à voir avec le paisible processus de mobilité intersectorielle décrit par Kuznets.

Remettre la question de la répartition au cœur de l'analyse économique

La question est importante, et pas seulement pour des raisons historiques. Depuis les années 1970, les inégalités sont fortement reparties à la hausse dans les pays riches, notamment aux États-Unis, où la concentration des revenus a retrouvé dans les années 2000-2010 – voire légèrement dépassé – le niveau record des années 1910-1920 : il est donc essentiel de bien comprendre pourquoi et comment les inégalités avaient diminué la première fois. Certes, la très forte croissance des pays pauvres et émergents, et notamment de la Chine, est potentiellement une puissante force de réduction des inégalités au niveau mondial, de même que la croissance des pays riches pendant les Trente Glorieuses. Mais ce processus génère de fortes inquiétudes au sein des pays émergents, et plus encore au sein des pays riches. Par ailleurs, les impressionnants déséquilibres observés ces dernières décennies sur les marchés financiers, pétroliers et immobiliers peuvent assez naturellement susciter des doutes quant au caractère inéluctable du « sentier de croissance équilibré » décrit par Solow et Kuznets, et selon lequel tout est censé progresser au même rythme. Le monde de 2050 ou de 2100 sera-t-il possédé par les traders, les super-cadres et les détenteurs de patrimoines importants, ou bien par les pays pétroliers, ou encore par la Banque de Chine, à moins que ce ne soit par des paradis fiscaux abritant d'une façon ou d'une autre l'ensemble de ces acteurs ? Il serait absurde de ne pas se poser la question et de supposer par principe que la croissance est naturellement « équilibrée » à long terme.

D'une certaine façon, nous sommes en ce début de XXIe siècle dans la même situation que les observateurs du XIXe : nous assistons à d'impressionnantes transformations, et il est bien difficile de savoir jusqu'où elles peuvent aller, et à quoi ressemblera la répartition mondiale des richesses, entre les pays comme à l'intérieur des pays, à l'horizon de quelques décennies. Les économistes du XIXe siècle avaient un immense mérite : ils plaçaient la question de la répartition au cœur de l'analyse, et ils cherchaient à étudier les tendances de long terme. Leurs réponses n'étaient pas toujours satisfaisantes – mais au moins se posaient-ils les bonnes questions. Nous n'avons dans le fond aucune raison de croire dans le caractère autoéquilibré de la croissance. Il est plus que temps de remettre la question des inégalités au cœur de l'analyse économique et de reposer les questions ouvertes au XIXe siècle. Pendant trop longtemps, la question de la répartition des richesses a été négligée par les économistes, en partie du fait des conclusions optimistes de Kuznets, et en partie à cause d'un goût excessif de la profession pour les modèles mathématiques simplistes dits « à agent représentatif[1] ». Et pour remettre la répartition au cœur

---

1. Dans ces modèles, qui se sont imposés dans la recherche comme dans l'enseignement de l'économie depuis les années 1960-1970, on suppose par construction que chacun reçoit le même salaire, possède le même patrimoine et dispose des mêmes revenus, si bien que par définition la croissance bénéficie dans les mêmes proportions à tous les groupes sociaux. Une telle

de l'analyse, il faut commencer par rassembler le maximum de données historiques permettant de mieux comprendre les évolutions du passé et les tendances en cours. Car c'est d'abord en établissant patiemment des faits et des régularités, et en confrontant les expériences des différents pays, que nous pouvons espérer mieux cerner les mécanismes en jeu et nous éclairer pour l'avenir.

Les sources utilisées dans ce livre

Ce livre s'appuie sur deux grands types de sources permettant d'étudier la dynamique historique de la répartition des richesses : les unes portant sur les revenus et l'inégalité de leur répartition ; et les autres portant sur les patrimoines, leur répartition, et le rapport qu'ils entretiennent avec les revenus.

Commençons par les revenus. Dans une large mesure, mon travail a simplement consisté à étendre à une échelle spatiale et temporelle plus vaste le travail novateur et pionnier réalisé par Kuznets pour mesurer l'évolution de l'inégalité des revenus aux États-Unis de 1913 à 1948. Cette extension permet de mieux mettre en perspective les évolutions constatées par Kuznets (qui sont bien réelles) et conduit à remettre radicalement en cause le lien optimiste qu'il établit entre développement économique et répartition des richesses. Étrangement, le travail de Kuznets n'avait jamais été poursuivi de façon systématique, sans doute en partie parce que l'exploitation historique et statistique de la source fiscale tombe dans une sorte de « no man's land » académique, trop historique pour les économistes, et trop économique pour les historiens. Cela est dommage, car seule une perspective de long terme permet d'analyser correctement la

---

simplification de la réalité peut se justifier pour étudier certains problèmes très spécifiques, mais limite évidemment de façon drastique l'ensemble des questions économiques que l'on peut se poser.

dynamique des inégalités de revenus, et seule la source fiscale permet d'adopter cette perspective de long terme[1].

J'ai commencé par étendre les méthodes de Kuznets au cas de la France, ce qui a donné lieu à la publication d'un premier ouvrage en 2001[2]. J'ai eu ensuite la chance de bénéficier du soutien de nombreux collègues – au premier rang desquels Anthony Atkinson et Emmanuel Saez –, qui m'ont permis d'étendre ce projet à une échelle internationale beaucoup plus vaste. Anthony Atkinson a traité du cas du Royaume-Uni et de nombreux autres pays, et nous avons dirigé ensemble deux volumes publiés en 2007 et 2010 rassemblant des études similaires portant sur plus de vingt pays, répartis sur tous les continents[3]. Avec Emmanuel Saez, nous avons prolongé d'un demi-siècle les séries établies par Kuznets pour les États-Unis[4], et il a lui-même traité de plusieurs autres pays essentiels, comme le Canada et le Japon. De nombreux chercheurs ont contribué à ce projet collectif : Facundo Alvaredo a notamment traité du cas de l'Argentine, de l'Espagne et du Portugal ; Fabien Dell de celui de l'Allemagne et de la Suisse ; avec Abhijit Banerjee, j'ai étudié le

1. Les enquêtes sur les revenus et les budgets des ménages réalisées par les instituts statistiques débutent rarement avant les années 1970-1980, et elles tendent à sous-estimer gravement les hauts revenus, ce qui est problématique, dans la mesure où le décile supérieur détient souvent jusqu'à la moitié du revenu national. Malgré ses limites, la source fiscale fait mieux apparaître les hauts revenus et permet de remonter un siècle en arrière.

2. Voir T. PIKETTY, *Les Hauts Revenus en France au XXe siècle : inégalités et redistributions 1901-1998*, Grasset, 2001. Pour une version résumée, voir également « Income inequality in France, 1901-1998 », *Journal of Political Economy*, 2003.

3. Voir A. ATKINSON et T. PIKETTY, *Top Incomes over the 20th Century : A Contrast Between Continental-European and English-Speaking Countries*, Oxford University Press, 2007 ; *Top Incomes : A Global Perspective*, Oxford University Press, 2010.

4. Voir T. PIKETTY et E. SAEZ, « Income inequality in the United States, 1913-1998 », *The Quarterly Journal of Economics*, 2003.

cas de l'Inde ; grâce à Nancy Qian, j'ai pu traiter celui de la Chine ; et ainsi de suite[1].

Pour chaque pays, nous avons tenté d'utiliser les mêmes sources, les mêmes méthodes et les mêmes concepts : les déciles et les centiles de hauts revenus sont estimés à partir des données fiscales issues des déclarations de revenus (après de multiples corrections pour assurer l'homogénéité temporelle et spatiale des données et des concepts) ; le revenu national et le revenu moyen nous sont donnés par les comptes nationaux, qu'il a fallu parfois compléter ou prolonger. Les séries débutent généralement à la date de création de l'impôt sur le revenu (autour de 1910-1920 dans de nombreux pays, parfois dans les années 1880-1890, comme au Japon ou en Allemagne, parfois plus tard). Elles sont constamment mises à jour et vont actuellement jusqu'au début des années 2010.

Au final, la World Top Incomes Database (WTID), issue du travail combiné d'une trentaine de chercheurs de par le monde, constitue la plus vaste base de données historiques disponible à ce jour sur l'évolution des inégalités de revenus, et correspond au premier ensemble de sources mobilisé dans ce livre[2].

Le second ensemble de sources, que je mobiliserai en réalité en premier dans le cadre de ce livre, concerne les patrimoines, leur répartition et les rapports qu'ils entretiennent avec les

---

[1]. Les références bibliographiques complètes sont disponibles en ligne dans l'annexe technique. Voir également l'article de synthèse suivant : A. ATKINSON, T. PIKETTY et E. SAEZ, « Top incomes in the long-run of history », *Journal of Economic Literature*, 2011.

[2]. Nous ne pourrons évidemment traiter de façon détaillée du cas de chaque pays dans le cadre de ce livre, qui propose une synthèse d'ensemble. Nous renvoyons le lecteur intéressé aux séries complètes disponibles en ligne sur le site de la WTID (voir http://topincomes.parisschoolofeconomics.eu) et dans les ouvrages et articles techniques indiqués plus haut. De nombreux textes et documents sont également disponibles dans l'annexe technique du livre : voir http://piketty.pse.ens.fr/capital21c.

revenus. Les patrimoines jouent déjà un rôle important dans le premier ensemble de sources, à travers les revenus issus des patrimoines. Rappelons en effet que le revenu comprend toujours deux composantes, d'une part les revenus du travail (salaires, traitements, primes, bonus, revenus du travail non salarié, etc., et autres revenus rémunérant le travail, quelle que soit leur forme juridique précise), et d'autre part les revenus du capital (loyers, dividendes, intérêts, bénéfices, plus-values, royalties, etc., et autres revenus obtenus du simple fait de la détention d'un capital terrien, immobilier, financier, industriel, etc., quelle que soit là aussi leur forme légale). Les données issues de la WTID contiennent beaucoup d'informations sur l'évolution des revenus du capital au cours du XXe siècle. Il est cependant indispensable de les compléter par des sources portant directement sur les patrimoines. On peut distinguer ici trois sous-ensembles de sources historiques et d'approches méthodologiques, tout à fait complémentaires les unes des autres[1].

Tout d'abord, de la même façon que les déclarations de revenus issues des impôts sur les revenus permettent d'étudier l'évolution de l'inégalité des revenus, les déclarations de successions issues des impôts sur les successions permettent d'étudier l'évolution de l'inégalité des patrimoines[2]. Cette approche a d'abord été introduite par Robert Lampman en 1962 pour étudier l'évolution des inégalités patrimoniales aux États-Unis de 1922 à 1956, puis par Anthony Atkinson et Alan Harrison en 1978 pour étudier le cas du Royaume-

---

1. La WTID est actuellement en cours de transformation en une « World Wealth and Income Database » (WWID) intégrant ces trois sous-ensembles de données complémentaires. Nous présentons dans le présent livre les principaux éléments actuellement disponibles.

2. On peut aussi utiliser les déclarations de patrimoines issues des impôts annuels sur le patrimoine des vivants, mais ces données sont plus rares que les données successorales sur la longue durée.

Uni de 1923 à 1972[1]. Ces travaux ont récemment été mis à jour et étendus à d'autres pays, comme la France et la Suède. Nous disposons malheureusement de moins de pays que pour les inégalités de revenus. Mais il est possible, dans certains cas, de remonter beaucoup plus loin dans le temps, souvent jusqu'au début du XIXe siècle, car la fiscalité successorale est beaucoup plus ancienne que la fiscalité des revenus. En particulier, nous avons pu, en rassemblant les données établies aux différentes époques par l'administration française, et en collectant avec Gilles Postel-Vinay et Jean-Laurent Rosenthal un vaste ensemble de déclarations individuelles dans les archives successorales, établir des séries homogènes sur la concentration des patrimoines en France depuis l'époque de la Révolution[2]. Cela nous permettra de replacer les chocs causés par la Première Guerre mondiale dans une perspective historique beaucoup plus longue que les séries portant sur les inégalités de revenus (qui fort malencontreusement débutent souvent autour de 1910-1920). Les travaux réalisés par Jesper Roine et Daniel Waldenström à partir des sources historiques suédoises sont également riches d'enseignements[3].

Les sources successorales et patrimoniales nous permettent également d'étudier l'évolution de l'importance respective de l'héritage et de l'épargne dans la constitution des patrimoines dans la dynamique des inégalités patrimoniales. Nous avons réalisé ce travail de façon relativement complète pour

1. Voir les ouvrages pionniers suivants : R. J. LAMPMAN, *The Share of Top Wealth-Holders in National Wealth, 1922-1956*, Princeton University Press, 1962 ; A. B. ATKINSON and A. J. HARRISON, *Distribution of Personal Wealth in Britain, 1923-1972*, Cambridge University Press, 1978.

2. Voir T. PIKETTY, G. POSTEL-VINAY et J.-L. ROSENTHAL, « Wealth concentration in a developing economy : Paris and France 1807-1994 », *American Economic Review*, 2006.

3. Voir J. ROINE et D. WALDENSTRÖM, « Wealth concentration over the path of development : Sweden, 1873-2006 », *Scandinavian Journal of Economics*, 2009.

le cas de la France, dont les très riches sources historiques offrent un point de vue unique sur l'évolution de l'héritage sur la longue durée[1]. Ce travail a été partiellement étendu à d'autres pays, en particulier au Royaume-Uni, à l'Allemagne, à la Suède et aux États-Unis. Ces matériaux jouent un rôle essentiel dans notre enquête, car les inégalités patrimoniales n'ont pas le même sens suivant qu'elles sont issues de l'héritage légué par les générations précédentes, ou bien de l'épargne réalisée au cours d'une vie. Dans le cadre de ce livre, nous nous intéressons non seulement au niveau de l'inégalité en tant que telle, mais également et surtout à la structure des inégalités, c'est-à-dire à l'origine des disparités de revenus et de patrimoines entre groupes sociaux, et aux différents systèmes de justifications économiques, sociales, morales et politiques susceptibles de les conforter ou de les condamner. L'inégalité n'est pas nécessairement mauvaise en soi : la question centrale est de savoir si elle est justifiée, si elle a ses raisons.

Enfin, les sources patrimoniales permettent d'étudier sur très longue période l'évolution de la valeur totale du stock de patrimoine national (qu'il s'agisse du capital terrien, immobilier, industriel ou financier), mesuré en nombre d'années de revenu national du pays considéré. L'étude de ce rapport capital/revenu au niveau global est un exercice qui a ses limites – il est toujours préférable d'analyser également l'inégalité des patrimoines au niveau individuel, et l'importance relative de l'héritage et de l'épargne dans la constitution du capital –, mais qui permet toutefois d'analyser de façon synthétique l'importance du capital au niveau d'une société considérée dans son ensemble. En outre, nous verrons qu'il est possible, en rassemblant et en confrontant les estimations

---

[1]. Voir T. Piketty, « On the long-run evolution of inheritance : France 1820-2050 », École d'économie de Paris, 2010 (version résumée publiée dans *Quarterly Journal of Economics*, 2011).

réalisées aux différentes époques, de remonter pour certains pays – en particulier le Royaume-Uni et la France – jusqu'au début du XVIIIe siècle, ce qui nous permettra de replacer la révolution industrielle en perspective dans l'histoire du capital. Nous nous appuierons ici sur les données historiques que nous avons récemment rassemblées avec Gabriel Zucman[1]. Dans une large mesure, cette recherche consiste simplement à étendre et à généraliser le travail de collecte de bilans patrimoniaux par pays (« *country balance sheets* ») réalisé par Raymond Goldsmith dans les années 1970-1980[2].

Par comparaison aux travaux antérieurs, la première nouveauté de la démarche développée ici est d'avoir cherché à rassembler des sources historiques aussi complètes et systématiques que possible afin d'étudier la dynamique de la répartition des richesses. Il faut souligner que j'ai bénéficié pour cela d'un double avantage par rapport aux auteurs précédents : nous disposons par définition d'un recul historique plus important (or nous verrons que certaines évolutions longues n'apparaissent clairement que si l'on dispose de données portant sur les années 2000-2010, tant il est vrai que certains chocs causés par les guerres mondiales ont été longs à se résorber) ; et nous avons pu, grâce aux possibilités nouvelles offertes par l'outil informatique, rassembler sans peine excessive des données historiques à une échelle beaucoup plus vaste que nos prédécesseurs.

Sans chercher à faire jouer un rôle exagéré à la technologie dans l'histoire des idées, il me semble que ces questions purement techniques ne doivent pas être totalement négligées. Il était objectivement beaucoup plus difficile de traiter

---

1. Voir T. Piketty et G. Zucman, « Capital is back : wealth-income ratios in rich countries, 1700-2010 », École d'économie de Paris, 2013.
2. Voir en particulier R. W. Goldsmith, *Comparative National Balance Sheets : A Study of Twenty Countries, 1688-1978*, The University of Chicago Press, 1985. Des références plus complètes sont données dans l'annexe technique.

des volumes importants de données historiques à l'époque de Kuznets, et dans une large mesure jusqu'aux années 1980-1990, qu'il ne l'est aujourd'hui. Quand Alice Hanson Jones rassemble dans les années 1970 des inventaires au décès américains de l'époque coloniale[1], ou quand Adeline Daumard fait de même avec les archives successorales françaises du XIXe siècle[2], il est important de réaliser que ce travail s'effectue pour une large part à la main, avec des fiches cartonnées. Quand on relit aujourd'hui ces travaux remarquables, ou bien ceux consacrés par François Simiand à l'évolution des salaires au XIXe siècle, par Ernest Labrousse à l'histoire des prix et des revenus au XVIIIe siècle, ou encore par Jean Bouvier et François Furet aux mouvements du profit au XIXe siècle, il apparaît clairement que ces chercheurs ont dû faire face à d'importantes difficultés matérielles pour collecter et traiter leurs données[3]. Ces complications d'ordre technique absorbent souvent une bonne part de leur énergie et semblent parfois prendre le pas sur l'analyse et l'interprétation, d'autant plus que ces difficultés limitent considérablement les comparaisons internationales et temporelles envisageables. Dans une large mesure, il est beaucoup plus facile d'étudier l'histoire de la répartition des richesses aujourd'hui que par le passé. Le présent livre reflète en grande partie cette évolution des conditions de travail du chercheur[4].

1. Voir A. H. JONES, *American Colonial Wealth : Documents and Methods*, Arno Press, 1977.
2. Voir A. DAUMARD, *Les Fortunes françaises au XIXe siècle. Enquête sur la répartition et la composition des capitaux privés à Paris, Lyon, Lille, Bordeaux et Toulouse d'après l'enregistrement des déclarations de successions*, Mouton, 1973.
3. Voir en particulier F. SIMIAND, *Le Salaire, l'évolution sociale et la monnaie*, Alcan, 1932 ; E. LABROUSSE, *Esquisse du mouvement des prix et des revenus en France au XVIIIe siècle*, 1933 ; J. BOUVIER, F. FURET et M. GILET, *Le Mouvement du profit en France au XIXe siècle. Matériaux et études*, Mouton, 1965.
4. Il existe aussi des raisons proprement intellectuelles expliquant le déclin de l'histoire économique et sociale consacrée à l'évolution des prix,

Les principaux résultats obtenus dans ce livre

Quels sont les principaux résultats auxquels m'ont conduit ces sources historiques inédites ? La première conclusion est qu'il faut se méfier de tout déterminisme économique en cette matière : l'histoire de la répartition des richesses est toujours une histoire profondément politique et ne saurait se résumer à des mécanismes purement économiques. En particulier, la réduction des inégalités observée dans les pays développés entre les années 1900-1910 et les années 1950-1960 est avant tout le produit des guerres et des politiques publiques mises en place à la suite de ces chocs. De même, la remontée des inégalités depuis les années 1970-1980 doit beaucoup aux retournements politiques des dernières décennies, notamment en matière fiscale et financière. L'histoire des inégalités dépend des représentations que se font les acteurs économiques, politiques, sociaux, de ce qui est juste et de ce qui ne l'est pas, des rapports de force entre ces acteurs, et des choix collectifs qui en découlent ; elle est ce qu'en font tous les acteurs concernés.

La seconde conclusion, qui constitue le cœur de ce livre, est que la dynamique de la répartition des richesses met en jeu de puissants mécanismes poussant alternativement dans le sens de la convergence et de la divergence, et qu'il n'existe aucun processus naturel et spontané permettant d'éviter que les tendances déstabilisatrices et inégalitaires l'emportent durablement.

Commençons par les mécanismes poussant vers la convergence, c'est-à-dire allant dans le sens de la réduction et de la compression des inégalités. La principale force de convergence est le processus de diffusion des connaissances et d'investissement dans les qualifications et la formation. Le jeu de l'offre et de la demande ainsi que la mobilité du capital et

---

des revenus et des patrimoines (parfois appelée « histoire sérielle »), déclin à mon sens regrettable et réversible, sur lesquelles nous reviendrons.

du travail, qui en constitue une variante, peuvent également œuvrer en ce sens, mais de façon moins forte, et souvent de façon ambiguë et contradictoire. Le processus de diffusion des connaissances et des compétences est le mécanisme central qui permet à la fois la croissance générale de la productivité et la réduction des inégalités, à l'intérieur des pays comme au niveau international, comme l'illustre le rattrapage actuel des pays riches par une bonne partie des pays pauvres et émergents, à commencer par la Chine. C'est en adoptant les modes de production et en atteignant les niveaux de qualification des pays riches que les pays moins développés rattrapent leur retard de productivité et font progresser leurs revenus. Ce processus de convergence technologique peut être favorisé par l'ouverture commerciale, mais il s'agit fondamentalement d'un processus de diffusion des connaissances et de partage du savoir – bien public par excellence –, et non d'un mécanisme de marché.

D'un point de vue strictement théorique, il existe potentiellement d'autres forces allant dans le sens d'une plus grande égalité. On peut par exemple penser que les techniques de production accordent une importance croissante au travail humain et aux compétences au cours de l'histoire, si bien que la part des revenus allant au travail s'élève tendanciellement (et que la part allant au capital diminue d'autant), hypothèse que l'on pourrait appeler la « montée du capital humain ». Autrement dit, la marche en avant vers la rationalité technicienne conduirait mécaniquement au triomphe du capital humain sur le capital financier et immobilier, des cadres méritants sur les actionnaires bedonnants, de la compétence sur la filiation. Par là même, les inégalités deviendraient naturellement plus méritocratiques et moins figées (si ce n'est moins fortes en niveau) au fil de l'histoire : la rationalité économique déboucherait mécaniquement sur la rationalité démocratique, en quelque sorte.

Une autre croyance optimiste très répandue dans nos sociétés modernes est l'idée selon laquelle l'allongement de la durée de la vie conduirait mécaniquement au remplacement de la « guerre des classes » par la « guerre des âges » (forme de conflit qui est somme toute beaucoup moins clivante pour une société, puisque chacun est tour à tour jeune et vieux). Autrement dit, l'accumulation et la répartition des patrimoines seraient aujourd'hui dominées non plus par un affrontement implacable entre des dynasties d'héritiers et des dynasties ne possédant que leur travail, mais bien plutôt par une logique d'épargne de cycle de vie : chacun accumule du patrimoine pour ses vieux jours. Le progrès médical et l'amélioration des conditions de vie auraient ainsi totalement transformé la nature même du capital.

Malheureusement, nous verrons que ces deux croyances optimistes (la « montée du capital humain », et le remplacement de la « guerre des classes » par la « guerre des âges ») sont en grande partie des illusions. Plus précisément, ces transformations – tout à fait plausibles d'un strict point de vue logique – ont partiellement eu lieu, mais dans des proportions beaucoup moins massives que ce que l'on imagine parfois. Il n'est pas sûr que la part du travail dans le revenu national ait progressé de façon véritablement significative sur très longue période : le capital (non humain) semble presque aussi indispensable au XXIe siècle qu'il l'était au XVIIIe ou au XIXe siècle, et on ne peut exclure qu'il le devienne encore davantage. De même, aujourd'hui comme hier, les inégalités patrimoniales sont à titre principal des inégalités à l'intérieur de chaque groupe d'âge, et nous verrons que l'héritage n'est pas loin de retrouver en ce début de XXIe siècle l'importance qu'il avait à l'époque du *Père Goriot*. Sur longue période, la force principale poussant véritablement vers l'égalisation des conditions est la diffusion des connaissances et des qualifications.

Forces de convergence, forces de divergence

Or le fait central est que cette force égalisatrice, si importante soit-elle, notamment pour permettre la convergence entre pays, peut parfois être contrebalancée et dominée par de puissantes forces allant dans le sens contraire, celui de la divergence, c'est-à-dire de l'élargissement et de l'amplification des inégalités. De façon évidente, l'absence d'investissement adéquat dans la formation peut empêcher des groupes sociaux entiers de bénéficier de la croissance, ou même peut les conduire à se faire déclasser par de nouveaux venus, comme le montre parfois le rattrapage international actuellement à l'œuvre (les ouvriers chinois prennent la place des ouvriers américains et français, et ainsi de suite). Autrement dit, la principale force de convergence – la diffusion des connaissances – n'est qu'en partie naturelle et spontanée : elle dépend aussi pour une large part des politiques suivies en matière d'éducation et d'accès à la formation et à des qualifications adaptées, et des institutions mises en place dans ce domaine.

Dans le cadre de ce livre, nous allons mettre l'accent sur des forces de divergence plus inquiétantes encore, dans la mesure où elles peuvent se produire dans un monde où tous les investissements adéquats en compétences auraient été réalisés, et où toutes les conditions de l'efficacité de l'économie de marché – au sens des économistes – seraient en apparence réunies. Ces forces de divergence sont les suivantes : il s'agit d'une part du processus de décrochage des plus hautes rémunérations, dont nous allons voir qu'il peut être très massif, même s'il reste à ce jour relativement localisé ; il s'agit d'autre part et surtout d'un ensemble de forces de divergence liées au processus d'accumulation et de concentration des patrimoines dans un monde caractérisé par une croissance faible et un rendement élevé du capital. Ce second processus est potentiellement plus déstabilisant que le premier, et constitue sans doute la principale menace pour la dynamique de la répartition des richesses à très long terme.

Entrons immédiatement dans le vif du sujet. Nous avons représenté sur les graphiques I.1 et I.2 deux évolutions fondamentales que nous allons tenter de comprendre, et qui illustrent l'importance potentielle de ces deux processus de divergence. Les évolutions indiquées sur ces graphiques ont toutes des formes de « courbe en U », c'est-à-dire d'abord décroissantes puis croissantes, et on pourrait croire qu'elles correspondent à des réalités similaires. Pourtant, il n'en est rien : ces évolutions renvoient à des phénomènes tout à fait différents, reposant sur des mécanismes économiques, sociaux et politiques bien distincts. En outre, la première évolution concerne avant tout les États-Unis, et la seconde concerne principalement l'Europe et le Japon. Il n'est certes pas exclu que ces deux évolutions et ces deux forces de divergence finissent par se cumuler dans les mêmes pays au cours du XXIe siècle – et de fait nous verrons que cela est déjà partiellement le cas –, voire au niveau de la planète entière, ce qui pourrait conduire à des niveaux d'inégalités inconnus dans le passé, et surtout à une structure des inégalités radicalement nouvelle. Mais à ce jour ces deux évolutions saisissantes correspondent pour l'essentiel à deux phénomènes distincts.

La première évolution, représentée sur le graphique I.1, indique la trajectoire suivie par la part du décile supérieur de la hiérarchie des revenus dans le revenu national américain au cours de la période 1910-2010. Il s'agit simplement de l'extension des séries historiques établies par Kuznets dans les années 1950. On retrouve de fait la forte compression des inégalités observée par Kuznets entre 1913 et 1948, avec une baisse de près de quinze points de revenu national de la part du décile supérieur, qui atteignait 45 %-50 % du revenu national dans les années 1910-1920, et qui est passée à 30 %-35 % à la fin des années 1940. L'inégalité se stabilise ensuite à ce niveau dans les années 1950-1970. Puis on observe un très rapide mouvement allant en sens inverse depuis les années 1970-1980, à tel point que la part du décile supérieur retrouve dans les années 2000-2010 un niveau de l'ordre de 45 %-50 % du revenu national. L'ampleur du retournement est impressionnante. Il est naturel de se demander jusqu'où peut aller une telle tendance.

Nous verrons que cette évolution spectaculaire correspond pour une large part à l'explosion sans précédent des très hauts revenus du travail, et qu'elle reflète avant tout un phénomène de sécession des cadres dirigeants des grandes entreprises. Une explication possible est une montée soudaine du niveau de qualifications et de productivité de ces super-cadres, par comparaison à la masse des autres salariés. Une autre explication, qui me semble plus plausible, et dont nous verrons qu'elle est nettement plus cohérente avec les faits observés, est que ces cadres dirigeants sont dans une large mesure en capacité de fixer leur propre rémunération, parfois sans aucune retenue, et souvent sans relation claire avec leur productivité

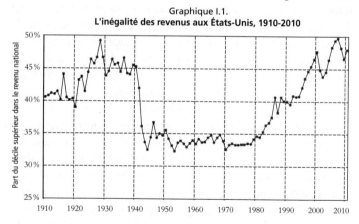

Graphique I.1.
L'inégalité des revenus aux États-Unis, 1910-2010

Lecture : la part du décile supérieur dans le revenu national américain est passée de 45-50 % dans les années 1910-1920 à moins de 35 % dans les années 1950 (il s'agit de la baisse mesurée par Kuznets) ; puis elle est remontée de moins de 35 % dans les années 1970 à 45-50 % dans les années 2000-2010.
Sources et séries : voir piketty.pse.ens.fr/capital21c.

individuelle, au demeurant très difficile à estimer au sein d'organisations de grande taille. Cette évolution s'observe surtout aux États-Unis, et à un degré moindre au Royaume-Uni, ce qui peut s'expliquer par l'histoire particulière des normes sociales et fiscales qui caractérise ces deux pays au cours du siècle écoulé. La tendance est à ce jour plus limitée dans les autres pays riches (Japon, Allemagne, France et autres pays d'Europe continentale), mais la pente pousse dans la même direction. Il serait bien hasardeux d'attendre que ce phénomène prenne partout la même ampleur qu'aux États-Unis avant de s'en préoccuper et de l'analyser aussi complètement que possible – ce qui n'est malheureusement pas si simple, compte tenu des limites des données disponibles.

La force de divergence fondamentale : r > g

La seconde évolution, représentée sur le graphique I.2, renvoie à un mécanisme de divergence qui est d'une certaine façon plus simple et plus transparent, et qui est sans doute plus déterminant encore pour l'évolution à long terme de la répartition des richesses. Le graphique I.2 indique l'évolution au Royaume-Uni, en France et en Allemagne de la valeur totale des patrimoines privés (immobiliers, financiers et professionnels, nets de dettes), exprimée en années de revenu national, des années 1870 aux années 2010. On notera tout d'abord la très grande prospérité patrimoniale qui caractérise l'Europe de la fin du XIXe siècle et de la Belle Époque : la valeur des patrimoines privés s'établit autour de six-sept années de revenu national, ce qui est considérable. On constate ensuite une forte chute à la suite des chocs des années 1914-1945 : le rapport capital/revenu tombe à tout juste deux-trois années de revenu national. Puis on observe une hausse continue depuis les années 1950, à tel point que les patrimoines privés semblent en passe de retrouver en ce début de XXIᵉ siècle les sommets observés à la veille de la Première Guerre mondiale : le rapport capital/revenu se situe dans les années 2000-2010 autour de cinq-six années de revenu national au Royaume-Uni comme en France (le niveau atteint est plus faible en Allemagne, qui il est vrai partait de plus bas : la tendance est tout aussi nette).

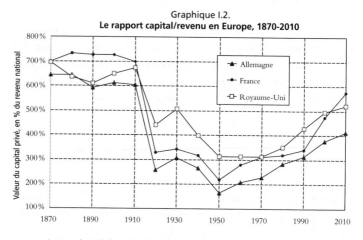

Lecture : le total des patrimoines privés valait entre 6 et 7 années de revenu national en Europe en 1910, entre 2 et 3 années en 1950, et entre 4 et 6 années en 2010.
Sources et séries : voir piketty.pse.ens.fr/capital21c.

Cette « courbe en U » de grande ampleur correspond à une transformation absolument centrale, sur laquelle nous aurons amplement l'occasion de revenir. Nous verrons en particulier que le retour de rapports élevés entre le stock de capital et le flux de revenu national au cours des dernières décennies s'explique pour une large part par le retour à un régime de croissance relativement lente. Dans des sociétés de croissance faible, les patrimoines issus du passé prennent naturellement une importance disproportionnée, car il suffit d'un faible flux d'épargne nouvelle pour accroître continûment et substantiellement l'ampleur du stock.

Si de surcroît le taux de rendement du capital s'établit fortement et durablement au-delà du taux de croissance (ce qui n'est pas automatique, mais est d'autant plus probable que le taux de croissance est faible), alors il existe un risque très fort de divergence caractérisée de la répartition des richesses.

Cette inégalité fondamentale, que nous noterons $r > g$ – où r désigne le taux de rendement du capital (c'est-à-dire ce que rapporte en moyenne le capital au cours d'une année, sous forme de profits, dividendes, intérêts, loyers et autres revenus du capital, en pourcentage de sa valeur), et où g représente le taux de croissance (c'est-à-dire l'accroissement annuel du revenu et de la production) –, va jouer un rôle essentiel dans ce livre. D'une certaine façon, elle en résume la logique d'ensemble.

Lorsque le taux de rendement du capital dépasse significativement le taux de croissance – et nous verrons que cela a presque toujours été le cas dans l'histoire, tout du moins jusqu'au XIXe siècle, et que cela a de grandes chances de redevenir la norme au XXIe siècle –, cela implique mécaniquement que les patrimoines issus du passé se recapitalisent plus vite que le rythme de progression de la production et des revenus. Il suffit donc aux héritiers d'épargner une part limitée des revenus de leur capital pour que ce dernier s'accroisse plus vite que l'économie dans son ensemble. Dans ces conditions, il est presque inévitable que les patrimoines hérités dominent largement les patrimoines constitués au cours d'une vie de travail, et que la concentration du capital atteigne des niveaux extrêmement élevés, et potentiellement incompatibles avec les valeurs méritocratiques et les principes de justice sociale qui sont au fondement de nos sociétés démocratiques modernes.

Cette force de divergence fondamentale peut en outre être renforcée par des mécanismes additionnels, par exemple si le taux d'épargne progresse fortement avec le niveau de richesse[1], et plus encore si le taux de rendement moyen effectivement obtenu est d'autant plus élevé que le capital initial est important (or nous verrons que cela semble être de plus en plus le cas). Le caractère imprévisible et arbitraire des rendements du capital et des formes d'enrichissement qui en découlent constitue également une forme de remise en cause de l'idéal méritocratique. Enfin, tous ces effets peuvent être aggravés par un mécanisme de type ricardien de divergence structurelle des prix immobiliers ou pétroliers.

Résumons. Le processus d'accumulation et de répartition des patrimoines contient en lui-même des forces puissantes poussant vers la divergence, ou tout du moins vers un niveau d'inégalité extrêmement élevé. Il existe également des forces de convergence, qui peuvent fort bien l'emporter dans certains pays ou à certaines époques, mais les forces de divergence peuvent à tout moment prendre le dessus, comme cela semble être le cas en ce début de XXIe siècle, et comme le laisse présager l'abaissement probable de la croissance démographique et économique dans les décennies à venir.

Mes conclusions sont moins apocalyptiques que celles impliquées par le principe d'accumulation infinie et de divergence perpétuelle exprimé par Marx (dont la théorie repose implicitement sur une croissance rigoureusement nulle de la productivité à long terme). Dans le schéma proposé, la divergence n'est pas perpétuelle, et elle n'est qu'un des avenirs

---

1. Ce mécanisme déstabilisateur évident (plus on est riche, plus on accroît son patrimoine) inquiétait beaucoup Kuznets, d'où le titre donné à son livre de 1953 : *Shares of Upper Income Groups in Income and Savings*, National Bureau of Economic Research. Mais il manquait de recul historique pour l'analyser pleinement. Cette force de divergence est également au cœur du livre classique de J. MEADE, *Efficiency, Equality, and the Ownership of Property*, Allen & Unwin, 1964, et de l'ouvrage de A. ATKINSON et de A. HARRISON, *Distribution of Personal Wealth in Britain, 1923-1972*, *op. cit.*, qui en est d'une certaine façon le prolongement historique. Nos travaux se situent directement dans les traces de ces auteurs.

possibles. Mais elles ne sont pas pour autant très réjouissantes. En particulier, il est important de souligner que l'inégalité fondamentale r > g, principale force de divergence dans notre schéma explicatif, n'a rien à voir avec une quelconque imperfection de marché, bien au contraire : plus le marché du capital est « parfait », au sens des économistes, plus elle a de chances d'être vérifiée. Il est possible d'imaginer des institutions et des politiques publiques permettant de contrer les effets de cette logique implacable – comme un impôt mondial et progressif sur le capital. Mais leur mise en place pose des problèmes considérables en termes de coordination internationale. Il est malheureusement probable que les réponses apportées seront en pratique beaucoup plus modestes et inefficaces, par exemple sous la forme de replis nationalistes de diverses natures.

Le cadre géographique et historique

Quel sera le cadre spatial et temporel de cette enquête ? Autant que possible, je tenterai d'analyser la dynamique de la répartition des richesses au niveau mondial, aussi bien à l'intérieur des pays qu'entre les pays, depuis le XVIIIe siècle. En pratique, cependant, les multiples limitations des données disponibles m'obligeront souvent à restreindre assez nettement le champ étudié. Pour ce qui concerne la répartition de la production et du revenu entre les pays, que nous étudierons dans la première partie, il est possible d'avoir un point de vue mondial depuis 1700 (grâce notamment aux comptes nationaux rassemblés par Angus Madisson). Quand nous étudierons la dynamique du rapport capital/revenu et du partage capital-travail, dans la deuxième partie, nous serons contraints de nous limiter pour l'essentiel au cas des pays riches, et de procéder par extrapolation pour ce qui concerne les pays pauvres et émergents, faute de données historiques adéquates.

Quand nous examinerons l'évolution des inégalités de revenus et de patrimoines, dans la troisième partie, nous serons également fortement contraints par les sources disponibles. Nous tenterons de prendre en compte le maximum de pays pauvres et émergents, grâce notamment aux données issues de la WTID, qui essaie autant que possible de couvrir les cinq continents. Mais il est bien évident que les évolutions sur longue période sont nettement mieux documentées dans les pays riches. Concrètement, ce livre repose avant tout sur l'analyse de l'expérience historique des principaux pays développés : les États-Unis, le Japon, l'Allemagne, la France et le Royaume-Uni.

Les cas du Royaume-Uni et de la France seront particulièrement sollicités, car il s'agit des deux pays pour lesquels les sources historiques sont les plus complètes sur très longue période. En particulier, il existe pour le Royaume-Uni comme pour la France de multiples estimations du patrimoine national et de sa structure, permettant de remonter jusqu'au début du XVIIIe siècle. Ces deux pays constituent en outre les deux principales puissances coloniales et financières du XIXe et du début du XXe siècle. Leur étude détaillée revêt donc une importance évidente pour l'analyse de la dynamique de la répartition mondiale des richesses depuis la révolution industrielle. En particulier, ils constituent un point d'entrée incontournable pour l'étude de ce que l'on nomme souvent la « première » mondialisation financière et commerciale, celle des années 1870-1914, période qui entretient de profondes similitudes avec la « seconde » mondialisation, en cours depuis les années 1970-1980. Il s'agit d'une période qui est à la fois fascinante et prodigieusement inégalitaire. C'est l'époque où l'on invente l'ampoule électrique et les liaisons transatlantiques (le *Titanic* appareille en 1912), le cinéma et la radio, la voiture et les placements financiers internationaux. Rappelons par exemple qu'il faut attendre les années 2000-2010 pour retrouver dans les pays riches les niveaux de capitalisation boursière – en proportion de la production intérieure ou du revenu national – atteints à Paris et à Londres dans les années 1900-1910. Nous verrons que cette comparaison est riche d'enseignements pour la compréhension du monde d'aujourd'hui.

Certains lecteurs s'étonneront sans doute de l'importance particulière que j'accorde à l'étude du cas français, et me suspecteront peut-être de nationalisme. Il me faut donc me justifier. Il s'agit tout d'abord d'une question de sources. La Révolution française n'a certes pas créé une société juste et idéale. Mais nous verrons qu'elle a au moins eu le mérite de mettre en place un incomparable observatoire des fortunes : le système d'enregistrement des patrimoines terriens, immobiliers et financiers institué dans les années 1790-1800 est étonnamment moderne et universel pour l'époque, et explique pourquoi les sources successorales françaises sont probablement les plus riches du monde sur longue période.

La seconde raison est que la France, parce qu'elle est le pays qui a connu la transition démographique la plus précoce, constitue d'une certaine façon un bon observatoire de ce qui attend l'ensemble de la planète. La population française a certes progressé au cours des deux derniers siècles, mais à un rythme relativement lent. La France comptait près de 30 millions d'habitants au moment de la Révolution, et elle en compte à peine plus de 60 millions au début des années 2010. Il s'agit bien du même pays, des mêmes ordres de grandeur. Par comparaison, les États-Unis d'Amérique comptaient à peine 3 millions d'habitants au moment de la Déclaration d'indépendance. Ils atteignaient les 100 millions vers 1900-1910 et dépassent les 300 millions au début des années 2010. Il est bien évident que quand un pays passe de 3 millions à 300 millions d'habitants (sans parler du changement radical de l'échelle territoriale au cours de l'expansion vers l'ouest au XIXe siècle), il ne s'agit plus vraiment du même pays.

Nous verrons que la dynamique et la structure des inégalités se présentent très différemment dans un pays où la population a été multipliée par cent et dans un pays où elle a tout juste doublé. En particulier, le poids de l'héritage est naturellement beaucoup plus réduit dans le premier que dans le second. C'est la très forte croissance démographique du Nouveau Monde qui fait que le poids des patrimoines issus du passé a toujours été plus réduit aux États-Unis qu'en Europe, et qui explique pourquoi la structure des inégalités américaines – et des représentations américaines de l'inégalité et des classes sociales – est si particulière. Mais cela implique également que le cas américain est dans une certaine mesure non transposable (il est peu probable que la population mondiale soit multipliée par cent au cours des deux prochains siècles), et que le cas français est plus représentatif et plus pertinent pour l'analyse de l'avenir. Je suis convaincu que l'analyse détaillée du cas de la France, et plus généralement des différentes trajectoires historiques observées dans les pays aujourd'hui développés – en Europe, au Japon, en Amérique du Nord et en Océanie –, est riche d'enseignements pour les dynamiques mondiales à venir, y compris dans les pays actuellement émergents, en Chine, au Brésil ou en Inde, qui finiront sans doute par connaître eux aussi le ralentissement de la croissance démographique – c'est déjà le cas – et économique.

Enfin, le cas de la France a ceci d'intéressant que la Révolution française – révolution « bourgeoise » par excellence – introduit très tôt un idéal d'égalité juridique face au marché, dont il est intéressant d'étudier les conséquences pour la dynamique de la répartition des richesses. La Révolution anglaise de 1688 a certes introduit le parlementarisme moderne ; mais elle a laissé derrière elle une dynastie royale, la primogéniture terrienne jusqu'aux années 1920, et des privilèges politiques pour la noblesse héréditaire jusqu'à nos jours (le processus de redéfinition de la pairie et de la Chambre des lords est toujours en cours dans les années 2010, ce qui est objectivement un peu long). La Révolution américaine de 1776 a certes introduit le principe républicain ; mais elle a laissé l'esclavagisme prospérer pendant un siècle de plus, et la discrimination raciale légale pendant presque deux siècles ; la question raciale continue dans une large mesure de surdéterminer encore aujourd'hui la question sociale aux États-Unis. La Révolution française de 1789 est d'une certaine façon plus ambitieuse : elle abolit tous les privilèges légaux, et entend créer un ordre politique et social entièrement fondé sur l'égalité des droits et des chances. Le Code civil garantit l'égalité absolue face au droit de propriété et à celui de contracter librement (tout du moins pour les hommes). À la fin du XIXe siècle et à la Belle Époque, les économistes conservateurs français – tel Paul Leroy-Beaulieu – utilisaient souvent cet argument pour expliquer que la France républicaine, pays de « petits propriétaires », pays devenu égalitaire grâce à la Révolution, n'avait aucunement besoin d'un impôt progressif et spoliateur sur le revenu ou sur les successions, contrairement au Royaume-Uni monarchique et aristocratique. Or nos données démontrent que la concentration des patrimoines était à cette époque presque aussi extrême en France qu'au Royaume-Uni, ce qui illustre assez clairement que l'égalité des droits face au marché ne suffit pas à conduire à l'égalité des droits tout court. Là encore, cette expérience est tout à fait pertinente pour l'analyse du monde d'aujourd'hui, où de nombreux observateurs continuent de s'imaginer, à l'image de Leroy-Beaulieu il y a un peu plus d'un siècle, qu'il suffit de mettre en place des droits de propriété toujours mieux garantis, des marchés toujours plus libres, et une concurrence toujours plus « pure et parfaite », pour aboutir à une société juste, prospère et harmonieuse. La tâche est malheureusement plus complexe.

Le cadre théorique et conceptuel

Avant de se lancer plus avant dans ce livre, il est peut-être utile d'en dire un peu plus sur le cadre théorique et conceptuel dans lequel se situe cette recherche, ainsi que sur l'itinéraire intellectuel qui m'a conduit à cet ouvrage.

Précisons tout d'abord que je fais partie d'une génération qui a eu 18 ans en 1989, année du bicentenaire de la Révolution française, certes, mais aussi et surtout année de la chute du mur de Berlin. Je fais partie de cette génération qui est devenue adulte en écoutant à la radio l'effondrement des dictatures communistes, et qui n'a jamais ressenti la moindre tendresse ou nostalgie pour ces régimes et pour le soviétisme. Je suis vacciné à vie contre les discours anticapitalistes convenus et paresseux, qui semblent parfois ignorer cet échec historique fondamental, et qui trop souvent refusent de se donner les moyens intellectuels de le dépasser. Cela ne m'intéresse pas de dénoncer les inégalités ou le capitalisme en tant que tel – d'autant plus que les inégalités sociales ne posent pas de problème en soi, pour peu qu'elles soient justifiées, c'est-à-dire « fondées sur l'utilité commune », ainsi que le proclame l'article premier de la *Déclaration des droits de l'homme et du citoyen* de 1789 (cette définition de la justice sociale est imprécise, mais séduisante, et ancrée dans l'histoire : adoptons-la pour l'instant ; nous y reviendrons). Ce qui m'intéresse, c'est de tenter de contribuer, modestement, à déterminer les modes d'organisation sociale, les institutions et les politiques publiques les plus appropriés permettant de mettre en place réellement et efficacement une société juste, tout cela dans le cadre d'un État de droit, dont les règles sont connues à l'avance et applicables à tous, et peuvent être démocratiquement débattues.

Il est peut-être adapté d'indiquer aussi que j'ai connu mon rêve américain à 22 ans, en me faisant embaucher par une université bostonienne, sitôt mon doctorat en poche. Cette

Introduction

expérience fut déterminante à plus d'un titre. C'était la première fois que je mettais les pieds aux États-Unis, et cette reconnaissance précoce n'était pas désagréable. Voici un pays qui sait y faire avec les migrants qu'il souhaite attirer ! Et en même temps j'ai tout de suite su que je voulais revenir très vite en France et en Europe, ce que je fis à tout juste 25 ans. Je n'ai pas quitté Paris depuis, sauf pour quelques brefs séjours. L'une des raisons importantes derrière ce choix est directement pertinente ici : je n'ai pas été très convaincu par les économistes américains. Certes, tout le monde était très intelligent, et je conserve de nombreux amis au sein de cet univers. Mais il y avait quelque chose d'étrange : j'étais bien placé pour savoir que je ne connaissais rien du tout aux problèmes économiques du monde (ma thèse se composait de quelques théorèmes mathématiques relativement abstraits), et pourtant la profession m'aimait bien. Je me rendais vite compte qu'aucun travail de collecte de données historiques conséquent n'avait été entrepris sur la dynamique des inégalités depuis l'époque de Kuznets (ce à quoi je me suis attelé dès mon retour en France), et pourtant la profession continuait d'aligner les résultats purement théoriques, sans même savoir quels faits expliquer, et attendait de moi que je fasse de même.

Disons-le tout net : la discipline économique n'est toujours pas sortie de sa passion infantile pour les mathématiques et les spéculations purement théoriques, et souvent très idéologiques, au détriment de la recherche historique et du rapprochement avec les autres sciences sociales. Trop souvent, les économistes sont avant tout préoccupés par de petits problèmes mathématiques qui n'intéressent qu'eux-mêmes, ce qui leur permet de se donner à peu de frais des apparences de scientificité et d'éviter d'avoir à répondre aux questions autrement plus compliquées posées par le monde qui les entoure. Être économiste universitaire en France a un grand avantage : les économistes sont assez peu considérés au sein du monde intellectuel et universitaire, ainsi d'ailleurs que parmi les élites politiques et financières. Cela les oblige à abandonner leur mépris pour les autres disciplines, et leur prétention absurde à une scientificité supérieure, alors même qu'ils ne savent à peu près rien sur rien. C'est d'ailleurs le charme de la discipline, et des sciences sociales en général : on part de bas, de très bas parfois, et l'on peut donc espérer faire des progrès importants. En France, les économistes sont – je crois – un peu plus incités qu'aux États-Unis à tenter de convaincre leurs collègues historiens et sociologues, et plus généralement le monde extérieur, de l'intérêt de ce qu'ils font (ce qui n'est pas gagné). En l'occurrence, mon rêve quand j'enseignais à Boston était de rejoindre l'École des hautes études en sciences sociales, une école dont les grands noms sont Lucien Febvre, Fernand Braudel, Claude Lévi-Strauss, Pierre Bourdieu, Françoise Héritier, Maurice Godelier, et tant d'autres encore. Dois-je le confesser, au risque de sembler cocardier dans ma vision des sciences sociales ? J'ai sans doute plus d'admiration pour ces savants que pour Robert Solow, ou même pour Simon Kuznets – même si je regrette qu'une grande partie des sciences sociales ait dans une large mesure cessé de s'intéresser à la répartition des richesses et aux classes sociales, alors que les questions de revenus, de salaires, de prix et de fortunes figuraient en bonne place dans les programmes de recherches de l'histoire et de la sociologie jusqu'aux années 1970-1980. J'aimerais en vérité que les spécialistes comme les amateurs de toutes les sciences sociales trouvent quelque intérêt aux recherches exposées dans ce livre – à commencer par tous ceux qui disent « ne rien connaître à l'économie », mais qui ont souvent des opinions très fortes sur l'inégalité des revenus et des fortunes, ce qui est bien naturel.

En vérité, l'économie n'aurait jamais dû chercher à se séparer des autres disciplines des sciences sociales, et ne peut se développer qu'en leur sein. On sait trop peu de chose en sciences sociales pour se diviser bêtement de la sorte. Pour espérer faire des progrès sur des questions telles que la dynamique historique de la répartition des richesses et la structure des classes sociales, il est bien évident qu'il faut procéder avec pragmatisme, et mobiliser des méthodes et des approches qui sont celles des historiens, des sociologues et des politistes autant que celles des économistes. Il faut partir des questions de fond et tenter d'y répondre : les querelles de clocher et de territoire sont secondaires. Ce livre, je crois, est autant un livre d'histoire que d'économie.

Comme je l'ai expliqué plus haut, mon travail a d'abord consisté à rassembler des sources et à établir des faits et des séries historiques sur les répartitions de revenus et de patrimoines. Dans la suite de ce livre, je fais parfois appel à la théorie, aux modèles et aux concepts abstraits, mais je tente de le faire avec parcimonie, c'est-à-dire uniquement dans la mesure où la théorie permet une meilleure compréhension des évolutions étudiées. Par exemple, les notions de revenu et de capital, de taux de croissance et de taux de rendement, sont des concepts abstraits, des constructions théoriques, et non des certitudes mathématiques. Je tenterai toutefois de montrer qu'ils permettent d'analyser plus efficacement les réalités historiques, pour peu que l'on adopte un regard critique et lucide sur la précision — par nature approximative — avec laquelle il est possible de les mesurer. J'utiliserai également quelques équations, comme la loi $\alpha = r \times \beta$ (selon laquelle la part du capital dans le revenu national est égale au produit du taux de rendement du capital et du rapport capital/revenu), ou encore la loi $\beta = s/g$ (selon laquelle le rapport capital/revenu est égal dans le long terme au rapport entre le taux d'épargne et le taux de croissance). Je prie le lecteur peu féru de mathématiques de ne pas refermer aussitôt le livre : il s'agit d'équations élémentaires, qui peuvent être expliquées de façon simple et intuitive, et dont la bonne compréhension ne nécessite aucun bagage technique particulier. Surtout, je tenterai de montrer que ce cadre théorique minimal permet de mieux comprendre des évolutions historiques importantes pour chacun.

Plan du livre

La suite de ce livre est composée de quatre parties et de seize chapitres. La première partie, intitulée « Revenu et capital », constituée de deux chapitres, introduit les notions fondamentales qui seront abondamment utilisées dans la suite de l'ouvrage. En particulier, le chapitre 1 présente les concepts de revenu national, de capital et de rapport capital/revenu, puis décrit les grandes lignes d'évolution de la répartition mondiale du revenu et de la production. Le chapitre 2 analyse ensuite plus précisément l'évolution des taux de croissance de la population et de la production depuis la révolution industrielle. Aucun fait véritablement nouveau n'est présenté dans cette première partie, et le lecteur familier de ces notions et de l'histoire générale de la croissance mondiale depuis le XVIIIe siècle peut choisir de passer directement à la deuxième partie.

La deuxième partie, intitulée « La dynamique du rapport capital/revenu », est formée de quatre chapitres. L'objectif de cette partie est d'analyser la façon dont se présente en ce début de XXIe siècle la question de l'évolution à long terme du rapport capital/revenu et du partage global du revenu national entre revenus du travail et revenus du capital. Le chapitre 3 présente tout d'abord les métamorphoses du capital depuis le XVIIIe siècle, en commençant par le cas du Royaume-Uni et de la France, les mieux connus sur très longue période. Le chapitre 4 introduit le cas de l'Allemagne et de l'Amérique. Les chapitres 5 et 6 étendent géographiquement ces analyses à la planète entière, autant que les sources le permettent, et surtout tentent de tirer les leçons de ces expériences historiques pour analyser l'évolution possible du rapport capital/revenu et du partage capital-travail dans les décennies à venir.

La troisième partie, intitulée « La structure des inégalités », est composée de six chapitres. Le chapitre 7 commence par familiariser le lecteur avec les ordres de grandeur atteints en pratique par l'inégalité de la répartition des revenus du travail d'une part, et de la propriété du capital et des revenus qui en sont issus d'autre part. Puis le chapitre 8 analyse la dynamique historique de ces inégalités, en commençant par contraster les cas de la France et des États-Unis. Les chapitres 9 et 10 étendent ces analyses à l'ensemble des pays pour lesquels nous disposons de données historiques (en particulier dans le cadre de la WTID), en examinant séparément les inégalités face au travail et face au capital. Le chapitre 11 étudie l'évolution de l'importance de l'héritage dans le long terme. Enfin le chapitre 12 analyse les perspectives d'évolution de la répartition mondiale des patrimoines au cours des premières décennies du XXIe siècle.

Enfin, la quatrième partie, intitulée « Réguler le capital au XXIe siècle », est composée de quatre chapitres. L'objectif est de tirer les leçons politiques et normatives des parties précédentes, dont l'objet est avant tout d'établir les faits et de comprendre les raisons des évolutions observées. Le chapitre 13 tente de dresser les contours de ce que pourrait être un État social adapté au siècle qui s'ouvre. Le chapitre 14 propose de repenser l'impôt progressif sur le revenu à la lumière des expériences passées et des tendances récentes. Le chapitre 15 décrit ce à quoi pourrait ressembler un impôt progressif sur le capital adapté au capitalisme patrimonial du XXIe siècle, et compare cet outil idéal aux autres modes de régulation susceptibles d'émerger, de l'impôt européen sur la fortune au contrôle des capitaux à la chinoise, en passant par l'immigration à l'américaine ou bien le retour généralisé au protectionnisme. Le chapitre 16 traite de la question lancinante de la dette publique et de celle – connexe – de l'accumulation optimale du capital public, dans un contexte de détérioration possible du capital naturel.

Un mot encore : il aurait été bien hasardeux de publier en 1913 un livre intitulé *Le Capital au XXe siècle*. Que le lecteur me pardonne donc de publier en 2013 un livre intitulé *Le Capital au XXI*ᵉ *siècle*. Je suis bien conscient de l'incapacité totale qui est la mienne à prédire la forme que prendra le capital en 2063 ou en 2113. Comme je l'ai déjà noté, et ainsi que nous aurons amplement l'occasion de le voir, l'histoire des revenus et des patrimoines est toujours une histoire profondément politique, chaotique et imprévisible. Elle dépend des représentations que les différentes sociétés se font des inégalités, et des politiques et institutions qu'elles se donnent pour les modeler et les transformer, dans un sens ou dans un autre. Nul ne peut savoir quelle forme prendront ces retournements dans les décennies à venir. Il n'en reste pas moins que les leçons de l'histoire sont utiles pour tenter d'appréhender un peu plus clairement ce que seront les choix et les dynamiques à l'œuvre dans le siècle qui s'ouvre. Tel est dans le fond l'unique objectif de ce livre, qui en toute logique aurait dû s'intituler *Le Capital à l'aube du XXI*ᵉ *siècle* : tenter de tirer de l'expérience des siècles passés quelques modestes clés pour l'avenir, sans illusion excessive sur leur utilité réelle, car l'histoire invente toujours ses propres voies.

PREMIÈRE PARTIE
REVENU ET CAPITAL

1.
Revenu et production

Le 16 août 2012, la police sud-africaine intervient dans le conflit opposant les ouvriers de la mine de platine de Marikana, près de Johannesburg, aux propriétaires de l'exploitation, les actionnaires de la compagnie Lonmin, basée à Londres. Les forces de l'ordre tirent à balles réelles sur les grévistes. Bilan : trente-quatre morts parmi les mineurs[1]. Comme souvent en pareil cas, le conflit social s'était focalisé sur la question salariale : les mineurs demandaient que leur salaire passe de 500 euros par mois à 1 000 euros. Après le drame, la compagnie proposera finalement une augmentation de 75 euros par mois[2].

---

1. Voir « South African police open fire on striking miners », *New York Times*, 17 août 2012.

2. Voir le communiqué officiel de la compagnie : « Lonmin seeks sustainable peace at Marikana », 25 août 2012, www.lonmin.com. D'après ce document, le salaire de base des mineurs avant le conflit était de 5405 rands

Cet épisode récent vient nous rappeler, si besoin est, que la question du partage de la production entre salaires et profits, entre revenus du travail et revenus du capital, a toujours constitué la première dimension du conflit distributif. Dans les sociétés traditionnelles, déjà, l'opposition entre le propriétaire foncier et le paysan, entre celui qui possède la terre et celui qui apporte son travail, celui qui reçoit la rente foncière et celui qui la verse, était au fondement de l'inégalité sociale et de toutes les révoltes. La révolution industrielle semble avoir exacerbé le conflit capital-travail, peut-être parce que sont apparues des formes de production plus intensives en capital (machines, ressources naturelles, etc.) que par le passé, ou bien peut-être aussi parce que les espoirs placés dans une répartition plus juste et un ordre social plus démocratique ont été déçus – nous y reviendrons.

En tout état de cause, ces événements tragiques de Marikana nous renvoient inévitablement à des violences plus anciennes. À Haymarket Square, à Chicago, le 1er mai 1886, puis de nouveau à Fourmies, dans le nord de la France, le 1er mai 1891, les forces de l'ordre avaient tiré mortellement sur des ouvriers en grève qui demandaient des augmentations de salaire. L'affrontement capital-travail appartient-il au passé, ou bien sera-t-il l'une des clés du XXIe siècle ?

Dans les deux premières parties de ce livre, nous allons nous intéresser à la question du partage global du revenu national entre travail et capital, et à ses transformations depuis le XVIIIe siècle. Nous allons temporairement oublier la question des inégalités à l'intérieur des revenus du travail (par exemple entre l'ouvrier, l'ingénieur et le directeur d'usine) ou à l'intérieur des revenus du capital (par exemple entre petits, moyens et gros actionnaires ou propriétaires), dont

---

par mois, et l'augmentation accordée est de 750 rands par mois (1 rand sud-africain = environ 0,1 euro). Ces indications semblent cohérentes avec les chiffres rapportés par les grévistes et repris dans la presse.

nous reprendrons l'examen dans la troisième partie. Évidemment, chacune de ces deux dimensions de la répartition des richesses – la répartition dite « factorielle » opposant les deux « facteurs » de production que sont le capital et le travail, considérés artificiellement comme des blocs homogènes, et la répartition dite « individuelle » concernant l'inégalité des revenus du travail et du capital au niveau des individus – joue en pratique un rôle fondamental, et il est impossible d'aboutir à une compréhension satisfaisante du problème de la répartition sans les analyser conjointement[1].

D'ailleurs, en août 2012, les mineurs de Marikana n'étaient pas seulement en grève contre les profits jugés excessifs du groupe Lonmin, mais également contre l'inégalité des salaires entre ouvriers et ingénieurs, et contre le salaire apparemment mirobolant du directeur de la mine[2]. De même, si la propriété du capital était répartie de façon rigoureusement égalitaire et si chaque salarié recevait une part égale des profits en complément de son salaire, la question du partage profits/salaires n'intéresserait (presque) personne. Si le partage capital-travail suscite tant de conflits, c'est d'abord et avant tout du fait de l'extrême concentration de la propriété du capital. De fait, dans tous les pays, l'inégalité des patrimoines – et des revenus du capital qui en sont issus – est toujours beaucoup plus forte que l'inégalité des salaires et des revenus du travail. Nous analyserons ce phénomène et ses causes dans la troisième

1. La répartition « factorielle » est parfois appelée « fonctionnelle » ou « macroéconomique », et la répartition « individuelle » est parfois dite « personnelle » ou « microéconomique ». En réalité les deux dimensions de la répartition mettent en jeu des mécanismes à la fois microéconomiques (c'est-à-dire qui doivent être analysés au niveau d'entreprises ou d'agents individuels) et macroéconomiques (c'est-à-dire qui ne peuvent être compris qu'au niveau de l'économie nationale, voire de l'économie mondiale).

2. Un million d'euros par an (soit l'équivalent du salaire de près de deux cents mineurs), d'après les grévistes. Malheureusement aucune information à ce sujet n'est disponible sur le site de la compagnie.

partie. Dans un premier temps, nous allons prendre comme donnée l'inégalité des revenus du travail et du capital, et nous allons concentrer notre attention sur le partage global du revenu national entre capital et travail.

Que les choses soient bien claires : mon propos ici n'est pas d'instruire le procès des travailleurs contre les possédants, mais bien plutôt d'aider chacun à préciser sa pensée et à se faire une idée. Certes, l'inégalité capital-travail est extrêmement violente sur le plan symbolique. Elle heurte de plein fouet les conceptions les plus communes de ce qui est juste et de ce qui ne l'est pas, et il n'est guère étonnant que cela débouche parfois sur la violence physique. Pour tous ceux qui ne possèdent que leur travail, et qui souvent vivent dans des conditions modestes, voire très modestes dans le cas des paysans du XVIIIe siècle comme dans celui des mineurs de Marikana, il est difficile d'accepter que les détenteurs du capital – qui le sont parfois de façon héréditaire, au moins en partie – puissent sans travailler s'approprier une part significative des richesses produites. Or la part du capital peut atteindre des niveaux considérables, souvent entre le quart et la moitié de la production, parfois plus de la moitié dans des secteurs intensifs en capital tels que l'extraction minière, voire davantage lorsque des situations de monopoles locaux permettent aux propriétaires de s'approprier une part plus élevée encore.

Et, en même temps, chacun peut comprendre que si la totalité de la production était consacrée aux salaires et si rien n'allait aux profits, alors il serait sans doute difficile d'attirer des capitaux permettant de financer de nouveaux investissements, tout du moins dans le mode d'organisation économique actuel (on peut bien sûr en imaginer d'autres). Sans compter qu'il n'est pas forcément justifié de supprimer toute rémunération pour ceux qui choisissent d'épargner plus que d'autres – à supposer bien entendu qu'il s'agisse là d'une source importante de l'inégalité des fortunes, question que nous examinerons également. Et sans oublier non plus qu'une part de ce que l'on désigne comme « revenus du capital » correspond parfois à une rémunération du travail « entrepreneurial », au moins en partie, et devrait sans doute être traitée comme les autres formes de travail. Cet argument classique devra lui aussi être étudié de près. Compte tenu de tous ces éléments, quel est le « bon » niveau de partage capital-travail ? Est-on bien sûr que le « libre » fonctionnement d'une économie de marché et de propriété privée conduise partout et toujours à ce niveau optimal, comme par enchantement ? Comment, dans une société idéale, devrait-on organiser le partage capital-travail, et comment faire pour s'en approcher ?

Le partage capital-travail dans le long terme : pas si stable

Pour avancer — modestement — dans cette réflexion, et tenter au moins de préciser les termes d'un débat apparemment sans issue, il est utile de commencer par établir les faits aussi précisément et minutieusement que possible. Que sait-on exactement de l'évolution du partage capital-travail depuis le XVIIIe siècle ? Pendant longtemps, la thèse la plus répandue parmi les économistes, diffusée un peu trop hâtivement dans les livres de cours, a été celle d'une très grande stabilité à long terme du partage du revenu national entre travail et capital, généralement autour de deux tiers/un tiers[1]. Grâce au recul historique et aux nouvelles données dont nous disposons, nous allons démontrer que la réalité est nettement plus complexe.

D'une part, le partage capital-travail a connu au cours du siècle écoulé des retournements de grande ampleur, à

---

1. Environ 65 %-70 % pour les salaires et autres revenus du travail, et 30 %-35 % pour les profits, loyers et autres revenus du capital.

la mesure de l'histoire politique et économique chaotique du XXᵉ siècle. Les mouvements du XIXᵉ siècle, déjà évoqués dans l'introduction (hausse de la part du capital dans la première moitié du siècle, légère baisse et stabilisation ensuite), semblent en comparaison bien paisibles. Pour résumer : les chocs du « premier XXᵉ siècle » (1914-1945) – à savoir la Première Guerre mondiale, la révolution bolchevique de 1917, la crise de 1929, la Seconde Guerre mondiale, et les nouvelles politiques de régulation, de taxation et de contrôle public du capital issues de ces bouleversements – ont conduit à des niveaux historiquement bas pour les capitaux privés dans les années 1950-1960. Le mouvement de reconstitution des patrimoines se met en place très vite, puis s'accélère avec la révolution conservatrice anglo-saxonne de 1979-1980, l'effondrement du bloc soviétique en 1989-1990, la globalisation financière et la dérégulation des années 1990-2000, événements qui marquent un tournant politique allant en sens inverse du tournant précédent, et qui permettent aux capitaux privés de retrouver au début des années 2010, malgré la crise ouverte en 2007-2008, une prospérité patrimoniale inconnue depuis 1913. Tout n'est pas négatif dans cette évolution et dans ce processus de reconstitution des patrimoines, qui est en partie naturel et souhaitable. Mais cela change singulièrement la perspective que l'on peut avoir sur le partage capital-travail en ce début de XXIᵉ siècle, et les évolutions possibles pour les décennies qui viennent.

D'autre part, au-delà de ce double retournement du XXᵉ siècle, si l'on prend maintenant une perspective de très long terme, alors la thèse d'une complète stabilité du partage capital-travail se heurte au fait que la nature même du capital s'est radicalement transformée (du capital foncier et terrien du XVIIIᵉ siècle au capital immobilier, industriel et financier du XXIᵉ siècle), et surtout à l'idée selon laquelle la croissance moderne se caractériserait par la montée en puissance du « capital humain », thèse également très répandue parmi les économistes, et qui de prime abord semble impliquer une augmentation tendancielle de la part du travail dans le revenu national. Nous verrons qu'une telle tendance de très long terme est peut-être à l'œuvre, mais dans des proportions relativement modestes : la part du capital (non humain) en ce début de XXIe siècle apparaît à peine plus faible que ce qu'elle était au début du XIXe siècle. Les très hauts niveaux de capitalisation patrimoniale observés actuellement dans les pays riches semblent s'expliquer avant tout par le retour à un régime de croissance faible de la population et de la productivité – doublé d'un retour à un régime politique objectivement très favorable aux capitaux privés.

Pour bien comprendre ces transformations, nous verrons que l'approche la plus féconde consiste à analyser l'évolution du rapport capital/revenu (c'est-à-dire le rapport entre le stock total de capital et le flux annuel de revenu et de production), et non seulement du partage capital-travail (c'est-à-dire le partage du flux de revenu et de production entre revenus du capital et du travail), plus classiquement étudié dans le passé, en grande partie faute de données adéquates.

Mais, avant de présenter tous ces résultats de façon détaillée, il nous faut procéder par étapes. La première partie de ce livre a pour objectif d'introduire les notions fondamentales. Dans la suite de ce chapitre 1, nous allons commencer par présenter les concepts de production intérieure et de revenu national, de capital et de travail, et de rapport capital/revenu. Puis nous examinerons les transformations de la répartition mondiale de la production et du revenu depuis la révolution industrielle. Dans le chapitre 2, nous analyserons l'évolution générale des taux de croissance au cours de l'histoire, évolution qui jouera un rôle central pour la suite de l'analyse.

Une fois ces préalables posés, nous pourrons étudier dans la deuxième partie de ce livre la dynamique du rapport capital/revenu et du partage capital-travail, en procédant là encore par étapes. Dans le chapitre 3, nous examinerons les transformations de la composition du capital et du rapport capital/revenu depuis le XVIIIe siècle, en commençant par le cas du Royaume-Uni et de la France, le mieux connu sur très longue période. Le chapitre 4 introduira ensuite le cas de l'Allemagne, et surtout de l'Amérique, qui complète utilement le prisme européen. Enfin, les chapitres 5 et 6 tenteront d'étendre ces analyses à l'ensemble des pays riches, et dans la mesure du possible à l'ensemble de la planète, et d'en tirer les leçons pour la dynamique du rapport capital/revenu et du partage capital-travail au niveau mondial en ce début de XXIe siècle.

La notion de revenu national

Il est utile de commencer par présenter la notion de « revenu national », à laquelle nous aurons fréquemment recours dans ce livre. Par définition, le revenu national mesure l'ensemble des revenus dont disposent les résidents d'un pays donné au cours d'une année, quelle que soit la forme juridique que prennent ces revenus.

Le revenu national est étroitement relié à la notion de « produit intérieur brut » (PIB), souvent utilisée dans le débat public, avec toutefois deux différences importantes. Le PIB mesure l'ensemble des biens et services produits au cours d'une année sur le territoire d'un pays donné. Pour calculer le revenu national, il faut commencer par soustraire du PIB la dépréciation du capital qui a permis de réaliser ces productions, c'est-à-dire l'usure des bâtiments, équipements, machines, véhicules, ordinateurs, etc., utilisés au cours d'une année. Cette masse considérable, qui atteint actuellement de l'ordre de 10 % du PIB dans la plupart des pays, ne constitue en effet un revenu pour personne : avant de distribuer des salaires aux travailleurs, des dividendes aux actionnaires ou de réaliser des investissements véritablement nouveaux, il faut bien commencer par remplacer ou réparer le capital usagé. Et si on ne le fait pas, alors cela correspond à une perte de patrimoine, donc à un revenu négatif pour les propriétaires. Une fois déduite la dépréciation du capital du produit intérieur brut, on obtient le « produit intérieur net », que nous appellerons plus simplement « production intérieure », et qui est typiquement égal à 90 % du PIB.

Puis il faut ajouter les revenus nets reçus de l'étranger (ou bien retrancher les revenus nets versés à l'étranger, suivant la situation du pays). Par exemple, un pays dont l'ensemble des entreprises et du capital est possédé par des propriétaires étrangers peut fort bien avoir une production intérieure très élevée mais un revenu national nettement plus faible, une fois déduits les profits et loyers partant à l'étranger. Inversement, un pays possédant une bonne partie du capital d'autres pays peut disposer d'un revenu national beaucoup plus élevé que sa production intérieure.

Nous reviendrons plus loin sur des exemples de ces deux types de situations, tirés de l'histoire du capitalisme et du monde actuel. Précisons d'emblée que ce type d'inégalités internationales peut être générateur de très fortes tensions politiques. Il n'est pas anodin pour un pays de travailler pour un autre pays, et de lui verser durablement une part significative de sa production sous forme de dividendes ou de loyers. Pour qu'un tel système puisse tenir – jusqu'à un certain point –, il doit souvent s'accompagner de relations de domination politique, comme ce fut le cas à l'époque du colonialisme, quand l'Europe possédait de fait une bonne part du reste du monde. Une des questions centrales de notre enquête est de savoir dans quelle mesure et sous quelles conditions ce type de situation est susceptible de se reproduire au cours du XXIe siècle, éventuellement sous d'autres configurations géographiques, par exemple avec l'Europe dans le rôle du possédé plutôt que du possédant (crainte actuellement fort répandue sur le Vieux Continent – peut-être trop : nous verrons).

À ce stade, contentons-nous de noter que la plupart des pays, riches ou émergents, sont actuellement dans des situations beaucoup plus équilibrées que ce que l'on imagine parfois. En France comme aux États-Unis, en Allemagne comme au Royaume-Uni, en Chine comme au Brésil, au Japon comme en Italie, le revenu national n'est aujourd'hui pas très différent de la production intérieure – à 1 % ou 2 % près. Autrement dit, dans tous ces pays, les flux entrant et sortant de profits, d'intérêts, de dividendes, de loyers, etc., s'équilibrent à peu près, avec généralement des revenus nets reçus de l'étranger légèrement positifs pour les pays riches. En première approximation, les résidents de ces différents pays possèdent au travers de leurs placements immobiliers et financiers à peu près autant de richesses dans le reste du monde que le reste du monde en possède chez eux. Contrairement à une légende tenace, la France n'est pas possédée par les fonds de pension californiens ou la Banque de Chine, pas plus que les États-Unis ne sont la propriété des investisseurs japonais ou allemands. La crainte de telles situations est tellement forte que les fantasmes devancent souvent en cette matière la réalité. Aujourd'hui, la réalité est que l'inégalité du capital est beaucoup plus domestique qu'internationale : elle oppose davantage les riches et les pauvres à l'intérieur de chaque pays que les pays entre eux. Mais il n'en a pas toujours été ainsi dans l'histoire, et il est parfaitement légitime de se demander sous quelles conditions cette situation peut évoluer au cours du XXIe siècle, d'autant plus que certains pays – le Japon, l'Allemagne, les pays pétroliers, et à un degré moindre la Chine – ont accumulé dans le passé récent des créances non négligeables (quoique nettement inférieures à ce jour aux records coloniaux) vis-à-vis du reste du monde. Nous verrons également que la très forte progression des participations croisées entre pays (chacun est possédé pour une large part par les autres) peut légitimement accroître le sentiment de dépossession, y compris si les positions nettes sont relativement faibles.

Pour résumer, au niveau de chaque pays, le revenu national peut être supérieur ou inférieur à la production intérieure, suivant que les revenus nets reçus de l'étranger sont positifs ou négatifs :

Revenu national = production intérieure + revenus nets reçus de l'étranger[1]

Au niveau mondial, les revenus reçus et versés à l'étranger s'équilibrent, si bien que le revenu est par définition égal à la production :

Revenu mondial = production mondiale[2]

Cette égalité entre les flux annuels de revenu et de production est une évidence conceptuelle et comptable, mais elle traduit une réalité importante. Au cours d'une année donnée, il n'est pas possible de distribuer plus de revenus que de nouvelles richesses n'ont été produites (sauf à s'endetter vis-à-vis d'un autre pays, ce qui n'est pas possible au niveau mondial). Inversement, toute la production doit être distribuée sous forme de revenus – d'une façon ou d'une autre : soit sous forme de salaires,

---

1. Le revenu national est aussi appelé « produit national net » (par opposition au « produit national brut », PNB, qui inclut la dépréciation du capital). Nous utiliserons l'expression « revenu national », plus simple et plus intuitive. Les revenus nets issus de l'étranger sont définis comme la différence entre les revenus reçus de l'étranger et les revenus versés à l'étranger. Ces flux croisés concernent principalement les revenus du capital, mais incluent aussi les revenus du travail et les transferts unilatéraux (par exemple des migrants vers leur pays d'origine). Voir annexe technique.

2. Le revenu mondial est naturellement défini comme la somme du revenu national des différents pays, et la production mondiale comme la somme de la production intérieure des différents pays.

traitements, honoraires, primes, etc., versés aux salariés et aux personnes qui ont apporté le travail utilisé dans la production (revenus du travail) ; soit sous forme de profits, dividendes, intérêts, loyers, royalties, etc., revenant aux propriétaires du capital utilisé dans la production (revenus du capital).

Qu'est-ce que le capital ?

Récapitulons. Au niveau des comptes d'une entreprise comme d'un pays pris dans son ensemble ou de la planète tout entière, la production et les revenus qui en sont issus peuvent se décomposer comme la somme des revenus du capital et du travail :

Revenu national = revenus du capital + revenus du travail

Mais qu'est-ce que le capital ? Quelles en sont exactement les limites et les formes, et comment sa composition s'est-elle transformée au cours du temps ? Cette question, centrale pour notre enquête, sera examinée plus en détail dans les prochains chapitres. Il est toutefois utile de préciser dès à présent les points suivants.

Tout d'abord, tout au long de ce livre, quand nous parlons de « capital », sans autre précision, nous excluons toujours ce que les économistes appellent souvent – et à notre sens assez improprement – le « capital humain », c'est-à-dire la force de travail, les qualifications, la formation, les capacités individuelles. Dans le cadre de ce livre, le capital est défini comme l'ensemble des actifs non humains qui peuvent être possédés et échangés sur un marché. Le capital comprend notamment l'ensemble du capital immobilier (immeubles, maisons) utilisé pour le logement et du capital financier et professionnel (bâtiments, équipements, machines, brevets, etc.) utilisé par les entreprises et les administrations.

Il existe de multiples raisons pour exclure le capital humain de notre définition du capital. La plus évidente est que le capital humain ne peut pas être possédé par une autre personne, ni échangé sur un marché, ou tout du moins pas sur une base permanente. Cela constitue une différence essentielle avec les autres formes de capital. On peut certes louer les services de son travail, dans le cadre d'un contrat de travail. Mais, dans tous les systèmes légaux modernes, cela ne peut se faire que sur une base temporaire et limitée dans le temps et dans l'usage. Sauf évidemment dans les sociétés esclavagistes, où il est permis de posséder de façon pleine et entière le capital humain d'une autre personne, et même de ses éventuels descendants. Dans de telles sociétés, il est possible de vendre les esclaves sur un marché et de les transmettre par succession, et il est monnaie courante d'additionner la valeur des esclaves aux autres éléments de patrimoine. Nous verrons cela quand nous étudierons la composition du capital privé dans le sud des États-Unis avant 1865. Mais en dehors de ces cas très particuliers, et *a priori* révolus, cela n'a pas beaucoup de sens de tenter d'additionner la valeur du capital non humain et celle du capital humain. Ces deux formes de richesses ont joué tout au long de l'histoire des rôles fondamentaux et complémentaires dans le processus de croissance et de développement économique, et il en ira de même au XXIe siècle. Mais, pour bien comprendre ce processus et la structure des inégalités qu'il engendre, il importe de les distinguer et de les traiter séparément.

Le capital non humain, que nous appellerons plus simplement le « capital » dans le cadre de ce livre, regroupe donc toutes les formes de richesses qui peuvent *a priori* être possédées par des individus (ou des groupes d'individus) et transmises ou échangées sur un marché sur une base permanente. En pratique, le capital peut être possédé soit par des individus privés (on parle alors de capital privé), soit par l'État ou les administrations publiques (on parle de capital public). Il existe également des formes intermédiaires de propriété collective par des personnes morales poursuivant des objectifs spécifiques (fondations, Églises, etc.), sur lesquelles nous reviendrons. Il va de soi que la frontière entre ce qui peut être possédé par des individus privés et ce qui ne peut pas l'être évolue fortement dans le temps et dans l'espace, comme l'illustre de façon extrême le cas de l'esclavage. Il en va de même pour l'air, la mer, les montagnes, les monuments historiques, les connaissances. Certains intérêts privés voudraient pouvoir les posséder, mettant parfois en avant un objectif d'efficacité, et pas seulement leur intérêt propre. Mais il n'est pas sûr du tout que ce soit là l'intérêt général. Le capital n'est pas un concept immuable : il reflète l'état de développement et les rapports sociaux qui régissent une société donnée.

Capital et patrimoine

Pour simplifier l'exposition, nous utiliserons les mots « capital » et « patrimoine » de façon interchangeable, comme des synonymes parfaits. Selon certaines définitions, il faudrait réserver l'usage du mot « capital » aux formes de patrimoine accumulées par l'homme (bâtiments, machines, équipements, etc.), en excluant donc la terre ou les ressources naturelles, dont l'espèce humaine a hérité sans avoir eu à les accumuler. La terre serait donc un élément de patrimoine, et non de capital. La difficulté est qu'il n'est pas toujours évident de séparer la valeur des bâtiments de celle des terrains sur lesquels ils sont construits. Plus grave encore, nous verrons qu'il est très difficile de séparer la valeur des terres « vierges » (telles que découvertes par l'homme il y a des siècles ou des millénaires) de celle des multiples améliorations – drainage, irrigation, jachère, etc. – apportées par l'homme aux terres agricoles. Les mêmes problèmes se posent pour les ressources naturelles – pétrole, gaz, « terres rares », etc. – dont la valeur pure est souvent complexe à distinguer de celle des investissements qui ont permis de découvrir ces gisements et de les exploiter. Nous inclurons donc toutes ces formes de richesses dans le capital – ce qui bien sûr ne nous dispensera pas de nous intéresser de près aux origines des patrimoines, et en particulier à la frontière entre ce qui provient de l'accumulation ou de l'appropriation.

Selon d'autres définitions, il faudrait réserver le mot « capital » aux éléments de patrimoine directement utilisés dans le processus de production. Par exemple, il faudrait considérer l'or comme un élément de patrimoine, et non comme un élément de capital, car l'or ne servirait à rien d'autre que comme une pure réserve de valeur. Là encore, une telle exclusion ne nous semble ni praticable – l'or est parfois utilisé comme facteur de production, dans la joaillerie comme dans l'électronique ou les nanotechnologies – ni souhaitable. Toutes les formes de capital ont toujours joué un double rôle, d'une part comme réserve de valeur et d'autre part comme facteur de production. Il nous est donc apparu plus simple de ne pas imposer de distinction rigide entre le concept de patrimoine et celui de capital.

De même, il nous semblerait peu pertinent d'exclure l'immobilier d'habitation de la définition du « capital », au motif que ces biens immobiliers seraient « non productifs », à la différence du « capital productif » utilisé par les entreprises et les administrations : bâtiments à usage professionnel, bureaux, machines, équipements, etc. En vérité, toutes ces formes de patrimoine sont utiles et productives et correspondent aux deux grandes fonctions économiques du capital. Si l'on oublie un instant son rôle comme réserve de valeur, le capital est utile d'une part pour se loger (c'est-à-dire pour produire des « services de logement », dont la valeur est mesurée par la valeur locative des habitations), et d'autre part comme facteur de production pour les entreprises et administrations produisant d'autres biens et services (et qui ont besoin de bâtiments, bureaux, machines, équipements, etc., pour réaliser ces productions). Nous verrons plus loin que ces deux grandes fonctions représentent chacune approximativement la moitié du stock de capital des pays développés en ce début de XXIe siècle.

Résumons. Nous définirons le « patrimoine national » ou « capital national » comme la valeur totale, estimée aux prix du marché, de tout ce que possèdent les résidents et le gouvernement d'un pays donné à un moment donné, et qui peut potentiellement être échangé sur un marché[1]. Il s'agit de la somme des actifs non financiers (logements, terrains, fonds de commerce, bâtiments, machines, équipements, brevets et autres actifs professionnels détenus directement) et des actifs financiers (comptes bancaires, plans d'épargne, obligations, actions et autres parts de sociétés, placements financiers de toute nature, contrats d'assurance vie, fonds de pension, etc.), diminuée des passifs financiers (c'est-à-dire de toutes les dettes)[2]. Si on se limite aux actifs et passifs détenus par les individus privés, alors on obtient le patrimoine privé ou capital privé. Si l'on considère les actifs et passifs détenus par l'État et les administrations publiques (collectivités locales, administrations de Sécurité sociale, etc.), on obtient le patrimoine public ou capital public. Par définition, le patrimoine national est la somme de ces deux termes :

---

1. En langue anglaise, on parle de « *national wealth* » ou « *national capital* ». Nous éviterons d'utiliser l'expression « richesse nationale », car en français le mot « richesse » – davantage encore que le mot « *wealth* » en anglais – est souvent utilisé de façon ambiguë, pour désigner parfois un flux (les richesses produites dans l'année), et parfois un stock (la richesse comme patrimoine total possédé à un point du temps). Au XVIIIe et au XIXe siècle, les auteurs français parlaient souvent de « fortune nationale », et les auteurs anglais de « *national estate* » (rappelons que le mot « *estate* » désigne en anglais l'ensemble du patrimoine, qu'il s'agisse des biens immobiliers – « *real estate* » – ou des autres biens – « *personal estate* »). Il s'agit toujours du même concept.

2. Nous utilisons pour l'essentiel les mêmes définitions et les mêmes catégories d'actifs et de passifs que celles fixées par les normes internationales de comptabilité nationale actuellement en vigueur, avec quelques légères différences que nous précisons et discutons dans l'annexe technique.

Patrimoine national = patrimoine privé + patrimoine public

Actuellement, le patrimoine public est extrêmement faible dans la plupart des pays développés (voire négatif, quand les dettes publiques dépassent les actifs publics), et nous verrons que le patrimoine privé représente un peu partout la quasi-totalité du patrimoine national. Mais il n'en a pas toujours été ainsi, et il importe donc de bien distinguer les deux notions.

Précisons que le concept de capital que nous utilisons exclut certes le capital humain (qui ne peut être échangé sur un marché, tout du moins dans les sociétés non esclavagistes), mais ne se réduit pas pour autant au capital « physique » (terrains, bâtiments, équipements, et autres biens ayant une existence matérielle). Nous incluons également le capital « immatériel », par exemple sous la forme des brevets et autres droits de la propriété intellectuelle, qui sont comptés soit comme actifs non financiers (si des individus détiennent directement des brevets), soit comme actifs financiers, lorsque des personnes privées détiennent des actions dans des sociétés détenant elles-mêmes des brevets, ce qui est le cas le plus souvent. Plus généralement, de multiples formes de capital immatériel sont prises en compte à travers la capitalisation boursière des sociétés. Par exemple, la valeur de marché d'une société dépend souvent de sa réputation et de celle de ses marques, de ses systèmes d'information et de ses modes d'organisation, des investissements matériels et immatériels réalisés pour accroître la visibilité et l'attractivité de ses produits et de ses services, de ses dépenses de recherche et développement, etc. Tout cela est pris en compte dans le prix des actions et autres parts de sociétés, et donc dans la valeur du patrimoine national.

Il y a certes un côté largement arbitraire et incertain dans le prix que les marchés financiers mettent à un instant donné sur le capital immatériel d'une société particulière, voire d'un secteur tout entier, comme l'attestent l'éclatement de la bulle Internet de 2000, la crise financière en cours depuis 2007-2008 et plus généralement l'énorme volatilité boursière. Mais il est important de réaliser dès à présent qu'il s'agit là d'une caractéristique commune à toutes les formes de capital, et pas seulement au capital immatériel. Qu'il s'agisse d'un immeuble ou d'une entreprise, d'une société industrielle ou de services, il est toujours très difficile de mettre un prix sur le capital. Et pourtant nous verrons que le niveau global du patrimoine national, au niveau d'un pays pris dans son ensemble et non de tel ou tel actif particulier, suit un certain nombre de lois et de régularités.

Précisons enfin qu'au niveau de chaque pays le patrimoine national peut se décomposer en capital intérieur et capital étranger :

Patrimoine national = capital national = capital intérieur + capital étranger net

Le capital intérieur mesure la valeur du stock de capital (immobilier, entreprises, etc.) implanté sur le territoire du pays considéré. Le capital étranger net – ou actifs étrangers nets – mesure la position patrimoniale du pays considéré vis-à-vis du reste du monde, c'est-à-dire la différence entre les actifs possédés par les résidents du pays dans le reste du monde et les actifs possédés par le reste du monde dans le pays en question. À la veille de la Première Guerre mondiale, le Royaume-Uni et la France possédaient des actifs étrangers nets considérables dans le reste du monde. Nous verrons qu'une des caractéristiques de la mondialisation financière à l'œuvre depuis les années 1980-1990 est que de nombreux pays peuvent avoir des positions patrimoniales nettes assez proches de l'équilibre mais des positions brutes extrêmement élevées. Autrement dit, les jeux de participations financières croisées entre sociétés font que chacun possède une part importante du capital domestique des autres pays, sans pour autant que les positions nettes entre pays soient très importantes. Il va de soi qu'au niveau mondial toutes les positions nettes s'équilibrent, si bien que le patrimoine mondial se réduit au capital intérieur de la planète tout entière.

Le rapport capital/revenu

Maintenant que nous avons défini les concepts de revenu et de capital, nous pouvons présenter la première loi élémentaire reliant ces deux notions. Commençons par définir le rapport capital/revenu.

Le revenu est un flux. Il correspond à la quantité de richesses produites et distribuées au cours d'une période donnée (on choisit généralement l'année comme période de référence).

Le capital est un stock. Il correspond à la quantité totale de richesses possédées à un point donné du temps. Ce stock provient des richesses appropriées ou accumulées au cours de toutes les années passées.

La façon la plus naturelle et la plus féconde de mesurer l'importance du capital dans une société donnée consiste à diviser le stock de capital par le flux annuel de revenu. Ce ratio capital/revenu, ou rapport capital/revenu, sera noté β.

Par exemple, si la valeur totale du capital d'un pays représente l'équivalent de six années de revenu national, alors on note $\beta = 6$ (ou $\beta = 600\,\%$).

Actuellement, dans les pays développés, le rapport capital/revenu se situe généralement entre cinq et six, et provient presque uniquement du capital privé. En France comme au Royaume-Uni, en Allemagne comme en Italie, aux États-Unis comme au Japon, le revenu national atteint ainsi environ 30 000 euros-35 000 euros par habitant au début des années 2010, alors que le total des patrimoines privés (nets des dettes) est typiquement de l'ordre de 150 000 euros-200 000 euros par habitant, soit entre cinq et six années de revenu national. Il existe des variations intéressantes entre pays, à l'intérieur de l'Europe comme à l'extérieur : le rapport β est ainsi supérieur à six au Japon et en Italie, et inférieur à cinq aux États-Unis et en Allemagne ; le patrimoine public est tout juste positif dans certains pays, et légèrement négatif dans d'autres ; et ainsi de suite. Nous étudierons cela de façon détaillée dans les prochains chapitres. À ce stade, il est suffisant d'avoir présents à l'esprit ces ordres de grandeur, qui permettent de fixer utilement les idées[1].

Le fait que le revenu national soit de l'ordre de 30 000 euros par habitant et par an (2 500 euros par mois) dans les pays riches des années 2010 ne signifie évidemment pas que chacun dispose de cette somme. Comme toutes les moyennes, ce revenu moyen dissimule d'énormes disparités : en pratique, beaucoup de personnes ont un revenu nettement inférieur à 2 500 euros par mois, et d'autres ont des revenus plusieurs dizaines de fois supérieurs. Les disparités de revenus proviennent d'une part de l'inégalité des revenus du travail, et d'autre part de l'inégalité encore plus forte des revenus du capital, qui découle elle-même de l'extrême concentration des patrimoines. Ce revenu national moyen signifie simplement que si l'on pouvait distribuer à chacun le même revenu, sans modifier le niveau global de la production et du revenu national, alors ce revenu serait de l'ordre de 2 500 euros par mois[2].

---

1. Tous les chiffres détaillés par pays peuvent être consultés dans des tableaux disponibles en ligne dans l'annexe technique.

2. En pratique, le revenu médian (c'est-à-dire le revenu au-dessous duquel se trouve la moitié de la population) est généralement de l'ordre de 20 %-30 % plus faible que le revenu moyen. Cela provient du fait que le haut de la distribution est beaucoup plus étiré que le bas et le milieu, ce qui tire la moyenne (et non la médiane) vers le haut. Précisons également que le revenu national par habitant correspond à un concept de revenu moyen avant impôts et transferts. En pratique, les habitants des pays riches choisissent de consacrer entre un tiers et la moitié de leur

De même, un patrimoine privé de l'ordre de 180 000 euros par habitant, soit six années de revenu moyen, n'implique pas que chacun possède un tel capital. Beaucoup possèdent nettement moins, et certains possèdent plusieurs millions ou dizaines de millions d'euros de capital. Pour une bonne partie de la population, le patrimoine se réduit souvent à très peu de chose, nettement moins qu'une année de revenu : par exemple quelques milliers d'euros d'avance sur un compte en banque, l'équivalent de quelques semaines ou quelques mois de salaire. Certains ont même un patrimoine négatif, lorsque les biens qu'ils possèdent ont une valeur inférieure à leurs dettes. Inversement, d'autres possèdent des patrimoines considérables, représentant l'équivalent de dix ou vingt années de leur revenu, voire davantage. Le rapport capital/revenu, mesuré au niveau d'un pays dans son ensemble, ne nous dit rien sur les inégalités à l'intérieur de ce pays. Mais ce rapport β mesure l'importance globale du capital dans une société, et son analyse constitue donc un préalable indispensable à l'étude des inégalités. L'objectif central de la deuxième partie de ce livre est précisément de comprendre pourquoi et comment le rapport capital/revenu varie entre les pays et évolue dans l'histoire.

Afin d'aider chacun à visualiser la forme concrète que prennent les patrimoines dans le monde d'aujourd'hui, il est utile de préciser que le stock de capital dans les pays développés se partage actuellement en deux moitiés approximativement égales : capital logement d'une part, et capital productif utilisé par les entreprises et administrations d'autre part. Pour simplifier, dans les pays riches des années 2010, chaque habitant

---

revenu national aux impôts, prélèvements et taxes variées permettant de financer des services publics, des infrastructures, la protection sociale, une bonne part de leurs dépenses de santé et d'éducation, etc. La question des impôts et des dépenses publiques sera analysée principalement dans la quatrième partie.

gagne en moyenne de l'ordre de 30 000 euros de revenu annuel, et possède environ 180 000 euros de patrimoine, dont 90 000 euros sous forme d'immobilier d'habitation, et 90 000 euros sous forme d'actions, obligations et autres parts, plans d'épargne ou placements financiers investis dans les entreprises et les administrations[1]. Il existe des variations intéressantes entre pays, que nous analyserons dans le prochain chapitre. Mais, en première analyse, l'idée d'un partage en deux parties de valeur comparable constitue un point de repère utile.

La première loi fondamentale du capitalisme : $\alpha = r \times \beta$

Nous pouvons maintenant présenter la première loi fondamentale du capitalisme, qui permet d'associer le stock de capital au flux de revenus du capital. Le rapport capital/revenu β est en effet relié très simplement à la part des revenus du capital dans le revenu national, part qui sera notée α, à travers la formule suivante :

$$\alpha = r \times \beta$$

Où r est le taux de rendement moyen du capital.

---

1. Au sein de ces masses énormes, les billets et pièces (inclus dans les actifs financiers) représentent des quantités minuscules : quelques centaines d'euros par habitant ; et quelques milliers si l'on inclut l'or, l'argent et les objets de valeur ; soit au total 1 %-2 % des patrimoines. Voir annexe technique. Par ailleurs, nous verrons que les actifs publics avoisinent actuellement les dettes publiques, donc il n'est pas absurde de considérer que les ménages détiennent ces actifs au travers de leurs actifs financiers.

Par exemple, si $\beta = 600\,\%$ et $r = 5\,\%$, alors $\alpha = r \times \beta = 30\,\%$[1].

Autrement dit, si le patrimoine représente l'équivalent de six années de revenu national dans une société donnée, et si le taux de rendement moyen du capital est de 5 % par an, alors la part du capital dans le revenu national est de 30 %.

La formule $\alpha = r \times \beta$ est une pure égalité comptable. Elle s'applique dans toutes les sociétés et à toutes les époques, par définition. Bien que tautologique, elle doit pourtant être considérée comme la première loi fondamentale du capitalisme, car elle permet de relier de façon simple et transparente les trois concepts les plus importants pour l'analyse du système capitaliste : le rapport capital/revenu, la part du capital dans le revenu, et le taux de rendement du capital.

Le taux de rendement du capital est un concept central de nombreuses théories économiques, en particulier dans l'analyse marxiste, avec la thèse de la baisse tendancielle du taux de profit – prédiction historique dont nous verrons qu'elle s'est révélée fort erronée, même si elle est porteuse d'une intuition intéressante. Ce concept joue également un rôle central dans toutes les autres théories. Dans tous les cas, le taux de rendement du capital mesure ce que rapporte un capital au cours d'une année, quelle que soit la forme juridique que prennent ces revenus (profits, loyers, dividendes, intérêts, royalties, plus-values, etc.), exprimé en pourcentage de la valeur du capital investi. Il s'agit donc d'une notion plus large que celle de « taux de profit[2] » et beaucoup plus

---

1. La formule $\alpha = r \times \beta$ se lit « α égale r multiplié par β ». Par ailleurs, « $\beta = 600\,\%$ » est équivalent à « $\beta = 6$ », de même que « $\alpha = 30\,\%$ » est équivalent à « $\alpha = 0{,}30$ », et que « $r = 5\,\%$ » est équivalent à « $r = 0{,}05$ ».

2. Nous préférons parler de « taux de rendement du capital » plutôt que de « taux de profit », d'une part parce que le profit n'est qu'une des formes juridiques que prennent les revenus du capital, et d'autre part parce que

large que celle de « taux d'intérêt[1] », même si elle les englobe toutes les deux.

Évidemment, le taux de rendement peut varier énormément suivant les types d'investissements et de placements. Certaines entreprises peuvent générer des taux de rendement supérieurs à 10 % par an, voire bien davantage, alors que d'autres font des pertes (taux de rendement négatif). Le taux de rendement moyen des actions atteint 7 %-8 % sur longue période dans de nombreux pays. Les placements immobiliers et obligataires ne dépassent souvent pas les 3 %-4 %, et le taux d'intérêt réel sur la dette publique est parfois plus faible encore. La formule $\alpha = r \times \beta$ ne nous informe pas sur ces subtilités. Mais elle nous indique comment ces trois notions sont reliées les unes aux autres, ce qui permet déjà de cadrer utilement les débats.

Par exemple, dans les pays riches des années 2010, on constate que les revenus du capital (profits, intérêts, dividendes, loyers, etc.) gravitent généralement autour de 30 % du revenu national. Avec un rapport patrimoine/revenu de l'ordre de 600 %, cela signifie que le taux de rendement moyen du capital est d'environ 5 %.

Concrètement, le revenu national d'environ 30 000 euros par

---

l'expression « taux de profit » a souvent été utilisée de façon ambiguë, parfois pour désigner effectivement le taux de rendement, et parfois pour désigner – à tort – la part des profits dans le revenu ou la production (c'est-à-dire pour désigner α et non r, ce qui est très différent). Il arrive également que l'expression « taux de marge » soit utilisée pour désigner la part des profits α.

1. Les intérêts représentent une forme très particulière de revenus du capital, et beaucoup moins représentative par exemple que les profits, les loyers ou les dividendes (qui constituent des masses beaucoup plus importantes que les intérêts, compte tenu de la composition moyenne du capital). Le « taux d'intérêt » (qui en outre varie énormément suivant l'identité de l'emprunteur) n'est donc pas représentatif du taux moyen de rendement du capital, et lui est souvent nettement inférieur ; cette notion nous sera surtout utile pour analyser l'actif très spécifique que constitue la dette publique.

habitant actuellement en vigueur dans les pays riches se décompose approximativement en 21 000 euros de revenu du travail (70 %) et 9 000 euros de revenu du capital (30 %). Chaque habitant possède un patrimoine moyen de 180 000 euros, et le revenu du capital de 9 000 euros par habitant et par an qu'il reçoit correspond donc à un rendement moyen de 5 % par an.

Là encore, il ne s'agit que de moyennes : certaines personnes touchent des revenus du capital très supérieurs à 9 000 euros par an, alors que d'autres n'en touchent aucun, et se contentent de verser des loyers à leur propriétaire ou des intérêts à leurs créanciers. Il existe en outre des variations non négligeables entre pays. Sans compter que la mesure de la part des revenus du capital soulève des difficultés pratiques et conceptuelles importantes, car il existe des catégories de revenus – en particulier les revenus d'activité non salariée, ou le revenu « entrepreneurial » – qu'il est souvent difficile de décomposer précisément entre travail et capital. Cela peut parfois fausser les comparaisons. Dans ces conditions, la méthode la moins imparfaite permettant de mesurer la part du capital peut être d'appliquer un taux de rendement moyen plausible au rapport capital/revenu. Nous reviendrons de façon détaillée dans la suite de ce livre sur ces questions délicates et essentielles. À ce stade, les ordres de grandeur donnés plus haut (β = 600 %, α = 30 %, r = 5 %) peuvent être considérés comme des points de repère utiles.

Pour fixer les idées, on peut aussi noter que le taux de rendement moyen de la terre dans les sociétés rurales est typiquement de l'ordre de 4 %-5 %. Dans les romans de Jane Austen et de Balzac, le fait que la rente annuelle apportée par un capital terrien – ou d'ailleurs par des titres de dette publique – soit égale à environ 5 % de la valeur de ce capital, ou bien encore que la valeur d'un capital corresponde à environ vingt années de rente annuelle, est une évidence, à tel point qu'ils omettent souvent de le préciser explicitement.

Chaque lecteur sait bien qu'il faut un capital de l'ordre de 1 million de francs pour produire une rente annuelle de 50 000 francs. Pour les romanciers du XIXe siècle comme pour leurs lecteurs, l'équivalence entre patrimoine et rente annuelle va de soi, et l'on passe en permanence d'une échelle de mesure à l'autre, sans autre forme de procès, comme si l'on utilisait des registres de synonymes parfaits, ou deux langues parallèles connues de tous.

On retrouve ce même type de rendement – environ 4 %-5 % – pour l'immobilier en ce début de XXIe siècle – parfois un peu moins, en particulier quand les prix ont beaucoup monté, sans que les loyers les aient totalement suivis. Par exemple, au début des années 2010, un grand appartement parisien d'une valeur de 1 million d'euros se loue souvent pour à peine plus de 2 500 euros par mois, soit 30 000 euros de valeur locative annuelle, ce qui correspond à un rendement annuel de seulement 3 % par an du point de vue du propriétaire. Cela représente tout de même une somme considérable à débourser pour un locataire ne disposant que du revenu de son travail (on lui souhaite un salaire élevé), et un revenu appréciable pour le détenteur. La mauvaise nouvelle – ou la bonne, c'est selon – est qu'il en a toujours été ainsi, et même que ce type de loyer tend généralement à augmenter pour se rapprocher d'un rendement locatif de l'ordre de 4 % par an (ce qui correspond dans l'exemple choisi ici à environ 3 000 euros-3 500 euros de loyer mensuel, soit 40 000 euros de valeur locative annuelle). Il est donc probable que le loyer de ce locataire augmente à l'avenir. Ce rendement locatif annuel peut en outre être complété pour le propriétaire par une éventuelle plus-value à long terme. On retrouve ce même type de rendement, parfois un peu plus élevé, pour des appartements plus petits. Un appartement valant 100 000 euros peut rapporter un loyer de 400 euros par mois, soit près de 5 000 euros par an (5 %). Détenir un tel bien et choisir de l'habiter peut également permettre d'économiser un loyer équivalent et de consacrer la somme à d'autres usages, ce qui revient au même.

Pour ce qui concerne le capital investi dans des sociétés – plus risqué par nature – le rendement moyen est souvent plus élevé. La capitalisation boursière des sociétés cotées, dans les différents pays, représente généralement entre douze et quinze années de bénéfice annuel, ce qui correspond à un taux de rendement annuel – généralement avant impôts – compris entre 6 % et 8 %.

La formule $\alpha = r \times \beta$ permet d'analyser l'importance du capital au niveau d'un pays dans son ensemble, ou même de la planète tout entière. Mais elle peut aussi être utilisée pour étudier les comptes d'une entreprise particulière. Par exemple, considérons une entreprise utilisant un capital (bureaux, équipements, machines) d'une valeur de 5 millions d'euros, et réalisant une production annuelle de 1 million d'euros, qui se partage entre 600 000 euros de masse salariale et 400 000 euros de profits[1]. Le rapport capital/production de cette société est $\beta = 5$ (son capital représente l'équivalent de cinq années de production), la part du capital dans sa production est $\alpha = 40\,\%$, et le taux de rendement de son capital est $r = 8\,\%$.

Imaginons une autre compagnie utilisant moins de capital (3 millions d'euros), mais réalisant la même production

---

1. La production annuelle à laquelle nous nous référons ici correspond à ce que l'on appelle parfois la « valeur ajoutée » de l'entreprise, c'est-à-dire la différence entre le produit de ses ventes de biens et services (le « chiffre d'affaires ») et le coût de ses achats de biens et services aux autres entreprises (la « consommation intermédiaire »). La valeur ajoutée mesure la contribution de l'entreprise à la production intérieure du pays. Par définition, la valeur ajoutée mesure également les sommes dont l'entreprise dispose pour rémunérer le travail et le capital mobilisés pour cette production. Nous nous référons ici à la valeur ajoutée nette de la dépréciation du capital (c'est-à-dire après avoir retiré les coûts liés à l'usure du capital et des équipements) et aux profits nets de dépréciation.

(1 million d'euros), en utilisant plus de travail (700 000 euros de salaires, 300 000 euros de profits). Pour cette société, on a donc : β = 3, α = 30 %, r = 10 %. La seconde entreprise est moins intensive en capital que la première, mais elle est plus profitable (le taux de rendement de son capital est sensiblement supérieur).

Dans tous les pays, les grandeurs β, α et r varient fortement selon les entreprises. Certains secteurs sont plus intensifs en capital que d'autres – la métallurgie et l'énergie sont plus intensives en capital que le textile ou l'agroalimentaire, et l'industrie est plus intensive que les services. Il existe aussi des variations significatives parmi les entreprises d'un même secteur, suivant les choix de techniques de production et de positionnement sur le marché. Les niveaux atteints par β, α et r dans tel ou tel pays dépendent également de l'importance prise par l'immobilier d'habitation d'une part, et par les ressources naturelles d'autre part.

Il convient d'insister sur le fait que la loi α = r × β ne nous dit pas comment sont déterminées ces trois grandeurs, et en particulier comment est déterminé le rapport capital/revenu au niveau d'un pays, rapport qui mesure en quelque sorte l'intensité capitalistique d'une société donnée. Pour avancer dans cette direction, il nous faudra introduire d'autres mécanismes et d'autres notions, en particulier le taux d'épargne et d'investissement et le taux de croissance. Cela nous conduira à la deuxième loi fondamentale du capitalisme, selon laquelle le rapport β d'une société est d'autant plus élevé que son taux d'épargne est important et que son taux de croissance est faible. Nous verrons cela dans les prochains chapitres. À ce stade, la loi α = r × β nous indique simplement que quelles que soient les forces économiques, sociales, politiques déterminant les niveaux pris par le rapport capital/revenu β, la part du capital α et le taux de rendement r, ces trois grandeurs ne peuvent pas être fixées indépendamment les unes des autres. Conceptuellement, il existe deux degrés de liberté, mais pas trois.

La comptabilité nationale, une construction sociale en devenir

Les concepts essentiels de production et de revenu, de capital et de patrimoine, de rapport capital/revenu et de taux de rendement du patrimoine étant maintenant posés, il est grand temps de commencer à examiner plus précisément comment ces notions abstraites peuvent être mesurées, et ce que ces mesures nous apprennent au sujet de l'évolution historique de la répartition des richesses dans les différentes sociétés. Nous allons brièvement résumer les principales étapes de l'histoire de la comptabilité nationale, puis nous présenterons les grandes lignes de transformation de la répartition mondiale de la production et du revenu, ainsi que l'évolution des taux de croissance démographique et économique depuis le XVIIIe siècle, évolution qui jouera un rôle essentiel pour la suite de l'analyse.

Ainsi que nous l'avons déjà noté dans l'introduction, les premières tentatives de mesure du revenu national et du capital national remontent à la fin du XVIIe et au début du XVIIIe siècle. Autour de 1700, plusieurs estimations isolées voient le jour, indépendamment semble-t-il, au Royaume-Uni et en France. Il s'agit notamment des travaux de William Petty (1664) et de Gregory King (1696) pour l'Angleterre, et de Boisguillebert (1695) et de Vauban (1707) pour la France. Ces estimations concernent autant le stock de capital national que le flux annuel de revenu national. En particulier, l'un des premiers objectifs de ces travaux est de calculer la valeur totale des terres, de loin la plus importante source de richesses dans les sociétés agraires de l'époque, tout en reliant ce patrimoine foncier au niveau de la production agricole et de la rente foncière.

Il est intéressant de noter que ces auteurs poursuivent souvent un objectif politique bien précis, généralement sous forme d'un projet de modernisation fiscale. En calculant le revenu national et le patrimoine national du royaume, ils entendent montrer à leur souverain qu'il est possible de lever des recettes considérables avec des taux relativement modérés, pour peu que l'on prenne en compte l'ensemble des propriétés et des richesses produites, et que l'on applique ces impôts à tous, et en particulier aux propriétaires fonciers, aristocrates ou non. Cet objectif est évident dans le *Projet de dîme royale* publié par Vauban, mais c'est tout aussi clair dans les textes de Boisguillebert et de Gregory King (c'est moins net chez William Petty).

De nouvelles tentatives de mesure de ce type sont réalisées à la fin du XVIIIe siècle, en particulier autour de la Révolution française, avec notamment les estimations de la *Richesse territoriale du royaume de France* publiées par Lavoisier en 1791, et portant sur l'année 1789. Et, de fait, le système fiscal qui se met alors en place, fondé notamment sur la fin des privilèges de la noblesse et sur une taxe foncière touchant l'ensemble des propriétés, est largement inspiré par ces travaux, qui sont abondamment utilisés pour estimer les recettes des nouveaux impôts.

Mais c'est surtout au XIXe siècle que se multiplient les estimations du patrimoine national. Des années 1870 aux années 1900, Robert Giffen met régulièrement à jour ses calculs sur le stock de capital national du Royaume-Uni, qu'il compare à des estimations réalisées par d'autres auteurs dans les années 1800-1810, en particulier par Colquhoun. Giffen s'émerveille du niveau considérable atteint par le capital industriel britannique comme par les actifs étrangers depuis l'époque des guerres napoléoniennes, incomparablement plus élevé que toutes les dettes publiques léguées par ces mêmes guerres[1]. Les estimations de la « fortune nationale » et de la « fortune privée » publiées en France à la même époque par Alfred de Foville, puis par Clément Colson, participent du même émerveillement face à l'accumulation considérable du capital privé au XIXe siècle. La prospérité des patrimoines privés dans les années 1870-1914 est une évidence qui s'impose à tous. Pour les économistes de cette époque, il s'agit de la mesurer, de la jauger, et bien sûr de comparer les pays entre eux (la rivalité franco-anglaise n'est jamais très loin). Jusqu'à la Première Guerre mondiale, les estimations du stock de patrimoine retiennent d'ailleurs beaucoup plus l'attention que celles du flux de revenu ou de production, et sont de fait nettement plus nombreuses, au Royaume-Uni et en France, ainsi qu'en Allemagne et aux États-Unis et dans les autres puissances industrielles. À cette époque, être un économiste signifie avant toute chose être en mesure d'estimer le capital national de son pays : il s'agit presque d'un rite initiatique.

Il faut toutefois attendre l'entre-deux-guerres pour que des comptes nationaux soient établis sur une base annuelle. Auparavant, il s'agissait toujours d'estimations portant sur des années isolées, souvent distantes d'au moins une dizaine d'années, comme les calculs de Giffen sur le capital national du Royaume-Uni au XIXe siècle. Dans les années 1930-1940, grâce à l'amélioration des sources statistiques primaires, on voit l'émergence des premières séries annuelles de revenu national, remontant généralement jusqu'au début du XXe siècle ou aux dernières décennies du XIXe. Elles sont établies pour les États-Unis par Kuznets et Kendrick, pour le Royaume-Uni par Bowley et Clark, et pour la France par Dugé de Bernonville. Puis, au lendemain de la Seconde Guerre mondiale, les administrations économiques et statistiques prennent la suite des chercheurs, et commencent à s'atteler à la confection

---

1. Voir en particulier R. GIFFEN, *The Growth of Capital*, 1889. Pour des indications bibliographiques plus détaillées, voir annexe technique.

et la publication de séries annuelles officielles de produit intérieur brut et de revenu national. Ces séries officielles se prolongent jusqu'à aujourd'hui.

Par comparaison à l'avant-Première Guerre mondiale, les préoccupations ont cependant changé du tout au tout. À partir des années 1940-1950, il s'agit avant tout de répondre aux traumatismes de la crise des années 1930, au cours de laquelle les gouvernements ne disposaient pas d'estimation annuelle fiable du niveau de production. Il faut donc mettre en place des outils statistiques et politiques permettant de piloter au plus près l'activité économique, et d'éviter que la catastrophe ne se reproduise – d'où l'insistance sur des séries annuelles, voire trimestrielles, portant sur les flux de production et de revenu. Les estimations du stock du patrimoine national, si prisées jusqu'en 1914, passent au second plan – et ce d'autant plus que le chaos économique et politique des années 1914-1945 en a obscurci le sens. En particulier, les prix des actifs immobiliers et financiers sont tombés à des niveaux extrêmement bas, à tel point que le capital privé semble avoir disparu. Dans les années 1950-1970, période de reconstruction, on cherche surtout à mesurer la formidable croissance de la production dans les différentes branches industrielles.

À partir des années 1990-2000, les comptes de patrimoines reviennent au premier plan. Chacun sent bien que l'on ne peut pas analyser le capitalisme patrimonial du début du XXIe siècle avec les outils des années 1950-1970. Les instituts statistiques des différents pays développés, en collaboration avec les banques centrales, se mettent alors à établir et à publier des séries annuelles cohérentes portant sur les stocks d'actifs et de passifs détenus par les uns et les autres, et non plus seulement sur les flux de revenu et de production. Ces comptes patrimoniaux demeurent très imparfaits (par exemple le capital naturel et les dommages causés à l'environnement sont très mal pris en compte), mais il s'agit d'un réel progrès par rapport aux comptes de l'après-guerre, où l'on se souciait uniquement de mesurer la production et son accroissement sans limite[1]. Ce sont ces séries officielles que nous utilisons dans ce livre pour analyser le patrimoine moyen par habitant et le rapport capital/revenu en vigueur actuellement dans les pays riches.

De cette brève histoire de la comptabilité nationale, il ressort une conclusion claire. Les comptes nationaux sont une construction sociale, en perpétuelle évolution, reflétant toujours les préoccupations d'une époque[2]. Les chiffres qui en sont issus ne doivent pas être fétichisés. Quand on dit que le revenu national d'un pays donné est de 31 000 euros par habitant, il est bien évident qu'un tel chiffre, comme toutes les statistiques économiques et sociales, doit être considéré comme une estimation, une construction, et non une certitude mathématique. Simplement, il s'agit de la meilleure estimation dont nous disposons. Les comptes nationaux constituent la

---

1. L'avantage des notions de patrimoine national et de revenu national est qu'elles donnent une vision plus équilibrée de l'enrichissement d'un pays que le concept de produit intérieur brut, qui par certains côtés est trop « productiviste ». Par exemple, en cas de forte destruction de patrimoine liée à une catastrophe naturelle, la prise en compte de la dépréciation du capital peut conduire à une réduction du revenu national, quand bien même le PIB serait dopé par les travaux de reconstruction.

2. Pour une histoire des systèmes officiels de comptes nationaux depuis la Seconde Guerre mondiale, écrite par l'un des principaux artisans du nouveau système adopté par les Nations unies en 1993 (système dit « SNA 1993 », qui est le premier à proposer des définitions harmonisées pour les comptes de patrimoines), voir A. VANOLI, *Une histoire de la comptabilité nationale*, La Découverte, 2002. Voir également les témoignages éclairants de R. STONE, « The Accounts of Society » (Nobel Memorial Lecture, 1984, publiée dans le *Journal of Applied Econometrics*, 1986 ; Stone est l'un des pionniers des comptes britanniques et onusiens de l'après-guerre) et de F. FOURQUET, *Les Comptes de la puissance. Histoire de la comptabilité nationale et du plan*, Recherches, 1980 (recueil de témoignages d'acteurs des comptes français des Trente Glorieuses).

seule tentative systématique et cohérente d'analyse de l'activité économique d'un pays. Ils doivent être considérés comme un outil d'analyse, limité et imparfait, une façon de mettre ensemble et d'ordonner des données très disparates. Dans tous les pays développés, les comptes nationaux sont actuellement établis par les administrations économiques et statistiques et les banques centrales, en rassemblant et confrontant l'ensemble des bilans et comptes détaillés des sociétés financières et non financières, ainsi que de multiples autres sources et enquêtes statistiques. Nous n'avons aucune raison *a priori* de penser que les fonctionnaires concernés ne font pas de leur mieux pour traquer les incohérences entre les différentes sources et aboutir aux meilleures estimations possibles. À condition de les utiliser avec précaution et esprit critique, et de les compléter lorsqu'ils sont erronés ou défaillants (par exemple concernant les paradis fiscaux), les comptes nationaux constituent un outil indispensable pour estimer les masses globales de revenus et de patrimoines.

En particulier, nous verrons dans la deuxième partie de ce livre qu'il est possible, en rassemblant et en comparant minutieusement les estimations du patrimoine national réalisées par de nombreux auteurs du XVIIIe au début du XXe siècle, et en les reliant aux comptes de patrimoines officiels de la fin du XXe et du début du XXIe siècle, d'aboutir à une analyse cohérente de l'évolution historique du rapport capital/revenu. Outre ce manque de perspective historique, l'autre grande limite des comptes nationaux officiels est évidemment qu'ils ne se préoccupent par construction que de masses et de moyennes, et non de répartitions et d'inégalités. D'autres sources doivent être mobilisées pour répartir les revenus et les patrimoines et étudier les inégalités (ce sera l'objet de la troisième partie). Ainsi complétés, dans le sens de l'histoire, des patrimoines et des inégalités, les comptes nationaux constituent un élément essentiel des analyses présentées dans ce livre.

La répartition mondiale de la production

Commençons par examiner l'évolution de la répartition mondiale de la production, qui est relativement bien connue, au moins depuis le début du XIXe siècle. Pour les périodes plus anciennes, les estimations sont plus approximatives, mais on peut en retracer les grandes lignes, grâce notamment aux travaux historiques de Maddison, d'autant plus que l'évolution d'ensemble est relativement simple[1].

Entre 1900 et 1980, l'Europe et l'Amérique ont concentré entre 70 % et 80 % de la production mondiale de biens et services, signe d'une domination économique sans partage sur le reste du monde. Cette part décline régulièrement depuis les années 1970-1980. Elle est retombée à tout juste 50 % au début des années 2010 (environ un quart pour chaque continent), soit approximativement le niveau de 1860. Selon toute vraisemblance, elle devrait continuer à baisser et pourrait retrouver au cours du XXIe siècle un niveau de l'ordre de 20 %-30 %. Ce niveau était déjà en vigueur jusqu'au début du XIXe siècle, et serait plus conforme à ce qu'a toujours été le poids de l'Europe et de l'Amérique dans la population mondiale (voir graphiques 1.1 et 1.2).

---

1. Angus Maddison (1926-2010) est un économiste britannique, spécialisé dans la reconstitution de comptes nationaux au niveau mondial sur très longue période. Il est à noter que les séries historiques de Maddison portent uniquement sur le flux de production (PIB, population, et PIB par habitant) et ne contiennent aucune indication sur le revenu national, le partage capital-travail ou le stock de capital. Sur l'évolution de la répartition mondiale de la production et du revenu, voir également les travaux pionniers de François Bourguignon et de Branko Milanovic. Voir annexe technique.

Graphique 1.1.
La répartition de la production mondiale, 1700-2012

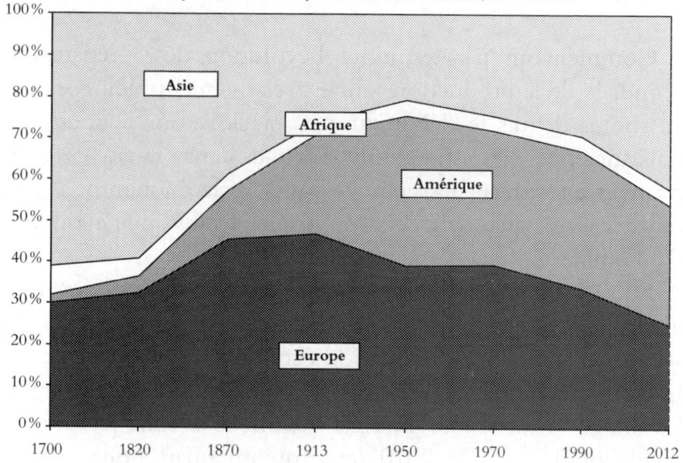

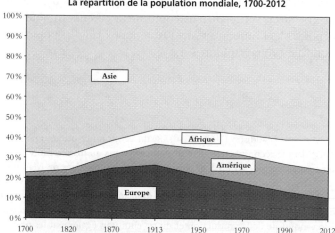

Lecture : le PIB européen représentait 47 % du PIB mondial en 1913, et 25 % en 2012.
Sources et séries : voir piketty.pse.ens.fr/capital21c.

Graphique 1.2.
La répartition de la population mondiale, 1700-2012

Lecture : l'Europe rassemblait 26 % de la population mondiale en 1913, contre 10 % en 2012
Sources et séries : voir piketty.pse.ens.fr/capital21c.

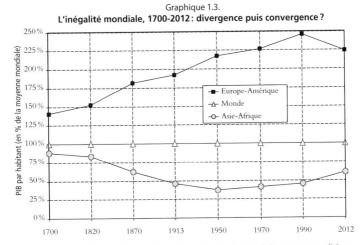

Graphique 1.3.
L'inégalité mondiale, 1700-2012 : divergence puis convergence ?

Lecture : le PIB par habitant en Asie-Afrique est passé de 37 % de la moyenne mondiale en 1950 à 61 % en 2012. Sources et séries : voir piketty.pse.ens.fr/capital21c.

Autrement dit, l'avance prise par l'Europe et l'Amérique au cours de la révolution industrielle leur a longtemps permis de peser entre deux et trois fois plus lourd dans la production que leur poids dans la population, simplement parce que leur production par habitant était entre deux et trois fois plus élevée que la moyenne mondiale[1]. Tout laisse à penser que cette phase de divergence des productions par habitant au niveau mondial est terminée, et que nous sommes entrés dans une phase de convergence. Ce phénomène de rattrapage est toutefois très loin d'être terminé (voir graphique 1.3). Il serait bien prématuré d'en annoncer le terme avec précision, d'autant

---

1. Nous présentons ici les séries débutant en 1700, mais les estimations de Maddison remontent jusqu'à l'Antiquité. Les résultats obtenus suggèrent que l'Europe a commencé à creuser l'écart autour de 1500, alors qu'autour de l'an mille la comparaison allait légèrement en faveur de l'Asie et de l'Afrique (en particulier du monde arabe). Voir les graphiques supplémentaires S1.1, S1.2 et S1.3 (disponibles en ligne).

plus que des retournements économiques ou politiques, en Chine ou ailleurs, ne peuvent évidemment pas être exclus.

Des blocs continentaux aux blocs régionaux

Ce schéma général est bien connu, mais il mérite d'être précisé et affiné sur plusieurs points. Tout d'abord, ce regroupement de l'Europe et de l'Amérique en un seul « bloc occidental » a le mérite de simplifier les représentations, mais il est largement artificiel. En particulier, le poids économique de l'Europe a atteint son zénith à la veille de la Première Guerre mondiale (près de 50 % du PIB mondial) et n'a cessé de décliner depuis, alors que celui de l'Amérique a atteint son sommet dans les années 1950-1960 (près de 40 % du PIB mondial).

Par ailleurs, chacun des deux continents peut se décomposer en deux sous-ensembles très inégaux : un cœur hyperdéveloppé et une périphérie moyennement développée. De façon générale, il est plus justifié d'analyser l'inégalité mondiale en termes de blocs régionaux plutôt que continentaux. Cela apparaît clairement lorsque l'on consulte le tableau 1.1, dans lequel nous avons indiqué la répartition du PIB mondial en 2012. Retenir tous ces chiffres n'aurait évidemment aucun intérêt, mais il n'est pas inutile de se familiariser avec les principaux ordres de grandeur.

Au niveau mondial, la population avoisine les 7 milliards d'habitants en 2012, et le PIB dépasse légèrement les 70 000 milliards d'euros, d'où un PIB par habitant presque exactement égal à 10 000 euros. Si l'on retire 10 % au titre de la dépréciation du capital et si l'on divise par douze, on constate que ce chiffre est équivalent à un revenu mensuel moyen de 760 euros par habitant, ce qui est peut-être plus parlant. Autrement dit, si la production mondiale et les revenus

Revenu et production

Tableau 1.1.
La répartition du PIB mondial en 2012

	Population (en millions d'habitants)		PIB (en milliards d'euros 2012)		PIB par habitant	Équivalent revenu mensuel par habitant
					(en euros 2012)	
Monde	7050	100%	71200	100%	10100 €	760 €
Europe	740	10%	17800	25%	24000 €	1800 €
dont Union européenne	540	8%	14700	21%	27300 €	2040 €
dont Russie/Ukraine	200	3%	3100	4%	15400 €	1150 €
Amérique	950	13%	20600	29%	21500 €	1620 €
dont États-Unis/Canada	350	5%	14300	20%	40700 €	3050 €
dont Amérique latine	600	9%	6300	9%	10400 €	780 €
Afrique	1070	15%	2800	4%	2600 €	200 €
dont Afrique du Nord	170	2%	1000	1%	5700 €	430 €
dont Afrique subsaharienne	900	13%	1800	3%	2000 €	150 €
Asie	4290	61%	30000	42%	7000 €	520 €
dont Chine	1350	19%	10400	15%	7700 €	580 €
dont Inde	1260	18%	4000	6%	3200 €	240 €
dont Japon	130	2%	3800	5%	30000 €	2250 €
dont autres	1550	22%	11800	17%	7600 €	570 €

Lecture: le PIB mondial, estimé en parité de pouvoir d'achat, était en 2012 de 71 200 milliards d'euros. La population mondiale était de 7,050 milliards d'habitants, d'où un PIB par habitant de 10 100 € (équivalent à un revenu par habitant de 760 € par mois). Tous les chiffres ont été arrondis à la dizaine ou centaine la plus proche.
Sources: voir piketty.pse.ens.fr/capital21c.

qui en sont issus étaient répartis de façon parfaitement égalitaire, alors chaque habitant de la planète disposerait d'un revenu de l'ordre de 760 euros par mois.

L'Europe est peuplée de 740 millions d'habitants, dont environ 540 millions pour l'Union européenne, dont le PIB par habitant dépasse les 27 000 euros, et 200 millions pour le bloc Russie/Ukraine, dont le PIB par habitant est d'environ 15 000 euros, à peine 50 % au-dessus de la moyenne mondiale[1].

---

1. Pour simplifier l'exposition, nous incluons dans l'Union européenne les petits pays européens – Suisse, Norvège, Serbie, etc. – entourés par l'UE mais non encore membres de l'UE (la population de l'UE *stricto sensu* est en 2012 de 510 millions et non de 540 millions). De même, la Biélorussie et la Moldavie ont été incluses dans le bloc Russie/Ukraine. La Turquie,

L'Union européenne elle-même est relativement hétérogène, puisqu'elle comprend d'une part 410 millions d'habitants pour l'ex-Europe de l'Ouest (dont les trois quarts pour les cinq pays les plus peuplés : Allemagne, France, Royaume-Uni, Italie, Espagne), avec un PIB moyen atteignant les 31 000 euros, et d'autre part 130 millions d'habitants pour l'ex-Europe de l'Est, avec un PIB moyen de l'ordre de 16 000 euros, peu différent du bloc Russie/Ukraine[1].

L'Amérique est également divisée en deux ensembles bien distincts, et encore plus inégaux que le centre et la périphérie européens : le bloc États-Unis/Canada, avec 350 millions d'habitants et 40 000 euros de PIB par habitant, et l'Amérique latine, avec 600 millions d'habitants et 10 000 euros de PIB par habitant, soit très exactement la moyenne mondiale.

L'Afrique subsaharienne, avec 900 millions d'habitants et un PIB de seulement 1 800 milliards d'euros (moins que le PIB français : 2 000 milliards), est la zone économique la plus pauvre du monde, avec 2 000 euros de PIB par habitant. L'Inde est à peine au-dessus, l'Afrique du Nord plus nettement, et la Chine encore plus : avec près de 8 000 euros de PIB par habitant, la Chine de 2012 n'est pas très loin de la moyenne mondiale. Le Japon a un PIB par habitant équivalent à celui des pays européens les plus riches (environ 30 000 euros), mais sa population est si minoritaire en Asie qu'il n'influe guère sur la moyenne continentale asiatique, très proche de celle de la Chine[2].

---

le Caucase et l'Asie centrale ont été inclus dans l'Asie. Les chiffres détaillés pays par pays sont disponibles en ligne.

1. Voir tableau supplémentaire S1.1 (disponible en ligne).
2. Il en va de même pour l'Australie et la Nouvelle-Zélande (à peine 30 millions d'habitants, soit moins de 0,5 % de la population mondiale, pour environ 30 000 euros de PIB par habitant), que pour simplifier nous avons incluses dans l'Asie. Voir tableau supplémentaire S1.1 (disponible en ligne).

L'inégalité mondiale : de 150 euros par mois à 3 000 euros par mois

Pour résumer, l'inégalité au niveau mondial oppose des pays où le revenu moyen par habitant est de l'ordre de 150-250 euros par mois (l'Afrique subsaharienne, l'Inde) à des pays où le revenu par habitant atteint 2 500-3 000 euros par mois (l'Europe occidentale, l'Amérique du Nord, le Japon), soit entre dix et vingt fois plus. La moyenne mondiale, qui correspond approximativement au niveau de la Chine, se situe autour de 600-800 euros par mois.

Ces ordres de grandeur sont significatifs et méritent d'être retenus. Encore faut-il préciser qu'ils comportent une marge d'erreur non négligeable : il est toujours beaucoup plus difficile de mesurer les inégalités entre pays (ou d'ailleurs entre époques différentes) qu'à l'intérieur d'une société donnée.

Par exemple, l'inégalité mondiale serait sensiblement plus forte si l'on utilisait les taux de change courants et non les parités de pouvoir d'achat, comme nous l'avons fait jusqu'ici. Pour présenter ces deux notions, considérons d'abord le cas du taux de change euro/dollar. En 2012, 1 euro valait en moyenne 1,30 dollar sur le marché des changes. Un Européen disposant de 1 000 euros de revenu peut aller à sa banque et obtenir 1 300 dollars. S'il part dépenser cet argent aux États-Unis, son pouvoir d'achat sera effectivement de 1 300 dollars. Mais d'après les enquêtes officielles, dites « ICP », les prix sont en moyenne plus élevés en zone euro qu'aux États-Unis, de près de 10 %, si bien que le pouvoir d'achat de cet Européen — s'il dépense son argent en Europe — est plus proche d'un revenu américain de 1 200 dollars. On dit alors que la « parité de pouvoir d'achat » est de 1,20 dollar par euro, et c'est cette parité que nous avons utilisée pour convertir le PIB américain en euros dans le tableau 1.1. Nous avons fait de même pour les autres pays. De cette façon, on compare les différents PIB sur la base du pouvoir d'achat qu'ils offrent véritablement à leurs habitants – qui le plus souvent dépensent leur revenu chez eux et non à l'étranger[1].

L'autre avantage d'utiliser les parités de pouvoir d'achat est qu'elles sont en principe plus stables que les taux de change courants. En effet, ces derniers reflètent non seulement l'état de l'offre et de la demande pour les biens et services échangés par les différents pays, mais également les soubresauts des stratégies de placement des investisseurs internationaux, les anticipations changeantes sur la stabilité politique et financière de tel ou tel pays, sans parler de l'évolution parfois chaotique de la politique monétaire menée ici ou là. Les taux de change courants peuvent donc être extrêmement volatils, comme l'illustrent les très fortes fluctuations du dollar au cours des dernières décennies. Le taux de change est passé de plus de 1,30 dollar par euro dans les années 1990 à moins de 0,90 dollar en 2001, avant de remonter en flèche et d'avoisiner 1,50 dollar en 2008, puis de redescendre vers 1,30 dollar en 2012. Pendant ce temps, la parité de pouvoir d'achat augmentait paisiblement, d'environ 1 dollar par euro au début des années 1990 à environ 1,20 dollar par euro au début des années 2010 (voir graphique 1.4)[2].

---

1. Si l'on avait utilisé le taux de change courant de 1,30 dollar pour convertir le PIB américain, alors les États-Unis apparaîtraient de près de 10 % plus pauvres, et leur PIB par habitant s'éloignerait de 40 000 euros pour se rapprocher de 35 000 euros (ce qui serait de fait une meilleure mesure du pouvoir d'achat du touriste américain venant en Europe). Voir tableau supplémentaire S1.1 (disponible en ligne). Les estimations officielles de parités de pouvoir d'achat, issues des enquêtes ICP (International Comparison Programme), sont réalisées par un consortium d'organisations internationales (Banque mondiale, Eurostat, etc.) et traitent chaque pays séparément. Il existe des variations au sein de la zone euro (la parité euro/dollar de 1,20 indiquée ici est une parité moyenne). Voir annexe technique.

2. La baisse tendancielle du pouvoir d'achat du dollar vis-à-vis de l'euro depuis 1990 correspond simplement au fait que l'inflation a été légèrement

Revenu et production

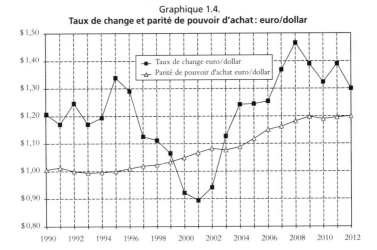

Graphique 1.4.
Taux de change et parité de pouvoir d'achat : euro/dollar

Lecture : en 2012, l'euro valait 1,30 dollar d'après le taux de change courant, mais 1,20 dollar en parité de pouvoir d'achat.
Sources et séries : voir piketty.pse.ens.fr/capital21c.

Cependant, quels que soient les efforts des organisations internationales impliquées dans les enquêtes ICP, force est de reconnaître que ces parités de pouvoir d'achat demeurent relativement incertaines, avec des marges d'erreur sans doute de l'ordre de 10 %, voire un peu plus, y compris entre des pays de niveaux de développement comparables. Par exemple, dans la dernière enquête disponible, on constate que certains prix sont effectivement plus élevés en Europe (comme l'énergie, le logement, les hôtels et restaurants), mais que d'autres y sont nettement plus faibles (comme la santé et l'éducation)[1].

---

plus élevée aux États-Unis (de 0,8 % par an, soit près de 20 % sur vingt ans). Les taux de change courants représentés sur le graphique 1.4 sont des moyennes annuelles et effacent par conséquent l'énorme volatilité de très court terme.

1. Voir annexe technique.

En principe, les estimations officielles pondèrent ces différents prix en fonction du poids des divers biens et services dans le budget moyen de chaque pays, mais il est bien évident que de tels calculs ne peuvent être parfaitement précis, d'autant plus que les différences de qualité sont très difficiles à mesurer pour de nombreux services. En tout état de cause, il est important de souligner que chacun de ces indices de prix mesure différents aspects de la réalité sociale. Le prix de l'énergie mesure le pouvoir d'achat en énergie (plus fort aux États-Unis), et celui de la santé le pouvoir d'achat en santé (plus fort en Europe). La réalité de l'inégalité entre pays est multidimensionnelle, et il serait illusoire de prétendre tout résumer avec un unique indicateur monétaire, permettant d'aboutir à un classement univoque, surtout entre des pays ayant des revenus moyens relativement proches.

Dans les pays les plus pauvres, les corrections introduites par les parités de pouvoir d'achat sont très fortes : en Afrique comme en Asie, les prix sont de l'ordre de deux fois plus bas que dans les pays riches, si bien que le PIB est environ deux fois plus élevé lorsqu'on passe du taux de change courant à la parité de pouvoir d'achat. Cela provient essentiellement des prix plus bas des services et des biens non échangeables internationalement, plus faciles à produire dans les pays pauvres, car relativement plus intensifs en travail peu qualifié (facteur relativement plus abondant dans les pays moins développés), et moins en travail qualifié et en capital (relativement moins abondants)[1]. Généralement, la correction est d'autant plus élevée

---

1. Telle est l'explication habituelle (modèle dit Balassa-Samuelson), qui semble de fait assez bien rendre compte de la correction PPA (parité de pouvoir d'achat) supérieure à un pour les pays pauvres vis-à-vis des pays riches. Au sein des pays riches, cependant, les choses sont moins claires : le pays le plus riche (les États-Unis) avait une correction PPA supérieure à un jusqu'aux années 1970, mais elle est devenue inférieure à un depuis les années 1980-1990. Outre l'erreur de mesure, une explication possible serait la plus forte inégalité des salaires en vigueur aux États-Unis dans la

Revenu et production

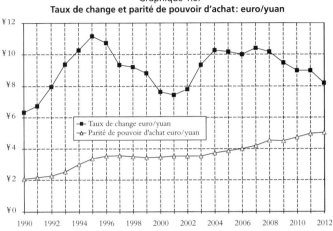

Graphique 1.5.
Taux de change et parité de pouvoir d'achat : euro/yuan

Lecture : en 2012, l'euro vaut environ 8 yuans d'après le taux de change courant, mais 5 yuans en parité de pouvoir d'achat.
Sources et séries : voir piketty.pse.ens.fr/capital21c.

que le pays est pauvre : en 2012, le coefficient correcteur est de 1,6 en Chine et de 2,5 en Inde[1]. Actuellement, l'euro vaut 8 yuans chinois au taux de change courant, et 5 yuans en parité de pouvoir d'achat. L'écart se resserre à mesure que la Chine se développe et réévalue le yuan (voir graphique 1.5). Certains auteurs, dont Maddison, considèrent cependant que l'écart est moins resserré qu'il n'y paraît, et que les statistiques officielles sous-estiment le PIB chinois[2].

Ces incertitudes sur les taux de change et les parités de

---

période récente, qui induirait des prix plus faibles dans les services intensifs en travail peu qualifié et non échangeables internationalement (de la même façon que dans les pays pauvres).

1. Voir tableau supplémentaire S1.2 (disponible en ligne).
2. Nous avons choisi de reprendre les estimations officielles pour la période récente, mais il est tout à fait possible que les prochaines enquêtes ICP conduisent à réévaluer le PIB chinois. Sur cette controverse Maddison/ICP, voir annexe technique.

pouvoir d'achat doivent inciter à traiter les revenus moyens indiqués plus haut (150-250 euros par mois pour les pays les plus pauvres, 600-800 euros pour les pays moyens, 2 500-3 000 euros pour les pays les plus riches) comme des ordres de grandeur, et non comme des certitudes mathématiques. Par exemple, la part des pays riches (Union européenne, États-Unis/Canada, Japon) atteint 46 % en 2012 si l'on place en parité de pouvoir d'achat, contre 57 % en taux de change courant[1]. La « vérité » est probablement entre les deux chiffres, et sans doute plus proche du premier. Mais, dans tous les cas, cela ne remet pas en cause les ordres de grandeur, ni le fait que la part des pays riches diminue régulièrement depuis les années 1970-1980. Quelle que soit la mesure utilisée, le monde semble être bel et bien entré dans une phase de convergence entre pays riches et pauvres.

La répartition mondiale du revenu : plus inégale que la production

Pour simplifier l'exposition, nous avons supposé jusqu'ici que le revenu national et la production intérieure coïncidaient au sein de chaque bloc continental ou régional : les revenus mensuels indiqués dans le tableau 1.1 ont simplement été obtenus en diminuant les PIB de 10 % — pour tenir compte de la dépréciation du capital — et en les divisant par douze.

En réalité, cette égalité entre revenu et production n'est valable qu'au niveau mondial, et non au niveau national ou continental. De façon générale, la répartition mondiale du revenu est plus inégale que celle de la production, car les pays qui ont la production par habitant la plus élevée ont également

---

1. Voir tableau supplémentaire S1.2 (disponible en ligne). La part de l'UE passe de 21 % à 25 %, celle du bloc États-Unis/Canada de 20 % à 24 %, et celle du Japon de 5 % à 8 %.

tendance à détenir une partie du capital des autres pays, et donc à recevoir un flux positif de revenus du capital en provenance des pays dont la production par habitant est la plus faible. Autrement dit, les pays riches le sont doublement, à la fois en production intérieure et en capital investi à l'extérieur, ce qui leur permet de disposer d'un revenu national supérieur à leur production – et inversement pour les pays pauvres.

Par exemple, tous les principaux pays développés (États-Unis, Japon, Allemagne, France, Royaume-Uni) ont actuellement un revenu national légèrement supérieur à leur production intérieure. Ainsi que nous l'avons déjà noté, les revenus nets en provenance de l'étranger ne sont que très légèrement positifs et ne modifient pas radicalement le niveau de vie de ces pays : ils représentent un ajout compris entre 1 % et 2 % de la production intérieure aux États-Unis, en France et au Royaume-Uni, entre 2 % et 3 % au Japon et en Allemagne. Il s'agit tout de même d'un complément de revenu non négligeable, surtout pour ces deux derniers pays, qui grâce à leurs excédents commerciaux ont accumulé des réserves importantes vis-à-vis du reste du monde au cours des dernières décennies, ce qui leur rapporte aujourd'hui un rendement appréciable.

Si l'on s'éloigne maintenant des pays les plus riches pour examiner les blocs continentaux, considérés dans leur ensemble, on constate des situations très proches de l'équilibre. En Europe comme en Amérique et en Asie, les pays les plus riches – généralement au nord du continent – reçoivent un flux positif du revenu du capital, en partie annulé par le flux versé par les autres pays – généralement plus au sud ou à l'est –, si bien qu'au niveau continental le revenu national et la production intérieure sont presque exactement égaux, généralement à moins de 0,5 % près[1].

---

1. Cela ne signifie évidemment pas que chaque continent fonctionne en vase clos : ces flux nets dissimulent d'importantes participations croisées entre tous les continents.

La seule situation de déséquilibre continental caractérisé concerne l'Afrique, qui est structurellement possédée par les autres continents. Concrètement, d'après les balances des paiements au niveau mondial établies chaque année depuis 1970 par les Nations unies et les autres organisations internationales (Banque mondiale, FMI), le revenu national dont disposent les habitants du continent africain est systématiquement inférieur d'environ 5 % à leur production intérieure (l'écart dépasse 10 % dans certains pays)[1]. Avec une part du capital dans la production de l'ordre de 30 %, cela signifie que près de 20 % du capital africain est actuellement possédé par des propriétaires étrangers, à l'image des actionnaires londoniens de la mine de platine de Marikana dont il était question au début de ce chapitre.

Il est important de réaliser ce que signifie en pratique un tel chiffre. Compte tenu du fait que certains éléments de patrimoines (par exemple l'immobilier d'habitation, ou le capital agricole) ne sont qu'assez peu possédés par les investisseurs étrangers, cela signifie que la part du capital domestique détenu par le reste du monde peut dépasser 40 %-50 % dans l'industrie manufacturière, voire davantage dans certains secteurs. Même si les balances de paiements officielles ont de nombreuses imperfections – nous y reviendrons –, il ne fait aucun doute qu'il s'agit là d'une réalité importante de l'Afrique actuelle.

Si l'on remonte dans le temps, on observe des déséquilibres internationaux plus marqués encore. À la veille de la Première Guerre mondiale, le revenu national du Royaume-

---

1. Ce chiffre moyen de 5 % pour le continent africain apparaît relativement stable sur l'ensemble de la période 1970-2012. Il est intéressant de noter que ce flux sortant de revenus du capital est de l'ordre de trois fois plus élevé que le flux entrant d'aide internationale (dont la mesure prête par ailleurs à discussion). Sur l'ensemble de ces estimations, voir annexe technique.

Uni, premier investisseur mondial, était de l'ordre de 10 % plus élevé que sa production intérieure. L'écart dépassait les 5 % en France, deuxième puissance coloniale et investisseur mondial, et s'en approchait en Allemagne, dont l'empire colonial était insignifiant, mais dont le développement industriel permettait une forte accumulation de créances sur le reste du monde. Une partie de ces investissements britanniques, français et allemands était réalisée dans les autres pays européens ou en Amérique, et une autre part en Asie et en Afrique. Au total, on peut estimer que les puissances européennes possédaient en 1913 entre le tiers et la moitié du capital domestique asiatique et africain, et plus des trois quarts du capital industriel[1].

Quelles forces permettent la convergence entre pays ?

En principe, ce mécanisme par lequel les pays riches possèdent une partie des pays pauvres peut avoir des effets vertueux en termes de convergence. Si les pays riches regorgent d'épargne et de capital, à tel point qu'il ne sert plus à grand-chose de construire un immeuble supplémentaire ou d'installer une machine de plus dans leurs usines (on dit alors que la « productivité marginale » du capital – c'est-à-dire la production supplémentaire apportée par une nouvelle unité de capital, « à la marge » – est très faible), alors il peut être collectivement efficace qu'ils aillent investir une partie de leur épargne dans les pays pauvres. De cette façon, les pays riches – ou tout du moins ceux en leur sein qui possèdent du capital – obtiendront un meilleur taux de rendement pour leur placement, et les pays pauvres pourront rattraper

---

1. Dit autrement : la part de l'Asie et de l'Afrique dans la production mondiale était inférieure à 30 % en 1913, et leur part dans le revenu mondial était plus proche de 25 %. Voir annexe technique.

leur retard de productivité. Ce mécanisme, basé sur la libre circulation des capitaux et l'égalisation de productivité marginale du capital au niveau mondial, est supposé être selon la théorie économique classique au fondement du processus de convergence entre pays et de réduction tendancielle des inégalités au cours de l'histoire, grâce aux forces du marché et de la concurrence.

Cette théorie optimiste a cependant deux défauts majeurs. D'abord, d'un point de vue strictement logique, ce mécanisme ne garantit en rien la convergence des revenus par habitant au niveau mondial. Au mieux, il peut conduire à la convergence des productions par habitant – à condition toutefois de supposer une parfaite mobilité du capital, et surtout une égalisation complète des niveaux de qualification de la main-d'œuvre et de capital humain entre pays, ce qui n'est pas rien. Mais, dans tous les cas, cette éventuelle convergence des productions n'implique aucunement celle des revenus. Une fois les investissements réalisés, il est tout à fait possible que les pays riches continuent de posséder les pays pauvres de façon permanente, éventuellement dans des proportions massives, si bien que le revenu national des premiers est éternellement plus élevé que celui des seconds, qui continuent de verser à tout jamais une part importante de ce qu'ils produisent à leurs possédants (à l'image de l'Afrique depuis des décennies). Pour déterminer avec quelle ampleur ce type de situation est susceptible de se produire, nous verrons qu'il faut notamment comparer le taux de rendement du capital que les pays pauvres doivent rembourser aux pays riches et les taux de croissance des uns et des autres. Pour avancer dans cette voie, il nous faudra tout d'abord bien comprendre la dynamique du rapport capital/revenu au niveau d'un pays particulier.

Ensuite, d'un point de vue historique, ce mécanisme à base de mobilité du capital ne semble pas être celui qui a permis la convergence entre pays, ou tout du moins pas à titre principal. Aucun des pays asiatiques qui ont connu une trajectoire de rattrapage par rapport aux pays les plus développés, qu'il s'agisse hier du Japon, de la Corée ou de Taïwan, ou aujourd'hui de la Chine, n'a bénéficié d'investissements étrangers massifs. Pour l'essentiel, tous ces pays ont financé par eux-mêmes les investissements en capital physique dont ils avaient besoin, et surtout les investissements en capital humain – l'élévation générale du niveau d'éducation et de formation –, dont toutes les recherches contemporaines ont démontré qu'ils expliquaient l'essentiel de la croissance économique à long terme[1]. Inversement, les pays possédés par d'autres, que l'on considère le cas de l'époque coloniale ou de l'Afrique actuelle, ont connu moins de succès, en particulier du fait de spécialisations parfois peu porteuses et d'une instabilité politique chronique.

Il n'est pas interdit de penser que cette instabilité s'explique en partie par la raison suivante : quand un pays est pour une large part possédé par des propriétaires étrangers, la demande sociale d'expropriation est récurrente et presque irrépressible. D'autres acteurs de la scène politique répondent que seule la protection inconditionnelle des droits de propriété initiaux permet l'investissement et le développement. Le pays se retrouve ainsi pris dans une interminable alternance de gouvernements révolutionnaires (au succès souvent limité pour ce qui est de l'amélioration réelle des conditions de vie de leur population) et de gouvernements protégeant les

---

1. Le fait que l'accumulation de capital physique n'explique qu'une petite partie de la croissance de la productivité à long terme, et que l'essentiel provienne de l'accumulation de capital humain et de nouvelles connaissances, est bien connu depuis les années 1950-1960. Voir en particulier R. Solow, « A contribution to the theory of economic growth », art. cité. Les articles récents de C. Jones et P. Romer (« The new Kaldor facts : ideas, institutions, population and human capital », *American Economic Journal : Macroeconomics*, 2010) et R. Gordon (« Is U.S. economic growth over ? Faltering innovation confronts the six headwinds », *NBER Working Paper*, 2012) constituent des points d'entrée utiles dans la volumineuse littérature économique contemporaine consacrée aux déterminants de la croissance à long terme.

propriétaires en place et préparant la révolution ou le coup d'État suivant. L'inégalité de la propriété du capital est déjà une chose difficile à accepter et à organiser de façon apaisée dans le cadre d'une communauté nationale. À l'échelle internationale, c'est chose presque impossible (sauf à imaginer un rapport de domination politique de type colonial).

Évidemment, l'insertion internationale n'a rien de négatif en soi : l'autarcie n'a jamais été une source de prospérité. Les pays asiatiques ont de toute évidence bénéficié pour leur rattrapage de l'ouverture internationale. Mais ils se sont surtout appuyés sur l'ouverture des marchés des biens et services et une excellente insertion dans le commerce international, et beaucoup moins sur la libre circulation des capitaux. La Chine, par exemple, pratique toujours le contrôle des capitaux : on n'y investit pas librement, mais cela ne bride aucunement l'accumulation de capital, car l'épargne intérieure y est largement suffisante. Le Japon comme la Corée ou Taïwan ont financé leur investissement avec leur propre épargne. Les études disponibles montrent également que l'immense majorité des gains apportés par l'ouverture des échanges commerciaux provient de la diffusion des connaissances et des gains de productivité dynamique entraînés par l'ouverture, et non des gains statiques liés à la spécialisation, qui apparaissent relativement modestes[1].

Pour résumer, l'expérience historique suggère que le principal mécanisme permettant la convergence entre pays est la diffusion des connaissances, au niveau international comme au niveau domestique. Autrement dit, les plus pauvres rattrapent les plus riches dans la mesure où ils parviennent à atteindre

1. D'après une étude récente, les gains statiques apportés par l'ouverture du commerce mondial à la Chine et à l'Inde ne seraient que de 0,4 % du PIB mondial, 3,5 % du PIB pour la Chine, et 1,6 % du PIB pour l'Inde. Compte tenu des énormes effets redistributifs entre secteurs et pays (avec des groupes de perdants très importants dans tous les pays), il paraît difficile de justifier l'ouverture commerciale (à laquelle les pays semblent pourtant attachés) uniquement avec de tels gains. Voir annexe technique.

le même niveau de savoir technologique, de qualifications, d'éducation, et non pas en devenant la propriété des plus riches. Ce processus de diffusion des connaissances ne tombe pas du ciel : il est souvent accéléré par l'ouverture internationale et commerciale (l'autarcie ne facilite pas le transfert technologique), et surtout il dépend de la capacité des pays à mobiliser les financements et les institutions permettant d'investir massivement dans la formation de leur population, tout en garantissant un cadre légal prévisible pour les différents acteurs. Il est donc intimement lié au processus de construction d'une puissance publique légitime et efficace. Tels sont les principaux enseignements, rapidement résumés, qui ressortent de l'examen de l'évolution historique de la croissance mondiale et des inégalités entre pays.

2.
La croissance : illusions et réalités

Un processus de convergence au niveau mondial et de rattrapage des pays développés par les pays émergents semble aujourd'hui bien engagé, même si les inégalités demeurent néanmoins extrêmement fortes entre pays riches et pays pauvres. Par ailleurs, rien n'indique que le rattrapage passe principalement par les investissements des premiers dans les seconds, au contraire (lorsque cela est possible, l'investissement des seconds chez eux-mêmes paraît plus prometteur, eu égard aux expériences passées). Mais, au-delà de la question centrale de la convergence, il nous faut maintenant insister sur le fait que ce qui se joue au XXIe siècle est le possible retour à un régime historique de croissance faible. Plus précisément, nous allons voir que la croissance, en dehors de périodes exceptionnelles ou de phénomènes de rattrapage, a en réalité toujours été relativement faible, et que tout indique qu'elle sera sans doute plus faible encore à l'avenir, au moins pour ce qui concerne sa composante démographique.

Pour bien comprendre cette question, et la façon dont elle s'articule avec le processus de convergence et avec la dynamique des inégalités, il est important de décomposer la croissance de la production en deux termes : la croissance de la population d'une part, et la croissance de la production par habitant d'autre part. Autrement dit, la croissance comprend toujours une composante purement démographique et une composante proprement économique, qui seule permet l'amélioration des conditions de vie. Cette décomposition est trop souvent oubliée dans le débat public, où l'on semble parfois faire l'hypothèse que la population a totalement cessé de croître − ce qui n'est pas encore tout à fait le cas, loin de là, même si tout indique que l'on s'y oriente lentement. Par exemple, en 2013-2014, le taux de croissance de l'économie mondiale sera sans doute supérieur à 3 %, grâce aux progressions très rapides observées dans les pays émergents. Mais la croissance de la population mondiale est encore actuellement de près de 1 % par an, si bien que le taux de croissance de la production mondiale par habitant (ou du revenu mondial par habitant) sera en réalité d'à peine plus de 2 %.

La croissance sur très longue période

Avant d'en venir aux tendances actuelles, remontons dans le temps, et essayons de nous familiariser avec les étapes et les ordres de grandeur de la croissance mondiale depuis la révolution industrielle. Examinons tout d'abord les taux de croissance sur très longue période indiqués dans le tableau 2.1. Plusieurs faits majeurs se dégagent.

On constate en premier lieu que l'envolée de la croissance depuis le XVIIIe siècle est un phénomène mettant en jeu des taux de croissance annuels relativement modérés, et en second lieu qu'il s'agit d'un phénomène dont les composantes démographiques et économiques ont approximativement la

Tableau 2.1.
La croissance mondiale depuis la révolution industrielle

Taux de croissance annuel moyen	Production mondiale	Population mondiale	Production par habitant
0-1700	0,1 %	0,1 %	0,0 %
1700-2012	1,6 %	0,8 %	0,8 %
dont : 1700-1820	0,5 %	0,4 %	0,1 %
1820-1913	1,5 %	0,6 %	0,9 %
1913-2012	3,0 %	1,4 %	1,6 %

Lecture : entre 1913 et 2012, le taux de croissance du PIB mondial a été en moyenne de 3,0 % par an. Ce taux peut se décomposer en 1,4 % pour la population mondiale et 1,6 % pour le PIB par habitant.
Sources : voir piketty.pse.ens.fr/capital21c.

même ampleur. D'après les meilleures estimations disponibles, le taux de croissance du PIB mondial a été en moyenne de 1,6 % par an entre 1700 et 2012, dont 0,8 % par an au titre de la croissance de la population, et 0,8 % par an au titre de la croissance de la production par habitant.

De tels niveaux peuvent sembler faibles eu égard aux débats actuels, où l'on considère souvent comme insignifiants les taux de croissance inférieurs à 1 % par an, et où l'on s'imagine parfois qu'une croissance digne de ce nom se doit d'être d'au moins 3 % ou 4 % par an, voire davantage, comme cela était le cas en Europe lors des Trente Glorieuses, ou en Chine aujourd'hui.

Mais, lorsqu'il se répète sur une très longue période, un rythme de croissance de l'ordre de près de 1 % par an, pour la population comme pour la production par habitant, tel que celui observé depuis 1700, est en réalité extrêmement rapide, et sans commune mesure avec les croissances quasi nulles observées au cours des siècles précédant la révolution industrielle.

De fait, d'après les calculs de Maddison, les taux de croissance démographiques et économiques étaient inférieurs à

0,1 % par an entre l'an 0 et 1700 (plus exactement : 0,06 % par an pour la population et 0,02 % pour la production par habitant)[1].

La précision de telles estimations est évidemment illusoire : les connaissances dont nous disposons sur l'évolution de la population mondiale entre 0 et 1700 sont fort limitées – et celles portant sur l'évolution de la production par habitant sont quasi nulles. Pourtant, quelles que soient les incertitudes sur le chiffre exact, qui n'a d'ailleurs pas beaucoup d'importance, il ne fait aucun doute que les rythmes de croissance étaient extrêmement faibles de l'Antiquité à la révolution industrielle, et en tout état de cause inférieurs à 0,1 %-0,2 % par an. Pour une raison simple : des rythmes supérieurs impliqueraient une population microscopique – et peu plausible – au début de notre ère, ou bien des niveaux de vie très nettement inférieurs aux seuils de subsistance communément admis. Pour la même raison, la croissance des siècles à venir est sans doute appelée à retrouver des niveaux très bas, au moins pour ce qui concerne la composante démographique.

La loi de la croissance cumulée

Pour bien comprendre ce raisonnement, il n'est pas inutile de faire un bref détour par ce que l'on peut appeler la loi de la « croissance cumulée », c'est-à-dire le fait qu'une croissance annuelle faible cumulée sur une très longue période conduit à une progression considérable.

Concrètement, la population mondiale a progressé d'à peine 0,8 % par an en moyenne entre 1700 et 2012. Mais, cumulé sur trois siècles, cela a tout de même permis de multiplier la population mondiale par plus de dix. Autrement dit, la planète

---

1. Voir tableau supplémentaire S2.1 (disponible en ligne) pour des résultats détaillés par sous-période.

La croissance : illusions et réalités 129

comptait environ 600 millions d'habitants autour de 1700, et plus de 7 milliards en 2012 (voir graphique 2.1). Si ce rythme devait se poursuivre dans les trois siècles à venir, alors la population mondiale dépasserait les 70 milliards vers 2300.

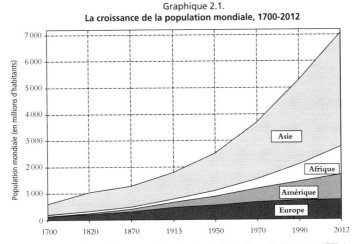

Lecture : la population mondiale est passée de 600 millions d'habitants en 1700 à 7 milliards en 2012.
Sources et séries : voir piketty.pse.ens.fr/capital21c.

Afin que chacun puisse se familiariser avec les effets explosifs de la loi de la croissance cumulée, nous indiquons dans le tableau 2.2 la correspondance entre les taux de croissance mesurés pour une année (ce qui est le mode de présentation habituel) et les progressions obtenues pour des périodes plus longues. Par exemple, un taux de croissance de 1 % par an correspond à une progression de 35 % au bout de trente ans, une multiplication par près de trois au bout de cent ans, par vingt au bout de trois cents ans, et par plus de vingt mille au bout de mille ans. La conclusion simple qui ressort de ce tableau est que des taux de croissance supérieurs à 1 %-1,5 % par an ne sont pas soutenables éternellement, sauf à envisager des progressions vertigineuses.

Tableau 2.2.
La loi de la croissance cumulée

Un taux de croissance annuel égal à...	... équivaut à un taux de croissance générationnel (30 ans) de...	... soit une multiplication au bout de 30 ans par un coefficient de...	... une multiplication au bout de 100 ans par un coefficient de...	... et une multiplication au bout de 1 000 ans par un coefficient de...
0,1 %	3 %	1,03	1,11	2,72
0,2 %	6 %	1,06	1,22	7,37
0,5 %	16 %	1,16	1,65	147
1,0 %	35 %	1,35	2,70	20 959
1,5 %	56 %	1,56	4,43	2 924 437
2,0 %	81 %	1,81	7,24	398 264 652
2,5 %	110 %	2,10	11,8	52 949 930 179
3,5 %	181 %	2,81	31,2	...
5,0 %	332 %	4,32	131,5	...

Lecture : un taux de croissance de 1 % par an équivaut à une croissance cumulée de 35 % par génération (30 ans), une multiplication par 2,7 tous les 100 ans, et par plus de 20 000 tous les 1000 ans.

On voit là à quel point différentes temporalités peuvent conduire à des perceptions contradictoires du processus de croissance. À l'horizon d'un an, une croissance de 1 % semble très faible, presque imperceptible, et de fait les personnes concernées peuvent ne pas s'en rendre compte à l'œil nu et avoir l'impression d'une complète stagnation, d'une reproduction du passé quasiment à l'identique d'une année sur l'autre. La croissance apparaît alors comme une notion relativement abstraite, une pure construction mathématique et statistique. Mais à l'horizon d'une génération, c'est-à-dire environ trente ans, qui constitue à nos yeux l'échelle de temps plus significative pour évaluer les changements à l'œuvre dans une société donnée, cette même croissance correspond tout de même à une progression de plus d'un tiers, ce qui représente une transformation très substantielle. C'est moins spectaculaire qu'une croissance de 2 %-2,5 % par an, qui conduit à un doublement à chaque génération, mais cela est suffisant pour renouveler profondément et régulièrement une société, et pour la transformer radicalement à très long terme.

La loi de la « croissance cumulée » est identique dans son principe à la loi dite des « rendements cumulés », selon laquelle un taux de rendement annuel de quelques pourcents, cumulé sur plusieurs décennies, conduit mécaniquement à une progression très forte du capital initial – à condition toutefois que le rendement soit constamment réinvesti, ou tout du moins que la part qui est consommée par le détenteur du capital ne soit pas trop forte, par comparaison notamment au taux de croissance de la société considérée.

La thèse centrale de ce livre est précisément qu'un écart en apparence limité entre le taux de rendement du capital et le taux de croissance peut produire à long terme des effets extrêmement puissants et déstabilisants sur la structure et la dynamique des inégalités dans une société donnée. Tout découle d'une certaine façon de la loi de la croissance et du rendement cumulés, et il est donc utile de se familiariser dès à présent avec ces notions.

Les étapes de la croissance démographique

Reprenons l'examen de la croissance de la population mondiale.

Si le rythme de croissance démographique observé entre 1700 et 2012 – soit 0,8 % par an en moyenne – avait eu lieu depuis l'Antiquité, alors la population mondiale aurait été multipliée par près de cent mille entre l'an 0 et 1700. Compte tenu du fait que la population de 1700 est estimée à environ 600 millions d'habitants, il faudrait pour être cohérent supposer une population ridiculement faible à l'époque du Christ (moins de 10 000 habitants pour l'ensemble de la planète). Même un taux de 0,2 %, cumulé sur mille sept cents ans, impliquerait une population mondiale de seulement 20 millions d'habitants au début de notre ère, alors que les informations disponibles suggèrent une population supérieure à 200 millions, dont près de 50 millions pour le seul Empire romain. Quelles que soient les imperfections des sources historiques et des estimations de la population mondiale à ces deux dates, il ne fait donc aucun doute que la croissance démographique moyenne entre l'an 0 et 1700 était nettement inférieure à 0,2 % par an, et très certainement inférieure à 0,1 %.

Contrairement à une idée répandue, ce régime malthusien de très faible croissance ne correspondait pas à une situation de complète stagnation démographique. Le rythme de progression était certes extrêmement lent, et la croissance cumulée sur plusieurs générations se retrouvait souvent annulée en quelques années, à la suite d'une crise sanitaire et alimentaire[1]. Il reste que la population semble avoir augmenté d'un quart entre 0 et 1000, puis de moitié entre 1000 et 1500, et de nouveau de moitié entre 1500 et 1700, période au cours de laquelle la croissance de la population s'approche de 0,2 % par an. L'accélération de la croissance démographique est selon toute vraisemblance un processus très graduel, à mesure que progressent les connaissances médicales et les conditions sanitaires d'existence, c'est-à-dire extrêmement lentement.

C'est véritablement à partir de 1700 que la croissance démographique s'accélère fortement, avec des taux de croissance de l'ordre de 0,4 % par an en moyenne au XVIIIe siècle, puis de 0,6 % au XIXe siècle. L'Europe, qui avec son extension l'Amérique connaît la plus forte progression démographique entre 1700 et 1913, voit le processus s'inverser au XXe siècle : le taux de croissance de la population européenne est divisé par deux, avec 0,4 % par an entre 1913 et 2012, contre

---

1. L'exemple emblématique est la Grande Peste de 1347, qui aurait décimé un tiers de la population européenne, annulant ainsi plusieurs siècles de lente croissance.

0,8 % entre 1820 et 1913. C'est le phénomène bien connu de la transition démographique : l'allongement continu de l'espérance de vie ne suffit plus à compenser la chute de la natalité, et le rythme de progression de la population retourne lentement vers des niveaux faibles.

En Asie et en Afrique, cependant, la natalité demeure élevée beaucoup plus longtemps qu'en Europe, si bien que la croissance démographique connaît au XXe siècle des niveaux vertigineux : 1,5 %-2 % par an, d'où des populations multipliées par plus de cinq en un siècle, voire davantage. L'Égypte comptait à peine plus de 10 millions d'habitants au début du XXe siècle ; elle en compte aujourd'hui plus de 80 millions. Le Nigeria ou le Pakistan dépassaient péniblement les 20 millions d'habitants ; leur population dépasse aujourd'hui les 160 millions.

Il est intéressant de noter que les rythmes de croissance démographique atteints par l'Asie et l'Afrique au XXe siècle – soit 1,5 %-2 % par an – sont approximativement les mêmes que ceux observés en Amérique aux XIXe et XXe siècles (voir tableau 2.3). Les États-Unis sont ainsi passés de moins de 3 millions d'habitants dans les années 1780 à 100 millions dans les années 1910 et plus de 300 millions dans les années 2010, soit une multiplication par plus de cent en à peine plus de deux siècles. La différence cruciale, évidemment, est que la croissance démographique du Nouveau Monde s'explique pour une large part par les migrations venues des autres continents, en particulier d'Europe, alors que les 1,5 %-2 % de croissance démographique annuelle atteints par l'Asie et l'Afrique au XXe siècle sont entièrement imputables à l'accroissement naturel (l'excédent des naissances sur les décès).

Conséquence de cet emballement démographique : le taux de croissance de la population au niveau mondial atteint au XXe siècle le chiffre record de 1,4 % par an, alors qu'il n'avait été que de 0,4 %-0,6 % aux XVIIIe et XIXe siècles (voir tableau 2.3).

Tableau 2.3.
**La croissance démographique
depuis la révolution industrielle**

Taux de croissance annuel moyen	Population mondiale	Europe	Amérique	Afrique	Asie
0-1700	**0,1 %**	0,1 %	0,0 %	0,1 %	0,1 %
1700-2012	**0,8 %**	0,6 %	1,4 %	0,9 %	0,8 %
dont : 1700-1820	**0,4 %**	0,5 %	0,7 %	0,2 %	0,5 %
1820-1913	**0,6 %**	0,8 %	1,9 %	0,6 %	0,4 %
1913-2012	**1,4 %**	0,4 %	1,7 %	2,2 %	1,5 %
Prévisions 2012-2050	**0,7 %**	-0,1 %	0,6 %	1,9 %	0,5 %
Prévisions 2050-2100	**0,2 %**	-0,1 %	0,0 %	1,0 %	-0,2 %

Lecture : entre 1913 et 2012, le taux de croissance de la population mondiale a été de 1,4 % par an, dont 0,4 % pour l'Europe, 1,7 % pour l'Amérique, etc.
Sources : voir piketty.pse.ens.fr/capital21c. Les prévisions indiquées pour la population en 2012-2100 correspondent au scénario central de l'ONU.

Il est important de réaliser que nous sortons tout juste de ce processus d'accélération indéfinie du rythme de croissance démographique. Entre 1970 et 1990, la population mondiale progresse de plus de 1,8 % par an, soit presque autant que le record historique absolu observé entre 1950 et 1970 (1,9 %). Entre 1990 et 2012, le rythme est encore de 1,3 % par an, ce qui est extrêmement rapide[1].

D'après les prévisions officielles, la transition démographique au niveau mondial, c'est-à-dire la stabilisation de la population de la planète, devrait maintenant s'accélérer. Selon le scénario central des Nations unies, le taux de croissance de la population

---

1. Compte tenu du vieillissement, le rythme de croissance de la population adulte mondiale a été encore plus élevé : 1,9 % par an en moyenne de 1990 à 2012 (la part des adultes dans la population mondiale est passée de 57 % à 65 % sur cette période ; elle atteint en 2012 environ 80 % en Europe et au Japon, et 75 % en Amérique du Nord). Voir annexe technique.

pourrait passer au-dessous de 0,4 % par an d'ici à 2030-2040 et s'établir aux environs de 0,1 % à partir de 2070-2080. Si ces prévisions se réalisent, il s'agirait d'un retour au régime de très faible croissance démographique prévalant avant 1700. Le taux de croissance démographique de la planète aurait alors traversé une gigantesque courbe en cloche au cours de la période 1700-2100, avec un sommet spectaculaire proche de 2 % par an entre 1950 et 1990 (voir graphique 2.2).

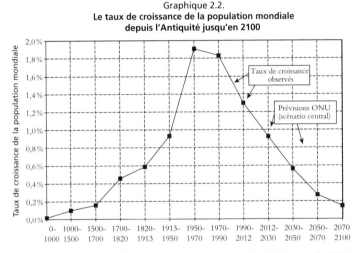

Graphique 2.2.
Le taux de croissance de la population mondiale depuis l'Antiquité jusqu'en 2100

Lecture: le taux de croissance de la population mondiale a dépassé 1 % par an de 1950 à 2012 et devrait retourner vers 0 % d'ici à la fin du XXIe siècle.
Sources et séries: voir piketty.pse.ens.fr/capital21c.

Encore faut-il préciser que la faible croissance démographique prévue pour la seconde moitié du siècle (0,2 % entre 2050 et 2100) est entièrement due au continent africain (avec une croissance de 1 % par an). Sur les trois autres continents, la population devrait soit stagner (0,0 % en Amérique), soit diminuer (− 0,1 % en Europe et − 0,2 % en Asie). Une telle situation de croissance négative prolongée, en temps de paix, constituerait une expérience inconnue dans l'histoire (voir tableau 2.3).

Une croissance démographique négative ?

Il va de soi que ces prévisions sont relativement incertaines. Elles dépendent d'une part de l'évolution de l'espérance de vie (et donc en partie des découvertes scientifiques dans le domaine médical), et d'autre part des choix que feront les générations à venir concernant leur fécondité. Pour une espérance de vie donnée, la croissance démographique découle mécaniquement de la fécondité. Le point important dont il faut être conscient est que de petites variations dans le nombre d'enfants que les uns et les autres décident d'avoir peuvent entraîner des effets considérables au niveau d'une société tout entière[1].

Or toute l'histoire démographique démontre que ces choix de fécondité sont en grande partie imprévisibles. Ils dépendent de considérations à la fois culturelles, économiques, psychologiques et intimes, liées aux objectifs de vie que les individus se fixent à eux-mêmes. Ils peuvent également dépendre des conditions matérielles que les différents pays décident ou non de mettre en place pour concilier vie familiale et professionnelle (écoles, crèches, égalité des sexes, etc.), question qui sans nul doute prendra une part croissante dans les débats et les politiques publiques au XXIe siècle. Par-delà la trame générale décrite plus

---

1. Si la fécondité est de 1,8 enfant (survivant) par femme, soit 0,9 enfant par adulte, alors la population diminue mécaniquement de 10 % par génération, soit environ − 0,3 % par an. Inversement, une fécondité de 2,2 enfants par femme, soit 1,1 enfant par adulte, entraîne un taux de croissance générationnel de 10 % (soit + 0,3 % par an). Avec 1,5 enfant par femme, la croissance est de − 1,0 % par an ; avec 2,5 enfants par femme, elle est de + 0,7 %.

haut, on observe dans l'histoire des populations toutes sortes de spécificités régionales et de retournements spectaculaires, souvent liés aux particularités de chaque histoire nationale[1].

Le retournement le plus spectaculaire concerne sans doute l'Europe et l'Amérique. Personne n'aurait pu se douter, dans les années 1780, quand les pays d'Europe occidentale regroupaient déjà plus de 100 millions d'habitants, et l'Amérique du Nord à peine 3 millions, que l'équilibre allait se renverser à ce point. Au début des années 2010, l'Europe occidentale dépasse tout juste les 410 millions, contre 350 millions en Amérique du Nord. D'après les prévisions des Nations unies, le processus de rattrapage sera achevé d'ici aux années 2050, où l'Europe occidentale atteindra péniblement les 430 millions d'habitants, contre plus de 450 millions pour l'Amérique du Nord. Il est intéressant de noter que ce retournement s'explique non seulement par les flux migratoires, mais également par une fécondité sensiblement plus élevée dans le Nouveau Monde que dans la vieille Europe, écart qui se prolonge d'ailleurs jusqu'à aujourd'hui, y compris parmi les populations d'origine européenne, et qui est en grande partie un mystère pour les démographes. En particulier, la plus forte fécondité américaine ne s'explique certainement pas par

---

1. Il est impossible de faire justice ici aux très nombreux travaux historiques, sociologiques et anthropologiques analysant l'évolution et les variations des comportements démographiques (au sens large : fécondité, nuptialité, structures familiales, etc.) au niveau des pays et des régions. Citons simplement les travaux d'Emmanuel TODD et d'Hervé LE BRAS sur la cartographie des systèmes familiaux au niveau français, européen et mondial, depuis *L'Invention de la France* (1981 ; réédition Gallimard, 2012) jusqu'à *L'Origine des systèmes familiaux* (Gallimard, 2011). Sur un tout autre plan, mentionnons les travaux de Gosta ESPING ANDERSEN sur les différents types d'État providence et l'importance croissante des politiques visant à favoriser la conciliation entre vie familiale et professionnelle (voir par exemple *Trois Leçons sur l'État providence*, Seuil, 2008).

des politiques familiales plus généreuses : ces dernières sont presque inexistantes outre-Atlantique.

Faut-il y voir une plus grande foi dans l'avenir, un optimisme propre au Nouveau Monde, une plus forte propension à se projeter, soi-même et ses enfants, dans un monde en croissance perpétuelle ? S'agissant de choix aussi complexes que les décisions de fécondité, aucune explication psychologique ou culturelle n'est à exclure *a priori*. Et rien n'est jamais écrit à l'avance : la croissance démographique américaine ne cesse de décliner, et tout pourrait se retourner si les flux migratoires en direction de l'Union européenne continuent d'augmenter, si la fécondité progresse, ou si l'espérance de vie européenne creuse l'écart avec l'Amérique. Les prévisions de l'ONU ne sont pas des certitudes.

On retrouve également des retournements démographiques spectaculaires à l'intérieur même de chaque continent. Au sein de l'Europe, la France apparaît ainsi comme le pays le plus peuplé au XVIIIe siècle (comme nous l'avons déjà noté, Young et Malthus y voient l'origine de la misère des campagnes françaises, voire de la Révolution), puis se caractérise par une transition démographique inhabituellement précoce, avec une chute des naissances et une quasi-stagnation de la population dès le XIXe siècle (phénomène généralement attribué à une déchristianisation également très précoce), et enfin par un rebond tout aussi inhabituel de la natalité au XXe siècle (rebond souvent associé à la politique familiale mise en place après les conflits militaires et le traumatisme de la défaite de 1940). Ce pari est d'ailleurs en passe d'être réussi, puisque d'après les prévisions des Nations unies la population française devrait dépasser celle de l'Allemagne dans les années 2050, sans que l'on sache très bien démêler les différentes causes – économiques, politiques, culturelles, psychologiques – dans ce retournement[1].

---

1. Voir annexe technique pour les séries détaillées par pays.

À une échelle plus grande, chacun connaît les conséquences de la politique chinoise de l'enfant unique (décidée dans les années 1970, à un moment où le pays craignait de ne pas réussir à sortir du sous-développement, et actuellement en voie d'assouplissement). La population de la Chine est maintenant sur le point d'être dépassée par celle de l'Inde, alors qu'elle était de l'ordre de 50 % plus élevée jusqu'à ce que cette politique radicale soit adoptée. D'après l'ONU, la population indienne devrait être la plus élevée du monde de 2020 à 2100. Mais, là encore, rien n'est totalement écrit : l'histoire de la population mêlera toujours des choix individuels, des stratégies de développement et des psychologies nationales, des ressorts intimes et des volontés de puissance. Personne ne peut sérieusement prévoir ce que seront les retournements démographiques du XXIe siècle.

C'est pourquoi il serait bien présomptueux de considérer les prévisions officielles des Nations unies autrement que comme un « scénario central ». D'ailleurs l'ONU établit également deux autres jeux de prévisions, et les écarts entre les différents scénarios à l'horizon 2100 sont, sans surprise, extrêmement importants[1].

Il n'en reste pas moins que le scénario central est de loin le plus plausible dans l'état actuel de nos connaissances. Entre 1990 et 2012, la population européenne dans son ensemble était déjà en stagnation quasi complète, et diminuait dans plusieurs pays. La fécondité allemande, italienne, espagnole, polonaise est passée au-dessous de 1,5 enfant par femme dans les années 2000, et seul l'allongement de l'espérance de vie doublé de forts flux migratoires permet d'éviter une rapide chute de la population. Dans ces conditions, prévoir comme le fait l'ONU une croissance démographique nulle en Europe

---

1. Le taux de croissance de la population mondiale entre 2070 et 2100 est de 0,1 % selon le scénario central, − 1,0 % selon le scénario bas, et + 1,2 % suivant le scénario haut. Voir annexe technique.

jusqu'en 2030, puis des taux légèrement négatifs après 2030, n'a rien d'excessif et semble bien la prévision la plus raisonnable. Il en va de même pour les évolutions prévues en Asie et ailleurs : les générations qui naissent actuellement au Japon ou en Chine sont de l'ordre de un tiers moins nombreuses que celles qui ont vu le jour dans les années 1990. La transition démographique est en grande partie déjà écrite. Des changements dans les choix individuels et les politiques suivies peuvent sans doute modifier à la marge ces évolutions – par exemple les taux faiblement négatifs (comme au Japon ou en Allemagne) peuvent devenir faiblement positifs (comme en France ou dans les pays scandinaves), ce qui constitue déjà une différence importante –, mais sans doute pas davantage, au moins pour les quelques décennies à venir.

Pour ce qui concerne le très long terme, tout est évidemment beaucoup plus incertain. On peut cependant rappeler que si le même rythme de croissance démographique que celui observé entre 1700 et 2012 – soit 0,8 % par an – devait se poursuivre au cours des siècles à venir, alors cela impliquerait une population mondiale de l'ordre de 70 milliards d'habitants en 2300. Certes, rien ne peut être exclu, qu'il s'agisse des comportements de fécondité ou des avancées technologiques (qui peut-être permettront un jour une croissance beaucoup moins polluante qu'on ne parvient à l'imaginer actuellement, avec de nouveaux biens et services presque entièrement dématérialisés, et des sources d'énergie renouvelables et débarrassées de toute empreinte carbone). Mais, à ce stade, il n'est pas exagéré de dire qu'une population mondiale de 70 milliards d'habitants ne semble ni spécialement plausible, ni particulièrement souhaitable. L'hypothèse la plus probable est que le taux de progression de la population mondiale dans les prochains siècles sera nettement au-dessous de 0,8 %. La prévision officielle, qui est celle d'une croissance démographique positive mais faible – 0,1 %-0,2 % par an – à très long terme semble *a priori* assez plausible.

La croissance, source d'égalisation des destins

En tout état de cause, l'objectif de ce livre n'est pas de faire des prévisions démographiques, mais bien plutôt de prendre acte de ces différentes possibilités et d'en analyser les implications pour l'évolution de la répartition des richesses. Car la croissance démographique n'a pas seulement des conséquences pour le développement et la puissance comparée des nations : elle a également des implications importantes pour la structure des inégalités. Toutes autres choses égales par ailleurs, une croissance démographique forte tend en effet à avoir un rôle égalisateur, car elle diminue l'importance des patrimoines issus du passé, et donc de l'héritage : chaque génération doit en quelque sorte se construire par elle-même.

Pour prendre un exemple extrême, dans un monde où chacun aurait dix enfants, alors il est clair qu'il vaut mieux – en règle générale – ne pas trop compter sur l'héritage, puisque tout sera divisé par dix à chaque génération. Dans une telle société, le poids global de l'héritage se trouve fortement réduit, et il est dans la plupart des cas plus réaliste de miser sur son travail ou sur sa propre épargne.

Il en va de même lorsque la population est constamment renouvelée par des migrations, comme en Amérique. Dans la mesure où la plupart des migrants arrivent sans patrimoine important, la masse des patrimoines issus du passé est par nature relativement limitée dans de telles sociétés, par comparaison à la masse des nouveaux patrimoines accumulés par l'épargne. L'accroissement démographique par apport migratoire entraîne toutefois d'autres conséquences, notamment en termes d'inégalités entre les migrants et autochtones, et à l'intérieur de ces deux groupes, et ne peut donc totalement se comparer à la situation d'une société où le dynamisme de la population proviendrait principalement de l'accroissement naturel (c'est-à-dire par la natalité).

Nous verrons que l'intuition sur les effets d'une forte croissance de la population peut dans une certaine mesure se généraliser à des sociétés en croissance économique – et non seulement démographique – très rapide. Par exemple, dans un monde où la production par habitant serait multipliée par dix à chaque génération, alors mieux vaut compter sur le revenu et l'épargne issus de son propre travail : les revenus des générations précédentes sont tellement faibles par comparaison aux revenus actuels que les patrimoines accumulés par les parents ou grands-parents ne représentent pas grand-chose.

Inversement, la stagnation de la population – et plus encore sa diminution – accroît le poids du capital accumulé par les générations précédentes. Il en va de même de la stagnation économique. Avec une croissance faible, il paraît en outre assez plausible que le taux de rendement du capital dépasse nettement le taux de croissance, condition dont nous avons déjà noté dans l'introduction qu'elle était la principale force poussant vers une très forte inégalité de la répartition des richesses à long terme. Nous verrons que les sociétés patrimoniales observées dans le passé, et fortement structurées par le patrimoine et l'héritage, qu'il s'agisse des sociétés rurales traditionnelles ou des sociétés européennes du xixe siècle, ne peuvent émerger et perdurer que dans des mondes de croissance faible. Nous examinerons dans quelle mesure le retour probable à une croissance faible, s'il se réalise, aura des conséquences importantes pour la dynamique de l'accumulation du capital et la structure des inégalités. Cela concerne notamment le possible retour de l'héritage, phénomène de long terme dont les effets se font déjà sentir en Europe, et qui le cas échéant pourrait s'étendre à d'autres parties du monde. Voici pourquoi il est si important, dans le cadre de notre enquête, de nous familiariser dès à présent avec l'histoire de la croissance démographique et économique.

Mentionnons également un autre mécanisme – potentiellement complémentaire, même s'il est moins important et plus ambigu que le premier – par lequel la croissance peut aller dans le sens de la réduction des inégalités, ou tout du moins d'un plus rapide renouvellement des élites. Lorsque la croissance est nulle, ou très faible, les différentes fonctions économiques et sociales, les différents types d'activités professionnelles, se reproduisent quasiment à l'identique d'une génération sur l'autre. Une croissance continue, ne serait-ce que de 0,5 %, 1 % ou 1,5 % par an, signifie au contraire que de nouvelles fonctions se créent en permanence, que de nouvelles compétences sont nécessaires à chaque génération. Dans la mesure où les goûts et les capacités humaines ne se transmettent que très partiellement à travers les générations – ou tout du moins de façon beaucoup moins automatique et mécanique que le capital terrien, immobilier ou financier peut se transmettre par héritage –, la croissance peut donc conduire à faciliter l'ascension sociale de personnes dont les parents ne faisaient pas partie de l'élite. Cette possible augmentation de la mobilité sociale n'implique pas nécessairement une diminution des inégalités de revenus, mais limite en principe la reproduction et l'amplification dans le temps des inégalités de patrimoines, et donc dans une certaine mesure l'ampleur à long terme des inégalités de revenus.

Il faut toutefois se méfier de cette idée un peu convenue selon laquelle la croissance moderne agirait comme un incomparable révélateur des talents et des aptitudes individuels. Cet argument a sa part de vérité, mais il a trop souvent été utilisé depuis le début du XIXe siècle pour justifier toutes les inégalités, quelles que soient leur ampleur et leur origine véritable, et pour parer de toutes les vertus les gagnants du nouveau régime industriel. Charles Dunoyer, économiste libéral et préfet sous la monarchie de Juillet, écrivait ainsi en 1845 dans son livre intitulé *De la liberté du travail* (dans lequel il s'oppose naturellement à toute législation sociale contraignante) : « L'effet du régime industriel est de détruire les inégalités factices ; mais c'est pour mieux faire ressortir les inégalités naturelles. » Pour Dunoyer, ces inégalités naturelles comprennent les différences de capacités physiques, intellectuelles et morales, et se trouvent au cœur de la nouvelle économie de croissance et d'innovation qu'il voit un peu partout autour de lui, et qui fait qu'il refuse toute intervention de l'État : « Les supériorités sont la source de tout ce qu'il y a de grand et d'utile. Réduisez tout à l'égalité et vous aurez tout réduit à l'inaction[1]. » Dans les années 2000-2010, on entend parfois exprimer cette même idée, selon laquelle la nouvelle économie de l'information permettrait aux plus talentueux de démultiplier leur productivité. Force est de constater que cet argument est souvent utilisé pour justifier des inégalités extrêmes et pour défendre la situation des gagnants, sans grande considération pour les perdants, ni d'ailleurs pour les faits, et sans véritablement chercher à vérifier si ce principe bien commode permet ou non d'expliquer les évolutions observées. Nous y reviendrons.

Les étapes de la croissance économique

Venons-en maintenant à la croissance de la production par habitant. Ainsi que nous l'avons déjà noté, la progression sur l'ensemble de la période 1700-2012 est exactement du même ordre que celle de la population : 0,8 % par an en moyenne, soit une multiplication par plus de dix en trois siècles. Le revenu moyen au niveau mondial est actuellement d'environ 760 euros par mois et par habitant ; en 1700, il était inférieur à 70 euros par mois, soit approximativement le même niveau que dans les pays les plus pauvres de l'Afrique subsaharienne de 2012[2].

---

1. Voir P. ROSANVALLON, *La Société des égaux*, Seuil, 2011, p. 131-132.
2. Le PIB moyen en Afrique subsaharienne est en 2012 d'environ 2 000 euros par habitant, soit un revenu moyen de 150 euros par mois (voir

Cette comparaison est suggestive, mais sa portée ne doit pas être exagérée. Quand on cherche à mettre en parallèle des sociétés et des époques aussi différentes, il est illusoire de prétendre pouvoir tout résumer par un chiffre unique, du type « le niveau de vie dans telle société est dix fois plus élevé que dans telle autre ». Quand elle atteint de telles proportions, la croissance de la production par habitant est une notion beaucoup plus abstraite que celle de la population, qui au moins correspond à une réalité bien tangible (il est plus facile de compter les habitants que les biens et services). L'histoire du développement économique est d'abord celle de la diversification des modes de vie et des types de biens et services produits et consommés. Il s'agit donc d'un processus multidimensionnel, qui par nature ne peut être résumé correctement par un seul indicateur monétaire.

Prenons l'exemple des pays les plus riches. En Europe occidentale, en Amérique du Nord ou au Japon, le revenu moyen est passé d'à peine plus de 100 euros par mois et par habitant en 1700 à plus de 2 500 euros par mois en 2012, soit une multiplication par plus de vingt[1]. En réalité, la progression de la productivité, c'est-à-dire de la production par heure travaillée, a été plus élevée encore, car la durée moyenne du travail par habitant a beaucoup diminué : toutes les sociétés développées ont fait le choix, au fur et à mesure de leur enrichissement, de travailler moins longtemps, afin

---

chapitre 1, tableau 1.1). Mais les pays les plus pauvres (par exemple Congo-Kinshasa, Niger, Tchad, Éthiopie) sont à des niveaux deux-trois fois plus faibles, et les plus riches (par exemple Afrique du Sud) à des niveaux deux-trois fois plus élevés (voisins de l'Afrique du Nord). Voir annexe technique.

1. Les estimations de Maddison – fragiles pour cette période – suggèrent que le point de départ en 1700 est plus faible en Amérique du Nord et au Japon (plus proche de la moyenne mondiale que de l'Europe occidentale), si bien que la progression totale du revenu moyen entre 1700 et 2012 serait plus proche de trente que de vingt.

de disposer de plus de temps libre (journées de travail plus courtes, vacances plus longues, etc.)[1].

Cette progression spectaculaire doit beaucoup au XXe siècle. Au niveau mondial, la croissance moyenne de 0,8 % par an de la production par habitant entre 1700 et 2012 se décompose en à peine 0,1 % au XVIIIe siècle, 0,9 % au XIXe siècle et 1,6 % au XXe siècle (voir tableau 2.1). En Europe occidentale, la croissance moyenne de 1,0 % entre 1700 et 2012 se décompose en 0,2 % au XVIIIe siècle, 1,1 % au XIXe siècle et 1,9 % au XXe siècle[2]. Le pouvoir d'achat moyen en vigueur sur le Vieux Continent a tout juste progressé entre 1700 et 1820, puis a été multiplié par plus de deux entre 1820 et 1913, et par plus de six entre 1913 et 2012. Le XVIIIe siècle se caractérise dans le fond par la même stagnation économique que les siècles précédents. Le XIXe siècle connaît pour la première fois une croissance soutenue de la production par habitant, mais de vastes segments de la population n'en profitent guère, tout du moins jusqu'au dernier tiers du siècle. Il faut attendre le XXe siècle pour que la croissance économique devienne véritablement une réalité tangible et spectaculaire pour tous. À la Belle Époque, vers 1900-1910, le revenu moyen des Européens est d'à peine 400 euros par mois, contre 2 500 euros par mois au début des années 2010.

Mais que signifie un pouvoir d'achat multiplié par vingt, par dix, ou même par six ? Cela ne signifie évidemment pas que les Européens de 2012 produisent et consomment des quantités six fois plus importantes de tous les biens et services qu'ils produisaient et consommaient en 1913. Par exemple, les consommations moyennes de produits alimentaires n'ont

---

1. Sur longue période, le nombre moyen d'heures travaillées par habitant a été approximativement divisé par deux (avec des variations significatives entre pays), si bien que la croissance de la productivité a été de l'ordre de deux fois plus élevée que celle de la production par habitant.
2. Voir tableau supplémentaire S2.2 (disponible en ligne).

bien sûr pas été multipliées par six. Cela n'aurait d'ailleurs eu aucun intérêt, puisque les besoins alimentaires auraient été saturés depuis longtemps. En Europe, comme dans tous les pays, la croissance du pouvoir d'achat et du niveau de vie sur longue période repose avant tout sur la transformation des structures de consommation : à une consommation constituée majoritairement de produits alimentaires s'est progressivement substituée une consommation beaucoup plus diversifiée, riche en produits industriels et en services.

D'ailleurs, même si les Européens de 2012 souhaitaient consommer des quantités six fois plus importantes de tous les biens et services qu'ils consommaient en 1913, ils ne le pourraient pas : certains prix ont en effet progressé plus vite que la « moyenne » des prix, alors que d'autres ont progressé moins vite, si bien que le pouvoir d'achat n'a pas été multiplié par six pour tous les types de biens et services. Sur courte période, ces problèmes de « prix relatifs » peuvent être négligés, et on peut considérer que les indices de prix « moyens » établis par les administrations économiques et statistiques permettent de mesurer correctement la progression du pouvoir d'achat. Mais sur longue période, quand la structure des consommations et des prix relatifs se modifie radicalement, notamment du fait de l'apparition de nouveaux biens et services, ces indices de prix moyens ne permettent pas de bien rendre compte de la nature des transformations qui ont eu lieu, et ce, quels que soient la sophistication des techniques utilisées par les statisticiens pour traiter les milliers de relevés de prix dont ils disposent et le soin qu'ils prennent pour mesurer les améliorations de qualité des produits.

Que signifie un pouvoir d'achat multiplié par dix ?

En réalité, la seule façon de véritablement prendre la mesure de la progression spectaculaire que les niveaux et les modes de vie ont connue depuis la révolution industrielle consiste à se reporter aux niveaux de revenus exprimés en monnaie courante et à les comparer aux niveaux de prix des différents biens et services en vigueur aux différentes époques. Contentons-nous de résumer ici les principaux enseignements d'un tel exercice[1].

On distingue classiquement les biens industriels, pour lesquels la croissance de la productivité a été beaucoup plus rapide que la moyenne de l'économie, si bien que leurs prix ont baissé relativement à la moyenne des prix ; les biens alimentaires, pour lesquels la progression de la productivité a été continue et déterminante sur très longue période (cela a notamment permis de nourrir une population en forte hausse, tout en libérant pour d'autres tâches une part croissante de la main-d'œuvre agricole), mais bien moins rapide que celle des biens industriels, si bien que leurs prix ont évolué à peu près comme la moyenne des prix ; et enfin les services, pour lesquels la croissance de la productivité a généralement été relativement faible (voire nulle dans certains cas, ce qui explique d'ailleurs pourquoi ce secteur tend à absorber une proportion sans cesse plus importante de la main-d'œuvre), et dont les prix ont augmenté plus vite que la moyenne des prix.

Ce schéma général est bien connu. Il est globalement vrai dans ses grandes lignes, mais il mérite d'être affiné et précisé. Il existe en effet une grande diversité de situations à l'intérieur de chaque secteur. Pour de nombreux produits alimentaires, les prix ont effectivement progressé comme la

---

1. Le lecteur intéressé trouvera dans l'annexe technique des séries historiques de revenu moyen exprimées en monnaie courante pour un grand nombre de pays depuis le début du XVIIIe siècle. Pour des exemples détaillés des prix alimentaires, industriels et de services en France aux XIXe et XXe siècles (issus de diverses sources historiques, en particulier des indices officiels et des recueils de prix publiés par Jean Fourastié), ainsi qu'une analyse des gains de pouvoir d'achat correspondants, voir T. PIKETTY, *Les Hauts Revenus en France au XXe siècle*, *op. cit.*, p. 80-92.

moyenne. Par exemple, en France, le prix du kilo de carottes a évolué comme l'indice général des prix entre 1900-1910 et 2000-2010, si bien que le pouvoir d'achat exprimé en carottes a évolué comme le pouvoir d'achat moyen (soit approximativement une multiplication par six). Le salarié moyen pouvait se payer à peine 10 kilos de carottes par jour au début du XXe siècle, et il peut s'en offrir près de 60 kilos en ce début de XXIe siècle[1]. Pour d'autres produits, comme le lait, le beurre, les œufs, les produits laitiers, qui ont bénéficié de progrès techniques importants dans le domaine de la traite, de la fabrication, de la conservation, etc., on observe des baisses de prix relatifs, et donc des hausses de pouvoir d'achat supérieures à six. Il en va de même pour les produits qui ont bénéficié de la baisse considérable des coûts de transport : en un siècle, le pouvoir d'achat français en termes d'oranges a ainsi été multiplié par dix, et le pouvoir d'achat en termes de bananes par vingt. Inversement, le pouvoir d'achat mesuré en kilos de pain ou de viande a été multiplié par moins de quatre, avec il est vrai une forte augmentation de la qualité et de la variété des produits proposés.

La diversité des situations est plus forte encore parmi les biens industriels, notamment du fait de l'apparition de produits radicalement nouveaux et de l'amélioration spectaculaire de leur performance. L'exemple typique pour la période récente est l'électronique et l'informatique. Les progrès réalisés par les ordinateurs et les téléphones portables dans les années 1990-2000, puis les tablettes et les smartphones dans les années 2000-2010, correspondent parfois à des multiplications par dix du pouvoir d'achat en quelques années : le prix d'un produit est divisé par deux, alors même que sa performance est multipliée par cinq.

Il est important de réaliser que l'on peut aisément trou-

---

1. Tout dépend bien sûr de l'endroit où il achète ses carottes (nous parlons ici de l'indice moyen).

ver des exemples tout aussi spectaculaires tout au long de l'histoire du développement industriel. Prenons le cas de la bicyclette. Dans les années 1880-1890, le modèle le moins cher disponible dans les catalogues de vente et les documents commerciaux vaut en France l'équivalent de six mois de salaire moyen. Encore ne s'agit-il que d'une bicyclette relativement rudimentaire, « dont les roues ne sont revêtues que d'une bande de caoutchouc plein, qui n'a qu'un seul frein, à action directe sur le bandage avant ». Le progrès technique permet de faire tomber le prix à moins d'un mois de salaire moyen dans les années 1910-1920. Les progrès continuent, et on peut acheter dans les catalogues des années 1960-1970 des bicyclettes de qualité (avec « roue libre, deux freins, couvre-chaîne et garde-boue, porte-bagages, éclairage, catadioptre ») pour moins d'une semaine de salaire moyen. Au total, sans même prendre en compte la progression vertigineuse de la qualité et de la sécurité du produit, le pouvoir d'achat en termes de bicyclette a été multiplié par quarante entre 1890 et 1970[1].

On pourrait multiplier les exemples en examinant l'évolution du prix des ampoules électriques, des équipements ménagers, des draps et des assiettes, des vêtements et des automobiles, dans les pays développés comme dans les pays émergents, et en les comparant aux salaires en vigueur.

Tous ces exemples montrent également à quel point il est vain et réducteur de prétendre pouvoir résumer toutes ces transformations pour un unique indicateur du type « le niveau de vie entre telle et telle époque a été multiplié par dix ». Quand les modes de vie et les structures des budgets des ménages se modifient aussi radicalement, et que la progression du pouvoir d'achat varie autant suivant les biens considérés, la question du chiffre moyen n'a pas beaucoup de sens, tant

---

1. Voir T. PIKETTY, *Les Hauts Revenus en France au XXe siècle, op. cit.*, p. 83-85.

le résultat exact dépend finement des pondérations choisies et des mesures de la qualité retenues, qui sont les unes et les autres relativement incertaines, surtout lorsqu'il s'agit de faire des comparaisons sur plusieurs siècles.

Cela ne remet évidemment pas en cause la réalité de la croissance, bien au contraire : il est clair que les conditions matérielles d'existence se sont améliorées de façon spectaculaire depuis la révolution industrielle, permettant aux habitants de la planète de mieux se nourrir, se vêtir, se déplacer, s'informer, se soigner, et ainsi de suite. Et cela ne remet pas non plus en cause l'intérêt de la mesure des taux de croissance sur des périodes plus courtes, par exemple à l'échelle d'une ou deux générations. Sur une période de trente ou soixante ans, cela a du sens de savoir si le taux de croissance a été de 0,1 % par an (3 % par génération), 1 % par an (35 % par génération), ou 3 % par an (143 % par génération). C'est uniquement lorsqu'on les cumule sur des périodes trop longues et que l'on aboutit à des multiplications spectaculaires que les taux de croissance perdent une partie de leur sens et deviennent des quantités relativement abstraites et arbitraires.

La croissance : une diversification des modes de vie

Examinons pour finir le cas des services, pour lesquels la diversité des situations est sans doute la plus extrême. En principe, les choses sont relativement claires : la productivité a moins fortement progressé dans ce secteur, donc le pouvoir d'achat exprimé en services a moins nettement augmenté. Le cas typique du service « pur » n'ayant connu aucune innovation technique notoire au cours des siècles est supposé être celui des coiffeurs : une coupe de cheveux nécessite toujours le même temps de travail qu'au début du siècle, si bien que le prix d'un coiffeur a été multiplié par le même coefficient que le salaire des coiffeurs, qui a lui-même progressé au même rythme que le salaire moyen et que le revenu moyen (en première approximation). Autrement dit, en travaillant une heure, le salarié moyen du début du XXIe siècle peut se payer approximativement le même nombre de coupes de cheveux que le salarié moyen du début du XXe siècle : on constate de fait que le pouvoir d'achat exprimé en termes de coupes de cheveux n'a pas augmenté, et a même légèrement baissé[1].

En réalité, la diversité des cas est tellement extrême que la notion même de secteur des services n'a pas beaucoup de sens. La décomposition entre trois secteurs d'activité – primaire, secondaire, tertiaire – a été conçue au milieu du XXe siècle, dans des sociétés où chaque secteur regroupait des proportions similaires – ou au moins comparables – de l'activité économique et de la force de travail (voir tableau 2.4). Mais à partir du moment où les services regroupent de l'ordre de 70 %-80 % de la main-d'œuvre dans tous les pays développés, alors cela signifie que cette catégorie statistique n'est plus vraiment pertinente : elle fournit peu d'informations sur la nature des métiers et des services produits dans la société considérée.

Tableau 2.4.
L'emploi par secteur d'activité en France et aux États-Unis, 1800-2012

(en % de l'emploi total)	France			États-Unis		
	Agriculture	Industrie	Services	Agriculture	Industrie	Services
1800	64 %	22 %	14 %	68 %	18 %	13%
1900	43 %	29 %	28 %	41 %	28%	31%
1950	32 %	33 %	35 %	14 %	33%	53%
2012	3 %	21 %	76 %	2 %	18%	80%

Lecture : en 2012, l'agriculture représentait 3 % de l'emploi total en France, contre 21 % pour l'industrie et 76 % pour les services. La construction, 7 % de l'emploi en France en 2012, comme aux États-Unis, a été incluse dans l'industrie.
Sources : voir piketty.pse.ens.fr/capital21c.

1. *Ibid.*, p. 86-87.

Pour se repérer au sein de cet énorme agrégat d'activités, dont le développement représente une large part de l'amélioration des conditions de vie depuis le XIXe siècle, il est utile de distinguer plusieurs blocs. On peut tout d'abord considérer les services de santé et d'éducation, qui regroupent à eux seuls plus de 20 % de l'emploi total dans les pays les plus avancés (soit autant que tous les secteurs industriels réunis). Tout laisse à penser que cette proportion va continuer de croître, compte tenu des progrès médicaux et du développement continu de l'enseignement supérieur. Les emplois du commerce, des hôtels, cafés et restaurants, de la culture et des loisirs, également en forte progression, représentent typiquement plus de 20 % de l'emploi total (voire plus de 25 % dans certains pays). Les services aux entreprises (conseil, comptabilité, design, informatique, etc.), ajoutés aux services immobiliers et financiers (agences immobilières, banques, assurance, etc.) et de transports, avoisinent également les 20 % de l'emploi total. Si l'on ajoute les services régaliens et de sécurité (administration générale, justice, police, forces armées, etc.), qui s'approchent de 10 % de l'emploi total dans la plupart des pays, on parvient approximativement aux 70 %-80 % annoncés dans les statistiques officielles[1].

1. Pour une analyse historique de la constitution de ces différentes strates de services, de la fin du XIXe à la fin du XXe siècle, à partir de l'exemple de la France et des États-Unis, voir T. PIKETTY, « Les créations d'emploi en France et aux États-Unis. Services de proximité contre petits boulots ? », *Les Notes de la Fondation Saint-Simon*, 1997. Voir également « L'emploi dans les services en France et aux États-Unis : une analyse structurelle sur longue période », *Économie et statistique*, 1998. Il est à noter que dans les statistiques officielles l'industrie pharmaceutique est comptée dans l'industrie et non dans les services de santé, de même que l'industrie automobile et aéronautique est comptée dans l'industrie et non dans les services de transport, etc. Il serait sans doute plus pertinent de rassembler les activités en fonction de leur finalité (santé, transport, logement, etc.) et d'abandonner totalement la distinction agriculture/industrie/services.

Précisons qu'une part importante de ces services, en particulier dans la santé et l'éducation, est généralement financée par l'impôt et fournie gratuitement à la population. Les modalités de financement varient suivant les pays, de même que le niveau exact de la part financée par l'impôt – elle est par exemple plus élevée en Europe qu'aux États-Unis et au Japon. Mais elle est très significative dans tous les pays développés – généralement au moins la moitié du coût total des services de santé et d'éducation, et plus des trois quarts dans de nombreux pays européens. Cela introduit potentiellement de nouvelles difficultés et incertitudes concernant la mesure et les comparaisons de la croissance du niveau de vie sur longue période et entre pays. La question est loin d'être anecdotique : outre que ces deux secteurs représentent plus de 20 % du PIB et de l'emploi dans les pays les plus avancés, et sans nul doute davantage encore à l'avenir, la santé et l'éducation représentent probablement les améliorations les plus réelles et les plus remarquables des conditions de vie au cours des derniers siècles. À des sociétés où l'espérance de vie était d'à peine quarante ans et où presque tout le monde était analphabète se sont substituées des sociétés où l'on vit couramment plus de quatre-vingts ans et où chacun dispose d'un accès minimal à la culture.

Dans les comptes nationaux, la valeur des services publics disponibles gratuitement est toujours estimée à partir des coûts de production acquittés par les administrations publiques – et donc *in fine* par les contribuables. Ces coûts incluent en particulier la masse salariale versée aux personnels de santé et aux enseignants employés dans les hôpitaux, les écoles et les universités publics. Cette méthode a ses défauts, mais elle est logiquement cohérente, et en tout état de cause elle est nettement plus satisfaisante que celle qui consisterait à exclure purement et simplement les services publics gratuits du calcul du PIB et à se concentrer sur la seule production marchande. Une telle exclusion serait économiquement absurde, puisqu'elle mènerait à sous-estimer de façon totalement artificielle le niveau de production intérieure et de revenu national d'un pays choisissant un système public de santé et d'éducation plutôt qu'un système privé, y compris si les services disponibles sont rigoureusement les mêmes dans les deux cas.

La méthode utilisée par les comptes nationaux permet au moins de corriger ce biais. Elle n'est pas parfaite pour autant : en particulier, elle ne s'appuie pour l'instant sur aucune mesure objective de la qualité des services rendus (des progrès sont prévus en ce sens). Par exemple, si un système d'assurance santé privé coûte plus cher qu'un système public, sans que la qualité des soins soit véritablement supérieure – comme le laisse à penser la comparaison entre États-Unis et Europe –, alors le PIB sera artificiellement surévalué dans les pays reposant davantage sur un système privé. Il faut également noter que les comptes nationaux choisissent par convention de ne comptabiliser aucune rémunération pour le capital public tel que les bâtiments et équipements des hôpitaux publics ou des écoles et universités[1]. La conséquence est qu'un pays privatisant ses services de santé et d'éducation verrait son PIB augmenter artificiellement, y compris si les services produits et les salaires versés aux employés concernés restaient exactement les mêmes[2]. On peut également considérer que cette méthode de valorisation par les coûts conduit à sous-estimer la « valeur » fondamentale de l'éducation et de la santé, et donc la croissance réalisée pendant les périodes de vaste expansion éducative ou sanitaire[3].

---

1. Seule la dépréciation du capital (le remplacement des bâtiments et équipements usagés) est prise en compte dans les coûts de production. Mais la rémunération – nette de la dépréciation – du capital public est conventionnellement fixée à zéro.

2. Voir annexe technique.

3. Hervé Le Bras et Emmanuel Todd ne disent pas autre chose quand ils parlent des « Trente Glorieuses culturelles » au sujet de la période 1980-2010

Il ne fait donc aucun doute que la croissance économique a permis une amélioration considérable des conditions de vie sur longue période, avec d'après les meilleures estimations disponibles une multiplication par plus de dix du revenu moyen au niveau mondial entre 1700 et 2012 (de 70 euros à 760 euros par mois), et par plus de vingt dans les pays les plus riches (de 100 euros à 2 500 euros par mois). Compte tenu des difficultés liées à la mesure de transformations aussi radicales, surtout si l'on cherche à les résumer par un indicateur unique, de tels chiffres ne doivent toutefois pas être fétichisés, et doivent plutôt être considérés comme de simples ordres de grandeur.

La fin de la croissance ?

Venons-en maintenant à la question de l'avenir : la croissance spectaculaire de la production par habitant, dont nous venons de rappeler la réalité, est-elle appelée à se ralentir inexorablement au XXIe siècle ? S'oriente-t-on vers la fin de la croissance, pour des raisons technologiques, ou bien écologiques, ou bien les deux à la fois ?

Avant de tenter de répondre à cette question, il est essentiel de commencer par rappeler que la croissance du passé, si spectaculaire soit-elle, s'est presque toujours faite à des rythmes annuels relativement lents – généralement pas plus de 1 %-1,5 % par an. Les seuls exemples historiques de croissance sensiblement plus rapide – par exemple 3 % ou 4 % par an, ou parfois davantage – concernent des pays en situation de rattrapage accéléré par rapport à d'autres pays, processus qui par définition s'achève lorsque le rattrapage est achevé, et ne peut donc être que transitoire et limité dans le temps.

---

en France – caractérisée par une forte expansion éducative –, par opposition aux « Trente Glorieuses économiques » des années 1950-1980. Voir *Le Mystère français*, Seuil, 2013.

Et un tel processus de rattrapage, par construction, ne peut s'appliquer à l'ensemble de la planète.

Au niveau de la planète tout entière, le taux de croissance de la production par habitant a été en moyenne de 0,8 % par an entre 1700 et 2012, dont 0,1 % entre 1700 et 1820, 0,9 % entre 1820 et 1913 et 1,6 % entre 1913 et 2012. Ainsi que nous l'avons indiqué dans le tableau 2.1, on retrouve ce même taux de croissance moyen de 0,8 % par an entre 1700 et 2012 pour la population mondiale.

Nous avons reporté dans le tableau 2.5 les taux de croissance économique séparément pour chaque siècle et chaque continent. En Europe, la croissance de la production par habitant a été de 1,0 % entre 1820 et 1913, puis de 1,9 % entre 1913 et 2012. En Amérique, elle atteint 1,5 % entre 1820 et 1913, et de nouveau 1,5 % entre 1913 et 2012.

Tableau 2.5.
La croissance de la production
par habitant depuis la révolution industrielle

Taux de croissance annuel moyen	Production mondiale par habitant	Europe	Amérique	Afrique	Asie
0-1700	0,0 %	0,0 %	0,0 %	0,0 %	0,0 %
1700-2012	0,8 %	1,0 %	1,1 %	0,5 %	0,7 %
dont : 1700-1820	0,1 %	0,1 %	0,4 %	0,0 %	0,0 %
1820-1913	0,9 %	1,0 %	1,5 %	0,4 %	0,2 %
1913-2012	1,6 %	1,9 %	1,5 %	1,1 %	2,0 %
1913-1950	0,9 %	0,9 %	1,4 %	0,9 %	0,2 %
1950-1970	2,8 %	3,8 %	1,9 %	2,1 %	3,5 %
1970-1990	1,3 %	1,9 %	1,6 %	0,3 %	2,1 %
1990-2012	2,1 %	1,9 %	1,5 %	1,4 %	3,8 %
1950-1980	2,5 %	3,4 %	2,0 %	1,8 %	3,2 %
1980-2012	1,7 %	1,8 %	1,3 %	0,8 %	3,1 %

Lecture : entre 1910 et 2010, le taux de croissance du PIB par habitant a été de 1,7 % par an en moyenne au niveau mondial, dont 1,9 % pour l'Europe, 1,6 % pour l'Amérique, etc.
Sources : voir piketty.pse.ens.fr/capital21c.

Qu'importe le détail de ces chiffres : le point important est qu'il n'existe aucun exemple dans l'histoire d'un pays se trouvant à la frontière technologique mondiale et dont la croissance de la production par habitant soit durablement supérieure à 1,5 %. Si l'on examine les toutes dernières décennies, on observe dans les pays les plus riches des rythmes encore plus faibles : entre 1990 et 2012, la croissance de la production par habitant est de 1,6 % en Europe de l'Ouest, 1,4 % en Amérique du Nord, et 0,7 % au Japon[1]. Il est important de commencer par rappeler cette réalité, car nous continuons dans une large mesure d'être imprégnés de l'idée selon laquelle la croissance se doit d'être d'au moins 3 % ou 4 % par an. Or ceci est une illusion au regard de l'histoire comme de la logique.

Ce préalable étant posé, que peut-on dire des taux de croissance de l'avenir ? Pour certains économistes, comme Robert Gordon, le rythme de croissance de la production par habitant est appelé à se ralentir dans les pays les plus avancés, à commencer par les États-Unis, et pourrait être inférieur à 0,5 % par an à l'horizon 2050-2100[2]. L'analyse de Gordon repose sur la comparaison des différentes vagues d'innovations qui se sont succédé depuis la machine à vapeur et l'électricité, et sur la constatation que les vagues plus récentes – en particulier les technologies de l'information – ont un potentiel de croissance sensiblement inférieur : elles bouleversent moins radicalement les modes de production et améliorent moins fortement la productivité d'ensemble de l'économie.

---

1. Il est vrai que la croissance a été quasi nulle au cours des années 2007-2012, du fait de la récession de 2008-2009. Voir tableau supplémentaire S2.2 disponible en ligne pour les chiffres détaillés pour l'Europe de l'Ouest et l'Amérique du Nord (peu différents des chiffres indiqués ici pour l'Europe et l'Amérique dans leur ensemble), et pour chaque pays séparément.
2. Voir R. GORDON, « Is US economic growth over ? Faltering innovation confronts the six headwinds », *NBER Working Paper*, 2012.

De la même façon que pour la croissance démographique, il ne m'appartient pas de prédire ici ce que sera la croissance au XXIe siècle, mais bien plutôt de tirer les conséquences des différents scénarios possibles pour la dynamique de la répartition des richesses. Le rythme des innovations à venir est tout aussi difficile à prévoir que celui de la fécondité. Sur la base de l'expérience historique des derniers siècles, il me paraît assez improbable que la croissance à long terme de la production par habitant dans les pays les plus avancés puisse être supérieure à 1,5 % par an. Mais je suis bien incapable de dire si elle sera de 0,5 %, 1 % ou 1,5 %. Le scénario médian présenté plus loin repose sur une croissance à long terme de la production par habitant de 1,2 % par an dans les pays riches, ce qui est relativement optimiste par comparaison aux prédictions de Gordon (qui me semblent un peu trop sombres), et en particulier ne pourra se produire que si de nouvelles sources d'énergie permettent de remplacer les hydrocarbures, en voie d'épuisement. Mais il ne s'agit que d'un scénario parmi d'autres.

Avec 1 % de croissance annuelle, une société se renouvelle profondément

Le point qui me semble le plus important, et plus significatif que le détail de la prédiction de croissance (comme nous l'avons vu plus haut, résumer la croissance à long terme d'une société par un chiffre unique est en grande partie une illusion statistique), et sur lequel il nous faut maintenant insister, est qu'un rythme de croissance de la production par habitant de l'ordre de 1 % par an est en réalité extrêmement rapide, beaucoup plus rapide que ce que l'on imagine souvent.

La bonne façon de voir le problème est là encore de se placer au niveau générationnel. Sur trente ans, une croissance de 1 % par an correspond à une croissance cumulée de plus de 35 %. Une croissance de 1,5 % par an correspond à une croissance cumulée de plus de 50 %. En pratique, cela implique des transformations considérables des modes de vie et des emplois. Concrètement, la croissance de la production par habitant a été d'à peine 1 %-1,5 % par an au cours des trente dernières années en Europe, en Amérique du Nord et au Japon. Or nos vies ont été très largement transformées : au début des années 1980, il n'existait ni Internet ni téléphone portable, les transports aériens étaient inaccessibles au plus grand nombre, la plupart des technologies médicales de pointe disponibles aujourd'hui n'existaient pas, et les études longues ne concernaient qu'une minorité de la population. Dans le domaine des communications, des transports, de la santé et de l'éducation, les changements ont été profonds. Ces transformations ont également fortement affecté la structure des emplois : lorsque la production par habitant progresse d'environ 35 %-50 % en l'espace de trente ans, cela signifie qu'une très large fraction de la production réalisée aujourd'hui − entre un quart et un tiers − n'existait pas il y a trente ans, et donc qu'entre un quart et un tiers des métiers et des tâches réalisés aujourd'hui n'existaient pas il y a trente ans.

Il s'agit d'une différence considérable avec les sociétés du passé, où la croissance était quasi nulle, ou bien d'à peine 0,1 % par an, comme au XVIIIe siècle. Une société où la croissance est de 0,1 % ou 0,2 % par an se reproduit quasiment à l'identique d'une génération sur l'autre : la structure des métiers est la même, la structure de la propriété également. Une société où la croissance est de 1 % par an, comme cela est le cas dans les pays les plus avancés depuis le début du XIXe siècle, est une société qui se renouvelle profondément et en permanence. Nous verrons que cela entraîne des conséquences importantes pour la structure des inégalités sociales et la dynamique de la répartition des richesses. La croissance peut créer de nouvelles formes d'inégalités − par exemple des fortunes peuvent se bâtir très vite dans les nouveaux secteurs d'activité –, et dans le même temps elle rend les inégalités patrimoniales venues du passé moins prégnantes, et l'héritage moins déterminant. Certes, les transformations entraînées par une croissance de 1 % par an sont beaucoup moins considérables que celles impliquées par une croissance de 3 % ou 4 % par an, d'où un fort risque de désillusion, à la mesure de l'espoir placé en un ordre social plus juste, particulièrement grand depuis le Siècle des lumières. Sans doute la croissance économique n'est-elle tout simplement pas à même de satisfaire cet espoir démocratique et méritocratique, qui doit s'appuyer sur des institutions spécifiques, et pas seulement sur les forces du progrès technique et du marché.

La postérité des Trente Glorieuses : destins croisés transatlantiques

L'Europe continentale – et en particulier la France – vit dans une large mesure dans la nostalgie des Trente Glorieuses, c'est-à-dire de cette période de trente ans, de la fin des années 1940 à la fin des années 1970, où la croissance était exceptionnellement forte. On ne comprend toujours pas quel mauvais génie nous a imposé une croissance si faible depuis la fin des années 1970 et le début des années 1980. Aujourd'hui encore, au début des années 2010, on s'imagine souvent que la mauvaise parenthèse des « Trente Piteuses » (qui en vérité seront bientôt trente-cinq ou quarante années) va bientôt se refermer, que ce mauvais rêve va se terminer et que tout va recommencer comme avant.

En fait, si l'on remet les choses en perspective historique, il apparaît clairement que c'est la période des Trente Glorieuses qui était exceptionnelle, tout simplement parce que l'Europe avait accumulé au cours des années 1914-1945 un énorme retard de croissance sur les États-Unis, qui fut comblé à vive allure pendant les Trente Glorieuses. Une fois ce rattrapage terminé, l'Europe et les États-Unis se sont retrouvés ensemble à la frontière mondiale, et se sont mis à croître au même rythme, qui est structurellement un rythme lent à la frontière mondiale.

L'évolution comparée des taux de croissance européens et américains représentée sur le graphique 2.3 démontre tout cela de façon évidente. En Amérique du Nord, il n'existe pas de nostalgie des Trente Glorieuses, tout simplement parce que les Trente Glorieuses n'ont jamais existé : la production par habitant croît approximativement au même rythme tout au long de la période 1820-2012, autour de 1,5 %-2 % par an. Certes, le rythme s'abaisse légèrement pendant les années 1913-1950, à guère plus de 1,5 %, puis passe un peu au-dessus de 2 % en 1950-1970, et un peu au-dessous de 1,5 % au cours de la période 1990-2012. En Europe occidentale, beaucoup plus durement touchée par les deux guerres mondiales, les variations sont incomparablement plus fortes : la production par habitant stagne de 1913 à 1950 (avec une croissance d'à peine plus de 0,5 % par an), puis bondit de 1950 à 1970 avec plus de 4 % de croissance annuelle, avant de chuter brutalement et de se retrouver très exactement aux niveaux américains – légèrement au-dessus – au cours des années 1970-1990 (un peu plus de 2 %) et 1990-2012 (à peine 1,5 %). L'Europe occidentale a connu un âge d'or de la croissance entre 1950 et 1970, puis une division par deux – voire par trois – au cours des décennies suivantes. Encore faut-il préciser que le graphique 2.3 sous-estime cette rupture, car nous avons inclus – comme il se doit – le Royaume-Uni dans l'Europe occidentale, alors que l'expérience britannique en matière de croissance au XXe siècle est en réalité beaucoup plus proche de la quasi-stabilité nord-américaine. Si l'on se concentrait sur l'Europe continentale, alors on trouverait une croissance moyenne de la production par habitant supérieure à 5 % par an entre 1950 et 1970, totalement en dehors de toutes les expériences connues dans les pays riches au cours des derniers siècles.

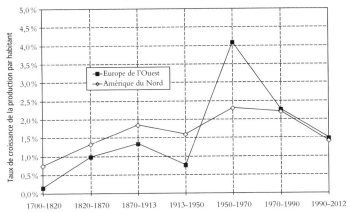

Graphique 2.3.
Le taux de croissance de la production par habitant depuis la révolution industrielle

Lecture : le taux de croissance de la production par habitant dépassait 4 % par an en Europe de 1950 à 1970, avant de retomber aux niveaux américains.
Sources et séries : voir piketty.pse.ens.fr/capital21c.

Ces expériences collectives fort différentes de la croissance au XXe siècle expliquent dans une large mesure pourquoi les opinions des divers pays ont aujourd'hui des attitudes très différentes face à la mondialisation commerciale et financière, voire face au capitalisme en général. En Europe continentale, et particulièrement en France, on continue fort naturellement de voir les premières décennies de l'après-guerre, marquées par un très fort interventionnisme étatique, comme une période bénie de la croissance, et on tient souvent le mouvement de libéralisation économique amorcé autour de 1980 pour responsable de son abaissement.

Au Royaume-Uni et aux États-Unis, la lecture de l'histoire de l'après-guerre s'est faite tout à fait différemment.

Des années 1950 aux années 1970, les pays anglo-saxons ont été très rapidement rattrapés par les pays qui avaient perdu la guerre. À la fin des années 1970, les couvertures de magazine se multiplient aux États-Unis pour dénoncer le déclin américain et les succès des industries allemandes et japonaises. Au Royaume-Uni, le PIB par habitant tombe au-dessous des niveaux de l'Allemagne, de la France et du Japon, voire de l'Italie. Il n'est pas interdit de penser que ce sentiment de rattrapage – voire de dépassement, dans le cas britannique – a joué un rôle majeur dans l'émergence de la « révolution conservatrice ». Thatcher au Royaume-Uni, puis Reagan aux États-Unis promettent de remettre en cause ce *Welfare State* qui a ramolli les entrepreneurs anglo-saxons, et d'en revenir à un capitalisme pur du XIXe siècle, qui permettrait au Royaume-Uni et aux États-Unis de reprendre le dessus. Aujourd'hui encore, dans ces deux pays, on considère souvent que les révolutions conservatrices ont été un franc succès, puisque les deux pays ont cessé de croître moins vite que l'Europe continentale et le Japon.

En vérité, le mouvement de libéralisation entamé autour de 1980 de même d'ailleurs que le mouvement d'étatisation mis en œuvre en 1945 ne méritent ni cet excès d'honneur ni cet excès d'indignité. Il est probable que la France, l'Allemagne et le Japon auraient rattrapé leur retard de croissance à la suite de l'effondrement des années 1914-1945, quelles que soient les politiques suivies, ou presque. Tout juste peut-on dire que l'étatisme n'a pas nui. De même, une fois que la frontière mondiale était rattrapée, il n'est guère étonnant que ces pays aient cessé de croître plus vite que les pays anglo-saxons, et que tous les taux de croissance se soient alignés, comme le montre le graphique 2.3 (nous aurons l'occasion d'y revenir). En première approximation, les politiques de libéralisation ne semblent guère avoir affecté cette réalité toute simple, ni à la hausse ni à la baisse.

La double courbe en cloche
de la croissance mondiale

Récapitulons. Au cours des trois derniers siècles, la croissance mondiale aura traversé une courbe en cloche de très grande ampleur. Qu'il s'agisse de la croissance de la population, ou de celle de la production par habitant, le rythme de croissance s'est progressivement accéléré, au cours des XVIIIe et XIXe siècles et surtout du XXe siècle, et s'apprête selon toute vraisemblance à retourner vers des niveaux beaucoup plus faibles au cours du XXIe siècle.

Les deux courbes en cloche présentent toutefois des différences assez nettes. Pour ce qui concerne la croissance de la population, la hausse a commencé beaucoup plus tôt, dès le XVIIIe siècle, et la baisse a également commencé nettement plus tôt. C'est le phénomène de la transition démographique, qui est déjà largement réalisé. Le rythme de progression de la population mondiale a atteint son zénith dans les années 1950-1970, avec près de 2 % par an, et n'a cessé de décroître depuis lors. Même si l'on ne peut être sûr de rien en cette matière, il est probable que ce processus va se poursuivre, et que le taux de croissance démographique au niveau mondial va retrouver des niveaux quasi nuls dans la seconde moitié du XXIe siècle. La courbe en cloche est claire et nette (voir graphique 2.2).

Pour ce qui est de la croissance de la production par habitant, les choses sont plus complexes. Cette croissance proprement « économique » a mis plus de temps à décoller : elle est restée quasi nulle au XVIIIe siècle, a atteint un niveau plus significatif au XIXe siècle et n'est véritablement devenue une réalité partagée qu'au XXe siècle. La croissance de la production mondiale par habitant a même dépassé 2 % par an entre 1950 et 1990 – grâce notamment au rattrapage de l'Europe – et de nouveau entre 1990 et 2012

– grâce au rattrapage de l'Asie, et notamment de la Chine, où la croissance a dépassé 9 % par an entre 1990 et 2012 d'après les statistiques officielles (un niveau jamais observé dans l'histoire)[1].

Qu'en sera-t-il après 2012 ? Nous avons indiqué sur le graphique 2.4 une prévision de croissance « médiane », mais qui en réalité est relativement optimiste, puisque nous avons supposé pour les pays les plus riches – Europe occidentale, Amérique du Nord, Japon – une croissance de 1,2 % par an de 2012 à 2100 (soit un niveau sensiblement plus élevé que celui prévu par nombre d'économistes), et pour les pays pauvres et émergents une continuation sans heurt du processus de convergence, avec une croissance de 5 % par an de 2012 à 2030 et de 4 % de 2030 à 2050. Si cela devait se réaliser, alors le niveau de production par habitant aurait dès 2050 rattrapé un peu partout le niveau des pays les plus riches, aussi bien en Chine qu'en Europe de l'Est, en Amérique du Sud, en Afrique du Nord et au Moyen-Orient[2]. À partir de cette date, la répartition de la production mondiale décrite dans le premier chapitre s'approcherait donc de celle de la population[3].

---

1. Il faut souligner que le taux de croissance de la production mondiale par habitant, estimé à 2,1 % par an entre 1990 et 2012, tombe à 1,5 % si l'on examine la croissance de production par habitant adulte. Cela découle mécaniquement du fait que la croissance démographique passe de 1,3 % à 1,9 % par an sur cette période suivant que l'on considère la population totale ou la population adulte. On voit l'importance de la question démographique pour décomposer une même croissance globale du PIB mondial de 3,4 % par an. Voir annexe technique.
2. Seules l'Afrique subsaharienne et l'Inde resteraient en retrait. Voir annexe technique.
3. Voir chapitre 1, graphiques 1.1-1.2.

La croissance : illusions et réalités

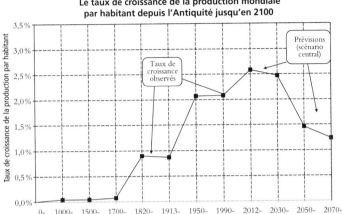

Graphique 2.4.
Le taux de croissance de la production mondiale par habitant depuis l'Antiquité jusqu'en 2100

Lecture : le taux de croissance de la production par habitant a dépassé 2 % de 1950 à 2012. Si le processus de convergence se poursuit, il dépassera 2,5 % de 2012 à 2050 puis passera au-dessous de 1,5 %.
Sources et séries : voir piketty.pse.ens.fr/capital21c.

Dans ce scénario médian-optimiste, la croissance mondiale de la production par habitant dépasserait légèrement 2,5 % par an entre 2012 et 2030, puis de nouveau entre 2030 et 2050, avant de tomber au-dessous de 1,5 % après 2050, et de se diriger vers 1,2 % dans le dernier tiers du siècle. Par comparaison à la courbe en cloche suivie par le taux de croissance démographique (voir graphique 2.2), cette seconde courbe en cloche aurait la double particularité d'atteindre son sommet beaucoup plus tard que la première (presque un siècle plus tard : au milieu du XXIe siècle et non du XXe siècle), et de décroître non pas vers une croissance nulle ou quasi nulle, mais vers une croissance un peu supérieure à 1 % par an, soit un niveau nettement plus élevé que celui des sociétés traditionnelles (voir graphique 2.4).

Si l'on additionne ces deux courbes, alors on obtient l'évolution du taux de croissance de la production mondiale totale (voir graphique 2.5). Jusqu'en 1950, ce dernier avait toujours été inférieur à 2 % par an, avant de bondir à 4 % entre 1950 et 1990, niveau exceptionnel qui est la conjonction de la plus forte croissance démographique de l'histoire et de la plus forte progression historique de la production par habitant. Le rythme d'accroissement de la production mondiale a déjà commencé à diminuer et est légèrement au-dessous de 3,5 % entre 1990 et 2012, malgré la croissance extrêmement forte des pays émergents, et notamment de la Chine. Selon notre scénario médian, ce rythme devrait se maintenir entre 2012 et 2030, puis passer à 3 % entre 2030 et 2050, avant de tomber à environ 1,5 % pendant la seconde moitié du XXIᵉ siècle.

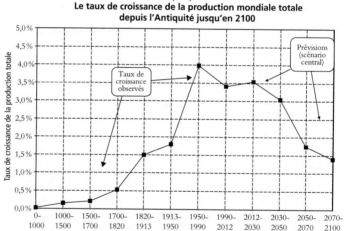

Graphique 2.5.
Le taux de croissance de la production mondiale totale depuis l'Antiquité jusqu'en 2100

Lecture : le taux de croissance de la production mondiale a dépassé 4 % de 1950 à 1990. Si le processus de convergence se poursuit, il passera au-dessous de 2 % d'ici à 2050.
Sources et séries : voir piketty.pse.ens.fr/capital21c.

Nous avons déjà dit à quel point ces prévisions « médianes » sont hypothétiques. Le point essentiel est que, quels que soient les « détails » du calendrier et des taux de croissance (et ces détails sont évidemment très importants), la double courbe en cloche de la croissance mondiale est pour une large part déjà écrite. La prévision médiane représentée sur les graphiques 2.2-2.5 est optimiste à double titre : d'une part, parce qu'elle suppose une croissance de la productivité maintenue à plus de 1 % par an dans les pays riches (ce qui suppose des progrès technologiques considérables, notamment en matière d'énergies propres) ; et d'autre part, et peut-être surtout, parce qu'elle suppose une continuation sans heurt politique ou militaire du processus de convergence des pays émergents vers les pays riches, jusqu'à son terme vers 2050, ce qui est très rapide. Il est aisé d'imaginer des scénarios moins optimistes, auquel cas la courbe en cloche de la croissance mondiale pourrait tomber plus vite et vers des niveaux plus bas que ceux indiqués sur les graphiques.

La question de l'inflation

Ce panorama de la croissance depuis la révolution industrielle serait fort incomplet si nous n'évoquions pas la question de l'inflation. On pourrait penser que l'inflation est un phénomène purement monétaire, dont nous ne devrions pas nous soucier. De fait, tous les taux de croissance que nous avons évoqués jusqu'ici correspondent à la croissance dite « réelle », c'est-à-dire après avoir déduit de la croissance dite « nominale » (mesurée à partir des prix affichés aux consommateurs) le taux d'inflation (c'est-à-dire la hausse de l'indice moyen des prix à la consommation).

En réalité, la question de l'inflation joue un rôle central dans notre enquête. Nous avons déjà noté que la notion même d'indice « moyen » des prix posait problème, car la croissance se caractérise toujours par l'apparition de nouveaux biens et services et par d'énormes mouvements des prix relatifs, qu'il est bien difficile de résumer par un chiffre unique. Il en découle que les concepts mêmes d'inflation et de croissance ne sont pas toujours très bien définis : la séparation de la croissance nominale (la seule que l'on peut observer à l'œil nu, ou presque) entre une composante réelle et une composante inflationniste est en partie arbitraire, et donne d'ailleurs lieu à de multiples controverses.

Par exemple, pour une même croissance nominale de 3 % par an, on considérera que la croissance réelle est de 1 % si l'on estime que la hausse des prix est de 2 %. Mais si l'on révise à la baisse l'estimation de l'inflation, par exemple parce que l'on considère que le prix réel des smartphones et des tablettes a beaucoup plus baissé que ce que l'on croyait précédemment (compte tenu des améliorations considérables de qualité et de performance, que les statisticiens prennent beaucoup de soin à mesurer, ce qui n'est pas simple), et si l'on considère que la hausse des prix n'est que de 1,5 %, on aboutira à la conclusion que la croissance réelle est de 1,5 %. En réalité, surtout s'agissant de différences aussi légères, les deux chiffres sont difficiles à distinguer avec certitude, et d'ailleurs chacun contient sa part de vérité : la croissance a sans doute été plus proche de 1,5 % pour les amateurs de smartphones et de tablettes, et plus proche de 1 % pour tous les autres.

Les mouvements de prix relatifs peuvent jouer un rôle plus décisif encore dans le cadre de la théorie de Ricardo et de son principe de rareté : si certains prix, comme celui de la terre, de l'immobilier ou encore du pétrole, prennent des valeurs extrêmes pendant des périodes prolongées, cela peut affecter durablement la répartition des richesses au bénéfice des détenteurs initiaux de ces ressources rares.

Au-delà de ces questions de prix relatifs, nous allons voir que l'inflation proprement dite, c'est-à-dire la hausse généralisée de tous les prix, peut également jouer un rôle fondamental dans la dynamique de la répartition des richesses. En particulier, c'est l'inflation qui pour l'essentiel a permis aux pays riches de se débarrasser de leur dette publique à l'issue de la Seconde Guerre mondiale. L'inflation a également engendré toutes sortes de redistributions entre groupes sociaux au cours du XXe siècle, de façon souvent chaotique et assez peu maîtrisée. À l'inverse, la société patrimoniale qui s'épanouit aux XVIIIe et XIXe siècles est indissociable de la très grande stabilité monétaire qui caractérise cette très longue période.

La grande stabilité monétaire des XVIIIe et XIXe siècles

Revenons en arrière. Le premier fait central qu'il convient d'avoir présent à l'esprit est que l'inflation est dans une large mesure une invention du XXe siècle. Au cours des siècles précédents, et jusqu'à la Première Guerre mondiale, l'inflation était nulle ou quasi nulle. Les prix pouvaient parfois monter ou baisser fortement pendant quelques années, parfois quelques décennies, mais ces mouvements à la hausse ou à la baisse finissaient généralement par se compenser. Il en va ainsi dans tous les pays pour lesquels nous disposons de séries de prix sur longue période.

En particulier, si l'on fait la moyenne de la hausse des prix sur les périodes 1700-1820 d'une part, et 1820-1913 d'autre part, on observe une inflation insignifiante aussi bien pour la France et le Royaume-Uni que pour les États-Unis et l'Allemagne : au maximum 0,2 %-0,3 % par an. On constate même parfois des niveaux légèrement négatifs, comme au Royaume-Uni et aux États-Unis au XIXe siècle (− 0,2 % par an en moyenne dans les deux cas entre 1820 et 1913).

Certes, il y eut quelques entorses à cette grande stabilité monétaire. Mais elles furent à chaque fois de courte durée, et le retour à la normale s'imposa très vite, comme une évidence. Un cas particulièrement emblématique est celui de la Révolution française. Dès la fin de l'année 1789, les gouvernements révolutionnaires émettent les fameux « assignats », qui deviendront une véritable monnaie de circulation et d'échange dès 1790-1791 (l'une des premières monnaies de papier dans l'histoire), et qui généreront une forte inflation – mesurée en assignats – jusqu'en 1794-1795. Mais le point important est que le retour à la monnaie métallique, avec la création du « franc germinal », se fit à la même parité que la monnaie de l'Ancien Régime. La loi du 18 germinal an III (7 avril 1795) débaptise la vieille livre tournois – qui rappelle trop la royauté – et la remplace par le franc, qui sera désormais la nouvelle unité monétaire officielle du pays, mais avec la même teneur en métal que la précédente. La pièce de 1 franc doit contenir exactement 4,5 grammes d'argent fin (comme la livre tournois depuis 1726), ce qui sera confirmé par la loi de 1796 puis celle de 1803, qui institue définitivement le bimétallisme argent-or[1].

Au final, les prix mesurés en francs dans les années 1800-1810 se situent approximativement au même niveau que les prix exprimés en livres tournois dans les années 1770-1780, si bien qu'à ce changement d'unité près la Révolution n'a rien modifié au pouvoir d'achat de la monnaie. Les romanciers du début du XIXe siècle, à commencer par Balzac, passent d'ailleurs sans arrêt d'une unité à l'autre pour décrire les revenus et les fortunes : pour tous les lecteurs de l'époque, le franc germinal (ou « franc-or ») et la livre tournois constituent une seule et même monnaie. Pour le père Goriot, il est parfaitement équivalent de posséder « mille deux cents livres » de rente ou bien « douze cents francs », et il est superflu de le préciser.

La valeur en or du franc fixée en 1803 n'a officiellement

---

1. La loi du 25 germinal an IV (14 avril 1796) confirme la parité argent du franc, et la loi du 17 germinal an XI (7 avril 1803) fixe une double parité ; le franc vaut 4,5 grammes d'argent fin et 0,29 gramme d'or (soit un rapport or/argent de 1/15,5). C'est la loi de 1803, édictée quelques années après la création de la Banque de France (1800), qui donnera lieu à l'appellation « franc germinal ». Voir annexe technique.

été modifiée que par la loi monétaire du 25 juin 1928. En réalité, la Banque de France était dispensée depuis août 1914 de rembourser ses billets en espèces d'or ou d'argent, et le « franc-or » était de fait déjà devenu un « franc-papier » entre 1914 et la stabilisation monétaire de 1926-1928. Il n'en reste pas moins que la même parité métallique s'est appliquée de 1726 à 1914, ce qui n'est pas rien.

On constate la même stabilité monétaire au Royaume-Uni avec la livre sterling. Malgré de légers ajustements, le taux de conversion entre les monnaies des deux pays est extrêmement stable pendant deux siècles : la livre sterling vaut toujours environ 20-25 livres tournois ou francs germinal, au XVIIIe siècle comme au XIXe siècle, et jusqu'en 1914[1]. Pour les romanciers britanniques de l'époque, la livre sterling et ses étranges subdivisions en shillings et en guinées paraissent aussi solides que le roc, de la même façon que la livre tournois et le franc-or pour les romanciers français[2]. Toutes ces unités semblent mesurer des grandeurs invariables dans le temps, des points de repère permettant de donner un sens éternel aux grandeurs monétaires et aux différents statuts sociaux.

---

1. Dans le cadre de l'étalon-or en vigueur de 1816 à 1914, la livre sterling vaut 7,3 grammes d'or fin, soit exactement 25,2 fois la parité or du franc. Il existe quelques complications liées au bimétallisme argent-or et à son évolution, que nous passons sous silence ici.

2. Jusqu'en 1971, la livre sterling est subdivisée en 20 shillings valant chacun 12 pence (soit 240 pence par livre). La guinée vaut 21 shillings, soit 1,05 livre. Elle est parfois utilisée dans les discussions courantes, en particulier pour certains tarifs de professions libérales et magasins chic. En France, la livre tournois est également subdivisée en 20 sous et 240 deniers jusqu'à la réforme décimale de 1795. Depuis cette date, le franc est subdivisé en 100 centimes (au XIXe siècle, on continue parfois de nommer « sou » la pièce de 5 centimes. Au XVIIIe siècle, le louis d'or est une pièce valant 20 livres tournois, soit approximativement 1 livre sterling. On utilise également l'écu, qui vaut 3 livres tournois jusqu'en 1795, puis désigne une pièce d'argent valant 5 francs de 1795 à 1878. Si l'on juge par la façon dont les romanciers passent d'une unité à l'autre, il semblerait que les contemporains maîtrisaient parfaitement ces subtilités.

Il en va de même dans les autres pays : les seules modifications importantes concernent la définition de nouvelles unités ou la création de nouvelles monnaies, comme le dollar américain en 1775 et le mark-or en 1873. Mais une fois les parités métalliques fixées, plus rien ne bouge : au XIXe et au début du XXe siècle, chacun sait bien qu'une livre sterling vaut environ 5 dollars, 20 marks et 25 francs. La valeur des monnaies n'a pas changé depuis des décennies, et on ne voit nulle raison qu'il en aille autrement à l'avenir.

Le sens de l'argent dans le roman classique

De fait, dans le roman du XVIIIe et du XIXe siècle, l'argent est partout, non seulement comme force abstraite, mais aussi et surtout comme grandeur charnelle et concrète : les romanciers nous donnent en permanence les montants en francs ou en livres des niveaux de revenus et de fortunes des différents personnages, non pas pour nous abreuver de chiffres, mais parce que ces quantités permettent de fixer dans l'esprit du lecteur des statuts sociaux bien déterminés, des niveaux de vie connus de tous.

Ces repères monétaires paraissent d'autant plus stables que la croissance est relativement lente, si bien que les montants en jeu ne se modifient que très graduellement au fil des décennies. Au XVIIIe siècle, la croissance de la production et du revenu par habitant est très faible. Au Royaume-Uni, le revenu moyen est de l'ordre de 30 livres par an vers 1800-1810, quand Jane Austen écrit ses romans[1]. Ce revenu moyen n'était guère différent vers 1720 ou 1770 : il s'agit donc de points de repère très stables, avec lesquels la romancière

---

1. Les estimations auxquelles nous nous référons ici concernent le revenu national moyen par adulte, qui nous semble plus significatif que le revenu national moyen par habitant. Voir annexe technique.

a grandi. Elle sait que pour vivre confortablement et avec élégance, pour pouvoir se transporter et se vêtir, se nourrir et se divertir, avec un minimum d'aide domestique, il faut disposer – selon ses critères – d'au moins vingt ou trente fois cette somme : ce n'est qu'à partir de 500 ou 1 000 livres de revenu annuel que les personnages de ses romans considèrent qu'ils ne sont plus dans le besoin.

Nous reviendrons amplement sur la structure des inégalités et des niveaux de vie qui sous-tendent ces réalités et ces perceptions, et en particulier la structure de la répartition des patrimoines et des revenus qui en sont issus. À ce stade, le point important est qu'en l'absence d'inflation, et compte tenu de la très faible croissance, ces montants renvoient à des réalités très concrètes et très stables. De fait, un demi-siècle plus tard, dans les années 1850-1860, le revenu moyen atteint péniblement 40-50 livres par an : le lecteur trouve sans doute les sommes citées par Jane Austen légèrement trop faibles, mais il n'est pas dépaysé. À la Belle Époque, vers 1900-1910, le revenu moyen atteint 80-90 livres au Royaume-Uni : la croissance est sensible, mais les revenus annuels de 1 000 livres – ou souvent bien davantage – dont parle la romancière représentent toujours un point de repère significatif.

On observe la même stabilité des repères monétaires dans le roman français. En France, le revenu moyen est de l'ordre de 400-500 francs par an dans les années 1810-1820, à l'époque du père Goriot. Exprimé en livres tournois, il était à peine plus faible sous l'Ancien Régime. Balzac, de même qu'Austen, nous décrit un monde où il faut au moins vingt ou trente fois cette somme pour vivre décemment : au-dessous de 10 000 ou 20 000 francs de revenu annuel, le héros balzacien se sent misérable. Là encore, ces ordres de grandeur ne changeront que très graduellement au cours du XIXe siècle et jusqu'à la Belle Époque : ils demeureront longtemps familiers aux lecteurs[1]. Ces montants permettent ainsi en peu de mots de planter avec acuité un décor, des modes de vie, des rivalités, une civilisation.

On pourrait multiplier les exemples dans le roman américain, allemand, italien, et dans tous les pays qui ont connu cette grande stabilité monétaire. Jusqu'à la Première Guerre mondiale, l'argent a un sens, et les romanciers ne manquent pas de l'exploiter, de l'explorer et d'en faire une matière littéraire.

La fin des repères monétaires au XXe siècle

Ce monde s'effondre définitivement avec la Première Guerre mondiale. Pour financer les combats, d'une violence et d'une intensité inouïes, pour payer les soldats et les armements de plus en plus coûteux et sophistiqués qu'ils utilisent, les gouvernements s'endettent lourdement. Dès août 1914, les principaux belligérants mettent fin à la convertibilité de leur monnaie en or. Après la guerre, tous les pays auront recours, à des degrés divers, à la planche à billets pour résorber l'énorme endettement public. Les tentatives de réintroduction de l'étalon-or dans les années 1920 ne survivront pas à la crise des années 1930 – le Royaume-Uni quitte l'étalon-or en 1931, les États-Unis en 1933, la France en 1936. L'étalon-dollar-or de l'après-guerre sera à peine plus durable : mis en place en 1946, il disparaît en 1971 avec la fin de la convertibilité du dollar en or.

Entre 1913 et 1950, l'inflation dépasse 13 % par an en France (soit une multiplication des prix par cent), et atteint 17 % par an en Allemagne (soit une multiplication des prix

---

1. Le revenu moyen atteint 700-800 francs par an en France dans les années 1850-1860, et 1 300-1 400 francs par an dans les années 1900-1910. Voir annexe technique.

La croissance : illusions et réalités

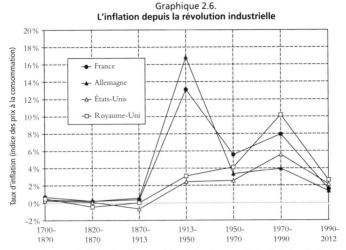

Graphique 2.6.
L'inflation depuis la révolution industrielle

Lecture : l'inflation dans les pays riches était nulle aux XVIIIe et XIXe siècles, élevée au XXe siècle, et elle est depuis 1990 de l'ordre de 2 % par an.
Sources et séries : voir piketty.pse.ens.fr/capital21c.

par plus de trois cents). Au Royaume-Uni et aux États-Unis, moins lourdement touchés par les guerres, et moins fortement déstabilisés politiquement, le taux d'inflation est nettement plus faible : à peine 3 % par an entre 1913 et 1950. Mais cela représente tout de même une multiplication par trois, alors même que les prix n'avaient pas bougé au cours des deux siècles précédents.

Dans tous les pays, les chocs des années 1914-1945 brouillent profondément les repères monétaires qui prévalaient dans le monde d'avant-guerre, d'autant plus que le processus inflationniste n'a jamais véritablement cessé depuis.

Cela apparaît très clairement sur le graphique 2.6, qui représente l'évolution de l'inflation par sous-période pour les quatre pays, de 1700 à 2012. On notera que l'inflation se situe entre 2 % et 6 % par an en moyenne entre 1950 et 1970, puis repart fortement à la hausse dans les années 1970, à tel point que l'inflation moyenne atteint 10 % au Royaume-

Uni et 8 % en France entre 1970 et 1990, en dépit du fort mouvement de désinflation amorcé un peu partout à partir du début des années 1980. Par comparaison aux décennies précédentes, il serait tentant de considérer que la période 1990-2012, avec une inflation moyenne autour de 2 % par an dans les quatre pays (un peu moins en Allemagne et en France, et un peu plus au Royaume-Uni et aux États-Unis), se caractérise par un mouvement de retour à l'inflation zéro d'avant la Première Guerre mondiale.

Ce serait cependant oublier qu'une inflation de 2 % par an est fort différente d'une inflation à 0 %. Si l'on ajoute à l'inflation annuelle de 2 % une croissance réelle de 1 %-2 % par an, cela signifie que tous les montants – productions, revenus, salaires – tendent à progresser de 3 %-4 % par an, si bien qu'au bout de dix ou vingt ans toutes les sommes en jeu n'ont plus rien à voir. Qui se souvient des salaires en vigueur à la fin des années 1980 ou au début des années 1990 ? Il est en outre tout à fait possible que cette inflation à 2 % par an soit amenée à s'élever quelque peu dans les années qui viennent, compte tenu de l'évolution des politiques monétaires depuis 2007-2008, en particulier au Royaume-Uni et aux États-Unis. Il s'agit là encore d'une différence considérable avec le régime monétaire en vigueur il y a un siècle. Il est également intéressant de noter que l'Allemagne et la France, qui sont les deux pays qui ont le plus eu recours à l'inflation au XXe siècle, notamment entre 1913 et 1950, semblent aujourd'hui les plus réticents. Ils ont d'ailleurs bâti une zone monétaire – la zone euro – presque entièrement construite autour du principe de la lutte contre l'inflation.

Nous reviendrons par la suite sur le rôle joué par l'inflation dans la dynamique de la répartition des richesses, et en particulier sur l'accumulation et la répartition des patrimoines, au cours de ces différentes périodes.

À ce stade, insistons simplement sur le fait que la perte des repères monétaires stables au XXe siècle constitue une rupture considérable avec les siècles précédents, non seulement sur le plan économique et politique, mais également sur le plan social, culturel, littéraire. Ce n'est sans doute pas un hasard si l'argent, ou plus précisément l'évocation concrète des sommes et des montants, a presque disparu de la littérature à la suite des chocs des années 1914-1945. Les revenus et les fortunes étaient omniprésents dans toutes les littératures jusqu'en 1914, en sont progressivement sortis entre 1914 et 1945, et ne sont jamais totalement réapparus. Cela vaut non seulement pour le roman européen et américain, mais aussi sur les autres continents. Les romans de Naguib Mahfouz, ou tout du moins ceux qui se déroulent dans Le Caire de l'entre-deux-guerres, où les prix n'ont pas encore été défigurés par l'inflation, font la part belle aux revenus et à l'argent pour illustrer les situations et les angoisses des personnages. Nous ne sommes pas loin d'un monde balzacien ou austenien : les structures sociales n'ont évidemment pas grand-chose à voir, mais il est possible d'ancrer les perceptions, les attentes et les hiérarchies dans des repères monétaires. Ceux d'Orhan Pamuk, qui se déroulent dans l'Istanbul des années 1970-1980, à un moment où l'inflation a depuis longtemps retiré tout sens à l'argent, ne mentionnent aucun montant. Dans *Neige*, Pamuk fait même dire à son héros, écrivain comme lui, qu'il n'y a décidément rien de plus ennuyeux pour un romancier que de parler d'argent et des prix et revenus en vigueur l'année dernière. Le monde a décidément bien changé depuis le XIXe siècle.

DEUXIÈME PARTIE

LA DYNAMIQUE
DU RAPPORT CAPITAL/REVENU

3.

Les métamorphoses du capital

Dans la première partie, nous avons introduit les concepts fondamentaux de revenu et de capital, et nous avons présenté les grandes étapes de la croissance de la production et du revenu depuis la révolution industrielle.

Nous allons maintenant nous concentrer dans cette deuxième partie sur l'évolution du stock de capital, à la fois du point de vue de son niveau global – tel que mesuré par le rapport capital/revenu – et de sa composition en différents types d'actifs, dont la nature a profondément changé depuis le XVIIIe siècle. Nous allons étudier les différentes formes de fortunes (terres, immobilier, machines, entreprises, actions, obligations, brevets, cheptel, or, ressources naturelles, etc.) et examiner leur développement dans l'histoire, en commençant par le cas du Royaume-Uni et de la France, le mieux connu sur longue période. Faisons tout d'abord un petit détour par la littérature, qui dans ces deux pays fournit une très bonne entrée en matière sur la question des patrimoines.

La nature de la fortune : de la littérature à la réalité

Quand Balzac ou Jane Austen écrivent leurs romans, au début du XIXᵉ siècle, la nature des patrimoines en jeu est *a priori* relativement claire pour tout le monde. Le patrimoine semble être là pour produire des rentes, c'est-à-dire des revenus sûrs et réguliers pour son détenteur, et pour cela il prend notamment la forme de propriétés terriennes et de titres de dette publique. Le père Goriot possède des rentes sur l'État, et le petit domaine des Rastignac est constitué de terres agricoles. Il en va de même de l'immense domaine de Norland dont hérite John Dashwood dans *Le Cœur et la Raison* (*Sense and Sensibility*), et dont il ne va pas tarder à expulser ses demi-sœurs, Elinor et Marianne, qui devront alors se contenter des intérêts produits par le petit capital laissé par leur père sous forme de rentes sur l'État. Dans le roman classique du XIXᵉ siècle, le patrimoine est partout, et quels que soient sa taille et son détenteur il prend le plus souvent ces deux formes : terres ou dette publique.

Vues du XXIᵉ siècle, ces formes de patrimoines peuvent sembler archaïques, et il est tentant de les renvoyer à un passé lointain et supposé révolu, sans rapport avec les réalités économiques et sociales de notre temps, où le capital serait par nature plus « dynamique ». De fait, les personnages des romans du XIXᵉ siècle apparaissent souvent comme les archétypes du rentier, figure honnie de notre modernité démocratique et méritocratique. Quoi de plus naturel, pourtant, que de demander à un capital de produire un revenu sûr et régulier : c'est d'ailleurs le but même d'un marché du capital « parfait » au sens des économistes. On aurait bien tort en vérité de s'imaginer que l'étude des patrimoines du XIXᵉ siècle est sans enseignement pour le monde d'aujourd'hui.

Si l'on regarde les choses de plus près, les différences avec le monde du XXIᵉ siècle sont d'ailleurs moins évidentes qu'il n'y paraît. Tout d'abord, ces deux formes de patrimoine – terres et dette publique – posent des questions très différentes, et ne devraient sans doute pas être additionnées aussi simplement que le font les romanciers du XIXe siècle pour la commodité de leur récit. La dette publique ne constitue finalement qu'une créance d'une partie du pays (ceux qui touchent les intérêts) sur une autre (ceux qui paient les impôts) : il faut donc l'exclure du patrimoine national et l'inclure uniquement dans le patrimoine privé. Surtout, cette question complexe de l'endettement des États et de la nature du patrimoine correspondant concerne au moins autant le monde d'aujourd'hui que celui de 1800, et l'étude du passé peut nous éclairer sur cette réalité très prégnante du monde d'aujourd'hui. Car même si la dette publique est encore loin d'avoir retrouvé en ce début de XXIe siècle son niveau astronomique du début du XIXe siècle, tout du moins au Royaume-Uni, elle se situe en France et dans de nombreux pays tout près de ses records historiques, et elle suscite sans doute encore plus de confusion dans le monde actuel qu'à l'époque napoléonienne. Le processus d'intermédiation financière (on place de l'argent à sa banque, puis cette dernière le place ailleurs) est en effet devenu tellement complexe que l'on en oublie souvent qui possède quoi. Nous sommes endettés, certes – comment l'oublier ? les médias nous le rappellent chaque jour –, mais vis-à-vis de qui exactement ? Au XIXe siècle, les rentiers de la dette publique étaient clairement identifiés ; qui sont-ils aujourd'hui ? Il nous faudra éclaircir ce mystère, et l'étude du passé peut nous y aider.

Autre complication, plus importante encore : bien d'autres formes de capital, souvent fort « dynamiques », jouent un rôle essentiel dans le roman classique et dans le monde de 1800. Après avoir débuté comme ouvrier vermicellier, le père Goriot a fait fortune comme fabricant de pâtes et marchand de grains. Pendant les guerres révolutionnaires et napoléoniennes, il a su mieux que personne dénicher les meilleures farines, perfectionner les techniques de production de pâtes, organiser les réseaux de distribution et les entrepôts, de façon que les bons produits soient livrés au bon endroit au bon moment. Ce n'est qu'après avoir fait fortune comme entrepreneur qu'il a vendu ses parts dans ses affaires, à la manière d'un fondateur de start-up du XXIe siècle exerçant ses stock-options et empochant sa plus-value, et qu'il a tout réinvesti dans des placements plus sûrs, en l'occurrence des titres publics de rente perpétuelle – c'est ce capital qui lui permettra de marier ses filles dans la meilleure société parisienne de l'époque. Sur son lit de mort, en 1821, abandonné par Delphine et Anastasie, le père Goriot rêve encore de juteux investissements dans le commerce de pâtes à Odessa.

César Birotteau, quant à lui, a fait fortune dans la parfumerie. Il est l'inventeur génial de produits de beauté – la Double Pâte des sultanes, l'Eau carminative, etc. – qui selon Balzac font fureur en France à la fin de l'Empire et sous la Restauration. Mais cela ne lui suffit pas : au moment de se retirer, il veut tripler sa mise avec une audacieuse opération de spéculation immobilière dans le quartier de la Madeleine, en plein développement dans le Paris des années 1820-1830. Il refuse les sages conseils de sa femme, qui voulait placer les fonds de la parfumerie dans de bonnes terres près de Chinon et quelques rentes publiques. César finira ruiné.

Les héros de Jane Austen, grands propriétaires terriens par excellence, plus ruraux que ceux de Balzac, ne sont cependant plus sages qu'en apparence. Dans *Mansfield Park*, l'oncle de Fanny, sir Thomas, doit partir plus d'un an aux Antilles avec son fils aîné pour mettre de l'ordre dans ses affaires et ses investissements. Il revient à Mansfield, mais doit très vite retourner pour de longs mois dans les îles : il n'est pas simple, dans les années 1800-1810, d'administrer des plantations à plusieurs milliers de kilomètres de distance. Nous sommes là encore bien loin de la paisible rente foncière ou publique.

Alors, capital paisible ou investissements risqués ? Doit-on en conclure que rien n'a vraiment changé depuis cette époque ? Quelles sont au fond les véritables transformations dans la structure du capital depuis le XVIIIe siècle ? Par-delà les changements évidents dans ses formes concrètes – des pâtes du père Goriot aux tablettes de Steve Jobs, des placements antillais de 1800 aux investissements chinois ou sud-africains du XXIe siècle –, les structures profondes du capital ne seraient-elles pas restées les mêmes ? Le capital n'est jamais paisible : il est toujours risqué et entrepreneurial, tout du moins à ses débuts ; et en même temps il tend toujours à se transformer en rente dès lors qu'il s'accumule sans limite – c'est sa vocation, son destin logique. D'où vient alors cette impression diffuse que les inégalités sociales dans nos sociétés modernes sont tout de même bien différentes de celles qui caractérisent l'époque de Balzac et de Jane Austen : ne s'agit-il vraiment que d'un pur discours, sans aucune prise avec le réel, ou bien peut-on identifier des facteurs objectifs expliquant en quoi la croissance moderne aurait rendu le capital structurellement moins « rentier » et plus « dynamique » ?

Les métamorphoses du capital au Royaume-Uni et en France

Pour progresser dans ce questionnement, commençons par étudier les transformations de la structure du capital au Royaume-Uni et en France depuis le XVIIIe siècle. Il s'agit des deux pays pour lesquels les sources historiques disponibles sont les plus riches, et pour lesquels nous avons pu reconstituer les estimations les plus complètes et les plus homogènes sur longue période. Les principaux résultats obtenus sont représentés sur les graphiques 3.1 et 3.2, qui tentent de résumer de façon synthétique plusieurs aspects essentiels de trois siècles d'histoire du capitalisme. Deux conclusions apparaissent clairement.

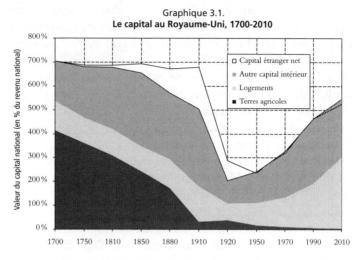

Graphique 3.1.
Le capital au Royaume-Uni, 1700-2010

Lecture : le capital national vaut environ 7 années de revenu national au Royaume-Uni en 1700 (dont 4 en terres agricoles).
Sources et séries : voir piketty.pse.ens.fr/capital21c.

On constate tout d'abord que le rapport capital/revenu a suivi des évolutions extrêmement proches dans les deux pays, avec une relative stabilité au XVIIIe et au XIXe siècle, puis un choc énorme au XXe siècle, pour finalement se retrouver en ce début de XXIe siècle à des niveaux voisins de ceux observés à la veille des guerres du XXe siècle. Au Royaume-Uni comme en France, la valeur totale du capital national se situe autour de six-sept années de revenu national tout au long des XVIIIe et XIXe siècles, et jusqu'en 1914. Puis le rapport capital/revenu s'effondre brutalement à la suite de la Première Guerre mondiale, des crises de l'entre-deux-guerres, et de la Seconde Guerre mondiale, à tel point que le capital national ne valait plus que deux-trois années de revenu national dans les années 1950. Le rapport capital/revenu est ensuite reparti à la hausse et n'a cessé d'augmenter. Dans les deux pays, la valeur totale du capital national se situe au

Les métamorphoses du capital

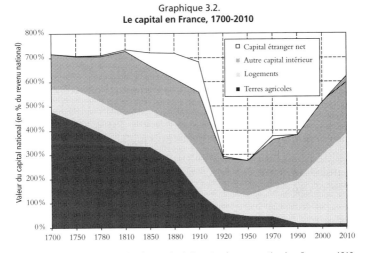

Graphique 3.2.
Le capital en France, 1700-2010

Lecture : le capital national vaut près de 7 années de revenu national en France en 1910 (dont 1 placée à l'étranger).
Sources et série : voir piketty.pse.ens.fr/capital21c.

début des années 2010 autour de cinq-six années de revenu national, voire un peu au-delà de six en France, contre moins de quatre dans les années 1980, et à peine plus de deux dans les années 1950. La précision de la mesure ne doit pas faire illusion. Mais l'évolution générale est parfaitement claire.

Le siècle écoulé se caractérise donc par une spectaculaire courbe en U. Le rapport capital/revenu a été divisé par près de trois au cours de la période 1914-1945, avant d'être multiplié par plus de deux sur la période 1945-2012.

Il s'agit là de variations de très grande ampleur, à la mesure des violents conflits militaires, politiques et économiques qui ont marqué le XXe siècle, notamment autour de la question du capital, de la propriété privée et de la répartition mondiale de la fortune. Par comparaison, les XVIIIe et XIXe siècles apparaissent bien paisibles.

Au final, le rapport capital/revenu a pratiquement retrouvé au début des années 2010 son niveau de l'avant-Première

Guerre mondiale – ou l'a même dépassé, si l'on divise le stock de capital par le revenu disponible des ménages, et non par le revenu national, choix méthodologique qui n'a rien d'évident, comme nous le verrons plus loin. Dans tous les cas, quelles que soient les imperfections et les incertitudes des mesures disponibles, il ne fait aucun doute que l'on a retrouvé dans les années 1990-2000, à l'issue d'un processus qui a débuté dès les années 1950, une prospérité patrimoniale inconnue depuis la Belle Époque. Le capital avait en grande partie disparu au milieu du XXe siècle ; il semble sur le point de retrouver en ce début de XXIe siècle les niveaux observés aux XVIIIe et XIXe siècles. Les patrimoines ont repris les couleurs qui ont toujours été les leurs. Dans une large mesure, ce sont les guerres qui au XXe siècle ont fait table rase du passé et ont donné l'illusion d'un dépassement structurel du capitalisme.

Si importante soit-elle, cette évolution du niveau global du rapport capital/revenu ne doit toutefois pas faire oublier les profondes transformations de la composition du capital depuis 1700. Il s'agit là de la deuxième conclusion qui apparaît clairement à la lecture des graphiques 3.1-3.2 : de par les actifs concernés, le capital au XXIe siècle n'a pas grand-chose à voir avec celui du XVIIIe siècle. Les évolutions observées sont là encore très proches au Royaume-Uni et en France. Pour simplifier, on peut dire que sur très longue période les terres agricoles ont été progressivement remplacées par l'immobilier et par le capital professionnel et financier investi dans les entreprises et les administrations – sans pour autant que la valeur globale du capital, mesurée en années de revenu national, ait véritablement changé.

Plus précisément, rappelons que le capital national – dont nous retraçons l'évolution sur les graphiques 3.1-3.2 – est défini comme la somme du capital privé et du capital public. Les dettes publiques, prises en compte comme actif pour le secteur privé et comme passif pour le secteur public, se retrouvent donc annulées (tout du moins si chaque pays possède sa propre dette publique). Nous les réintroduirons un peu plus loin dans l'analyse. Comme nous l'avons noté dans le chapitre 1, le capital national, ainsi défini, peut se décomposer en capital intérieur et capital étranger net. Le capital intérieur mesure la valeur du stock de capital (immobilier, entreprises, etc.) implanté sur le territoire du pays considéré. Le capital étranger net − ou actifs étrangers nets − mesure la position patrimoniale du pays considéré vis-à-vis du reste du monde, c'est-à-dire la différence entre les actifs possédés par les résidents du pays dans le reste du monde et les actifs possédés par le reste du monde dans le pays en question (y compris, le cas échéant, sous forme de titres de dette publique).

En première analyse, le capital intérieur peut à son tour se décomposer en trois catégories : terres agricoles ; logements (maisons et immeubles d'habitation, y compris la valeur des terrains concernés) ; et autre capital intérieur, catégorie qui comprend notamment les capitaux utilisés par les entreprises et les administrations (immeubles et bâtiments d'usage professionnel − y compris terrains correspondants −, équipements, machines, ordinateurs, brevets, etc.), évalués comme tous les autres actifs à leur valeur de marché, par exemple la valeur des actions dans le cas d'une société par actions. On obtient alors la décomposition suivante du capital national, que nous avons utilisée pour établir les graphiques 3.1-3.2 :

Capital national = terres agricoles + logements + autre capital intérieur + capital étranger net

On constate que la valeur totale des terres agricoles représentait au début du XVIIIe siècle entre quatre et cinq années de revenu national, soit près des deux tiers du capital national. Trois siècles plus tard, les terres agricoles valent moins de 10 % du revenu national en France comme au Royaume-Uni et représentent moins de 2 % du patrimoine total. Cette évolution spectaculaire n'est guère surprenante : l'agriculture représentait au XVIIIᵉ siècle près des trois quarts de l'activité économique et de l'emploi, contre quelques pourcents aujourd'hui. Il est donc naturel que le poids du capital correspondant ait suivi une évolution comparable.

Cet effondrement de la valeur des terres agricoles – en proportion du revenu national et du capital national – a été compensé d'une part par la montée de la valeur des logements, qui est passée d'à peine une année de revenu national au XVIIIᵉ siècle à plus de trois aujourd'hui, et d'autre part par la progression de la valeur des autres capitaux intérieurs, qui a connu une évolution d'une ampleur comparable (légèrement moins forte : une année et demie de revenu national au XVIIIᵉ siècle, un peu moins de trois aujourd'hui)[1]. Cette transformation structurelle de très long terme traduit d'une part l'importance croissante de l'immobilier d'habitation – tant en surface qu'en qualité et en valeur – au cours du processus de développement économique[2], et d'autre part l'accumulation également très forte depuis la révolution industrielle de bâtiments professionnels, équipements, machines, entrepôts, bureaux, outils, capitaux matériels et immatériels, utilisés par les entreprises et les administrations pour produire toutes sortes de biens et de services non agricoles[3]. Le

---

1. D'après les estimations disponibles (en particulier celles de King et Petty au Royaume-Uni, Vauban et Boisguillebert en France), les bâtiments agricoles et le cheptel représentaient près de la moitié de ce que nous classons comme « autre capital intérieur » au XVIIIᵉ siècle. Si on ôtait ces éléments, afin de se concentrer sur l'industrie et les services, alors la progression des autres capitaux intérieurs non agricoles apparaîtrait aussi forte que celle des logements (voire légèrement plus forte).

2. L'opération immobilière de Birotteau dans le quartier de la Madeleine est un bon exemple.

3. On pense aux fabriques de pâtes du père Goriot, ou à la parfumerie de Birotteau.

capital a changé de nature – il était terrien, il est devenu immobilier, industriel et financier –, mais il n'a rien perdu de son importance.

Grandeur et chute des capitaux étrangers

Quant aux capitaux étrangers, on constate qu'ils ont suivi une évolution très singulière au Royaume-Uni et en France, à la mesure de l'histoire mouvementée du colonialisme et des deux principales puissances coloniales de la planète au cours des trois derniers siècles. Les actifs nets possédés dans le reste du monde par ces deux pays n'ont cessé de progresser aux XVIIIe et XIXe siècles, pour atteindre des niveaux extrêmement élevés à la veille de la Première Guerre mondiale, avant de s'effondrer littéralement entre 1914 et 1945 et de se stabiliser à des niveaux relativement faibles depuis lors, comme nous l'avons vu sur les graphiques 3.1-3.2.

Les possessions étrangères commencent à prendre de l'importance dès la période 1750-1800, comme l'illustrent les investissements antillais de sir Thomas dont nous parle Jane Austen dans *Mansfield Park*. Mais cela reste modeste : au moment où la romancière écrit son récit, en 1812, le stock d'actifs étrangers ne représente d'après les sources disponibles qu'à peine 10 % du revenu national du Royaume-Uni, soit trente fois moins que la valeur des terres agricoles (plus de trois années de revenu national). Pas étonnant donc que les personnages de Jane Austen vivent surtout de leurs propriétés rurales.

C'est au cours du XIXe siècle que l'accumulation d'actifs britanniques dans le reste du monde prend des proportions considérables, inconnues dans l'histoire, et jamais dépassées à ce jour. À la veille du premier conflit mondial, le Royaume-Uni est à la tête du premier empire colonial du monde et possède en actifs étrangers l'équivalent de près de deux années de revenu national, soit six fois plus que la valeur totale des terres agricoles du royaume (qui à ce moment-là n'est plus que de l'ordre de 30 % du revenu national[1]). On voit à quel point la structure de la fortune s'est totalement transformée depuis *Mansfield Park* – et on espère que les héros de Jane Austen et leurs descendants ont su se reconvertir à temps et suivre les traces de sir Thomas, en réinvestissant dans des placements internationaux une partie de leur rente foncière. À la Belle Époque, le capital investi à l'étranger rapporte des profits, dividendes, intérêts, loyers, avec un rendement moyen de l'ordre de 5 % par an, si bien que le revenu national dont disposent les Britanniques est chaque année de l'ordre de 10 % plus élevé que leur production intérieure, ce qui permet de faire vivre un groupe social tout à fait significatif.

La France, à la tête du deuxième empire colonial mondial, est dans une situation à peine moins enviable : elle a accumulé dans le reste du monde des actifs étrangers équivalents à plus d'une année de son revenu national, si bien que ce dernier est chaque année environ 5 % plus élevé que sa production intérieure dans les années 1900-1910. C'est l'équivalent de la totalité de la production industrielle des départements du nord et de l'est du pays, que la France reçoit du reste du monde sous forme de dividendes, intérêts, royalties, loyers et autres revenus du capital, versés en contrepartie de ses possessions extérieures[2].

Il est important de bien comprendre que ces très importants actifs étrangers nets permettent au Royaume-Uni et à la France d'être en situation de déficit commercial structurel à la fin du XIXe et au début du XXe siècle. Entre 1880 et 1914, ces deux pays reçoivent du reste du monde des biens et services d'une valeur nettement supérieure à ce qu'ils exportent eux-mêmes (leur déficit commercial est en

---

1. Toutes les séries détaillées sont disponibles en ligne.
2. Voir annexe technique.

moyenne compris entre 1 et 2 points de revenu national au cours de cette période). Cela ne leur pose aucun problème, puisque les revenus du capital étranger qu'ils reçoivent du reste du monde dépassent les 5 points de revenu national. Leur balance des paiements est donc en très fort excédent, ce qui leur permet d'accroître leur position patrimoniale extérieure année après année[1]. Autrement dit, le reste du monde travaille pour accroître la consommation des puissances coloniales, et ce faisant le reste du monde devient de plus en plus fortement endetté vis-à-vis de ces mêmes puissances coloniales. Cela peut sembler choquant. Mais il est essentiel de réaliser que l'objectif même d'accumuler des actifs étrangers, au moyen d'excédents commerciaux ou d'appropriations coloniales, est précisément de pouvoir avoir ensuite des déficits commerciaux. Cela n'aurait aucun intérêt d'avoir éternellement des excédents commerciaux. L'intérêt d'être propriétaire, c'est précisément de pouvoir continuer de consommer et d'accumuler sans avoir à travailler, ou tout du moins de pouvoir consommer et accumuler davantage que le seul produit de son travail. Il en va de même à l'échelle internationale à l'époque du colonialisme.

À la suite des chocs cumulés des deux guerres mondiales, de la crise des années 1930 et des décolonisations, ces énormes stocks de placements étrangers vont totalement disparaître. Dans les années 1950, la France comme le Royaume-Uni se retrouvent avec des positions patrimoniales nettes assez proches de zéro vis-à-vis du reste du monde, ce qui veut dire que les actifs possédés à l'étranger sont tout juste suffisants pour compenser les actifs détenus par les autres pays dans les deux ex-puissances coloniales. En première approximation, cette situation n'a guère évolué depuis un demi-siècle. Des

---

1. Les séries annuelles détaillées de balance commerciale et de balance des paiements pour le Royaume-Uni et la France sont disponibles en ligne dans l'annexe technique.

années 1950 aux années 2010, les actifs étrangers nets détenus par la France et le Royaume-Uni ont été parfois légèrement positifs, parfois légèrement négatifs, mais dans tous les cas très proches de zéro, tout du moins par comparaison aux niveaux observés précédemment[1].

Pour finir, si l'on compare la structure du capital national au XVIIIe siècle et en ce début de XXIe siècle, on constate que les actifs étrangers nets jouent un rôle négligeable dans les deux cas, et que la véritable transformation structurelle sur longue période concerne le remplacement progressif des terres agricoles par le capital immobilier et professionnel, pour une valeur totale du stock de capital approximativement inchangée, relativement au revenu national.

Revenus et patrimoines : quelques ordres de grandeur

Pour résumer ces transformations, on peut utiliser les ordres de grandeur du monde d'aujourd'hui. Actuellement, le revenu national est de l'ordre de 30 000 euros par an et par habitant en France comme au Royaume-Uni, et le capital national s'établit dans les deux cas autour de six années de revenu, soit environ 180 000 euros par habitant. Dans les deux pays, les terres agricoles ne valent presque plus rien (quelques milliers d'euros par habitant tout au plus), et le capital national se partage *grosso modo* en deux moitiés presque parfaitement égales : en moyenne, chaque habitant possède pour environ 90 000 euros de capital logement (qu'il utilise

---

1. Les positions nettes extérieures des deux pays ont presque toujours été comprises entre − 10 % et + 10 % du revenu national depuis les années 1950, soit des niveaux dix-vingt fois plus faibles que ceux de la Belle Époque. Les difficultés liées à la mesure des positions extérieures nettes dans le monde actuel (sur lesquelles nous reviendrons plus loin) ne remettent pas en cause cette réalité.

pour son propre usage ou loue à d'autres), et pour environ 90 000 euros d'autres capitaux intérieurs (principalement des capitaux investis dans les entreprises, au travers de placements financiers).

Supposons que l'on revienne trois siècles en arrière et que l'on applique la structure du capital national en vigueur autour de 1700, mais en conservant fictivement les mêmes montants moyens – 30 000 euros pour le revenu, 180 000 euros pour le patrimoine – que ceux en vigueur actuellement. Notre Français ou Britannique représentatif posséderait alors pour environ 120 000 euros de terres agricoles, 30 000 euros de capital logement et 30 000 euros d'autres capitaux intérieurs[1]. Évidemment, certains Français ou Britanniques, par exemple les héros des romans de Jane Austen – John Darshwood avec le domaine de Norland, Charles Darcy avec celui de Pemberley –, possédaient des centaines d'hectares de terres, l'équivalent de dizaines ou de centaines de millions d'euros de patrimoine, alors que beaucoup d'autres ne possédaient rien du tout. Mais ces moyennes permettent néanmoins de se faire une idée un peu plus concrète de la façon dont la structure du capital national s'est totalement transformée depuis le XVIIIe siècle, tout en conservant approximativement le même niveau relativement au flux annuel de revenu.

Imaginons maintenant notre Britannique ou Français moyen à la Belle Époque, vers 1900-1910, toujours avec un revenu moyen de 30 000 euros et un patrimoine moyen de 180 000 euros. Au Royaume-Uni, les terres agricoles ne

---

1. Plus précisément, pour un revenu moyen de 30 000 euros, le patrimoine moyen de 1700 aurait plutôt été de l'ordre de 210 000 euros (environ sept années de revenu, et non six), dont 150 000 euros en terres agricoles (environ cinq années de revenu, si l'on inclut les bâtiments de fermes et le cheptel), 30 000 euros en logement et 30 000 euros en autres capitaux intérieurs.

représentaient déjà plus grand-chose : moins de 10 000 euros par Britannique, contre 50 000 euros pour le logement, 60 000 euros pour les autres capitaux intérieurs, et près de 60 000 euros de placements étrangers. En France, l'équilibre était comparable, sauf que les terres agricoles représentaient encore entre 30 000 euros et 40 000 euros par habitant, à peu près autant que les placements étrangers[1]. Dans les deux pays, les actifs étrangers ont pris une importance considérable. De nouveau, il va de soi que tout le monde ne possédait pas des actions du canal de Suez ou des emprunts russes. Mais ces moyennes, calculées sur l'ensemble de la population, en mélangeant donc beaucoup de personnes ne possédant aucun actif étranger et une minorité détenant des portefeuilles importants, permettent justement de prendre la mesure de la masse énorme de richesses accumulées dans le reste du monde que représentaient alors les capitaux étrangers détenus par la France et le Royaume-Uni.

Richesse publique, richesse privée

Avant d'étudier plus précisément la nature des chocs subis par les patrimoines au cours du XXe siècle et les raisons du redressement observé depuis la Seconde Guerre mondiale, il est utile d'introduire maintenant dans l'analyse la question de la dette publique, et plus généralement la question du partage du capital national entre capital public et capital privé. Car l'on oublie trop souvent, en ce début de XXIe siècle où

---

1. Là encore, pour un revenu moyen de 30 000 euros, le patrimoine moyen de 1910 aurait plutôt été de l'ordre de 210 000 euros (sept années de revenu), avec des autres capitaux intérieurs plus proches de 90 000 euros (trois années de revenu) que de 60 000 euros (deux années). Tous les chiffres donnés ici sont volontairement simplifiés et arrondis. Voir annexe technique en ligne pour les chiffres détaillés.

les États des pays riches ont surtout tendance à accumuler des dettes, que le bilan du secteur public peut également comporter des actifs.

Par définition, ce partage entre capital public et capital privé ne change rien ni au niveau global ni à la composition du capital national, dont nous venons de retracer l'évolution. Il n'en reste pas moins que cette division des droits de propriété entre puissance publique et individus privés revêt une importance politique, économique et sociale considérable.

Commençons donc par rappeler les définitions introduites dans le chapitre 1. Le capital national, ou patrimoine national, est la somme du capital public et du capital privé. Le capital public est défini comme la différence entre les actifs et les passifs de l'État et des diverses administrations publiques, de même que le capital privé est la différence entre les actifs et les passifs des individus privés. Pour le secteur public comme pour le secteur privé, le capital est toujours défini comme un patrimoine net, c'est-à-dire l'écart entre la valeur de marché de ce que l'on possède (les actifs) et de ce que l'on doit (les passifs, c'est-à-dire les dettes).

Concrètement, les actifs publics prennent deux formes. Ils peuvent être non financiers (il s'agit essentiellement des bâtiments publics, utilisés pour l'administration et les services publics, principalement dans l'éducation et la santé : écoles, lycées, universités, hôpitaux, etc.) ou financiers – quand l'État possède des participations financières dans des entreprises, qu'elles soient majoritaires ou minoritaires, qu'il s'agisse de sociétés implantées dans le pays en question ou à l'étranger (par exemple dans le cadre de « fonds souverains », ainsi que l'on appelle depuis quelques années les fonds gérant les portefeuilles financiers détenus par les États qui en ont les moyens).

En pratique, la frontière entre actifs non financiers et financiers peut être mouvante. Par exemple, quand l'État français transforme France Télécom puis La Poste en sociétés par actions, on se met à compter sa participation dans les nouvelles sociétés comme actifs financiers, alors que la valeur des bâtiments et des équipements exploités par l'administration des postes et télécommunications était auparavant comptabilisée comme actif non financier.

Au début des années 2010, la valeur de la totalité des actifs publics (non financiers et financiers) est estimée à près d'une année de revenu national au Royaume-Uni, et un peu moins d'une année et demie en France. Compte tenu du fait que les dettes publiques représentent environ une année de revenu national dans les deux pays, cela signifie que le patrimoine public net, ou capital public, est très proche de zéro dans les deux pays. D'après les dernières estimations officielles, réalisées par les instituts statistiques et les banques centrales de chaque pays, le capital public net est presque exactement nul au Royaume-Uni, et d'à peine 30 % du revenu national en France (soit vingt fois moins que le stock de capital national ; voir tableau 3.1)[1].

Autrement dit, si la puissance publique dans ces deux pays décidait de mettre en vente tous ses biens pour rembourser immédiatement toutes ses dettes, il ne lui resterait rien du tout outre-Manche, et peu de chose en France.

Là encore, la précision de telles estimations ne doit pas faire illusion. Même si chaque pays fait de son mieux pour appliquer les concepts et les méthodes standardisées établis sous l'égide des organisations internationales et des Nations unies, la comptabilité nationale n'est pas – et ne sera jamais – une science exacte. L'estimation du total des dettes publiques ou des actifs financiers publics ne pose pas de problème majeur.

---

1. Plus précisément : 93 % du revenu national pour les actifs publics au Royaume-Uni, et 92 % pour les dettes publiques, soit un patrimoine public net de + 1 % ; 145 % pour les actifs publics en France, et 114 % pour les dettes, soit un patrimoine public net de + 31 %. Voir annexe technique pour les séries annuelles détaillées pour les deux pays.

Tableau 3.1.
**Richesse publique
et richesse privée en France en 2012**

	Valeur du capital, en % du revenu national		Valeur du capital, en % du capital national	
Capital national (capital public + capital privé)	605 %		100 %	
Capital public (patrimoine public net : différence entre actifs et dettes détenus par l'État et les autres administrations publiques)	31 %		5 %	
	Actifs	Dettes	Actifs	Dettes
	145 %	114 %	24 %	19 %
Capital privé (patrimoine privé net : différence entre actifs et dettes détenus par les individus privés [ménages])	574 %		95 %	
	Actifs	Dettes	Actifs	Dettes
	646 %	72 %	107 %	12 %

Lecture : en 2012, la valeur totale du capital national en France était égale à 605 % du revenu national (6,05 années de revenu national), dont 31 % pour le capital public (5 % du total) et 574 % pour le capital privé (95 % du total).
Sources : voir piketty.pse.ens.fr/capital21c.

Rappel : le revenu national est égal au produit intérieur brut (PIB), diminué de la dépréciation du capital et augmenté des revenus nets reçus de l'étranger ; au final, le revenu national est égal à environ 90 % du PIB en France en 2012 ; voir chapitre 1 et annexe technique.

En revanche, il n'est pas facile de déterminer de façon parfaitement précise la valeur de marché de bâtiments publics (écoles, hôpitaux…) ou d'infrastructures de transport (réseaux ferrés et routiers notamment) qui ne sont pas vendus régulièrement. Les calculs établis doivent en principe s'appuyer sur les prix observés pour des ventes similaires effectuées dans le passé récent, mais de tels points de repère ne sont pas toujours très fiables, d'autant plus que les prix de marché sont bien souvent volatils et fébriles. Ces estimations doivent être considérées comme des ordres de grandeur, et non des certitudes mathématiques.

En tout état de cause, il ne fait toutefois aucun doute que le patrimoine public net se situe actuellement à des niveaux faibles dans ces deux pays – et en particulier ne représente pas grand-chose par comparaison au total des patrimoines privés. Que le patrimoine public net représente moins de 1 % du patrimoine national, comme au Royaume-Uni, ou environ 5 %, comme en France, ou même 10 % en cas de très forte sous-estimation des actifs publics, n'a finalement qu'une importance limitée pour notre propos. Quelles que soient les imperfections de la mesure, le fait central qui nous intéresse ici est que les patrimoines privés constituent au début des années 2010 la quasi-totalité du patrimoine national dans les deux pays : plus de 99 % au Royaume-Uni, et environ 95 % en France, d'après les dernières estimations disponibles, et dans tous les cas nettement plus de 90 %.

La fortune publique dans l'histoire

Si l'on examine maintenant l'histoire de la richesse publique au Royaume-Uni et en France depuis le XVIIIe siècle, ainsi que l'évolution du partage du capital national en capital public et privé, on constate qu'il en a presque toujours été ainsi (voir graphiques 3.3-3.6). En première approximation, les actifs et passifs publics, et *a fortiori* la différence entre les deux, ont généralement représenté des montants relativement limités par comparaison à l'énorme masse des fortunes privées. Dans les deux pays, le patrimoine public net a été parfois positif, parfois négatif, au cours des trois derniers siècles. Mais ces oscillations, comprises *grosso modo* entre + 100 % et − 100 % du revenu national (et généralement entre + 50 % et − 50 %), sont somme toute d'une ampleur limitée par comparaison aux niveaux considérables atteints par les patrimoines privés (jusqu'à 700 %-800 % du revenu national).

Autrement dit, l'histoire du rapport entre capital national et revenu national en France et au Royaume-Uni depuis le XVIIIe siècle, dont nous avons résumé plus haut les grandes lignes, est en premier lieu l'histoire du rapport entre capital privé et revenu national (voir graphiques 3.5-3.6).

Les métamorphoses du capital

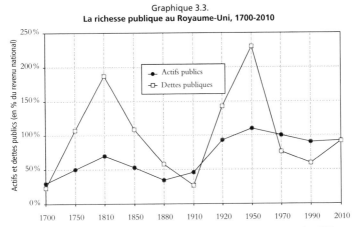

Graphique 3.3.
La richesse publique au Royaume-Uni, 1700-2010

Lecture : la dette publique dépasse 2 années de revenu national au Royaume-Uni en 1950 (contre 1 pour les actifs).
Sources et séries : voir piketty.pse.ens.fr/capital21c.

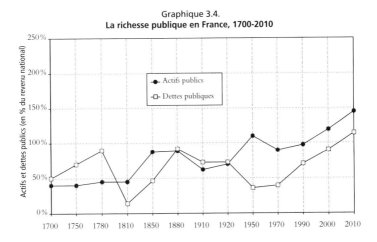

Graphique 3.4.
La richesse publique en France, 1700-2010

Lecture : la dette publique est d'environ 1 année de revenu national en France en 1780 comme en 1880 et en 2000-2010.
Sources et séries : voir piketty.pse.ens.fr/capital21c.

Graphique 3.5.
Capital privé et public au Royaume-Uni, 1700-2010

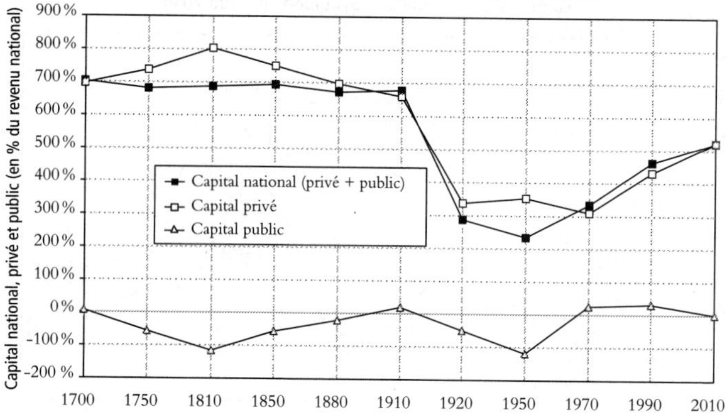

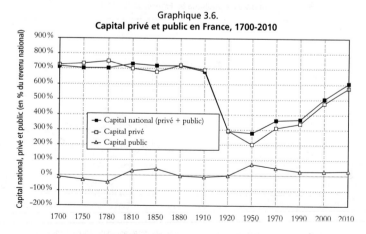

Lecture : en 1810, le capital privé vaut 8 années de revenu national au Royaume-Uni (contre 7 pour le capital national).
Sources et séries : voir piketty.pse.ens.fr/capital21c.

Graphique 3.6.
Capital privé et public en France, 1700-2010

Lecture : en 1950, le capital public vaut près de 1 année de revenu national, contre 2 pour le capital privé.
Sources et séries : voir piketty.pse.ens.fr/capital21c.

Il s'agit effectivement d'un fait central, quoique relativement bien connu : la France comme le Royaume-Uni ont toujours été des pays fondés sur la propriété privée, et n'ont jamais expérimenté le communisme de type soviétique, caractérisé par une prise de contrôle de l'essentiel du capital national par la puissance publique. Il n'est donc pas étonnant que la masse des patrimoines privés ait toujours largement dominé celle des patrimoines publics. Inversement, aucun des deux pays n'a jamais accumulé de dettes publiques suffisamment fortes pour modifier radicalement l'ampleur quantitative atteinte par les patrimoines privés.

Ce fait central étant posé, il convient cependant d'aller plus loin dans l'analyse, car même si les politiques publiques suivies dans les deux pays en matière patrimoniale n'ont jamais atteint ces proportions extrêmes, elles ont tout de même eu un impact non négligeable sur l'accumulation des patrimoines privés, et ce, à plusieurs reprises et dans des directions opposées.

La puissance publique a eu parfois tendance à accroître l'importance des patrimoines privés (notamment au Royaume-Uni, à travers l'accumulation de très fortes dettes publiques aux XVIIIe et XIXe siècles, ou bien en France sous l'Ancien Régime ou à la Belle Époque), et en d'autres occasions a au contraire tenté de réduire leur poids (en particulier en France, à travers l'annulation des dettes publiques et la constitution d'un important secteur public dans l'après-Seconde Guerre mondiale, et à un degré moindre au Royaume-Uni à la même période). En ce début de XXIe siècle, les deux pays – comme d'ailleurs l'ensemble des pays riches – se trouvent très nettement dans une orientation du premier type. Mais l'expérience historique démontre que tout cela peut changer assez rapidement. Il est donc utile pour s'y préparer d'étudier les retournements du passé, en particulier au Royaume-Uni et en France, qui ont chacun une histoire riche et mouvementée en la matière.

Le Royaume-Uni : dette publique et renforcement du capital privé

Commençons par le cas du Royaume-Uni. Par deux fois, à l'issue des guerres napoléoniennes, et de nouveau à l'issue de la Seconde Guerre mondiale, la dette publique britannique a atteint des niveaux extrêmement élevés, aux environs de 200 % du PIB, voire légèrement au-dessus. De façon intéressante, le Royaume-Uni est à la fois le pays qui a connu durablement les plus hauts niveaux de dette publique, et qui n'a jamais fait défaut. Ceci explique d'ailleurs cela : car si l'on ne fait pas défaut d'une façon ou d'une autre, soit directement par la répudiation pure et simple, soit indirectement par une inflation massive, alors cela peut prendre très longtemps de rembourser une dette publique aussi importante.

La dette publique britannique du XIXe siècle est de ce point de vue un cas d'école. Remontons un peu en arrière. Avant même la guerre d'Indépendance américaine, le Royaume-Uni avait accumulé des dettes publiques importantes au cours du XVIIIe siècle, de même d'ailleurs que le royaume de France. Les deux monarchies faisaient souvent la guerre, entre elles et avec les autres pays européens, et surtout elles ne faisaient pas rentrer suffisamment de recettes fiscales pour financer leurs dépenses, si bien que leur dette publique suivait une forte pente ascendante. Dans les deux pays, la dette était ainsi de l'ordre de 50 % du revenu national vers 1700-1720, et autour de 100 % dans les années 1760-1770.

L'incapacité de la monarchie française à moderniser ses impôts et à mettre fin aux privilèges fiscaux de la noblesse est bien connue, de même que l'issue révolutionnaire finale, avec la convocation en 1789 des états généraux, qui débouche sur la mise en place d'un nouveau système fiscal dès 1790-1791 (avec notamment une taxe foncière mettant à contribution l'ensemble des propriétaires terriens et des droits de succession frappant l'ensemble des patrimoines) et sur la « banqueroute des deux tiers » en 1797 (qui est en réalité un défaut encore plus massif, compte tenu de l'épisode des assignats et de l'inflation qui en a découlé), qui permet de solder les comptes de l'Ancien Régime[1]. C'est ainsi que la dette publique française se retrouve réduite subitement à des niveaux extrêmement faibles au début du xixe siècle (moins de 20 % du revenu national en 1815).

La trajectoire britannique est totalement différente. Pour financer la guerre d'Indépendance américaine, et surtout les multiples guerres avec la France pendant la période révolutionnaire et napoléonienne, la monarchie britannique choisit d'emprunter sans limite. La dette publique passe ainsi d'environ 100 % du revenu national au début des années 1770 à près de 200 % dans les années 1810, soit dix fois plus que la France à la même époque. Il faudra un siècle de budgets en excédent au Royaume-Uni pour réduire progressivement cet endettement à moins de 30 % du revenu national au début des années 1910 (voir graphique 3.3).

Quelles leçons peut-on tirer de cette expérience historique ? Tout d'abord, il ne fait aucun doute que ce très fort endettement public a renforcé le poids des patrimoines privés dans la société britannique. Les Anglais qui en avaient les moyens ont prêté à l'État les sommes demandées, sans que cela vienne réduire sensiblement l'investissement privé : la très forte hausse de l'endettement public dans les années 1770-1810 a été financée pour l'essentiel par une augmentation correspondante de l'épargne privée (preuve sans doute de la prospérité de la classe possédante britannique de l'époque, et de l'attractivité des rendements offerts), si bien que le capital national est resté globalement stable autour de sept années de revenu national au cours de la période, alors que les patrimoines privés montaient

---

1. Voir F. CROUZET, *La Grande Inflation. La monnaie en France de Louis XVI à Napoléon*, Fayard, 1993.

à plus de huit années de revenu national dans les années 1810, à mesure que le patrimoine public descendait vers des niveaux de plus en plus fortement négatifs (voir graphique 3.5).

Rien d'étonnant donc à ce que le patrimoine soit aussi omniprésent dans les romans de Jane Austen : aux habituels propriétaires terriens sont venus s'ajouter avec une ampleur inhabituelle les détenteurs de titres de la dette publique (en grande partie les mêmes personnes, si l'on en croit les récits littéraires comme les sources historiques), pour aboutir à un niveau exceptionnellement élevé des patrimoines privés considérés dans leur ensemble. Les rentes d'État s'ajoutent aux rentes foncières pour atteindre un sommet sans doute jamais atteint dans l'histoire.

Ensuite, il est tout aussi clair que ce très fort endettement public a globalement assez bien servi les intérêts des prêteurs et de leurs descendants – tout du moins par comparaison à une situation où la monarchie britannique aurait financé ses dépenses en leur faisant payer des impôts. Du point de vue de ceux qui en ont les moyens, il est évidemment beaucoup plus intéressant de prêter une somme donnée à l'État (puis de recevoir des intérêts pendant des décennies) que de la payer sous forme d'impôts (sans contrepartie). En outre, le fait que l'État contribue à accroître par ses déficits la demande globale de capital ne peut que pousser à la hausse le rendement du capital, ce qui est là encore dans l'intérêt de ceux qui assurent l'offre de capital, et dont la prospérité dépend de ce rendement.

Le fait central – et la différence essentielle avec le XXe siècle – est que la dette publique était remboursée au prix fort au XIXe siècle : l'inflation était quasi nulle de 1815 à 1914, et le taux d'intérêt servi sur les titres de rente d'État était très substantiel (généralement autour de 4 %-5 %), et en particulier nettement supérieur au taux de croissance. Dans de telles conditions, la dette publique peut être une très bonne affaire pour les détenteurs de patrimoine et leurs héritiers.

Concrètement, imaginons un gouvernement qui accumule des déficits de l'ordre de 5 % du PIB chaque année pendant vingt ans, par exemple pour payer une masse salariale militaire importante de 1795 à 1815, sans avoir à augmenter les impôts d'autant. Au bout de vingt ans, la dette publique supplémentaire ainsi accumulée est égale à 100 % du PIB. Supposons que le gouvernement ne cherche pas à rembourser le principal, et se contente d'acquitter chaque année les intérêts. Alors si le taux d'intérêt est de 5 %, il lui faudra chaque année verser 5 % du PIB aux détenteurs de cette dette publique supplémentaire, et ce, jusqu'à la nuit des temps.

C'est *grosso modo* ce qui est arrivé au Royaume-Uni au XIXe siècle. Pendant un siècle, de 1815 à 1914, le budget britannique était systématiquement en excédent primaire très important, c'est-à-dire que les impôts collectés dépassaient systématiquement les dépenses, avec un surplus de plusieurs points de PIB, supérieur par exemple aux dépenses totales d'éducation tout au long de cette période. Cet excédent permet seulement de financer les intérêts versés aux détenteurs des rentes publiques, sans pour autant rembourser le principal : la dette publique britannique nominale est restée stable autour de 1 milliard de livres sterling pendant toute la période. C'est uniquement la croissance de la production intérieure et du revenu national britannique (près de 2,5 % par an entre 1815 et 1914) qui a finalement permis, au bout d'un siècle de pénitence, de réduire fortement l'endettement public exprimé en pourcentage du revenu national[1].

---

1. Sur l'ensemble de la période 1815-1914, l'excédent budgétaire primaire au Royaume-Uni est en moyenne compris entre 2 et 3 points de PIB, et finance des intérêts de la dette d'un même montant (le budget total de l'Éducation est inférieur à 2 points de PIB à cette époque). Pour des séries annuelles détaillées sur les déficits publics primaires et secondaires et sur l'évolution du rendement de la dette publique au cours de cette période, voir annexe technique.

À qui profite la dette publique ?

Cette expérience historique est fondamentale, pour plusieurs raisons. Tout d'abord, elle permet de comprendre pourquoi les socialistes du XIXe siècle, à commencer par Karl Marx, étaient très méfiants vis-à-vis de la dette publique, qu'ils percevaient — non sans une certaine clairvoyance — comme un instrument au service de l'accumulation du capital privé.

D'autant plus qu'à cette époque la dette publique se repayait au prix fort non seulement au Royaume-Uni, mais également dans tous les autres pays, et en particulier en France. L'épisode de la banqueroute révolutionnaire de 1797 ne s'est jamais renouvelé, et les rentiers des romans de Balzac ne semblent pas se faire plus de souci pour leurs titres de dette publique que ceux des récits de Jane Austen. De fait, l'inflation sera tout aussi faible en France qu'outre-Manche entre 1815 et 1914, et les intérêts de la dette publique seront toujours payés rubis sur l'ongle. La rente sur l'État est un placement très sûr pendant tout le XIXe siècle français, et contribue à renforcer l'importance et la prospérité des patrimoines privés, de la même façon qu'au Royaume-Uni. Et le stock de dette publique française, très limité en 1815, n'a pas tardé à s'accroître au cours des décennies suivantes, en particulier pendant la période des monarchies censitaires (1815-1848).

L'État français s'endette fortement dès 1815-1816, pour financer l'indemnité versée aux armées d'occupation, puis de nouveau en 1825, pour financer le fameux « milliard des émigrés » versé aux aristocrates exilés pendant la Révolution française (pour les compenser des redistributions — limitées — de terres réalisées en leur absence). Au total, la dette publique s'accroît de l'équivalent de plus de 30 % du revenu national. Sous le second Empire, les intérêts financiers sont bien servis. Dans les articles féroces qu'il consacre en 1849-1850 à *La Lutte des classes en France*, Marx s'offusque de la façon dont le nouveau ministre des Finances de Louis-Napoléon Bonaparte, Achille Fould, représentant des banquiers et de la haute finance, décide sans coup férir d'augmenter les impôts sur les boissons afin de payer les rentiers. Puis, à la suite de la guerre franco-prussienne de 1870-1871, l'État français doit de nouveau s'endetter auprès de sa population pour payer un transfert à l'Allemagne équivalent à environ 30 % de son revenu national[1]. Au final, pendant la période 1880-1914, la dette publique se retrouve à un niveau plus élevé en France qu'au Royaume-Uni : autour de 70 %-80 % du revenu national, contre moins de 50 %. Dans le roman français de la Belle Époque, la rente d'État est largement représentée. L'État distribue chaque année en intérêts l'équivalent d'environ 2 %-3 % du revenu national (soit plus que le budget de l'Éducation nationale de l'époque), et ces intérêts permettent de faire vivre un groupe social très substantiel[2].

Au XXᵉ siècle, une vision totalement différente de la dette publique s'est développée, fondée sur la conviction que l'endettement pouvait au contraire être un instrument au service d'une politique de dépenses publiques et de redistribution sociale en faveur des plus modestes. La différence entre les deux visions est assez simple : au XIXᵉ siècle, la dette se repayait au prix fort, ce qui était dans l'avantage des prêteurs et œuvrait au renforcement des patrimoines privés ; au XXᵉ siècle, la dette a été noyée dans l'inflation et repayée en monnaie de singe, et a *de facto* permis de faire

---

1. Ces deux séries de transferts expliquent l'essentiel de la hausse de la dette publique en France au XIXᵉ siècle. Sur les montants et les sources, voir annexe technique.

2. Entre 1880 et 1914, les intérêts de la dette dépassent en France les niveaux britanniques. Pour des séries annuelles détaillées sur les déficits publics dans les deux pays, voir annexe technique.

financer les déficits par ceux qui avaient prêté leur patrimoine à l'État, sans avoir à augmenter les impôts d'autant. Cette vision « progressiste » de la dette publique continue d'ailleurs d'imprégner bien des esprits en ce début de XXIe siècle, alors même que l'inflation est depuis longtemps redescendue à des niveaux peu éloignés de ceux du XIXe siècle et que ses effets distributifs sont relativement obscurs.

Il est intéressant de noter que cette redistribution par l'inflation a été beaucoup plus forte en France qu'au Royaume-Uni. Comme nous l'avons vu dans le chapitre précédent, la France a connu entre 1913 et 1950 un taux d'inflation moyen de plus de 13 % par an, soit une multiplication des prix par cent. Quand Proust publie *Du côté de chez Swann*, en 1913, les rentes d'État semblent aussi indestructibles que le grand hôtel de Cabourg où le romancier va passer ses étés. En 1950, le pouvoir d'achat de ces rentes a été divisé par cent, si bien que les rentiers de 1913 et leurs descendants ne possèdent presque plus rien.

La conséquence pour l'État est qu'en dépit d'une forte dette publique initiale (près de 80 % du revenu national en 1913) et de déficits très élevés au cours de la période 1913-1950, en particulier pendant les années de guerre, la dette publique française se retrouve en 1950 à un niveau relativement bas (environ 30 % du revenu national), de la même façon qu'en 1815. En particulier, les énormes déficits de la Libération ont été presque immédiatement annulés par une inflation supérieure à 50 % par an pendant quatre années consécutives, de 1945 à 1948, dans une atmosphère politique survoltée. C'est en quelque sorte l'équivalent de la banqueroute des deux tiers de 1797 : on solde les comptes du passé afin de pouvoir reconstruire le pays avec une faible dette publique (voir graphique 3.4).

Au Royaume-Uni, les choses se font différemment, plus lentement, et avec moins d'ardeur. Entre 1913 et 1950, le taux d'inflation moyen est d'à peine plus de 3 % par an en moyenne, soit une multiplication des prix par trois (plus de trente fois moins qu'en France). Cela représente une spoliation non négligeable pour les rentiers britanniques, inimaginable au XIXe siècle et jusqu'à la Première Guerre mondiale. Mais cela est nettement insuffisant pour empêcher l'énorme accumulation des déficits publics au cours des deux conflits mondiaux : le Royaume-Uni est tout entier mobilisé pour financer l'effort de guerre, tout en refusant d'avoir recours trop largement à la planche à billets, si bien que le pays se retrouve en 1950 avec une dette publique colossale, supérieure à 200 % du PIB, encore plus élevée qu'en 1815. Il faudra attendre l'inflation des années 1950-1960 (plus de 4 % par an), et surtout celle des années 1970 (près de 15 % par an), pour que la dette britannique retombe à un niveau de l'ordre de 50 % du PIB (voir graphique 3.3).

Ce mécanisme de redistribution par l'inflation est extrêmement puissant, et a joué un rôle historique essentiel dans les deux pays au cours du XXe siècle. Mais il pose tout de même deux problèmes majeurs. D'une part, son ciblage est relativement grossier : au sein des détenteurs de patrimoine, ceux qui détiennent – directement ou indirectement, via leurs dépôts bancaires – des titres de dette publique ne sont pas toujours les plus aisés, loin s'en faut. D'autre part, ce mécanisme ne peut fonctionner de façon durable : dès lors que l'inflation devient permanente, les prêteurs exigent un taux d'intérêt nominal plus élevé, et la hausse des prix n'a plus les effets escomptés. Sans compter qu'une inflation élevée tend à s'accélérer sans cesse (une fois le processus lancé, il est souvent difficile de l'arrêter) et peut produire des effets difficiles à maîtriser (certains groupes sociaux voient leurs revenus largement revalorisés, d'autres moins). C'est à l'issue des années 1970, décennie marquée dans les pays riches par un mélange d'inflation élevée, de montée du chômage et de relative stagnation économique (la « stagflation »), qu'un nouveau consensus dominant en faveur d'une inflation faible s'est développé.

Les aléas de l'équivalence ricardienne

Cette longue et tumultueuse histoire de la dette publique, des paisibles rentiers des XVIIIe et XIXe siècles à l'expropriation par l'inflation au XXe siècle, a profondément marqué les mémoires et les représentations collectives. Ces expériences historiques ont également marqué les économistes. Par exemple, quand David Ricardo formule en 1817 l'hypothèse connue aujourd'hui sous le nom d'« équivalence ricardienne », selon laquelle l'endettement public n'aurait sous certaines conditions aucune incidence sur l'accumulation du capital national, il est évidemment fortement influencé par ce qu'il voit autour de lui. Au moment même où il écrit, la dette publique britannique avoisine les 200 % du PIB, et pourtant cela ne semble pas avoir asséché l'investissement privé et l'accumulation de capital. Le phénomène de *crowding out* tant redouté ne s'est pas produit, et l'accroissement de l'endettement public semble avoir été financé par une augmentation de l'épargne privée. Certes, cela n'implique pas qu'il s'agisse là d'une loi universelle, valable en tout temps et en tout lieu : tout dépend sans doute de la prospérité du groupe social concerné (en l'occurrence, une minorité de Britanniques avait assez de moyens pour générer l'épargne supplémentaire requise), du taux d'intérêt offert et évidemment de la confiance dans le gouvernement. Mais le fait que Ricardo, qui ne dispose pas de séries historiques ou de mesures du type de celles indiquées sur le graphique 3.3, mais qui connaît intimement le capitalisme britannique de son temps, perçoive assez clairement que la dette publique gigantesque qui l'entoure puisse n'avoir aucun impact sur le patrimoine national, et constitue simplement une créance d'une partie du pays sur une autre, mérite d'être noté[1].

De même, quand Keynes écrit en 1936 au sujet de l'« euthanasie des rentiers », il est également profondément marqué par ce qu'il observe autour de lui : le monde des rentiers de l'avant-Première Guerre mondiale est en train de s'effondrer, et il n'existe de fait aucune autre solution politiquement acceptable permettant de dépasser la crise économique et budgétaire en cours. En particulier, Keynes sent bien que l'inflation, que le Royaume-Uni n'accepte encore qu'à contrecœur, tant est fort l'attachement des milieux conservateurs à l'étalon-or d'avant 1914, est la façon la plus simple – à défaut d'être nécessairement la plus juste – de réduire le poids de l'endettement public et des patrimoines issus du passé.

Depuis les années 1970-1980, les analyses de la dette publique souffrent du fait que l'analyse des économistes repose sans doute excessivement sur des modèles dits « à agent représentatif », c'est-à-dire des modèles où chaque agent est supposé disposer du même revenu et du même patrimoine (et donc en particulier de la même quantité de dette publique). Une telle simplification du monde réel peut parfois être utile, afin d'isoler des relations logiques difficiles à analyser dans des modèles plus complexes. Il reste qu'en évacuant totalement la question de l'inégalité de la répartition des revenus et patrimoines ces modèles aboutissent bien souvent à des conclusions extrêmes et peu réalistes, et sont davantage source de confusion que de clarté. Dans le cas de la dette publique, les modèles à agent représentatif peuvent conduire à la conclusion d'une complète neutralité de la dette

---

1. Les passages consacrés par Ricardo à cette question dans ses *Principles of Political Economy and Taxation* (1817) ne sont toutefois pas totalement limpides. Sur cet épisode, voir également l'intéressante analyse rétrospective de G. CLARK, « Debt, deficits, and crowding out : England, 1727-1840 », *European Review of Economic History*, 2001.

publique, non seulement pour ce qui concerne le niveau global du capital national, mais également pour ce qui est de la répartition de la charge fiscale. Cette réinterprétation radicale de l'équivalence ricardienne, proposée par l'économiste américain Robert Barro[1], ne tient pas compte du fait qu'une grande partie de la dette publique – par exemple au Royaume-Uni au XIXe siècle, mais pas seulement – est détenue en pratique par une minorité de la population, si bien que la dette entraîne bel et bien des redistributions importantes à l'intérieur du pays, dans les cas où elle est repayée, comme d'ailleurs dans ceux où elle ne l'est pas. Compte tenu de la très forte concentration qui a toujours caractérisé la répartition des patrimoines, et dont nous analyserons l'évolution dans la troisième partie de ce livre, étudier ces questions en ignorant les inégalités entre groupes sociaux revient *de facto* à passer sous silence une bonne partie de l'objet d'étude et des réalités en jeu.

La France : un capitalisme sans capitalistes dans l'après-guerre

Reprenons le fil de l'histoire de la richesse publique et intéressons-nous aux actifs détenus par la puissance publique. Comparés aux dettes, les actifs ont une histoire en apparence moins tumultueuse.

Pour simplifier, on peut dire que la valeur totale des actifs publics a progressé en France comme au Royaume-Uni sur longue période, et est passée dans les deux pays d'à peine 50 % du revenu national aux XVIIIe et XIXe siècles à envi-

---

1. Voir R. BARRO, « Are government bonds net wealth ? », *Journal of Political Economy*, 1974 ; ainsi que « Government spending, interest rates, prices, and budget deficits in the United Kingdom, 1701-1918 », *Journal of Monetary Economics*, 1987.

ron 100 % à la fin du XXe et au début du XXIe siècle (voir graphiques 3.3-3.4).

En première approximation, cette progression correspond à l'extension régulière du rôle économique de l'État au cours de l'histoire, avec notamment le développement au XXe siècle de services publics de plus en plus étendus dans le domaine de l'éducation et de la santé (nécessitant d'importants bâtiments et équipements publics) et d'infrastructures publiques ou semi-publiques dans les transports et les communications. Ces services publics et infrastructures sont plus étendus en France qu'au Royaume-Uni, ce qui semble se traduire par le fait que la valeur totale des actifs publics au début des années 2010 s'approche des 150 % du revenu national dans l'Hexagone, contre à peine 100 % outre-Manche.

Cette vision simplifiée et paisible de l'accumulation d'actifs publics dans le long terme omet cependant une part importante de l'histoire du siècle écoulé, à savoir la constitution d'actifs publics significatifs dans les secteurs industriels et financiers des années 1950 aux années 1970, suivie d'importantes vagues de privatisation de ces mêmes actifs à partir des années 1980-1990. On observe ce double retournement, avec des ampleurs variables, dans la plupart des pays développés, particulièrement en Europe, ainsi que dans un grand nombre de pays en développement.

Le cas de la France est emblématique. Pour le comprendre, remontons un peu en arrière. En France comme dans tous les pays, la foi dans le capitalisme privé a été fortement ébranlée par la crise économique des années 1930 et par les cataclysmes qui en ont découlé. La « grande dépression », déclenchée en octobre 1929 avec le krach boursier à Wall Street, frappe les pays riches avec une brutalité inégalée à ce jour : dès 1932, le chômage touche un quart de la population active aux États-Unis comme en Allemagne, au Royaume-Uni comme en France. La doctrine traditionnelle de « laissez faire » et de non-intervention de la puissance publique dans la vie économique, qui prévalait dans tous les pays au XIXe siècle et dans une large mesure jusqu'au début des années 1930, s'en trouve durablement discréditée. Un peu partout, un basculement vers un plus grand interventionnisme se produit. Assez naturellement, les gouvernements et les opinions publiques demandent des comptes aux élites financières et économiques qui se sont enrichies tout en conduisant le monde au bord du gouffre. On se met à envisager diverses formes d'économie « mixte », mettant en jeu différents degrés de propriété publique des entreprises aux côtés des formes traditionnelles de propriété privée, ou à tout le moins une très forte régulation et reprise en main publique du système financier, et du capitalisme privé dans son ensemble.

La victoire de l'Union soviétique aux côtés des Alliés en 1945 a en outre renforcé le prestige du système économique étatiste mis en place par les bolcheviques. Ce système n'a-t-il pas permis d'industrialiser à marche forcée un pays notoirement arriéré, qui en 1917 sortait tout juste du servage ? En 1942, Joseph Schumpeter juge inévitable le triomphe du socialisme sur le capitalisme. En 1970, dans la huitième édition de son fameux livre de cours, Paul Samuelson prédit toujours un possible dépassement du PIB américain par le PIB soviétique entre 1990 et 2000[1].

En France, ce climat général de défiance envers le capitalisme privé est en outre fortement renforcé en 1945 par le fait qu'une bonne partie des élites économiques est suspectée de collaboration avec l'occupant allemand et d'enrichissement indécent entre 1940 et 1944. C'est dans cette atmosphère électrique que sont lancées les grandes vagues de nationalisation de la Libération, qui concernent notamment le secteur bancaire, les mines de charbon et l'industrie automobile, avec en particulier la fameuse nationalisation sanction des usines Renault : le propriétaire Louis Renault est arrêté comme

---

1. Voir P. Samuelson, *Economics*, 8e édition, 1970, p. 831.

collaborateur en septembre 1944, ses usines sont saisies par le gouvernement provisoire et nationalisées en janvier 1945[1].

En 1950, d'après les estimations disponibles, la valeur totale des actifs publics dépasse une année de revenu national en France. Compte tenu du fait que la valeur des dettes publiques a été fortement réduite par l'inflation, le patrimoine public net n'est pas loin d'atteindre une année de revenu national, à une époque où le total des patrimoines privés était d'à peine deux années de revenu national (voir graphique 3.6). Là encore, la précision des estimations ne doit pas faire illusion : la valeur du capital est difficile à évaluer pour cette période où les prix des actifs sont historiquement bas, et il est possible que les actifs publics soient légèrement sous-évalués par comparaison aux actifs privés. Mais les ordres de grandeur peuvent être considérés comme significatifs : en 1950, la puissance publique détient en France entre 25 % et 30 % du patrimoine national, peut-être un peu plus.

Il s'agit là d'une proportion considérable, surtout si l'on prend en compte le fait que la propriété publique n'a quasiment pas touché les petites et moyennes entreprises ou l'agriculture, et est toujours restée nettement minoritaire (moins de 20 %) pour ce qui concerne l'immobilier d'habitation. Dans les secteurs industriels et financiers les plus directement concernés par les nationalisations, la part de l'État dans le patrimoine national a dépassé 50 % des années 1950 aux années 1970.

Cette expérience historique, même si elle est relativement brève, est importante pour comprendre la relation complexe qu'entretient encore aujourd'hui l'opinion publique française avec le capitalisme privé. Pendant toute la période des Trente Glorieuses, au cours de laquelle le pays, en pleine reconstruction, a connu une très forte croissance économique (la

---

1. Voir C. ANDRIEU, L. LE VAN, A. PROST, *Les Nationalisations de la Libération : de l'utopie au compromis*, FNSP, 1987, et T. PIKETTY, *Les Hauts Revenus en France au XXe siècle*, *op. cit.*, p. 137-138.

plus forte de l'histoire nationale), la France vivait dans un système d'économie mixte, un capitalisme sans capitalistes en quelque sorte, ou tout du moins un capitalisme d'État où les propriétaires privés avaient cessé de contrôler les plus grandes entreprises.

Des vagues de nationalisations ont certes eu lieu à la même période dans de nombreux autres pays, y compris au Royaume-Uni, où la valeur des actifs publics dépasse également une année de revenu national en 1950, soit le même niveau qu'en France. La différence est que la dette publique britannique dépasse alors deux années de revenu national, si bien que le patrimoine public net est fortement négatif dans les années 1950 et que le patrimoine privé est plus élevé d'autant. Le patrimoine public deviendra finalement positif au Royaume-Uni dans les années 1960-1970, sans pour autant dépasser 20 % du patrimoine national (ce qui est déjà substantiel)[1].

La particularité de la trajectoire française est qu'après avoir connu des heures fastes dans les années 1950-1970 la propriété publique est retombée à des étiages très faibles à partir des années 1980-1990, alors même que les patrimoines privés, immobiliers et financiers, atteignaient des niveaux encore plus élevés qu'au Royaume-Uni : près de six années de revenu

---

1. Il est éclairant de relire les estimations du capital national réalisées au Royaume-Uni tout au long du XXe siècle, à mesure que la forme et l'ampleur des actifs et passifs publics se transformaient totalement. Voir en particulier H. CAMPION, *Public and Private Property in Great Britain*, Oxford University Press, 1939 ; J. REVELL, *The Wealth of the Nation. The National Balance Sheet of the United Kingdom, 1957-1961*, Cambridge University Press, 1967. La question ne se posait guère à l'époque de Giffen, tant la suprématie du capital privé était évidente. On constate la même évolution en France, par exemple avec l'ouvrage publié en 1956 par DIVISIA, DUPIN et ROY et fort justement intitulé *À la recherche du franc perdu*, et dont le volume 3, consacré à *La Fortune de la France*, tente non sans difficulté de reprendre le fil des estimations réalisées par Colson à la Belle Époque.

national au début des années 2010, soit vingt fois plus que le patrimoine public. Après avoir été le pays du capitalisme d'État dans les années 1950, la France est devenue la Terre promise du nouveau capitalisme patrimonial privé du XXIe siècle.

Le changement est d'autant plus frappant qu'il n'a pas été clairement assumé en tant que tel. Le mouvement de privatisation, de libéralisation de l'économie et de dérégulation des marchés financiers et des flux de capitaux, qui touche l'ensemble de la planète à partir des années 1980, a des origines multiples et complexes. Le souvenir de la dépression des années 1930 et des catastrophes qui ont suivi s'est estompé. La stagflation des années 1970 a montré les limites du consensus keynésien de l'après-guerre. Avec la fin de la reconstruction et de la croissance élevée des Trente Glorieuses, le processus d'extension indéfinie du rôle de l'État et des prélèvements obligatoires qui était à l'œuvre dans les années 1950-1970 se retrouve assez naturellement remis en cause. Le mouvement de dérégulation commence en 1979-1980 avec les « révolutions conservatrices » aux États-Unis et au Royaume-Uni, où l'on supporte de plus en plus mal d'avoir été rattrapé par les autres pays (même si ce processus de rattrapage était largement mécanique, comme nous l'avons vu dans le chapitre 2). Dans le même temps, l'échec de plus en plus évident des modèles étatistes soviétiques et chinois dans les années 1970 conduit les deux géants communistes à mettre en place au début des années 1980 une libéralisation graduelle de leur système économique, avec l'introduction de nouvelles formes de propriété privée des entreprises.

Dans ce paysage international convergent, les électeurs français font preuve en 1981 d'un certain sens du contretemps (il est vrai que chaque pays a sa propre histoire, son propre calendrier politique), puisqu'ils portent au pouvoir une nouvelle majorité socialo-communiste, dont le programme consiste notamment à amplifier le processus de nationalisation des secteurs bancaires et industriels entamé en 1945.

L'intermède est cependant de courte durée, puisque dès 1986 une majorité libérale lance un très important mouvement de privatisation dans tous les secteurs, repris et amplifié en 1988-1993 par une nouvelle majorité socialiste. La régie Renault devient une société par actions en 1990, de même que l'administration des télécommunications, transformée en France Télécom, dont le capital est ouvert en 1997-1998. Dans un contexte de croissance ralentie, de chômage élevé et de forts déficits budgétaires, la vente progressive des participations publiques au cours des années 1990-2000 permet d'apporter quelques recettes supplémentaires aux gouvernements successifs, sans pour autant empêcher l'augmentation régulière de l'endettement. Le patrimoine public net tombe à des niveaux très bas. Pendant ce temps, les patrimoines privés retrouvent peu à peu les niveaux qui étaient les leurs avant les chocs du XXe siècle. C'est ainsi que le pays, sans avoir vraiment compris pourquoi, a totalement transformé à deux reprises, et dans des directions opposées, la structure de son patrimoine national au cours du siècle écoulé.

4.
De la vieille Europe au Nouveau Monde

Nous venons d'étudier les métamorphoses du capital au Royaume-Uni et en France depuis le XVIIIe siècle. Les enseignements sont convergents et complémentaires. La nature du capital s'est totalement transformée, mais son importance globale n'a guère changé. Pour mieux comprendre la diversité des logiques et processus historiques en jeu, il nous faut maintenant étendre l'analyse à d'autres pays. Nous allons commencer par examiner l'expérience de l'Allemagne, qui complète et enrichit le panorama européen. Puis nous étudierons la question du capital en Amérique du Nord (États-Unis et Canada). Nous verrons que le capital prend au Nouveau Monde des formes tout à fait particulières et spécifiques, d'abord parce que la terre est tellement abondante qu'elle ne vaut pas très cher, ensuite du fait de l'importance prise par le système esclavagiste, et enfin car ce monde en perpétuelle croissance démographique tend à accumuler structurellement moins de capital – relativement au flux annuel de revenu et de production – que la vieille Europe. Cela nous conduira à poser la question des déterminants fondamentaux du rapport capital/revenu dans le long terme, qui sera examinée dans le prochain chapitre, en étendant l'analyse à l'ensemble des pays riches, puis à la planète tout entière, dans la mesure où les sources le permettent.

L'Allemagne : capitalisme rhénan et propriété sociale

Commençons par le cas de l'Allemagne. Il est intéressant de comparer les trajectoires britanniques et françaises aux évolutions allemandes, en particulier sur la question de l'économie mixte, dont nous venons de voir l'importance pour la période de l'après-guerre. Les données historiques allemandes sont malheureusement plus disparates, compte tenu notamment de l'unification tardive du pays et des multiples changements territoriaux, et ne permettent pas de remonter avant 1870 de façon satisfaisante. Les estimations que nous avons établies pour la période postérieure à 1870 permettent toutefois de faire apparaître clairement les similarités avec le Royaume-Uni et la France, ainsi qu'un certain nombre de différences.

On constate tout d'abord que l'évolution d'ensemble est similaire : d'une part, sur longue période, les terres agricoles ont été remplacées par le capital immobilier, industriel et financier ; d'autre part, le rapport capital/revenu n'a cessé d'augmenter depuis la Seconde Guerre mondiale et semble en voie de retrouver son niveau d'avant les chocs des années 1914-1945 (voir graphique 4.1).

On notera que l'importance des terres agricoles en Allemagne à la Belle Époque est plus proche du cas français que du cas britannique (l'agriculture n'a pas encore disparu outre-Rhin), et que le capital industriel allemand est plus élevé que dans les deux autres pays. En revanche, les actifs étrangers

De la vieille Europe au Nouveau Monde

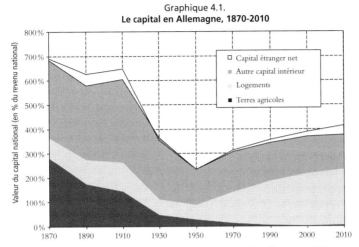

Graphique 4.1.
Le capital en Allemagne, 1870-2010

Lecture : le capital national vaut 6,5 années de revenu national en Allemagne en 1910 (dont environ 0,5 année placée à l'étranger).
Sources et séries : voir piketty.pse.ens.fr/capital21c.

sont à la veille de la Première Guerre mondiale deux fois plus faibles en Allemagne qu'en France (environ 50 % du revenu national contre plus d'une année), et quatre fois plus faibles qu'au Royaume-Uni (près de deux années de revenu national). C'est pour une large part la traduction du fait que l'Allemagne n'a pas d'empire colonial, ce qui génère d'ailleurs de très fortes tensions politiques et militaires – on pense notamment aux crises marocaines de 1905 et 1911, au cours desquelles le Kaiser entend contester la suprématie française au Maroc. Cette concurrence exacerbée entre puissances européennes pour les actifs coloniaux a de toute évidence contribué au climat menant à la déclaration de guerre de l'été 1914 : nul besoin de souscrire à toutes les analyses de Lénine (*L'Impérialisme, stade suprême du capitalisme* est écrit en 1916) pour partager cette conclusion.

On remarquera également que l'Allemagne a accumulé, grâce à ses excédents commerciaux, d'importants actifs étrangers au cours des dernières décennies. Au début des années 2010, la position extérieure de l'Allemagne s'approche de 50 % de son revenu national (dont plus de la moitié accumulée depuis 2000), soit quasiment le même niveau qu'en 1913. Cela reste faible par comparaison aux actifs étrangers français et britanniques de la Belle Époque, mais c'est considérable par comparaison à la position actuelle des deux ex-puissances coloniales, qui est proche de zéro. La comparaison du graphique 4.1 avec les graphiques 3.1-3.2 montre à quel point l'Allemagne, la France et le Royaume-Uni ont connu des trajectoires historiques fort différentes – et ont dans une certaine mesure inversé leurs positions respectives – depuis le XIXe siècle. Compte tenu des très forts excédents commerciaux allemands actuels, il n'est pas impossible que cette divergence s'amplifie à l'avenir. Nous y reviendrons.

Pour ce qui concerne la dette publique et le partage entre capital public et privé, la trajectoire allemande est assez proche de la trajectoire française. Avec une inflation moyenne de près de 17 % par an entre 1913 et 1950, soit des prix multipliés par plus de trois cents entre ces dates (contre à peine cent en France), l'Allemagne est le pays par excellence qui a noyé sa dette publique dans l'inflation au XXe siècle. Malgré de forts déficits pendant chacune des deux guerres mondiales (l'endettement public dépasse brièvement les 100 % du PIB en 1918-1920, et les 150 % du PIB en 1943-1944), l'inflation permettra à chaque fois de ramener très rapidement la dette à des niveaux très faibles : à peine 20 % du PIB en 1930 comme en 1950 (voir graphique 4.2[1]). Cela étant, ce recours à l'inflation a été tellement extrême, et a déstabilisé si violemment l'économie et la société allemandes, notam-

---

1. Afin de concentrer l'attention sur les évolutions de long terme, les graphiques présentés ici indiquent uniquement des évaluations décennales, et ignorent donc les points extrêmes qui ne durent que quelques années. Pour des séries annuelles complètes, voir annexe technique.

ment pendant l'hyperinflation des années 1920, que l'opinion publique allemande est ressortie fortement anti-inflationniste de ces épisodes[1]. C'est ainsi que l'on se retrouve aujourd'hui dans la situation paradoxale suivante : le pays qui a le plus massivement utilisé l'inflation pour se débarrasser de ses dettes au XXe siècle – l'Allemagne – ne veut pas entendre parler d'une hausse des prix supérieure à 2 % par an ; le pays qui a toujours remboursé ses dettes publiques, y compris au-delà du raisonnable – le Royaume-Uni –, a une attitude plus souple et ne voit pas de mal à ce que sa banque centrale achète une bonne part de sa dette publique et laisse légèrement filer l'inflation.

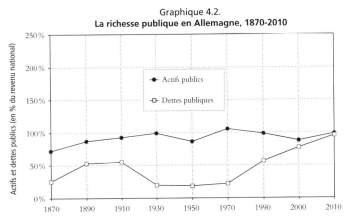

Graphique 4.2.
La richesse publique en Allemagne, 1870-2010

Lecture : la dette publique vaut près de 1 année de revenu national en Allemagne en 2010 (autant que les actifs).
Sources et séries : voir piketty.pse.ens.fr/capital21c.

Pour ce qui concerne l'accumulation d'actifs publics, le cas allemand s'approche là encore du cas français, avec

---

1. Le chiffre d'inflation moyenne de 17 % par an entre 1913 et 1950 ne prend pas en compte l'année 1923 (où les prix sont multipliés par cent millions entre le début et la fin de l'année).

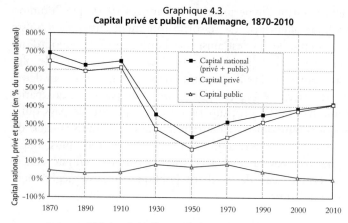

Graphique 4.3.
Capital privé et public en Allemagne, 1870-2010

Lecture : en 1970, le capital public vaut près de 1 année de revenu national, contre à peine plus de 2 pour le capital privé.
Sources et séries : voir piketty.pse.ens.fr/capital21c.

d'importantes participations publiques dans le secteur bancaire et industriel dans les années 1950-1970, qui ont été en partie vendues depuis les années 1980-1990, mais qui sont loin d'avoir totalement disparu. Par exemple, l'État régional de Basse-Saxe détient aujourd'hui encore près de 15 % des actions – et 20 % des droits de vote, garantis par la loi, ce que l'Union européenne cherche d'ailleurs à contester – de Volkswagen, premier constructeur automobile européen et mondial[1]. Dans les années 1950-1970, compte tenu de la dette publique quasi nulle, le patrimoine public net avoisinait une année de revenu national en Allemagne, contre à peine deux années pour le patrimoine privé, qui était alors à un niveau très faible (voir graphique 4.3). De la même façon qu'en France, la puissance publique détenait entre 25 % et

---

1. Quasiment à égalité avec General Motors, Toyota et Renault-Nissan (environ 8 millions de véhicules vendus chacun en 2011). L'État français détient également toujours environ 15 % du capital de Renault (troisième constructeur européen derrière Volkswagen et Peugeot).

30 % du capital national outre-Rhin pendant les décennies de la reconstruction et du miracle économique allemand. Et de même qu'en France, le ralentissement de la croissance depuis les années 1970-1980 et l'accumulation de dettes publiques (qui avait commencé bien avant la réunification et s'est poursuivi depuis) ont conduit à un renversement complet au cours des dernières décennies. Le patrimoine public net est presque exactement nul au début des années 2010, et les patrimoines privés, qui n'ont cessé de progresser depuis les années 1950, représentent la quasi-totalité du patrimoine national.

Il existe toutefois une différence significative de niveau entre la valeur du capital privé en Allemagne par comparaison à la France et au Royaume-Uni. Les patrimoines privés allemands ont énormément progressé depuis l'après-guerre : ils se situaient à un niveau exceptionnellement faible en 1950 (à peine plus d'une année et demie de revenu national), et ils atteignent aujourd'hui plus de quatre années de revenu national. Le phénomène de reconstitution de la fortune privée au niveau européen ne fait aucun doute, comme l'illustre de façon spectaculaire le graphique 4.4. Il n'en reste pas moins que la valeur des patrimoines privés allemands se situe au début des années 2010 assez sensiblement au-dessous des niveaux britanniques et français : à peine plus de quatre années de revenu national en Allemagne, contre cinq-six années en France et au Royaume-Uni, et plus de six années en Italie et en Espagne, comme nous le verrons dans le prochain chapitre. Compte tenu du niveau élevé d'épargne allemande, ce faible niveau des patrimoines allemands comparé aux autres pays européens constitue dans une certaine mesure un paradoxe, peut-être en partie transitoire, et qui peut s'expliquer de la façon suivante[1].

---

1. Compte tenu des limites des sources disponibles, il est également possible que cet écart s'explique en partie par divers biais statistiques. Voir annexe technique.

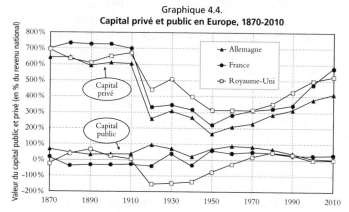

Graphique 4.4.
Capital privé et public en Europe, 1870-2010

Lecture : les mouvements du capital national en Europe sur longue période s'expliquent avant tout par ceux du capital privé.
Sources et séries : voir piketty.pse.ens.fr/capital21c.

Le premier facteur à prendre en compte est le faible niveau des prix immobiliers en Allemagne par comparaison aux autres pays européens, qui peut en partie s'expliquer par le fait que les fortes hausses de prix qui ont eu lieu partout ailleurs au cours des années 1990-2000 ont été bridées outre-Rhin par l'unification allemande, qui a conduit à mettre sur le marché un grand nombre de logements à bas prix. Pour justifier un possible écart à long terme, il faudrait toutefois des facteurs plus durables, par exemple une plus forte régulation des loyers outre-Rhin.

En tout état de cause, la majeure partie de l'écart avec la France et le Royaume-Uni provient non pas de la différence dans la valeur du stock de logements, mais bien davantage de l'écart concernant la valeur des autres capitaux intérieurs, c'est-à-dire principalement le capital des entreprises (voir graphique 4.1). Autrement dit, l'écart ne provient pas tant de la plus faible capitalisation immobilière allemande que de la plus faible capitalisation boursière des entreprises. Si l'on utilisait pour mesurer le total des patrimoines privés non pas la valeur de marché des sociétés et des actifs financiers correspondants, mais leur valeur de bilan (c'est-à-dire la valeur comptable obtenue en cumulant les investissements inscrits à leur bilan, et en déduisant les dettes), alors le paradoxe allemand disparaîtrait : les patrimoines privés allemands passeraient immédiatement à des niveaux français et britanniques (entre cinq et six années de revenu national, au lieu de quatre années). Nous reviendrons dans le prochain chapitre sur ces complications purement comptables en apparence, mais en vérité très politiques.

À ce stade, contentons-nous de noter que ces plus faibles valeurs de marché des entreprises allemandes semblent correspondre à ce que l'on appelle parfois le modèle de « capitalisme rhénan » ou *stakeholder model*, c'est-à-dire un modèle économique où la propriété des entreprises appartient non seulement aux actionnaires, mais également à un certain nombre de parties prenantes ayant un intérêt à agir – les *stakeholders* –, à commencer par les représentants des salariés (qui disposent dans les conseils d'administration allemands de voix délibératives, et non seulement consultatives, sans qu'il soit nécessaire de détenir des actions), ainsi que dans certains cas les représentants de l'État régional, des associations de consommateurs, de défense de l'environnement, etc. Il ne s'agit pas d'idéaliser ici ce modèle de propriété sociale partagée des entreprises, qui a ses limites, mais simplement de constater qu'il peut être au moins aussi efficace économiquement que le modèle de capitalisme de marché anglo-saxon ou *stockholder model* (où tout le pouvoir repose en théorie chez les actionnaires ; en pratique, tout est toujours plus complexe), et surtout qu'il implique mécaniquement une valorisation de marché plus faible pour les sociétés – sans que la véritable valeur sociale soit nécessairement plus faible. Ce débat entre les différentes formes de capitalisme avait commencé à se développer au début des années 1990, après la chute de l'Union soviétique[1]. Puis il avait perdu de son intensité, sans doute en partie parce que le modèle économique allemand semblait en perte de vitesse dans les années suivant l'unification (en 1998-2002, l'Allemagne était souvent présentée comme l'homme malade de l'Europe). Compte tenu de la relative bonne santé allemande face à la crise financière mondiale de 2007-2012, il n'est pas impossible que ce débat revienne sur le devant de la scène dans les années à venir[2].

Les chocs subis par le capital au XXe siècle

L'évolution générale du rapport capital/revenu et du partage public-privé sur longue période étant maintenant posée, il nous faut à présent reprendre le fil de la chronologie, et en particulier comprendre les raisons de l'effondrement – puis de la spectaculaire remontée – du rapport capital/revenu au cours du XXe siècle.

Précisons tout d'abord qu'il s'agit d'un phénomène qui concerne l'ensemble des pays européens. Toutes les sources dont nous disposons indiquent que les évolutions observées au Royaume-Uni, en France et en Allemagne (qui à eux trois représentent en 1910 comme en 2010 plus des deux tiers du PIB ouest-européen, et plus de la moitié du PIB européen) sont représentatives de l'ensemble du continent, avec certes d'intéressantes variations entre pays, mais avec un même schéma général. En particulier, on observe en Italie et en Espagne une très forte remontée du rapport capital/revenu depuis 1970, encore plus marquée qu'au Royaume-Uni et en France, et les données historiques disponibles suggèrent que le rapport capital/revenu était à la Belle Époque de l'ordre de six-sept années de revenu national. Les estimations

---

1. Voir par exemple M. ALBERT, *Capitalisme contre capitalisme*, Seuil, 1991.
2. Voir par exemple G. DUVAL, *Made in Germany*, Seuil, 2013.

disponibles pour la Belgique, la Hollande, l'Autriche, vont dans le même sens[1].

Il faut ensuite insister sur le fait que la chute observée au cours de la période 1914-1945 ne s'explique que très partiellement par les destructions physiques de capital (immeubles, usines, équipements, etc.) entraînées par les guerres. Au Royaume-Uni comme en France et en Allemagne, la valeur du capital national était comprise entre six années et demie et sept années de revenu national en 1913, et est passée à environ deux années et demie de revenu national en 1950, soit une chute spectaculaire de plus de quatre années de revenu national (voir graphiques 4.4-4.5). Les destructions physiques de capital ont certes été substantielles, en particulier en France pendant la Première Guerre mondiale (les zones de front dans le nord-est du pays ont été durement éprouvées), et en France comme en Allemagne pendant la Seconde Guerre mondiale, à l'occasion des bombardements massifs de 1944-1945 (les combats ont été plus courts qu'en 1914-1918, mais la technologie était autrement plus destructrice). Au total, les destructions cumulées sont évaluées à près d'une année de revenu national en France (soit entre un cinquième et un quart de la baisse totale du rapport capital/revenu), et une année et demie en Allemagne (soit environ un tiers de la baisse totale). Bien que très significatives, les destructions n'expliquent donc qu'une part nettement minoritaire de la chute, y compris dans les deux pays les plus directement touchés par les conflits. Au Royaume-Uni, les destructions physiques ont été par comparaison plus limitées – nulles pendant la Première Guerre mondiale, et moins de 10 % du revenu national du fait des bombardements allemands pendant le second conflit mondial – et cela n'a pas empêché le capital national de chuter de quatre années de revenu national (plus de quarante fois les destructions physiques), autant qu'en France et en Allemagne.

1. Voir annexe technique.

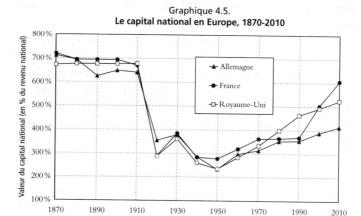

Graphique 4.5.
Le capital national en Europe, 1870-2010

Lecture : le capital national (somme du capital public et privé) vaut entre 2 et 3 années de revenu national en Europe en 1950.
Sources et séries : voir piketty.pse.ens.fr/capital21c.

En vérité, les chocs budgétaires et politiques entraînés par les guerres ont eu un effet encore plus destructeur pour le capital que les combats eux-mêmes. En dehors des destructions physiques, les principaux facteurs expliquant la chute vertigineuse du rapport capital/revenu entre 1913 et 1950 sont, d'une part, l'effondrement des portefeuilles étrangers et la très faible épargne caractérisant la période (ajoutés aux destructions, ces deux facteurs cumulés expliquent entre les deux tiers et les trois quarts de la baisse), et, d'autre part, les faibles niveaux des prix des actifs en vigueur dans le nouveau contexte politique de propriété mixte et régulée de l'après-guerre (entre un quart et un tiers de la baisse).

Nous avons déjà évoqué plus haut l'importance des pertes d'actifs étrangers, notamment au Royaume-Uni, où le capital étranger net est passé de près de deux années de revenu national à la veille de la Première Guerre mondiale à une position légèrement négative dans les années 1950. La perte subie sur les portefeuilles internationaux du Royaume-Uni a donc été sensiblement plus forte que les destructions physiques de capital intérieur français ou allemand, et a plus que compensé la faiblesse des destructions sur le sol britannique.

La chute des capitaux étrangers s'explique d'une part par les expropriations entraînées par des révolutions et des processus de décolonisation (on pense par exemple aux emprunts russes, abondamment souscrits par les épargnants français de la Belle Époque et répudiés en 1917 par les bolcheviques, et à la nationalisation du canal de Suez par Nasser en 1956, au grand dam des actionnaires britanniques et français, qui possédaient le canal et en touchaient les dividendes et royalties depuis 1869), et d'autre part et surtout par la très faible épargne nationale en vigueur dans les différents pays européens entre 1914 et 1945, qui a conduit les épargnants britanniques et français (et à un degré moindre allemands) à se défaire progressivement de leurs actifs étrangers. Compte tenu de la faible croissance et des récessions à répétition, les années 1914-1945 sont une période noire pour tous les Européens, et en particulier pour les détenteurs de patrimoine, dont les revenus sont beaucoup moins florissants que pendant la Belle Époque. Les taux d'épargne privée sont donc relativement faibles (surtout si on déduit les réparations et remplacements des dommages de guerre), et pour maintenir leur niveau de vie certains choisissent de vendre progressivement une partie de leurs actifs. Les faillites de la crise des années 1930 ruinent également de nombreux actionnaires et porteurs d'obligations.

Le peu d'épargne privée est en outre largement absorbé par les énormes déficits publics, notamment pendant les guerres : l'épargne nationale, somme de l'épargne privée et de l'épargne publique, est extrêmement faible au Royaume-Uni comme en France et en Allemagne entre 1914 et 1945. Les épargnants prêtent massivement à leur gouvernement, parfois en vendant leurs actifs étrangers, et seront finalement expropriés par l'inflation, très vite en France et en Allemagne, et plus lentement au Royaume-Uni, ce qui donne l'illusion aux patrimoines privés britanniques de mieux se porter en 1950 que leurs équivalents continentaux : en vérité, le patrimoine national est tout aussi affecté dans les deux cas (voir graphiques 4.4-4.5). Parfois les gouvernements empruntent directement à l'étranger : c'est ainsi que les États-Unis passeront d'une position négative à la veille de la Première Guerre mondiale à une position positive dans les années 1950. Pour ce qui concerne le patrimoine national du Royaume-Uni ou de la France, cela revient au même[1].

Au final, la chute du rapport capital/revenu entre 1913 et 1950 est l'histoire du suicide de l'Europe, et singulièrement de l'euthanasie des capitalistes européens.

Cette histoire politique, militaire et budgétaire serait cependant fort incomplète si l'on n'insistait pas sur le fait que le faible niveau du rapport capital/revenu dans l'après-guerre européen est en partie un choix positif, dans le sens où cette réalité reflète pour une part le choix de politiques publiques visant à réduire – plus ou moins consciemment, et avec plus ou moins d'efficacité – la valeur de marché des actifs et le pouvoir économique de leur détenteur. Concrètement, les prix de l'immobilier comme des entreprises se situent à des niveaux historiquement bas dans les années 1950-1960 relativement aux prix des biens et services, et cela explique en partie les faibles niveaux du rapport capital/revenu. Rappelons en effet que toutes les formes de patrimoine sont toujours évaluées aux prix de marchés en vigueur aux différentes époques. Cela introduit une part d'arbitraire (les marchés

---

1. La différence avec l'époque de Ricardo est que les possédants britanniques de 1800-1810 étaient assez prospères pour générer l'épargne privée supplémentaire permettant d'absorber les déficits publics sans affecter le capital national. Les déficits européens des années 1914-1945 interviennent au contraire dans un contexte où les patrimoines et l'épargne privés sont déjà fortement affectés par de multiples chocs négatifs, si bien que l'endettement public aggrave la chute du capital national.

sont souvent capricieux), mais c'est la seule méthode dont nous disposons pour calculer le stock de capital national : comment faire sinon pour additionner les hectares de terres agricoles avec les mètres carrés d'immeubles et de hauts-fourneaux ?

Or dans l'après-guerre les prix des logements sont historiquement faibles, du fait notamment des politiques de blocage des loyers qui ont été mises en place presque partout pendant les périodes d'inflation forte, au début des années 1920, et plus encore dans les années 1940. Les loyers ont moins fortement progressé que les autres prix. Il est devenu moins coûteux de se loger pour les locataires, et inversement les logements rapportent moins à leurs propriétaires, si bien que les prix immobiliers ont baissé. De même, les prix des entreprises, c'est-à-dire la valeur des actions et des parts des sociétés cotées et non cotées, se situent à des niveaux relativement bas dans les années 1950-1960. Outre que la confiance dans les marchés boursiers a été fortement ébranlée par la crise des années 1930 et par les nationalisations de l'après-guerre, de nouvelles politiques de régulation financière et de taxation des bénéfices et des dividendes ont été mises en place, qui contribuent à réduire le pouvoir des actionnaires et la valeur de leurs actifs.

Les estimations détaillées que nous avons réalisées pour le Royaume-Uni, la France et l'Allemagne démontrent que ce faible niveau des prix des actifs immobiliers et boursiers de l'après-guerre explique une part non négligeable – quoique minoritaire – de la chute du rapport capital national/revenu national entre 1913 et 1950 : entre un quart et un tiers de la baisse suivant les pays, alors que les effets de volume (faible épargne nationale, pertes d'actifs étrangers, destructions) représentent entre deux tiers et trois quarts de la chute[1]. De même, nous verrons dans le prochain chapitre que la très

---

1. Voir annexe technique.

forte remontée des prix immobiliers et boursiers depuis les années 1970-1980, notamment dans les années 1990-2000, explique une part significative de la remontée du rapport capital/revenu – quoique là encore moins importante que les effets de volume, liés cette fois à l'abaissement structurel du taux de croissance.

Le capital en Amérique : plus stable qu'en Europe

Avant d'étudier plus précisément la phase de remontée du rapport capital/revenu dans la seconde moitié du XXe siècle et d'analyser les perspectives pour le XXIe, ce que nous ferons dans le prochain chapitre, il est grand temps de dépasser le cadre européen et d'examiner maintenant les formes et les niveaux pris dans l'histoire par le capital en Amérique.

Plusieurs faits se détachent clairement. Tout d'abord, l'Amérique apparaît comme le Nouveau Monde où le capital compte moins que dans l'Ancien Monde, à savoir la vieille Europe. Plus précisément, la valeur du stock de capital national, d'après les multiples estimations réalisées à l'époque, que nous avons rassemblées et confrontées les unes aux autres, comme pour les autres pays, est d'à peine plus de trois années de revenu national au moment de l'Indépendance américaine, vers 1770-1810. La valeur des terres agricoles est comprise entre une année et une année et demie de revenu national (voir graphique 4.6). Quelles que soient les incertitudes, il ne fait aucun doute que le ratio capital/revenu est alors beaucoup plus faible dans les colonies américaines qu'au Royaume-Uni et que dans le royaume de France, où le capital national vaut de l'ordre de sept années de revenu national, dont près de quatre pour les terres agricoles (voir graphiques 3.1-3.2).

De la vieille Europe au Nouveau Monde

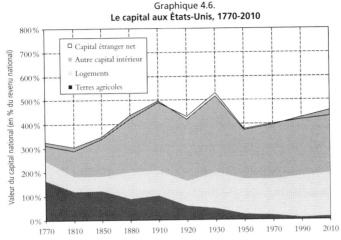

Graphique 4.6.
Le capital aux États-Unis, 1770-2010

Lecture : le capital national vaut 3 années de revenu national aux États-Unis en 1770 (dont 1,5 en terres agricoles).
Sources et séries : voir piketty.pse.ens.fr/capital21c.

Le point essentiel est que l'Amérique du Nord compte évidemment beaucoup plus d'hectares de terres par habitant que la vieille Europe. En volume, elle compte donc beaucoup plus de capital par habitant. Mais, précisément, elle en compte tellement que la valeur marchande des terres est réduite à des niveaux très faibles : chacun peut posséder d'énormes quantités de terres, et donc la terre ne vaut pas grand-chose. Autrement dit, l'effet prix fait plus que contrebalancer l'effet volume : dès lors que le volume de capital d'un type donné dépasse certains seuils, il est inévitable que son prix tombe à des niveaux tellement bas que le produit des deux, c'est-à-dire la valeur du capital, est plus faible que pour un volume plus modéré.

L'écart considérable entre le prix de la terre dans le Nouveau Monde et en Europe à la fin du XVIIIe et au début du XIXe siècle est d'ailleurs confirmé par toutes les sources historiques disponibles sur les transactions ou les transmissions de terres agricoles (par exemple les inventaires de biens au décès et les actes de succession).

Le fait que les autres types de capitaux – logements et autres capitaux intérieurs – se situent également à des niveaux relativement bas aux États-Unis à l'époque coloniale et lors de la naissance de la République américaine relève d'une autre logique, mais n'est pas plus surprenant. Les nouveaux arrivants, qui représentent une très forte part de la population américaine, n'ont pas traversé l'Atlantique avec leur capital logement ou leurs machines, et il faut du temps pour accumuler l'équivalent de plusieurs années de revenu national en biens immobiliers et en équipements professionnels.

Que l'on ne s'y trompe pas : la faiblesse du rapport capital/revenu en Amérique traduit une différence fondamentale dans la structure des inégalités sociales par rapport à l'Europe. Le fait que la totalité des patrimoines ne représente qu'à peine trois années de revenu national en Amérique, contre plus de sept en Europe, signifie très concrètement que le poids des propriétaires et des positions acquises dans le passé est moins important au Nouveau Monde. Il est possible avec quelques années de travail et production de combler les écarts initiaux de patrimoines entre groupes sociaux – ou tout du moins il est possible de les combler plus vite qu'en Europe.

En 1840, Tocqueville note très justement que « le nombre des grandes fortunes est fort petit aux États-Unis, et les capitaux encore rares », et y voit l'une des origines les plus évidentes de l'esprit démocratique qui selon lui règne en Amérique. Il ajoute que tout découle, d'après ses observations, du faible prix des terres agricoles : « En Amérique, la terre coûte peu, et chacun peut devenir propriétaire[1]. » C'est l'idéal jeffersonien d'une société de petits propriétaires terriens, libres et égaux.

Au cours du XIXe siècle, cette situation va évoluer. La

---

1. Voir A. DE TOCQUEVILLE, *De la démocratie en Amérique*, tome 2 (1840), partie 2, chapitre 19, et partie 3, chapitre 6.

part de l'agriculture dans la production diminue progressivement, et la valeur des terres agricoles devient de plus en plus faible, comme en Europe. Mais les États-Unis accumulent un stock considérable de capital immobilier et industriel, si bien que le capital national avoisine cinq années de revenu national en 1910, contre trois années en 1810. L'écart avec la vieille Europe est toujours là, mais il s'est considérablement réduit : il a été divisé par deux en un siècle (voir graphique 4.6). L'Amérique est devenue capitaliste, mais le patrimoine continue de peser moins lourdement aux États-Unis que dans l'Europe de la Belle Époque – tout du moins si l'on considère l'immense territoire américain dans son ensemble. Si l'on se restreint à la côte Est, on trouve un écart plus réduit encore. Dans son film *Titanic*, le réalisateur James Cameron met en scène la structure sociale de 1912. Il choisit de montrer des possédants américains dont la prospérité – et aussi l'arrogance et le mépris de classe – semble avoir rattrapé celle des propriétaires européens, à l'image du détestable personnage de Hockley, qui entend ramener la jeune Rose à Philadelphie pour l'épouser (héroïque, elle refusera d'être traitée comme une propriété et deviendra Rose Dawson). Les romans de Henry James, qui se déroulent dans le Boston et le New York des années 1880-1910, montrent également des sociétés où le patrimoine immobilier, industriel et financier compte presque autant que dans les romans européens : les temps ont bien changé depuis l'Amérique sans capital de l'époque de l'Indépendance.

Les chocs du XXe siècle atteignent l'Amérique beaucoup moins violemment que l'Europe, si bien que le rapport entre capital national et revenu national apparaît beaucoup plus stable aux États-Unis : il a oscillé entre quatre et cinq années de 1910 à 2010 (voir graphique 4.6), alors qu'en Europe il est passé de plus de sept années à moins de trois, avant de remonter à cinq-six (voir graphiques 3.1-3.2).

Certes, les patrimoines américains subissent eux aussi les

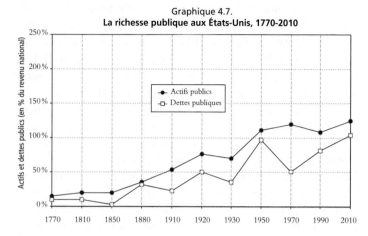

Graphique 4.7.
La richesse publique aux États-Unis, 1770-2010

Lecture : la dette publique vaut 1 année de revenu national aux États-Unis en 1950 (presque autant que les actifs).
Sources et séries : voir piketty.pse.ens.fr/capital21c.

contrecoups des crises des années 1914-1945. L'endettement public progresse fortement aux États-Unis du fait des guerres – notamment au cours de la Seconde Guerre mondiale –, ce qui affecte l'épargne nationale, tout cela dans un contexte économique instable : à l'euphorie des années 1920 succède la crise des années 1930 (d'après Cameron, l'odieux Hockley se suicide dès le mois d'octobre 1929). En outre, les États-Unis mettent en place sous Roosevelt le même type de politiques publiques qu'en Europe pour réduire le poids du capital privé, comme la régulation des loyers. À l'issue de la Seconde Guerre mondiale, la capitalisation immobilière comme la capitalisation boursière se retrouvent à des niveaux historiquement bas. Sur la fiscalité progressive, les États-Unis vont même beaucoup plus loin que l'Europe, preuve sans doute que leur souci est davantage de réduire les inégalités que d'éradiquer la propriété privée (nous y reviendrons). Aucune politique massive de nationalisation n'est mise en place. Des investissements publics importants sont toutefois lancés à partir des années 1930-1940, notamment dans les infrastructures. L'inflation et la croissance finissent par ramener la dette publique à un niveau modeste dans les années 1950-1960, si bien que le patrimoine public est nettement positif en 1970 (voir graphique 4.7). Au final, les patrimoines privés américains sont passés de près de cinq années de revenu national en 1930 à moins de trois années et demie en 1970, ce qui constitue tout de même une baisse non négligeable (voir graphique 4.8).

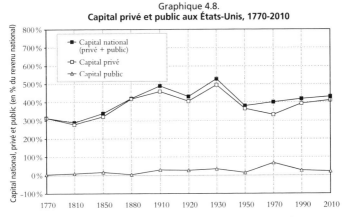

Graphique 4.8.
Capital privé et public aux États-Unis, 1770-2010

Lecture : en 2010, le capital public vaut 20 % du revenu national, contre plus de 400 % pour le capital privé.
Sources et séries : voir piketty.pse.ens.fr/capital21c.

Il reste que la courbe en U suivie par le rapport capital/revenu au XXe siècle est d'une ampleur nettement moins marquée aux États-Unis qu'en Europe. Exprimé en années de revenu ou de production, le capital semble avoir atteint une quasi-stabilité en Amérique depuis le début du XXe siècle – à tel point d'ailleurs que la stabilité du rapport capital/revenu ou capital/production est parfois considérée comme une loi universelle dans les manuels américains (comme celui de Samuelson). En comparaison, l'Europe a connu une relation spectaculairement chaotique avec le capital, et en particulier avec le capital privé, au cours du siècle écoulé : elle est passée d'un monde de la Belle Époque où le patrimoine était roi à un monde de l'après-guerre où l'on s'imaginait presque avoir éradiqué le capitalisme, puis à un début de XXIe siècle où l'Europe semble se trouver à l'avant-garde du nouveau capitalisme patrimonial, avec des patrimoines privés qui ont de nouveau dépassé les niveaux américains. Nous verrons dans le prochain chapitre que cela s'explique assez bien par la plus faible croissance économique et surtout démographique qui caractérise l'Europe par rapport aux États-Unis, et qui conduit mécaniquement à un poids plus important des richesses accumulées dans le passé. Mais, quoi qu'il en soit, le fait est que l'Amérique a connu un rapport capital/revenu beaucoup plus stable qu'en Europe au cours du siècle écoulé, ce qui peut expliquer pourquoi l'opinion américaine semble entretenir une relation plus apaisée avec le capitalisme.

Le Nouveau Monde et les capitaux étrangers

Une autre différence essentielle entre l'histoire du capital en Amérique et en Europe est que les capitaux étrangers n'ont jamais eu qu'une importance relativement limitée aux États-Unis. Cela traduit le fait que les États-Unis, première colonie à avoir obtenu son indépendance, n'ont eux-mêmes jamais été une puissance coloniale.

Tout au long du XIXe siècle, les États-Unis ont une position patrimoniale légèrement négative vis-à-vis du reste du monde : ce que les résidents américains possèdent dans le reste du monde est inférieur à ce que les résidents du reste du monde – notamment britanniques – possèdent aux États-Unis. La différence est toutefois très faible, puisqu'elle représente au maximum de l'ordre de 10 %-20 % du revenu national américain, et généralement moins de 10 %, des années 1770 aux années 1910.

Par exemple, à la veille de la Première Guerre mondiale, le capital intérieur des États-Unis — terres agricoles, logements, autres capitaux intérieurs — est évalué à 500 % du revenu national américain. Sur ce total, les actifs possédés par des investisseurs étrangers (diminués des actifs étrangers détenus par les investisseurs américains) représentent l'équivalent de 10 % du revenu national. Le capital national, ou patrimoine national net, des États-Unis est donc égal à environ 490 % du revenu national. Autrement dit, les États-Unis sont détenus à 98 % par les Américains, et à 2 % par des étrangers. On est donc très près d'une situation d'équilibre, surtout par comparaison aux énormes actifs étrangers détenus par les Européens : entre une et deux années de revenu national en France et au Royaume-Uni, et une demi-année en Allemagne. Le PIB américain étant à peine plus de la moitié du PIB ouest-européen en 1913, cela signifie aussi que les Européens de 1913 ne détiennent qu'une petite part de leurs actifs étrangers aux États-Unis (moins de 5 % de leur portefeuille). Pour résumer, le monde de 1913 est un monde où l'Europe possède une bonne part de l'Afrique, de l'Asie et de l'Amérique latine, et où les États-Unis se possèdent eux-mêmes.

Avec les guerres mondiales, la position patrimoniale des États-Unis va s'inverser : de négative en 1913, elle devient légèrement positive à partir des années 1920 et le restera jusqu'aux années 1970-1980. Les États-Unis financent les belligérants et deviennent ainsi les créanciers des pays européens, après avoir été leurs débiteurs. Il faut cependant insister sur le fait que les actifs étrangers nets détenus par les Américains demeureront toujours relativement modestes : à peine 10 % du revenu national (voir graphique 4.6).

En particulier, dans les années 1950-1960, le capital étranger net détenu par les États-Unis reste assez limité (à peine 5 %

du revenu national, alors que le capital intérieur avoisine les 400 %, soit quatre-vingts fois plus). Les investissements des sociétés multinationales américaines en Europe et dans le reste du monde atteignent des niveaux qui semblent alors considérables, en particulier aux Européens, qui étaient habitués à posséder le monde, et qui vivent assez mal de devoir en partie leur reconstruction à l'Oncle Sam et au plan Marshall. En vérité, par-delà les traumatismes nationaux, ces investissements garderont toujours une ampleur limitée par comparaison aux placements que les ex-puissances coloniales détenaient dans l'ensemble de la planète quelques décennies plus tôt. En outre, les placements américains en Europe et ailleurs sont compensés par le maintien de fortes participations étrangères aux États-Unis, notamment en provenance du Royaume-Uni. Dans la série *Mad Men*, dont l'action se déroule au début des années 1960, l'agence new-yorkaise Sterling Cooper se fait racheter par de distingués actionnaires britanniques, ce qui ne manque pas de provoquer un choc culturel dans le petit monde de la publicité de Madison Avenue : il n'est jamais facile d'être possédé par l'étranger.

La position patrimoniale des États-Unis devient légèrement négative dans le courant des années 1980, puis de plus en plus nettement négative dans les années 1990-2000, à mesure que s'accumulent les déficits commerciaux. Les placements américains à l'étranger continuent toutefois de rapporter un bien meilleur rendement que ne coûtent les dettes américaines – c'est le privilège apporté par la confiance dans le dollar –, ce qui a permis de limiter la dégradation de la position négative américaine, qui était d'environ 10 % du revenu national dans les années 1990 et dépasse légèrement les 20 % au début des années 2010 (nous reviendrons sur cette dynamique du taux de rendement). Au final, la situation actuelle est donc assez proche de celle qui prévalait à la veille de la Première Guerre mondiale. Le capital intérieur des États-Unis est évalué à environ 450 % du revenu national américain. Sur ce total, les actifs possédés par des investisseurs étrangers (diminués des actifs étrangers détenus par les investisseurs américains) représentent l'équivalent de 20 % du revenu national. Le patrimoine national net des États-Unis est donc égal à environ 430 % du revenu national. Autrement dit, les États-Unis sont détenus à plus de 95 % par les Américains et à moins de 5 % par des étrangers.

Pour résumer : au cours de leur histoire, les États-Unis ont eu parfois une position patrimoniale légèrement négative vis-à-vis du reste du monde et parfois une position légèrement positive, mais ces positions ont toujours eu une importance relativement réduite par rapport à la masse des capitaux possédés par les Américains (toujours moins de 5 %, et généralement moins de 2 %).

Le Canada : longtemps possédé par la Couronne

Il est intéressant de noter qu'il en va tout à fait différemment au Canada, dont une part très significative du capital intérieur – jusqu'à un quart à la fin du XIXe et au début du XXe siècle – était possédée par des investisseurs étrangers, notamment britanniques, en particulier dans le secteur des ressources naturelles (mines de cuivre, zinc, aluminium, ainsi que dans les hydrocarbures). En 1910, le capital intérieur du Canada est évalué à environ 530 % du revenu national canadien. Sur ce total, les actifs possédés par des investisseurs étrangers (diminués des actifs étrangers détenus par les investisseurs canadiens) représentent l'équivalent de 120 % du revenu national, soit entre un cinquième et un quart du total. Le patrimoine national net du Canada est donc égal à environ 410 % du revenu national (voir graphique 4.9[1]).

1. Sur les graphiques 3.1-3.2, 4.1, 4.6 et 4.9, nous avons indiqué en clair les positions positives vis-à-vis du reste du monde (périodes de capi-

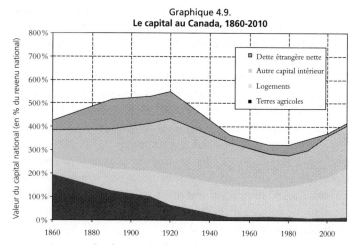

Graphique 4.9.
Le capital au Canada, 1860-2010

Lecture : au Canada, une partie substantielle du capital intérieur a toujours été possédée par l'étranger, et le capital national a toujours été inférieur au capital intérieur.
Sources et séries : voir piketty.pse.ens.fr/capital21c.

Cette situation a fortement évolué, notamment à la suite des guerres mondiales, qui ont conduit les Européens à se défaire d'une bonne partie de leurs avoirs étrangers. Mais cela a pris du temps : des années 1950 aux années 1980, la dette étrangère nette du Canada représente de l'ordre de 10 % de son capital intérieur, dans un contexte d'endettement public croissant à la fin de la période, qui sera consolidé dans les années 1990-2000[1]. Au final, au début des années 2010, la situation est assez proche de celle des États-Unis. Le capital intérieur du Canada est évalué à environ 410 % du revenu national canadien. Sur ce total, les actifs possédés par des investisseurs étrangers (diminués des actifs étrangers détenus

---

tal étranger net positif) et en sombre les positions négatives (périodes de dette étrangère nette positive). Les séries complètes utilisées pour établir l'ensemble de ces graphiques sont données dans l'annexe technique disponible en ligne.

1. Voir graphiques supplémentaires S4.1-S4.2 (disponibles en ligne).

par les investisseurs canadiens) représentent moins de 10 % du revenu national. En termes de position patrimoniale nette, le Canada est donc détenu à plus de 98 % par les Canadiens, et à moins de 2 % par des étrangers[1].

Cette comparaison entre les États-Unis et le Canada est intéressante, car il est difficile de trouver des raisons purement économiques permettant d'expliquer des trajectoires aussi massivement différentes au sein de l'Amérique du Nord. De toute évidence, les facteurs politiques ont joué un rôle central. Même si les États-Unis ont toujours fait preuve d'une grande ouverture face aux investissements étrangers, on imagine assez mal l'opinion américaine accepter au XIXe siècle qu'un quart du pays soit possédé par l'ancien colonisateur[2]. Cela pose moins de problème au Canada, qui est alors une colonie britannique : le fait qu'une part importante du pays soit possédée par le Royaume-Uni n'est donc finalement pas si différent que cela du fait qu'une part importante des terres ou des usines de l'Écosse ou du Sussex soit détenue par des Londoniens. De même, le fait que la position patrimoniale canadienne soit restée si longtemps négative doit être relié à l'absence de rupture politique violente (le Canada a cessé d'être un dominion dans les années 1930, mais son chef d'État est toujours la reine d'Angleterre), et donc à l'absence des expropriations qui dans d'autres parties du monde ont généralement accompagné les indépendances, notamment pour ce qui concerne les ressources naturelles.

---

1. Il faut toutefois souligner que ce point de vue sur le capital étranger net masque l'importance des participations croisées entre pays, sur lesquelles nous reviendrons dans le prochain chapitre.

2. Sur les réactions suscitées par les investissements européens aux États-Unis au XIXe siècle, voir par exemple M. WILKINS, *The History of Foreign Investment in the United States to 1914*, Harvard University Press, 1989, chapter 16.

Nouveau Monde et Ancien Monde : le poids de l'esclavage

Il est impossible de conclure cet examen des métamorphoses du capital en Europe et en Amérique sans examiner la question de l'esclavage et de la place des esclaves dans les patrimoines américains.

Thomas Jefferson ne possède pas simplement des terres. Il détient également plus de 600 esclaves, hérités notamment de son père et de son beau-père, et son attitude politique sur la question a toujours été extrêmement ambiguë. Son idéal de république de petits propriétaires, égaux en droits, ne concerne pas les gens de couleur, sur lesquels repose en grande partie l'économie de sa Virginie natale. Devenu président des États-Unis en 1801, grâce aux voix des États du Sud, il signe toutefois une loi mettant fin à l'importation de nouveaux esclaves sur le sol américain à compter de 1808. Cela n'empêche pas une forte progression du nombre d'esclaves (l'accroissement naturel est moins coûteux que la traite), qui est multiplié par deux et demi entre la période de la déclaration d'Indépendance, dans les années 1770 (environ 400 000 esclaves), et le recensement de 1800 (1 million d'esclaves), puis de nouveau par plus de quatre entre 1800 et le recensement de 1860 (plus de 4 millions d'esclaves), soit au total une multiplication par dix en moins d'un siècle. L'économie esclavagiste est en pleine croissance quand éclate la guerre de Sécession en 1861, conflit qui aboutit à l'abolition de l'esclavage en 1865.

Vers 1800, les esclaves représentent près de 20 % de la population des États-Unis : environ 1 million d'esclaves sur une population totale de 5 millions d'habitants. Dans les États du Sud, où est concentrée la quasi-totalité des esclaves[1], la

---

1. On trouve à peine quelques dizaines de milliers d'esclaves dans le Nord. Voir annexe technique.

proportion atteint 40 % : 1 million d'esclaves, 1,5 million de Blancs, pour une population totale de 2,5 millions d'habitants. Tous les Blancs ne possèdent pas des esclaves, et seule une infime minorité en possède autant que Jefferson : le patrimoine négrier est l'un des plus concentrés qui soient, comme nous le verrons dans la troisième partie.

Vers 1860, la proportion d'esclaves au niveau de l'ensemble des États-Unis est tombée à environ 15 % (environ 4 millions d'esclaves pour une population totale de 30 millions), compte tenu de la forte croissance de la population des États du Nord et de l'Ouest. Mais dans les États du Sud la proportion atteint toujours 40 % : 4 millions d'esclaves, 6 millions de Blancs, pour une population totale de 10 millions.

Il existe de nombreuses sources historiques permettant de connaître les prix des esclaves aux États-Unis des années 1770 aux années 1860, qu'il s'agisse des inventaires de biens au décès (*probate records*) rassemblés par Alice Hanson Jones, des données fiscales et des recensements utilisés par Raymond Goldsmith, ou des données portant sur les transactions et les marchés aux esclaves collectées notamment par Robert Fogel. En confrontant ces différentes sources, globalement très cohérentes entre elles, nous sommes parvenus aux estimations moyennes présentées sur les graphiques 4.10-4.11.

On constate que la valeur totale des esclaves était de près d'une année et demie de revenu national aux États-Unis à la fin du XVIIIe siècle et pendant la première moitié du XIXe, c'est-à-dire approximativement autant que la valeur des terres agricoles. Si l'on inclut les esclaves avec les autres éléments de patrimoine, on constate que le total des patrimoines américains est finalement relativement stable de l'époque coloniale à nos jours, autour de quatre années et demie-cinq années de revenu national (voir graphique 4.10). Une telle addition est évidemment plus que discutable : elle est la marque d'une civilisation traitant certains individus comme des objets à posséder, et non comme des sujets dotés de droits,

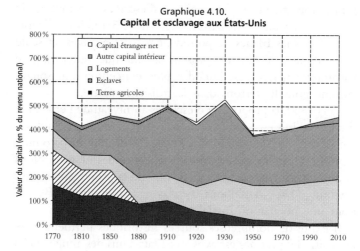

Graphique 4.10.
Capital et esclavage aux États-Unis

Lecture : la valeur de marché des esclaves atteint 1,5 année de revenu national aux États-Unis en 1770 (autant que les terres).
Sources et séries : voir piketty.pse.ens.fr/capital21c.

et en particulier du droit de posséder[1]. Mais cela permet de prendre la mesure de l'importance du patrimoine négrier pour les propriétaires d'esclaves.

Cela apparaît plus clairement encore si l'on distingue les États du Sud et les États du Nord, et si l'on compare la structure du capital (esclaves compris) dans les deux parties des États-Unis vers 1770-1810 à celle en vigueur au Royaume-Uni et en France à la même époque (voir graphique 4.11). Au sud des États-Unis, la valeur totale des esclaves est comprise entre deux années et demie et trois années de revenu national, si bien que la valeur combinée des terres agricoles et des esclaves dépasse les quatre années de revenu national. Au final,

---

1. Si chaque individu est traité comme sujet, alors l'esclavage (qui peut être vu comme une forme extrême de dette d'un individu vis-à-vis d'un autre) n'augmente pas le patrimoine national, de même d'ailleurs que l'ensemble des dettes privées ou publiques (les dettes entrent en passif pour certains individus et en actifs pour d'autres, et donc s'annulent au niveau global).

De la vieille Europe au Nouveau Monde

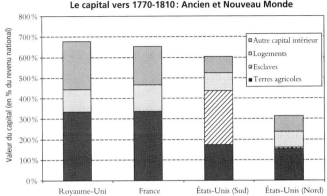

Graphique 4.11.
Le capital vers 1770-1810 : Ancien et Nouveau Monde

Lecture : la valeur combinée des terres agricoles et des esclaves dans les États du sud des États-Unis dépasse 4 années de revenu national vers 1770-1810.
Sources et séries : voir pikelly.pse.ens.fr/capital21c.

les propriétaires sudistes du Nouveau Monde contrôlent plus de richesses que les propriétaires terriens de la vieille Europe. Leurs terres agricoles ne valent pas grand-chose, mais comme ils ont eu la bonne idée de posséder également la force de travail travaillant sur ces terres, leur patrimoine total est encore plus élevé.

Si l'on additionne la valeur marchande des esclaves aux autres éléments de patrimoine, on dépasse les six années de revenu national dans les États du Sud, soit presque autant que la valeur totale du capital au Royaume-Uni et en France. À l'inverse, dans les États du Nord, où il n'existe presque pas d'esclaves, le total des patrimoines est effectivement très faible : à peine trois années de revenu national, soit deux fois moins qu'au Sud et qu'en Europe.

On voit que les États-Unis d'avant la guerre de Sécession sont bien loin d'être le monde sans capital que nous avions évoqué plus haut. Le Nouveau Monde combine en fait deux réalités totalement opposées : d'un côté, au nord, un monde relativement égalitaire où le capital ne vaut effectivement pas grand-chose, car les terres sont tellement abondantes que chacun peut devenir propriétaire à bas prix, et aussi parce que les nouveaux migrants n'ont pas encore eu le temps d'accumuler beaucoup de capital ; et de l'autre, au sud, un monde où les inégalités autour de la propriété prennent au contraire la forme la plus extrême et la plus violente qui soit, puisqu'une moitié de la population possède l'autre moitié, et que le capital négrier a dans une large mesure remplacé et dépassé le capital terrien.

Cette relation complexe et contradictoire des États-Unis avec l'inégalité se retrouve dans une large mesure jusqu'à nos jours : d'un côté, une promesse égalitaire et un espoir considérable placé dans cette terre d'opportunités que représentent toujours les États-Unis pour des millions de migrants d'origine modeste ; de l'autre, une forme extrêmement brutale d'inégalité, notamment autour de la question raciale, toujours très présente aujourd'hui (les Noirs du sud des États-Unis ont été privés de droits civiques et ont fait l'objet d'un régime de ségrégation légale jusqu'aux années 1960, régime juridique qui n'est pas sans rapport avec le système d'apartheid qui se prolonge en Afrique du Sud jusqu'aux années 1980), et qui explique sans doute bien des aspects du développement – ou plutôt du non-développement – de l'État social en Amérique.

Capital négrier et capital humain

Nous n'avons pas cherché à estimer la valeur du capital négrier pour d'autres sociétés esclavagistes. Au Royaume-Uni, où l'esclavage est aboli en 1833-1838, ou en France, où l'abolition se fait en deux étapes (première abolition en 1792, rétablissement de l'esclavage par Napoléon en 1803, abolition définitive en 1848), une partie du capital étranger au XVIIIe et au début du XIXe siècle prend la forme de plantations aux Antilles (à l'image de sir Thomas dans *Mansfield Park*) ou sur les îles esclavagistes de l'océan Indien (île Bourbon et île de France, devenues île de la Réunion et île Maurice après la Révolution française). Ces actifs incluent donc implicitement des esclaves, que nous n'avons pas cherché à calculer séparément. Le total des actifs étrangers ne dépassant toutefois pas 10 % du revenu national pour ces deux pays au début du XIXe siècle, l'importance des esclaves dans le total des patrimoines était évidemment bien moindre qu'aux États-Unis[1].

À l'inverse, dans des sociétés où les esclaves représentent une partie importante de la population, la valeur marchande du capital négrier peut naturellement atteindre des niveaux très élevés, et potentiellement encore plus élevés qu'aux États-Unis et que toutes les autres formes de patrimoines. Considérons un cas extrême où la quasi-totalité de la population est possédée par une infime minorité. Supposons à titre illustratif que le revenu du travail (c'est-à-dire ce que rapporte le travail aux propriétaires d'esclaves) représente 60 % du revenu national, que le revenu du capital (c'est-à-dire les loyers, profits, etc., que rapportent les terres et autres capitaux à leurs propriétaires) représente 40 % du revenu national et que le taux de rendement de toutes les formes de capital non humain soit de 5 % par an.

Par définition, la valeur du capital national (hors esclaves) est égale à huit années de revenu national – c'est la première

---

1. Le nombre d'esclaves émancipés en 1848 dans les colonies françaises est évalué à 250 000 (soit moins de 10 % du nombre d'esclaves aux États-Unis). De même qu'aux États-Unis, des formes d'inégalité juridique se sont toutefois prolongées bien après l'émancipation formelle : par exemple, à La Réunion, on exige des ex-esclaves après 1848 qu'ils présentent un contrat de travail comme domestique ou ouvrier dans une plantation, faute de quoi ils pouvaient être arrêtés et emprisonnés comme indigents ; la différence avec le régime légal précédent, dans lequel les esclaves en fuite étaient pourchassés et rendus à leur maître, est réelle, mais relève davantage du continuum que de la rupture totale.

loi fondamentale du capitalisme ($\beta = \alpha/r$), introduite dans le chapitre 1.

Dans une société esclavagiste, on peut appliquer la même loi pour la capitalisation négrière : si les esclaves rapportent l'équivalent de 60 % du revenu national et si le taux de rendement annuel sur toutes les formes de capital est de 5 %, alors la valeur marchande du stock total d'esclaves est égale à douze années de revenu national – soit moitié plus que le capital national, tout simplement parce que les esclaves rapportent moitié plus que le capital. Si l'on ajoute la valeur des esclaves à celle du capital, alors on obtient naturellement vingt années de revenu national, puisque la totalité du flux annuel de revenu et de production est capitalisée au taux de 5 %.

Dans le cas des États-Unis des années 1770-1810, la valeur du capital négrier est de l'ordre de une année et demie de revenu national (et non de douze années), d'une part parce que la proportion d'esclaves dans la population est de 20 % (et non de 100 %), et d'autre part parce que la productivité moyenne des esclaves est évaluée un peu au-dessous de la productivité moyenne du travail, et que le taux de rendement du capital négrier est généralement plus proche de 7 %-8 % – voire davantage – que de 5 %, d'où une capitalisation plus faible. En pratique, dans les États-Unis d'avant la guerre de Sécession, le prix de marché d'un esclave est typiquement de l'ordre de dix-douze années de salaire d'un travailleur libre équivalent (et non de vingt années, comme l'auraient exigé une productivité équivalente et un rendement de 5 %). Vers 1860, le prix moyen d'un esclave mâle dans la force de l'âge était d'environ 2 000 dollars, alors que le salaire annuel d'un travailleur agricole libre était de l'ordre de 200 dollars[1]. Encore faut-il préciser que les prix varient énormément suivant les caractéristiques de l'esclave

---

1. Voir annexe technique.

et l'évaluation qu'en faisait son propriétaire : dans *Django Unchained*, Quentin Tarantino met en scène un riche planteur prêt à se défaire de la belle Broomhilda pour seulement 700 dollars, mais qui exige 12 000 dollars pour vendre ses meilleurs esclaves de combat.

En tout état de cause, on voit bien que ce type de calcul n'a de sens que dans des sociétés esclavagistes, où le capital humain peut de fait être vendu sur un marché sur une base permanente et irrévocable. Certains économistes, en particulier dans une série de rapports récents de la Banque mondiale consacrés à la « richesse des nations » choisissent de calculer la valeur totale du « capital humain » en capitalisant la valeur du flux de revenu du travail à partir d'un taux de rendement annuel plus ou moins arbitraire (du type 4 % ou 5 %). Ces rapports concluent avec émerveillement que le capital humain représente la première forme de capital dans le monde enchanté du XXIe siècle. Cette conclusion est en réalité parfaitement évidente, et aurait également été obtenue avec le monde du XVIIIe siècle : à partir du moment où plus de la moitié du revenu national va au travail, et où l'on choisit de capitaliser le flux de revenu du travail au même taux (ou à un taux voisin) que le flux de revenu du capital, alors par définition la valeur du capital humain dépasse celle des autres formes de capital. Nul besoin de s'émerveiller, et nul besoin pour faire ce constat de passer par une opération fictive de capitalisation (il suffit de comparer les flux[1]). Attribuer une

---

1. Par exemple, si le revenu national se décompose en 70 % de revenus du travail et 30 % de revenus du capital, et si l'on capitalise l'ensemble de ces revenus à 5 %, alors la valeur totale du stock de capital humain sera égale à quatorze années de revenu national, celle du stock de capital non humain à six années de revenu national, et l'ensemble s'établira par construction à vingt années. Avec un partage 60 %-40 % du revenu national, plus proche peut-être de la réalité en vigueur au XVIIIe siècle (tout du moins sur le Vieux Continent), on obtient douze années et huit années, toujours pour un total de vingt années.

valeur monétaire au stock de capital humain n'a de sens que dans des sociétés où il est effectivement possible de posséder de façon pleine et entière d'autres individus – sociétés qui *a priori* ont cessé définitivement d'exister.

5.

Le rapport capital/revenu
dans le long terme

Nous venons d'étudier les métamorphoses du capital en Europe et en Amérique depuis le XVIIIe siècle. Sur longue période, la nature de la fortune s'est totalement transformée : le capital terrien a été progressivement remplacé par le capital immobilier, industriel et financier. Mais le fait le plus frappant est sans doute qu'en dépit de toutes ces transformations la valeur totale du stock de capital, mesurée en années de revenu national – rapport qui mesure l'importance globale du capital dans l'économie et la société –, ne semble pas avoir véritablement changé sur très longue période. Au Royaume-Uni comme en France, pays pour lesquels nous disposons des données historiques les plus complètes, le capital national représente environ cinq-six années de revenu national au début des années 2010, soit un niveau à peine inférieur à celui observé aux XVIIIe et XIXe siècles, et jusqu'à la Première Guerre mondiale (environ six-sept années de revenu national). En outre, compte tenu de la progression forte et régulière du rapport capital/revenu observée depuis les années 1950, il est naturel de se demander si cette progression va se poursuivre dans les décennies à venir, et si le rapport capital/revenu va retrouver – voire dépasser – au cours du XXIe siècle ses niveaux des siècles passés.

Le second fait saillant concerne la comparaison entre l'Europe et l'Amérique. Sans surprise, les chocs de la période 1914-1945 ont touché beaucoup plus fortement et durablement le Vieux Continent, d'où un rapport capital/revenu plus faible en Europe pendant une bonne partie du XXe siècle, des années 1920 aux années 1980. Mais si l'on excepte cette longue période des guerres et de l'après-guerre, alors on constate que le rapport capital/revenu a toujours tendance à être plus élevé en Europe. Cela vaut aussi bien pour le XIXe et le début du XXe siècle (avec un rapport capital/revenu de l'ordre de six-sept en Europe, contre quatre-cinq aux États-Unis) que pour la fin du XXe et le début du XXIe siècle : les patrimoines privés européens ont de nouveau dépassé les niveaux américains au début des années 1990, et ils avoisinent les six années de revenu national dans les années 2010, contre à peine plus de quatre années aux États-Unis (voir graphiques 5.1-5.2[1]).

---

1. Le rapport capital/revenu européen indiqué sur les graphiques 5.1-5.2 a été estimé en calculant la moyenne des séries disponibles pour les quatre principales économies du continent (Allemagne, France, Royaume-Uni, Italie), pondérées par le revenu national de chaque pays. Au total, ces quatre pays représentent plus des trois quarts du PIB ouest-européen, et près des deux tiers du PIB européen. La prise en compte des autres pays (en particulier l'Espagne) conduirait à une progression encore plus forte du rapport capital/revenu au cours des dernières décennies. Voir annexe technique.

Le rapport capital/revenu dans le long terme

Graphique 5.1.
Capital privé et public : Europe et Amérique, 1870-2010

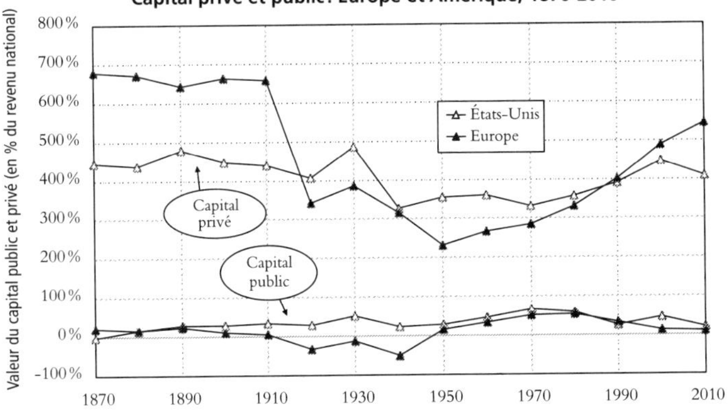

Lecture : les mouvements du capital national en Europe comme en Amérique correspondant avant tout aux mouvements du capital privé.
Sources et séries : voir piketty.pse.ens.fr/capital21c.

Graphique 5.2.
Le capital national en Europe et en Amérique, 1870-2010

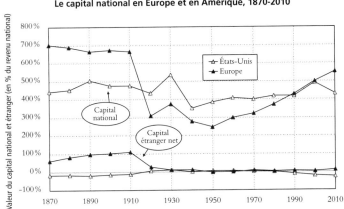

Lecture : le capital national (public et privé) vaut 6,5 années de revenu national en Europe en 1910, contre 4,5 années en Amérique.
Sources et séries : voir piketty.pse.ens.fr/capital21c.

Il nous faut maintenant expliquer ces faits : pourquoi le rapport capital/revenu semble-t-il revenir vers ses plus hauts niveaux historiques en Europe, et pourquoi ce niveau serait-il structurellement plus élevé qu'en Amérique ? Quelles forces magiques impliquent que la valeur du capital représente six ou sept années de revenu national dans une société donnée, plutôt que trois ou quatre ? Existe-t-il un niveau d'équilibre pour le rapport capital/revenu, comment est-il déterminé, quelles sont les conséquences pour le taux de rendement du capital, et quelle est la relation avec le partage du revenu national entre revenus du travail et revenus du capital ? Pour répondre à ces questions, nous allons commencer par présenter la loi dynamique permettant de relier le rapport capital/revenu d'une économie à son taux d'épargne et à son taux de croissance.

La deuxième loi fondamentale du capitalisme : $\beta = s/g$

Dans le long terme, le rapport capital/revenu β est relié de façon simple et transparente au taux d'épargne s du pays considéré et au taux de croissance g de son revenu national, à travers la formule suivante :

$$\beta = s/g$$

Par exemple, si $s = 12\,\%$ et $g = 2\,\%$, alors $\beta = s/g = 600\,\%$[1].

Autrement dit, si un pays épargne chaque année 12 % de

---

1. La formule $\beta = s/g$ se lit « β égale s divisé par g ». Par ailleurs, « $\beta = 600\,\%$ » est équivalent à « $\beta = 6$ », de même que « $s = 12\,\%$ » est équivalent à « $s = 0{,}12$ » et que « $g = 2\,\%$ » est équivalent à « $g = 0{,}02$ ». Le taux d'épargne s représente l'épargne véritablement nouvelle – donc nette de la

son revenu national et si le taux de croissance de son revenu national est de 2 % par an, alors dans le long terme le rapport capital/revenu sera égal à 600 % : le pays en question aura accumulé l'équivalent de six années de revenu national en capital.

Cette formule, qui peut être considérée comme la deuxième loi fondamentale du capitalisme, traduit une réalité évidente mais importante : un pays qui épargne beaucoup et qui croît lentement accumule dans le long terme un énorme stock de capital – ce qui en retour peut avoir des conséquences considérables sur la structure sociale et la répartition des richesses dans le pays en question.

Disons-le autrement : dans une société en quasi-stagnation, les patrimoines issus du passé prennent naturellement une importance démesurée.

Le retour du rapport capital/revenu à un niveau structurellement élevé au XXIe siècle, proche de ceux observés aux XVIIIe et XIXe siècles, s'explique donc naturellement par le retour à un régime de croissance faible. C'est la baisse de la croissance – notamment démographique – qui conduit au retour du capital.

Le point fondamental est que de petites variations dans le taux de croissance peuvent avoir des effets très importants sur le rapport capital/revenu à long terme.

Par exemple, pour un même taux d'épargne de 12 %, si le taux de croissance tombe à 1,5 % par an (au lieu de 2 %), alors le rapport capital/revenu de long terme $\beta = s/g$ monte à huit années de revenu national (au lieu de six années). Si le taux de croissance chute à 1 % par an, alors le rapport $\beta = s/g$ passe à douze années, soit une société deux fois plus intensive en capital qu'avec un taux de croissance de 2 %. D'un côté, c'est une bonne nouvelle : le capital est poten-

---

dépréciation du capital – divisée par le revenu national. Nous reviendrons plus loin sur ce point.

tiellement utile pour tout le monde, et pour peu que l'on s'organise correctement chacun pourrait en bénéficier. Mais, de l'autre, cela signifie que les détenteurs du capital – pour une répartition donnée – contrôlent de fait une part plus importante des richesses, mesurées par exemple en années de revenu moyen du travail. Dans tous les cas, les répercussions économiques, sociales et politiques d'une telle transformation sont considérables.

Inversement, si la croissance monte à 3 %, alors $\beta = s/g$ tombe à seulement quatre années de revenu national. Si dans le même temps le taux d'épargne baisse légèrement à $s = 9\,\%$, alors le rapport capital/revenu à long terme chute à trois années.

Ces effets sont d'autant plus significatifs que le taux de croissance à prendre en compte dans la loi $\beta = s/g$ est le taux global de croissance du revenu national, c'est-à-dire la somme du taux de croissance du revenu national par habitant et du taux de croissance de la population[1]. Autrement dit, pour un même taux d'épargne de l'ordre de 10 %-12 %, et pour un même taux de croissance du revenu par habitant de l'ordre de 1,5 %-2 % par an, on voit immédiatement comment des pays en quasi-stagnation démographique – et donc avec un taux de croissance global à peine supérieur à 1,5 %-2 % par an, comme en Europe – peuvent se retrouver à accumuler entre six et huit années de revenu national en stock de capital, alors que des pays connaissant une croissance démographique de l'ordre de 1 % par an – et donc un taux de croissance total de l'ordre de 2,5 %-3 % par an, comme en Amérique – n'accumulent que trois ou quatre années de

---

1. On note parfois g le taux de croissance du revenu national par habitant et n le taux de croissance de la population, auquel cas la formule s'écrit $\beta = s/(g + n)$. Pour ne pas compliquer les notations, nous choisissons de noter g le taux de croissance global de l'économie et d'en rester à la formule $\beta = s/g$.

revenu en capital. Et si les seconds ont en outre tendance à épargner un peu moins que les premiers, ce qui peut d'ailleurs s'expliquer par le vieillissement moins rapide de leur population, alors ce mécanisme transparent se retrouve renforcé d'autant. Autrement dit, des pays connaissant des niveaux de développement et de croissance du revenu par habitant très comparables peuvent se retrouver avec des rapports capital/revenu très différents, simplement parce que leur croissance démographique n'est pas la même.

Nous allons voir que cette loi permet effectivement de bien rendre compte de l'évolution historique du rapport capital/revenu. En particulier, elle permet d'expliquer pourquoi le rapport capital/revenu semble retourner aujourd'hui vers des niveaux très élevés, après les chocs des années 1914-1945 et après la phase de croissance exceptionnellement rapide de la seconde moitié du XXe siècle. Elle permet aussi de comprendre pourquoi l'Europe tend à accumuler structurellement plus de capital que l'Amérique (tout du moins tant que la croissance démographique restera supérieure outre-Atlantique, ce qui ne sera sans doute pas éternel). Mais avant cela plusieurs points conceptuels et théoriques doivent être précisés.

Une loi de long terme

Tout d'abord, il est important de préciser que la deuxième loi fondamentale du capitalisme, $\beta = s/g$, ne s'applique que si plusieurs hypothèses essentielles sont satisfaites. En premier lieu, il s'agit d'une loi asymptotique, c'est-à-dire valable uniquement dans le long terme : si un pays épargne une proportion s de son revenu indéfiniment et si le taux de croissance de son revenu national est égal à g de façon permanente, alors son rapport capital/revenu tend à se rapprocher de plus en plus de $\beta = s/g$, puis se stabilise à ce niveau. Mais cela ne se fera pas en un jour : si un pays épargne une proportion s de son revenu pendant quelques années seulement, cela ne suffira pas pour atteindre un rapport capital/revenu égal à $\beta = s/g$.

Par exemple, si l'on part d'un capital nul et si l'on épargne 12 % du revenu national pendant un an, cela ne va évidemment pas permettre d'accumuler six années de revenu en capital. Avec un taux d'épargne de 12 % par an, et en partant d'un capital nul, il faut cinquante années pour épargner l'équivalent de six années de revenu – et encore le rapport capital/revenu ne sera pas égal à six, car le revenu national aura lui-même fortement progressé au bout d'un demi-siècle, sauf à supposer une croissance totalement nulle.

Le premier principe à avoir présent à l'esprit est donc que l'accumulation de patrimoines prend du temps : il faut plusieurs décennies pour que la loi $\beta = s/g$ soit vérifiée. Cela permet de mieux comprendre pourquoi il a fallu tant de temps pour que s'estompent en Europe les chocs des années 1914-1945 et pourquoi il est si important d'adopter une perspective historique de très longue période pour étudier ces questions. Au niveau individuel, des fortunes se constituent parfois très vite. Mais au niveau de pays considérés dans leur ensemble les mouvements du rapport capital/revenu décrits par la loi $\beta = s/g$ sont des mouvements longs.

Il s'agit d'une différence essentielle avec la loi $\alpha = r \times \beta$, que nous avons baptisée première loi fondamentale du capitalisme dans le premier chapitre. Selon cette loi, la part des revenus du capital dans le revenu national α est égale au taux de rendement moyen du capital r multiplié par le rapport capital/revenu β. Il est important de réaliser que la loi $\alpha = r \times \beta$ est en réalité une pure égalité comptable, valable en tout temps et en tout lieu, par construction. On peut d'ailleurs la voir comme une définition de la part du capital dans le revenu national (ou bien du taux de rendement moyen du capital, suivant ce qui est le plus facile à mesurer) plutôt que comme une loi. La loi $\beta = s/g$ est au contraire le résultat d'un processus dynamique : elle représente un

Le rapport capital/revenu dans le long terme 267

état d'équilibre vers lequel tend une économie épargnant à taux s et croissant à taux g, mais cet état d'équilibre n'est en pratique jamais parfaitement atteint.

En second lieu, la loi β = s/g est valable uniquement si l'on se concentre sur les formes de capital accumulables par l'homme. Si les ressources naturelles pures, c'est-à-dire la part des ressources naturelles dont la valeur est indépendante de toute amélioration apportée par l'homme et de tout investissement réalisé dans le passé, représentent une part significative du capital national, il est bien évident que le rapport β peut être élevé sans que la moindre épargne ait été apportée. Nous reviendrons plus loin sur l'ampleur que prend en pratique le capital non accumulable.

Enfin, en dernier lieu, la loi β = s/g n'est valable que si le prix des actifs évolue en moyenne de la même façon que les prix à la consommation. Si le prix des biens immobiliers ou des actions augmente beaucoup plus fortement que les autres prix, le rapport β entre la valeur de marché du capital national et le flux annuel de revenu national peut là encore être élevé sans que la moindre épargne supplémentaire ait été apportée. Dans le court terme, ces variations du prix relatif des actifs – c'est-à-dire du prix des actifs relativement aux prix à la consommation –, qu'elles prennent la forme de plus-values ou de moins-values, sont souvent beaucoup plus importantes que les effets de volume, c'est-à-dire les effets liés à l'accumulation d'épargne nouvelle. Mais dans l'hypothèse où les variations de prix se compensent dans le long terme, alors la loi β = s/g est nécessairement valable sur longue période, et ce, quelles que soient les raisons pour lesquelles le pays considéré choisit d'épargner une proportion s de son revenu national.

Insistons sur ce point : la loi β = s/g est totalement indépendante des raisons qui font que les habitants d'un pays donné – et parfois leur gouvernement – accumulent des patrimoines. En pratique, on accumule du capital pour toutes sortes de raisons – par exemple pour accroître sa consommation future (ou pour éviter qu'elle ne diminue, notamment lors du passage à la retraite), ou bien pour préserver ou constituer un patrimoine pour la génération suivante, ou bien encore pour acquérir le pouvoir, la sécurité ou le prestige que confère souvent le patrimoine. En général, toutes ces motivations sont présentes en même temps, dans des proportions variables selon les individus, les pays et les époques. Très souvent, elles sont même présentes au sein de chaque individu, et les personnes concernées elles-mêmes ne savent pas toujours les démêler de façon parfaitement claire. Nous reviendrons dans la troisième partie sur l'importance de ces différentes motivations et de ces mécanismes d'accumulation, et nous verrons que cette question a des conséquences considérables pour l'inégalité de la répartition des patrimoines, le rôle de l'héritage dans la structure de ces inégalités, et plus généralement la justification sociale, morale et politique des disparités de patrimoines. À ce stade, nous cherchons seulement à comprendre la dynamique du rapport capital/revenu (question qui, dans une certaine mesure, et dans un premier temps, peut être étudiée indépendamment de celle de la répartition du capital), et le point sur lequel nous souhaitons insister est que la loi $\beta = s/g$ s'applique dans tous les cas de figure, quelles que soient les origines exactes du taux d'épargne du pays considéré.

Cela vient simplement du fait que le rapport $\beta = s/g$ est le seul rapport capital/revenu qui soit stable dans un pays épargnant chaque année une fraction s de ses revenus et dont le revenu national croît au taux g.

Le raisonnement est élémentaire. Illustrons-le par un exemple. Concrètement, si un pays épargne chaque année 12 % de ses revenus et si le stock de capital initial est égal à six années de revenu, alors le stock de capital va croître de 2 % par an[1], c'est-à-dire exactement au même rythme que le revenu national, d'où un rapport capital/revenu stable.

---

1. 12 % du revenu équivaut à 12/6 = 2 % du capital. Plus généralement,

En revanche, si le stock de capital est inférieur à six années de revenu, une épargne égale à 12 % du revenu va conduire le stock de capital à croître de plus de 2 % par an, donc plus vite que le revenu, si bien que le rapport capital/revenu va augmenter jusqu'à ce qu'il atteigne son niveau d'équilibre.

Inversement, si le stock de capital est supérieur à six années de revenu, un taux d'épargne de 12 % implique que le capital croît à moins de 2 % par an, si bien que le rapport capital/revenu ne peut être maintenu à ce niveau et se met à diminuer en direction de son point d'équilibre.

Dans tous les cas, le rapport capital/revenu se dirige dans le long terme vers le niveau d'équilibre $\beta = s/g$ (éventuellement augmenté des ressources naturelles pures), à condition toutefois que les prix des actifs évoluent en moyenne comme les prix à la consommation sur longue période[1].

Pour résumer : la loi $\beta = s/g$ n'explique pas les chocs de court terme subis par le rapport capital/revenu – pas plus qu'elle n'explique l'existence des guerres mondiales ou la crise de 1929, événements qui peuvent être considérés comme des chocs d'une ampleur extrême –, mais elle permet de comprendre vers quel niveau d'équilibre potentiel le rapport capital/revenu tend à se diriger dans le long terme, par-delà les chocs et les crises.

---

un taux d'épargne égal à s et un rapport capital/revenu égal à β impliquent que le stock de capital croît à un taux égal à s/β.

1. L'équation mathématique élémentaire décrivant la dynamique du rapport capital/revenu β et la convergence vers $\beta = s/g$ est donnée dans l'annexe technique.

Le retour du capital dans les pays riches depuis les années 1970

Afin d'illustrer la différence entre les mouvements de court terme et de long terme du rapport capital/revenu, il est utile d'examiner l'évolution annuelle observée dans les principaux pays riches de 1970 à 2010, période pour laquelle des données homogènes et fiables sont disponibles pour un grand nombre de pays. Commençons par le rapport entre capital privé et revenu national, dont nous avons représenté l'évolution sur le graphique 5.3 pour les huit principaux pays riches de la planète – soit par ordre décroissant de PIB : États-Unis, Japon, Allemagne, France, Royaume-Uni, Italie, Canada, Australie.

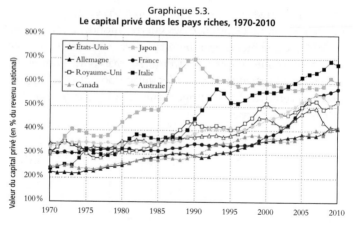

Graphique 5.3.
Le capital privé dans les pays riches, 1970-2010

Lecture : le capital privé représente entre 2 et 3,5 années de revenu national dans les pays riches en 1970, et entre 4 et 7 années de revenu national en 2010.
Sources et séries : voir piketty.pse.ens.fr/capital21c.

Par comparaison aux graphiques 5.1-5.2 et à ceux des chapitres précédents, qui représentent des séries décennales, ce qui permet de concentrer l'attention sur les tendances longues, on constate tout d'abord sur le graphique 5.3 que le rapport capital/revenu connaît dans tous les pays d'incessantes variations de très court terme. Ces évolutions erratiques sont dues au fait que les prix des actifs, qu'il s'agisse des actifs immobiliers (logements et immobilier professionnel) ou des actifs financiers (en particulier des actions), sont notoirement volatils. Il est toujours très difficile de mettre un prix sur le capital, d'une part parce qu'il est objectivement fort complexe de prévoir la demande future pour les biens et services générés par une entreprise ou un actif immobilier donnés, et donc les flux futurs de profits, dividendes, royalties, loyers, etc., que les actifs en question vont rapporter ; et d'autre part parce que la valeur présente d'un immeuble ou d'une société dépend non seulement de ces éléments fondamentaux, mais également du prix auquel on peut espérer revendre ces biens en cas de besoin, c'est-à-dire de l'anticipation de plus-value ou de moins-value.

Or ces anticipations de prix futurs dépendent elles-mêmes de l'engouement général pour ce type d'actifs, ce qui peut naturellement engendrer des phénomènes de croyances dites « autoréalisatrices » : tant que l'on espère revendre le bien plus cher que l'on ne l'a acheté, il peut être individuellement rationnel de payer bien plus que la valeur fondamentale de l'actif en question (d'autant plus que la valeur fondamentale est elle-même très incertaine) et de céder à l'enthousiasme collectif, si excessif soit-il. C'est pourquoi les bulles spéculatives sur les prix du capital immobilier et boursier sont aussi anciennes que le capital lui-même, et sont consubstantielles à son histoire.

En l'occurrence, la bulle la plus spectaculaire de la période 1970-2010 est sans doute la bulle japonaise de 1990 (voir graphique 5.3). Pendant les années 1980, la valeur des patrimoines privés s'envole littéralement au Japon, passant d'à peine plus de quatre années de revenu national au début de la décennie à près de sept années à la fin de la décennie. De toute évidence, ce gonflement démesuré et extrêmement rapide était en partie artificiel : la valeur du capital privé a chuté brutalement au début des années 1990, puis s'est stabilisée autour de six années de revenu national depuis le milieu des années 1990.

Nous n'allons pas dresser ici l'historique des multiples bulles immobilières et boursières qui se sont formées et dégonflées dans les pays riches depuis 1970, et encore moins nous risquer à prévoir les bulles futures, ce dont nous sommes bien incapables. On notera par exemple la forte correction immobilière en Italie en 1994-1995, et l'éclatement de la bulle Internet en 2000-2001, qui conduit à une baisse particulièrement marquée du rapport capital/revenu aux États-Unis et au Royaume-Uni (beaucoup moins forte toutefois qu'au Japon, dix ans plus tôt). On remarquera également que le boom immobilier et boursier américain des années 2000 se poursuit jusqu'en 2007, puis est suivi par une forte baisse des cours lors de la récession de 2008-2009. En deux ans, les patrimoines privés américains sont passés de cinq années à quatre années de revenu national, soit une baisse de même ordre que la correction japonaise de 1991-1992. Dans les autres pays, en particulier en Europe, la correction a été nettement moins forte, voire inexistante : au Royaume-Uni, en France, en Italie, les prix des actifs, notamment immobiliers, ont marqué une courte pause en 2008 et sont repartis à la hausse dès 2009-2010, si bien que les patrimoines privés se situent au début des années 2010 au même niveau qu'en 2007, voire légèrement au-dessus.

Le point important sur lequel nous voulons insister est qu'au-delà de ces variations erratiques et imprévisibles des prix des actifs à court terme, variations dont l'ampleur semble s'être accrue au cours des dernières décennies (nous verrons que cela peut d'ailleurs être mis en relation avec la hausse du rapport capital/revenu potentiel), il existe bel et bien une tendance de long terme à l'œuvre dans l'ensemble des pays riches au cours de la période 1970-2010 (voir graphique 5.3). Au début des années 1970, la valeur totale des patrimoines privés – nets de dettes – était comprise entre deux et trois années et demie de revenu national dans tous les pays riches, sur tous les continents[1]. Quarante ans plus tard, au début des années 2010, les patrimoines privés représentent entre quatre et sept années de revenu national, là encore dans tous les pays étudiés[2]. L'évolution générale ne fait aucun doute : au-delà des bulles, on assiste bien à un grand retour du capital privé dans les pays riches depuis les années 1970, ou plutôt à l'émergence d'un nouveau capitalisme patrimonial.

Cette évolution structurelle s'explique par trois séries de facteurs, qui se cumulent et se complètent pour donner à ce phénomène une très grande ampleur. Le facteur le plus important à long terme est le ralentissement de la croissance, notamment démographique, qui, avec le maintien d'une épargne élevée, conduit mécaniquement à une hausse structurelle et tendancielle du rapport capital/revenu, au travers de la loi $\beta = s/g$. Ce mécanisme constitue la force dominante sur très longue période, mais il ne doit pas faire oublier les deux autres facteurs qui en ont substantiellement renforcé les effets au cours des dernières décennies : d'une part, un mouvement de privatisation et de transfert graduel de la richesse publique vers la richesse privée depuis les années 1970-1980 ; et d'autre part, un phénomène de rattrapage de long terme des prix des actifs immobiliers et boursiers, qui s'est égale-

---

1. De 2,2 en Allemagne à 3,4 aux États-Unis en 1970. Voir tableau S5.1 disponible en ligne pour les séries complètes.
2. De 4,1 en Allemagne et aux États-Unis à 6,1 au Japon et à 6,8 en Italie en 2010. Les valeurs indiquées pour chaque année sont des moyennes annuelles (par exemple, la valeur indiquée pour 2010 est la moyenne entre les patrimoines estimés au 1er janvier 2010 et au 1er janvier 2011). Les premières estimations disponibles pour 2012-2013 ne sont guère différentes. Voir annexe technique.

ment accéléré dans les années 1980-1990, dans un contexte politique globalement très favorable aux patrimoines privés, par comparaison aux décennies de l'immédiat après-guerre.

Au-delà des bulles : croissance faible, épargne forte

Commençons par le premier mécanisme, fondé sur le ralentissement de la croissance, le maintien d'une épargne élevée, et la loi dynamique $\beta = s/g$. Nous avons indiqué dans le tableau 5.1 les valeurs moyennes observées pour le taux de croissance et le taux d'épargne privée dans les huit principaux pays riches au cours de la période 1970-2010. Comme nous l'avons déjà noté dans le chapitre 2, les taux de croissance du revenu national par habitant (ou ceux – quasi identiques – de la production intérieure par habitant) ont été extrêmement proches dans les différents pays développés au cours des dernières décennies. Si l'on fait des comparaisons sur quelques années, les écarts peuvent être significatifs, et aiguisent souvent les jalousies et les fiertés nationales. Mais, quand on fait des moyennes sur des périodes plus longues, la vérité est que tous les pays riches croissent approximativement au même rythme. Entre 1970 et 2010, le taux de croissance annuel moyen du revenu national par habitant était compris entre 1,6 % et 2,0 % dans les huit principaux pays développés du monde, et le plus souvent entre 1,7 % et 1,9 %. Compte tenu des imperfections des mesures statistiques disponibles (en particulier concernant les indices de prix), il n'est pas sûr du tout que des écarts aussi réduits soient statistiquement significatifs[1].

---

1. En particulier, il suffirait de changer d'indice de prix (il existe plusieurs indices concurrents, et aucun n'est parfait) pour que le classement entre pays s'inverse. Voir annexe technique.

Tableau 5.1.
Taux de croissance et taux d'épargne dans les pays riches, 1970-2010

	Taux de croissance du revenu national	Taux de croissance de la population	Taux de croissance du revenu national par habitant	Épargne privée (nette de la dépréciation) (en % du revenu national)
États-Unis	2,8 %	1,0 %	1,8 %	7,7 %
Japon	2,5 %	0,5 %	2,0 %	14,6 %
Allemagne	2,0 %	0,2 %	1,8 %	12,2 %
France	2,2 %	0,5 %	1,7 %	11,1 %
Royaume-Uni	2,2 %	0,3 %	1,9 %	7,3 %
Italie	1,9 %	0,3 %	1,6 %	15,0 %
Canada	2,8 %	1,1 %	1,7 %	12,1 %
Australie	3,2 %	1,4 %	1,7 %	9,9 %

Lecture : les taux d'épargne et de croissance démographique varient fortement au sein des pays riches ; les taux de croissance du revenu national par habitant varient beaucoup moins.
Sources : voir piketty.pse.ens.fr/capital21c.

En tout état de cause, ces écarts sont très faibles par comparaison aux écarts portant sur les taux de croissance démographique. Sur la période 1970-2010, les taux de croissance de la population sont inférieurs à 0,5 % par an en Europe et au Japon (sur la sous-période 1990-2010, on serait plus proche de 0 %, voire légèrement négatif au Japon), alors qu'ils sont compris entre 1,0 % et 1,5 % par an aux États-Unis, au Canada et en Australie (voir tableau 5.1). C'est ainsi que le taux de croissance global sur la période 1970-2010 se retrouve sensiblement plus élevé aux États-Unis et dans les autres pays neufs qu'en Europe et au Japon : autour de 3 % par an dans le premier cas (voire un peu plus) ; à peine 2 % par an dans le second (voire tout juste 1,5 % dans la période la plus récente). De tels différentiels peuvent sembler limités, mais quand ils se cumulent dans le temps pendant de longues périodes, il s'agit en réalité d'écarts considérables, comme nous l'avons vu dans le chapitre 2. Le point nouveau sur lequel nous insistons ici est que de tels différentiels de taux de croissance ont d'énormes effets sur l'accumulation de capital à long terme, et expliquent dans une large mesure pourquoi le rapport capital/revenu est structurellement plus élevé en Europe et au Japon qu'en Amérique.

Si l'on examine maintenant les taux d'épargne moyens sur la période 1970-2010, on observe là aussi des variations importantes entre pays : le taux d'épargne privé se situe généralement autour de 10 %-12 % du revenu national, mais il descend jusqu'à 7 %-8 % aux États-Unis et au Royaume-Uni et monte jusqu'à 14 %-15 % au Japon et en Italie (voir tableau 5.1). Cumulés sur quarante ans, il s'agit d'écarts considérables. On remarquera également que les pays qui épargnent le plus sont souvent ceux dont la population est la plus stagnante et la plus vieillissante (ce qui peut se justifier par un motif d'épargne en vue de la retraite ou de la transmission), mais que la relation est loin d'être systématique. Comme nous l'avons noté plus haut, il existe de nombreuses raisons pour lesquelles on choisit d'épargner avec plus ou moins d'ampleur, et il n'y a rien d'étonnant à ce que de multiples facteurs et différences entre pays – liés à la culture, aux perceptions de l'avenir, et à chaque histoire nationale particulière – entrent en ligne de compte, de même d'ailleurs que pour les choix de natalité ou de politique migratoire, choix qui déterminent *in fine* le taux de croissance démographique.

Si l'on combine les variations des taux de croissance et celles des taux d'épargne, on voit que l'on peut facilement expliquer pourquoi différents pays accumulent des quantités très différentes de capital, et aussi pourquoi le rapport capital/revenu a fortement progressé depuis 1970. Un cas particulièrement clair est celui du Japon : avec un taux d'épargne de près de 15 % par an et un taux de croissance à peine supérieur à 2 %, il est logique que le pays accumule à long terme un stock de capital de l'ordre de six-sept années de revenu national. C'est la conséquence mécanique de la loi dynamique d'accumulation $\beta = s/g$. De même, il n'est pas étonnant que les États-Unis, qui épargnent beaucoup moins que le Japon et croissent plus vite, se retrouvent avec un rapport capital/revenu sensiblement moins élevé.

De façon plus générale, si l'on compare les niveaux de patrimoines privés en 2010 prédits par les flux d'épargne observés entre 1970 et 2010 (et ajoutés aux patrimoines initiaux de 1970) et les niveaux de patrimoines privés effectivement observés en 2010, on constate pour la plupart des pays une grande proximité[1]. La correspondance n'est pas parfaite, ce qui montre que d'autres facteurs jouent également un rôle significatif. Par exemple, nous reviendrons sur le cas du Royaume-Uni, où les flux d'épargne semblent nettement insuffisants pour expliquer le très fort accroissement des patrimoines privés au cours de la période.

Mais, au-delà des cas particuliers de tel ou tel pays, les résultats obtenus sont globalement très cohérents : il est possible d'expliquer l'essentiel de l'accumulation du capital privé dans les pays riches entre 1970 et 2010 par les volumes d'épargne observés entre ces deux dates (et de capital initial), sans qu'il soit nécessaire de supposer une forte hausse structurelle du prix relatif des actifs. Autrement dit, les mouvements des cours immobiliers et boursiers, à la hausse ou à la baisse, sont toujours dominants à court terme, et souvent à moyen terme, mais tendent à se compenser à long terme, où les effets de volume semblent généralement l'emporter.

Le cas du Japon est là encore emblématique. Si l'on cherche à comprendre l'énorme hausse du rapport capital/revenu pendant les années 1980 et la forte baisse du début des années 1990, il est évident que le phénomène dominant est une bulle immobilière et boursière qui se forme puis éclate. Mais, si l'on veut comprendre l'évolution observée sur l'ensemble de la période 1970-2010, il est clair que les effets de volume l'emportent sur les effets prix : le fait que

1. Voir graphique S5.1 (disponible en ligne).

les patrimoines privés japonais soient passés de trois années de revenu national en 1970 à six années en 2010 est presque parfaitement prédit par les flux d'épargne[1].

Les deux composantes de l'épargne privée

Pour être tout à fait complet, il faut préciser que l'épargne privée comprend deux composantes : d'une part, l'épargne réalisée directement par les individus privés (c'est la partie du revenu disponible des ménages qui n'est pas consommée immédiatement) ; et, d'autre part, l'épargne réalisée par les entreprises pour le compte des individus privés qui les possèdent, directement, dans le cas d'entreprises individuelles, ou indirectement, au travers de leurs placements financiers. Cette seconde composante correspond aux profits réinvestis par les entreprises (encore appelés « profits non distribués », ou *retained earnings*) et peut représenter jusqu'à la moitié de l'épargne privée totale dans certains pays (voir tableau 5.2).

Si l'on ignorait cette seconde composante et si l'on prenait uniquement en compte l'épargne des ménages au sens strict, on conclurait dans tous les pays que les flux d'épargne sont nettement insuffisants pour rendre compte de la croissance des patrimoines privés, et que cette dernière s'explique pour une large part par une hausse structurelle du prix relatif des actifs, et notamment du prix des actions. Une telle conclusion serait exacte d'un point de vue comptable, mais artificielle d'un

1. Plus précisément : dans les séries observées, le rapport capital privé/revenu national est passé de 299 % en 1970 à 601 % en 2010, alors que d'après les flux d'épargne cumulés il aurait dû passer de 299 % à 616 %. L'erreur est donc de 15 % du revenu national sur une hausse de l'ordre de 300 %, soit à peine 5 % : les flux d'épargne expliquent 95 % de la hausse du rapport capital privé/revenu national au Japon entre 1970 et 2010. Les calculs détaillés pour tous les pays sont disponibles en ligne.

point de vue économique : il est exact que le prix des actions tend à progresser plus vite que les prix à la consommation sur longue période, mais cela s'explique pour l'essentiel par le fait que les profits réinvestis permettent aux entreprises en question d'accroître leur taille et leur capital (il s'agit donc d'un effet volume et non d'un effet prix). Dès lors que l'on réintègre les profits réinvestis dans l'épargne privée, cet effet prix disparaît pour une large part.

Tableau 5.2.
L'épargne privée dans les pays riches, 1970-2010

	Épargne privée (nette de la dépréciation) (en % du revenu national)	dont épargne nette des ménages	dont épargne nette des entreprises (profits réinvestis nets)
États-Unis	7,7 %	4,6 %	3,1 %
		60 %	*40 %*
Japon	14,6 %	6,8 %	7,8 %
		47 %	*53 %*
Allemagne	12,2 %	9,4 %	2,8 %
		77 %	*23 %*
France	11,1 %	9,0 %	2,1 %
		81 %	*19 %*
Royaume-Uni	7,4 %	2,8 %	4,6 %
		38 %	*62 %*
Italie	15,0 %	14,6 %	0,4 %
		97 %	*3 %*
Canada	12,1 %	7,2 %	4,9 %
		60 %	*40 %*
Australie	9,9 %	5,9 %	3,9 %
		60 %	*40 %*

Lecture : une part importante (et variable suivant les pays) de l'épargne privée provient des profits non distribués des entreprises.
Sources : voir piketty.pse.ens.fr/capital21c.

En pratique, du point de vue des actionnaires, les profits versés immédiatement sous forme de dividendes sont souvent plus lourdement taxés que les profits réinvestis : il peut donc être intéressant pour les détenteurs du capital de ne se verser qu'une part limitée des profits en dividendes (en fonction de leurs besoins immédiats de consommation), et de laisser le reste s'accumuler et s'investir dans l'entreprise et ses filiales, quitte à revendre plus tard une partie des actions et à réaliser des plus-values (généralement moins taxées que les dividendes[1]). Les variations entre pays concernant le poids des profits réinvestis dans l'épargne privée totale s'expliquent d'ailleurs pour une large part par les différences de systèmes légaux et fiscaux, et relèvent davantage de différences comptables que de véritables différences économiques. Dans ces conditions, le plus justifié est de traiter les profits réinvestis des entreprises comme une épargne réalisée pour le compte de leurs propriétaires, et donc comme une composante de l'épargne privée.

Il faut également préciser que la notion d'épargne à prendre en compte dans la loi dynamique $\beta = s/g$ est l'épargne nette de la dépréciation du capital, c'est-à-dire l'épargne véritablement nouvelle, une fois déduite la partie de l'épargne brute servant à compenser l'usure des immeubles ou équipements (réparer un trou dans un toit, une canalisation, remplacer les matériels usagés : voitures, ordinateurs, machines, etc.). La différence est importante, car dans les économies développées la dépréciation du capital atteint chaque année de l'ordre de 10 %-15 % du revenu national et absorbe près de la moitié de l'épargne brute, qui gravite généralement autour de 25 %-30 %

---

1. Quand une entreprise rachète ses propres actions, elle permet à ses actionnaires de réaliser une plus-value, qui sera généralement moins taxée que si l'entreprise avait utilisé la même somme pour distribuer des dividendes. Il est important de réaliser qu'il en va de même quand chaque entreprise achète les actions d'autres entreprises, et qu'au total le secteur des entreprises permet grâce à ses achats de titres financiers la réalisation de plus-values par le secteur des personnes.

du revenu national, d'où une épargne nette également de l'ordre de 10 %-15 % du revenu national (voir tableau 5.3). En particulier, l'essentiel des profits bruts non distribués sert souvent à maintenir en l'état les immeubles et équipements, et il arrive fréquemment que le reliquat permettant de financer l'investissement net soit très faible – quelques points de revenu national, tout au plus – ou même négatif, si les profits bruts non distribués sont inférieurs à la dépréciation du capital. Par définition, seule l'épargne nette permet d'accroître le stock de capital : compenser la dépréciation permet uniquement d'éviter qu'il ne diminue[1].

Tableau 5.3.
Épargne brute et nette
dans les pays riches, 1970-2010

	Épargne privée brute (% revenu national)	Moins : Dépréciation du capital	Égal : Épargne privée nette
États-Unis	18,8 %	11,1 %	7,7 %
Japon	33,4 %	18,9 %	14,6 %
Allemagne	28,5 %	16,2 %	12,2 %
France	22,0 %	10,9 %	11,1 %
Royaume-Uni	19,7 %	12,3 %	7,3 %
Italie	30,1 %	15,1 %	15,0 %
Canada	24,5 %	12,4 %	12,1 %
Australie	25,1 %	15,2 %	9,9 %

Lecture : une part importante de l'épargne brute (généralement autour de la moitié) correspond à la dépréciation du capital et sert donc simplement à réparer ou remplacer le capital usagé.
Sources : voir piketty.pse.ens.fr/capital21c.

1. On peut aussi choisir d'exprimer la loi $\beta = s/g$ en utilisant la notation s pour le taux d'épargne brute (et non nette) : dans ce cas la loi devient $\beta = s/(g + \delta)$ (en notant δ le taux de dépréciation du capital, exprimé en pourcentage du stock de capital). Par exemple, si le taux d'épargne brute est égal à $s = 24\,\%$, et si le taux de dépréciation du capital est égal à $\delta = 2\,\%$ du stock de capital, alors pour un taux de croissance $g = 2\,\%$, on obtient un rapport capital/revenu $\beta = s/(g + \delta) = 600\,\%$. Voir annexe technique.

Biens durables et objets de valeur

Précisons enfin que nous n'avons pas pris en compte dans l'épargne privée – ni par conséquent dans les patrimoines privés – les achats des ménages correspondant aux biens durables : mobilier, équipements domestiques, voitures, etc. Nous suivons en cela les normes internationales de comptabilité nationale, qui traitent les biens durables des ménages comme une consommation immédiate (les mêmes biens achetés par les entreprises sont en revanche considérés comme des investissements, avec une forte dépréciation annuelle). Cela n'a cependant qu'une importance limitée pour notre objet, car les biens durables ont toujours représenté une masse relativement faible par comparaison au total des patrimoines, masse qui n'a en outre guère varié dans le temps : dans tous les pays riches, les estimations disponibles indiquent que la valeur totale des biens durables des ménages est généralement comprise entre 30 % et 50 % du revenu national sur l'ensemble de la période 1970-2010, sans tendance apparente.

Autrement dit, chacun possède en moyenne entre un tiers et une demi-année de revenu en meubles, réfrigérateurs, voitures, etc., soit entre 10 000 euros et 15 000 euros par habitant pour un revenu national par habitant de l'ordre de 30 000 euros au début des années 2010. Ce n'est pas rien, et nous verrons dans la troisième partie de ce livre que pour une part importante de la population cela constitue même l'essentiel de la richesse. Mais, par comparaison aux cinq-six années de revenu national que représentent les patrimoines privés dans leur ensemble – hors biens durables –, soit environ 150 000 euros-200 000 euros par habitant, dont environ la moitié pour l'immobilier et la moitié pour les actifs financiers nets (dépôts bancaires, actions, obligations, placements divers, etc., nets de dettes) et les biens professionnels, cela ne représente qu'un petit complément.

Concrètement, si l'on incluait les biens durables dans les patrimoines privés, cela aurait simplement pour effet de relever d'environ 30 %-50 % de revenu national le niveau des courbes représentées sur le graphique 5.3, sans affecter sensiblement l'évolution générale[1].

Notons au passage qu'en dehors des biens immobiliers et professionnels, les seuls actifs non financiers pris en compte dans les normes internationales de comptabilité nationale – et que nous avons suivies afin d'assurer la cohérence des comparaisons de patrimoine privé et national entre pays – sont les « biens de valeur », c'est-à-dire les objets et métaux précieux (or, argent, bijoux, œuvres d'art, etc.), détenus par les ménages comme pure réserve de valeur (ou pour leur valeur esthétique), et qui en principe ne se détériorent pas – ou très peu – au cours du temps. Ces biens de valeur sont cependant estimés à des valeurs sensiblement plus faibles que les biens durables (entre 5 % et 10 % du revenu national actuellement suivant les pays, soit entre 1 500 euros et 3 000 euros par habitant pour un revenu national moyen de 30 000 euros), et leur impact sur le total des patrimoines privés est donc relativement secondaire, y compris après les hausses récentes du cours de l'or[2].

---

1. Avec une croissance $g = 2\%$, il faut une dépense nette en biens durables égale à $s = 1\%$ du revenu national par an pour accumuler un stock de biens durables équivalent à $\beta = s/g = 50\%$ du revenu national. Les biens durables doivent cependant être fréquemment remplacés, si bien que la dépense brute est nettement supérieure. Par exemple, avec un remplacement en moyenne tous les cinq ans, il faut une dépense brute en biens durables de 10 % du revenu national par an simplement pour remplacer les biens usagés, et de 11 % par an pour générer une dépense nette de 1 % et un stock d'équilibre de 50 % du revenu national (toujours pour une croissance $g = 2\%$). Voir annexe technique.

2. La valeur totale du stock d'or mondial a baissé sur longue période (2 %-3 % du total des patrimoines privés au XIXe siècle, moins de 0,5 % à la fin du XXe), mais tend à remonter pendant les crises (l'or sert de valeur

Il est intéressant de préciser que d'après les estimations historiques dont nous disposons ces ordres de grandeur ne semblent pas avoir beaucoup changé sur longue période. Pour les biens durables, les estimations disponibles sont généralement de l'ordre de 30 %-50 % du revenu national, pour le XIXe siècle comme pour le XXe siècle. Il en va de même si l'on examine l'estimation de la fortune nationale du Royaume-Uni autour de 1700 réalisée par Gregory King : la valeur totale des meubles, assiettes, etc. est d'après King équivalente à environ 30 % du revenu national. Pour ce qui concerne les biens de valeur et objets précieux, on semble observer une tendance à la baisse sur longue période, de 10 %-15 % du revenu national à la fin du XIXe siècle et au début du XXe siècle à 5 %-10 % aujourd'hui. D'après Gregory King, leur valeur totale – en incluant la monnaie métallique – atteignait 25 %-30 % du revenu national autour de 1700. Il s'agit dans tous les cas de montants relativement limités par comparaison au total des patrimoines accumulés dans le royaume – environ sept années de revenu national, principalement sous forme de terres agricoles, maisons d'habitation et autres biens capitaux (magasins, fabriques, entrepôts, cheptel, bateaux, etc.) –, ce dont King ne manque d'ailleurs pas de se réjouir et de s'émerveiller[1].

---

refuge), et atteint actuellement 1,5 % du total des patrimoines privés, dont environ un cinquième détenu par les banques centrales. Il s'agit de variations spectaculaires, mais néanmoins secondaires par comparaison au stock de capital pris dans son ensemble. Voir annexe technique.

1. Même si cela ne fait pas beaucoup de différence, par souci de cohérence nous avons adopté les mêmes conventions pour les séries historiques présentées dans les chapitres 3-4 que pour les séries présentées ici pour la période 1970-2010 : les biens durables ont été exclus du patrimoine, alors que les biens de valeur ont été inclus dans la catégorie « autre capital intérieur ».

Le capital privé exprimé en années de revenu disponible

Il faut également souligner que le rapport capital/revenu atteindrait des niveaux encore plus élevés – sans doute les plus hauts niveaux historiques jamais observés – dans les pays riches des années 2000-2010 si l'on exprimait le total des patrimoines privés en années de revenu disponible, et non pas de revenu national, comme nous l'avons fait jusqu'ici. Cette question en apparence technique mérite quelques éclaircissements.

Le revenu disponible des ménages, ou plus simplement « revenu disponible », mesure comme son nom l'indique le revenu monétaire dont disposent directement les ménages dans un pays donné. Par définition, pour passer du revenu national au revenu disponible, il faut déduire tous les impôts, taxes et prélèvements, et ajouter les transferts monétaires (pensions de retraite, allocations chômage, allocations familiales, minima sociaux, etc.). Jusqu'au début du XXe siècle, l'État et les diverses administrations publiques jouent un rôle limité dans la vie économique et sociale (le total des prélèvements est de l'ordre de 10 % du revenu national, ce qui finance pour l'essentiel les grandes fonctions régaliennes : police, armée, justice, routes, etc.), si bien que le revenu disponible représente généralement autour de 90 % du revenu national. Ce rôle s'est considérablement accru au cours du XXe siècle, si bien que le revenu disponible ne représente plus aujourd'hui qu'environ 70 %-80 % du revenu national dans les différents pays riches. La conséquence mécanique est que si l'on exprime le total des patrimoines privés en années de revenu disponible (et non de revenu national), comme cela se pratique parfois, alors on obtient des niveaux nettement plus élevés. Par exemple, dans les années 2000-2010, le capital privé représente approximativement entre quatre et sept années de revenu national dans les pays riches, c'est-à-dire entre cinq et neuf années de revenu disponible (voir graphique 5.4).

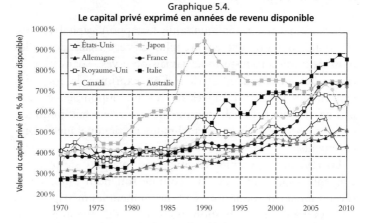

Graphique 5.4.
Le capital privé exprimé en années de revenu disponible

Lecture : exprimé en années de revenu disponible des ménages (soit 70-80 % du revenu national), le rapport capital/revenu apparaît plus élevé que si on l'exprime en années de revenu national.
Sources et séries : voir piketty.pse.ens.fr/capital21c.

Ces deux façons de mesurer le rapport entre capital et revenu peuvent se justifier, suivant le point de vue que l'on souhaite adopter sur la question. Le rapport exprimé en années de revenu disponible met l'accent sur les réalités strictement monétaires et permet d'insister sur l'ampleur atteinte aujourd'hui par les patrimoines, par comparaison aux revenus annuels dont disposent directement les ménages (par exemple pour épargner). Cela correspond d'une certaine façon à la réalité concrète vécue directement par les ménages sur leur compte en banque, et il est important d'avoir ces ordres de grandeur présents à l'esprit. Il faut cependant souligner que l'écart entre revenu disponible et revenu national mesure par définition la valeur des services publics dont bénéficient gratuitement les ménages, et notamment des services d'éducation et de santé financés directement par la puissance publique. Or ces « transferts en nature » ont autant de valeur que les transferts monétaires pris en compte dans le revenu disponible : ils évitent aux personnes concernées d'avoir à débourser des sommes comparables – ou parfois nettement plus élevées – auprès de producteurs privés de services d'éducation et de santé. Les ignorer risquerait de biaiser certaines évolutions ou comparaisons entre pays. C'est pourquoi il nous semble préférable d'exprimer les patrimoines en années de revenu national : cela revient à adopter un point de vue économique – et non strictement monétaire – sur la notion de revenu. Dans le cadre de ce livre, lorsque nous nous référons au rapport capital/revenu, sans autre précision, nous faisons toujours référence au rapport entre le stock de capital et le flux de revenu national[1].

La question des fondations et des autres détenteurs

Pour être tout à fait complet, il est également important d'indiquer que nous avons inclus dans les patrimoines privés non seulement les actifs et passifs détenus par les individus privés (les « ménages » en comptabilité nationale), mais également ceux détenus par les fondations et autres associations sans but lucratif (les « institutions sans but lucratif » en comptabilité nationale). Précisons que seules les fondations et associations financées principalement par les dons des individus privés ou par les revenus de leurs propriétés entrent dans cette catégorie : celles qui vivent principalement de subventions publiques sont classées dans le secteur des administrations publiques, et celles qui dépendent en premier lieu du produit de leurs ventes sont classées dans le secteur des sociétés.

En pratique, toutes ces frontières sont évidemment mou-

---

1. Nous reviendrons dans la quatrième partie de ce livre sur la question des impôts, transferts et redistributions opérés par la puissance publique, et en particulier sur la question de leur impact sur les inégalités et sur l'accumulation et la répartition du capital.

vantes et poreuses, il y a quelque chose d'arbitraire dans le fait d'englober le patrimoine des fondations dans le total des patrimoines privés, plutôt par exemple que dans le patrimoine public, ou bien de le considérer comme une catégorie à part. De fait, il s'agit bien d'une forme originale de propriété, intermédiaire entre la propriété purement privée et la propriété proprement publique. En pratique, que l'on considère les biens possédés par les Églises à travers les siècles, ou bien ceux détenus aujourd'hui par Médecins sans frontières, ou bien par la Bill and Melinda Gates Foundation, on voit bien que l'on a affaire à une grande diversité de personnes morales poursuivant des objectifs spécifiques.

Il faut toutefois souligner que l'enjeu est relativement limité, dans la mesure où ce que possèdent ces personnes morales est généralement assez faible par comparaison à ce que les personnes physiques conservent pour elles-mêmes. Si l'on examine les estimations disponibles pour les différents pays riches au cours de la période 1970-2010, on constate que la part des fondations et autres associations non lucratives dans le total des patrimoines privés est toujours inférieure à 10 %, et généralement inférieure à 5 %, avec toutefois des variations intéressantes entre pays – à peine 1 % en France, environ 3 %-4 % au Japon, et jusqu'à 6 %-7 % du total des patrimoines privés aux États-Unis –, sans tendance apparente. Les sources historiques disponibles indiquent que la valeur totale des biens de l'Église en France au XVIIIe siècle atteignait environ 7 %-8 % du total des patrimoines privés, soit approximativement 50 %-60 % du revenu national de l'époque (ces biens ont été pour partie confisqués et vendus pendant la Révolution française, afin d'apurer les dettes publiques léguées par l'Ancien Régime[1]). Autrement dit, l'Église possédait sous l'Ancien Régime des biens plus importants encore – rapportés au total de son temps – que les prospères fondations améri-

---

1. Voir annexe technique.

caines de ce début de XXIe siècle. Il est intéressant de noter que les deux niveaux sont toutefois relativement proches.

Il s'agit là de positions patrimoniales tout à fait substantielles, surtout si on les compare aux maigres patrimoines positifs – et parfois négatifs – détenus par la puissance publique aux différentes époques. Mais par comparaison aux patrimoines privés, cela reste relativement modeste. En particulier, le fait d'inclure ou non les fondations avec les ménages n'affecte guère l'évolution générale du rapport entre capital privé et revenu national sur longue période. Cette inclusion se justifie en outre par le fait que la frontière n'est souvent pas facile à tracer entre d'une part les diverses structures juridiques – fondations, *trust funds*, etc. – utilisées actuellement par les personnes fortunées pour gérer leurs actifs et promouvoir leurs intérêts privés (et qui en principe sont directement réintégrées dans le secteur des personnes par les comptes nationaux, à supposer qu'elles soient repérées comme telles), et d'autre part les fondations et associations réputées d'intérêt public. Nous reviendrons sur cette question délicate dans la troisième partie de ce livre quand nous étudierons la dynamique de l'inégalité mondiale des patrimoines, et en particulier des très hauts patrimoines, au XXIe siècle.

La privatisation du patrimoine dans les pays riches

La très forte hausse des patrimoines privés observée dans les pays riches entre 1970 et 2010, notamment en Europe et au Japon, s'explique à titre principal par le ralentissement de la croissance et le maintien d'une épargne élevée, au travers de la loi $\beta = s/g$. Mais si ce phénomène de retour du capital privé a pris une telle ampleur, c'est parce que ce mécanisme principal a été amplifié par deux effets complémentaires : d'une part, un mouvement de privatisation et de transfert graduel de la richesse publique vers la richesse privée ; et d'autre part, un phénomène de rattrapage de long terme du prix des actifs.

Commençons par la privatisation. Nous avons déjà noté dans le chapitre précédent la forte chute de la part du capital public dans le capital national au cours des dernières décennies, notamment en France et en Allemagne, où le patrimoine public net a représenté jusqu'à un quart – voire un tiers – du patrimoine national dans les années 1950-1970, et en représente aujourd'hui à peine quelques pourcents (les actifs publics permettent tout juste d'équilibrer les dettes). Il s'agit en réalité d'une évolution très générale qui concerne l'ensemble des pays riches : dans les huit principales économies développées de la planète, on observe entre 1970 et 2010 une diminution graduelle du rapport entre capital public et revenu national, parallèlement à la hausse du rapport entre capital privé et revenu national (voir graphique 5.5). Autrement dit, le retour des patrimoines privés reflète pour partie un mouvement de privatisation du patrimoine national. Certes, la hausse du capital privé a été dans tous les pays nettement supérieure à la baisse du capital public, si bien que le capital national – mesuré en années de revenu national – a bel et bien progressé. Mais il a progressé moins fortement que le capital privé, compte tenu de ce mouvement de privatisation.

Le cas de l'Italie est particulièrement clair. Le patrimoine public net était légèrement positif dans les années 1970, puis est devenu nettement négatif à partir des années 1980-1990, à la suite de l'accumulation d'énormes déficits publics. Au total, entre 1970 et 2010, la richesse publique a diminué de l'équivalent de près d'une année de revenu national. Dans le même temps, les patrimoines privés sont passés d'à peine deux années et demie de revenu national en 1970 à près de sept années en 2010, soit une progression de l'ordre de quatre années et demie. Autrement dit, la baisse du patrimoine public représente entre un cinquième et un quart de la hausse des patrimoines privés, ce qui n'est pas négligeable. Le patrimoine

Le rapport capital/revenu dans le long terme

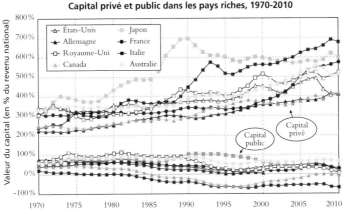

Graphique 5.5.
Capital privé et public dans les pays riches, 1970-2010

Lecture : en Italie, le capital privé est passé de 240 % à 680 % du revenu national entre 1970 et 2010, alors que le capital public passait de 20 % à -70 %.
Sources et séries : voir piketty.pse.ens.fr/capital21c.

national italien a certes fortement progressé — passant d'environ deux années et demie de revenu national en 1970 à environ six années en 2010 —, mais moins fortement que le patrimoine privé, dont la croissance exceptionnelle est en partie factice, puisqu'elle correspond pour près de un quart à une dette croissante d'une partie de l'Italie vis-à-vis d'une autre partie du pays. Au lieu de payer des impôts pour équilibrer les budgets publics, les Italiens — ou tout du moins ceux qui en ont les moyens — ont prêté de l'argent au gouvernement en achetant des bons du Trésor ou des actifs publics, ce qui leur a permis d'accroître leur patrimoine privé — sans pour autant accroître le patrimoine national.

De fait, on constate qu'en dépit d'une très forte épargne privée (environ 15 % du revenu national) l'épargne nationale a été inférieure à 10 % du revenu national en Italie au cours de la période 1970-2010. Autrement dit, plus du tiers de l'épargne privée a été absorbé par les déficits publics. On retrouve ce schéma dans tous les pays riches, mais généralement de façon beaucoup moins extrême qu'en Italie : dans la plupart des pays, l'épargne publique a été négative (ce qui signifie que l'investissement public a été inférieur au déficit public, c'est-à-dire que la puissance publique a moins investi qu'elle n'a emprunté, ou encore que ses emprunts ont financé les dépenses courantes). En France, au Royaume-Uni, en Allemagne, aux États-Unis, les déficits publics ont dépassé l'investissement public d'environ 2 %-3 % du revenu national en moyenne sur la période 1970-2010, et non pas de plus de 6 % comme en Italie (voir tableau 5.4)[1].

Tableau 5.4.
Épargne privée et publique dans les pays riches, 1970-2010

	Épargne nationale (privée + publique) (nette de dépréciation) (en % du revenu national)	dont : Épargne privée	dont : Épargne publique
États-Unis	5,2 %	7,6 %	-2,4 %
Japon	14,6 %	14,5 %	0,1 %
Allemagne	10,2 %	12,2 %	-2,0 %
France	9,2 %	11,1 %	-1,9 %
Royaume-Uni	5,3 %	7,3 %	-2,0 %
Italie	8,5 %	15,0 %	-6,5 %
Canada	10,1 %	12,1 %	-2,0 %
Australie	8,9 %	9,8 %	-0,9 %

Lecture : une part significative (et variable suivant les pays) de l'épargne privée est absorbée par les déficits publics, d'où une épargne nationale (privée + publique) plus faible que l'épargne privée.
Sources : voir piketty.pse.ens.fr/capital21c.

1. L'investissement public net est typiquement assez faible (généralement autour de 0,5 %-1 % du revenu national, dont 1,5 %-2 % pour l'investissement public brut et 0,5 %-1 % pour la dépréciation du capital public), si bien que l'épargne publique négative n'est souvent pas très éloignée du déficit public (avec toutefois des exceptions : l'investissement public est plus fort au Japon, d'où une épargne publique légèrement positive, en dépit de déficits publics significatifs). Voir annexe technique.

Au final, dans tous les pays riches, la désépargne publique et la baisse de patrimoine public qui en découle représentent une part significative de l'accroissement des patrimoines privés (entre un dixième et un quart suivant les pays). Ce n'est pas l'explication principale, mais ce n'est pas négligeable pour autant.

En outre, il est possible que les estimations disponibles sous-évaluent quelque peu la valeur des actifs publics dans les années 1970, notamment au Royaume-Uni (peut-être aussi en Italie et en France), et par conséquent nous conduisent à sous-estimer l'ampleur des transferts entre richesse publique et richesse privée[1]. Cela permettrait en particulier d'expliquer pourquoi les patrimoines privés britanniques ont si fortement progressé au cours de la période 1970-2010, en dépit d'une épargne privée nettement insuffisante, notamment pendant les vagues de privatisation d'entreprises publiques des années 1980-1990, privatisations qui se sont souvent faites à des prix notoirement bas, ce qui garantissait d'ailleurs la popularité de l'opération auprès des acheteurs.

Il est important de préciser que ces mouvements de transferts de patrimoine du secteur public vers le secteur privé ne se sont pas seulement déroulés dans les pays riches depuis les années 1970, loin s'en faut. On retrouve cette évolution générale sur tous les continents. À l'échelle mondiale, l'opération de privatisation la plus massive des dernières décennies, et d'ailleurs de toute l'histoire du capital, concerne évidemment les pays de l'ex-bloc soviétique.

Les estimations dont nous disposons, fort imparfaites, indiquent que les patrimoines privés en Russie et dans les pays de l'ex-Europe de l'Est se situent à la fin des années 2000 et au début des années 2010 autour de quatre années de revenu national, et que le patrimoine public net est extrêmement

---

1. Cette possible sous-évaluation est liée au faible nombre de transactions d'actifs publics au cours de cette période. Voir annexe technique.

faible, de même que dans les pays riches. Les estimations disponibles pour les années 1970-1980, avant la chute du Mur et l'effondrement des régimes communistes, sont encore plus imparfaites. Mais tout indique que la répartition était rigoureusement inverse : les patrimoines privés se réduisaient à très peu de chose (quelques lopins de terre individuels, voire une partie des logements dans les pays communistes les moins fermés à la propriété privée, mais moins d'une année de revenu national dans tous les cas), et le capital public représentait la totalité du capital industriel et la plus grande part du capital national, soit au total entre trois et quatre années de revenu national, en première approximation. Autrement dit, le niveau du capital national n'a en première approximation pas changé : simplement, sa répartition entre capital public et privé s'est totalement inversée.

Pour résumer : la très forte croissance des patrimoines privés russes et est-européens entre la fin des années 1980 et les années 1990-2000, qui dans certains cas individuels a pris la forme d'enrichissements spectaculairement rapides (on pense notamment aux « oligarques » russes), n'a évidemment rien à voir avec l'épargne et la loi dynamique $\beta = s/g$. Il s'agit d'un transfert pur et simple de la propriété du capital de la puissance publique vers les individus privés. Le mouvement de privatisation du patrimoine national observé dans les pays développés depuis les années 1970-1980 peut être considéré comme une forme très atténuée de ce processus extrême.

La remontée historique du prix des actifs

Le dernier facteur expliquant la hausse du rapport capital/revenu au cours des dernières décennies est la remontée historique du prix des actifs. Autrement dit, la période 1970-2010 ne peut être correctement analysée que si on la remet dans un contexte historique plus long, celui de la période 1910-2010. Nous ne disposons pas de sources historiques complètes pour l'ensemble des pays développés, mais les séries que nous avons établies pour le Royaume-Uni, la France, l'Allemagne et les États-Unis donnent des résultats tout à fait convergents, que nous résumons ici.

Si l'on prend l'ensemble de la période 1910-2010, ou bien 1870-2010, on constate que l'évolution globale du rapport capital/revenu est très bien expliquée par la loi dynamique $\beta = s/g$. En particulier, le fait que le rapport capital/revenu soit structurellement plus élevé à long terme en Europe qu'en Amérique est parfaitement cohérent avec le différentiel de taux d'épargne et surtout de taux de croissance au cours du siècle écoulé[1]. La chute de la période 1910-1950 est cohérente avec la faible épargne nationale et les destructions qui ont lieu pendant ces années, et le fait que la remontée du rapport capital/revenu soit plus rapide dans la période 1980-2010 qu'au cours des années 1950-1980 est bien expliqué par l'abaissement du taux de croissance entre les deux sous-périodes.

Il n'en reste pas moins que le point bas des années 1950 est plus bas que ce que prédirait la simple logique d'accumulation résumée par la loi $\beta = s/g$. Pour comprendre l'ampleur du creux du milieu du XXe siècle, il faut ajouter le fait que les prix des actifs immobiliers et boursiers sont historiquement bas au lendemain de la Seconde Guerre mondiale, pour les multiples raisons expliquées dans les deux chapitres précédents (politiques de blocage des loyers et de régulation financière, climat politique peu favorable au capitalisme privé), puis se redressent progressivement depuis les années 1950, avec une accélération à partir des années 1980.

---

1. Entre 1870 et 2010, le taux moyen de croissance du revenu national est d'environ 2 %-2,2 % en Europe (dont 0,4 %-0,5 % pour la croissance de la population) et de 3,4 % aux États-Unis (dont 1,5 % pour la population). Voir annexe technique.

D'après nos estimations, le processus de rattrapage historique du prix des actifs semble aujourd'hui achevé : par-delà les soubresauts et les évolutions erratiques de court terme, la hausse de la période 1950-2010 semble avoir approximativement compensé la baisse de la période 1910-1950. Il serait cependant hasardeux d'en conclure que la phase de hausse structurelle du prix relatif des actifs est définitivement terminée, et que les prix des actifs vont désormais progresser exactement au même rythme que les prix à la consommation dans les décennies à venir. D'une part, les sources historiques sont incomplètes et imparfaites, et les comparaisons de prix sur des périodes aussi longues ne peuvent être qu'approximatives. D'autre part, il existe de multiples raisons théoriques pour lesquelles les prix des actifs peuvent évoluer différemment des autres prix à long terme, par exemple parce que certains types d'actifs – bâtiments, équipements – connaissent des rythmes de progrès technique différents du rythme moyen de l'économie, ou bien du fait de l'importance de certaines ressources naturelles épuisables (nous reviendrons sur ce point).

Enfin et surtout, il nous faut de nouveau insister sur le fait que le prix du capital, par-delà les bulles de court et moyen terme qui le caractérisent toujours, et les éventuelles divergences structurelles à long terme, est toujours pour partie une construction sociale et politique : il reflète la notion de propriété qui prévaut dans une société donnée, et il dépend de multiples politiques et institutions régulant les relations entre les différents groupes sociaux concernés – et en particulier entre ceux qui possèdent du capital et ceux qui n'en possèdent pas. Cela est évident par exemple pour les prix immobiliers, qui dépendent des réglementations en vigueur concernant les relations entre propriétaires et locataires et la revalorisation des loyers. Cela concerne également les cours boursiers, comme nous l'avons vu dans le chapitre précédent, lorsque nous avons évoqué la valeur de marché relativement faible qui caractérise les entreprises allemandes.

De ce point de vue, il est intéressant d'analyser pour les pays pour lesquels de telles données sont disponibles l'évolution du rapport entre la valeur de marché et la valeur comptable des sociétés au cours de la période 1970-2010 (voir graphique 5.6). Les lecteurs jugeant ces questions trop techniques peuvent sans difficulté majeure passer directement à la section suivante.

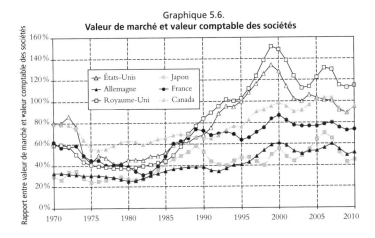

Lecture : le « Q de Tobin » (rapport entre valeur de marché et valeur comptable des sociétés) a eu tendance à progresser en moyenne dans les pays riches depuis les années 1970-1980.
Sources et séries : voir piketty.pse.ens.fr/capital21c.

La valeur de marché correspond à la capitalisation boursière pour les sociétés cotées. Pour celles qui ne le sont pas, soit parce qu'elles sont trop petites, soit parce qu'elles choisissent de ne pas faire appel aux marchés boursiers (par exemple pour conserver leur caractère familial, ce qui peut arriver dans de très grandes sociétés), la valeur de marché est calculée dans les comptes nationaux par référence aux cours boursiers observés pour des entreprises cotées ayant des caractéristiques aussi proches que possible (secteur d'activité, taille, etc.), et en tenant compte de la « liquidité » du marché en question[1]. Ce sont ces valeurs de marché que nous avons jusqu'ici utilisées pour mesurer les stocks de patrimoine privé et de patrimoine national. La valeur comptable, aussi appelée « valeur de bilan » (*book value*), ou « actif net comptable », ou « fonds propres », est égale à la valeur cumulée de tous les actifs – immeubles, équipements, machines, brevets, participations majoritaires ou minoritaires dans des filiales et d'autres sociétés, trésorerie, etc. – figurant au bilan de l'entreprise, diminuée de toutes les dettes.

En principe, en l'absence de toute incertitude, la valeur de marché et la valeur comptable des sociétés devraient être les mêmes, et le rapport entre les deux devrait donc être égal à 1 (ou 100 %). C'est normalement ce qui se passe à la création d'une société. Si les actionnaires souscrivent des actions pour 100 millions d'euros, que l'entreprise utilise pour acheter des bureaux et équipements d'une valeur de 100 millions d'euros, alors la valeur de marché et la valeur comptable seront toutes deux égales à 100 millions. Il en va de même si la société emprunte 50 millions pour acheter de nouvelles machines d'une valeur de 50 millions : l'actif net comptable sera toujours égal à 100 millions (150 millions d'actifs, diminués de 50 millions de dettes), de même que la capitalisation boursière. Il en ira toujours de même si l'entreprise fait 50 millions d'euros de profits et décide de les mettre en réserve pour financer de nouveaux investissements d'une valeur de 50 millions : les cours boursiers monteront du même montant (car chacun sait que l'entreprise possède de nouveaux actifs), si bien que la valeur de marché comme la valeur comptable passeront à 150 millions.

---

1. Une société non cotée dont il est très difficile de vendre les parts, car les transactions sont peu nombreuses, si bien que cela peut prendre beaucoup de temps avant de trouver un acheteur intéressé, peut voir son prix évalué à 10 % ou 20 % plus bas qu'une société similaire cotée en Bourse et pour laquelle il est toujours possible de trouver dans la journée un acheteur ou un vendeur intéressé.

La difficulté vient du fait que la vie d'une entreprise devient très rapidement beaucoup plus complexe et incertaine : par exemple, au bout d'un certain temps, personne ne sait plus très bien si les investissements de 50 millions réalisés quelques années plus tôt sont véritablement utiles pour l'activité économique de l'entreprise. La valeur comptable et la valeur de marché peuvent alors diverger. L'entreprise continue d'inscrire dans son bilan les investissements réalisés – bureaux, machines, équipements, brevets, etc. – à leur valeur de marché, si bien que la valeur comptable est inchangée[1]. La valeur de marché de l'entreprise, c'est-à-dire sa capitalisation boursière, peut quant à elle être nettement inférieure ou fortement supérieure, suivant si les marchés financiers sont devenus soudainement pessimistes ou optimistes concernant la capacité de l'entreprise à utiliser ses investissements pour générer de l'activité et des profits. C'est pourquoi on observe toujours en pratique d'énormes variations dans le rapport entre valeur de marché et valeur comptable au niveau des sociétés prises individuellement. Par exemple, ce rapport, également appelé « Q de Tobin » (suivant l'économiste James Tobin qui l'a défini en premier), varie d'à peine 20 % à plus de 340 % si l'on examine les sociétés françaises cotées au CAC 40 en 2012[2].

---

1. Les normes internationales harmonisées utilisées pour les comptes nationaux – que nous utilisons ici – prescrivent que les actifs – comme les passifs – sont toujours évalués à leur valeur de marché à la date du bilan (c'est-à-dire la valeur qui pourrait être obtenue si l'entreprise décidait de liquider ces actifs et de les vendre ; cette valeur est estimée en utilisant le cas échéant des transactions récentes). Les normes comptables privées utilisées par les entreprises pour publier leur bilan ne sont pas exactement les mêmes que les normes des comptes nationaux et varient suivant les pays, ce qui pose de multiples problèmes pour la régulation financière et prudentielle comme pour la fiscalité. Nous reviendrons sur ces questions dans la quatrième partie de ce livre.

2. Voir par exemple « Profil financier du CAC 40 », Rapport du cabinet

Il est plus difficile de comprendre pourquoi le Q de Tobin mesuré au niveau de l'ensemble des sociétés d'un pays devrait être systématiquement inférieur ou supérieur à un. On distingue classiquement deux explications.

Si certains investissements immatériels (les dépenses réalisées pour accroître la valeur de la marque, ou bien les dépenses de recherche et développement) ne sont pas bien pris en compte au bilan, alors il est logique que la valeur de marché soit en moyenne structurellement supérieure à la valeur de bilan. Cela peut expliquer les ratios légèrement supérieurs à un observés aux États-Unis (environ 100 %-120 %), et surtout au Royaume-Uni (environ 120 %-140 %) à la fin des années 1990 et pendant les années 2000. On remarquera toutefois que ces ratios supérieurs à un reflètent également dans les deux pays des phénomènes de bulle boursière : les Q de Tobin retournent rapidement vers un lors de l'éclatement de la bulle Internet en 2001-2002 comme lors de la crise financière de 2008-2009 (voir graphique 5.6).

Inversement, si le fait de posséder les actions d'une entreprise ne donne pas tous les pouvoirs, en particulier parce que les actionnaires doivent composer avec les autres *stakeholders* de l'entreprise (représentants des salariés, autorités publiques locales ou nationales, associations de consommateurs, etc.), dans le cadre d'une relation de long terme, comme dans le cas du « capitalisme rhénan » évoqué dans le chapitre précédent, alors il est logique que la valeur de marché soit en moyenne structurellement inférieure à la valeur de bilan. Cela peut expliquer les ratios légèrement inférieurs à un observés en France (autour de 80 %), et surtout en Allemagne et au Japon (environ 50 %-70 %) dans les années 1990-2000, alors que les pays anglo-saxons s'approchent ou dépassent les 100 %

---

d'expertise comptable Ricol Lasteyrie, 26 juin 2012. On retrouve ce même type de variations extrêmes des Q de Tobin dans tous les pays et sur tous les marchés boursiers.

(voir graphique 5.6). Il faut aussi noter que la capitalisation boursière est calculée à partir des prix des actions observés pour les transactions courantes, qui correspondent généralement à des petites prises de participations minoritaires, et non à des prises de contrôle, pour lesquels il est habituel de payer un prix sensiblement plus élevé que le prix courant, typiquement de l'ordre de 20 % plus élevé – cela peut donc suffire à expliquer un Q de Tobin de l'ordre de 80 %, y compris en l'absence de tout *stakeholder* autre que les actionnaires minoritaires.

Au-delà de ces variations intéressantes entre pays, qui témoignent du fait que le prix du capital dépend toujours des règles et des institutions du pays étudié, on constate une tendance générale à la hausse du Q de Tobin dans les pays riches depuis les années 1970, ce qui reflète le phénomène de remontée historique du prix des actifs. Au total, si l'on prend en compte à la fois la hausse des prix boursiers et immobiliers, on peut considérer que la remontée du prix des actifs explique en moyenne entre un quart et un tiers de la hausse du rapport capital national/revenu national dans les pays riches entre 1970 et 2010 (avec de fortes variations entre pays[1]).

Capital national et actifs étrangers nets dans les pays riches

Comme nous l'avons déjà noté dans les chapitres précédents, les énormes actifs étrangers détenus par les pays riches à la veille de la Première Guerre mondiale, en particulier par le Royaume-Uni et la France, ont totalement disparu à la suite des chocs de la période 1914-1945, et n'ont depuis lors jamais retrouvé des niveaux aussi élevés. De fait, si l'on

---

1. Voir annexe technique.

examine les niveaux atteints par le capital national et le capital étranger net dans les pays riches au cours de la période 1970-2010, il est tentant de conclure que les actifs étrangers ont une importance limitée : ils sont parfois légèrement positifs, parfois légèrement négatifs, suivant les pays et les années, mais ils sont généralement assez faibles, par comparaison au capital national. Autrement dit, la forte hausse du capital national dans les pays riches reflète avant tout la progression du capital domestique dans les différents pays, et les actifs étrangers nets ne semblent jouer en première approximation qu'un rôle relativement mineur (voir graphique 5.7).

Graphique 5.7.
Le capital national dans les pays riches, 1970-2010

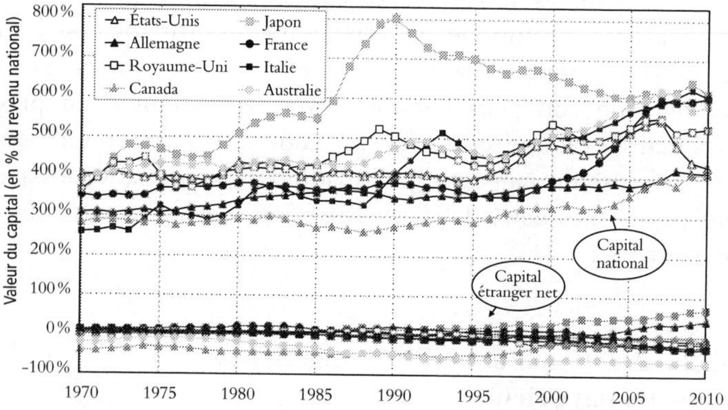

Lecture : les actifs étrangers nets détenus par le Japon et l'Allemagne sont compris entre 0,5 et 1 année de revenu national en 2010.
Sources et série : voir piketty.pse.ens.fr/capital21c.

Une telle conclusion serait cependant exagérée. On observe en effet que le Japon et l'Allemagne ont accumulé des actifs étrangers nets tout à fait significatifs au cours des dernières décennies, et notamment pendant les années 2000 (c'est en grande partie la conséquence mécanique de leurs excédents commerciaux). Au début des années 2010, les actifs étrangers nets détenus par le Japon atteignent environ 70 % du revenu national nippon, et la position nette extérieure de l'Allemagne avoisine les 50 % du revenu national allemand. Certes, cela demeure sensiblement plus faible que les actifs étrangers détenus à la veille de la Première Guerre mondiale par le Royaume-Uni – près de deux années de revenu national – ou par la France – plus d'une année. Mais compte tenu de la rapidité de la trajectoire d'accumulation, il est naturel de se poser la question de la suite de l'évolution[1]. Dans quelle mesure certains pays se retrouveront-ils possédés par d'autres pays au cours du XXIe siècle ? Les positions extérieures considérables observées à l'époque du colonialisme sont-elles susceptibles d'être atteintes, voire dépassées ?

Pour traiter correctement cette question, il nous faudra faire rentrer dans l'analyse les pays pétroliers et les pays émergents (à commencer par la Chine), pour lesquels nous disposons de données historiques fort réduites – d'où l'importance limitée qui leur a été accordée jusqu'ici – mais de sources beaucoup plus satisfaisantes pour la période actuelle. Il faudra également

---

1. L'excédent commercial atteint 6 % du PIB en Allemagne au début des années 2010, ce qui permet une accumulation rapide de créances sur le reste du monde. À titre de comparaison, l'excédent chinois n'est que de 2 % du PIB chinois (les deux excédents avoisinent les 170-180 milliards d'euros annuels, mais le PIB chinois est trois fois plus élevé : environ 10 000 milliards au lieu de 3 000 milliards d'euros). On peut aussi noter que cinq années d'excédent allemand permettent d'acheter la capitalisation immobilière parisienne, et cinq années supplémentaires peuvent acheter le CAC 40 (environ 800-900 milliards pour chaque lot). Ce très fort excédent semble toutefois davantage tenir aux aléas de compétitivité allemande qu'à une cible explicite d'accumulation. On peut donc penser que la demande intérieure va augmenter et que cet excédent va se réduire dans les années qui viennent. Dans les pays pétroliers, qui sont explicitement sur une trajectoire d'accumulation d'actifs extérieurs, l'excédent commercial dépasse 10 % du PIB (en Arabie Saoudite ou en Russie), voire plusieurs dizaines de pourcents dans les micro-États pétroliers. Voir chapitre 12 et annexe technique.

prendre en compte l'inégalité des patrimoines au niveau individuel et à l'intérieur des pays, et non seulement entre pays. Nous reprendrons donc cette question de la dynamique de la répartition mondiale du capital dans la troisième partie de ce livre.

À ce stade, notons simplement que la logique de la loi β = s/g peut mécaniquement conduire à de très forts déséquilibres internationaux en termes de positions patrimoniales, comme l'illustre clairement le cas japonais. Pour un même niveau de développement, de légères différences de taux de croissance (en particulier démographique) ou de taux d'épargne peuvent faire que certains pays se retrouvent avec un rapport capital/revenu potentiel beaucoup plus élevé que d'autres, auquel cas il est naturel de s'attendre à ce que les premiers investissent massivement dans les seconds, ce qui peut être porteur de tensions politiques importantes. Le cas japonais illustre également un second type de risque qui peut survenir lorsque le rapport capital/revenu d'équilibre β = s/g atteint un niveau très élevé. Si les résidents du pays en question ont une forte préférence pour les actifs domestiques, par exemple pour l'immobilier japonais, alors cela peut pousser les prix de ces actifs vers des niveaux inconnus jusqu'alors. De ce point de vue, il est intéressant de remarquer que le record japonais de 1990 a été récemment battu par l'Espagne, où le total des patrimoines privés nets a atteint huit années de revenu national à la veille de crise de 2007-2008, soit une année de plus que le Japon en 1990. La bulle espagnole a commencé à se dégonfler très rapidement à partir de 2010-2011, à l'image de la bulle japonaise au début des années 1990[1]. Il est tout à fait possible que des bulles encore plus spectaculaires se forment à l'avenir, à mesure que le rapport capital/revenu potentiel β = s/g atteint de nouveaux sommets. On notera au passage l'intérêt de représenter ainsi l'évolution historique

---

1. Voir graphique supplémentaire S5.2 (disponible en ligne).

du rapport capital/revenu et d'exploiter de cette façon les comptes nationaux en stock et en flux. Cela peut potentiellement permettre de détecter à temps des excès évidents de valorisation et d'appliquer une politique prudentielle et financière adéquate conduisant à tempérer l'enthousiasme spéculatif des institutions financières du pays concerné[1].

Il faut également noter que des positions nettes réduites peuvent dissimuler d'énormes positions brutes. De fait, une caractéristique de la mondialisation financière actuelle est que chaque pays est en grande partie possédé par les autres pays, ce qui conduit non seulement à obscurcir les perceptions sur la répartition mondiale des fortunes, mais également à une vulnérabilité importante des petits pays, et une instabilité de la répartition mondiale des positions nettes. De façon générale, on a assisté depuis les années 1970-1980 à un puissant mouvement de financiarisation de l'économie et de la structure des patrimoines, dans le sens où la masse des actifs et passifs financiers détenus par les différents secteurs (ménages, sociétés, administrations) a progressé encore plus fortement que la valeur nette des patrimoines. Le total des actifs et passifs financiers ne dépassait pas quatre-cinq années de revenu national dans la plupart des pays au début des années 1970. Il est le plus souvent compris entre dix et quinze années de revenu national au début des années 2010 (en particulier aux États-Unis, au Japon, en Allemagne et en France), voire plus de vingt années au Royaume-Uni, ce qui constitue un record historique absolu[2]. Cela reflète le

---

1. Dans le cas de l'Espagne, tout le monde avait remarqué la très forte progression des indices immobiliers et boursiers dans les années 2000. Mais si l'on n'a pas de point de référence précis, il est très difficile de déterminer à quel moment les valorisations sont véritablement devenues excessives. L'avantage du rapport capital/revenu est que cet indicateur offre un tel point de référence, permettant de faire des comparaisons dans le temps et dans l'espace.

2. Voir graphiques S5.3-S5.4 (disponibles en ligne). Encore faut-il

développement sans précédent des participations croisées entre sociétés financières et non financières d'un même pays (et en particulier un gonflement considérable des bilans bancaires, sans commune mesure avec la croissance des fonds propres), et aussi des participations croisées entre pays.

De ce point de vue, il est important de signaler que ce phénomène de participations croisées internationales est beaucoup plus massif dans les pays européens, à commencer par le Royaume-Uni, l'Allemagne et la France (où les actifs financiers détenus par les autres pays représentent entre un quart et la moitié du total des actifs financiers domestiques, ce qui est considérable), que dans les économies de plus grande taille, comme les États-Unis et le Japon (où cette part ne dépasse guère un dixième)[1]. Cela accroît le sentiment de dépossession, notamment en Europe, parfois de façon excessive (on oublie

---

signaler que les bilans établis par les banques centrales et les administrations statistiques portent uniquement sur les actifs financiers primaires (créances, actions, obligations et titres divers) et non sur les produits dérivés (qui s'apparentent à des contrats d'assurance indexés sur ces actifs primaires, ou bien à des paris, suivant comment on voit le problème), qui feraient monter le total à des niveaux plus élevés encore (entre vingt et trente années de revenu national, suivant les définitions adoptées). Il est toutefois important de réaliser que ces masses d'actifs et de passifs financiers, qui sont aujourd'hui beaucoup plus élevés que tous les niveaux observés dans le passé (au XIXe siècle et jusqu'à la Première Guerre mondiale, le total des actifs et passifs financiers ne dépassait pas les quatre-cinq années de revenu national), n'ont par définition aucun impact sur les niveaux de patrimoine net (pas plus que le montant des paris réalisés lors d'un événement sportif n'influence le niveau du patrimoine national). Voir annexe technique.

1. Par exemple, les actifs financiers détenus en France par le reste du monde représentent 310 % du revenu national en 2010, et les actifs financiers détenus par les résidents français dans le reste du monde représentent 300 % du revenu national, d'où une position négative de − 10 %. Aux États-Unis, la position négative égale à − 20 % du revenu national correspond à des actifs financiers de l'ordre de 120 % détenus par le reste du monde aux États-Unis et de 100 % possédés par les résidents américains à l'étranger. Voir graphiques S5.5-S5.11 (disponibles en ligne) pour des séries détaillées par pays.

vite que si les sociétés nationales et la dette publique sont en grande partie détenues par le reste du monde, on détient des actifs équivalents à l'étranger au travers de contrats d'assurance vie et de multiples produits financiers), mais en partie pour de bonnes raisons. De fait, cette structure de bilan introduit une vulnérabilité importante des petits pays, notamment européens, dans le sens où de petites « erreurs » de valorisation des actifs ou passifs financiers détenus par les uns et les autres peuvent induire d'énormes variations dans la position patrimoniale nette[1]. On constate d'ailleurs que l'évolution de la position patrimoniale nette des différents pays est déterminée non seulement par l'accumulation des excédents (ou des déficits) de la balance commerciale, mais également par les très fortes variations du rendement obtenu sur les actifs et passifs financiers du pays en question[2]. Précisons également qu'une partie importante de ces positions internationales reflète davantage des flux financiers fictifs liés à des stratégies d'optimisation fiscale

---

1. On notera à ce sujet qu'une différence centrale entre les bulles japonaise et espagnole est que l'Espagne se retrouve actuellement avec une position patrimoniale négative de l'ordre de une année de revenu national (ce qui complique sérieusement la situation du pays), alors que le Japon a une position positive du même ordre. Voir annexe technique.

2. En particulier, compte tenu des très forts déficits commerciaux américains, la position nette des États-Unis devrait être beaucoup plus négative qu'elle ne l'est effectivement. Cet écart s'explique à la fois par le très fort rendement obtenu sur les actifs américains à l'étranger (principalement en actions) et le faible rendement payé sur les passifs (notamment des titres de dette américaine). Voir à ce sujet les travaux de P. O. Gourinchas et H. Rey cités en annexe. À l'inverse, la position nette allemande devrait être plus élevée qu'elle ne l'est, et cela s'explique par les faibles rendements obtenus sur les actifs placés à l'étranger (ce qui peut peut-être expliquer en partie la méfiance allemande actuelle). Pour une décomposition globale de l'accumulation d'actifs étrangers par les différents pays riches sur la période 1970-2010, en séparant les effets de balance commerciale des effets de rendement du portefeuille étranger, voir annexe technique (en particulier tableau S5.13).

ou réglementaire (au travers de sociétés-écrans détenues dans les pays offrant la fiscalité ou la réglementation la plus attractive) que les besoins de l'économie réelle[1]. Nous reviendrons sur ces questions dans la troisième partie de ce livre quand nous examinerons l'importance prise par les paradis fiscaux dans la dynamique mondiale de la répartition des patrimoines.

À quel niveau se situera le rapport capital/revenu mondial au XXIe siècle ?

La loi dynamique $\beta = s/g$ permet également de réfléchir aux niveaux que pourrait atteindre le rapport capital/revenu au niveau mondial au XXIe siècle.

Voyons tout d'abord ce que l'on peut dire sur le passé. Pour ce qui concerne l'Europe (ou tout du moins les principales économies d'Europe occidentale) et l'Amérique du Nord, nous avons des estimations fiables pour l'ensemble de la période 1870-2010. Pour ce qui concerne le Japon, nous ne disposons pas d'estimation complète du total des patrimoines privés ou du patrimoine national avant les années 1960-1970. Mais les données partielles dont nous disposons, en particulier les données successorales japonaises débutant en 1905, suggèrent de façon extrêmement claire que les patrimoines ont suivi au Japon le même type de courbe en U que celle observée en Europe, et que le rapport capital/revenu se situe à des niveaux très élevés dans les années 1910-1930, de l'ordre de 600 %-700 %, avant de chuter à tout juste 200 %-300 %

---

[1]. Par exemple, il est probable qu'une part significative du déficit commercial américain correspond simplement à des transferts fictifs à des filiales d'entreprises américaines localisées dans des territoires fiscalement plus cléments, qui sont ensuite rapatriés sous forme de profits réalisés à l'étranger (ce qui rétablit le niveau de la balance des paiements). On voit à quel point ces purs jeux d'écriture peuvent fausser l'analyse des phénomènes économiques les plus élémentaires.

Le rapport capital/revenu dans le long terme

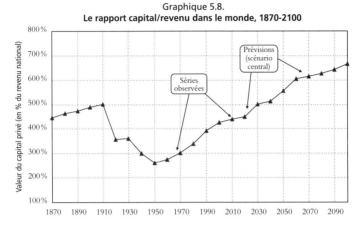

Graphique 5.8.
Le rapport capital/revenu dans le monde, 1870-2100

Lecture : d'après les simulations du scénario central, le rapport capital/revenu au niveau mondial pourrait s'approcher de 700 % d'ici à la fin du XXIe siècle.
Sources et séries : voir piketty.pse.ens.fr/capital21c.

dans les années 1950-1960 et d'entamer par la suite la remontée spectaculaire vers des niveaux voisins de 600 %-700 % dans les années 1990-2000, que nous avons étudiée plus haut.

Pour les autres pays et continents, Asie (hors Japon), Afrique et Amérique du Sud, des estimations relativement complètes existent à partir des années 1990-2000, avec un rapport capital/revenu moyen de l'ordre de quatre années. Pour les années 1870-1990, il n'existe aucune estimation complète véritablement fiable, et nous avons simplement supposé que le même niveau global s'appliquait. Compte tenu du fait que ces pays représentent au total à peine plus d'un cinquième du PIB mondial tout au long de cette période, l'impact sur le rapport capital/revenu au niveau mondial est en tout état de cause relativement limité.

Les résultats obtenus sont indiqués sur le graphique 5.8. Compte tenu du poids des pays riches dans le total, il n'est guère surprenant de constater que le rapport capital/revenu au niveau mondial a suivi le même type de courbe en U : le rapport capital/revenu au niveau mondial semble actuellement s'approcher de 500 %, soit approximativement le niveau atteint à la veille de la Première Guerre mondiale.

La partie la plus intéressante concerne la suite de l'évolution. Nous avons ici utilisé les prévisions de croissance démographique et économique présentées dans le chapitre 2, et selon lesquelles le taux de croissance de la production mondiale pourrait progressivement passer de plus de 3 % par an actuellement à tout juste 1,5 % dans la seconde moitié du XXIe siècle. Nous avons également supposé un taux d'épargne se stabilisant autour de 10 % à long terme. Dans ces conditions, en application de la loi dynamique $\beta = s/g$, le rapport capital/revenu au niveau mondial devrait fort logiquement continuer de croître et pourrait s'approcher de 700 % au cours du XXIe siècle, soit approximativement le niveau observé en Europe à la Belle Époque et aux XVIIIe et XIXe siècles. Autrement dit, la planète entière pourrait ressembler d'ici à 2100 à l'Europe de la Belle Époque – tout du moins du point de vue de l'intensité patrimoniale. Il va de soi qu'il ne s'agit que d'une possibilité parmi d'autres : nous avons vu que les prévisions de croissance étaient extrêmement incertaines, et celles concernant le taux d'épargne le sont tout autant. Ces simulations n'en sont pas moins plausibles et ont le mérite d'illustrer le rôle central du ralentissement de la croissance dans l'accumulation du capital.

Le mystère de la valeur des terres

Par définition, la loi $\beta = s/g$ ne concerne que les formes de capital qui peuvent être accumulées, et ne prend pas en compte la valeur des ressources naturelles pures, et en particulier des terres pures, c'est-à-dire avant toute amélioration apportée par l'homme. Le fait que la loi $\beta = s/g$ permette de rendre compte de la quasi-totalité des stocks de capital observés en 2010 (entre 80 % et 100 % suivant les pays) laisse à penser que les terres pures ne représentent qu'une petite partie du capital national. Mais quelle est exactement cette valeur ? Les données disponibles ne permettent pas de répondre de façon parfaitement précise.

Considérons tout d'abord le cas des terres agricoles dans les sociétés rurales traditionnelles. Il est très difficile de déterminer avec précision quelle part de cette valeur correspond aux multiples investissements et améliorations apportés au fil des siècles – notamment sous forme de défrichements, drainages, clôtures, aménagements divers –, et quelle part correspond à la valeur pure des terres, telles qu'elles existaient avant leur exploitation par l'homme. Il semble acquis, toutefois, que les investissements et améliorations constituent la majeure partie. Au XVIIIe siècle, la valeur des terres agricoles atteint l'équivalent de quatre années de revenu national, en France comme au Royaume-Uni[1]. D'après les estimations réalisées à l'époque, on peut estimer que les investissements et améliorations représentent au moins les trois quarts de cette valeur, et sans doute davantage. La valeur des terres pures représente au maximum une année de revenu national, et probablement moins d'une demi-année. Cette conclusion s'appuie notamment sur le fait que la valeur annuelle des divers travaux de défrichement, drainage, etc., représentait à elle seule des sommes très importantes, de l'ordre de 3 %-4 %

---

1. Il est difficile de faire des comparaisons avec les sociétés anciennes, mais les rares estimations disponibles suggèrent que la valeur des terres peut parfois monter à des niveaux encore plus élevés, par exemple six années de revenu national dans la Rome antique d'après R. GOLDSMITH, *Pre-Modern Financial Systems. A Historical Comparative Study*, Cambridge University Press, 1987, p. 58. Des estimations de la mobilité intergénérationnelle patrimoniale dans de petites sociétés primitives (M. BORGERHOFF et S. BOWLES, « Intergenerational wealth transmission and the dynamics of inequality in small-scale societies », *Science*, 2009) suggèrent que l'importance du patrimoine transmissible varie fortement en fonction de l'activité économique pratiquée (chasseurs, pasteurs, cultivateurs…).

du revenu national. Or avec une croissance relativement lente, inférieure à 1 % par an, la valeur cumulée de tels investissements n'est pas loin de représenter la totalité de la valeur des terres agricoles (voire de la dépasser[1]).

Il est intéressant de noter que Thomas Paine, dans sa fameuse proposition de « Justice agraire » déposée en 1795 auprès des parlementaires français, parvenait également à la conclusion que la part non accumulée du patrimoine national (*unimproved land*) correspondait à environ un dixième du patrimoine national, soit un peu plus d'une demi-année de revenu national.

Il faut cependant insister sur le fait que de telles estimations sont inévitablement très approximatives. Quand le rythme de croissance annuelle est faible, de légères variations dans le taux d'investissement produisent d'énormes différences dans la valeur à long terme du rapport capital/revenu $\beta = s/g$. Le point important à retenir est que la plus grande partie du capital national dans les sociétés traditionnelles reposait déjà sur l'accumulation et l'investissement : rien n'a véritablement changé, sauf peut-être le fait que la dépréciation du capital terrien était très réduite par comparaison au capital immobilier et professionnel moderne, qui doit beaucoup plus fréquemment être remplacé et réparé, ce qui contribue peut-être à donner l'impression d'un capital plus « dynamique ». Mais compte tenu des données très limitées et imprécises dont nous disposons au sujet de l'investissement dans les sociétés rurales traditionnelles il est difficile d'aller beaucoup plus loin.

En particulier, il paraît impossible de faire une comparaison précise avec la valeur des terres pures à la fin du XXe siècle et au début du XXIe siècle. Le principal enjeu aujourd'hui concerne les terres urbaines : les terres agricoles valent moins de 10 % du revenu national, en France comme au Royaume-Uni. Le problème est qu'il est tout aussi difficile d'identifier

---

1. Voir annexe technique.

aujourd'hui la valeur des terres urbaines pures, indépendante non seulement des bâtiments et constructions, mais également des infrastructures et aménagements qui les rendent attractives, que celle des terres agricoles pures au XVIIIe siècle. D'après nos estimations, les flux annuels d'investissement des dernières décennies permettent d'expliquer correctement la quasi-totalité de la valeur des patrimoines – en particulier immobiliers – de 2010. Autrement dit, la hausse du rapport capital/revenu ne s'explique pas à titre principal par l'augmentation de la valeur des terres urbaines pures, qui en première approximation semble relativement comparable à celle des terres agricoles pures au XVIIIe siècle : entre une demi-année et une année de revenu national. Les marges d'incertitude sont cependant substantielles.

Deux points doivent par ailleurs être ajoutés. D'une part, le fait que la valeur totale de la capitalisation patrimoniale – en particulier immobilière – dans les pays riches s'explique assez bien par l'accumulation des flux d'épargne et d'investissement n'empêche évidemment pas l'existence de très fortes plus-values locales liées à de puissants effets d'agglomération dans certaines localisations particulières, notamment dans les grandes capitales. Cela n'aurait pas beaucoup de sens de prétendre expliquer l'augmentation de la valeur des immeubles sur les Champs-Élysées, ou plus généralement à Paris, uniquement par l'addition des flux d'investissement. Simplement, nos estimations suggèrent que ces très fortes plus-values foncières locales dans certaines localisations ont été en grande partie compensées par des moins-values foncières dans d'autres localisations devenues moins attractives, par exemple dans les villes de taille moyenne ou dans un certain nombre de quartiers désaffectés.

D'autre part, le fait que l'augmentation de la valeur des terres pures ne semble pas expliquer une part essentielle de la remontée historique du rapport capital/revenu dans les pays riches n'implique absolument pas qu'il en ira de même à l'avenir. D'un point de vue théorique, il n'existe aucune force qui garantisse une stabilité à long terme de la valeur des terres, et encore moins des ressources naturelles dans leur ensemble. Nous reprendrons l'examen de cette question lorsque nous analyserons la dynamique du patrimoine et des actifs étrangers détenus par les pays pétroliers[1].

---

1. Voir troisième partie, chapitre 12.

6.

Le partage capital-travail au XXIᵉ siècle

Nous comprenons maintenant assez bien la dynamique du rapport capital/revenu, telle que décrite par la loi β = s/g. Le rapport capital/revenu de long terme dépend notamment du taux d'épargne s et du taux de croissance g. Ces deux paramètres macrosociaux dépendent eux-mêmes de millions de décisions individuelles influencées par de multiples considérations sociales, économiques, culturelles, psychologiques, démographiques, et peuvent fortement varier dans le temps et entre pays. Ils sont en outre largement indépendants l'un de l'autre. Tout cela permet de mieux comprendre les fortes variations historiques et spatiales du rapport capital/revenu – sans même prendre en compte le fait que le prix relatif du capital peut lui aussi beaucoup varier, dans le court terme mais aussi dans le long terme, de même que celui des ressources naturelles.

Du rapport capital/revenu au partage capital-travail

Il nous faut maintenant passer de l'analyse du rapport capital/revenu à celle du partage du revenu national entre travail et capital. La formule $\alpha = r \times \beta$, baptisée première loi fondamentale du capitalisme dans le chapitre 1, permet de passer de façon transparente de l'une à l'autre. Par exemple, si la valeur du stock de capital est égale à six années de revenu national ($\beta = 6$) et si le taux de rendement moyen du capital est de 5 % par an ($r = 5$ %), alors la part des revenus du capital α dans le revenu national est égale à 30 % (et celle des revenus du travail est donc égale à 70 %). La question centrale est donc la suivante : comment est déterminé le taux de rendement du capital ? Commençons par examiner brièvement les évolutions observées sur très longue période, avant d'analyser les mécanismes théoriques et les forces économiques et sociales en jeu.

Les deux pays pour lesquels nous disposons des données historiques les plus complètes depuis le XVIIIe siècle sont de nouveau le Royaume-Uni et la France.

On observe la même évolution générale en forme de U pour la part du capital α que pour le rapport capital/revenu β, mais de façon moins marquée. Autrement dit, le rendement du capital r semble avoir atténué l'évolution de la quantité de capital β : le rendement r est plus élevé dans les périodes où la quantité β est plus faible, et inversement, ce qui paraît naturel.

Plus précisément : on constate au Royaume-Uni comme en France que la part du capital était de l'ordre de 35 %-40 % du revenu national à la fin du XVIIIe siècle et au XIXe siècle, avant de tomber à environ 20 %-25 % au milieu du XXe siècle, puis de remonter vers 25 %-30 % à la fin du XXe siècle et au début du XXIe siècle (voir graphiques 6.1-6.2). Cela correspond à un taux de rendement moyen du capital qui se situe aux environs de 5 %-6 % aux XVIIIe et XIXe siècles, avant de monter jusqu'à 7 %-8 % au milieu du XXe siècle, puis de tomber vers 4 %-5 % à la fin du XXᵉ et au début du XXIᵉ siècle (voir graphiques 6.3-6.4).

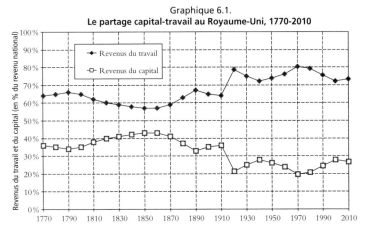

Graphique 6.1.
Le partage capital-travail au Royaume-Uni, 1770-2010

Lecture : au XIXᵉ siècle, les revenus du capital (loyers, profits, dividendes, intérêts) représentent environ 40 % du revenu national, contre 60 % pour les revenus du travail (salarié et non salarié).
Sources et séries : voir piketty.pse.ens.fr/capital21c.

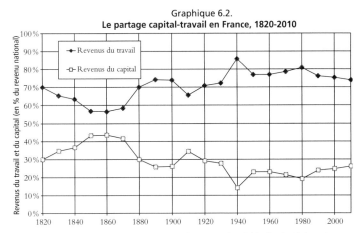

Graphique 6.2.
Le partage capital-travail en France, 1820-2010

Lecture : au XXIᵉ siècle, les revenus du capital (loyers, profits, dividendes, intérêts) représentent environ 30 % du revenu national, contre 70 % pour les revenus du travail (salarié et non salarié).
Sources et séries : voir piketty.pse.ens.fr/capital21c.

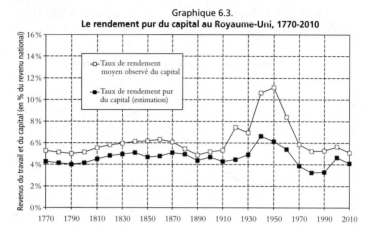

Graphique 6.3.
Le rendement pur du capital au Royaume-Uni, 1770-2010

Lecture : le taux de rendement pur du capital est relativement stable autour de 4 %-5 % dans le long terme.
Sources et séries : voir piketty.pse.ens.fr/capital21c.

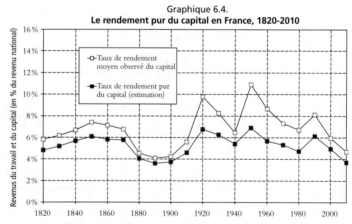

Graphique 6.4.
Le rendement pur du capital en France, 1820-2010

Lecture : le rendement moyen observé a connu des variations plus fortes que le rendement pur du capital au XXe siècle.
Sources et séries : voir piketty.pse.ens.fr/capital21c.

La courbe d'ensemble et les ordres de grandeur que nous venons d'indiquer peuvent être considérés comme fiables et significatifs, au moins en première approximation. Il convient cependant d'en souligner immédiatement les limites et les fragilités. Tout d'abord, comme nous l'avons déjà noté, la notion même de taux de rendement « moyen » du capital est une construction relativement abstraite. En pratique, le taux de rendement varie fortement suivant les types d'actifs, et également suivant la taille du patrimoine individuel (il est généralement plus facile d'obtenir un bon rendement lorsqu'on part d'un capital élevé), jouant par là même un rôle amplificateur sur les inégalités, comme nous le verrons dans la troisième partie. Concrètement, le rendement des actifs les plus risqués, à commencer par le capital industriel, qu'il prenne la forme de parts nominatives dans des fabriques familiales au XIXe siècle ou d'actions anonymes dans des sociétés cotées au XXe siècle, dépasse souvent les 7 %-8 %, alors que celui des actifs moins risqués est sensiblement plus faible, par exemple de l'ordre de 4 %-5 % pour les terres agricoles aux XVIIIe et XIXe siècles, voire 3 %-4 % pour l'immobilier en ce début de XXIe siècle. Pour les tout petits patrimoines détenus sur des comptes chèques ou des comptes d'épargne peu rémunérateurs, le taux de rendement réel est souvent plus proche de 1 %-2 %, voire négatif, quand l'inflation est supérieure au maigre taux d'intérêt nominal versé. Il s'agit d'une question cruciale, sur laquelle nous reviendrons amplement par la suite.

À ce stade, il est important de préciser que les parts du capital et les taux de rendement moyens indiqués sur les graphiques 6.1-6.4 ont été calculés en additionnant l'ensemble des revenus du capital répertoriés dans les comptes nationaux (quel que soit leur intitulé juridique : loyers, profits, dividendes, intérêts, royalties, etc., à l'exception des intérêts de la dette publique, et avant toute forme d'imposition), puis en divisant cet agrégat par le revenu national (on obtient alors la part du capital dans le revenu national, notée α) et par le capital national (on obtient ainsi le taux de rendement moyen du capital, noté r)[1]. Par construction, ce taux de rendement moyen agrège donc les rendements d'actifs et de placements très différents : l'objectif est précisément de savoir combien rapporte en moyenne le capital dans une société considérée dans son ensemble, par-delà les différences de situations individuelles. Évidemment, certaines personnes obtiennent mieux que ce rendement moyen et d'autres obtiennent moins bien. Avant d'étudier la répartition du rendement individuel autour du rendement moyen, il est naturel de commencer par analyser où se situe cette moyenne.

Les flux : plus difficiles à estimer que les stocks

Précisons également qu'une limite importante de ce type de calcul concerne les revenus des travailleurs non salariés, au sein desquels il est souvent difficile d'isoler la rémunération du capital.

Ce problème est certes moins important aujourd'hui que par le passé, car l'essentiel de l'activité économique privée est maintenant organisé dans le cadre de sociétés anonymes, ou plus généralement de sociétés de capitaux, c'est-à-dire de sociétés où l'on sépare clairement les comptes de l'entreprise et les comptes des personnes qui ont apporté les capitaux (et qui ne sont d'ailleurs engagées qu'à hauteur de leur apport en capital, et non plus sur leurs deniers personnels : c'est la révolution de la « société à responsabilité limitée », engagée

1. Les intérêts de la dette publique, qui ne font pas partie du revenu national (il s'agit d'un pur transfert) et qui rémunèrent un capital qui ne fait pas partie du capital national (puisque la dette publique entre en actif pour les détenteurs privés et en passif pour l'État), n'ont pas été pris en compte dans les graphiques 6.1-6.4. Si on les incluait, la part du capital serait un peu plus élevée, généralement de l'ordre de 1-2 points (et jusqu'à 4-5 points dans les périodes où la dette publique est particulièrement élevée). Pour des séries complètes, voir annexe technique.

un peu partout à la fin du XIXe siècle), et où l'on distingue nettement la rémunération du travail (salaires, primes, et autres paiements versés à tous ceux qui ont apporté leur travail, y compris les cadres dirigeants) et la rémunération du capital (dividendes, intérêts, profits réinvestis pour accroître la valeur du capital, etc.).

Il en va différemment dans les sociétés de personnes, et en particulier dans les entreprises individuelles, dont les comptes de la société se confondent parfois avec les comptes personnels du chef d'entreprise, qui est souvent à la fois le propriétaire et l'exploitant. Actuellement, environ 10 % de la production intérieure dans les pays riches est réalisée par des travailleurs non salariés au sein d'entreprises individuelles, ce qui correspond approximativement à la part des non-salariés dans la population active. Les travailleurs non salariés sont notamment regroupés dans de petites entreprises de services (commerçants, artisans, restaurateurs, etc.) et au sein des professions libérales (médecins, avocats, etc.). Pendant longtemps, cela concernait aussi un grand nombre d'exploitants agricoles, qui ont aujourd'hui largement disparu. Dans les comptes de ces entreprises individuelles, il est généralement impossible d'isoler la rémunération du capital : par exemple les bénéfices d'un radiologue rémunèrent à la fois son travail et les équipements parfois très coûteux qu'il a dû acquérir. Il en va de même pour l'hôtelier ou l'exploitant agricole. C'est pourquoi on parle de « revenus mixtes » : les revenus des travailleurs non salariés sont à la fois des revenus du travail et des revenus du capital. On pourrait aussi parler de « revenu entrepreneurial ».

Afin de répartir les revenus mixtes entre capital et travail, nous avons utilisé la même répartition moyenne capital-travail que pour le reste de l'économie. C'est la solution la moins arbitraire, et elle semble donner des résultats proches de ceux obtenus avec les deux autres méthodes généralement utilisées[1].

1. On peut soit attribuer aux travailleurs non salariés le même revenu du

Mais cela reste une approximation, puisque par construction la notion même de frontière entre revenus du capital et du travail n'est pas bien définie au sein des revenus mixtes. Pour la période actuelle, cela ne fait pas beaucoup de différence : compte tenu du faible poids des revenus mixtes, l'incertitude sur la véritable part du capital ne porte tout au plus que sur 1 % ou 2 % du revenu national. Pour les périodes plus anciennes, et en particulier pour le XVIIIe et le XIXe siècle, où les revenus mixtes pouvaient représenter plus de la moitié du revenu national, les incertitudes sont potentiellement beaucoup plus importantes[1]. C'est pourquoi les estimations de la part du capital disponibles pour les XVIIIe et XIXe siècles ne peuvent être considérées que comme des approximations[2].

Cela ne semble toutefois pas pouvoir remettre en cause le très haut niveau des revenus du capital que nous avons estimé pour cette période (au moins 40 % du revenu national) : au Royaume-Uni comme en France, la rente foncière versée aux propriétaires terriens représentait à elle seule de l'ordre de 20 % du revenu national au XVIIIe et au début du XIXe siècle, et tout laisse à penser que le rendement des terres agricoles (environ la moitié du capital national) était légère-

---

travail moyen qu'aux salariés, soit attribuer au capital professionnel utilisé par les travailleurs non salariés le même rendement moyen qu'aux autres formes de capital. Voir annexe technique.

1. Dans les différents pays riches, la part des entreprises individuelles est passée d'environ 30 %-40 % de la production intérieure dans les années 1950-1960 (elle pouvait dépasser 50 % au XIXe siècle et au début du XXe siècle) à environ 10 % dans les années 1980-1990 (ce qui reflète pour l'essentiel la chute de la part de l'agriculture), puis s'est stabilisée autour de ce niveau depuis lors, avec parfois une légère remontée autour de 12 %-15 %, suivant notamment les aléas des avantages et désavantages fiscaux en vigueur. Voir annexe technique.

2. Les séries représentées sur les graphiques 6.1-6.2 ont été établies à partir des travaux historiques de Robert Allen pour le Royaume-Uni et de mes propres travaux pour la France. Tous les détails sur les sources et méthodes sont disponibles en ligne dans l'annexe technique.

ment inférieur au rendement moyen du capital, et nettement inférieur au rendement du capital industriel, si l'on en juge par le très haut niveau des profits industriels, en particulier pendant la première moitié du XIXe siècle. Mais les imperfections des données disponibles font qu'il est préférable de donner un intervalle – entre 35 % et 45 % – plutôt qu'une seule estimation.

Pour le XVIIIe et le XIXe siècle, les estimations de la valeur du stock de capital sont probablement plus précises que celles portant sur les flux de revenus du travail et de revenus du capital. Dans une large mesure, il en va de même aujourd'hui. C'est pourquoi nous avons choisi dans le cadre de notre enquête de mettre l'accent sur l'évolution du rapport capital/revenu, et non sur le partage capital-travail, comme cela a été fait plus classiquement dans la recherche économique.

La notion de rendement pur du capital

L'autre source importante d'incertitudes – qui nous conduit à penser que les taux de rendement moyen indiqués sur les graphiques 6.3-6.4 sont quelque peu surestimés, et à indiquer également ce que l'on peut appeler des taux de rendement « pur » du capital – provient du fait que les comptes nationaux ne cherchent pas à prendre en compte la réalité suivante : le placement d'un capital requiert en général un minimum de travail, ou au moins d'attention, de la part de son détenteur. Certes les coûts de gestion et d'intermédiation financière « formelle », c'est-à-dire les services de conseil ou de gestion de portefeuille assurés par une banque ou une institution financière officielle, ou bien par une agence immobilière ou un syndic de copropriété, sont évidemment pris en compte, et sont toujours déduits des calculs des revenus du capital et du taux de rendement moyen (tels que ceux présentés ici). Mais il n'en va pas de même de l'intermédiation financière

« informelle », c'est-à-dire le fait que chacun passe du temps – parfois beaucoup de temps – à gérer son propre portefeuille et ses propres affaires, et à déterminer quels sont les investissements les plus profitables. Cela peut s'apparenter dans certains cas à un véritable travail entrepreneurial, ou plutôt un travail d'« homme d'affaires ».

Il est certes très difficile – et en partie arbitraire – de calculer précisément la valeur de ce travail informel, ce qui explique cet oubli des comptes nationaux. Il faudrait en principe mesurer le temps passé et lui attribuer une valeur horaire, par exemple en se fondant sur la rémunération d'un travail équivalent dans le secteur financier ou immobilier formel. On peut aussi imaginer que ces coûts informels sont plus importants dans des périodes de très forte croissance économique (ou d'inflation élevée), car de telles périodes exigent sans doute de plus fréquentes réallocations de portefeuille et davantage de temps passé à chercher les meilleures opportunités d'investissement que dans une économie en quasi-stagnation. Par exemple, il est difficile de considérer les rendements moyens de l'ordre de 10 % observés en France – et à un degré légèrement moindre au Royaume-Uni – pendant les périodes de reconstruction faisant suite à chacune des deux guerres mondiales (de tels niveaux sont également observés dans des pays émergents en très forte croissance, comme en Chine aujourd'hui) comme un rendement pur du capital. Il est probable que de tels rendements incluent une part non négligeable de rémunération d'un travail informel de type entrepreneurial.

À titre illustratif, nous avons indiqué sur les graphiques 6.3-6.4 des estimations pour le Royaume-Uni et la France du rendement pur du capital aux différentes époques, obtenues en déduisant du rendement moyen observé une estimation plausible – quoique peut-être un peu trop élevée – des coûts informels de gestion (c'est-à-dire de la valeur du temps de travail passé à gérer son patrimoine). Les taux de rendement pur ainsi obtenus sont généralement de l'ordre de un ou deux points plus bas que les taux moyens observés, et doivent sans doute être considérés comme des valeurs minimales[1]. En particulier les données disponibles sur les taux de rendement effectivement obtenus par niveau de fortune, et que nous examinerons dans la troisième partie, suggèrent qu'il existe des économies d'échelle importantes dans la gestion des patrimoines, et que le rendement pur obtenu par les patrimoines les plus importants est sensiblement plus élevé que les niveaux indiqués ici[2].

Le rendement du capital dans l'histoire

La principale conclusion qui ressort de nos estimations est la suivante. En France comme au Royaume-Uni, du XVIIIe au XXIe siècle, le rendement pur du capital a oscillé autour d'une valeur centrale de l'ordre de 4 %-5 % par an, ou plus généralement dans un intervalle compris entre 3 % et 6 % par an. Il n'existe pas de tendance massive dans le long terme, ni à la hausse ni à la baisse. Le rendement pur a nettement dépassé 6 % à la suite des fortes destructions et des multiples chocs subis par le capital au cours des guerres du XXe siècle, mais il est revenu assez rapidement vers les niveaux plus faibles observés dans le passé. Il est possible que le rendement pur du capital ait toutefois légèrement baissé sur très longue période : il dépassait souvent les 4 %-5 % aux XVIIIe et XIXe siècles, alors qu'en ce début de XXIe siècle il semble se rapprocher de 3 %-4 %, à mesure que le rapport patrimoine/revenu retrouve ses niveaux élevés observés dans le passé.

---

1. Voir également les graphiques supplémentaires S6.1-S6.2 disponibles en ligne, sur lesquels nous indiquons les bornes inférieures et supérieures pour la part du capital au Royaume-Uni et en France.
2. Voir en particulier troisième partie, chapitre 12.

Nous manquons cependant de recul pour juger pleinement de ce dernier point. On ne peut exclure que le rendement pur du capital s'apprête à retrouver dans les décennies qui viennent des niveaux plus élevés, compte tenu notamment de la concurrence croissante entre pays pour attirer les capitaux, et de la sophistication également croissante des marchés et institutions financières pour générer des rendements élevés à partir de portefeuilles complexes et diversifiés.

En tout état de cause, cette quasi-stabilité du rendement pur du capital sur très longue période – ou plus probablement cette légère baisse, d'environ un quart ou un cinquième, de 4 %-5 % aux XVIIIe et XIXe siècles à 3 %-4 % aujourd'hui – constitue un fait majeur pour notre enquête, sur lequel nous allons abondamment revenir.

Afin de mettre ces chiffres en perspective, rappelons tout d'abord que le taux de conversion traditionnel entre capital et rente aux XVIIIe et XIXe siècles, pour les formes de capital les plus répandues et les moins risquées, typiquement des terres ou de la dette publique, est généralement de l'ordre de 5 % par an : la valeur d'un capital est estimée à environ vingt années de revenu annuel rapporté par ce capital. Cette valeur de référence est parfois estimée à vingt-cinq années (ce qui correspond alors à un rendement de 4 % par an[1]).

---

1. Le taux d'intérêt pratiqué sur la dette publique au Royaume-Uni et en France aux XVIIIe et XIXe siècles est typiquement de l'ordre de 4 %-5 %. Il peut parfois descendre autour de 3 % (comme pendant le ralentissement économique de la fin du XIXe siècle). À l'inverse, il atteint 5 %-6 %, voire davantage, pendant des périodes de fortes tensions politiques, quand la crédibilité budgétaire du régime est remise en cause, par exemple au cours des décennies précédant la Révolution française ou pendant la période révolutionnaire. Voir F. VELDE, D. WEIR, « The financial market and government debt policy in France 1746-1793 », *Journal of Economic History*, 1992. Voir également K. BÉGUIN, *Financer la guerre au XVIIe siècle. La dette publique et les rentiers de l'absolutisme*, Champ Vallon, 2012. Des séries historiques détaillées sont présentées dans l'annexe technique.

Dans le roman classique du début du XIXe siècle, notamment chez Balzac ou Jane Austen, cette équivalence entre capital et rente annuelle, par le truchement d'un taux de rendement de 5 % (ou plus rarement 4 %), est une évidence absolue. Il arrive d'ailleurs fréquemment que les romanciers omettent de signaler la nature du capital, et en particulier l'importance prise par les deux substances assez différentes que sont la terre et la dette publique, considérées parfois comme des substituts quasi parfaits, et se contentent d'indiquer le montant de la rente annuelle produite. On nous informe par exemple que tel grand personnage dispose de 50 000 francs ou de 2 000 livres sterling de rente, sans préciser s'il s'agit de rente foncière ou de rente sur l'État. Qu'importe, puisque le revenu est sûr et régulier dans les deux cas, et permet de financer de façon durable un train de vie bien précis, et de reproduire dans le temps un statut social connu et parfaitement répertorié.

De même, Austen comme Balzac jugent souvent inutile de préciser le taux de rendement permettant de transformer un capital en rente annuelle : chaque lecteur sait bien qu'il faut un capital de l'ordre de 1 million de francs pour produire une rente annuelle de 50 000 francs (ou un capital de 40 000 livres pour produire une rente annuelle de 2 000 livres), que le placement se fasse en titres de dette publique, en terres agricoles ou sous une autre forme. Pour les romanciers du XIXe siècle comme pour leurs lecteurs, l'équivalence entre patrimoine et rente annuelle est une évidence, et l'on passe en permanence d'une échelle de mesure à l'autre, sans autre forme de procès, comme si l'on utilisait des registres de synonymes parfaits, ou deux langues parallèles connues de tous.

Il est tout aussi évident dans ces romans qu'il existe des placements qui demandent un investissement personnel plus important, qu'il s'agisse des fabriques de pâtes du père Goriot ou des placements antillais de sir Thomas dans *Mansfield Park*, et qui fort naturellement rapportent des rendements plus élevés. De tels placements peuvent typiquement permettre d'obtenir des rendements de 7 %-8 %, voire davantage lorsqu'on fait de très bonnes affaires, comme l'espère César Birotteau avec sa juteuse opération immobilière du quartier de la Madeleine, après ses premiers succès obtenus dans la parfumerie. Mais il est également parfaitement clair pour tous qu'une fois déduits le temps et l'énergie passés à organiser ces affaires (sir Thomas passe de longs mois dans les îles) le rendement pur finalement obtenu n'est pas toujours beaucoup plus avantageux que les 4 %-5 % obtenus par les placements sur la terre et la dette publique. Autrement dit, le rendement supplémentaire correspond pour une large part à la rémunération du travail apporté dans l'affaire, et le rendement pur du capital – y compris en incluant la prime de risque – n'est généralement pas beaucoup plus élevé que 4 %-5 % (ce qui d'ailleurs n'est déjà pas si mal).

Le rendement du capital au début du XXIe siècle

Comment est déterminé le rendement pur du capital (c'est-à-dire ce que rapporte annuellement le capital après avoir déduit tous les frais de gestion et le temps passé à gérer son portefeuille, sous toutes ses formes), et pourquoi aurait-il légèrement baissé sur très longue période, passant approximativement de 4 %-5 % à l'époque de Balzac et Jane Austen à environ 3 %-4 % aujourd'hui ?

Avant de tenter de répondre à cette interrogation, une question importante doit être clarifiée. Certains lecteurs trouvent peut-être que ce rendement moyen de 3 %-4 % en vigueur au début des années 2010 est bien optimiste, par comparaison au malheureux rendement qu'ils obtiennent eux-mêmes pour leurs pauvres économies. Plusieurs points doivent toutefois être précisés.

Tout d'abord, les niveaux indiqués sur les graphiques 6.3-6.4 correspondent à des rendements avant toute forme d'imposition. Autrement dit, il s'agit des rendements qui seraient obtenus par les détenteurs du capital s'il n'existait aucune forme d'imposition sur le capital et sur ses revenus (pour une quantité donnée de capital). Nous reviendrons de façon détaillée dans la dernière partie de ce livre sur le rôle que ces impôts ont joué dans le passé, et sur le rôle qu'ils peuvent jouer à l'avenir, dans le cadre de la concurrence fiscale exacerbée entre États. À ce stade, contentons-nous de noter que la pression fiscale en général était presque insignifiante aux XVIIIe et XIXe siècles, et nettement plus élevée au XXe et en ce début de XXIe siècle, si bien que le rendement moyen après impôt a nettement plus baissé sur longue période que le rendement moyen avant impôt. Aujourd'hui, le niveau des impôts sur le capital et ses revenus peut certes être assez faible lorsque l'on pratique la bonne stratégie d'optimisation fiscale (certains investisseurs particulièrement persuasifs parviennent même à obtenir des subventions), mais ils sont tout à fait substantiels dans la majorité des cas. En particulier, il est important d'avoir présent à l'esprit qu'il existe bien d'autres impôts que l'impôt sur le revenu à prendre en compte : par exemple la taxe foncière réduit sensiblement le rendement du capital immobilier, et l'impôt sur les sociétés fait de même pour les revenus du capital financier investi dans les entreprises. Ce n'est que si l'ensemble de ces impôts était supprimé – cela arrivera peut-être un jour, mais nous en sommes tout de même assez loin – que les rendements du capital effectivement perçus par les propriétaires atteindraient les niveaux indiqués sur les graphiques 6.3-6.4. Tous impôts confondus, le taux moyen d'imposition pesant sur les revenus du capital est actuellement de l'ordre de 30 % dans la plupart des pays riches. Voici la première raison qui introduit un écart important entre le rendement économique pur du capital et le rendement effectivement perçu par les personnes concernées.

Le second point qu'il nous faut de nouveau rappeler est que

ce rendement pur de l'ordre de 3 %-4 % est une moyenne qui dissimule d'énormes disparités. Pour tous ceux qui ont comme seul capital un peu d'argent sur leur compte chèques, le rendement est négatif, puisque les sommes en question ne touchent aucun intérêt, et sont grignotées chaque année par l'inflation. Les livrets et comptes d'épargne rapportent souvent à peine plus que l'inflation[1]. Mais le fait notable est que même si ces personnes sont importantes en nombre, ce qu'elles possèdent est relativement réduit en masse. Rappelons que le patrimoine dans les pays riches se partage actuellement en deux moitiés approximativement égales (ou comparables) : l'immobilier et les actifs financiers. Au sein des actifs financiers, les actions, obligations et placements, plans d'épargne et contrats financiers à long terme (par exemple de type assurance vie ou fonds de pension) représentent la quasi-totalité des masses en jeu. Les sommes détenues sur les comptes chèques non rémunérés représentent généralement l'équivalent d'à peine 10 %-20 % du revenu national, soit tout au plus 3 %-4 % du total des patrimoines (qui, rappelons-le, représentent entre 500 % et 600 % du revenu national). Si l'on ajoute les livrets d'épargne, alors on n'atteint guère plus de 30 % du revenu national, soit à peine plus de 5 % de la totalité des patrimoines[2]. Le fait que les comptes chèques et livrets d'épargne ne rapportent que de très maigres intérêts n'est évidemment pas un détail pour les personnes concernées. Mais, du point de vue du rendement moyen du capital, ce fait n'a somme toute qu'une importance limitée.

Du point de vue du rendement moyen, il est beaucoup plus important de noter que la valeur locative annuelle de

---

1. Le livret A rapporte un taux d'intérêt nominal d'à peine 2 % en France en 2013, soit un rendement réel proche de 0 %.
2. Voir annexe technique. Les sommes placées sur des comptes chèques donnent lieu à rémunération dans la plupart des pays (cela est interdit en France).

l'immobilier d'habitation – la moitié des patrimoines – représente généralement de l'ordre de 3 %-4 % du prix des biens. Un appartement de 500 000 euros rapporte par exemple un loyer de l'ordre de 15 000-20 000 euros par an (autour de 1 500 euros par mois), ou permet d'économiser un tel loyer pour ceux qui choisissent de l'habiter eux-mêmes, ce qui revient au même. Cela vaut aussi pour les patrimoines immobiliers plus modestes : un appartement de 100 000 euros rapporte – ou permet d'éviter d'avoir à payer – un loyer d'environ 3 000 euros ou 4 000 euros par an, voire davantage (ainsi que nous l'avons déjà noté, le rendement locatif atteint parfois 5 % sur les petites surfaces). Les rendements obtenus sur les placements financiers, prédominants au sein des patrimoines les plus importants, sont plus élevés encore. C'est l'ensemble de ces placements, immobiliers et financiers, qui en masse représentent la plus grande partie des patrimoines privés, qui tire vers le haut le rendement moyen.

Actifs réels et actifs nominaux

Le troisième point qui mérite d'être précisé est que les taux de rendement indiqués sur les graphiques 6.3-6.4 doivent absolument être considérés comme des rendements réels. Autrement dit, il serait tout à fait erroné de vouloir déduire le taux d'inflation – typiquement 1 %-2 % par an dans les pays riches actuellement – de ces rendements.

La raison en est simple et vient d'être évoquée : dans leur immense majorité, les éléments de patrimoine que détiennent les ménages sont des actifs « réels » (c'est-à-dire des actifs se rapportant à une activité économique réelle, comme l'immobilier d'habitation ou les actions, et dont le prix évolue donc en fonction de l'évolution de cette activité), et non des actifs « nominaux » (c'est-à-dire dont la valeur est fixée à la valeur nominale initiale, comme l'argent placé sur un compte chèques, un livret d'épargne, ou un bon du Trésor non indexé sur l'inflation).

La caractéristique des actifs nominaux est d'être soumis à un fort risque inflationniste : quand on place 10 000 euros sur un compte chèques, un livret d'épargne ou une obligation publique ou privée non indexée, alors ce placement vaut toujours 10 000 euros dix ans plus tard, même si entre-temps les prix à la consommation ont doublé. Dans ce cas, on dit que la valeur réelle du placement a été divisée par deux : on peut s'acheter deux fois moins de biens et services qu'avec la somme initialement placée. Cela correspond à un rendement négatif de − 50 % sur dix ans, qui peut ou non être compensé par les intérêts obtenus au cours de cette période. En général, dans des périodes de forte hausse des prix, le taux d'intérêt « nominal », c'est-à-dire avant déduction de l'inflation, monte à des niveaux élevés, et le plus souvent à des niveaux supérieurs à l'inflation. Mais tout dépend de la date à laquelle le placement a été réalisé, des anticipations d'inflation que formaient les uns et les autres à ce moment-là, etc. : suivant les cas, le taux d'intérêt « réel », c'est-à-dire le rendement réellement obtenu, après déduction du taux d'inflation, peut être fortement négatif ou fortement positif[1]. En tout état de cause, il faut déduire l'inflation des intérêts pour connaître le rendement réel d'un actif nominal.

Il en va tout à fait différemment pour les actifs réels. Le prix des biens immobiliers de même que le prix des actions, des parts d'entreprise ou des multiples placements financiers et fonds communs de placement investis sur les marchés boursiers progressent généralement au moins aussi vite que l'indice de

---

1. Par exemple, un taux d'intérêt nominal de 5 % avec une inflation de 10 % correspond à un taux d'intérêt réel de − 5 %, alors qu'un taux d'intérêt nominal de 15 % avec une inflation de 5 % correspond à un taux d'intérêt réel de + 10 %.

prix à la consommation. Autrement dit, non seulement il ne faut pas déduire l'inflation des loyers ou des dividendes perçus chaque année, mais il faut souvent ajouter à ce rendement annuel une plus-value lors de la revente de l'actif (ou parfois déduire une moins-value). Or le fait essentiel est que ces actifs réels sont beaucoup plus représentatifs que les actifs nominaux : ils représentent en général plus des trois quarts des actifs totaux détenus par les ménages, et parfois les neuf dixièmes[1].

Lorsque nous avons étudié l'accumulation du capital, dans le chapitre précédent, nous avons conclu que ces différents effets ont tendance à se compenser sur longue période. Concrètement, si l'on prend en compte l'ensemble des actifs, alors en moyenne, sur l'ensemble de la période 1910-2010, le prix des actifs semble avoir progressé au même rythme que l'indice des prix à la consommation, tout du moins en première approximation. Les plus-values ou moins-values peuvent certes être fortes pour telle ou telle catégorie d'actifs (en particulier les actifs nominaux génèrent structurellement des moins-values, compensées par les plus-values des actifs réels), et varient fortement suivant les périodes : le prix relatif du capital a fortement baissé au cours des années 1910-1950, avant de remonter tendanciellement au cours des années 1950-2010. Dans ces conditions, l'approche la plus raisonnable consiste à considérer que les rendements moyens du capital indiqués sur les graphiques 6.3-6.4, obtenus – rappelons-le – en divisant le flux annuel de revenus du capital (loyers, dividendes, intérêts, profits, etc.) par le stock de capital, donc sans prendre en compte les plus-values ni les moins-values, constituent une bonne estimation du rendement moyen du capital à long

---

1. Les actifs immobiliers représentent à eux seuls de l'ordre de la moitié des actifs totaux, et au sein des actifs financiers les actifs réels représentent généralement plus de la moitié du total, et souvent plus des trois quarts. Voir annexe technique.

terme[1]. Bien entendu, cela ne dispense pas, lorsque l'on étudie le rendement d'un actif particulier, d'ajouter la plus-value ou de déduire la moins-value (par exemple de déduire l'inflation dans le cas d'un actif nominal). Mais cela n'aurait pas beaucoup de sens de déduire l'inflation de l'ensemble des rendements du capital, sans ajouter les plus-values, qui en moyenne équilibrent amplement les effets de l'inflation.

Entendons-nous bien : il ne s'agit évidemment pas de nier ici que l'inflation puisse parfois avoir des effets réels sur les patrimoines, leur rendement et leur répartition. Simplement, il s'agit davantage d'effets de redistributions au sein des patrimoines que d'effets structurels à long terme. Par exemple, nous avons vu que l'inflation avait joué un rôle central pour réduire à peu de chose la valeur des dettes publiques dans les pays riches à la suite des guerres du XXe siècle. Mais lorsque l'inflation se prolonge durablement à des niveaux élevés, les uns et les autres cherchent à s'en protéger en investissant dans des actifs réels. Or tout laisse à penser que les patrimoines les plus importants sont souvent les mieux indexés et les plus diversifiés à long terme, et que les patrimoines modestes – typiquement les comptes chèques et les livrets d'épargne – sont les plus durement touchés.

On pourrait certes soutenir l'idée selon laquelle le passage d'une inflation quasi nulle au XIXe et jusqu'au début du XXe siècle à une inflation à 2 % à la fin du XXe et au début du XXIe siècle a conduit à une légère baisse du rendement pur du capital, dans le sens où il est plus facile d'être un rentier dans un régime d'inflation nulle (le patrimoine issu du passé ne court aucun risque d'être grignoté par l'inflation), alors

---

1. Comme nous l'avons expliqué dans le chapitre précédent, cette approche revient toutefois à intégrer dans le taux de rendement la plus-value structurelle correspondant à la capitalisation des bénéfices non distribués dans la valeur des actions, qui est un élément important du rendement des actions sur longue période.

qu'il faut aujourd'hui passer plus de temps à réallouer son patrimoine, ou à tout le moins à réfléchir à la bonne stratégie de placement. Mais, là encore, il n'est pas sûr du tout que les patrimoines les plus élevés soient les plus durement touchés, ni que ce mécanisme soit le plus approprié pour atteindre cet objectif. Nous reviendrons sur cette question essentielle dans la prochaine partie lorsque nous étudierons la façon dont les rendements effectivement obtenus par les uns et les autres varient avec le niveau de patrimoine, et dans la partie suivante lorsque nous examinerons et comparerons les différentes institutions et politiques publiques susceptibles d'influer sur la répartition des richesses, au premier rang desquelles se trouvent l'impôt et l'inflation. À ce stade, notons simplement que l'inflation joue avant tout un rôle de redistribution au sein des détenteurs de patrimoines – un rôle parfois souhaitable, parfois moins –, que l'éventuel impact de l'inflation sur le rendement moyen du capital ne peut en tout état de cause qu'être relativement limité, et bien inférieur à l'effet nominal apparent[1].

À quoi sert le capital ?

Nous venons de voir comment avait évolué le rendement du capital au cours de l'histoire, d'après les meilleures données dont nous disposons. Venons-en maintenant aux mécanismes explicatifs : comment est déterminé le taux de rendement du

---

1. Autrement dit, le fait de faire passer l'inflation de 0 % à 2 %, dans un monde où le rendement du capital était initialement de 4 %, n'est certainement pas équivalent à une taxe de 50 % sur le rendement du capital, pour la bonne et simple raison que le prix des actifs immobiliers et boursiers se mettra lui aussi à croître de 2 % par an, et que seule une toute petite partie des actifs détenus par les ménages – en gros, les encaisses monétaires et une partie des actifs nominaux – paiera la taxe inflationniste. Nous reviendrons sur cette question dans la troisième partie, chapitre 12.

capital en vigueur dans une société donnée ? Quelles sont les principales forces économiques et sociales en jeu, comment peut-on rendre compte des évolutions historiques observées, et surtout que peut-on dire au sujet de l'évolution prévisible du taux de rendement du capital au XXIe siècle ?

D'après les modèles économiques les plus simples, et sous l'hypothèse d'une concurrence « pure et parfaite » sur le marché du capital comme sur le marché du travail, le taux de rendement du capital devrait être exactement égal à la « productivité marginale » du capital (c'est-à-dire la contribution d'une unité de capital supplémentaire au processus de production considéré). Dans des modèles plus complexes et plus réalistes, le taux de rendement du capital dépend également du pouvoir de négociation et des rapports de force entre les uns et les autres, et peut suivant les situations et les secteurs être plus élevé ou plus faible que la productivité marginale du capital (d'autant plus que cette dernière n'est pas toujours mesurable avec précision).

Dans tous les cas, le taux de rendement du capital est notamment déterminé par les deux forces suivantes : d'une part par la technologie (à quoi sert le capital ?), et d'autre part par l'abondance du stock de capital (trop de capital tue le capital).

La technologie joue naturellement un rôle central. Si le capital ne sert à rien comme facteur de production, alors par définition sa productivité marginale est nulle. Dans l'absolu, on peut tout à fait imaginer une société où le capital n'a aucune utilité dans le processus de production, où aucun investissement ne permet d'améliorer la productivité des terres agricoles, où aucun outil ou équipement ne permet de produire davantage, et où le fait de disposer d'un toit pour dormir n'apporte aucun bien-être supplémentaire par rapport au fait de coucher dehors. Peut-être néanmoins le capital jouerait-il dans une telle société un rôle important comme pure réserve de valeur : par exemple, chacun pourrait choisir d'accumuler des piles de nourriture (à supposer que les conditions de conservation le permettent), en prévision d'une éventuelle disette future, ou bien encore pour des raisons purement esthétiques (en y ajoutant peut-être, dans ce cas, des piles de bijoux et d'ornements divers). Dans l'absolu, rien n'interdit d'imaginer une société où le rapport capital/revenu β serait extrêmement élevé, mais où le rendement du capital r serait rigoureusement nul. Dans ce cas, la part du capital dans le revenu national $\alpha = r \times \beta$ serait elle aussi rigoureusement nulle. Dans une telle société, la totalité du revenu national et de la production irait au travail.

Rien n'interdit de l'imaginer, mais dans toutes les sociétés humaines connues, y compris les plus archaïques, les choses se déroulent différemment. Dans toutes les civilisations, le capital remplit deux grandes fonctions économiques : d'une part pour se loger (c'est-à-dire pour produire des « services de logement », dont la valeur est mesurée par la valeur locative des habitations : c'est la valeur du bien-être apporté par le fait de dormir et vivre sous un toit plutôt que dehors), et d'autre part comme facteur de production pour produire d'autres biens et services (dont le processus de production peut nécessiter des terres agricoles, outils, bâtiments, bureaux, machines, équipements, brevets, etc.). Historiquement, les premières formes d'accumulation capitalistique semblent concerner à la fois les outils (silex, etc.) et les aménagements agricoles (clôtures, irrigation, drainage, etc.), ainsi que des rudiments d'habitation (grottes, tentes, cabanes, etc.), avant de passer à des formes de plus en plus sophistiquées de capital industriel et professionnel et de locaux d'habitation sans cesse plus élaborés.

La notion de productivité marginale du capital

Concrètement, la productivité marginale du capital est définie par la valeur de la production additionnelle apportée par une unité de capital supplémentaire. Supposons par exemple que dans une société agricole le fait de disposer de l'équivalent de 100 euros de terres supplémentaires, ou bien de 100 euros d'outils supplémentaires (compte tenu des prix en vigueur pour la terre et les outils), permette d'augmenter la production de nourriture de l'équivalent de 5 euros par an (toutes autres choses égales par ailleurs, en particulier en maintenant constante la quantité de travail utilisée). On dit alors que la productivité marginale du capital est de 5 euros pour 100 euros investis, autrement dit de 5 % par an. Dans des conditions de concurrence pure et parfaite, il s'agit du taux de rendement annuel que le détenteur du capital – propriétaire foncier ou propriétaire des outils – devrait obtenir de la part du travailleur agricole. S'il cherche à obtenir davantage que 5 %, le travailleur ira louer sa terre et ses outils auprès d'un autre capitaliste. Et si c'est le travailleur qui veut payer moins que 5 %, la terre et les outils iront à un autre travailleur. Évidemment, il peut exister des situations où le propriétaire est dans une situation de monopole pour louer sa terre et ses outils au travailleur, ou bien pour lui acheter son travail (on parle alors de « monopsone »), auquel cas le propriétaire peut imposer un taux de rendement supérieur à cette productivité marginale.

Dans une économie plus complexe, où les usages du capital sont multiples et diversifiés – on peut investir 100 euros dans une exploitation agricole, mais aussi dans de l'immobilier d'habitation ou dans une entreprise industrielle ou services –, il peut être difficile de connaître la productivité marginale du capital. C'est en principe la fonction du système d'intermédiation financière (les banques et les marchés financiers, notamment) de trouver les meilleurs usages possibles du capital, de façon que chaque unité de capital disponible aille s'investir là où elle est la plus productive – à l'autre bout du monde s'il le faut – et rapporte à son détenteur le meilleur rendement possible. Un marché du capital est dit « parfait » s'il permet à chaque unité de capital d'aller s'investir dans le meilleur usage possible et d'obtenir la productivité marginale maximale disponible dans l'économie, si possible dans le cadre d'un portefeuille d'investissements parfaitement diversifié (de façon à bénéficier sans aucun risque du rendement moyen de l'économie), et le tout bien sûr avec des coûts d'intermédiation minimaux.

En pratique, les institutions financières et les marchés boursiers sont généralement très éloignés de cet idéal de perfection, et se caractérisent souvent par l'instabilité chronique, les vagues spéculatives et les bulles à répétition. Il faut dire qu'il n'est pas simple de dénicher sur toute une planète, ou même dans tout un pays, le meilleur usage possible pour une unité de capital – et sans compter que le « court-termisme » et la dissimulation comptable sont parfois le plus court chemin vers le rendement privé maximal immédiat. Mais, quelle que soit l'imperfection des institutions existantes, il n'en reste pas moins que les systèmes d'intermédiation financière ont évidemment joué un rôle central et irremplaçable dans l'histoire du développement économique. Ce processus a toujours impliqué de très nombreux acteurs, et pas seulement les banques et marchés financiers formels : par exemple, aux XVIIIe et XIXe siècles, les notaires jouaient un rôle central pour mettre en relation les personnes disposant de fonds à placer et celles ayant des projets d'investissements, à l'image du père Goriot et de ses fabriques de pâtes ou de César Birotteau et de ses projets immobiliers[1].

Il est important de préciser que la notion de productivité marginale du capital est définie indépendamment des institutions et des règles – ou de l'absence de règles – qui caractérisent le partage capital-travail dans une société don-

---

1. Voir P. HOFFMAN, G. POSTEL-VINAY, J.-L. ROSENTHAL, *Priceless Markets. The Political Economy of Credit in Paris 1660-1870*, University of Chicago Press, 2000.

née. Par exemple, si le détenteur de la terre et des outils exploite lui-même son capital, alors il ne comptabilise sans doute pas séparément le rendement du capital qu'il se verse lui-même. Pour autant, le capital n'en est pas moins utile, et sa productivité marginale est la même que si le rendement était versé à un propriétaire extérieur. Il en va de même si le système économique en vigueur choisit de collectiviser tout ou partie du stock de capital, et dans le cas extrême – par exemple en Union soviétique – de supprimer tout rendement privé du capital. Dans ce cas, le rendement privé est inférieur au rendement « social » du capital, mais ce dernier est toujours défini comme la productivité marginale d'une unité supplémentaire de capital. La question de savoir s'il est justifié et utile pour la société que les détenteurs du capital reçoivent cette productivité marginale comme rémunération de leur titre de propriété (et de leur épargne passée, ou bien de celle de leurs ancêtres), sans qu'aucun travail nouveau soit apporté, est évidemment une question centrale, sur laquelle nous aurons amplement l'occasion de revenir.

Trop de capital tue le capital

Trop de capital tue le capital : quelles que soient les institutions et les règles organisant le partage capital-travail, il est naturel de s'attendre à ce que la productivité marginale du capital diminue à mesure que le stock de capital augmente. Par exemple, si chaque travailleur agricole dispose déjà de milliers d'hectares par exploitation, il est probable que le rendement supplémentaire apporté par un hectare additionnel sera limité. De même, si un pays a déjà construit des immeubles d'habitation en quantité phénoménale, si bien que chaque habitant dispose de centaines de mètres carrés pour vivre, alors l'augmentation de bien-être apportée par un immeuble supplémentaire – telle que mesurée par le loyer additionnel que les personnes concernées seraient prêtes à payer pour l'occuper – serait sans doute très réduite. Il en va de même pour les machines et équipements de toute nature : la productivité marginale est décroissante, au moins au-delà d'un certain seuil (il est possible qu'une quantité minimale d'outils soit nécessaire pour commencer à produire, mais cela finit forcément par s'inverser). Au contraire, dans un pays où une population gigantesque devrait se partager de maigres terres cultivables, de trop rares habitations et quelques outils, alors la productivité marginale de toute unité de capital supplémentaire serait naturellement très élevée, et les heureux propriétaires du capital ne manqueraient pas d'en tirer parti.

La question intéressante n'est donc pas de savoir si la productivité marginale du capital est décroissante quand le stock de capital augmente (c'est une évidence), mais bien plutôt à quel rythme elle décroît. En particulier, la question centrale est de déterminer avec quelle ampleur le rendement moyen du capital r – à supposer qu'il soit égal à la productivité marginale du capital – diminue quand le rapport capital/revenu β augmente. Deux cas peuvent se produire. Si le rendement du capital r chute plus que proportionnellement quand le rapport capital/revenu β augmente (par exemple si le rendement est divisé par plus de deux quand le rapport est multiplié par deux), alors cela signifie que la part des revenus du capital dans le revenu national $\alpha = r \times \beta$ diminue quand β augmente. Autrement dit, la diminution du rendement du capital fait plus que compenser l'augmentation du rapport capital/revenu. Inversement, si le rendement r chute moins que proportionnellement quand le rapport augmente (par exemple si le rendement est divisé par moins de deux quand le rapport est multiplié par deux), alors cela signifie que la part du capital $\alpha = r \times \beta$ augmente quand β augmente. Dans ce cas, le mouvement du rendement a simplement pour effet d'amortir et de modérer l'évolution de la part du capital par comparaison à celle du rapport capital/revenu.

D'après les évolutions historiques observées au Royaume-Uni et en France, ce second cas de figure semble le plus pertinent à long terme : la part du capital α a suivi la même évolution générale en forme de U que le rapport capital/revenu β (avec un niveau élevé aux XVIIIe et XIXe siècles, une chute au milieu du XXe, et une remontée à la fin du XXe et au début du XXIe siècle). L'évolution du taux de rendement moyen du capital r a certes conduit à réduire fortement l'amplitude de cette courbe en U : le rendement était particulièrement élevé, au lendemain de la Seconde Guerre mondiale, quand le capital était peu abondant, conformément au principe de productivité marginale décroissante. Mais cet effet n'a pas été suffisamment fort pour inverser le sens de la courbe en U observée pour le rapport capital/revenu β et la transformer en une courbe en U inversée au niveau de la part du capital α.

Il est cependant important d'insister sur le fait que les deux cas sont possibles d'un point de vue théorique. Tout dépend des caprices de la technologie, ou plus précisément tout dépend de la diversité des techniques disponibles permettant de combiner capital et travail pour produire les différents types de biens et services consommés dans la société considérée. Pour réfléchir à ces questions, les économistes utilisent souvent la notion de « fonction de production », qui est une formulation mathématique permettant de résumer de façon synthétique l'état des technologies possibles dans une société donnée. Une fonction de production se caractérise notamment par une élasticité de substitution entre capital et travail, concept qui mesure la facilité avec laquelle il est possible de substituer – c'est-à-dire de remplacer – du travail par du capital, ou du capital par du travail, pour produire les biens et services demandés.

Par exemple, une élasticité de substitution nulle correspond à une fonction de production à coefficients totalement fixes : il faut exactement un hectare et un outil par travailleur agricole (ou bien exactement une machine par ouvrier industriel), ni plus, ni moins. Si chaque travailleur dispose ne serait-ce que d'un centième d'hectare ou d'outil en trop, il ne pourra rien en faire d'utile, et la productivité marginale de cette unité supplémentaire de capital sera rigoureusement nulle. De même, s'il existe un travailleur de trop par rapport au stock de capital disponible, il est impossible de le faire travailler avec la moindre productivité.

Inversement, une élasticité de substitution infinie signifie que la productivité marginale du capital et du travail est totalement indépendante de la quantité de capital et de travail disponible. En particulier, le rendement du capital est fixe et ne dépend pas de la quantité du capital : il est toujours possible d'accumuler davantage de capital et d'augmenter la production d'un pourcentage fixe, par exemple de 5 % ou 10 % par an et par unité de capital supplémentaire. On peut penser à une économie entièrement robotisée où l'on peut augmenter indéfiniment la production avec du capital travaillant tout seul.

Aucun de ces deux cas extrêmes n'est véritablement pertinent : le premier pèche par défaut d'imagination, et le second par un excès d'optimisme technologique (ou de pessimisme pour l'espèce humaine, selon le point de vue que l'on adopte). La question pertinente est de savoir si l'élasticité de substitution entre travail et capital est inférieure ou supérieure à un. Si l'élasticité est comprise entre zéro et un, alors une augmentation du rapport capital/revenu β conduit à une baisse si forte de la productivité marginale du capital que la part du capital α = r × β diminue (à supposer que le rendement du capital soit déterminé par sa productivité marginale)[1]. Si l'élasticité est supérieure à un, alors une augmentation du rapport capital/revenu β conduit au contraire à une baisse

---

1. Dans le cas extrême d'une élasticité nulle, le rendement et donc la part du capital chutent à zéro dès lors qu'il y a un léger excès de capital.

limitée de la productivité marginale du capital, si bien que la part du capital $\alpha = r \times \beta$ augmente (en supposant toujours une égalité entre rendement du capital et productivité marginale)[1]. Dans le cas d'une élasticité exactement égale à un, les deux effets se compensent parfaitement : le rendement du capital r baisse dans les mêmes proportions que le rapport capital/revenu β, si bien que le produit $\alpha = r \times \beta$ demeure inchangé.

Au-delà de Cobb-Douglas : la question de la stabilité du partage capital-travail

Ce cas intermédiaire d'une élasticité de substitution exactement égale à un correspond à la fonction de production dite « Cobb-Douglas », du nom des économistes Cobb et Douglas qui l'ont proposée pour la première fois en 1928. La fonction de production Cobb-Douglas se caractérise par le fait que quoi qu'il arrive, et en particulier quelles que soient les quantités de capital et de travail disponibles, la part du capital est toujours égale à un coefficient fixe α, qui peut être considéré comme un paramètre purement technologique[2].

---

1. Dans le cas extrême d'une élasticité infinie, le rendement ne change pas, si bien que la part du capital augmente dans les mêmes proportions que le rapport capital/revenu.
2. On peut montrer que la fonction de production Cobb-Douglas a la forme mathématique suivante : $Y = F(K,L) = K^{\alpha}L^{1-\alpha}$, où Y est la production, K est le capital, et L est le travail. Il existe d'autres formes mathématiques permettant de représenter le cas où l'élasticité de substitution est supérieure ou inférieure à un. Le cas de l'élasticité infinie correspond à une fonction de production linéaire : la production est donnée par $Y = F(K,L) = rK + vL$. Autrement dit, le rendement du capital r ne dépend aucunement des quantités de capital et travail en jeu, de même d'ailleurs que le rendement du travail v, qui n'est autre que le taux de salaire, fixe également dans ce cas de figure. Voir annexe technique.

Par exemple, si α = 30 %, alors quel que soit le rapport capital/revenu les revenus du capital représenteront 30 % du revenu national (et les revenus du travail en représenteront 70 %). Si les taux d'épargne et de croissance du pays considéré sont tels que le rapport capital/revenu de long terme β = s/g correspond à six années de revenu national, alors le taux de rendement du capital sera de 5 %, de façon que la part du capital soit de 30 %. Si le stock de capital de long terme n'est que de trois années de revenu national, alors le rendement du capital montera à 10 %. Et si les taux d'épargne et de croissance sont tels que le stock de capital représente dix années de revenu national, alors le rendement tombera à 3 %. Dans tous les cas, la part du capital sera toujours de 30 %.

La fonction Cobb-Douglas est devenue très populaire dans les livres de cours d'économie de l'après-Seconde Guerre mondiale (notamment dans celui de Samuelson), en partie pour de bonnes raisons, mais en partie également pour de mauvaises raisons, à savoir sa grande simplicité (les économistes aiment les histoires simples, même lorsqu'elles ne sont qu'approximativement exactes), et surtout parce que la stabilité du partage capital-travail donne une vision relativement apaisée et harmonieuse de l'ordre social. En vérité, cette stabilité de la part du capital – à supposer qu'elle soit avérée – ne garantit nullement l'harmonie : elle peut parfaitement se conjuguer avec une inégalité extrême et insoutenable de la propriété du capital et de la répartition des revenus. Et contrairement à une idée répandue, la stabilité de la part du capital dans le revenu national n'implique aucunement celle du rapport capital/revenu, qui peut fort bien prendre des valeurs très différentes dans le temps et suivant les pays, impliquant par exemple de forts déséquilibres internationaux dans la propriété du capital.

Mais le point sur lequel il nous faut insister ici est que la réalité historique est plus complexe que ce que l'idée de complète stabilité du partage capital-travail laisse à penser.

L'hypothèse Cobb-Douglas est parfois une bonne approximation pour certaines sous-périodes ou certains secteurs, et constitue dans tous les cas un point de départ utile pour la réflexion. Mais elle ne permet pas de rendre compte de façon satisfaisante de la diversité des évolutions historiques observées, sur longue période comme dans le court et moyen terme, comme le démontrent les données que nous avons rassemblées.

Cette conclusion n'a d'ailleurs rien de vraiment étonnant, dans la mesure où l'on disposait de très peu de données et de recul historique quand cette hypothèse fut proposée. Dans leur article original publié en 1928, les économistes américains Cobb et Douglas utilisaient des données portant sur l'industrie manufacturière américaine de 1899 à 1922, démontrant effectivement une certaine stabilité de la part des profits[1]. Cette thèse avait semble-t-il été introduite pour la première fois par l'économiste britannique Arthur Bowley, qui en 1920 avait publié un important travail consacrée à la répartition du revenu national au Royaume-Uni de 1880 à 1913, avec pour principale conclusion une relative stabilité du partage capital-travail au cours de cette période[2]. On voit cependant que les périodes analysées par ces auteurs sont relativement courtes : en particulier, ces études ne cherchent pas à comparer les résultats obtenus avec des estimations portant sur le début du XIXe siècle (et encore moins sur le XVIIIe).

Il faut en outre rappeler, comme nous l'avons déjà noté dans l'introduction, que ces questions mettaient en jeu de

---

1. Voir C. COBB et P. DOUGLAS, « A theory of production », *American Economic Review*, 1928.
2. D'après les calculs de Bowley, les revenus du capital représentent tout au long de la période autour de 37 % du revenu national, et les revenus du travail autour de 63 %. Voir A. BOWLEY, *The Change in the Distribution of National Income, 1880-1913*, Clarendon Press, 1920. Ces estimations sont cohérentes avec celles que nous avons retenues pour cette sous-période. Voir annexe technique.

très fortes tensions politiques à la fin du XIXe et au début du XXe siècle, ainsi d'ailleurs que pendant toute la période de la guerre froide, ce qui ne facilite pas toujours l'examen serein des faits. Les économistes conservateurs ou libéraux tiennent à montrer que la croissance bénéficie à tous : ils sont donc très attachés à la thèse d'une complète stabilité du partage capital-travail, quitte à négliger parfois les données ou les périodes indiquant une hausse de la part du capital. À l'inverse, les économistes marxistes ont tendance à vouloir démontrer coûte que coûte que la part du capital progresse encore et toujours, et que les salaires stagnent, quitte parfois à tordre quelque peu les données. En 1899, Eduard Bernstein, qui a eu le malheur de prétendre que les salaires progressent et que la classe ouvrière a beaucoup à gagner à collaborer avec le régime en place (il est même prêt à devenir vice-président du Reichstag), est sèchement mis en minorité au congrès du SPD réuni à Hanovre. En 1937, le jeune historien et économiste allemand Jurgen Kuczynski, qui sera dans les années 1950-1960 le prestigieux professeur d'histoire économique à l'université Humboldt de Berlin-Est et publiera entre 1960 et 1972 une monumentale histoire universelle des salaires en trente-huit volumes, s'en prend à Bowley et aux économistes bourgeois. Kuczynski défend la thèse d'une détérioration continue de la part du travail depuis les débuts du capitalisme industriel jusqu'aux années 1930, ce qui est vrai pour la première moitié du XIXe siècle – voire les deux premiers tiers –, mais très excessif si l'on considère l'ensemble de la période[1]. Dans les années qui suivent, la

---

1. Voir J. KUCZYNSKI, *Labour Conditions in Western Europe 1820 to 1935*, Lawrence & Wishart, 1937. La même année, Bowley met à jour et étend son travail de 1920 : voir A. BOWLEY, *Wages and Income in the United Kingdom since 1860*, Cambridge University Press, 1937. Voir également *Gesichte der Lage der Arbeiter unter dem Kapitalismus*, 38 volumes, Berlin, 1960-1972. Les volumes 32, 33 et 34 sont consacrés à la France. Pour une

controverse fait rage dans les revues académiques. En 1939, dans l'*Economic History Review*, habituée à des débats plus feutrés, Frederick Brown prend clairement parti pour Bowley, qualifié de « grand savant » et de « sérieux statisticien », alors que Kuczynski ne serait qu'un « manipulateur » – ce qui est là aussi exagéré[1]. La même année, Keynes se range nettement du côté des économistes bourgeois, en qualifiant la stabilité du partage capital-travail de « régularité la mieux établie de toute la science économique ». L'affirmation est pour le moins hâtive, puisque Keynes s'appuie pour l'essentiel sur quelques données portant sur l'industrie manufacturière britannique dans les années 1920-1930, ce qui est insuffisant pour établir une régularité universelle[2].

Dans les livres de cours des années 1950-1970, et à dire vrai jusqu'aux années 1980-1990, la thèse d'une complète stabilité du partage capital-travail est généralement présentée comme une certitude, sans malheureusement que la période d'application de cette supposée loi soit toujours précisée très clairement. On se contente généralement de prendre des données débutant dans les années 1950-1960, sans faire de comparaison avec l'entre-deux-guerres ou le début du XXᵉ siècle, et encore moins avec les XVIIIᵉ et XIXᵉ siècles. À partir des années 1990-2000, cependant, de nombreuses études mettent au jour la hausse significative de la part des

---

analyse critique des séries de Kuczynski, qui constituent encore aujourd'hui une source historique incontournable, malgré ses lacunes, voir T. Piketty, *Les Hauts Revenus en France au XXᵉ siècle*, op. cit., p. 677-681. Voir annexe technique pour des références supplémentaires.

1. Voir F. BROWN, « Labour and wages », *Economic History Review*, 1939.
2. Voir J. M. KEYNES, « Relative movement of wages and output », *Economic Journal*, 1939, p. 48. Il est intéressant de noter qu'à cette époque les partisans de la thèse de la stabilité du partage capital-travail hésitent encore sur le niveau – supposé stable – de ce partage. En l'occurrence, Keynes insiste sur le fait que la part des revenus allant au « *manual labor* » (catégorie difficile à définir rigoureusement sur longue période) lui semble stable autour de 40 % du revenu national dans les années 1920-1930.

profits et du capital dans le revenu national des pays riches depuis les années 1970-1980, et corrélativement la baisse importante de la part allant aux salaires et au travail. La thèse de la stabilité universelle s'en trouve remise en cause, et dans les années 2000 plusieurs rapports officiels publiés par l'OCDE et le FMI en viennent même à s'alerter du phénomène (preuve que l'interrogation devient sérieuse)[1].

La nouveauté du travail proposé ici est qu'il s'agit, à ma connaissance, de la première tentative pour replacer dans un contexte historique plus large la question du partage capital-travail, et de la hausse récente de la part du capital, en mettant l'accent sur l'évolution du rapport capital/revenu depuis le XVIIIe jusqu'au début du XXIe siècle. L'exercice a certes ses limites, compte tenu des imperfections des sources historiques disponibles, mais il permet me semble-t-il de mieux cerner les enjeux et de renouveler l'étude de la question.

La substitution capital-travail au XXIe siècle : une élasticité supérieure à un

Commençons par examiner les insuffisances du modèle Cobb-Douglas pour ce qui concerne les évolutions de très long terme. Sur très longue période, l'élasticité de substitution entre travail et capital paraît supérieure à un : une hausse du rapport capital/revenu β semble conduire à une légère hausse de la part du capital α dans le revenu national, et inversement. Intuitivement, cela correspond à une situation où il existe beaucoup d'usages différents pour le capital dans le long terme. De fait, les évolutions historiques observées suggèrent qu'il est toujours possible – tout du moins jusqu'à un certain point – de trouver des choses utiles et nouvelles à faire avec du capital, de nouvelles façons par exemple de

---

1. Voir annexe technique pour un point bibliographique complet.

construire ou d'équiper les logements (on peut penser à des capteurs solaires ou numériques dans les murs ou sur les toits), des équipements robotiques ou électroniques toujours plus sophistiqués, ou bien des technologies médicales utilisant toujours plus de capital. Sans aller jusqu'à la situation d'une économie totalement robotisée où le capital se reproduit tout seul – ce qui correspond à une élasticité de substitution infinie –, voici à quoi correspond une économie avancée et diversifiée dans ses usages du capital, caractérisée par une élasticité de substitution supérieure à un.

Évidemment, il est très difficile de prévoir jusqu'à quel point l'élasticité de substitution capital-travail sera supérieure à un au cours du XXIe siècle. Sur la base des données historiques, on peut estimer une élasticité comprise entre 1,3 et 1,6[1]. Mais, outre qu'il s'agit d'une estimation relativement incertaine et imprécise, il n'y a aucune raison que les technologies de l'avenir se caractérisent par la même élasticité que celles du passé. La seule chose qui semble relativement bien établie est que la hausse tendancielle du rapport capital/revenu β observée dans les pays riches au cours des dernières décennies, et qui pourrait s'étendre à l'ensemble de la planète au cours du XXIe siècle en cas d'abaissement généralisé de la croissance (en particulier démographique), peut fort bien s'accompagner d'une hausse durable de la part du capital α dans le revenu national. Certes, il est probable que le rendement du capital r s'abaissera au fur et à mesure que le rapport capital/revenu β augmentera. Mais sur la base de l'expérience historique, le plus probable est que l'effet volume l'emportera sur l'effet prix, c'est-à-dire que l'effet d'accumulation l'emportera sur la baisse du rendement.

De fait, les données disponibles indiquent que la part du capital a progressé dans la plupart des pays riches au cours de la période 1970-2010, au fur et à mesure que le rapport

---

1. Voir annexe technique.

capital/revenu augmentait (voir graphique 6.5). Il faut toutefois souligner que cette évolution à la hausse est cohérente non seulement avec une élasticité de substitution supérieure à un, mais également avec une amélioration du pouvoir de négociation du capital vis-à-vis du travail au cours des dernières décennies, dans un contexte de mobilité croissante des capitaux et de concurrence croissante entre États pour attirer les investissements. Il est probable que les deux effets se sont renforcés mutuellement durant les dernières décennies, et il est possible qu'il en aille de même à l'avenir. En tout état de cause, il est important d'insister sur le fait qu'aucun mécanisme économique autocorrecteur n'empêche qu'une hausse continue du rapport capital/revenu β s'accompagne d'une progression permanente de la part du capital dans le revenu national α.

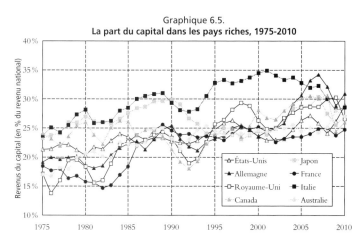

Graphique 6.5.
La part du capital dans les pays riches, 1975-2010

Lecture : les revenus du capital représentaient entre 15 % et 25 % du revenu national dans les pays riches en 1975, et entre 25 % et 35 % en 2000-2010.
Sources et séries : voir piketty.pse.ens.fr/capital21c.

Les sociétés agricoles traditionnelles : une élasticité inférieure à un

Nous venons de voir que les économies contemporaines semblent se caractériser par d'importantes possibilités de substitution capital-travail. Il est intéressant de noter qu'il en allait tout à fait différemment dans les économies traditionnelles fondées sur l'agriculture, et où le capital prend principalement la forme de terres agricoles. Les données historiques dont nous disposons suggèrent très clairement que l'élasticité de substitution était nettement inférieure à un dans les sociétés agricoles traditionnelles. En particulier, c'est la seule façon d'expliquer pourquoi les États-Unis d'Amérique, en dépit d'un volume de terres bien supérieur au niveau observé en Europe, se caractérisaient aux XVIIIe et XIXe siècles par une valeur des terres bien inférieure (telle que mesurée par le rapport capital/revenu), ainsi que par des niveaux de rente foncière (et de part de capital dans le revenu national) nettement plus bas que dans l'Ancien Monde.

C'est d'ailleurs la logique même : pour que des substitutions capital-travail importantes puissent exister, encore faut-il que le capital puisse prendre différentes formes. Pour une forme donnée – en l'occurrence les terres agricoles –, il est inévitable qu'au-delà d'un certain point l'effet prix l'emporte sur l'effet de volume. Si quelques centaines de personnes disposent d'un continent entier à cultiver, alors il est logique que le prix de la terre et de la rente foncière tombe à des niveaux quasi nuls. Il n'existe pas de meilleure illustration du principe « trop de capital tue le capital » que la comparaison entre la valeur des terres agricoles et de la rente foncière dans le Nouveau Monde et dans la vieille Europe.

Le capital humain est-il une illusion ?

Venons-en maintenant à une question tout à fait centrale : la montée en puissance du capital humain au cours de l'histoire est-elle une illusion ? Plus précisément, selon une vision relativement répandue, le processus de développement et de croissance économique se caractériserait par le fait que les qualifications, les savoir-faire, et plus généralement le travail humain, seraient devenus de plus en plus importants au cours du temps au sein du processus de production. Même si cette hypothèse n'est pas toujours formulée de façon totalement explicite, une interprétation raisonnable est que la technologie s'est transformée d'une façon telle que le facteur travail joue maintenant un plus grand rôle[1]. De fait, il semble plausible d'interpréter de cette façon la baisse de la part du capital observée sur très longue période, de 35 %-40 % vers 1800-1810 à 25 %-30 % vers 2000-2010, et la hausse correspondante de la part du travail, de 60 %-65 % à 70 %-75 %. La part du travail a augmenté, tout simplement parce que le travail est devenu plus important dans le processus de production. C'est la montée en puissance du capital humain qui a permis de réduire la part du capital terrien, immobilier et financier.

Si cette interprétation est correcte, il s'agit effectivement d'une transformation tout à fait significative. Il faut cependant être prudent. D'une part, comme nous l'avons déjà noté, nous manquons de recul pour juger pleinement de l'évolution à très long terme de la part du capital. Il est tout à fait possible que la part du capital remonte dans les décennies

---

1. Cela peut prendre la forme d'une hausse de l'exposant 1-α dans la fonction de production Cobb-Douglas (et une baisse corrélative de α), ou de modifications similaires dans les fonctions de production plus générales correspondant à des élasticités de substitution supérieures ou inférieures à un. Voir annexe technique.

qui viennent vers ses niveaux du début du XIXe siècle. Cela peut se produire soit parce que la forme structurelle de la technologie – et l'importance relative du travail et du capital – n'a en réalité pas véritablement changé (et que ce sont plutôt les pouvoirs de négociation du travail et du capital qui ont évolué), soit parce que la forme structurelle a légèrement changé – ce qui nous semble le plus plausible – mais que la hausse du rapport capital/revenu conduit naturellement la part du capital à se diriger vers ses sommets historiques, voire à les dépasser, compte tenu du fait que l'élasticité de substitution capital-travail semble supérieure à un à long terme. C'est peut-être là l'enseignement le plus important de notre enquête à ce stade : la technologie moderne utilise toujours beaucoup de capital, et surtout la diversité des usages du capital fait que l'on peut accumuler énormément de capital sans que son rendement s'effondre totalement. Dans ces conditions, il n'existe aucune raison naturelle pour que la part du capital diminue à très long terme, même si la technologie s'est transformée dans un sens plutôt favorable au travail.

D'autre part, et surtout, il faut être prudent pour la raison suivante. Cette éventuelle baisse à long terme de la part du capital, de 35 %-40 % à 25 %-30 %, qui nous semble dans le fond assez plausible, est certes tout à fait significative. Mais il ne s'agit pas d'un changement de civilisation. Les niveaux de qualification ont évidemment fortement progressé au cours des deux derniers siècles. Mais le stock de capital immobilier, industriel, financier, a également énormément progressé. On s'imagine parfois que le capital aurait disparu, que nous serions passés comme par enchantement d'une civilisation fondée sur le capital, l'héritage et la filiation à une civilisation fondée sur le capital humain et le mérite. Les actionnaires bedonnants auraient été remplacés par les cadres méritants, simplement par la grâce du changement technologique. Nous reviendrons sur cette question quand nous étudierons dans la prochaine partie les inégalités de la répartition des revenus et des patrimoines au niveau individuel : il nous est impossible d'y répondre correctement à ce stade. Mais nous en savons déjà assez pour mettre en garde contre un optimisme aussi béat : le capital n'a pas disparu, tout simplement parce qu'il est toujours utile, à peine moins sans doute qu'à l'époque de Balzac et d'Austen, et peut-être même le sera-t-il plus encore dans l'avenir.

Les mouvements du partage capital-travail dans le moyen terme

Nous venons de voir que l'hypothèse Cobb-Douglas d'une complète stabilité du partage capital-travail ne permettait pas de rendre compte de façon totalement satisfaisante des évolutions à long terme du partage capital-travail. Il en va de même, et peut-être même davantage encore, pour ce qui concerne les évolutions de court et de moyen terme, et qui peuvent parfois s'étaler sur des périodes relativement longues, en particulier du point de vue des contemporains qui en font partie.

Le cas le plus important, déjà évoqué dans l'introduction, est sans doute celui de la hausse de la part du capital pendant les premières phases de la révolution industrielle, des années 1800-1810 aux années 1850-1860. Au Royaume-Uni, où les données sont les plus complètes, les travaux historiques disponibles, en particulier ceux de Robert Allen (qui a baptisé « *Engels' pause* » cette longue stagnation salariale), suggèrent que la part du capital a progressé de l'ordre de 10 points de revenu national, passant d'environ 35 %-40 % à la fin du XVIIIe et au début du XIXe siècle à 45 %-50 % au milieu du XIXe siècle, au moment où est rédigé le *Manifeste communiste* et où Marx s'attelle à la rédaction du *Capital*. D'après les données dont nous disposons, il semblerait que cette hausse ait été approximativement compensée par une baisse comparable de la part du capital au cours des années 1870-1900, puis par une légère hausse en 1900-1910, si bien qu'au final la part du capital n'était sans doute pas très différente à la Belle Époque que pendant la période révolutionnaire et napoléonienne (voir graphique 6.1). On peut donc parler de mouvement de « moyen terme », et non de mouvement durable de long terme. Il n'en reste pas moins que ce transfert de 10 points de revenu national au cours de la première moitié du XIXe siècle est tout sauf négligeable : concrètement, l'essentiel de la croissance de la période est allé aux profits, et les salaires – objectivement misérables à l'époque – ont stagné. D'après Allen, cette évolution s'explique avant tout par l'afflux de la main-d'œuvre provoquée par l'exode rural, ainsi que par des transformations technologiques augmentant structurellement la productivité du capital dans la fonction de production : les caprices de la technologie, en somme[1].

Les données historiques disponibles pour la France suggèrent une chronologie similaire. En particulier, toutes les sources indiquent une grande stagnation des salaires ouvriers au cours de la période 1810-1850, alors même que la croissance industrielle bat son plein. Les données rassemblées par Jean Bouvier et François Furet, à partir des comptes de grandes sociétés industrielles françaises du XIXe siècle, confirment également cette chronologie : hausse de la part des profits jusqu'en 1850-1860, baisse entre 1870 et 1900, nouvelle hausse en 1900-1910[2].

Les données disponibles pour le XVIIIe siècle et la période de la Révolution française suggèrent également une hausse de la part de la rente foncière dans les décennies précédant la Révolution (ce qui paraît cohérent avec les observations

---

1. Voir annexe technique.
1. Voir J. BOUVIER, F. FURET et M. GILET, *Le Mouvement du profit en France au XIXe siècle*, op. cit.

d'Arthur Young sur la misère des paysans français[1]), et de fortes hausses de salaire entre 1789 et 1815 (qui semblent s'expliquer à la fois par les redistributions de terre et la mobilisation de main-d'œuvre liées aux conflits militaires)[2]. Vue de la Restauration et de la monarchie de Juillet, la période révolutionnaire et napoléonienne laissera ainsi un bon souvenir aux classes populaires.

Afin de bien se rendre compte que ces incessants mouvements de court et moyen terme du partage capital-travail se retrouvent à toutes les époques, nous avons également indiqué sur les graphiques 6.6 à 6.8 l'évolution annuelle du partage capital-travail en France de 1900 à 2010, en séparant d'une part l'évolution du partage profits-salaires de la valeur ajoutée des entreprises[3], et d'autre part l'évolution de la part des loyers dans le revenu national. On notera en particulier que le partage profits-salaires a connu trois phases bien dis-

---

2. Voir F. SIMIAND, *Le Salaire, l'évolution sociale et la monnaie, op. cit.* ; E. LABROUSSE, *Esquisse du mouvement des prix et des revenus en France au XVIIIe siècle., op. cit.* Les séries historiques rassemblées par Jeffrey Williamson et ses collègues sur l'évolution à très long terme de la rente foncière et des salaires suggèrent également une hausse de la part de la rente foncière dans le revenu national au XVIIIe siècle et jusqu'au début du XIXe siècle. Voir annexe technique.

3. Voir A. CHABERT, *Essai sur les mouvements des prix et des revenus en France de 1798 à 1820*, Librairie de Médicis, 1945-1949, 2 vol. Voir également G. Postel-Vinay, « À la recherche de la révolution économique dans les campagnes (1789-1815) », *Revue économique*, 1989.

3. La « valeur ajoutée » d'une entreprise est définie comme la différence entre ce que lui rapportent ses ventes de biens et services (montant appelé « chiffre d'affaires » en comptabilité française, « *sales revenue* » en anglais) et ce que lui coûtent ses achats à d'autres entreprises (montant appelé « consommation intermédiaire »). Comme son nom l'indique, cette somme mesure la valeur que l'entreprise a ajoutée au processus de production. La valeur ajoutée permet de payer la masse salariale, et le reliquat constitue par définition les profits de l'entreprise. L'étude du partage capital-travail se limite trop souvent à celle du partage profits-salaires, ce qui revient à oublier les loyers.

tinctes depuis la Seconde Guerre mondiale, avec une forte hausse de la part des profits de 1945 à 1968, puis une baisse extrêmement prononcée de la part des profits de 1968 à 1983, et enfin une remontée très rapide à partir de 1983 et une stabilisation à compter du début des années 1990. Nous reviendrons dans les prochains chapitres sur cette chronologie très politique quand nous étudierons la dynamique des inégalités de revenus. On remarquera la hausse continue de la part des loyers depuis 1945, qui implique que la part du capital considéré dans son ensemble a continué de progresser au cours des années 1990-2010, en dépit de la stabilisation de la part des profits.

Graphique 6.6.
La part des profits dans la valeur ajoutée des entreprises en France, 1900-2010

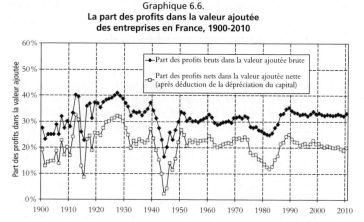

Lecture : la part des profits bruts dans la valeur ajoutée brute des entreprises est passée de 25 % en 1982 à 33 % en 2010 ; la part des profits nets dans la valeur ajoutée nette de 12 % à 20 %.
Sources et séries : voir piketty.pse.ens.fr/capital21c.

Le partage capital-travail au XXIe siècle

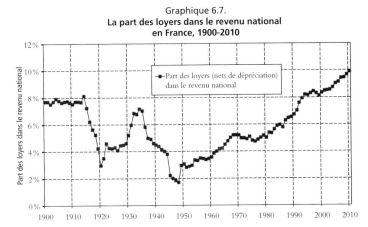

Graphique 6.7.
La part des loyers dans le revenu national en France, 1900-2010

Lecture : la part des loyers (valeur locative des habitations) est passée de 2 % du revenu national en 1948 à 10 % en 2010.
Sources et séries : voir piketty.pse.ens.fr/capital21c.

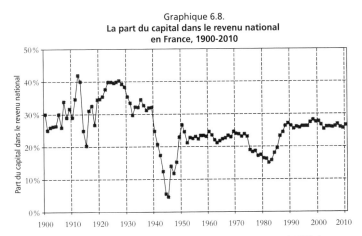

Graphique 6.8.
La part du capital dans le revenu national en France, 1900-2010

Lecture : la part des revenus du capital (profits et loyers nets) est passée de 15 % du revenu national en 1982 à 27 % en 2010.
Sources et séries : voir piketty.pse.ens.fr/capital21c.

Retour à Marx et à la baisse tendancielle du taux de profit

Au terme de cette quête consacrée à la dynamique historique du rapport capital/revenu et du partage capital-travail, il n'est pas inutile de préciser la relation entre les conclusions que nous avons obtenues et les thèses marxistes.

Pour Marx, le mécanisme central par lequel « la bourgeoisie produit ses propres fossoyeurs » correspond à ce que nous avons appelé dans l'introduction le « principe d'accumulation infinie » : les capitalistes accumulent des quantités de capital de plus en plus importantes, ce qui finit par conduire à une baisse inexorable et tendancielle du taux de profit (c'est-à-dire le taux de rendement du capital), et par causer leur propre perte. Marx n'utilise pas de modèle mathématique, et sa prose n'est pas toujours limpide, si bien qu'il est difficile de savoir avec certitude ce qu'il avait en tête. Mais une façon logiquement cohérente d'interpréter son propos est de considérer la loi dynamique $\beta = s/g$ dans le cas particulier où le taux de croissance g est nul, ou tout du moins très proche de zéro.

Rappelons en effet que g mesure le taux de croissance structurel à long terme, c'est-à-dire la somme du taux de croissance de la productivité et de la population. Or dans l'esprit de Marx, comme d'ailleurs de tous les économistes du XIXe et du début du XXe siècle, et dans une large mesure jusqu'aux travaux de Solow dans les années 1950-1960, la notion même de croissance structurelle, tirée par une croissance permanente et durable de la productivité, n'était pas clairement formulée et identifiée[1]. À cette époque, l'hypothèse

---

1. La notion de croissance permanente et durable de la population à long terme n'était pas plus claire, et à dire vrai elle demeure tout aussi confuse et effrayante de nos jours, d'où l'hypothèse généralement admise d'une stabilisation de la population mondiale. Voir chapitre 2.

implicite est que la croissance de la production, notamment manufacturière, s'explique avant tout par l'accumulation de capital industriel. Autrement dit, on produit plus uniquement parce que chaque travailleur dispose de plus de machines et d'équipements, et non parce que la productivité en tant que telle – pour une quantité donnée de travail et de capital – a augmenté. On sait aujourd'hui que seule la croissance de la productivité permet une croissance structurelle à long terme. Mais, compte tenu du manque de recul historique et de données disponibles, cela n'a rien d'évident à l'époque de Marx.

Dans le cas où il n'existe aucune croissance structurelle, et où le taux g est rigoureusement nul, on aboutit à une contradiction logique très proche de celle que décrit Marx. À partir du moment où le taux d'épargne nette s est positif, c'est-à-dire que les capitalistes s'acharnent à accumuler chaque année davantage de capital, par volonté de puissance et de perpétuation, ou bien simplement parce que leur niveau de vie est déjà suffisamment élevé, le rapport capital/revenu augmente indéfiniment. Plus généralement, si le taux g est faible et s'approche de zéro, le rapport capital/revenu de long terme $\beta = s/g$ tend vers l'infini. Et avec un rapport capital/revenu β infiniment élevé, le rendement du capital r doit nécessairement se réduire de plus en plus et devenir infiniment proche de zéro, faute de quoi la part du capital $\alpha = r \times \beta$ finira par dévorer la totalité du revenu national[1].

La contradiction dynamique pointée par Marx correspond donc à une vraie difficulté, dont la seule issue logique est la croissance structurelle, qui seule permet d'équilibrer – dans une certaine mesure – le processus d'accumulation du capital.

---

1. Le seul cas où le rendement ne tend pas vers zéro est celui d'une économie infiniment capitalistique et « robotisée » dans le long terme (cas d'une élasticité de substitution infinie entre travail et capital et d'une utilisation exclusive de capital dans la production asymptotique). Voir annexe technique.

C'est la croissance permanente de la productivité et de la population qui permet d'équilibrer l'addition permanente de nouvelles unités de capital, comme l'exprime la loi $\beta = s/g$. Faute de quoi les capitalistes creusent effectivement leur propre tombe : soit ils s'entre-déchirent, dans une tentative désespérée pour lutter contre la baisse tendancielle du taux de rendement (par exemple en se faisant la guerre pour obtenir les meilleurs investissements coloniaux, à l'image de la crise marocaine entre la France et l'Allemagne en 1905 et 1911) ; soit ils parviennent à imposer au travail une part de plus en plus faible dans le revenu national, ce qui finira par conduire à une révolution prolétarienne et une expropriation générale. Dans tous les cas, le capitalisme est miné par ses contradictions internes.

L'idée selon laquelle Marx avait effectivement en tête un modèle de ce type, c'est-à-dire un modèle fondé sur l'accumulation infinie du capital, est confirmée par le fait qu'il utilise à plusieurs reprises des exemples de comptes d'entreprises industrielles caractérisées par de très fortes intensités capitalistiques. Dans le premier tome du *Capital*, il donne notamment l'exemple des comptes d'une fabrique textile – dont il précise qu'ils lui ont été « transmis par son propriétaire » – qui semblent indiquer un rapport extrêmement élevé entre la valeur totale du capital fixe et variable utilisé dans le processus de production et la valeur de la production annuelle, apparemment supérieur à dix. Ce type de rapport capital/revenu a effectivement quelque chose d'assez effrayant : il suffit que le taux de rendement du capital soit de 5 % pour que la part des profits dépasse la moitié de la production. Il est naturel que Marx – et avec lui beaucoup d'autres observateurs inquiets de l'époque – se soit demandé jusqu'où tout cela pouvait mener (d'autant plus que les salaires stagnaient depuis le début du XIXe siècle), et vers quel type d'équilibre socio-économique à long terme ce développement industriel hyperintensif en capital allait nous conduire.

Marx est également un lecteur assidu des rapports parlementaires britanniques des années 1820-1860, qu'il utilise pour documenter la misère des salaires ouvriers, les accidents du travail, les déplorables conditions sanitaires, et plus généralement la rapacité des détenteurs du capital industriel. Il mobilise aussi les statistiques issues de l'impôt cédulaire sur les bénéfices, qui montrent un très rapide accroissement des profits industriels dans le Royaume-Uni des années 1840-1850. Marx tente même d'utiliser – de façon il est vrai assez impressionniste – quelques statistiques successorales destinées à montrer la très forte progression des plus grandes fortunes britanniques depuis l'époque des guerres napoléoniennes[1].

Le problème est qu'en dépit de toutes ces intuitions importantes Marx conserve le plus souvent une approche relativement anecdotique et peu systématique des statistiques disponibles. En particulier, il ne cherche pas à savoir si la très forte intensité capitalistique qu'il croit déceler dans les comptes de quelques fabriques est représentative de l'économie britannique dans son ensemble, ni même de tel ou tel secteur particulier, ce qu'il aurait pu tenter de faire en rassemblant ne serait-ce que quelques dizaines de comptes d'entreprises. Le plus étonnant, s'agissant d'un livre consacré pour une large part à la question de l'accumulation du capital, est que Marx ne fait aucune référence aux tentatives d'estimation du stock de capital national qui se sont multipliées au Royaume-Uni depuis le début du XVIIIe siècle et qui ont connu de nombreux développements depuis le début du XIXe, des travaux

---

1. Les données fiscales les plus intéressantes sont présentées dans l'annexe 10 du livre 1 du *Capital*. Voir annexe technique pour une analyse de quelques-uns des calculs de part des profits et de taux d'exploitation à partir de comptes d'entreprises présentés par Marx. Dans *Salaire, prix et profit* (1865), Marx donne également l'exemple des comptes d'une fabrique hautement capitalistique où les profits atteignent 50 % de la valeur ajoutée (autant que les salaires). Même s'il ne le dit pas explicitement, c'est le type de répartition globale qu'il semble avoir en tête pour une économie industrielle.

de Colquhoun dans les années 1800-1810 à ceux de Giffen dans les années 1870-1880[1]. Marx semble passer totalement à côté de la comptabilité nationale qui se développe autour de lui, ce qui est d'autant plus regrettable que cela lui aurait permis de confirmer dans une certaine mesure ses intuitions sur l'énorme accumulation de capital privé qui caractérise l'époque, et surtout de préciser son modèle explicatif.

Au-delà des « deux Cambridge »

Il faut toutefois souligner que les comptes nationaux et les divers matériaux statistiques disponibles à la fin du XIXe et au début du XXe siècle étaient tout à fait insuffisants pour étudier correctement la dynamique du rapport capital/revenu. En particulier, les estimations du stock de capital étaient beaucoup plus nombreuses que celles du revenu national et de la production intérieure. Puis une situation inverse s'est produite au milieu du XXe siècle, à la suite des chocs des années 1914-1945. Cela explique sans doute en partie pourquoi la question de l'accumulation du capital et d'une possible issue équilibrée à ce processus dynamique a pendant longtemps continué de susciter de nombreuses controverses, et souvent beaucoup de confusion, comme en témoigne la fameuse controverse dite des « deux Cambridge », qui a eu lieu dans les années 1950-1960.

Rappelons-en rapidement les éléments. Quand la formule $\beta = s/g$ a été introduite explicitement pour la première fois, par les économistes Harrod et Domar, à la fin des années 1930 et pendant les années 1940, il était habituel de l'écrire et de la lire dans le sens inverse, à savoir : $g = s/\beta$. En particulier, Harrod en 1939 considère que le rapport capital/revenu β est rigoureusement fixe et imposé par la technologie disponible

---

1. Voir chapitre 1.

(comme dans le cas d'une fonction de production à coefficients fixes, avec aucune substitution possible entre travail et capital), si bien que le taux de croissance est entièrement déterminé par le taux d'épargne. Si le taux d'épargne est de 10 %, et que la technologie impose un rapport capital/revenu égal à cinq (il faut exactement cinq unités de capital pour produire une unité de production, ni plus ni moins), alors le taux de croissance de la capacité productive de l'économie est de 2 % par an. Mais comme le taux de croissance se doit par ailleurs d'être égal au taux de croissance de la population (et de la productivité, notion encore mal définie à l'époque) alors on aboutit à la conclusion que la croissance est un processus intrinsèquement instable, « au fil du rasoir ». Il y a toujours soit trop soit pas assez de capital, générant par là même des capacités excédentaires et des bulles spéculatives, ou bien du chômage, voire les deux à la fois, suivant les secteurs et les années.

Tout n'est pas faux dans l'intuition de Harrod, qui écrit en pleine crise des années 1930 et qui de toute évidence est profondément marqué par la très forte instabilité macroéconomique de l'époque. De fait, le mécanisme qu'il décrit contribue sans aucun doute à expliquer pourquoi le processus de croissance est toujours profondément volatil : l'ajustement au niveau de tout un pays entre les décisions d'épargne et d'investissement, qui sont généralement prises par des personnes différentes et pour des raisons différentes, est structurellement complexe et chaotique, d'autant plus qu'il est souvent difficile de faire varier à court terme l'intensité capitalistique et l'organisation de la production[1]. Il n'en reste pas moins que le rapport capital/revenu est relativement flexible à long terme, comme le démontrent sans ambiguïté les très fortes variations historiques que nous avons analysées, et qui semblent même

---

1. Certains modèles théoriques récents tentent d'expliciter cette intuition. Voir annexe technique.

indiquer une élasticité de substitution entre travail et capital supérieure à un sur longue période.

Dès 1948, Domar développe une vision plus optimiste et plus flexible que Harrod de la loi $g = s/\beta$, en insistant sur le fait que le taux d'épargne et le rapport capital/revenu peuvent dans une certaine mesure s'ajuster. Mais c'est surtout en 1956 que Solow introduit la fonction de production à facteurs substituables qui permet de renverser la formule et de l'écrire $\beta = s/g$: à long terme, le rapport capital/revenu s'ajuste au taux d'épargne et au taux de croissance structurel de l'économie, et non l'inverse. Les controverses continuent toutefois dans les années 1950-1960 entre des économistes principalement basés à Cambridge au Massachusetts (en particulier Solow et Samuelson, qui défendent la fonction de production à facteurs substituables) et des économistes travaillant notamment à Cambridge au Royaume-Uni (par exemple Robinson, Kaldor et Pasinetti), qui – non sans parfois une certaine confusion – voient dans le modèle de Solow l'affirmation que la croissance est toujours parfaitement équilibrée et la négation de l'importance des fluctuations keynésiennes de court terme. Ce n'est qu'à partir des années 1970-1980 que le modèle dit « néoclassique » de croissance de Solow s'impose définitivement.

Si l'on relit ces échanges avec le recul d'aujourd'hui, il apparaît clairement que cette controverse, qui avait par moments une dimension post-coloniale assez marquée (les économistes américains cherchant à s'émanciper de la tutelle historique des économistes britanniques – qui avaient régné en maîtres sur la profession depuis Adam Smith –, et les Britanniques tentant de défendre la mémoire supposée trahie de lord Keynes), a davantage contribué à obscurcir la réflexion économique qu'à l'éclaircir. Rien ne justifiait vraiment les suspicions britanniques. Solow comme Samuelson étaient tout à fait convaincus de l'instabilité à court terme du processus de croissance et de la nécessité de poursuivre des politiques keynésiennes de stabilisation macroéconomique, et voyaient la loi $\beta = s/g$ uniquement comme une loi de long terme. Les économistes américains, dont certains étaient nés en Europe (comme Modigliani), avaient cependant parfois tendance à exagérer la portée de leur découverte au sujet du « sentier de croissance équilibrée[1] ». La loi $\beta = s/g$ décrit certes un chemin de croissance où toutes les grandeurs macroéconomiques – stock de capital et flux de revenu et de production – progressent au même rythme à long terme. Mais, au-delà de la question de la volatilité à court terme, cette croissance équilibrée ne garantit aucune harmonie particulière au niveau de la répartition des richesses, et en particulier n'implique en aucune façon la disparition, ni même la diminution, de l'inégalité de la propriété du capital. Et, contrairement à une idée répandue jusque tout récemment, la loi $\beta = s/g$ n'empêche nullement de très fortes variations dans le temps et entre pays du rapport capital/revenu, bien au contraire. Il me semble que la virulence – et le caractère parfois un peu stérile – de cette controverse des deux Cambridge s'explique en partie par le fait que les uns et les autres ne disposaient pas de données historiques satisfaisantes permettant de préciser les termes du débat. Il est frappant de voir à quel point les participants à cette controverse ont peu recours aux estimations du capital national faites avant la Première Guerre mondiale, qui sans doute leur semblent trop incomparables aux réalités des années 1950-1960. Les guerres ont créé une discontinuité tellement forte dans l'analyse conceptuelle et le cadre statistique qu'elles semblent empêcher pour un temps

1. Sans compter que certains Américains (à commencer par Modigliani) avançaient l'idée que le capital avait totalement changé de nature (découlant désormais de l'accumulation de cycle de vie), alors que les Britanniques (à commencer par Kaldor) continuaient de voir le patrimoine à travers le prisme successoral, ce qui est nettement moins rassurant. Nous reviendrons dans la prochaine partie de ce livre sur cette question centrale.

d'avoir une perspective de long terme sur cette question, notamment du point de vue européen.

Le retour du capital en régime de croissance faible

À dire vrai, ce n'est que depuis la fin du XXe et le tout début du XXIe siècle que nous disposons des données statistiques, et surtout du recul historique indispensable, permettant d'analyser correctement la dynamique sur longue période du rapport capital/revenu et du partage capital-travail. Concrètement, les données que nous avons rassemblées et le recul historique dont nous avons la chance de disposer (recul toujours insuffisant, certes, mais par définition supérieur à celui dont bénéficiaient les auteurs précédents) nous conduisent aux conclusions suivantes.

Tout d'abord, le retour à un régime historique de croissance faible, et en particulier de croissance démographique nulle – voire négative –, conduit logiquement au retour du capital. Cette tendance à la reconstitution de stocks de capital très élevés dans des sociétés de faible croissance est exprimée par loi $\beta = s/g$, et peut se résumer ainsi : dans des sociétés stagnantes, les patrimoines issus du passé prennent naturellement une importance considérable.

En Europe, le rapport capital/revenu a déjà retrouvé en ce début de XXIe siècle des niveaux de l'ordre de cinq-six années de revenu national, à peine inférieurs à ceux observés aux XVIIIe et XIXe siècles et jusqu'à la veille de la Première Guerre mondiale.

Au niveau mondial, il est tout à fait possible que le rapport capital/revenu atteigne ou même dépasse ce type de niveau au cours du XXIe siècle. Si le taux d'épargne se maintient autour de 10 % et si le taux de croissance se stabilise autour de 1,5 % à très long terme – compte tenu de la stagnation démographique et du ralentissement du progrès technique –, alors le stock mondial de capital atteindra logiquement l'équivalent de six-sept années de revenu. Et si la croissance s'abaisse à 1 %, alors le stock de capital pourrait atteindre l'équivalent de dix années de revenu.

Ensuite, pour ce qui concerne la part des revenus du capital dans le revenu national et mondial, part qui est donnée par la loi $\alpha = r \times \beta$, l'expérience historique suggère que la hausse prévisible du rapport capital/revenu ne va pas nécessairement conduire à une baisse sensible du rendement du capital. Il existe en effet de multiples usages du capital à très long terme, ce que l'on peut résumer en notant que l'élasticité de substitution entre capital et travail est sans doute supérieure à un sur longue période. Le plus probable est que la baisse du revenu sera plus faible que la hausse du rapport capital/revenu, si bien que la part du capital augmentera. Avec un rapport capital/revenu de l'ordre de sept-huit années, et un taux de rendement mondial du capital d'environ 4 %-5 %, alors la part du capital pourrait se situer autour de 30 %-40 % du revenu mondial, soit à un niveau voisin de celui observé aux XVIIIe et XIXe siècles, et pourrait même le dépasser.

Comme nous l'avons noté plus haut, il est également possible que les transformations technologiques à très long terme favorisent légèrement le travail humain par rapport au capital, provoquant par là même une baisse du rendement et de la part du capital. Mais cet éventuel effet à long terme semble d'une ampleur limitée, et il est possible qu'il soit plus que compensé par d'autres forces allant en sens inverse, comme la sophistication croissante des systèmes d'intermédiation financière, ainsi que la concurrence internationale pour attirer les capitaux.

Les caprices de la technologie

Récapitulons. La principale leçon de cette deuxième partie est sans doute qu'il n'existe aucune force naturelle réduisant nécessairement l'importance du capital et des revenus issus de la propriété du capital au cours de l'histoire. Dans les décennies de l'après-guerre, on s'est pris à penser que le triomphe du capital humain sur le capital au sens traditionnel, c'est-à-dire sur le capital terrien, immobilier et financier, était un processus naturel et irréversible, dû peut-être à la technologie et à des forces purement économiques. À dire vrai, certains se disaient déjà que les forces proprement politiques étaient centrales. Nous confirmons pleinement ce point de vue. La marche en avant vers la rationalité économique et technologique n'implique pas nécessairement une marche en avant vers la rationalité démocratique et méritocratique. La raison principale en est simple : la technologie, de même que le marché, ne connaît ni limite ni morale. L'évolution technologique a certes entraîné des besoins de plus en plus importants en qualifications et en compétences humaines. Mais elle a également augmenté les besoins en bâtiments, en logements d'habitation, en bureaux, en équipements de toutes natures, en brevets, et pour finir la valeur totale de tous ces éléments de capital non humain – immobilier, professionnel, industriel, financier – a progressé presque aussi vite que la production et le revenu national sur longue période. De même, la masse des revenus rémunérant ces différentes formes de capital a progressé presque aussi vite que la masse des revenus du travail. Si l'on souhaite véritablement fonder un ordre social plus juste et rationnel, fondé sur l'utilité commune, il n'est pas suffisant de s'en remettre aux caprices de la technologie.

Pour résumer : la croissance moderne, qui est fondée sur la croissance de la productivité et la diffusion des connaissances, a permis d'éviter l'apocalypse marxiste et d'équilibrer le processus d'accumulation du capital. Mais elle n'a pas modifié les structures profondes du capital — ou tout du moins elle n'a pas véritablement réduit son importance macroéconomique relativement au travail. Il nous faut maintenant étudier s'il en va de même pour l'inégalité de la répartition des revenus et des patrimoines : dans quelle mesure les structures des inégalités, face au travail et face au capital, se sont-elles véritablement transformées depuis le XIXe siècle ?

TROISIÈME PARTIE
LA STRUCTURE DES INÉGALITÉS

7.

Inégalités et concentration : premiers repères

Dans la deuxième partie de ce livre, nous avons étudié la dynamique du rapport capital/revenu au niveau de pays considérés dans leur ensemble, et du partage global du revenu national entre revenus du capital et revenus du travail, sans nous préoccuper directement de l'inégalité des revenus et de la propriété des patrimoines au niveau individuel. Nous avons notamment analysé l'importance des chocs de la période 1914-1945 pour comprendre les mouvements du rapport capital/revenu et du partage capital-travail au cours du XXe siècle, chocs dont l'Europe et le monde viennent tout juste de se remettre, d'où cette impression que le capitalisme patrimonial – si prospère en ce début de XXIe siècle – est une chose toute nouvelle, alors qu'il ne s'agit pour une large part que d'une répétition du passé, caractéristique d'un monde de croissance lente, comme celui du XIXe siècle.

Il nous faut maintenant introduire explicitement dans cette troisième partie l'étude des inégalités et des répartitions au niveau individuel. Dans les prochains chapitres, nous verrons que les guerres mondiales et les politiques publiques qui en ont découlé ont également joué un rôle central dans le processus de réduction des inégalités au XXe siècle, qui n'a rien de naturel et de spontané, contrairement aux prédictions optimistes de la théorie de Kuznets. Nous verrons aussi que les inégalités sont fortement reparties à la hausse depuis les années 1970-1980, avec toutefois de fortes variations entre pays, ce qui suggère là encore un rôle central joué par les différences institutionnelles et politiques. Nous analyserons également l'évolution de l'importance relative de l'héritage et du revenu du travail dans le très long terme, d'un point de vue à la fois historique et théorique : d'où vient cette croyance diffuse selon laquelle la croissance moderne favoriserait naturellement le travail par rapport à l'héritage, la compétence par rapport à la naissance, et en est-on si sûr ? Enfin, dans le dernier chapitre de cette troisième partie, nous étudierons les perspectives d'évolution de la répartition des patrimoines au niveau mondial dans les décennies à venir : le XXIe siècle sera-t-il encore plus inégalitaire que le XIXe siècle, à moins qu'il ne le soit déjà ? En quoi la structure des inégalités dans le monde d'aujourd'hui est-elle véritablement différente de celle en vigueur pendant la révolution industrielle ou dans les sociétés rurales traditionnelles ? La deuxième partie nous a déjà apporté quelques pistes, mais seule l'analyse de la structure des inégalités au niveau individuel nous permettra de répondre à cette question centrale.

Avant de pouvoir avancer dans cette voie, il nous faut d'abord dans le présent chapitre nous familiariser avec les notions et avec les ordres de grandeur. Commençons par noter que l'inégalité des revenus peut dans toutes les sociétés se décomposer en trois termes : l'inégalité des revenus du travail ; l'inégalité de la propriété du capital et des revenus qui en sont issus ; et le lien entre ces deux dimensions. Le fameux discours que Vautrin tient à Rastignac dans *Le Père*

Goriot constitue sans doute l'introduction la plus claire à cette problématique.

Le discours de Vautrin

Publié en 1835, *Le Père Goriot* est l'un des romans les plus célèbres de Balzac. Il s'agit sans doute de l'expression littéraire la plus aboutie de la structure des inégalités dans la société du XIXe siècle, et du rôle central joué par l'héritage et le patrimoine.

La trame du *Père Goriot* est limpide. Ancien ouvrier vermicellier, le père Goriot a fait fortune dans les pâtes et les grains pendant la période révolutionnaire et napoléonienne. Veuf, il a tout sacrifié pour marier ses filles, Delphine et Anastasie, dans la meilleure société parisienne des années 1810-1820. Il a tout juste conservé de quoi se loger et se nourrir dans une pension crasseuse, dans laquelle il rencontre Eugène de Rastignac, jeune noble désargenté venu de sa province pour étudier le droit à Paris. Plein d'ambition, meurtri par sa pauvreté, Eugène tente grâce à une cousine éloignée de pénétrer dans les salons huppés où se côtoient l'aristocratie, la grande bourgeoisie et la haute finance de la Restauration. Il ne tarde pas à tomber amoureux de Delphine, délaissée par son époux, le baron de Nucingen, un banquier qui a déjà utilisé la dot de sa femme dans de multiples spéculations. Rastignac va vite perdre ses illusions en découvrant le cynisme d'une société entièrement corrompue par l'argent. Il découvre avec effroi comment le père Goriot a été abandonné par ses filles, qui en ont honte et ne le voient plus guère depuis qu'elles ont touché sa fortune, toutes préoccupées qu'elles sont par leurs succès dans le monde. Le vieil homme meurt dans la misère sordide et la solitude. Rastignac ira seul à son enterrement. Mais à peine sorti du cimetière du Père-Lachaise, subjugué par la vue des richesses de Paris qui s'étalent au loin le long de la Seine, il décide de se lancer à la conquête de la capitale : « À nous deux, maintenant ! » Son éducation sentimentale et sociale est terminée, désormais il sera lui aussi sans pitié.

Le moment le plus noir du roman, celui où les alternatives sociales et morales auxquelles Rastignac fait face s'expriment avec le plus de clarté et de crudité, est sans aucun doute le discours que lui tient Vautrin vers le milieu du récit[1]. Résidant lui aussi à la miteuse pension Vauquer, Vautrin est un être trouble, beau parleur et séducteur, qui dissimule son lourd passé de bagnard, à la façon d'un Edmond Dantès dans *Le Comte de Monte-Cristo* ou d'un Jean Valjean dans *Les Misérables*. Mais contrairement à ces deux personnages somme toute positifs, Vautrin est profondément mauvais et cynique. Il tente d'entraîner Rastignac dans un meurtre pour mettre la main sur un héritage. Avant cela, il lui tient un discours extrêmement précis et effrayant sur les différents destins, les différentes vies qui s'offrent à un jeune homme comme lui dans la société française de l'époque.

En substance, Vautrin explique à Rastignac que la réussite sociale par les études, le mérite et le travail est une illusion. Il lui dresse un tableau circonstancié des différentes carrières possibles s'il poursuit ses études, par exemple dans le droit ou la médecine, domaines par excellence où règne en principe une logique de compétence professionnelle, et non de fortune héritée. En particulier, Vautrin indique très précisément à Rastignac les niveaux de revenus annuels auxquels il peut ainsi espérer accéder. La conclusion est sans appel : même en faisant partie des diplômés de droit les plus méritants parmi tous les jeunes gens de Paris, même en réussissant la plus brillante et la plus fulgurante des carrières juridiques, ce qui exigera bien des compromissions, il lui faudra dans

---

1. Voir H. DE BALZAC, *Le Père Goriot*, Le Livre de poche, 1983, p. 123-135.

tous les cas se contenter de revenus médiocres, et renoncer à atteindre la véritable aisance :

> Vers trente ans, vous serez juge à douze cents francs par an, si vous n'avez pas encore jeté la robe aux orties. Quand vous aurez atteint la quarantaine, vous épouserez quelque fille de meunier, riche d'environ six mille livres de rente. Merci. Ayez des protections, vous serez procureur du roi à trente ans, avec mille écus d'appointements [cinq mille francs], et vous épouserez la fille du maire. Si vous faites quelques-unes de ces petites bassesses politiques, vous serez, à quarante ans, procureur général. [...] J'ai l'honneur de vous faire observer de plus qu'il n'y a que vingt procureurs généraux en France, et que vous êtes vingt mille aspirants au grade, parmi lesquels il se rencontre des farceurs qui vendraient leur famille pour monter d'un cran. Si le métier vous dégoûte, voyons autre chose. Le baron de Rastignac veut-il être avocat ? Oh ! joli. Il faut pâtir pendant dix ans, dépenser mille francs par mois, avoir une bibliothèque, un cabinet, aller dans le monde, baiser la robe d'un avoué pour avoir des causes, balayer le palais avec sa langue. Si ce métier vous menait à bien, je ne dirais pas non ; mais trouvez-moi dans Paris cinq avocats qui, à cinquante ans, gagnent plus de cinquante mille francs par an[1] ?

Par comparaison, la stratégie d'ascension sociale que Vautrin propose à Rastignac est autrement plus efficace. En se mariant

---

1. *Ibid.*, p. 131. Pour mesurer les revenus et les fortunes, Balzac utilise le plus souvent le franc-or ou la livre tournois (unités équivalentes depuis la mise en place du franc « germinal »), parfois l'écu (pièce d'argent valant 5 francs au XIXe siècle), et plus rarement le louis d'or (pièce de 20 francs, qui valait déjà 20 livres sous l'Ancien Régime). Toutes ces unités sont tellement stables à cette époque sans inflation que le lecteur passe aisément de l'une à l'autre. Voir chapitre 2. Nous reviendrons de façon détaillée sur les montants évoqués par Balzac dans le chapitre 11.

à Mlle Victorine, jeune fille effacée vivant à la pension et qui n'a d'yeux que pour le bel Eugène, il mettra la main immédiatement sur un patrimoine de 1 million de francs. Cela lui permettra de bénéficier à tout juste 20 ans d'une rente annuelle de 50 000 francs (environ 5 % du capital) et d'atteindre sur-le-champ un niveau d'aisance dix fois plus élevé que ce que lui apporterait des années plus tard le traitement d'un procureur du roi (et aussi élevé que ce que gagnent à 50 ans les quelques avocats parisiens les plus prospères de l'époque, après des années d'efforts et d'intrigues).

La conclusion coule de source : il faut sans hésiter épouser la jeune Victorine et passer outre au fait qu'elle n'est ni bien jolie ni très séduisante. Eugène écoute avec avidité, jusqu'au coup de grâce final : pour que la jeune fille, illégitime, soit enfin reconnue par son riche géniteur et devienne effectivement héritière de ce million de francs dont parle Vautrin, il faut tout d'abord assassiner son frère, ce dont l'ex-bagnard est prêt à se charger, moyennant commission. C'en est trop pour Rastignac : il est certes extrêmement sensible aux arguments de Vautrin sur les mérites de l'héritage comparé aux études, mais pas au point de commettre un assassinat.

La question centrale : travail ou héritage ?

Le plus effrayant, dans le discours de Vautrin, est l'exactitude des chiffres et du tableau social qu'il dessine. Comme nous le verrons plus loin, compte tenu de la structure des revenus et des patrimoines en vigueur en France au XIXe siècle, les niveaux de vie qu'il est possible d'atteindre en accédant aux sommets de la hiérarchie des patrimoines hérités sont effectivement beaucoup plus élevés que les revenus correspondants aux sommets de la hiérarchie des revenus du travail. Dans ces conditions, à quoi bon travailler, et à quoi bon d'ailleurs avoir un comportement moral tout court : puisque l'inégalité sociale dans son ensemble est immorale, injustifiée, pourquoi ne pas aller jusqu'au bout de l'immoralité, en s'appropriant un capital par tous les moyens ?

Qu'importe le détail des chiffres (ils sont en l'occurrence très réalistes) : le fait central est que dans la France du début du XIXe siècle, comme d'ailleurs dans celle de la Belle Époque, le travail et les études ne permettent pas d'atteindre la même aisance que l'héritage et les revenus du patrimoine. Cette réalité est tellement évidente, tellement prégnante pour chacun, que Balzac n'a nullement besoin pour s'en convaincre de statistiques représentatives, de déciles ou de centiles soigneusement définis. On retrouve aussi cette même réalité dans le Royaume-Uni des XVIIIe et XIXe siècles. Pour les héros de Jane Austen, la question de travailler ne se pose même pas : seul compte le niveau du patrimoine dont on dispose, par héritage ou par mariage. Il en va de même, plus généralement, dans presque toutes les sociétés jusqu'à la Première Guerre mondiale, véritable suicide des sociétés patrimoniales. L'une des rares exceptions concerne sans doute les États-Unis d'Amérique, ou tout du moins les microsociétés « pionnières » des États du Nord et de l'Ouest où le capital hérité pèse peu aux XVIIIe et XIXe siècles, situation qui ne durera pas longtemps. Dans les États du Sud, où domine un mélange de capital terrien et négrier, l'héritage pèse aussi lourd que dans la vieille Europe. Dans *Autant en emporte le vent*, les soupirants de Scarlett O'Hara ne comptent pas davantage que Rastignac sur leurs études ou leur mérite pour assurer leur aisance future : la taille de la plantation de leur père – ou de leur beau-père – importe beaucoup plus. Pour bien montrer le peu de considération qu'il a pour toute notion de morale, de mérite ou de justice sociale, Vautrin précise d'ailleurs dans son même discours à l'intention du jeune Eugène qu'il se verrait bien finir ses jours comme propriétaire d'esclaves dans le sud des États-Unis et vivre dans l'opulence de ses rentes négrières[1]. De toute évidence, ce n'est pas la même Amérique que Tocqueville qui séduit l'ex-bagnard.

L'inégalité des revenus du travail est certes loin d'être toujours juste, et il serait bien excessif de réduire la question de la justice sociale à celle de l'importance relative des revenus du travail vis-à-vis des revenus hérités. Il n'en reste pas moins que la croyance en des inégalités davantage fondées sur le travail et le mérite individuel, ou tout du moins l'espoir placé en une telle transformation, est constitutive de notre modernité démocratique. De fait, nous verrons que le discours de Vautrin a cessé dans une certaine mesure d'être vrai dans les sociétés européennes au cours du XXe siècle, au moins provisoirement. Pendant les décennies de l'après-guerre, l'héritage est réduit à peu de chose par comparaison aux réalités du passé, et pour la première fois peut-être dans l'histoire le travail et les études sont devenus le plus sûr chemin vers le sommet. En ce début de XXIe siècle, même si toutes sortes d'inégalités ont resurgi, et que de nombreuses certitudes en matière de progrès social et démocratique ont été ébranlées, l'impression diffuse et dominante reste tout de même que le monde a changé radicalement depuis le discours de Vautrin. Qui conseillerait aujourd'hui à un jeune étudiant en droit d'abandonner ses études et de suivre la même stratégie d'ascension sociale que celle suggérée par l'ex-bagnard ? Certes, il peut exister quelques rares cas où mettre la main sur un héritage demeure la meilleure stratégie[2]. Mais n'est-il pas plus rentable, et non seulement plus moral, de miser

---

1. *Ibid.*, p. 131.
2. Un fils d'un ex-président de la République, étudiant à la faculté de droit de Paris, aurait même, d'après la presse, épousé récemment l'héritière des magasins Darty ; sans doute ne l'a-t-il pas rencontrée à la pension Vauquer.

sur les études, le travail et la réussite professionnelle, dans l'immense majorité des cas ?

Telles seront donc les deux questions auxquelles nous conduit le discours de Vautrin et auxquelles nous tenterons de répondre dans les chapitres qui viennent, avec les données – imparfaites – dont nous disposons. Tout d'abord, est-on bien sûr que la structure des revenus du travail et des revenus hérités s'est transformée depuis l'époque de Vautrin, et dans quelles proportions ? Ensuite et surtout, à supposer qu'une telle transformation ait bien eu lieu, au moins en partie, quelles en sont exactement les raisons, et sont-elles irréversibles ?

Inégalités face au travail, inégalités face au capital

Pour pouvoir répondre à ces questions, il nous faut tout d'abord nous familiariser avec les notions en jeu et avec les principales régularités qui caractérisent les inégalités de revenus du travail et du capital en vigueur dans les différentes sociétés et aux différentes époques. Nous avons vu dans la première partie que le revenu pouvait toujours s'analyser comme la somme du revenu du travail et du revenu du capital. Les revenus du travail comprennent notamment les salaires, et pour simplifier l'exposition nous parlerons parfois de l'inégalité des salaires pour désigner l'inégalité des revenus du travail. En vérité, pour être tout à fait exact, les revenus du travail comprennent également les revenus du travail non salarié, qui ont longtemps joué un rôle essentiel et qui jouent encore aujourd'hui un rôle non négligeable. Les revenus du capital prennent eux aussi différentes formes : ils regroupent l'ensemble des revenus reçus au titre de la propriété du capital, indépendamment de tout travail, et quel que soit leur intitulé juridique formel (loyers, dividendes, intérêts, royalties, profits, plus-values, etc.).

Par définition, l'inégalité des revenus résulte dans toutes les sociétés de l'addition de ces deux composantes : d'une part l'inégalité des revenus du travail, et d'autre part l'inégalité des revenus du capital. Plus chacune de ces deux composantes est inégalement répartie, plus l'inégalité totale est forte. Dans l'absolu, on pourrait tout à fait imaginer des sociétés où l'inégalité face au travail est très forte et l'inégalité face au capital beaucoup plus faible, d'autres sociétés où l'inverse est vrai, et enfin des sociétés où les deux composantes sont très inégales ou au contraire très égalitaires.

Le troisième facteur déterminant est le lien entre ces deux dimensions : dans quelle mesure les personnes disposant d'un revenu du travail élevé sont les mêmes personnes que celles qui disposent d'un revenu du capital élevé ? Plus le lien – techniquement la corrélation statistique – est élevé, plus l'inégalité totale est forte, toutes autres choses égales par ailleurs. En pratique, la corrélation entre les deux dimensions est souvent faible ou négative dans les sociétés où l'inégalité face au capital est tellement forte qu'elle permet aux propriétaires de ne pas travailler (par exemple, les héros de Jane Austen choisissent le plus souvent de ne pas avoir de profession). Qu'en est-il aujourd'hui, et qu'en sera-t-il dans le siècle à venir ?

Il faut également noter que l'inégalité des revenus du capital peut être plus forte que l'inégalité du capital lui-même, si les détenteurs de patrimoines importants parviennent à obtenir un rendement moyen plus élevé que les patrimoines moyens et modestes. Nous verrons que ce mécanisme peut être un puissant amplificateur d'inégalités, en particulier dans le siècle qui s'ouvre. Dans le cas simple où le taux de rendement moyen est le même à tous les niveaux de la hiérarchie des patrimoines, alors par définition les deux inégalités coïncident.

Lorsque l'on analyse l'inégalité de la répartition des revenus, il est tout à fait indispensable de distinguer soigneusement ces différentes dimensions et composantes, d'abord pour des raisons normatives et morales (la question de la justification de l'inégalité se pose tout à fait différemment pour les revenus du travail, pour l'héritage et pour les rendements du capital), et ensuite parce que les mécanismes économiques, sociaux et politiques susceptibles de rendre compte des évolutions observées sont totalement distincts. Pour ce qui concerne l'inégalité des revenus du travail, les mécanismes en jeu incluent notamment l'offre et la demande de qualifications, l'état du système éducatif, et les différentes règles et institutions affectant le fonctionnement du marché du travail et la formation des salaires. Pour ce qui est de l'inégalité des revenus du capital, les processus les plus importants sont les comportements d'épargne et d'investissement, les règles de transmissions et de successions, le fonctionnement des marchés immobiliers et financiers. Trop souvent, les mesures statistiques des inégalités de revenus utilisées par les économistes et dans le débat public sont des indicateurs synthétiques – comme l'indice de Gini – mélangeant des choses très différentes, et notamment les inégalités face au travail et celles face au capital, si bien qu'il est impossible de séparer clairement les différents mécanismes à l'œuvre et les multiples dimensions des inégalités. Nous allons au contraire tenter de les distinguer aussi précisément que possible.

Le capital : toujours plus inégalement réparti que le travail

La première régularité que l'on observe, en pratique, lorsque l'on cherche à mesurer les inégalités de revenus, est que l'inégalité face au capital est toujours beaucoup plus forte que l'inégalité face au travail. La répartition de la propriété du capital et des revenus qui en sont issus est systématiquement beaucoup plus concentrée que la répartition des revenus du travail.

Deux points méritent d'être précisés immédiatement. Tout

d'abord, on retrouve cette régularité dans tous les pays et à toutes les époques pour lesquelles des données sont disponibles, sans aucune exception, et chaque fois de façon très massive. Pour donner un premier ordre de grandeur, la part des 10 % des personnes recevant le revenu du travail le plus élevé est généralement de l'ordre de 25 %-30 % du total des revenus du travail, alors que la part des 10 % des personnes détenant le patrimoine le plus élevé est toujours supérieure à 50 % du total des patrimoines, et monte parfois jusqu'à 90 % dans certaines sociétés. De façon peut-être plus parlante encore, les 50 % des personnes les moins bien payées reçoivent toujours une part non négligeable du total des revenus du travail (généralement entre un quart et un tiers, approximativement autant que les 10 % les mieux payés), alors que les 50 % des personnes les plus pauvres en patrimoine ne possèdent jamais rien – ou presque rien (toujours moins de 10 % du patrimoine total, et généralement moins de 5 %, soit dix fois moins que les 10 % les plus fortunés). Les inégalités face au travail apparaissent le plus souvent comme des inégalités apaisées, modérées, presque raisonnables (autant qu'une inégalité puisse l'être – nous verrons que ce point ne doit pas être exagéré). Par comparaison, les inégalités face au capital sont toujours des inégalités extrêmes.

Ensuite, il faut insister dès maintenant sur le fait que cette régularité n'a en soi rien d'évident, et nous informe assez précisément sur la nature des processus économiques et sociaux à l'œuvre concernant la dynamique de l'accumulation et de la répartition des patrimoines.

En effet, on peut aisément imaginer des mécanismes impliquant une répartition des patrimoines plus égalitaire que celle des revenus du travail. Par exemple, supposons qu'en un point donné du temps les revenus du travail reflètent non seulement l'inégalité permanente des salaires entre les différents groupes de travailleurs, en fonction notamment du niveau de qualification et de la position hiérarchique des uns et des autres, mais également des chocs de court terme (par exemple si les salaires ou les durées du travail dans les différents secteurs d'activité fluctuent fortement d'une année sur l'autre et au cours des trajectoires individuelles). Il en résulterait alors une très forte inégalité des revenus du travail, en partie factice puisqu'elle diminuerait si l'on mesurait les inégalités sur une période plus longue, par exemple sur dix années et non sur une seule (comme on le fait habituellement, faute de données plus longues), ou même sur l'ensemble de la vie des individus, ce qui serait l'idéal afin d'étudier véritablement les inégalités d'opportunités et de destins dont parle Vautrin, mais qui malheureusement sont souvent très difficiles à mesurer.

Dans un tel monde, l'accumulation de patrimoines pourrait correspondre principalement à un motif de précaution (on fait des réserves en prévision d'un choc négatif à venir), auquel cas l'inégalité des patrimoines serait plus réduite que celle des revenus du travail. Par exemple, l'inégalité des patrimoines pourrait avoir le même ordre de grandeur que l'inégalité permanente des revenus du travail (mesurée sur l'ensemble de la carrière professionnelle), et serait donc nettement inférieure à l'inégalité instantanée des revenus du travail (mesurée en un point donné du temps). Tout cela est logiquement possible, mais manifestement peu pertinent, puisque l'inégalité des patrimoines est partout et toujours beaucoup plus massive que l'inégalité des revenus du travail. L'accumulation de précaution en vue de chocs de court terme existe bel et bien dans le monde réel, mais il ne s'agit visiblement pas du principal mécanisme permettant de rendre compte de la réalité de l'accumulation et de la répartition des patrimoines.

On peut également imaginer des mécanismes impliquant que l'inégalité des patrimoines soit comparable par son ampleur à celle des revenus du travail. En particulier, si l'accumulation patrimoniale était principalement déterminée par un motif de cycle de vie (on accumule en vue de la retraite), comme l'a théorisé Modigliani, chacun devrait accumuler un stock de capital plus ou moins proportionnel à son niveau de salaire, afin de maintenir approximativement le même niveau de vie – ou la même proportion du niveau de vie – après la cessation d'activité. Dans ce cas, l'inégalité des patrimoines serait une simple translation dans le temps de l'inégalité des revenus du travail, et n'aurait qu'une importance limitée en tant que telle, puisque la seule véritable source de l'inégalité sociale serait l'inégalité face au travail.

Là encore, un tel mécanisme théorique est logiquement plausible et joue évidemment un rôle non négligeable dans le monde réel – surtout dans des sociétés vieillissantes. Mais d'un point de vue quantitatif il ne s'agit pas du mécanisme principal en jeu. L'épargne de cycle de vie, pas plus que l'épargne de précaution, ne permet d'expliquer la très forte concentration de la propriété du capital que l'on observe en pratique. Les personnes âgées sont certes plus riches en moyenne que les jeunes. Mais la concentration des patrimoines est en réalité presque aussi forte à l'intérieur de chaque groupe d'âge que pour la population prise dans son ensemble. Autrement dit, contrairement à une idée répandue, la guerre des âges n'a pas remplacé la guerre des classes. La très forte concentration du capital s'explique notamment par l'importance de l'héritage et de ses effets cumulatifs (par exemple, il est plus facile d'épargner quand on a hérité d'un appartement et que l'on n'a pas de loyer à payer). Le fait que le rendement du patrimoine prenne souvent des valeurs extrêmes joue également un rôle significatif dans ce processus dynamique. Nous reviendrons de façon détaillée dans la suite de cette troisième partie sur ces différents mécanismes et sur la façon dont leur importance a évolué dans le temps et l'espace. À ce stade, retenons simplement que l'ampleur de l'inégalité du capital – dans l'absolu et relativement à l'inégalité des revenus du travail – oriente vers certains mécanismes plutôt que d'autres.

Inégalités et concentration : quelques ordres de grandeur

Avant d'analyser les évolutions historiques observées dans les différents pays, il est utile de décrire plus précisément les ordres de grandeur qui caractérisent généralement l'inégalité face au travail et face au capital. L'objectif est de permettre au lecteur de se familiariser avec des chiffres et des notions – déciles, centiles, etc. – en apparence un peu techniques, voire rébarbatifs pour certains, mais qui sont en réalité très utiles pour analyser et comprendre les transformations de la structure des inégalités dans les différentes sociétés, pour peu qu'on les utilise correctement.

Pour cela, nous avons indiqué dans les tableaux 7.1, 7.2 et 7.3 des exemples de répartitions observés dans différents pays et à différentes époques. Les chiffres indiqués sont volontairement arrondis et approximatifs, mais ils permettent de se faire une première idée de ce à quoi correspond une inégalité faible, moyenne ou forte, dans le monde qui nous entoure et dans l'histoire, d'une part pour les revenus du travail, d'autre part pour la propriété du capital, et enfin pour l'inégalité totale des revenus, lorsque l'on additionne revenus du travail et du capital.

Par exemple, pour ce qui est de l'inégalité face au travail, on constate que dans les sociétés les plus égalitaires, comme les pays scandinaves dans les années 1970-1980 (les inégalités ont légèrement progressé en Europe du Nord depuis cette époque, mais ces pays demeurent les moins inégalitaires), la répartition se présente approximativement de la façon suivante. Si l'on considère l'ensemble de la population adulte, alors les 10 % de la population recevant les revenus du travail les plus élevés reçoivent à peine plus de 20 % de la masse totale des revenus du travail (en pratique, il s'agit pour l'essentiel de la masse des salaires), les 50 % les moins bien payés en

Tableau 7.1.
L'inégalité totale des revenus du travail dans le temps et l'espace

Part des différents groupes dans le total des revenus du travail	Inégalité faible (≈ pays scandinaves, années 1970-1980)	Inégalité moyenne (≈ Europe 2010)	Inégalité forte (≈ États-Unis 2010)	Inégalité très forte (≈ États-Unis 2030?)
Les 10 % les plus riches « classes supérieures »	20 %	25 %	35 %	45 %
dont : les 1 % les plus riches (« classes dominantes »)	*5 %*	*7 %*	*12 %*	*17 %*
dont : les 9 % suivants (« classes aisées »)	*15 %*	*18 %*	*23 %*	*28 %*
Les 40 % du milieu « classes moyennes »	45 %	45 %	40 %	35 %
Les 50 % les plus pauvres « classes populaires »	35 %	30 %	25 %	20 %
Coefficient de Gini correspondant (indicateur synthétique d'inégalité)	0,19	0,26	0,36	0,46

Lecture : dans les sociétés où l'inégalité des revenus du travail est relativement faible (comme les pays scandinaves dans les années 1970-1980), les 10 % les mieux payés reçoivent environ 20 % des revenus du travail, les 50 % les moins bien payés environ 35 %, et les 40 % du milieu environ 45 %. Le coefficient de Gini correspondant (indicateur synthétique d'inégalité allant de 0 à 1) est de 0,19. Voir annexe technique.

reçoivent environ 35 %, et les 40 % du milieu touchent donc de l'ordre de 45 % du total (voir tableau 7.1[1]). Il ne

---

1. Nous définissons les déciles au niveau de la population adulte (les mineurs n'ont généralement pas de revenu), et autant que possible au niveau individuel. Les estimations indiquées sur les tableaux 7.1-7.3 suivent cette définition. Pour certains pays – comme la France et les États-Unis –, les données historiques sur les revenus sont uniquement disponibles au niveau des foyers (les revenus des couples sont alors additionnés). Cela modifie légèrement les niveaux des parts des différents déciles, mais n'affecte guère les évolutions de long terme qui nous intéressent ici. Pour les salaires, les données historiques sont généralement disponibles au niveau individuel. Voir annexe technique.

Tableau 7.2.
**L'inégalité de la propriété du capital
dans le temps et l'espace**

Part des différents groupes dans le total des patrimoines	Inégalité faible (jamais observée ; société idéale ?)	Inégalité moyenne (≈ pays scandinaves années 1970-1980)	Inégalité moyenne-forte (≈ Europe 2010)	Inégalité forte (≈ États-Unis 2010)	Inégalité très forte (≈ Europe 1910)
Les 10 % les plus riches « classes supérieures »	30 %	50 %	60 %	70 %	90 %
dont : les 1 % les plus riches (« classes dominantes »)	10 %	20 %	25 %	35 %	50 %
dont : les 9 % suivants (« classes aisées »)	20 %	30 %	35 %	35 %	40 %
Les 40 % du milieu « classes moyennes »	45 %	40 %	35 %	25 %	5 %
Les 50 % les plus pauvres « classes populaires »	25 %	10 %	5 %	5 %	5 %
Coefficient de Gini correspondant (indicateur synthétique d'inégalité)	0,33	0,58	0,67	0,73	0,85

Lecture : dans les sociétés caractérisées par une inégalité « moyenne » de la propriété du capital (comme les pays scandinaves dans les années 1970-1980), les 10 % les plus riches en patrimoine détiennent environ 50 % des patrimoines, les 50 % les moins riches environ 10 %, et les 40 % du milieu environ 40 %. Le coefficient de Gini correspondant est de 0,58. Voir annexe technique.

s'agit certes pas d'une égalité parfaite, puisque dans ce cas chaque groupe aurait dû percevoir l'équivalent de sa part dans la population (les 10 % les mieux payés devraient recevoir exactement 10 % de la masse des revenus en jeu, et les 50 % les moins bien payés devraient en recevoir 50 %). Mais il s'agit d'une inégalité qui n'est pas trop extrême, tout du moins par comparaison à ce que l'on observe dans d'autres pays et à d'autres époques, et surtout à ce qu'on constate un peu partout pour la propriété du capital, y compris dans les pays scandinaves.

Tableau 7.3.
**L'inégalité totale des revenus (travail et capital)
dans le temps et l'espace**

Part des différents groupes dans le total des revenus	Inégalité faible (≈ pays scandinaves, années 1970-1980)	Inégalité moyenne (≈ Europe 2010)	Inégalité forte (≈ États-Unis 2010; Europe 1910)	Inégalité très forte (≈ États-Unis 2030?)
Les 10 % les plus riches « classes supérieures »	25 %	35 %	50 %	60 %
dont : les 1 % les plus riches (« classes dominantes »)	*7 %*	*10 %*	*20 %*	*25 %*
dont : les 9 % suivants (« classes aisées »)	*18 %*	*25 %*	*30 %*	*35 %*
Les 40 % du milieu « classes moyennes »	45 %	40 %	30 %	25 %
Les 50 % les plus pauvres « classes populaires »	30 %	25 %	20 %	15 %
Coefficient de Gini correspondant (indicateur synthétique d'inégalité)	0,26	0,36	0,49	0,58

Lecture : dans les sociétés où l'inégalité totale des revenus du travail est relativement faible (comme les pays scandinaves dans les années 1970-1980), les 10 % les plus riches détiennent environ 20 % du revenu total, et les 50 % les plus pauvres environ 30 %. Le coefficient de Gini correspondant est de 0,26. Voir annexe technique.

Afin que chacun puisse se faire une idée sur ce que signifient réellement de tels chiffres, il est important de faire le lien entre d'une part ce type de répartition exprimée en pourcentage du total à répartir et d'autre part les salaires sonnants et trébuchants que touchent les travailleurs en chair et en os qui composent ces répartitions, ou bien les patrimoines immobiliers et financiers que détiennent les propriétaires bien réels qui peuplent ces hiérarchies.

Concrètement, si les 10 % les mieux payés reçoivent 20 % de la masse salariale, par définition cela signifie que chacun dans ce groupe gagne en moyenne deux fois le salaire moyen en vigueur dans le pays considéré. De même, si les 50 % les moins bien payés reçoivent 35 % de la masse salariale, alors cela implique mécaniquement que chacun dans ce groupe gagne en moyenne un peu plus des deux tiers (exactement 70 %) du salaire moyen. Et si les 40 % du milieu reçoivent 45 % de la masse salariale, alors cela signifie que leur salaire moyen est légèrement plus élevé (45/40e) que le salaire moyen observé pour l'ensemble de la société.

Par exemple, si le salaire moyen dans le pays considéré est de 2 000 euros par mois, cette répartition implique que les 10 % les mieux payés gagnent en moyenne 4 000 euros par mois, les 50 % les moins bien payés touchent 1 400 euros par mois, et les 40 % du milieu reçoivent en moyenne 2 250 euros par mois[1]. En ce sens, ce groupe intermédiaire correspond bien à une grande « classe moyenne », dont le niveau de vie est souvent assez proche du revenu moyen de la société en question.

Classes populaires, classes moyennes, classes supérieures

Précisons à ce sujet que les dénominations de « classes populaires » (définies comme les 50 % du bas), « classes moyennes » (les 40 % du « milieu », c'est-à-dire les 40 % compris entre les 50 % du bas et les 10 % du haut) et « classes supérieures » (les 10 % du haut), que nous utilisons dans les tableaux 7.1-7.3, sont évidemment arbitraires et discutables. Nous les avons introduites de façon purement illustrative et suggestive, afin de fixer les idées, mais en réalité ces termes ne jouent pratiquement aucun rôle dans notre analyse, et nous aurions aussi bien pu appeler « classe A », « classe B » et « classe C » les groupes sociaux en question. Dans le cadre du débat

---

1. Voir annexe technique et tableau S7.1 (disponible en ligne).

public, ces questions de terminologie n'ont généralement rien d'anodin : la façon dont elles sont tranchées par les uns et les autres reflète souvent des prises de position implicites ou explicites quant à la justification et la légitimité des niveaux de revenus et de patrimoines détenus par tel ou tel groupe.

Par exemple, certains utilisent l'expression « classes moyennes » de façon très extensive, pour désigner des personnes se situant nettement à l'intérieur du décile supérieur de la hiérarchie sociale (les 10 % les plus élevés), voire tout près du centile supérieur (les 1 % les plus élevés). En général, l'objectif poursuivi est d'insister sur le fait que ces personnes, bien que disposant de ressources assez sensiblement supérieures à la moyenne en vigueur dans la société considérée, conservent tout de même une certaine proximité à la moyenne : il s'agit donc d'indiquer que ces personnes ne sont pas des nantis et qu'elles méritent amplement la clémence des autorités publiques, et notamment du fisc.

D'autres, parfois les mêmes, refusent toute notion de « classe moyenne », et préfèrent décrire la structure sociale comme opposant une immense majorité de « classes populaires et moyennes » (le « peuple ») et une infime minorité de « classes supérieures » (les « élites »). Une telle grille peut être pertinente pour décrire certaines sociétés, ou peut-être plutôt pour analyser certains contextes politiques et historiques dans certaines sociétés. Par exemple, dans la France de 1789, on estime généralement que l'aristocratie représentait entre 1 % et 2 % de la population, le clergé moins de 1 %, et le « tiers état » – c'est-à-dire tout le peuple, des paysans à la bourgeoisie, dans le cadre du système politique en vigueur sous l'Ancien Régime – plus de 97 %.

Notre objectif ici n'est pas d'instituer la police des dictionnaires et du langage. Sur ces questions de dénominations, chacun a tout à la fois raison et tort. Chacun a de bonnes raisons d'utiliser les termes qu'il emploie, et a tort de dénigrer ceux choisis par les autres. La façon dont nous définissons la « classe moyenne » (les 40 % du « milieu ») est hautement contestable, puisque par construction toutes les personnes que nous incluons dans ce groupe ont en réalité des revenus (ou des patrimoines) supérieurs à la médiane de la société considérée[1]. On pourrait tout aussi bien choisir de découper la société en trois tiers, et nommer « classe moyenne » le tiers véritablement au milieu. Il nous semble toutefois que notre définition correspond davantage à l'usage le plus répandu : l'expression « classe moyenne » est généralement utilisée pour désigner des personnes qui s'en sortent assez nettement mieux que la masse du peuple, tout en demeurant bien éloignées des véritables élites. Mais tout cela est éminemment discutable, et nous n'avons pas à prendre position ici sur cette délicate question, tout à la fois linguistique et politique.

En vérité, toute représentation de l'inégalité fondée sur un petit nombre de catégories est vouée à être schématique et grossière, puisque la réalité sociale sous-jacente est toujours celle d'une répartition continue. À tous les niveaux de revenus et de patrimoines, il existe toujours un certain nombre de personnes en chair et en os, dont les caractéristiques et l'importance numérique varient lentement et progressivement en fonction de la forme de la répartition en vigueur dans la société considérée. Il n'existe jamais de rupture discontinue entre les différentes classes sociales, entre le monde du « peuple » et celui des « élites ». C'est pourquoi notre analyse

---

1. Comme nous l'avons déjà noté, la médiane désigne le niveau au-dessous duquel se trouve la moitié de la population. En pratique, la médiane est toujours plus faible que la moyenne, car les répartitions sont toujours assez étirées vers le haut, ce qui tire la moyenne vers le haut (et non la médiane). Pour les revenus du travail, la médiane est typiquement de l'ordre de 80 % de la moyenne (par exemple, autour de 1 600 euros de salaire médian pour un salaire moyen de 2 000 euros). Pour les patrimoines, la médiane peut être extrêmement faible : souvent à peine 50 % du patrimoine moyen, voire quasi nulle si la moitié la plus pauvre de la population ne possède presque rien.

se fonde entièrement sur des notions statistiques à base de déciles (les 10 % les plus élevés, les 40 % du milieu, les 50 % du bas), qui ont le mérite d'être définies exactement de la même façon dans les différentes sociétés, et qui permettent donc de faire des comparaisons rigoureuses et objectives dans le temps et l'espace, sans chercher à nier la complexité propre à chaque société, et en particulier le caractère fondamentalement continu de l'inégalité sociale.

La lutte des classes, ou la lutte des centiles ?

Car tel est au fond notre unique objectif : pouvoir comparer la structure des inégalités en vigueur dans des sociétés très éloignées dans le temps et l'espace, des sociétés que tout oppose *a priori*, et en particulier des sociétés utilisant des mots et des notions totalement différents pour désigner les groupes sociaux qui les composent. Les notions de déciles et de centiles sont un peu abstraites et manquent certainement de poésie. Spontanément, il est plus facile de s'identifier aux catégories de son temps : paysans ou nobles, prolétaires ou bourgeois, employés ou cadres supérieurs, serveurs ou traders. Mais la beauté des déciles et des centiles est précisément de pouvoir mettre en correspondance des inégalités et des époques impossibles à comparer autrement, et de fournir un langage commun qui en principe peut être accepté par tous.

Quand cela sera nécessaire, nous décomposerons plus finement les groupes considérés, à l'aide de centiles ou même de millimes, afin de rendre justice au caractère continu de l'inégalité sociale. En particulier, dans chaque société, y compris la plus égalitaire, le décile supérieur est véritablement un monde en soi. Il regroupe des personnes dont le revenu est à peine deux ou trois fois supérieur au revenu moyen, et d'autres dont les ressources sont plusieurs dizaines de fois supérieures. Dans un premier temps, il est toujours éclairant de décomposer le décile supérieur en deux sous-groupes : le centile supérieur d'une part (que l'on peut appeler les « classes dominantes », toujours pour fixer les idées, et sans chercher à prétendre que ce terme est véritablement meilleur qu'un autre), et les neuf centiles suivants d'autre part (les « classes aisées »).

Par exemple, si l'on considère le cas de l'inégalité relativement faible – scandinave – des revenus du travail représentée dans le tableau 7.1, avec les 20 % de la masse salariale pour les 10 % des travailleurs les mieux payés, on constate que la part reçue par les 1 % les mieux payés est typiquement de l'ordre de 5 % de la masse salariale. Par définition, cela signifie que les 1 % des salariés les mieux payés gagnent en moyenne cinq fois le salaire moyen, soit 10 000 euros par mois dans une société où le salaire moyen est de 2 000 euros par mois. Autrement dit, les 10 % les mieux payés gagnent en moyenne 4 000 euros par mois, mais au sein de ce groupe les 1 % les mieux payés gagnent en moyenne de l'ordre de 10 000 euros par mois (et les 9 % suivants gagnent en moyenne environ 3 330 euros). Si l'on continuait la décomposition plus loin, et que l'on examinait le millime supérieur (les 0,1 % les mieux payés) au sein du centile supérieur, alors on trouverait des personnes gagnant plusieurs dizaines de milliers d'euros par mois, et même quelques-unes avec quelques centaines de milliers d'euros par mois, y compris dans les pays scandinaves des années 1970-1980. Simplement, ces personnes seraient peu nombreuses, si bien que leur poids dans la masse des revenus du travail serait relativement limité.

Pour juger de l'inégalité d'une société, il ne suffit donc pas de constater que certains revenus sont très élevés : dire par exemple que « l'échelle des salaires va de 1 à 10 », ou bien « de 1 à 100 », ne nous dit en réalité pas grand-chose. Il faut également savoir combien de personnes atteignent ces niveaux. De ce point de vue, la part des revenus – ou des patrimoines – détenue par le décile supérieur ou le centile supérieur constitue un indicateur pertinent pour apprécier l'inégalité d'une société, puisqu'il prend en compte non seulement l'existence de revenus ou patrimoines extrêmes mais également le nombre de personnes réellement concernées par ces valeurs très élevées.

Le centile supérieur est un groupe particulièrement intéressant à étudier dans le cadre de notre enquête historique, car il représente une fraction certes très minoritaire de la population (par définition), mais en même temps un groupe social beaucoup plus vaste que les fines élites de quelques dizaines ou centaines de membres qui retiennent parfois l'attention (comme les « deux cents familles » en France, qui dans l'entre-deux-guerres faisaient référence aux deux cents plus gros actionnaires de la Banque de France, ou bien les classements de fortunes publiés de nos jours dans *Forbes* et les magazines équivalents, qui portent généralement sur quelques centaines de personnes). Dans un pays de près de 65 millions d'habitants comme la France de 2013, soit environ 50 millions pour la population majeure, le centile supérieur regroupe tout de même 500 000 personnes adultes. Dans un pays de 320 millions d'habitants comme les États-Unis, soit 260 millions d'adultes, le centile supérieur est peuplé de 2,6 millions de personnes majeures. Il s'agit donc de groupes sociaux très importants numériquement, des groupes qu'il est impossible de ne pas remarquer dans un pays, surtout lorsqu'ils ont tendance à habiter les mêmes villes, voire les mêmes quartiers. Dans tous les pays, le centile supérieur prend de la place dans le paysage social, et pas seulement de l'argent.

À bien y regarder, on peut considérer que dans toutes les sociétés, qu'il s'agisse de la France de 1789 (entre 1 % et 2 % de la population pour l'aristocratie) ou des États-Unis du début des années 2010 (où le mouvement Occupy Wall Street a explicitement ciblé ce groupe des « 1 % » les plus riches), le centile supérieur représente une population suffisamment significative numériquement pour structurer fortement le paysage social et l'ordre politique et économique dans son ensemble.

On voit au passage tout l'intérêt de ces notions de déciles et de centiles : par quel miracle pourrait-on espérer comparer les inégalités dans des sociétés aussi différentes que la France de 1789 ou les États-Unis de 2013, si ce n'est en tentant minutieusement de définir les déciles et les centiles, et d'estimer les parts qu'ils détiennent dans la richesse nationale, ici et là ? Un tel exercice ne permet certes pas de régler tous les problèmes et de répondre à toutes les questions – mais c'est beaucoup mieux que de ne rien pouvoir dire du tout. Nous essaierons donc de déterminer dans quelle mesure la domination des « 1 % », ainsi mesurée, était plus forte sous Louis XVI ou sous George Bush et Barack Obama.

Le cas du mouvement Occupy montre également que ce langage commun, et en particulier ce concept de « centile supérieur », même s'il peut sembler un peu abstrait de prime abord, peut permettre de mettre au jour des évolutions spectaculaires des inégalités et des réalités frappantes, et par là même peut constituer une grille de lecture utile de la société, dans le cadre de mobilisations sociales et politiques de grande ampleur, fondées sur des slogans *a priori* inattendus (« *We are the 99 %* »), mais qui finalement ne sont pas sans rappeler – en esprit – le fameux pamphlet *Qu'est-ce que le tiers état ?* publié en janvier 1789 par l'abbé Sieyès[1].

Précisons également que les hiérarchies en jeu, et donc les notions de déciles et de centiles, ne sont bien sûr jamais exactement les mêmes pour les revenus du travail et pour les patrimoines. Les personnes qui disposent des 10 % des revenus du travail les plus élevés ou des 50 % les plus faibles ne sont pas les mêmes que celles qui possèdent les 10 % des patrimoines les plus élevés ou les 50 % les plus faibles. Les

---

1. « Qu'est-ce que le tiers état ? Tout. Qu'a-t-il été jusqu'à présent dans l'ordre politique ? Rien. Que demande-t-il ? À y devenir quelque chose. »

« 1 % » des revenus du travail ne sont pas les « 1 % » des patrimoines. Les déciles et les centiles sont définis séparément pour les revenus du travail d'une part, pour la propriété du capital d'autre part, et finalement pour le revenu total, issu du travail et du capital, qui fait la synthèse des deux dimensions et qui définit donc une hiérarchie sociale composite, résultant des deux premières. Il est essentiel de toujours bien préciser à quelle hiérarchie il est fait référence. Dans les sociétés traditionnelles, la corrélation entre les deux dimensions était souvent négative (les détenteurs de patrimoines importants ne travaillaient pas et se trouvaient donc tout en bas de la hiérarchie des revenus du travail). Dans les sociétés modernes, la corrélation est généralement positive, mais elle n'est jamais complète (le coefficient de corrélation est toujours inférieur à un). Par exemple, il existe toujours de nombreuses personnes qui font partie de la classe supérieure en termes de revenu du travail mais de la classe populaire en termes de patrimoine, et inversement. L'inégalité sociale est multidimensionnelle, de même que le conflit politique.

Notons enfin que les répartitions de revenus – et de patrimoines – décrites dans les tableaux 7.1-7.3 et analysées dans ce chapitre et les suivants sont toujours des répartitions dites « primaires », c'est-à-dire avant prise en compte des impôts. Selon la forme que prennent ces derniers – et les services publics et transferts qu'ils financent –, plus ou moins « progressive » ou « régressive » (c'est-à-dire pesant plus ou moins lourdement sur les différents groupes de revenus et de patrimoines à mesure que l'on s'élève dans la hiérarchie sociale), la répartition après impôts peut être plus ou moins fortement égalitaire que la répartition avant impôts. Nous étudierons tout cela dans la quatrième partie de ce livre, de même que l'ensemble des questions liées à la redistribution. À ce stade, seule nous intéresse la répartition avant impôt[1].

---

1. Suivant l'usage, les revenus de remplacement, c'est-à-dire les pensions

Les inégalités face au travail : des inégalités apaisées ?

Reprenons l'examen des ordres de grandeur des inégalités. Dans quelle mesure les inégalités des revenus du travail sont-elles des inégalités modérées, raisonnables, voire apaisées ? Certes, les inégalités face au travail sont toujours beaucoup plus réduites que celles face au capital. On aurait bien tort cependant de les négliger, d'une part parce que les revenus du travail représentent généralement entre les deux tiers et les trois quarts du revenu national, et d'autre part parce que les écarts entre les répartitions des revenus du travail en vigueur dans les différents pays sont tout à fait substantiels, ce qui suggère que les politiques publiques et les différences nationales peuvent avoir des conséquences majeures sur ces inégalités et sur les conditions de vie de vastes groupes de la population.

Dans les pays les plus égalitaires en matière de revenus du travail, comme les pays scandinaves dans les années 1970-1980, les 10 % les mieux payés reçoivent environ 20 % de la masse des revenus du travail, et les 50 % les moins bien payés en reçoivent 35 %. Dans les pays moyennement inégalitaires, comme la plupart des pays européens aujourd'hui (par exemple la France ou l'Allemagne), le premier groupe reçoit de l'ordre de 25 %-30 % du total, et le second environ 30 %. Et

---

de retraite et les allocations chômage destinées à remplacer la perte de revenus du travail, financés par des cotisations assises sur les salaires (selon une logique contributive), ont été inclus dans les revenus primaires du travail, faute de quoi l'inégalité des revenus du travail au sein de la population adulte serait sensiblement – et en partie artificiellement – plus forte que les niveaux indiqués dans les tableaux 7.1 et 7.3 (compte tenu du nombre important de retraités et de chômeurs disposant de revenus du travail nuls). Nous reviendrons dans la quatrième partie sur les redistributions opérées par ces systèmes de retraite et de chômage, que nous considérons pour l'instant comme de simples éléments de « salaire différé ».

dans les pays fortement inégalitaires, comme les États-Unis au début des années 2010 (sans doute l'un des plus hauts niveaux d'inégalité des revenus du travail jamais observés, comme nous le verrons plus loin), le décile supérieur atteint 35 % du total, alors que la moitié inférieure tombe à 25 %. Autrement dit, l'équilibre entre les deux groupes est presque totalement inversé. Les 50 % les moins bien payés reçoivent près de deux fois plus de masse salariale au total que les 10 % les mieux payés dans les pays les plus égalitaires (ce qui est bien le moins, jugeront certains, puisqu'ils sont cinq fois plus nombreux), et un tiers de moins dans les pays les plus inégalitaires. Si la tendance à la concentration croissante des revenus du travail observée aux États-Unis au cours des dernières décennies devait se poursuivre, alors les 50 % les moins bien payés pourraient recevoir moitié moins de masse salariale que les 10 % les mieux payés aux alentours de 2030 (voir tableau 7.1). Rien ne dit évidemment que cette évolution va effectivement se poursuivre, mais cela permet d'illustrer le fait que les transformations en cours n'ont rien d'anodin.

Concrètement, pour un même salaire moyen de 2 000 euros par mois, la répartition scandinave la plus égalitaire correspond à 4 000 euros par mois pour les 10 % les mieux payés (dont 10 000 euros pour les 1 % les mieux payés), 2 250 euros pour les 40 % du milieu, et 1 400 euros pour les 50 % les moins bien payés, alors que la répartition américaine la plus inégalitaire observée à ce jour correspond à une hiérarchie nettement plus marquée : 7 000 euros pour les 10 % du haut (dont 24 000 euros pour les 1 %), 2 000 euros pour les 40 % du milieu, et seulement 1 000 euros par mois pour les 50 % du bas.

Pour la moitié la moins favorisée de la population, l'écart entre les différentes répartitions est donc loin d'être négligeable : quand on dispose toute sa vie de 40 % de revenu supplémentaire − 1 400 euros au lieu de 1 000 euros, sans même prendre en compte les effets du système d'impôts et de transferts –, cela entraîne des conséquences considérables sur les choix de vie que l'on peut se permettre, la capacité à se loger, à partir ou non en vacances, les dépenses que l'on peut consacrer à ses projets, à ses enfants, etc. Il faut également souligner que dans la plupart des pays les femmes sont en pratique massivement surreprésentées au sein des 50 % des salaires les plus bas, si bien que ces fortes différences entre pays reflètent pour une part importante des différences dans les écarts de salaires hommes-femmes, écarts qui sont plus réduits qu'ailleurs en Europe du Nord.

Pour les parties les plus favorisées de la population, les écarts entre répartitions sont également très significatifs : quand on dispose toute sa vie de 7 000 euros par mois au lieu de 4 000 euros (ou, mieux encore, de 24 000 euros au lieu de 10 000 euros), on ne fait pas les mêmes dépenses, et on dispose de plus de pouvoir non seulement sur ses achats mais également sur les autres – par exemple pour mettre à son service les personnes moins bien payées. Si la tendance américaine devait se poursuivre, les revenus mensuels en 2030 – toujours pour un même salaire moyen de 2 000 euros par mois – pourraient être de 9 000 euros pour les 10 % du haut (dont 34 000 euros pour les 1 %), 1 750 euros pour les 40 % du milieu, et seulement 800 euros par mois pour les 50 % du bas. Concrètement, en y consacrant une petite part de leur revenu, les 10 % du haut pourraient embaucher comme domestiques une bonne part des 50 % du bas[1].

On voit donc que, pour un même salaire moyen, différentes répartitions des revenus du travail peuvent conduire à des réalités sociales et économiques extrêmement éloignées pour les groupes sociaux concernés, et dans certains cas à des inégalités qui n'ont rien de paisible. Pour toutes ces raisons, il est essentiel de comprendre les forces économiques, sociales

---

1. L'ensemble de ces calculs – élémentaires – est détaillé dans le tableau S7.1 (disponible en ligne).

et politiques qui déterminent le degré d'inégalité des revenus du travail en vigueur dans les différentes sociétés.

Les inégalités face au capital : des inégalités extrêmes

Si l'inégalité des revenus du travail peut parfois ressembler – à tort – à une inégalité modérée et apaisée, c'est surtout par comparaison à la répartition de la propriété du capital, qui dans tous les pays met en jeu des inégalités extrêmes (voir tableau 7.2).

Dans les sociétés les plus égalitaires en matière de patrimoines, qui sont là encore les pays scandinaves dans les années 1970-1980, les 10 % des patrimoines les plus élevés représentent à eux seuls environ 50 % du patrimoine national, voire un peu plus – entre 50 % et 60 % – si l'on prend correctement en compte les fortunes les plus importantes. Actuellement, au début des années 2010, la part des 10 % des patrimoines les plus élevés se situe autour de 60 % du patrimoine national dans la plupart des pays européens, et en particulier en France, en Allemagne, au Royaume-Uni et en Italie.

Le plus frappant est sans doute que dans toutes ces sociétés, la moitié la plus pauvre de la population ne possède presque rien : les 50 % les plus pauvres en patrimoine possèdent toujours moins de 10 % du patrimoine national, et généralement moins de 5 %. En France, d'après les dernières données disponibles, portant sur les années 2010-2011, la part des 10 % les plus riches atteint 62 % du patrimoine total, et celle des 50 % les plus pauvres n'est que de 4 %. Aux États-Unis, l'enquête la plus récente organisée par la Federal Reserve, concernant les mêmes années, indique que le décile supérieur possède 72 % du patrimoine américain, et la moitié inférieure tout juste 2 %. Encore faut-il préciser que cette source, comme la plupart des enquêtes déclaratives, sous-estime les plus hautes fortunes[1]. Ainsi que nous l'avons déjà noté, il est également important d'ajouter que l'on retrouve cette très forte concentration des patrimoines à l'intérieur de chaque groupe d'âge[2].

Au final, les inégalités patrimoniales dans les pays les plus égalitaires en matière de patrimoines – par exemple dans les pays scandinaves dans les années 1970-1980 – apparaissent nettement plus fortes que les inégalités salariales dans les pays les plus inégalitaires en matière de salaires – par exemple les États-Unis au début des années 2010 (voir tableaux 7.1-7.2). À ma connaissance, il n'existe aucune société, à aucune époque, où l'on observe une répartition de la propriété du capital qui puisse raisonnablement être qualifiée de « faiblement » inégalitaire, c'est-à-dire une répartition où la moitié la plus pauvre de la société posséderait une part significative – par exemple, un cinquième ou un quart – du patrimoine total[3]. Il n'est toutefois pas interdit d'être optimiste, et c'est pourquoi nous avons indiqué dans le tableau 7.2 un exemple virtuel d'une possible répartition du patrimoine où l'inégalité serait « faible », ou tout du moins plus faible que dans les répartitions scandinaves (inégalité qualifiée de « moyenne »), européennes (« moyenne-forte ») et américaines (« forte »). Bien entendu, les modalités de mise en place d'une telle « société idéale » – à supposer qu'il s'agisse effectivement d'un objectif souhaitable – restent entièrement à déterminer (nous reviendrons dans la quatrième partie sur cette question centrale[4]).

---

1. La part du décile supérieur américain est sans doute plus proche de 75 % du patrimoine total.

2. Voir annexe technique.

3. Il est difficile de dire si ce critère était respecté en Union soviétique et au sein de l'ex-bloc communiste, compte tenu du manque de données disponibles. En tout état de cause, le capital était principalement détenu par la puissance publique, ce qui limite beaucoup l'intérêt de la question.

4. Notons que l'inégalité reste forte dans la « société idéale » décrite dans le tableau 7.2 (les 10 % les plus riches possèdent une masse de patrimoines

De la même façon que pour l'inégalité des salaires, il est important de bien comprendre à quoi correspondent ces chiffres. Imaginons une société où le patrimoine net moyen serait de 200 000 euros par adulte[1], ce qui est approximativement le cas actuellement dans les pays européens les plus riches[2]. Nous avons également vu dans la deuxième partie que ce patrimoine privé moyen se partageait en première approximation en deux moitiés de taille comparable : biens immobiliers d'une part, et actifs financiers et professionnels (dépôts bancaires, plans d'épargne, portefeuille d'actions et d'obligations, contrats d'assurance vie, fonds de pension, etc., nets de dettes) d'autre part ; tout cela avec bien sûr d'importantes variations entre pays, et d'énormes variations entre individus.

Si les 50 % les plus pauvres détiennent 5 % du patrimoine total, par définition cela signifie qu'en moyenne ils possèdent l'équivalent de 10 % du patrimoine moyen en vigueur dans l'ensemble de la société. Dans l'exemple choisi, les 50 % les plus pauvres possèdent donc en moyenne un patrimoine net de 20 000 euros, ce qui n'est pas tout à fait nul, mais ce qui ne représente pas grand-chose par rapport aux richesses possédées dans le reste du pays.

Concrètement, dans une telle société, la moitié la plus pauvre de la population comprend généralement un grand nombre de patrimoines nuls ou quasi nuls (quelques milliers d'euros) – typiquement un quart de la population –, et un nombre non négligeable de patrimoines légèrement

---

plus forte que les 50 % les plus pauvres, bien qu'ils soient cinq fois moins nombreux ; le patrimoine moyen des 1 % les plus riches est vingt fois plus élevé que celui des 50 % les plus pauvres). Il n'est pas interdit d'avoir des objectifs plus ambitieux.

1. Soit 400 000 euros en moyenne pour deux adultes, par exemple pour un couple.

2. Voir chapitres 3, 4 et 5. Les chiffres exacts sont disponibles en ligne dans l'annexe technique.

négatifs (lorsque les dettes dépassent les actifs) – souvent entre un vingtième et un dixième de la population. Puis les patrimoines s'échelonnent jusqu'à des montants de l'ordre de 60 000 euros-70 000 euros, voire un peu plus. Il résulte de cette diversité de situations, et de l'existence d'un grand nombre de personnes très proches du zéro patrimonial absolu, une moyenne générale d'environ 20 000 euros au sein de la moitié la plus pauvre de la population. Il peut s'agir dans certains cas de personnes en cours d'accession à la propriété immobilière, mais qui sont encore lourdement endettées, d'où un patrimoine net très faible. Mais il s'agit le plus souvent de locataires dont le patrimoine se limite à quelques milliers d'euros d'économies – parfois quelques dizaines de milliers d'euros – sur un compte en banque et des livrets d'épargne. Si l'on incluait dans le patrimoine les biens durables – voitures, meubles, équipements ménagers, etc. – possédés par ces personnes, le patrimoine moyen des 50 % les plus pauvres monterait tout au plus à 30 000 euros-40 000 euros[1].

Pour cette moitié de la population, la notion même de patrimoine et de capital est relativement abstraite. Pour des millions de personnes, le patrimoine se réduit à quelques semaines de salaire d'avance – ou de retard – sur un compte chèques, un vieux livret A dégarni ouvert par une tante, une voiture et quelques meubles. Cette réalité profonde – le patrimoine est tellement concentré qu'une bonne partie de la société ignore pratiquement son existence, et s'imagine parfois qu'il est possédé par des êtres irréels et des entités mystérieuses – rend d'autant plus indispensable l'étude méthodique et systématique du capital et de sa répartition.

À l'autre bout de l'échelle, si les 10 % les plus riches détiennent 60 % du patrimoine total, alors mécaniquement cela implique qu'en moyenne ils possèdent l'équivalent de six fois le patrimoine moyen du pays en question. Dans l'exemple

---

1. Sur les biens durables, voir chapitre 5 et annexe technique.

choisi, avec un patrimoine moyen de 200 000 euros par adulte, les 10 % les plus riches possèdent donc en moyenne un patrimoine net de 1,2 million d'euros par adulte.

Le décile supérieur de la répartition des patrimoines, plus encore que celui de la répartition des salaires, est lui-même extrêmement inégal. Quand la part du décile supérieur est de l'ordre de 60 % du patrimoine total, comme cela est le cas actuellement dans la plupart des pays européens, la part du centile supérieur est généralement d'environ 25 %, et celle des 9 % suivants d'environ 35 %. Les premiers ont donc un patrimoine moyen qui est vingt-cinq fois plus élevé que la moyenne de la société, alors que les seconds possèdent à peine quatre fois plus que la moyenne. Concrètement, dans l'exemple choisi, les 10 % les plus riches possèdent en moyenne un patrimoine net moyen de 1,2 million d'euros, dont 5 millions d'euros pour les 1 % les plus riches et un peu moins de 800 000 euros pour les 9 % suivants[1].

La composition des patrimoines varie également très fortement au sein de ce groupe. Au niveau du décile supérieur, presque tout le monde est propriétaire de son logement. Mais l'importance de l'immobilier décroît fortement à mesure que l'on monte dans la hiérarchie des patrimoines. Dans le groupe des « 9 % », aux alentours du million d'euros, il représente plus de la moitié des patrimoines, et pour certaines personnes plus des trois quarts. Au niveau du centile supérieur, les actifs financiers et professionnels dominent au contraire nettement les biens immobiliers. En particulier, les actions et les parts de sociétés composent la quasi-totalité des fortunes les plus importantes. Entre 2 et 5 millions d'euros, la part de l'immobilier est inférieure à un tiers ; au-delà de 5 millions d'euros, elle tombe au-dessous de 20 % ; au-delà de 20 millions d'euros, elle est inférieure à 10 %, et les actions et parts constituent

---

1. Exactement $35/9^e$ de 200 000 euros, soit 777 778 euros. Voir tableau S7.2 (disponible en ligne).

la quasi-totalité du patrimoine. La pierre est le placement favori des classes moyennes et moyennement aisées. Mais la véritable fortune se compose toujours à titre principal d'actifs financiers et professionnels.

Entre les 50 % les plus pauvres (qui détiennent 5 % du patrimoine total, soit 20 000 euros de patrimoine moyen dans l'exemple choisi) et les 10 % les plus riches (qui possèdent 60 % du patrimoine total, soit 1,2 million d'euros de patrimoine moyen) se trouvent les 40 % du milieu : cette « classe moyenne patrimoniale » détient 35 % du patrimoine total, ce qui signifie que son patrimoine net moyen est très proche de la moyenne de l'ensemble de la société – en l'occurrence, dans l'exemple choisi, il est très exactement de 175 000 euros par adulte. Au sein de ce vaste groupe, où les patrimoines s'échelonnent d'à peine 100 000 euros à plus de 400 000 euros, la possession de la résidence principale et les modalités de son acquisition et de son remboursement jouent le plus souvent un rôle essentiel. Ce capital principalement immobilier est parfois complété par une épargne financière non négligeable. Par exemple, un patrimoine net de 200 000 euros peut se composer d'une maison valant 250 000 euros, dont il faut déduire un reliquat d'emprunt de 100 000 euros, et à laquelle il faut ajouter 50 000 euros placés sur un contrat d'assurance vie ou un livret d'épargne retraite. Lorsque le remboursement de la maison sera terminé, le patrimoine net atteindra 300 000 euros, voire davantage si l'épargne financière s'est accrue dans l'intervalle. Voici à quoi ressemble une trajectoire typique au sein de cette classe moyenne de la hiérarchie des patrimoines, plus riche que les 50 % les plus pauvres (qui ne possèdent presque rien), mais plus pauvre que les 10 % les plus riches (qui possèdent beaucoup plus).

L'innovation majeure du XXᵉ siècle : la classe moyenne patrimoniale

Que l'on ne s'y trompe pas : le développement d'une véritable « classe moyenne patrimoniale » constitue la principale transformation structurelle de la répartition des richesses dans les pays développés au XXᵉ siècle.

Remontons un siècle en arrière, à la Belle Époque, autour de 1900-1910. Dans tous les pays européens, la concentration du capital était alors beaucoup plus extrême encore qu'elle ne l'est aujourd'hui. Il est important d'avoir présents à l'esprit ces ordres de grandeur, que nous avons indiqués dans le tableau 7.2. Vers 1900-1910, en France comme au Royaume-Uni ou en Suède, ainsi que dans tous les pays pour lesquels nous avons des données, les 10 % les plus riches détenaient la quasi-totalité du patrimoine national : la part du décile supérieur atteignait 90 %. À eux seuls, les 1 % les plus fortunés possédaient plus de 50 % du total des patrimoines. La part du centile supérieur dépassait même 60 % dans certains pays particulièrement inégalitaires, comme le Royaume-Uni. À l'inverse, les 40 % du milieu possédaient à peine plus de 5 % du patrimoine national (entre 5 % et 10 %, suivant les pays), c'est-à-dire guère plus que les 50 % les plus pauvres, qui en détenaient comme aujourd'hui moins de 5 %.

Autrement dit, il n'existait pas de classe moyenne, dans le sens précis où les 40 % du milieu étaient quasiment aussi pauvres en patrimoine que les 50 % les plus pauvres. La répartition du capital mettait en jeu une immense majorité de personnes ne possédant presque rien, et une minorité détenant la quasi-totalité des actifs. Il s'agissait certes d'une minorité importante (le décile supérieur représente une élite beaucoup plus vaste encore que le centile supérieur, qui constitue lui-même un groupe social numériquement significatif), mais d'une minorité tout de même. La courbe de répartition était évidemment continue, comme dans toutes les sociétés. Mais la pente de cette courbe était extrêmement forte au voisinage du décile supérieur et du centile supérieur, si bien que l'on passait de façon presque immédiate du monde des 90 % les plus pauvres (où chacun détient tout au plus quelques dizaines de milliers d'euros de patrimoine, si l'on se rapporte aux montants d'aujourd'hui) au monde des 10 % les plus riches, ou chacun possède l'équivalent de plusieurs millions d'euros, voire de plusieurs dizaines de millions d'euros[1].

On aurait bien tort de sous-estimer l'innovation historique majeure – mais fragile – que constitue l'émergence d'une classe moyenne patrimoniale. Certes, on peut être tenté d'insister sur le fait que la concentration des patrimoines demeure encore aujourd'hui extrêmement forte : la part du décile supérieur atteint 60 % en Europe en ce début de XXIe siècle, et elle dépasse 70 % aux États-Unis[2]. Quant à la moitié inférieure de la population, elle est tout aussi pauvre en patrimoine aujourd'hui qu'hier : à peine 5 % du total en 2010 comme en 1910. Dans le fond, la classe moyenne n'a arraché que quelques miettes : guère plus d'un tiers du patrimoine en Europe, à peine un quart aux États-Unis. Ce groupe central rassemble une population quatre fois plus nombreuse que le décile supérieur, et pourtant la masse des patrimoines qu'il détient est entre deux et trois fois plus faible. On pourrait

---

1. Il suffit pour s'en rendre compte de prolonger l'exercice arithmétique décrit plus haut. Avec un patrimoine moyen de 200 000 euros, la « très forte » inégalité du capital décrite dans le tableau 7.2 correspond à un patrimoine moyen de 20 000 euros pour les 50 % les plus pauvres, 25 000 euros pour les 40 % suivants et 1,8 million d'euros pour les 10 % les plus riches (dont 890 000 euros pour les 9 % et 10 millions d'euros pour les 1 %). Voir annexe technique et tableaux S7.1-7.3 (disponibles en ligne).

2. Si l'on restreint au capital financier et professionnel, c'est-à-dire au contrôle des entreprises et de l'outil de travail, alors la part du décile supérieur dépasse 70 %-80 % du total. La propriété des entreprises demeure une notion relativement abstraite pour l'immense majorité de la population.

être tenté de conclure que rien n'a véritablement changé : le capital met toujours en jeu des inégalités extrêmes (voir tableau 7.2).

Tout cela n'est pas faux, et il est essentiel d'être conscient de cette réalité : la réduction historique des inégalités patrimoniales est beaucoup moins forte qu'on ne l'imagine parfois. Par ailleurs, rien ne garantit que cette compression limitée des inégalités soit irréversible. Pour autant, il s'agit de miettes importantes, et il serait erroné de sous-estimer la signification historique de ce changement. Quand on possède l'équivalent de 200 000 euros ou 300 000 euros de patrimoine, on n'est peut-être pas très riche, mais on est très loin d'être totalement pauvre – et d'ailleurs en général on n'aime pas être traité comme un pauvre. Le fait que des dizaines de millions de personnes – 40 % de la population, cela représente un corps social considérable, intermédiaire entre les pauvres et les riches – possèdent individuellement quelques centaines de milliers d'euros, et détiennent collectivement entre un quart et un tiers du patrimoine national, est une transformation qui n'a rien d'anodin. Il s'agit d'un changement très substantiel à l'échelle de l'histoire, qui a profondément modifié le paysage social et la structure politique de la société, et qui a contribué à redéfinir les termes du conflit distributif. Il est donc essentiel d'en comprendre les raisons.

Dans le même temps, cette transformation s'est aussi traduite par une très forte baisse des plus hauts patrimoines : la part du centile supérieur a été divisée par plus de deux, passant en Europe de plus de 50 % au début du XXe siècle à environ 20 %-25 % à la fin du XXe et au début du XXIe siècle. Nous verrons que cela a largement contribué à modifier les termes du discours de Vautrin, dans le sens où cela a fortement et structurellement diminué le nombre de patrimoines suffisamment élevés pour que l'on puisse vivre confortablement des rentes annuelles issues de ces patrimoines, c'est-à-dire le nombre de cas où Rastignac pourrait vivre mieux en épousant

Mlle Victorine plutôt qu'en poursuivant ses études de droit. Ce changement est d'autant plus important historiquement que le niveau extrême de concentration des patrimoines que l'on observe dans l'Europe de 1900-1910 se retrouve dans une large mesure tout au long du XIXe siècle. Toutes les sources dont nous disposons indiquent que ces ordres de grandeur – autour de 90 % du patrimoine pour le décile supérieur, dont au moins 50 % pour le centile supérieur – semblent également caractériser les sociétés rurales traditionnelles, qu'il s'agisse de l'Ancien Régime en France ou du XVIIIe siècle anglais. Nous verrons qu'une telle concentration du capital est en réalité une condition indispensable pour que des sociétés patrimoniales telles que celles décrites dans les romans de Balzac et de Jane Austen, entièrement déterminées par le patrimoine et l'héritage, puissent exister et prospérer. Tenter de comprendre les conditions de l'émergence, du maintien, de l'effondrement et du possible retour de tels niveaux de concentration des patrimoines est par conséquent l'un de nos principaux objectifs dans le cadre de ce livre.

L'inégalité totale des revenus : les deux mondes

Examinons finalement les ordres de grandeur atteints par l'inégalité totale des revenus, c'est-à-dire l'inégalité observée quand on prend en compte à la fois les revenus du travail et du capital (voir tableau 7.3). Sans surprise, le niveau d'inégalité du revenu total est intermédiaire entre l'inégalité des revenus du travail et l'inégalité de la propriété du capital. On notera également que l'inégalité du revenu total est plus proche de l'inégalité face au travail que de l'inégalité face au capital, ce qui n'est pas très étonnant, puisque les revenus du travail représentent généralement entre les deux tiers et les trois quarts du revenu national total. Concrètement, le décile supérieur de la hiérarchie des revenus détient environ

25 % du revenu national dans les sociétés scandinaves les plus égalitaires des années 1970-1980 (les niveaux français et allemands étaient à l'époque de l'ordre de 30 %, et ils sont aujourd'hui plus proches de 35 %), et cette part peut monter jusqu'à 50 % du revenu national dans les sociétés les plus inégalitaires (dont environ 20 % pour le centile supérieur), comme l'Ancien Régime ou la Belle Époque en France ou au Royaume-Uni, ou bien les États-Unis des années 2010.

Est-il possible d'imaginer des sociétés où la concentration des revenus serait nettement plus élevée que ce niveau maximal ? Sans doute non. Si le décile supérieur s'appropriait par exemple 90 % des ressources produites chaque année (et le centile supérieur 50 % à lui tout seul, comme pour les patrimoines), il est probable qu'une révolution mettrait fin assez rapidement à une telle situation, sauf à imaginer un appareil répressif particulièrement efficace. Lorsqu'il s'agit de la propriété du capital, un tel niveau de concentration est déjà porteur de fortes tensions politiques et se conjugue souvent mal avec le suffrage universel. Il peut être tenable, dans la mesure où les revenus du capital ne représentent qu'une part limitée du revenu national : entre un quart et un tiers, parfois un peu plus, comme sous l'Ancien Régime, ce qui rend cette concentration extrême particulièrement pesante. Mais si un tel niveau d'inégalité devait s'appliquer à la totalité du revenu national, il est assez difficile d'imaginer que cela soit durablement accepté.

Cela étant dit, rien ne nous permet d'affirmer que la borne supérieure de 50 % du revenu national pour le décile supérieur est indépassable et que le monde s'écroulerait si un pays s'aventurait à franchir ce seuil symbolique. À dire vrai, les données historiques disponibles sont relativement imparfaites, et il n'est pas du tout exclu que cette barre symbolique ait déjà été franchie. En particulier, il est possible que la part du décile supérieur ait dépassé 50 % et se soit approchée de 60 % du revenu national – voire légèrement plus – au cours de l'Ancien Régime et à la veille de la Révolution française, ou plus généralement dans les sociétés rurales traditionnelles. En vérité, le caractère plus ou moins soutenable d'inégalités aussi extrêmes dépend non seulement de l'efficacité de l'appareil répressif, mais également – et peut-être surtout – de l'efficacité de l'appareil de justification. Si les inégalités sont perçues comme justifiées, par exemple parce qu'elles semblent découler du fait que les plus riches ont choisi de travailler davantage – ou plus efficacement – que les plus pauvres, ou bien parce que les empêcher de gagner davantage nuirait inévitablement aux plus pauvres, alors il est tout à fait envisageable que la concentration des revenus dépasse ses records historiques. C'est pourquoi nous avons indiqué dans le tableau 7.3 un possible nouveau record atteint par les États-Unis vers 2030, au cas où l'inégalité des revenus du travail – et à un degré moindre l'inégalité de la propriété du capital – poursuivrait sa progression des dernières décennies. On atteindrait alors une part d'environ 60 % du revenu national pour le décile supérieur, et une part d'à peine 15 % du revenu national pour la moitié inférieure de la population.

Insistons de nouveau sur ce point : la question centrale concerne la justification des inégalités, bien plus que leur ampleur en tant que telle. C'est pourquoi il est essentiel d'analyser la structure des inégalités. De ce point de vue, le principal enseignement des tableaux 7.1-7.3 est sans doute qu'il existe deux façons très différentes pour une société d'atteindre une forte inégalité du revenu total (autour de 50 % du revenu total pour le décile supérieur, dont environ 20 % pour le centile supérieur).

En premier lieu, et il s'agit là du schéma classique, une telle inégalité peut être le produit d'une « société hyperpatrimoniale » (ou « société de rentiers »), c'est-à-dire une société où les patrimoines dans leur ensemble sont très importants, et où la concentration des patrimoines atteint des niveaux extrêmes (avec typiquement 90 % du patrimoine total pour le décile supérieur, dont environ 50 % pour le centile supérieur). La hiérarchie du revenu total est alors dominée par les très hauts revenus du capital, et notamment par les revenus du capital hérité. C'est le schéma que l'on observe, avec des variations somme toute limitées par rapport aux points communs, dans les sociétés d'Ancien Régime comme dans l'Europe de la Belle Époque. Il nous faudra comprendre les conditions d'émergence et de pérennité de telles structures de propriétés et d'inégalités, et dans quelle mesure elles appartiennent au passé, ou bien au contraire peuvent concerner le XXIe siècle.

En second lieu, et il s'agit du nouveau schéma, inventé dans une large mesure par les États-Unis au cours des toutes dernières décennies, une très forte inégalité du revenu total peut être le produit d'une « société hyperméritocratique » (ou, tout du moins, que les personnes se trouvant au sommet de la hiérarchie aiment présenter comme telle). On peut aussi parler de « société de super-stars » (ou peut-être plutôt « société de super-cadres », ce qui est un peu différent : nous verrons quel qualificatif est le plus justifié), c'est-à-dire une société très inégalitaire, mais où le sommet de la hiérarchie des revenus serait dominé par les très hauts revenus du travail, et non par les revenus hérités. Précisons d'emblée que nous ne nous prononçons pas, à ce stade, sur la question de savoir si une telle société peut être véritablement qualifiée d'« hyperméritocratique ». Il n'y a rien d'étonnant à ce que les gagnants d'une telle société aiment à décrire ainsi la hiérarchie sociale et parviennent parfois à en convaincre une partie des perdants. Mais pour nous il doit s'agir d'une conclusion possible – tout aussi possible *a priori* que la conclusion contraire – et non d'une hypothèse. Nous verrons donc dans quelle mesure la montée de l'inégalité des revenus du travail aux États-Unis suit une logique « méritocratique » (et dans quelle mesure il est possible de répondre à cette question normative complexe).

Au point où nous en sommes, contentons-nous de noter

que cette opposition absolue entre les deux types de sociétés hyperinégalitaires, entre « société de rentiers » et « société de super-cadres », est naïve et excessive. Les deux types d'inégalités peuvent parfaitement se cumuler : rien interdit d'être en même temps super-cadre et rentier, bien au contraire, comme le suggère le fait que la concentration des patrimoines est actuellement sensiblement plus élevée aux États-Unis qu'en Europe. Et rien n'interdit évidemment aux enfants de super-cadres de devenir rentiers. En pratique, toutes les sociétés mêlent toujours les deux logiques. Il n'en reste pas moins qu'il existe bien plusieurs façons d'atteindre un même niveau d'inégalité, et que les États-Unis des années 2010 se caractérisent avant tout par une inégalité record des revenus du travail (plus élevée que dans toutes les sociétés observées dans l'histoire et dans l'espace, y compris des sociétés caractérisées par de très fortes disparités de qualifications) et par des inégalités patrimoniales moins extrêmes que celles observées dans les sociétés traditionnelles ou dans l'Europe de 1900-1910. Il est donc essentiel de comprendre les conditions de développement propres à ces deux logiques, sans oublier qu'elles pourraient fort bien se compléter au XXIe siècle – et non plus se substituer l'une à l'autre – et conduire ainsi à un nouveau monde de l'inégalité, plus extrême encore que les deux premiers[1].

Les problèmes posés par les indicateurs synthétiques

Avant de passer à l'étude détaillée des évolutions historiques observées dans les différents pays et de tenter de répondre à ces questions, il nous faut encore préciser plusieurs points

1. Cette association croissante entre les deux dimensions de l'inégalité pourrait par exemple découler de la hausse tendancielle des droits d'inscription universitaires (nous y reviendrons).

de méthode. En particulier, nous avons indiqué dans les tableaux 7.1-7.3 les coefficients de Gini correspondants aux différentes répartitions considérées. Le coefficient de Gini – du nom du statisticien italien Corrado Gini, qui écrivait au début du XXe siècle et dans l'entre-deux-guerres – est l'un des indicateurs synthétiques d'inégalités les plus fréquemment utilisés dans les rapports officiels et dans le débat public. Par construction, il est toujours compris entre zéro et un : il est égal à zéro en cas d'égalité complète, et à un en cas d'inégalité absolue, c'est-à-dire si un groupe infiniment petit détient la totalité des ressources disponibles.

Concrètement, on constate que le coefficient de Gini varie approximativement entre 0,2 et 0,4 pour les répartitions des revenus du travail observées en pratique dans les différentes sociétés, entre 0,6 et 0,9 pour les répartitions observées de la propriété du capital, et entre 0,3 et 0,5 pour l'inégalité du revenu total. Avec un coefficient de Gini de 0,19, la répartition des revenus du travail observée dans les pays scandinaves des années 1970-1980 n'est pas très loin de l'égalité absolue. Inversement, avec un coefficient de Gini de 0,85, la répartition des patrimoines constatée en Europe à la Belle Époque n'est pas loin de l'inégalité absolue[1].

Ces coefficients – il en existe d'autres, par exemple l'indice de Theil – sont parfois utiles, mais ils posent de multiples problèmes. Ils prétendent résumer en un unique indicateur numérique l'inégalité complète de la répartition – aussi bien l'inégalité séparant le bas du milieu de la hiérarchie que celle séparant le milieu et le haut ou le haut et le très haut de la pyramide –, ce qui est très simple et séduisant de prime

---

1. Ces calculs sous-estiment légèrement les véritables coefficients de Gini car ils font l'hypothèse d'un nombre fini de groupes sociaux (ceux indiqués dans les tableaux 7.1-7.3), alors que la réalité sous-jacente est celle d'une répartition continue. Voir annexe technique et tableaux S7.4-S7.6 pour les résultats détaillés obtenus avec différents nombres de groupes sociaux.

abord, mais inévitablement quelque peu illusoire. En vérité, il est impossible de résumer une réalité multidimensionnelle par un indicateur unidimensionnel, sauf à simplifier à l'excès cette réalité et à mélanger des choses qui ne doivent pas l'être. La réalité sociale et la signification économique et politique de l'inégalité sont fort différentes selon les niveaux de la répartition, et il est important de les analyser séparément. Sans compter que les coefficients de Gini et autres indicateurs synthétiques ont également tendance à mélanger l'inégalité face au travail et celle face au capital, alors même que les mécanismes économiques en jeu, de même d'ailleurs que les appareils de justification normative des inégalités, sont distincts dans les deux cas. Pour toutes ces raisons, il nous semble hautement préférable d'analyser les inégalités à partir de tableaux de répartition indiquant les parts des différents déciles et centiles dans le revenu total et le patrimoine total, plutôt qu'en utilisant des indicateurs synthétiques tels que le coefficient de Gini.

De tels tableaux de répartition ont en outre le mérite de contraindre les uns et les autres à prendre la mesure des niveaux de revenus et de patrimoines des différents groupes sociaux qui composent les hiérarchies en vigueur, exprimés en monnaie sonnante et trébuchante (ou en pourcentage des revenus et patrimoines moyens du pays en question), et non dans une unité statistique fictive et difficile à décrypter. Les tableaux de répartition permettent d'avoir un point de vue plus concret et plus charnel sur l'inégalité sociale, et aussi de mieux prendre conscience de la réalité et des limites des données dont on dispose pour étudier ces questions. Les indicateurs statistiques synthétiques tels que le coefficient de Gini donnent au contraire une vision abstraite et aseptisée de l'inégalité, qui non seulement ne permet pas aux uns et aux autres de se situer dans la hiérarchie de leur temps (exercice toujours utile, surtout lorsque l'on fait partie des centiles supérieurs de la distribution et que l'on a tendance à l'oublier, ce qui est assez souvent le cas des économistes), mais qui parfois empêche de réaliser que les données sous-jacentes présentent des anomalies ou des incohérences, ou à tout le moins ne sont pas pleinement comparables dans le temps ou entre pays (par exemple parce que les hauts de distribution sont tronqués, ou bien parce que les revenus du capital sont omis pour certains pays et non d'autres). Le fait de montrer les tableaux de répartition oblige à davantage de cohérence et de transparence.

Le voile pudique des publications officielles

Pour les mêmes raisons, nous mettons également en garde contre l'usage d'indicateurs tels que les rapports interdéciles, souvent utilisés par l'OCDE et les instituts statistiques des différents pays dans leurs rapports officiels consacrés aux inégalités. Le rapport interdécile le plus fréquemment utilisé est le ratio P90/P10, c'est-à-dire le ratio entre le seuil de revenu correspondant au 90e centile de la distribution et le seuil correspondant au 10e centile[1]. Par exemple, s'il faut dépasser le seuil de 5 000 euros par mois pour faire partie du groupe des 10 % les plus riches, et être au-dessous du seuil de 1 000 euros par mois pour pénétrer dans le groupe des 10 % les plus pauvres, alors on dira que le rapport interdécile P90/P10 est égal à 5.

De tels indicateurs peuvent être utiles – il est toujours précieux d'avoir davantage d'informations sur la forme complète de la répartition en vigueur. Mais il faut être conscient du fait que, par construction, ces indicateurs oublient totalement de tenir compte de l'évolution de la répartition au-delà du

---

1. On utilise aussi les rapports P90/P50, P50/P10, P75/P25, etc. (P50 correspond au 50e centile, c'est-à-dire à la médiane, P25 et P75 aux 25e et 75e centiles).

90e centile. Concrètement, pour un même rapport interdécile P90/P10, il se peut que la part du décile supérieur dans le total des revenus ou des patrimoines soit de 20 % (comme des salaires scandinaves des années 1970-1980), ou bien de 50 % (comme des revenus américains des années 2010), ou bien encore de 90 % (comme des patrimoines européens de la Belle Époque). Dans un cas comme dans l'autre, nous n'en saurons rien en consultant les publications des organisations internationales et des instituts statistiques officiels, qui le plus souvent se concentrent sur des indicateurs ignorant volontairement le haut de la distribution, et ne donnent aucune indication sur les revenus et patrimoines moyens au-delà du 90e centile.

Cela est généralement justifié en évoquant les « imperfections » des données disponibles. Ces difficultés existent, mais elles peuvent être surmontées, pour peu que l'on utilise des sources adéquates, comme le montrent les données historiques rassemblées dans la World Top Incomes Database (WTID), avec des moyens limités, et qui ont commencé à modifier – lentement – les façons de faire. En vérité, un tel choix méthodologique de la part des administrations publiques nationales et internationales est loin d'être neutre : ces rapports officiels sont censés contribuer à informer le débat public sur la répartition des richesses, et en pratique ils présentent souvent une vision artificiellement apaisée des inégalités. Pour donner une comparaison, c'est un peu comme si un rapport gouvernemental officiel sur les inégalités en France en 1789 avait choisi d'ignorer totalement tout ce qui se passe au-delà du 90e centile (soit un groupe entre cinq et dix fois plus vaste que l'ensemble de l'aristocratie de l'époque), au motif qu'il est décidément trop complexe d'en parler. C'est d'autant plus regrettable qu'une approche aussi pudique ne peut que contribuer au développement des fantasmes les plus extrêmes, et au discrédit général dont souffrent souvent les statistiques et les statisticiens, et en aucune façon à l'apaisement.

À l'inverse, les rapports interdéciles conduisent parfois à faire apparaître des ratios énormes pour des raisons en grande partie artificielles. Par exemple, s'agissant de la répartition de la propriété du capital, les 50 % des patrimoines les plus faibles dans leur ensemble sont généralement proches de zéro. Suivant comment l'on mesure les petits patrimoines – par exemple si l'on prend en compte les biens durables ou les dettes –, on peut se retrouver pour la même réalité sociale sous-jacente avec des évaluations en apparence très différentes du niveau exact du 10e centile de la hiérarchie des patrimoines : on pourra selon les cas trouver 100 euros, 1 000 euros ou bien 10 000 euros, ce qui dans le fond n'est pas très différent, mais ce qui peut conduire à des rapports interdéciles très éloignés suivant les pays et les époques, alors même que la part de la moitié inférieure des patrimoines est dans tous les cas inférieure à 5 % du patrimoine total. Il en va de même, à un degré à peine moindre, pour la répartition des revenus du travail : en fonction de la façon dont on choisit de traiter les revenus de remplacement et les faibles durées du travail (par exemple, suivant si on fait la moyenne des revenus du travail obtenus sur la semaine, le mois, l'année ou la décennie), on peut se retrouver avec des seuils P10 (et donc des rapports interdéciles) extrêmement volatils, quand bien même la part des 50 % des revenus du travail les plus faibles dans le total serait en réalité relativement stable[1].

Il s'agit peut-être de l'un des principaux éléments expliquant pourquoi il est préférable d'étudier les répartitions telles que nous les avons présentées dans les tableaux 7.1-7.3, c'est-à-dire en insistant sur les parts détenues par les différents groupes

---

1. De la même façon, le choix de mesurer les inégalités au niveau individuel ou au niveau du foyer peut avoir un impact beaucoup plus fort – et surtout plus volatil – sur les rapports interdéciles du type P90/P10 (en particulier du fait du nombre parfois élevé de femmes au foyer) que sur la part de la moitié inférieure dans le total. Voir annexe technique.

− en particulier la moitié inférieure et le décile supérieur de chaque société − dans le total des revenus et des patrimoines, plutôt que sur les seuils. Les parts donnent à voir des réalités beaucoup plus stables que les rapports entre seuils.

Retour aux « tables sociales » et à l'arithmétique politique

Voici donc les différentes raisons pour lesquelles les tableaux de répartition que nous avons examinés dans ce chapitre constituent à nos yeux l'outil le plus adapté pour étudier la répartition des richesses, bien davantage que les indicateurs synthétiques et les ratios interdéciles.

Ajoutons que notre démarche est la plus cohérente avec celle de la comptabilité nationale. À partir du moment où les comptes nationaux permettent maintenant dans la plupart des pays de connaître chaque année le revenu national et le patrimoine national (et donc le revenu moyen et le patrimoine moyen, puisque les sources démographiques permettent de connaître aisément la population totale), l'étape suivante est naturellement de décomposer ces masses de revenus et de patrimoines entre les différents déciles et centiles. Cette recommandation a été formulée par de nombreux rapports visant à améliorer et à « humaniser » la comptabilité nationale, mais avec peu de progrès à ce jour[1]. Une décomposition permettant de distinguer les 50 % les plus pauvres, les 40 % suivants et les 10 % les plus riches peut légitimement être considérée comme une première étape utile pour avancer dans cette direction. En particulier, une telle approche permet à chacun de se rendre compte jusqu'à quel point le taux de croissance de la production intérieure et du revenu national se retrouve − ou non − dans les revenus réelle-

---

1. Voir par exemple le rapport Stiglitz-Sen-Fitoussi publié en 2009.

ment perçus par les différents groupes sociaux. Par exemple, seule la connaissance de la part du décile supérieur permet de savoir dans quelle mesure une fraction disproportionnée de la croissance a été captée par le haut de la distribution. La contemplation d'un coefficient de Gini ou d'un rapport interdécile ne permet pas de répondre à cette question de façon aussi précise et transparente.

Précisons enfin que les tableaux de répartition dont nous préconisons l'utilisation sont d'une certaine façon assez proches des « tables sociales » (*social tables*) en vogue au XVIIIe et au début du XIXe siècle. Imaginées au Royaume-Uni et en France à la fin du XVIIe et au cours du XVIIIe siècle, ces tables sociales ont été abondamment utilisées, raffinées et commentées en France pendant le Siècle des lumières, comme dans le fameux article « arithmétique politique » de l'*Encyclopédie* de Diderot. Des premières versions établies par Gregory King pour l'année 1688 aux tableaux plus élaborés conçus par Expilly ou Isnard à la veille de la Révolution française, ou par Peuchet, Colquhoun ou Blodget au cours de la période napoléonienne, ces tables tentent toujours de donner une vision d'ensemble de la structure sociale : elles indiquent les nombres de nobles, de bourgeois, de gentilshommes, d'artisans, de cultivateurs, etc., et le montant estimé de leurs revenus (et parfois de leurs patrimoines), en liaison avec les premières estimations du revenu national et de la fortune nationale réalisées à la même époque par ces auteurs. La différence essentielle, cependant, est que ces tables utilisent les catégories sociales de leur temps et ne cherchent pas à répartir les richesses en termes de déciles ou de centiles[1].

---

1. Ces « tables » doivent être rapprochées – au moins en esprit – du fameux *Tableau économique* publié par François Quesnay en 1758, qui offre la première représentation synthétique du fonctionnement de l'économie et des échanges entre groupes sociaux. On peut aussi trouver des « tables sociales » beaucoup plus anciennes dans de nombreux pays depuis l'Anti-

Il n'en reste pas moins que ces tables, par la dimension charnelle qu'elles tentent de donner de l'inégalité et par leur insistance sur les parts de la richesse nationale détenues par les différents groupes sociaux (en particulier les différentes strates d'élites), ont une proximité évidente avec l'approche que nous tentons de suivre. À l'inverse, elles sont relativement éloignées en esprit des mesures statistiques aseptisées des inégalités qui se sont trop souvent imposées au XXe siècle et qui ont eu tendance à naturaliser la question de la répartition des richesses, envisagée de façon atemporelle et non conflictuelle, à la manière d'un Gini ou d'un Pareto. La façon dont on cherche à mesurer les inégalités n'est jamais neutre. Nous reviendrons sur ces discussions dans les prochains chapitres lorsque nous évoquerons la question de Pareto et de ses fameux coefficients.

---

quité. Voir les intéressantes tables rassemblées par B. MILANOVIC, P. LINDERT et J. WILLIAMSON, « Measuring ancient inequality », NBER, 2007. Voir également B. MILANOVIC, *The Haves and the Have-Nots : A Brief and Idiosyncratic History of Global Inequality*, Basic Books, 2010. Le degré d'homogénéité et de comparabilité de ces matériaux n'est malheureusement pas toujours satisfaisant. Voir annexe technique.

8.

Les deux mondes

Nous avons maintenant défini précisément les notions en jeu, et surtout nous nous sommes familiarisés avec les ordres de grandeur atteints en pratique par l'inégalité face au travail et face au capital dans les différentes sociétés. Il est grand temps de reprendre le cours de la chronologie et d'étudier l'évolution historique des inégalités dans les différents pays. Pourquoi et comment la structure des inégalités s'est-elle transformée depuis le XIXe siècle ? Nous allons voir que les chocs des années 1914-1945 ont joué un rôle essentiel dans la compression des inégalités au XXe siècle, et que ce phénomène n'a pas grand-chose à voir avec une évolution harmonieuse et spontanée. Nous verrons également que la hausse des inégalités depuis les années 1970-1980 met en jeu de très fortes variations entre pays, ce qui suggère là aussi que les facteurs institutionnels et politiques ont joué un rôle central.

Un cas simple : la réduction des inégalités en France au XXe siècle

Nous allons commencer par étudier assez longuement le cas de la France, qui a le mérite d'être bien documenté (grâce à la richesse des sources historiques disponibles), relativement simple et linéaire (autant qu'une histoire de l'inégalité peut l'être), et surtout globalement représentatif de l'évolution générale observée dans plusieurs pays européens, tout du moins en Europe continentale (par certains côtés, le cas du Royaume-Uni est intermédiaire entre le cas européen et le cas américain), ainsi dans une large mesure qu'au Japon. Puis nous passerons au cas des États-Unis, et enfin nous étendrons l'analyse à l'ensemble des pays développés et émergents pour lesquels il existe des données historiques adéquates.

Nous avons représenté sur le graphique 8.1 deux évolutions : d'une part celle de la part du décile supérieur de la hiérarchie des revenus dans le revenu national ; et d'autre part celle de la part du décile supérieur de la hiérarchie des salaires dans la masse salariale. Trois faits apparaissent clairement.

Tout d'abord, les inégalités de revenu ont fortement diminué en France depuis la Belle Époque : la part du décile supérieur est passée d'environ 45 %-50 % du revenu national à la veille de la Première Guerre mondiale à 30 %-35 % aujourd'hui.

Il s'agit d'une baisse de près de 15 points de revenu national, ce qui est considérable : cela représente une réduction de l'ordre d'un tiers de la part des richesses produites que reçoivent chaque année les 10 % les plus riches, et une augmentation également d'environ un tiers de la part reçue par les 90 % restants. On peut aussi noter que cela représente en première approximation l'équivalent des trois quarts de ce que recevait la moitié inférieure de la population à la Belle Époque, et plus de la moitié de ce qu'elle reçoit aujourd'hui[1]. Rappelons également que nous étudions dans cette partie l'évolution de l'inégalité des revenus primaires (c'est-à-dire avant prise en compte des impôts et transferts). Nous verrons dans la prochaine partie dans quelle mesure les impôts et les transferts ont permis une réduction des inégalités plus importante encore. Précisons aussi que cette diminution des inégalités ne signifie pas que nous vivons aujourd'hui dans une société égalitaire : elle traduit surtout le fait que la société de la Belle Époque était extrêmement inégalitaire, l'une des plus inégalitaires de l'histoire, sous des formes et suivant une logique qui – semble-t-il – seraient difficilement acceptées aujourd'hui.

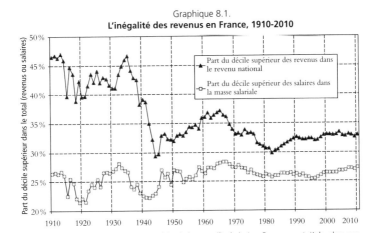

Graphique 8.1.
L'inégalité des revenus en France, 1910-2010

Lecture : l'inégalité du revenu total (capital et travail) a baissé en France au XXe siècle, alors que l'inégalité des salaires est restée la même.
Sources et séries : voir piketty.pse.ens.fr/capital21c.

Le deuxième fait essentiel qui apparaît nettement sur le graphique 8.1 est que cette forte compression des inégalités de revenus au cours du siècle écoulé est entièrement due à la chute des hauts revenus du capital. Si l'on retire les revenus

1. Voir chapitre 7, tableau 7.3.

du capital et si l'on se concentre sur l'inégalité des salaires, on constate une très grande stabilité de la répartition dans le long terme. Dans les années 1900-1910 comme dans les années 2010, la part du décile supérieur de la hiérarchie des salaires se situe aux environs de 25 % de la masse salariale totale. Les sources dont nous disposons indiquent également une stabilité sur longue période des inégalités salariales dans le bas de la distribution. Par exemple, les 50 % des salariés les moins bien payés ont toujours reçu autour de 25 %-30 % de la masse salariale totale (soit un salaire moyen au sein de ce groupe de l'ordre de 50 %-60 % du salaire moyen de l'ensemble des salariés), sans tendance claire dans le long terme[1]. Le niveau des salaires a évidemment beaucoup changé depuis un siècle, et la structure des métiers et des qualifications s'est totalement transformée. Mais les hiérarchies salariales sont restées approximativement les mêmes. Sans la chute des hauts revenus du capital, l'inégalité des revenus n'aurait pas diminué au XXe siècle.

Ce fait ressort de façon encore plus spectaculaire lorsque l'on gravit les échelons de la hiérarchie sociale. Examinons en particulier l'évolution constatée au niveau du centile supérieur (voir graphique 8.2[2]). Par comparaison au sommet inégalitaire de la Belle Époque, la part du centile supérieur de la hiérarchie des revenus s'est littéralement effondrée en France au cours du XXe siècle, passant de plus de 20 % du revenu national dans les années 1900-1910 à environ 8 %-9 % dans les années 2000-2010. Cela représente une division par

---

1. Voir chapitre 7, tableau 7.1, et annexe technique.
2. Pour des séries complètes portant sur les différents centiles et allant jusqu'au dix-millime supérieur, et une analyse détaillée de l'ensemble de ces évolutions, voir T. Piketty, *Les Hauts Revenus en France au XXe siècle*, *op. cit.* Nous nous contentons de résumer ici les grandes lignes de cette histoire, en tenant compte des recherches plus récentes. Les séries mises à jour sont également disponibles en ligne dans la World Top Incomes Database.

plus de deux en un siècle, voire une division par près de trois si l'on considère le point bas d'à peine 7 % du revenu national atteint par la part du centile supérieur en France au début des années 1980.

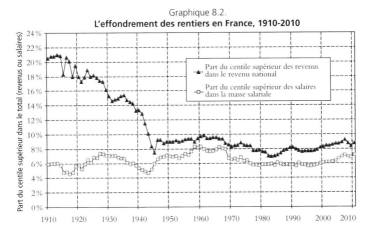

Graphique 8.2.
L'effondrement des rentiers en France, 1910-2010

Lecture : la baisse de la part du centile supérieur (les 1 % des revenus les plus élevés) entre 1914 et 1945 est due à la chute des hauts revenus du capital.
Sources et séries : voir piketty.pse.ens.fr/capital21c.

Or cet effondrement est là encore uniquement dû à la chute des très hauts revenus du capital (la chute des rentiers, pour simplifier) : si l'on se concentre sur les salaires, alors on constate que la part du centile supérieur est presque totalement stable sur longue période, autour de 6 %-7 % de la masse salariale. À la veille de la Première Guerre mondiale, l'inégalité des revenus – telle que mesurée par la part du centile supérieur – était plus de trois fois plus forte que l'inégalité des salaires ; aujourd'hui, elle est plus forte d'à peine un tiers, et se confond dans une large mesure avec l'inégalité des salaires, à tel point que l'on pourrait s'imaginer – à tort – que les revenus du capital ont quasiment disparu (voir graphique 8.2).

Pour résumer : la réduction des inégalités en France au XXᵉ siècle se résume dans une large mesure à la chute des rentiers et à l'effondrement des très hauts revenus du capital. Aucun processus structurel de compression généralisée des inégalités – en particulier des inégalités face au travail – ne semble être à l'œuvre dans le long terme, contrairement aux prédictions optimistes de la théorie de Kuznets.

Il s'agit là d'un enseignement fondamental concernant la dynamique historique de la répartition des richesses, sans doute la leçon la plus importante du XXᵉ siècle, d'autant plus que l'on retrouve ces mêmes faits, avec de légères variations, dans l'ensemble des pays développés.

L'histoire des inégalités : une histoire politique et chaotique

Le troisième fait essentiel qui ressort des graphiques 8.1-8.2 est que l'histoire des inégalités n'est pas un long fleuve tranquille. Elle est faite d'innombrables rebondissements, et certainement pas d'une tendance irrépressible et régulière vers un équilibre « naturel ». En France, comme d'ailleurs dans tous les pays, l'histoire des inégalités est toujours une histoire politique et chaotique, marquée par les soubresauts de la société concernée, par les multiples mouvements sociaux, politiques, militaires, culturels – autant que proprement économiques – qui rythment le pays en question au cours de la période considérée. Les inégalités socio-économiques, les disparités de revenus et de fortunes entre groupes sociaux, sont toujours à la fois causes et conséquences des autres faits et des autres sphères : toutes ces dimensions sont toujours inextricablement liées les unes aux autres. C'est pourquoi l'histoire de la répartition des richesses constitue à toutes les époques une véritable grille de lecture de l'histoire générale d'un pays.

En l'occurrence, il est frappant de constater à quel point la compression des inégalités de revenus en France au XXe siècle se concentre autour d'une période bien particulière : les chocs des années 1914-1945. La part du décile supérieur dans le revenu total comme celle du centile supérieur ont atteint leur point le plus bas au lendemain de la Seconde Guerre mondiale, et semblent ne s'être jamais remises de ces chocs extrêmement violents (voir graphiques 8.1-8.2). Dans une large mesure, la réduction des inégalités au cours du siècle écoulé est le produit chaotique des guerres, et des chocs économiques et politiques qu'elles ont provoqués, et non le produit d'une évolution graduelle, consensuelle et apaisée. Au XXe siècle, ce sont les guerres qui ont fait table rase du passé, et non la paisible rationalité démocratique ou économique.

Nous avons déjà rencontré ces chocs dans la deuxième partie : les destructions liées aux deux conflits mondiaux, les faillites de la crise des années 1930 et surtout les diverses politiques publiques mises en place pendant cette période (du blocage des loyers aux nationalisations, en passant par l'euthanasie par l'inflation des rentiers de la dette publique) ont conduit à une énorme chute du rapport capital/revenu entre 1914 et 1945 et à une baisse significative de la part des revenus du capital dans le revenu national. Or le capital est beaucoup plus concentré que le travail, si bien que les revenus du capital sont massivement surreprésentés au sein du décile supérieur de la hiérarchie des revenus (et particulièrement au niveau du centile supérieur). Il n'y a dès lors rien d'étonnant à ce que les chocs subis par le capital – en particulier le capital privé – au cours de la période 1914-1945 aient conduit à une chute de la part du décile supérieur (et plus encore du centile supérieur), et pour finir à une forte compression des inégalités de revenus.

L'impôt sur le revenu ayant été créé en 1914 en France (le Sénat bloquait la réforme depuis les années 1890, et la loi ne fut finalement adoptée que le 15 juillet 1914, à quelques semaines de la déclaration de guerre, dans un climat de tension extrême), il n'existe malheureusement pas de données annuelles détaillées sur la structure des revenus avant cette date. Les multiples estimations de la répartition des revenus réalisées autour de 1900-1910, en vue de la création de l'impôt général sur le revenu, et afin d'en prévoir les recettes, permettent de connaître approximativement la très forte concentration des revenus en vigueur à la Belle Époque. Mais elles ne sont pas suffisantes pour mettre en perspective historique le choc de la Première Guerre mondiale (il aurait fallu pour cela que l'impôt sur le revenu soit créé quelques décennies plus tôt[1]). Nous verrons que les données issues de l'impôt sur les successions, en place depuis 1791, permettent fort heureusement d'étudier l'évolution de la répartition des patrimoines tout au long du XIXe et du XXe siècle, et conduisent à confirmer le rôle central joué par les chocs des années 1914-1945 : à la veille de la Première Guerre mondiale, rien ne laissait présager une baisse spontanée de la concentration de la propriété du capital, bien au contraire. Cette source démontre également que les revenus du capital représentent dans les années 1900-1910 la vaste majorité des revenus du centile supérieur.

---

1. Les estimations indiquées sur les graphiques 8.1-8.2 ont été réalisées à partir des déclarations de revenus et de salaires (l'impôt général sur le revenu a été institué en 1914 en France, et l'impôt dit cédulaire sur les salaires en 1917, ce qui permet de mesurer annuellement et séparément le niveau des hauts revenus et des hauts salaires à partir de ces deux dates) et des comptes nationaux (qui permettent de connaître le revenu national total, ainsi que la masse des salaires), suivant la méthode introduite initialement par Kuznets et décrite brièvement dans l'introduction. Les données fiscales ne débutent qu'avec les revenus de 1915 (quand s'applique pour la première fois le nouvel impôt), et nous les avons complétées pour les années 1910-1914 par des estimations réalisées avant la guerre par l'administration fiscale et les économistes de l'époque. Voir annexe technique.

De la « société de rentiers » à la « société de cadres »

En 1932, malgré la crise économique, les revenus du capital représentent toujours la source principale de revenu au sein des 0,5 % des revenus les plus élevés (voir graphique 8.3[1]). Si l'on essaie de mesurer la composition des hauts revenus de la même façon dans les années 2000-2010, on constate que la réalité a profondément changé. Certes, aujourd'hui comme hier, les revenus du travail disparaissent progressivement à mesure que l'on s'élève dans la hiérarchie des revenus, et les revenus du capital deviennent petit à petit prédominants au sein des centiles et millimes supérieurs de la distribution : cette réalité structurelle est restée la même. Mais la différence cruciale est qu'il faut aujourd'hui monter beaucoup plus haut qu'hier dans la hiérarchie sociale pour que le capital domine le travail. Actuellement, les revenus du capital ne dominent les revenus du travail qu'au sein d'un groupe social relativement étroit : les 0,1 % des revenus les plus élevés (voir graphique 8.4). En 1932, ce groupe social était cinq fois plus nombreux ; à la Belle Époque, il était dix fois plus nombreux.

---

1. Nous avons utilisé sur le graphique 8.3 (et les graphiques suivants du même type) les mêmes notations que celles introduites dans *Les Hauts Revenus en France au XXe siècle, op. cit.*, et dans la World Top Incomes Database pour désigner les différents « fractiles » de la hiérarchie des revenus : « P90-95 » regroupe les personnes comprises entre le 90e et le 95e centile (la moitié la plus pauvre des 10 % les plus riches), « P95-99 » celles comprises entre le 95e et le 99e centile (les 4 % suivants), « P99-99,5 » les 0,5 % suivants (la moitié la plus pauvre des 1 % les plus riches), « P99,5-99,9 » les 0,4 % suivants, « P99,9-99,99 » les 0,09 % suivants, et « P99,99-100 » les 0,01 % les plus riches (le dix-millième supérieur).

Graphique 8.3.
La composition des hauts revenus en France en 1932

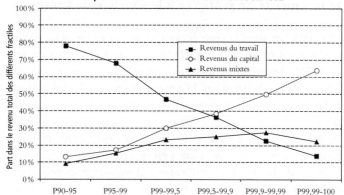

Lecture : les revenus du travail deviennent minoritaires à mesure que l'on s'élève dans le décile supérieur de la hiérarchie des revenus.
Source : voir graphique 8.1. Notes : (i) « P90-95 » regroupe les personnes se trouvant entre les seuils des centiles 90 à 95, « P95-99 » les 4 % suivants, « P99-99,5 » les 0,5 % suivants, etc. (ii) Revenus du travail : salaires, bonus, primes, pensions de retraite. Revenus du capital : dividendes, intérêts, loyers. Revenus mixtes : revenus des professions non salariées et des

Graphique 8.4.
La composition des hauts revenus en France en 2005

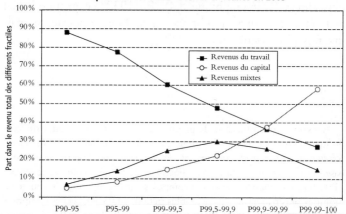

Lecture : les revenus du capital sont dominants au sein de 0,1 % des revenus les plus élevés en France en 2005, et non plus au sein des 0,5 % des revenus les plus élevés, comme en 1932.
Sources et séries : voir piketty.pse.ens.fr/capital21c.

Que l'on ne s'y trompe pas : il s'agit d'un changement considérable. Le centile supérieur prend beaucoup de place dans une société (il en structure le paysage économique et politique) ; le millime supérieur beaucoup moins[1]. C'est une question de degré, mais c'est une question importante : il est des moments où le quantitatif devient qualitatif. Ce changement explique également pourquoi la part du centile supérieur de la hiérarchie des revenus dans le revenu national est aujourd'hui à peine plus élevée que la part du centile supérieur des salaires dans la masse salariale : les revenus du capital ne prennent une importance décisive qu'au sein du millime supérieur, voire du dix-millime supérieur, si bien qu'ils pèsent peu au niveau de la part du centile supérieur considérée dans son ensemble.

Dans une large mesure, nous sommes passés d'une société de rentiers à une société de cadres, c'est-à-dire d'une société où le centile supérieur est massivement dominé par des rentiers (des personnes détenant un patrimoine suffisamment important pour vivre des rentes annuelles produites par ce capital) à une société où le sommet de la hiérarchie des revenus – y compris le centile supérieur – est composé très majoritairement de salariés à haut salaire, de personnes vivant du revenu de leur travail. On pourrait aussi dire, plus exactement, ou si l'on souhaite être moins positif, que nous sommes passés d'une société de super-rentiers à une société de rentiers moins extrême que celle du passé, avec davantage d'équilibre entre la réussite par le travail et par le capital. Il est important d'insister sur le fait que ce grand bouleversement ne doit rien en France à un quelconque élargissement de la hiérarchie salariale (qui a été globalement stable sur longue période : le salariat n'a jamais été ce bloc homogène que

---

1. Pour mémoire, le centile supérieur regroupe 500 000 personnes adultes sur 50 millions dans la France du début des années 2010.

l'on imagine parfois), et s'explique entièrement par la chute des hauts revenus du capital.

Pour résumer : en France, ce sont les rentiers – ou tout du moins les neuf dixièmes d'entre eux – qui sont passés au-dessous des cadres ; ce ne sont pas les cadres qui sont passés au-dessus des rentiers. Il nous faudra comprendre les raisons de cette transformation à long terme, qui n'a *a priori* rien d'évident, puisque nous avons vu dans la deuxième partie que le rapport capital/revenu n'est pas loin d'avoir retrouvé en ce début de XXIe siècle son niveau florissant de la Belle Époque. L'effondrement des rentiers entre 1914 et 1945 est la partie évidente de l'histoire ; il est plus complexe, et d'une certaine façon plus important et intéressant, de comprendre les raisons exactes de leur non-reconstitution. Parmi les facteurs structurels qui ont pu limiter la concentration des patrimoines depuis la Seconde Guerre mondiale et qui ont ainsi contribué à empêcher – à ce jour – la reconstitution d'une société de rentiers aussi extrême que celle de l'avant-Première Guerre mondiale, on pense évidemment à la mise en place d'une fiscalité lourdement progressive sur les revenus comme sur les patrimoines et les successions (quasiment inexistante au XIXe siècle et jusqu'aux années 1920). Mais nous verrons que d'autres facteurs ont également pu jouer un rôle significatif, et potentiellement tout aussi important.

Les différents mondes du décile supérieur

Avant cela, attardons-nous un peu sur la très grande diversité des groupes sociaux qui peuplent le décile supérieur de la hiérarchie des revenus. Car, outre que les frontières entre les différents sous-groupes se sont déplacées au cours du temps (les revenus du capital dominaient autrefois l'ensemble du centile supérieur, et ne dominent plus aujourd'hui que le millime supérieur), le fait que plusieurs mondes cohabitent au sein du décile supérieur permet également de mieux comprendre les évolutions souvent chaotiques observées dans le court terme et le moyen terme. On notera au passage la richesse de la source historique que constituent les déclarations de revenus, et qui malgré toutes leurs imperfections (nous y reviendrons) permettent de mettre à jour et d'analyser précisément cette diversité et son évolution. Il est particulièrement frappant de constater que dans tous les pays pour lesquels nous disposons de ce type de données, et à toutes les époques, la composition des hauts revenus se caractérise par le même type de courbes croisées que celles que nous avons représentées sur les graphiques 8.3-8.4 pour la France de 1932 et de 2005 : la part des revenus du travail est toujours nettement décroissante à mesure que l'on s'élève dans le décile supérieur, et la part des revenus du capital est systématiquement et fortement croissante.

Au sein de la moitié la plus pauvre du décile supérieur, nous sommes véritablement dans le monde des cadres : les salaires représentent généralement entre 80 % et 90 % du total des revenus[1]. Parmi les 4 % suivants, la part des salaires diminue légèrement, mais reste nettement dominante : entre 70 % et 80 % du total des revenus, dans l'entre-deux-guerres comme aujourd'hui (voir graphiques 8.3-8.4). Au sein de ce vaste groupe des « 9 % » (c'est-à-dire, rappelons-le, le décile supérieur à l'exception du centile supérieur), on rencontre avant tout des personnes vivant principalement de leurs salaires, qu'il s'agisse de cadres et ingénieurs des entreprises privées ou de cadres et enseignants de la fonction publique. Il s'agit le plus souvent de salaires de l'ordre de deux ou trois fois le salaire moyen de la société considérée, par exemple

---

1. Comme d'ailleurs pour les neuf dixièmes de la population situés en deçà du 90e centile, mais avec des salaires (ou des revenus de remplacement : retraites, allocations chômage) moins élevés.

4 000 euros ou 6 000 euros par mois si le salaire moyen est de 2 000 euros par mois.

Évidemment, les types d'emplois et les niveaux de qualifications ont beaucoup changé au cours du temps : dans l'entre-deux-guerres, les professeurs de lycée, et même les instituteurs en fin de carrière, faisaient partie des « 9 % » ; aujourd'hui, il vaut mieux être universitaire ou chercheur, ou mieux encore haut fonctionnaire[1]. Autrefois, un contremaître ou un technicien qualifié n'étaient pas loin d'entrer dans ce groupe ; il faut aujourd'hui être un cadre à part entière, de moins en moins moyen et de plus en plus supérieur, issu si possible d'une grande école d'ingénieur ou de commerce. Il en va de même en bas de l'échelle des salaires : autrefois, les salariés les moins bien payés (typiquement autour de la moitié du salaire moyen : 1 000 euros par mois si le salaire moyen est de 2 000 euros) étaient les ouvriers agricoles et les domestiques ; ils furent ensuite les ouvriers les moins qualifiés et les moins bien traités de l'industrie, souvent des ouvrières, par exemple dans le textile ou l'agroalimentaire ; aujourd'hui, ce groupe est loin d'avoir disparu, mais les plus bas salaires regroupent surtout des salariés des services, comme

---

1. Les grilles de salaires de la fonction publique font partie des hiérarchies salariales les mieux connues sur longue période. En particulier, en France, elles ont laissé une trace précise, détaillée et annuelle dans les documents budgétaires et parlementaires depuis le début du XIXe siècle. Ce n'est pas le cas des salaires du secteur privé, qui ne sont bien connus que grâce aux sources fiscales, et donc très mal connus avant la création de l'impôt sur le revenu en 1914-1917. Les données dont nous disposons sur les salaires de fonctionnaires suggèrent que la hiérarchie salariale en vigueur au XIXe siècle était en première approximation assez comparable à celle observée en moyenne au cours de la période 1910-2010 (aussi bien pour ce qui concerne la part du décile supérieur que pour celle de la moitié inférieure ; celle du centile supérieur était peut-être légèrement plus élevée ; l'absence de données fiables pour le secteur privé ne permet pas d'être plus précis). Voir annexe technique.

les serveurs des restaurants et les vendeurs de magasin (qui là encore sont le plus souvent des femmes). Les métiers se sont totalement transformés en un siècle. Mais les réalités structurelles sont restées les mêmes. Les inégalités salariales traversant le monde du travail, avec tout près de son sommet le groupe des « 9 % » et à sa base celui des 50 % des salariés les moins bien payés, n'ont guère changé sur longue période.

Au sein des « 9 % », on trouve aussi des médecins, avocats, commerçants, restaurateurs, et autres entrepreneurs non salariés, en nombre croissant à mesure que l'on s'approche du groupe des « 1 % », comme le montre la courbe indiquant la part des « revenus mixtes » (revenus des travailleurs non-salariés, rémunérant à la fois leur travail et leur capital professionnel), que nous avons reportée séparément sur les graphiques 8.3-8.4. Les revenus mixtes représentent jusqu'à 20 %-30 % du total des revenus à proximité du seuil d'entrée dans le centile supérieur, puis déclinent et sont nettement dominés par les revenus du capital pur (loyers, intérêts, et dividendes) à mesure que l'on monte à l'intérieur du centile supérieur. Pour faire bonne figure au sein des « 9 % », ou pour pénétrer dans les premières strates du « 1 % », par exemple pour atteindre un revenu de l'ordre de quatre ou cinq fois plus élevé que la moyenne (mettons, pour atteindre 8 000 euros ou 10 000 euros par mois, dans une société où le salaire moyen serait de 2 000 euros), alors devenir médecin, avocat ou restaurateur à succès, peut être une bonne stratégie, presque aussi répandue que celle consistant à devenir cadre supérieur dans une grande entreprise (deux fois moins, tout de même[1]). Mais pour atteindre la stratosphère du « 1 % »

---

1. Dans les années 2000-2010, la part des salaires au sein des fractiles P99-P99,5 et P99,5-99,9 (soit au total les 9/10e du centile supérieur) atteint 50 %-60 % des revenus, contre 20 %-30 % pour les revenus mixtes (voir graphique 8.4). La domination des hauts salaires sur les hauts revenus mixtes était à peine moins forte dans l'entre-deux-guerres (voir graphique 8.3).

et disposer de revenus plusieurs dizaines de fois supérieurs à la moyenne (mettons, plusieurs centaines de milliers d'euros par an, voire plusieurs millions d'euros), cela risque fort de ne pas être suffisant : il est préférable d'être propriétaire d'un patrimoine important[1].

Il est intéressant de noter qu'il n'y a que dans les immédiats après-guerres (en 1919-1920 en France, puis de nouveau en 1945-1946, chaque fois de façon très limitée dans le temps) que cette hiérarchie s'inverse et que les revenus mixtes dépassent – brièvement – les revenus du capital pur aux sommets du centile supérieur. Cela semble correspondre à des phénomènes d'accumulation très rapide de nouvelles fortunes liées à la reconstruction[2].

Pour résumer : le décile supérieur met toujours en jeu deux mondes très différents, avec d'une part les « 9 % », où dominent toujours nettement les revenus du travail, et d'autre part les « 1 % », où les revenus du capital prennent progressivement le dessus (plus ou moins rapidement et massivement suivant les époques). Ces transitions se font toujours graduellement, et toutes ces frontières sont poreuses, mais les différences sont claires et systématiques.

Par exemple, les revenus du capital ne sont évidemment pas absents des revenus des « 9 % ». Mais il s'agit le plus souvent de revenus d'appoint, et non des revenus principaux.

---

1. De même que dans le chapitre précédent, les montants en euros cités ici sont volontairement arrondis et approximatifs (il s'agit simplement de donner des ordres de grandeur). Les seuils exacts des différents centiles et millimes, année par année, sont disponibles en ligne.
2. Il faut toutefois souligner que les catégories dont nous disposons pour établir ces frontières sont imparfaites : comme nous l'avons noté dans le chapitre 6, certains revenus entrepreneuriaux peuvent être dissimulés dans des dividendes et donc classés comme revenus du capital. Pour une analyse détaillée, année par année, de l'évolution de la composition des différents centiles et millimes de hauts revenus en France depuis 1914, voir T. PIKETTY, *Les Hauts Revenus en France au XXe siècle, op. cit.*, p. 93-168.

Par exemple, un cadre disposant d'un salaire de 4 000 euros par mois peut également posséder un appartement qu'il loue pour 1 000 euros par mois (ou bien qu'il occupe lui-même, ce qui lui évite d'avoir à payer un loyer de 1 000 euros par mois : cela revient au même d'un point de vue financier). Dans ce cas, son revenu total est de 5 000 euros par mois et composé pour 80 % de revenu du travail et pour 20 % de revenu du capital. Un tel partage de type 80 %-20 % entre travail et capital semble de fait relativement représentatif de la structure des revenus du groupe des « 9 % », dans l'entre-deux-guerres comme en ce début de XXIe siècle. Une partie de ces revenus du capital provient également de livrets d'épargne, de contrats d'assurance vie et de placements financiers, mais en général l'immobilier domine[1].

À l'inverse, au sein des « 1 % », ce sont les revenus du travail qui deviennent progressivement des revenus d'appoint, alors que les revenus du capital se transforment graduellement en revenu principal. Une autre régularité intéressante est que si l'on décompose plus finement les revenus du capital en revenus fonciers (loyers) et revenus de capitaux mobiliers (dividendes et intérêts), alors on constate que la très forte hausse de la part des revenus du capital au sein du décile supérieur est due pour l'essentiel aux revenus de capitaux mobiliers (et surtout aux dividendes). Par exemple, en France, la part

---

1. Les revenus du capital semblent représenter moins de 10 % des revenus des « 9 % » sur le graphique 8.4, mais cela provient uniquement du fait que ces graphiques – de même que les séries sur les parts du décile supérieur et du centile supérieur – se fondent uniquement sur les revenus du capital figurant dans les déclarations de revenus, et excluent par conséquent depuis les années 1960 les loyers dits fictifs (c'est-à-dire la valeur locative des logements occupés par leurs propriétaires, qui auparavant faisait partie du revenu imposable). En incluant les revenus du capital non imposables (y compris les loyers fictifs), la part des revenus du capital atteindrait – et même dépasserait légèrement – 20 % au sein des revenus des « 9 % » dans les années 2000-2010. Voir annexe technique.

des revenus du capital passe d'à peine 20 % au niveau des « 9 % » à environ 60 % au niveau du dix-millime supérieur (les 0,01 % des revenus les plus élevés), en 1932 comme en 2005. Dans les deux cas, cette forte hausse s'explique entièrement par les revenus financiers (et presque totalement par les dividendes) : la part des revenus fonciers stagne aux alentours de 10 % du revenu total et tend même à diminuer au sein du centile supérieur. Cette régularité correspond au fait que les patrimoines élevés sont principalement financiers (notamment sous forme d'actions et de parts de sociétés).

Les limites des déclarations de revenus

Au-delà de toutes ces régularités intéressantes, il faut toutefois souligner les limites de la source fiscale utilisée ici. Tout d'abord, nous prenons uniquement en compte sur les graphiques 8.3-8.4 les revenus du capital figurant dans les déclarations de revenus, ce qui nous conduit à sous-estimer leur importance, à la fois du fait de l'évasion fiscale (il est plus facile de dissimuler un revenu de placement qu'un salaire, par exemple au travers de comptes bancaires détenus à l'étranger, dans des pays peu coopératifs avec le pays de résidence du détenteur) et de l'existence de régimes dérogatoires permettant à certaines catégories de revenus du capital d'échapper en toute légalité à l'impôt général sur le revenu (dont le principe général, à l'origine, en France comme dans tous les pays, était pourtant l'imposition de tous les revenus, quelle que soit leur forme). Compte tenu du fait que les revenus du capital sont surreprésentés au sein du décile supérieur, cette sous-déclaration des revenus du capital implique également que les parts du décile supérieur et du centile supérieur indiquées sur les graphiques 8.1-8.2, qui se fondent uniquement sur les revenus déclarés, pour la France comme pour tous les autres pays que nous allons étudier, sont sous-estimées. Ces parts, qui en tout état de cause sont évidemment approximatives et sont surtout intéressantes par les ordres de grandeur qu'elles proposent (de même d'ailleurs que toutes les statistiques économiques et sociales), doivent plutôt être considérées comme des estimations basses de l'inégalité des revenus véritablement en vigueur.

Dans le cas de la France, on peut estimer, en confrontant les déclarations de revenus aux autres sources disponibles (en particulier les comptes nationaux et les sources portant directement sur la répartition des patrimoines), que la correction liée à la sous-déclaration des revenus du capital peut porter sur plusieurs points de revenu national (peut-être même jusqu'à 5 points si l'on prend une estimation maximale de l'évasion, et de façon plus réaliste autour de 2-3 points), ce qui n'est pas négligeable. Autrement dit, la part du décile supérieur de la hiérarchie des revenus, qui d'après le graphique 8.1 est passée d'environ 45 %-50 % du revenu national dans les années 1900-1910 à environ 30 %-35 % dans les années 2000-2010, était sans doute en réalité plus proche de 50 % à la Belle Époque (voire légèrement supérieure à 50 %), et est actuellement légèrement supérieure à 35 %[1]. Cela ne semble toutefois pas affecter significativement l'évolution d'ensemble de l'inégalité des revenus, car même si les possibilités d'évasion légale et extralégale ont plutôt eu tendance à progresser ces dernières décennies (en particulier avec le développement des paradis fiscaux, sur lesquels nous reviendrons), il ne faut pas oublier que les problèmes liés à la sous-déclaration des revenus de capitaux mobiliers étaient déjà très importants au début du XXe siècle et dans l'entre-deux-guerres (et tout semble indiquer que les « bordereaux de coupons » inventés par les gouvernements de l'époque n'étaient pas plus infaillibles que les conventions bilatérales d'aujourd'hui).

1. Voir annexe technique.

Autrement dit, en première approximation, on peut considérer que la prise en compte de l'évasion – légale ou non – conduirait à relever les niveaux d'inégalité mesurés à partir des déclarations de revenus dans des proportions comparables aux différentes époques, et par conséquent sans modifier substantiellement les tendances et les évolutions dans le temps.

Il faut cependant insister sur le fait que nous n'avons pas cherché à ce jour à faire de telles corrections de façon systématique et cohérente dans les différents pays. Il s'agit là d'une limitation importante de la World Top Incomes Database, qui implique notamment que nos séries sous-estiment sans doute légèrement la montée des inégalités observée dans la plupart des pays depuis les années 1970-1980, et en particulier que nous sous-estimons le rôle joué par les revenus du capital. À dire vrai, les déclarations de revenus constituent une source de moins en moins adéquate pour étudier les revenus du capital, et il est indispensable de la compléter par d'autres sources, qu'il s'agisse de sources macroéconomiques (telles que celles utilisées dans la deuxième partie pour étudier la dynamique du rapport capital/revenu et le partage capital-travail du revenu national) ou microéconomiques (telles que celles permettant d'étudier directement les répartitions de patrimoines, que nous mobiliserons dans les prochains chapitres).

Précisons également que les différences de règles fiscales concernant les revenus du capital peuvent également biaiser les comparaisons entre pays. En général, les loyers, les intérêts et les dividendes sont pris en compte de façon relativement proche dans les différents pays[1]. En revanche, il existe des variations importantes concernant les plus-values. Par exemple, les plus-values ne sont pas prises en compte de façon complète

---

1. En particulier, nous avons toujours pris en compte pour tous les pays la totalité des loyers, intérêts et dividendes figurant sur les déclarations, y compris lorsque certains de ces revenus ne sont pas soumis au barème de droit commun et font l'objet d'abattements spécifiques ou de taux réduits.

et homogène dans les données fiscales françaises (nous les avons donc exclues purement et simplement), alors qu'elles ont toujours été relativement bien enregistrées dans les données fiscales américaines. Cela peut faire une différence importante, car les plus-values – en particulier les gains réalisés lors de la vente d'actions – constituent une forme de revenu du capital qui est fortement concentrée au sein des très hauts revenus (parfois encore plus que les dividendes). Par exemple, si l'on incluait les plus-values dans les graphiques 8.3-8.4, alors la part des revenus du capital au niveau du dix-millime supérieur serait non pas de 60 %, mais plutôt de l'ordre de 70 %-80 % (suivant les années[1]). Afin de ne pas biaiser les comparaisons, nous prendrons soin de présenter les résultats obtenus pour les États-Unis avec et sans plus-values.

L'autre limitation importante des déclarations de revenus est que cette source ne comprend par définition aucune information sur l'origine des patrimoines. On observe des revenus produits par les capitaux possédés à un instant donné par les contribuables, mais on ignore totalement si ces capitaux proviennent d'un héritage, ou bien ont été accumulés par la personne en question au cours de sa vie à partir des revenus de son travail (ou bien à partir des revenus produits par ses autres capitaux). Autrement dit, une même inégalité des revenus du capital peut correspondre à des situations en réalité très différentes, et nous n'en saurons jamais rien si l'on se limite à utiliser les déclarations de revenus. En général, pour ce qui concerne les très hauts revenus du capital, les patrimoines correspondants paraissent tellement importants qu'il est difficile d'imaginer qu'ils soient issus d'une modeste épargne salariale (ni même d'une épargne plus conséquente d'un cadre très supérieur) : tout laisse alors à penser que le poids de l'héritage est prédominant. Nous verrons cependant dans les prochains chapitres que l'importance relative de l'héri-

1. Voir annexe technique.

tage et de l'épargne dans la constitution des patrimoines a beaucoup évolué au cours de l'histoire, et que cette question mérite d'être étudiée de près. Là encore, il nous faudra avoir recours à des sources portant directement sur les patrimoines et sur les successions.

Le chaos de l'entre-deux-guerres

Reprenons le cours de la chronologie et de l'évolution de l'inégalité des revenus en France au cours du siècle écoulé. Entre 1914 et 1945, la part du centile supérieur de la hiérarchie des revenus chute presque continûment, passant graduellement de plus de 20 % en 1914 à tout juste 7 % en 1945 (voir graphique 8.2). Cette chute continue reflète la longue série – quasiment ininterrompue – de chocs subis par le capital et ses revenus au cours de cette période. En revanche, la baisse de la part du décile supérieur de la hiérarchie des revenus est beaucoup moins régulière : une première baisse semble se produire pendant la Première Guerre mondiale, mais elle est suivie d'une remontée irrégulière pendant les années 1920, et surtout par une très nette – et *a priori* très surprenante – remontée entre 1929 et 1935, avant de laisser place à une forte baisse en 1936-1938 et à un effondrement pendant les années de la Seconde Guerre mondiale[1]. Pour finir, la

---

1. Précisons que l'administration fiscale française, pendant toutes les années de la Seconde Guerre mondiale, poursuit comme si de rien n'était ses opérations de collecte des déclarations de revenus, de dépouillement et de confection de tableaux statistiques issus de ces dépouillements : il s'agit même de l'âge d'or de la mécanographie (on vient d'inventer des techniques de tri automatique de cartes perforées, ce qui permet de faire très rapidement toutes sortes de tableaux croisés, alors qu'auparavant les dépouillements se faisaient manuellement), si bien que les publications statistiques du ministère des Finances n'ont jamais été aussi riches et détaillées que pour ces années-là.

part du décile supérieur, qui était de plus de 45 % en 1914, tombe à moins de 30 % du revenu national en 1944-1945.

Si l'on considère l'ensemble de la période 1914-1945, alors les deux baisses sont tout à fait cohérentes : la part du décile supérieur a baissé de près de 18 points d'après nos estimations, dont près de 14 points pour le centile supérieur[1]. Autrement dit, les « 1 % » expliquent à eux seuls environ les trois quarts de la chute de l'inégalité entre 1914 et 1945, et les « 9 % » en expliquent environ un quart. Cela n'a rien d'étonnant, compte tenu de l'extrême concentration du capital au sein des « 1 % », qui de surcroît détiennent souvent des placements plus risqués (nous y reviendrons).

En revanche, les différences observées à l'intérieur de la période semblent *a priori* plus surprenantes : comment se fait-il que la part du décile supérieur monte fortement pendant la crise de 1929, ou tout du moins jusqu'en 1935, alors même que la part du centile supérieur chute, notamment entre 1929 et 1932 ?

En réalité, si l'on regarde les choses de plus près, année par année, chacune de ces variations s'explique parfaitement bien, et l'ensemble permet de revisiter de façon éclairante la période chaotique de l'entre-deux-guerres, et les très fortes tensions entre groupes sociaux qui la caractérisent. Et pour bien comprendre tout cela, il faut prendre en compte le fait que les « 9 % » et les « 1 % » ne vivent pas du tout des mêmes revenus. Les « 1 % » vivent avant tout des revenus issus de leurs patrimoines, et en particulier des intérêts et des dividendes que leur versent les entreprises dont ils possèdent les obligations et les actions : il est donc naturel que la part du centile supérieur baisse fortement pendant la crise de 1929, marquée par l'effondrement de

---

1. La part du décile supérieur est passée de 47 % à 29 % du revenu national, et celle du centile supérieur est passée de 21 % à 7 %. Toutes les séries détaillées sont disponibles en ligne.

l'activité économique, la chute des profits des entreprises et les faillites en cascade.

Les « 9 % » constituent au contraire le monde des cadres, qui sont en réalité les grands bénéficiaires – relativement aux autres catégories – de la crise des années 1930. En effet, ils sont beaucoup moins touchés par le chômage que les salariés plus modestes qu'eux (en particulier ils ne connaissent pas les énormes taux de chômage partiel ou total qui frappent les ouvriers des secteurs industriels), et ils sont également beaucoup moins touchés par la chute des profits des entreprises que les revenus placés au-dessus d'eux. Au sein du groupe social des « 9 % », les cadres de la fonction publique et les enseignants s'en sortent particulièrement bien : ils viennent de bénéficier de la grande vague de revalorisation des salaires de fonctionnaires de 1927-1931 (il faut dire que ces derniers avaient beaucoup souffert pendant la Première Guerre mondiale et l'inflation du début des années 1920, surtout en haut de l'échelle), et ils sont totalement préservés du risque de chômage, si bien que la masse salariale du secteur public se maintient au même niveau nominal jusqu'en 1933 (et ne baisse que légèrement en 1934-1935, au moment des fameux décrets-lois Laval visant à réduire les salaires de fonctionnaires), alors que la masse salariale du secteur privé baisse de plus de 50 % entre 1929 et 1935. La très forte déflation qui sévit alors en France (les prix chutent au total de 25 % entre 1929 et 1935, dans un contexte d'effondrement des échanges et de la production) joue un rôle central dans ce processus : les personnes qui ont la chance de conserver leur emploi et leur salaire nominal – typiquement les fonctionnaires – connaissent en pleine dépression une hausse de pouvoir d'achat et de leur salaire réel du fait de la chute des prix. Ajoutons que les revenus du capital des « 9 % » – typiquement des loyers, qui sont généralement extrêmement rigides en termes nominaux – bénéficient également de la déflation et voient leur valeur réelle progresser significativement, alors que les dividendes versés aux « 1 % » s'écroulent.

Pour toutes ces raisons, la part des « 9 % » dans le revenu national augmente très fortement en France de 1929 à 1935, beaucoup plus fortement que la baisse de la part des « 1 % », à tel point que la part du décile supérieur considéré dans son ensemble augmente de plus de 5 points de revenu national (voir graphiques 8.1-8.2). Le processus s'inverse complètement avec l'arrivée au pouvoir du Front populaire, les fortes hausses des salaires ouvriers lors des accords Matignon, et la dévaluation du franc en septembre 1936, qui conduit à une relance de l'inflation et à une chute de la part des « 9 % » et du décile supérieur en 1936-1938[1].

On notera au passage l'intérêt qu'il y a de décomposer finement l'inégalité des revenus par centile et par catégorie de revenus. Si l'on avait voulu analyser la dynamique de l'entre-deux-guerres en utilisant un indicateur synthétique d'inégalité tel que le coefficient de Gini, il aurait été impossible de comprendre quoi que ce soit : nous n'aurions pu séparer ce qui relève des revenus du travail et des revenus du capital, et ce qui concerne les évolutions de long terme ou de court terme. En l'occurrence, la complexité de la période 1914-1945 est que se superpose à une trame générale relativement claire (une très forte chute de la part du décile supérieur entre 1914 et 1945, tirée par un effondrement de la part du centile supérieur) une trame secondaire composée de multiples retournements contradictoires, à l'intérieur des années 1920 comme des années 1930. Il est intéressant de noter que l'on retrouve cette même complexité dans tous les pays pour la période de l'entre-deux-guerres, avec des spécificités propres à l'histoire particulière de chaque pays.

---

1. Pour une analyse détaillée de toutes ces évolutions, année par année, voir T. PIKETTY, *Les Hauts Revenus en France au XXe siècle*, *op. cit.*, notamment chapitres 2-3, p. 93-229.

Par exemple, la déflation prend fin en 1933 avec l'arrivée de Roosevelt au pouvoir aux États-Unis, si bien que le retournement décrit plus haut se produit en 1933 et non en 1936. L'histoire des inégalités est dans tous les pays une histoire politique et chaotique.

Le choc des temporalités

De façon générale, il est essentiel lorsqu'on étudie la dynamique de la répartition des richesses de bien distinguer plusieurs temporalités. Dans le cadre de ce livre, nous nous intéressons avant tout aux évolutions de longue période, aux mouvements de fond, qui ne peuvent souvent s'apprécier que sur des périodes de trente ou quarante années, voire davantage, comme le montre le processus de hausse structurelle du rapport capital/revenu à l'œuvre en Europe depuis la Seconde Guerre mondiale, qui est à l'œuvre depuis près de soixante-dix ans, et qu'il était impossible de déceler aussi nettement il y a encore dix ou vingt ans, compte tenu de la superposition de diverses évolutions (et aussi du manque de données disponibles). Mais cette focalisation sur la longue durée ne doit pas nous faire oublier qu'il existe toujours, par-delà les tendances longues, des mouvements plus courts, qui certes finissent souvent pas se compenser, mais qui pour les acteurs qui les vivent apparaissent légitimement comme la réalité la plus prégnante de leur époque. Cela est d'autant plus vrai que ces mouvements « courts » peuvent parfois durer assez longtemps, dix-quinze ans, voire davantage, et donc prendre beaucoup de place à l'échelle d'une vie humaine.

L'histoire des inégalités en France, de même d'ailleurs que dans les autres pays, est pleine de ces mouvements de court et moyen terme, et pas seulement au cours de la période particulièrement chaotique de l'entre-deux-guerres. Évoquons rapidement les principaux épisodes. Pendant chacune des deux guerres mondiales, on assiste à des phénomènes de compression des hiérarchies salariales, suivis pendant chacun des après-guerres (dans les années 1920, puis à la fin des années 1940 et dans les années 1950-1960) de mouvements de reconstitution et d'élargissement des inégalités salariales. Il s'agit de mouvements de grande ampleur : la part des 10 % des salariés les mieux payés dans la masse salariale totale baisse d'environ 5 points pendant chaque conflit, qu'elle récupère ensuite (voir graphique 8.1[1]). On observe ces mouvements pour les grilles de salaires de la fonction publique aussi bien que dans le secteur privé, et à chaque fois selon le scénario suivant : pendant les guerres, l'activité économique chute, l'inflation augmente, les salaires réels et le pouvoir d'achat se mettent à diminuer, et dans ce processus les salaires les plus bas tendent généralement à être revalorisés et protégés de l'inflation un peu plus généreusement que les salaires les plus élevés, ce qui peut provoquer des changements importants de la répartition de la masse salariale si l'inflation est importante. Cette meilleure indexation des salaires bas et moyens peut s'expliquer par l'importance des perceptions de justice sociale et des normes d'équité au sein du salariat : on cherche à éviter une trop forte chute du pouvoir d'achat pour les plus modestes, et on demande aux plus aisés d'attendre la fin du conflit avant d'obtenir une revalorisation complète. Cela joue clairement un rôle dans la fixation des grilles de salaires de fonctionnaires, et il en va probablement de même, au moins en partie, dans le secteur privé. On peut aussi imaginer que la mobilisation dans les armées – ou les camps de prisonniers – d'une part importante de la main-d'œuvre jeune et peu qualifiée améliore pendant les guerres la position relative des bas et moyens salaires sur le marché du travail.

1. Dans le cas de la Seconde Guerre mondiale, le mouvement de compression des hiérarchies salariales avait en réalité commencé dès 1936, avec les accords Matignon.

En tout état de cause, ces mouvements de compression des inégalités salariales ont chaque fois été annulés dans les périodes d'après-guerre, et on pourrait donc être tenté de les ignorer complètement. Pourtant, pour les personnes qui ont connu ces périodes, il est évident que ces épisodes ont été extrêmement marquants. En particulier, la question du redressement de la hiérarchie des salaires, pour le secteur public comme dans le privé, a fait partie dans les deux cas des dossiers politiques, sociaux et économiques les plus brûlants de l'après-guerre.

Si l'on examine maintenant l'histoire des inégalités en France au cours de la période 1945-2010, on distingue très nettement trois phases : les inégalités de revenus progressent fortement de 1945 à 1966-1967 (la part du décile supérieur passe de moins de 30 % du revenu national à environ 36 %-37 %), puis diminuent fortement de 1968 à 1982-1983 (la part du décile supérieur retombe à tout juste 30 %) ; et enfin les inégalités augmentent régulièrement depuis 1983, si bien que la part du décile supérieur atteint environ 33 % dans les années 2000-2010 (voir graphique 8.1). On retrouve approximativement les mêmes inflexions au niveau du centile supérieur et des inégalités salariales (voir graphiques 8.2-8.3). Là encore, ces différentes phases se compensent plus ou moins, il est tentant de les ignorer et de se concentrer sur la relative stabilité à long terme au cours de la période 1945-2010. Et, de fait, si l'on s'intéresse uniquement aux évolutions de très longue période, le phénomène marquant en France au XXe siècle est la forte compression des inégalités de revenus entre 1914 et 1945, et la relative stabilité ensuite. En réalité, chacun de ces points de vue a sa légitimité et son importance, et il nous semble essentiel de parvenir à penser conjointement ces différentes temporalités : le temps long d'une part, et le court et moyen terme d'autre part. Nous avons déjà abordé ce point lorsque nous avons étudié les évolutions du rapport capital/revenu et du partage capital-travail dans la deuxième partie (voir en particulier chapitre 6).

Il est intéressant de noter que les mouvements du partage capital-travail et ceux de l'inégalité à l'intérieur des revenus du travail ont tendance à aller dans le même sens et à se renforcer mutuellement dans le court et moyen terme, mais pas nécessairement sur longue période. Par exemple, chacune des deux guerres mondiales se caractérise à la fois par une baisse de la part du capital dans le revenu national (et du rapport capital/revenu) et par une compression des inégalités salariales. De façon générale, l'inégalité a plutôt tendance à suivre une évolution « pro-cyclique » (c'est-à-dire à aller dans le même sens que le cycle économique, par opposition aux évolutions « contra-cycliques ») : dans les phases de boom économique, la part des profits dans le revenu national tend à augmenter, et les hauts salaires – primes et bonus compris – augmentent souvent plus vite que les salaires bas et moyens ; et inversement dans les phases de ralentissement ou de récession (dont les guerres peuvent être vues comme une forme extrême). Il existe cependant toutes sortes de facteurs, notamment politiques, qui font que ces mouvements ne dépendent pas seulement du cycle économique.

La forte hausse des inégalités françaises entre 1945 et 1967 conjugue à la fois une forte hausse de la part du capital dans le revenu national et des inégalités salariales, tout cela dans un contexte de forte croissance économique. Le climat politique joue sans doute un rôle : le pays est tout entier concentré sur la reconstruction, et la priorité n'est pas la diminution des inégalités, d'autant plus que chacun sent bien qu'elles ont énormément diminué à la suite des guerres. Les salaires des cadres, ingénieurs et autres personnels qualifiés progressent structurellement plus vite que les salaires bas et moyens dans les années 1950-1960, et dans un premier temps personne ne semble s'en émouvoir. Un salaire minimum national a bien été créé en 1950, mais il n'est presque jamais revalorisé par la suite, si bien qu'il décroche fortement par comparaison à l'évolution du salaire moyen.

La rupture intervient en 1968. Le mouvement de Mai 1968 a des racines étudiantes, culturelles et sociétales qui vont évidemment bien au-delà de la question des salaires (même si le sentiment de lassitude vis-à-vis du modèle de croissance productiviste et inégalitaire des années 1950-1960 a sans doute joué un rôle). Mais son débouché politique le plus immédiat est clairement d'ordre salarial : pour sortir de la crise, le gouvernement du général de Gaulle signe les accords de Grenelle, qui comprennent notamment une hausse de 20 % du salaire minimum. Le salaire minimum sera officiellement indexé – partiellement – sur le salaire moyen en 1970, et surtout tous les gouvernements successifs de 1968 à 1983 se sentiront tenus d'accorder presque chaque année de très forts « coups de pouce », dans un climat social et politique en pleine ébullition. C'est ainsi que le pouvoir d'achat du salaire minimum progresse au total de plus de 130 % entre 1968 et 1983, alors que dans le même temps le salaire moyen ne progresse que d'environ 50 %, d'où une très forte compression des inégalités salariales. La rupture avec la période précédente est franche et massive : le pouvoir d'achat du salaire minimum avait progressé d'à peine 25 % entre 1950 et 1968, alors que le salaire moyen avait plus que doublé[1]. Tirée par la forte hausse des bas salaires, la masse salariale dans son ensemble progresse sensiblement plus vite que la production au cours des années 1968-1983, d'où la baisse considérable de la part du capital dans le revenu national étudiée dans la

---

1. Voir T. Piketty, *Les Hauts Revenus en France au XXe siècle*, *op. cit.*, p. 201-202. La très forte rupture observée en 1968 dans l'évolution des inégalités salariales était bien connue des contemporains. Voir notamment les méticuleux travaux de C. Baudelot et A. Lebeaupin, *Les Salaires de 1950 à 1975*, INSEE, 1979.

deuxième partie et la compression particulièrement forte des inégalités de revenus.

Le mouvement s'inverse de nouveau en 1982-1983. Le nouveau gouvernement socialiste issu des élections de mai 1981 aimerait sans doute prolonger ce mouvement. Mais il n'est objectivement pas simple de faire progresser durablement le salaire minimum plus de deux fois plus vite que le salaire moyen (surtout lorsque le salaire moyen progresse lui-même plus vite que la production). Il décide donc en 1982-1983 de mettre en place ce qui a été appelé à l'époque le « tournant de la rigueur » : les salaires sont bloqués, et la politique des « coups de pouce » massifs au salaire minimum est définitivement abandonnée. Les résultats ne se font pas attendre : la part des profits dans la production remonte en flèche pendant la suite des années 1980, les inégalités salariales repartent à la hausse, et plus encore les inégalités de revenus (voir graphiques 8.1-8.2). La rupture est tout aussi nette que celle de 1968, mais dans l'autre sens.

La hausse des inégalités françaises depuis les années 1980-1990

Comment qualifier la phase de hausse des inégalités françaises qui est en cours en France depuis 1982-1983 ? On pourrait être tenté d'y voir un microphénomène à l'échelle de la longue durée, une simple réplique aux mouvements précédents, en notant que la part des profits n'a finalement fait que retrouver autour de 1990 le niveau qui était le sien à la veille de Mai 1968[1]. Ce serait cependant faire erreur d'en rester à ce constat, pour plusieurs raisons. Tout d'abord, comme nous l'avons vu dans la deuxième partie de ce livre, le niveau de la part des profits en vigueur en 1966-1967 était

---

1. Voir chapitre 6, graphique 6.6.

historiquement élevé et résultait d'un processus de remontée historique de la part du capital entamée au lendemain de la Seconde Guerre mondiale. Si l'on prend en compte les loyers (et non seulement les profits) dans les revenus du capital, ainsi qu'on doit le faire, alors on constate que cette remontée de la part du capital dans le revenu national s'est en réalité poursuivie dans les années 1990-2000. Nous avons vu que ce phénomène de long terme, pour être correctement compris et analysé, devait être replacé dans le contexte d'une évolution sur longue période du rapport capital/revenu, qui a pratiquement retrouvé en France en ce début de XXIe siècle son niveau en vigueur à la veille de la Première Guerre mondiale. Il est impossible d'apprécier pleinement les implications pour la structure des inégalités de ce retour à la prospérité patrimoniale de la Belle Époque si l'on se contente d'analyser l'évolution de la part du décile supérieur de la hiérarchie des revenus, d'une part parce que la sous-déclaration des revenus du capital conduit à sous-estimer légèrement la hausse des hauts revenus ; et d'autre part et surtout parce que le véritable enjeu concerne le retour de l'héritage, processus long qui est encore loin d'avoir produit tous ses effets, et qui ne peut être correctement analysé qu'en étudiant directement l'évolution du rôle et de l'importance des successions en tant que telles, ce que nous ferons dans les prochains chapitres.

Il faut ajouter à cela qu'un phénomène nouveau a débuté en France à partir de la fin des années 1990, à savoir un fort frémissement à la hausse des très hauts salaires, et en particulier des rémunérations des cadres dirigeants des grandes entreprises, et des rémunérations pratiquées dans la finance. Le phénomène demeure pour l'instant beaucoup moins massif qu'aux États-Unis, mais on aurait tort de le négliger. La part du centile supérieur de la hiérarchie des salaires, qui était inférieure à 6 % de la masse salariale totale pendant les années 1980-1990, s'est mise à progresser régulièrement à partir de la fin des années 1990 et du début des années 2000, et est en passe d'atteindre 7,5 %-8 % de la masse salariale à la fin des années 2000 et au début des années 2010. Il s'agit d'une progression de près de 30 % en une dizaine d'années, ce qui est loin d'être négligeable. Si l'on monte plus haut encore dans la hiérarchie des salaires et des bonus, et si l'on étudie les 0,1 % ou les 0,01 % des salaires les plus élevés, on trouve des progressions plus fortes encore, avec des hausses de pouvoir d'achat supérieures à 50 % en dix ans[1]. Dans un contexte de très faible croissance et de quasi-stagnation du pouvoir d'achat de la masse des salaires et des salariés, des évolutions aussi favorables n'ont pas manqué de susciter l'attention. Il s'agit de fait d'un phénomène radicalement nouveau, qui ne peut être correctement apprécié qu'en le mettant en perspective internationale.

Un cas plus complexe : la transformation des inégalités aux États-Unis

Passons justement à l'étude du cas américain, dont l'originalité est précisément de mettre en jeu l'émergence d'une société de « super-cadres » au cours des dernières décennies. Précisons tout d'abord que nous avons tout fait pour établir pour les États-Unis des séries historiques aussi comparables que possible à nos séries françaises. En particulier, nous avons représenté sur les graphiques 8.5-8.6 exactement les mêmes séries pour les États-Unis que celles présentées sur les graphiques 8.1-8.2 pour le cas français : il s'agit de comparer l'évolution des parts du décile supérieur et du centile supérieur de la hiérarchie des revenus d'une part, et de la hiérarchie

---

1. Voir notamment les études de C. LANDAIS (« Les hauts revenus en France (1998-2006). Une explosion des inégalités ? », PSE, 2007) et de O. Godechot (« Is finance responsible for the rise in wage inequality in France ? », *Socio-Economic Review*, 2012).

des salaires d'autre part. Précisons que l'impôt fédéral sur le revenu a été créé en 1913 aux États-Unis, au terme d'un long affrontement avec la Cour suprême[1]. Les données issues des déclarations de revenus américaines sont globalement très comparables aux données françaises, bien qu'un peu moins détaillées. En particulier, les dépouillements des déclarations par niveau de revenu se font chaque année dès 1913, mais il faut attendre 1927 pour disposer de surcroît des dépouillements en fonction du niveau de salaire, si bien que les séries portant sur la répartition des salaires américains avant 1927 sont un peu plus fragiles[2].

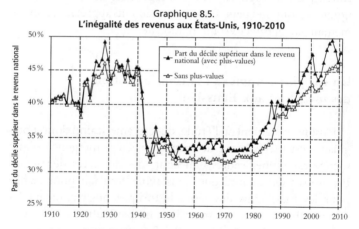

Graphique 8.5.
L'inégalité des revenus aux États-Unis, 1910-2010

Lecture : la part du décile supérieur est passée de moins de 35 % du revenu national dans les années 1970 à près de 50 % dans les années 2000-2010.
Sources et séries : voir piketty.pse.ens.fr/capital21c.

1. Pour les années 1910-1912, nous avons complété les séries en utilisant les différentes données disponibles, et en particulier les diverses estimations réalisées aux États-Unis en vue de la création de l'impôt sur le revenu (de la même façon que pour la France). Voir annexe technique.
2. Pour les années 1913-1926, nous avons utilisé les dépouillements par niveaux de revenus et par catégories de revenus pour estimer l'évolution de l'inégalité des salaires. Voir annexe technique.

Les deux mondes

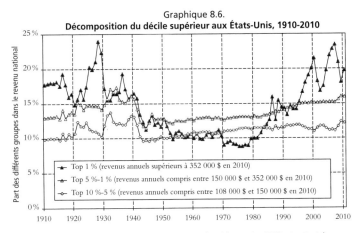

Graphique 8.6.
Décomposition du décile supérieur aux États-Unis, 1910-2010

Top 1 % (revenus annuels supérieurs à 352 000 $ en 2010)
Top 5 %-1 % (revenus annuels compris entre 150 000 $ et 352 000 $ en 2010)
Top 10 %-5 % (revenus annuels compris entre 108 000 $ et 150 000 $ en 2010)

Lecture : la hausse de la part du décile supérieur depuis les années 1970 est surtout due au centile supérieur.
Sources et séries : voir piketty.pse.ens.fr/capital21c.

Plusieurs similarités, mais aussi plusieurs différences importantes, apparaissent clairement lorsque l'on compare les trajectoires française et américaine. Commençons par examiner l'évolution générale de la part du décile supérieur de la répartition des revenus dans le revenu national américain (voir graphique 8.6). Le fait le plus frappant est que les États-Unis sont devenus nettement plus inégalitaires que la France – et en réalité que l'Europe dans son ensemble – au cours du XXe siècle et en ce début de XXIe siècle, alors que le contraire était vrai au tout début du XXe siècle. La complexité provient du fait qu'il ne s'agit pas d'un simple retour aux réalités du passé : l'inégalité américaine des années 2010 est tout aussi extrême quantitativement que celle qui caractérise la vieille Europe autour de 1900-1910, mais sa structure est assez nettement différente.

Examinons les choses dans l'ordre. Tout d'abord, à la Belle Époque, l'inégalité des revenus semble significativement plus forte sur le Vieux Continent. Dans les années 1900-1910, d'après les données dont nous disposons, le décile supérieur de la hiérarchie des revenus détient un peu plus de 40 % aux États-Unis, contre 45 %-50 % en France (et sans doute encore un peu plus au Royaume-Uni, comme nous le verrons plus loin). Cela correspond à une double différence : d'une part, le rapport capital/revenu était plus élevé en Europe, de même que la part du capital dans le revenu national, comme nous l'avons étudié dans la deuxième partie ; et d'autre part, l'inégalité de la propriété du capital était un peu moins extrême au Nouveau Monde. Cela ne signifie évidemment pas que la société américaine de 1900-1910 correspondait à l'idéal mythique d'une société égalitaire de pionniers. En réalité, les États-Unis étaient déjà à cette époque une société fortement inégalitaire, beaucoup plus par exemple que l'Europe aujourd'hui. Il suffit de relire Henry James, ou de prendre conscience du fait que l'horrible Hockney, dans le luxe du *Titanic* en 1912, a bel et bien existé, et pas seulement dans l'imagination de James Cameron, pour réaliser qu'il existait aussi une société de rentiers à Boston, à New York ou à Philadelphie, et pas seulement à Paris ou à Londres. Simplement, l'inégalité de la répartition du capital, et donc des revenus qui en sont issus, était moins extrême qu'en France ou au Royaume-Uni. Concrètement, les rentiers aux États-Unis étaient moins nombreux et moins opulents, comparés à la moyenne du niveau de vie américain, qu'ils ne l'étaient en Europe. Il nous faudra comprendre pourquoi.

L'inégalité des revenus progresse cependant très fortement en Amérique pendant les années 1920, et atteint un premier sommet à la veille de la crise de 1929, avec près de 50 % du revenu national pour le décile supérieur, soit un niveau plus élevé qu'en Europe au même moment, compte tenu des forts chocs déjà subis par les capitaux européens depuis 1914. Mais l'inégalité américaine n'est pas l'inégalité européenne : on remarquera l'importance déjà cruciale des plus-values dans les hauts revenus américains dans l'euphorie boursière des années 1920 (voir graphique 8.5).

Pendant la crise économique mondiale des années 1930, particulièrement violente aux États-Unis, qui en sont le cœur, puis pendant les années de la Seconde Guerre mondiale, dans le contexte d'un pays tout entier mobilisé sur l'effort de guerre (et aussi sur sa sortie de crise), on assiste à une très forte compression des inégalités de revenus outre-Atlantique, comparable par certains côtés à ce que l'on observe en Europe au cours de la même période. De fait, comme nous l'avons vu dans la deuxième partie, les chocs subis par les capitaux américains sont loin d'être négligeables : pas de destructions physiques dues aux guerres, certes, mais de très forts chocs liés à la grande dépression et aux chocs fiscaux considérables décidés par le gouvernement fédéral américain dans les années 1930-1940. Au final, si l'on considère la période 1910-1950 dans son ensemble, on constate toutefois que la compression des inégalités est sensiblement moins forte aux États-Unis qu'en France (et plus généralement qu'en Europe). Pour résumer : les États-Unis partaient d'un sommet inégalitaire moins haut à la veille de la Première Guerre mondiale, et parviennent à un point bas moins bas au lendemain de la Seconde Guerre mondiale. La période 1914-1945 est l'histoire du suicide de l'Europe et de sa société de rentiers, pas du suicide de l'Amérique.

L'explosion des inégalités américaines depuis les années 1970-1980

Des années 1950 aux années 1970, les États-Unis connaissent la phase la moins inégalitaire de leur histoire : le décile supérieur de la hiérarchie des revenus détient de l'ordre de 30 %-35 % du revenu national américain, soit approximativement le même niveau qu'en France aujourd'hui. C'est « l'Amérique qu'on aime » dont parle Paul Krugman avec nostalgie, l'Amérique de son enfance[1]. Dans les années 1960, à l'époque de la série *Mad Men* et du général de Gaulle, les États-Unis étaient de fait moins inégalitaires que la France (où la part du décile supérieur avait fortement progressé et dépassait nettement les 35 %), tout du moins pour ceux qui avaient la peau blanche.

Depuis les années 1970-1980, on assiste à une explosion sans précédent des inégalités de revenus aux États-Unis. La part du décile supérieur est progressivement passée d'environ 30 %-35 % du revenu national dans les années 1970 à environ 45 %-50 % dans les années 2000-2010, soit une hausse de près de 15 points de revenu national américain (voir graphique 8.5). L'allure de la courbe est assez impressionnante, et il est naturel de se demander jusqu'où une telle évolution peut aller : par exemple, si les choses continuent au même rythme, la part du décile supérieur dépassera les 60 % du revenu national d'ici à 2030.

Plusieurs points méritent d'être précisés dès maintenant concernant cette évolution. Tout d'abord, rappelons que les séries représentées sur le graphique 8.5, de même que l'ensemble des séries de la World Top Incomes Database, prennent uniquement en compte les revenus figurant dans les déclarations de revenus, et en particulier ne cherchent pas à corriger la sous-déclaration des revenus du capital, pour des raisons légales ou extralégales. Compte tenu de l'écart croissant entre la masse des revenus du capital (en particulier dividendes et intérêts) enregistrée dans les comptes nationaux américains et celle observée dans les déclarations de revenus, et compte tenu aussi du développement rapide des paradis fiscaux (flux que les comptes nationaux eux-mêmes ne prennent pour une

---

1. Les ouvrages récemment consacrés par P. KRUGMAN (*The Conscience of a Liberal*, Norton, 2009) et J. STIGLITZ (*The Price of Inequality*, Norton, 2012) à la montée des inégalités américaines montrent la force de l'attachement à cette période relativement égalitaire de leur histoire.

large part pas en compte), il est probable que le graphique 8.5 sous-estime la hausse de la part du décile supérieur qui a véritablement eu lieu. En confrontant les différentes sources disponibles, on peut estimer que la part du décile supérieur a sans doute légèrement dépassé les 50 % du revenu national américain à la veille de la crise financière de 2008, puis de nouveau au début des années 2010[1].

Ensuite, on notera que l'euphorie boursière et les plus-values n'expliquent qu'une part limitée de la hausse structurelle de la part du décile supérieur au cours des trente-quarante dernières années. Certes, les plus-values ont atteint aux États-Unis des niveaux inédits lors de la bulle Internet, en 2000, puis de nouveau en 2007 : dans les deux cas, les plus-values représentent à elles seules de l'ordre de 5 points de revenu national supplémentaire pour le décile supérieur, ce qui est énorme. Le précédent record, qui datait de l'année 1928, à la veille du krach boursier de 1929, était d'environ 3 points de revenu national. Mais de tels niveaux ne sont pas tenables très longtemps, comme le montrent les très fortes variations d'une année sur l'autre observées sur le graphique 8.5. Pour finir, les incessants mouvements de court terme des plus-values et des marchés boursiers ajoutent beaucoup de volatilité à l'évolution de la part du décile supérieur (et contribuent sans nul doute à la volatilité de l'économie américaine dans son ensemble), mais ne contribuent guère à la hausse structurelle des inégalités. Si l'on retire purement et simplement les plus-values des revenus (ce qui n'est pas satisfaisant non plus, compte tenu de l'importance prise aux États-Unis par cette forme de rémunération), alors on constate que la hausse

---

1. Les données disponibles – imparfaites – suggèrent que la correction pour sous-déclaration des revenus du capital peut porter sur environ 2-3 points de revenu national. La part non corrigée du décile supérieur atteint 49,7 % du revenu national américain en 2007, et 47,9 % en 2010 (avec une nette tendance à la hausse). Voir annexe technique.

de la part du décile supérieur est presque aussi forte : elle passe d'environ 32 % dans les années 1970 à plus de 46 % en 2010, soit une hausse de 14 points de revenu national (voir graphique 8.5). Les plus-values oscillaient autour de 1-2 points de revenu national supplémentaire pour le décile supérieur dans les années 1970, et elles oscillent autour de 2-3 points dans les années 2000-2010 (hors années exceptionnellement bonnes ou particulièrement mauvaises). La hausse structurelle est donc de l'ordre de 1 point : ce n'est pas rien, mais ce n'est pas grand-chose par comparaison à la hausse de 14 points de revenu national de la part du décile supérieur hors plus-values[1].

Le fait d'examiner les évolutions sans les plus-values permet en outre de mieux identifier le caractère structurel de la hausse des inégalités américaines. De fait, de la fin des années 1970 au début des années 2010, la hausse de la part du décile supérieur (hors plus-values) apparaît relativement régulière et continue : elle passe la barre des 35 % dans les années 1980, puis celle des 40 % dans les années 1990, et enfin celle des 45 % dans les années 2000 (voir graphique 8.5[2]). Il est particulièrement plus frappant de constater que le niveau atteint en 2010 – soit plus de 46 % du revenu national américain pour le décile supérieur, hors plus-values – est d'ores et déjà

---

1. Les séries « avec plus-values » prennent bien sûr en compte les plus-values au numérateur (pour les déciles et centiles de hauts revenus) comme au dénominateur (pour le revenu national total), alors que les séries « sans plus-values » les excluent dans les deux cas. Voir annexe technique.

2. Le seul saut suspect a lieu autour de la grande réforme fiscale reaganienne de 1986, où un nombre important de sociétés ont changé de forme juridique afin que leurs bénéfices soient soumis à l'impôt sur le revenu des personnes physiques et non plus à l'impôt sur les sociétés. Ce pur effet de transfert de court terme entre bases fiscales a été compensé sur quelques années (des revenus qui auraient dû être réalisés un peu plus tard en plus-values ont été réalisés un peu plus tôt), et joue un rôle secondaire dans la tendance de long terme. Voir annexe technique.

significativement plus élevé que le niveau atteint en 2007, à la veille de la crise financière. Les premières données dont nous disposons pour les années 2011-2012 laissent à penser que la hausse se poursuit actuellement.

Il s'agit là d'un point essentiel : ces faits démontrent tout à fait clairement qu'il ne faut pas compter sur la crise financière, en tant que telle, pour mettre un terme à la hausse structurelle des inégalités américaines. Certes, dans l'immédiat, un krach boursier conduit à ralentir la hausse des inégalités, de même qu'un boom tend à l'accélérer. Les années 2008-2009, au lendemain de la faillite de Lehman Brothers, de même que les années 2001-2002, juste après l'éclatement de la première bulle Internet, ne sont évidemment pas des années fastes pour réaliser des plus-values boursières. Sans surprise, les plus-values s'effondrent pendant ces années-là. Mais ces mouvements de court terme ne changent rien à la tendance longue, qui obéit à d'autres forces, dont il nous faudra comprendre la logique.

Pour aller plus loin dans notre compréhension du phénomène, il est utile de décomposer le décile supérieur de la hiérarchie des revenus en trois groupes : les 1 % les plus riches, les 4 % suivants, et les 5 % suivants (voir graphique 8.6). On constate que l'essentiel de la hausse provient du groupe des « 1 % », dont la part dans le revenu national est passée d'environ 9 % dans les années 1970 à environ 20 % dans les années 2000-2010 (avec de fortes variations dues aux plus-values), soit une hausse de l'ordre de 11 points. Le groupe des « 5 % » (dont les revenus annuels s'échelonnent de 108 000 dollars à 150 000 dollars par foyer en 2010), ainsi que le groupe des « 4 % » (dont les revenus s'échelonnent de 150 000 dollars à 352 000 dollars), ont certes également connu des hausses substantielles : la part du premier dans le revenu national américain est passée de 11 % à 12 % (soit une hausse de 1 point), et celle du second est passée de

13 % à 16 % (soit une hausse de 3 points[1]). Par définition, cela signifie que ces groupes sociaux ont connu depuis les années 1970-1980 des hausses de revenus sensiblement supérieures à la croissance moyenne de l'économie américaine, ce qui n'est pas négligeable.

On trouve par exemple dans ces groupes les économistes universitaires américains, qui ont souvent tendance à considérer que l'économie des États-Unis fonctionne plutôt bien, et en particulier qu'elle récompense le talent et le mérite avec justesse et précision : voici une réaction bien humaine et compréhensible[2]. La vérité, cependant, est que les groupes sociaux situés au-dessus d'eux s'en sont beaucoup mieux sortis : sur les 15 points de revenu national supplémentaire qui ont été absorbés par le décile supérieur, environ 11 points – près des trois quarts – l'ont été par les « 1 % » (c'est-à-dire les revenus annuels supérieurs à 352 000 dollars en 2010), dont environ la moitié par les « 0,1 % » (les revenus au-delà de 1,5 million de dollars[3]).

La hausse des inégalités a-t-elle causé la crise financière ?

Nous venons de voir que la crise financière en tant que telle ne semble pas avoir d'impact sur la hausse structurelle des inégalités. Qu'en est-il de la causalité inverse ? Est-il

---

1. Les revenus annuels avant impôts mentionnés ici correspondent à des revenus par foyer (couple marié ou personne seule). Les inégalités de revenus mesurées au niveau individuel ont progressé approximativement dans les mêmes proportions qu'au niveau du foyer. Voir annexe technique.
2. Cette reconnaissance du ventre est parfois particulièrement marquée chez les économistes basés dans des universités américaines et nés dans des pays étrangers (en général plus pauvres que les États-Unis), ce qui là encore est bien compréhensible, bien qu'un peu mécanique.
3. Toutes les séries détaillées sont disponibles en ligne.

possible que la hausse des inégalités américaines ait contribué au déclenchement de la crise financière de 2008 ? Compte tenu du fait que la part du décile supérieur dans le revenu national américain a connu deux sommets absolus au cours du siècle écoulé, l'un en 1928 (à la veille de la crise de 1929) et le second en 2007 (à la veille de la crise de 2008), il est difficile de ne pas se poser la question.

De mon point de vue, il ne fait aucun doute que la hausse des inégalités a contribué à fragiliser le système financier américain. Pour une raison simple : la hausse des inégalités a eu pour conséquence une quasi-stagnation du pouvoir d'achat des classes populaires et moyennes aux États-Unis, ce qui n'a pu qu'accroître la tendance à un endettement croissant des ménages modestes ; d'autant plus que dans le même temps des crédits de plus en plus faciles et dérégulés leur étaient proposés par des banques et intermédiaires financiers peu scrupuleux, et désireux de trouver de bons rendements pour l'énorme épargne financière injectée dans le système par les catégories aisées[1].

À l'appui de cette thèse, il est important d'insister sur l'ampleur considérable du transfert de revenu national américain – de l'ordre de 15 points de revenu national – qui a eu lieu entre les 90 % les plus pauvres et les 10 % plus riches depuis les années 1970. Concrètement, si l'on cumule la croissance totale de l'économie américaine au cours des trente années précédant la crise, c'est-à-dire de 1977 à 2007, alors on constate que les 10 % les plus riches se sont approprié les trois quarts de cette croissance ; à eux seuls, les 1 % les plus riches ont absorbé près de 60 % de la croissance totale du

---

1. Cette thèse est de plus en plus largement admise. Elle est par exemple défendue par R. RANCIÈRE et M. KUMHOF (« Inequality, leverage and crises », IMF, 2010). Voir également le livre de R. RAJAN, *Fault Lines*, Princeton Universiy Press, 2010, qui sous-estime cependant l'importance de la progression de la part des hauts revenus dans le revenu national américain.

revenu national américain sur cette période ; pour les 90 % restants, le taux de croissance du revenu moyen a été ainsi réduit à moins de 0,5 % par an[1]. Ces chiffres sont incontestables, et ils sont frappants : quoi que l'on puisse penser au fond de la légitimité des inégalités de revenus, ils méritent d'être examinés attentivement[2]. Il est difficile d'imaginer une économie et une société qui fonctionnent éternellement avec une divergence aussi extrême entre groupes sociaux.

Évidemment, si la hausse des inégalités s'était accompagnée d'une croissance exceptionnellement forte pour l'économie américaine, il en irait tout à fait différemment. Cela n'a malheureusement pas été le cas : la croissance a été plutôt moins forte qu'au cours des décennies précédentes, si bien que la hausse des inégalités a conduit à une quasi-stagnation des revenus bas et moyens.

On peut également noter que ce transfert interne entre groupes sociaux (de l'ordre de 15 points de revenu national américain) est près de quatre fois plus important que l'imposant déficit commercial américain pendant les années 2000 (de l'ordre de 4 points de revenu national des États-Unis). La comparaison est intéressante, car cet énorme déficit commercial, qui a notamment pour contrepartie les excédents chinois, japonais et allemands, a souvent été décrit comme l'un des éléments clés des déséquilibres internationaux (*global imbalances*) qui auraient contribué à déstabiliser le système financier américain et mondial dans les années menant à la crise de 2008. Cela est tout à fait possible – mais il est important

---

1. Voir A. ATKINSON, T. PIKETTY, E. SAEZ, « Top incomes in the long-run of history », art. cité, Table 1, p. 9. Ce texte est disponible en ligne.
2. Rappelons que tous ces chiffres concernent la répartition des revenus primaires (avant impôts et transferts). Nous examinerons dans la quatrième partie les effets du système d'impôts de transferts. En un mot : la progressivité des impôts a été fortement réduite sur la période, ce qui aggrave ces chiffres, mais la croissance de certains transferts aux plus pauvres les atténue légèrement.

de prendre conscience du fait que les déséquilibres internes à la société américaine sont quatre fois plus importants que les déséquilibres internationaux. Cela suggère que certaines solutions sont peut-être davantage à chercher aux États-Unis qu'en Chine ou dans les autres pays.

Cela étant posé, il serait tout à fait excessif de faire de la hausse des inégalités la cause unique – ou même principale – de la crise financière de 2008, et plus généralement de l'instabilité chronique du système financier international. À mon sens, un facteur d'instabilité peut-être plus important encore que la montée des inégalités américaines est la hausse structurelle du rapport capital/revenu (notamment en Europe), accompagnée de l'énorme progression des positions financières internationales brutes[1].

La montée des super-salaires

Revenons aux causes de la hausse des inégalités aux États-Unis. Elle s'explique pour une large part par la montée sans précédent de l'inégalité des salaires, et en particulier par l'émergence de rémunérations extrêmement élevées au sommet de la hiérarchie des salaires, notamment parmi les cadres dirigeants des grandes entreprises (voir graphiques 8.7-8.8).

De façon générale, l'inégalité des salaires américains a connu des transformations importantes au cours du siècle écoulé, avec en particulier un élargissement de la hiérarchie au cours des années 1920, une relative stabilité pendant les années 1930, puis une très forte compression pendant les années de la Seconde Guerre mondiale. Cette phase de « grande compression » de la hiérarchie salariale américaine a été amplement étudiée. Elle met notamment en

---

1. Voir chapitre 5 la discussion au sujet de la bulle japonaise et de la bulle espagnole.

Graphique 8.7.
Hauts revenus et hauts salaires aux États-Unis, 1910-2010

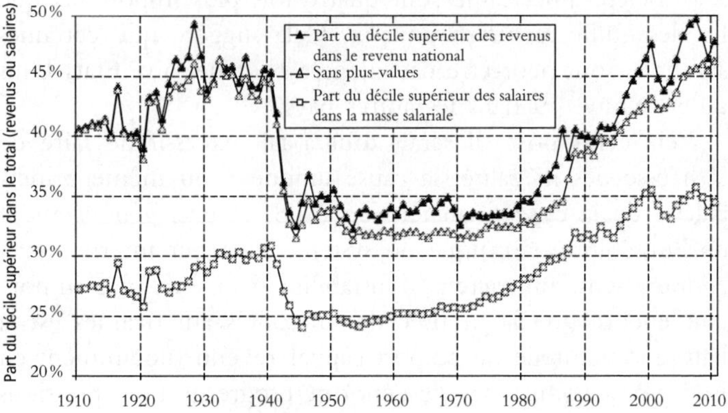

Lecture : la montée de l'inégalité des revenus depuis les années 1970 s'explique en grande partie par la hausse de l'inégalité des salaires.
Sources et séries : voir piketty.pse.ens.fr/capital21c.

Graphique 8.8.
Les transformations du centile supérieur aux États-Unis

Lecture : la hausse des 1 % des revenus les plus élevés depuis les années 1970 s'explique en grande partie par la hausse des 1 % des salaires les plus élevés.
Sources et séries : voir piketty.pse.ens.fr/capital21c.

jeu le National War Labor Board, autorité qui de 1941 à 1945 doit approuver les hausses de salaire aux États-Unis, et qui généralement n'accorde les autorisations que pour les plus bas salaires. En particulier, les salaires des cadres dirigeants sont systématiquement gelés en termes nominaux, et ne seront que très partiellement relevés à la fin de la guerre[1]. Pendant les années 1950-1960, l'inégalité des salaires se stabilise à un niveau relativement faible aux États-Unis, plus faible par exemple qu'en France : la part du décile supérieur de la hiérarchie des salaires est d'environ 25 % de la masse salariale, et la part du centile supérieur autour de 5 %-6 % de la masse salariale. Puis, à partir du milieu des années 1970, et tout au long des années 1980-2010, les 10 % des salaires les plus élevés, et plus encore les 1 % les plus élevés, se mettent à croître structurellement plus vite que la moyenne des salaires. Au total, la part du décile supérieur de la hiérarchie des salaires passe de 25 % à 35 % de la masse salariale, et cette hausse de 10 points explique approximativement les deux tiers de la hausse de la part du décile supérieur de la hiérarchie des revenus dans le revenu national (voir graphiques 8.7-8.8).

Plusieurs points doivent être précisés. Tout d'abord, cette progression inédite des inégalités salariales ne semble pas avoir été compensée par une quelconque augmentation de la mobilité salariale à l'intérieur des carrières individuelles[2]. Ceci est un point essentiel, dans la mesure où cet argument est souvent mentionné pour relativiser l'importance de la montée des inégalités. De fait, si chacun passe une partie de sa vie avec un très haut salaire (par exemple, si chacun passe une année dans le centile supérieur de la hiérarchie), une hausse du niveau des très hauts salaires n'implique pas

---

1. Voir T. PIKETTY et E. SAEZ, « Income inequality in the United States, 1913-1998 », art. cité, p. 29-30. Voir également C. GOLDIN et R. MARGO, « The great compression : the wage structure in the United States at mid-century », *Quarterly Journal of Economics*, 1992.

2. Elle n'a pas davantage été compensée par une augmentation de la mobilité d'une génération sur l'autre, bien au contraire (nous reviendrons sur ce point dans la quatrième partie, chapitre 13).

nécessairement que les inégalités face au travail – mesurées sur l'ensemble de la vie – aient véritablement augmenté. L'argument de la mobilité, classique, est d'autant plus fort qu'il est souvent impossible à vérifier. Mais, en l'occurrence, les données administratives et fiscales américaines permettent de mesurer l'évolution de l'inégalité des salaires en tenant compte de la mobilité – c'est-à-dire en calculant les salaires moyens obtenus au niveau individuel sur de longues durées (dix, vingt, trente ans). On constate alors que la hausse des inégalités salariales est identique dans tous les cas, quelle que soit la durée de la période de référence choisie[1]. Autrement dit, ni les serveurs de McDonald's, ni les ouvriers de Detroit, pas plus que les enseignants de Chicago ou les cadres moyens ou même supérieurs de Californie, ne passent une année de leur vie, chacun à tour de rôle, comme cadre dirigeant des grandes sociétés américaines. On aurait pu s'en douter, mais c'est toujours mieux de pouvoir le mesurer de façon systématique.

La cohabitation du centile supérieur

Par ailleurs, le fait que la montée à des niveaux sans précédent des inégalités salariales explique la plus grande partie de la hausse des inégalités de revenus américaines ne signifie pas que les revenus du capital n'aient joué aucun rôle. Il est important de ne pas tomber dans une vision excessive selon laquelle les revenus du capital auraient disparu des sommets de la hiérarchie sociale américaine.

De fait, la très forte inégalité des revenus du capital et leur progression depuis les années 1970 expliquent environ un

1. Voir W. KOPCZUK, E. SAEZ et J. SONG, « Earnings inequality and mobility in the United States : evidence from social security data since 1937 », *Quarterly Journal of Economics*, 2010.

tiers de la montée des inégalités de revenus aux États-Unis, ce qui est loin d'être négligeable. Il faut également insister sur le fait qu'en Amérique comme en France et en Europe, aujourd'hui comme hier, les revenus du capital ont toujours tendance à prendre l'ascendant sur les revenus du travail lorsque l'on gravit les échelons de la hiérarchie salariale. Les différences dans le temps et l'espace sont des différences de degré : elles sont importantes, mais elles ne changent pas ce principe général. Comme l'ont bien noté Wolff et Zacharias, le centile supérieur se caractérise toujours par une cohabitation entre plusieurs groupes sociaux (les très hauts revenus du capital et les très hauts revenus du travail), plutôt que par un remplacement des premiers par les seconds[1].

En l'occurrence, comme en France, mais de façon encore plus prononcée, la différence est qu'il faut aujourd'hui monter beaucoup plus haut qu'hier pour que les revenus du capital prennent le dessus. En 1929, les revenus du capital (essentiellement les dividendes et les plus-values) constituaient la source la plus importante de ressources pour les 1 % des revenus les plus élevés dans leur ensemble (voir graphique 8.9). En 2007, il faut monter au niveau des 0,1 % des revenus plus élevés pour que ce soit le cas (voir graphique 8.10). Encore faut-il préciser que cela tient au fait que nous incluons les plus-values dans les revenus du capital : sans les plus-values, les salaires apparaîtraient comme la source principale de revenus jusqu'au niveau des 0,01 % des revenus les plus élevés[2].

---

1. Voir E. Wolff et A. Zacharias, « Household wealth and the measurement of economic well-being in the U. S. », *Journal of Economic Inequality*, 2009. Wolff et Zacharias notent avec raison que notre article initial de 2003 avec Emmanuel Saez présentait excessivement les évolutions observées en termes de remplacement des « *coupon-clipping rentiers* » par les « *working rich* », alors qu'il s'agit effectivement bien plutôt d'une « cohabitation ».
2. Voir graphiques supplémentaires S8.1-S8.2 (disponibles en ligne).

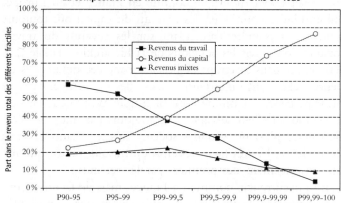

Graphique 8.9.
La composition des hauts revenus aux États-Unis en 1929

Lecture : les revenus du travail deviennent minoritaires à mesure que l'on s'élève dans le décile supérieur de la hiérarchie des revenus.
Sources et séries : voir piketty.pse.ens.fr/capital21c.

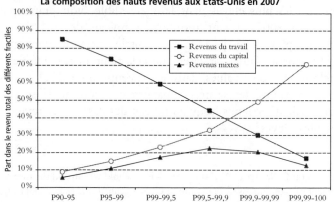

Graphique 8.10.
La composition des hauts revenus aux États-Unis en 2007

Lecture : les revenus du capital sont dominants au sein des 0,1 % des revenus les plus élevés aux États-Unis en 2007, et non au sein des 1 % des revenus les plus élevés, comme en 1929.
Sources et séries : voir piketty.pse.ens.fr/capital21c.

Le dernier point qui mérite d'être précisé, et c'est peut-être le plus important, est que la montée des très hauts revenus et des très hauts salaires reflète avant tout l'avènement des « super-cadres », c'est-à-dire d'un groupe de cadres dirigeants des grandes entreprises parvenant à obtenir des niveaux de rémunération extrêmement élevés, inédits dans l'histoire. Si l'on se contente de prendre en compte les cinq rémunérations les plus élevées de chaque société cotée (qui sont généralement les seules rémunérations qui doivent faire l'objet d'une information publique dans les rapports et les comptes de ces sociétés), on se retrouve avec la conclusion paradoxale selon laquelle les dirigeants des sociétés ne sont pas suffisamment nombreux pour expliquer la montée des très hauts revenus américains, et l'on ne sait plus bien comment expliquer les évolutions observées dans les déclarations de revenus[1]. Mais le fait est que dans beaucoup de grandes entreprises américaines il existe bien plus de cinq cadres dont la rémunération les place au sein des 1 % des revenus les plus élevés au niveau national (352 000 dollars en 2010), ou même au sein des 0,1 % les plus élevés (1,5 million de dollars en 2010).

Des recherches récentes, fondées sur l'appariement des fichiers de déclarations de revenus et des fichiers de déclarations de salaires des sociétés, permettent de constater que la grande majorité des 0,1 % des revenus les plus élevés – entre 60 % et 70 %, suivant les définitions adoptées – correspond pendant les années 2000 à des cadres dirigeants. Par comparaison, les sportifs, acteurs, artistes – tous domaines confondus – représentent au total moins de 5 % des effectifs[2]. En

---

1. Voir S. KAPLAN et J. RAUH, « Wall Street and Main Street : what contributes to the rise of the highest incomes ? », *Review of Financial Studies*, 2009.
2. Voir J. BAKIJA, A. COLE, B. HEIM, « Jobs and income growth of top earners and the causes of changing income inequality : evidence from

ce sens, les nouvelles inégalités américaines correspondent bien plus à l'avènement des « super-cadres » qu'à une société de « superstars[1] ».

Il est également intéressant de noter que les métiers de la finance – qu'il s'agisse des cadres dirigeants des banques et autres institutions financières ou des « traders » opérant sur les marchés financiers – prennent environ deux fois plus de place au sein des très hauts revenus que dans l'économie dans son ensemble (environ 20 % des 0,1 % des revenus les plus élevés, contre moins de 10 % du PIB). Il n'en reste pas moins que 80 % des plus hauts revenus ne sont pas dans la finance, et que la montée des très hauts revenus américains s'explique avant tout par l'explosion des rémunérations des cadres dirigeants des grandes sociétés, que ces dernières soient dans les secteurs financiers ou non financiers.

Précisons enfin qu'en accord avec les règles fiscales américaines, et aussi avec la logique économique, nous avons inclus dans les salaires l'ensemble des primes et bonus versés aux cadres dirigeants, ainsi que la valeur d'exercice des « stock-options », forme de rémunération qui a joué un rôle important dans la montée des inégalités salariales représentée

---

U. S. tax return data », *Internal Revenue Service*, 2010, Table 1. Les autres groupes professionnels importants sont les médecins et les avocats (au total environ 10 % des effectifs) et les promoteurs immobiliers (environ 5 % des effectifs). Il faut toutefois souligner les limites de ces données : on ne connaît pas l'origine des patrimoines (hérités ou non) ; or les revenus du capital représentent plus de la moitié des revenus au niveau du millime supérieur si l'on inclut les plus-values (voir graphique 8.10), et environ un quart si on les exclut (voir graphique S8.2, disponible en ligne).

1. La question des « super-entrepreneurs » du type Bill Gates ne porte que sur de tout petits effectifs, peu pertinents pour l'analyse des revenus, et ne peut correctement être appréhendée qu'en analysant les patrimoines correspondants, et en particulier l'évolution des classements de fortunes. Voir chapitre 12.

sur les graphiques 8.9-8.10[1]. La très forte volatilité des primes, bonus et valeurs d'exercices des options explique les fluctuations importantes de la part des hauts salaires dans les années 2000-2010.

---

1. Concrètement, si un cadre dirigeant se voit donner la possibilité d'acheter pour 100 dollars des actions de son entreprise, et si le cours des actions est de 200 dollars au moment où il exerce son option, alors la différence entre les deux cours – soit 100 dollars – sera traitée comme un élément de salaire au cours de l'année d'exercice. Si le cadre dirigeant vend ensuite ses actions à un prix plus élevé encore (mettons 250 dollars), alors la différence – soit 50 dollars – sera enregistrée comme une plus-value.

9.
L'inégalité des revenus du travail

Nous avons maintenant une assez bonne connaissance de l'évolution des inégalités de revenus et de salaires observée en France et aux États-Unis depuis le début du XXe siècle. Il nous faut à présent expliquer ces évolutions, et examiner dans quelle mesure elles sont représentatives de la diversité des cas que l'on observe sur longue période dans les différents pays développés et émergents.

Nous allons commencer par étudier dans le présent chapitre la dynamique de l'inégalité des revenus du travail : comment peut-on expliquer l'explosion des inégalités salariales et la montée des super-cadres aux États-Unis depuis les années 1970-1980, et plus généralement la diversité des évolutions historiques constatées dans les différents pays ?

Puis nous passerons dans les chapitres suivants à l'évolution de la répartition de la propriété du capital : pourquoi et comment la concentration des patrimoines a-t-elle diminué dans tous les pays – et notamment en Europe – depuis la

Belle Époque ? Cette question de l'émergence d'une classe moyenne patrimoniale est centrale pour notre enquête, car ce phénomène explique dans une large mesure pourquoi les inégalités de revenus ont diminué au cours de la première moitié du XXe siècle, et pourquoi nous sommes passés d'une société de rentiers à une société de cadres – ou bien, dans la version la moins optimiste, d'une société de super-rentiers à une société de rentiers un peu moins extrême.

L'inégalité des revenus du travail : une course entre éducation et technologie ?

Pourquoi l'inégalité des revenus du travail, et en particulier l'inégalité des salaires, est-elle plus ou moins forte dans différentes sociétés et à différentes époques ? La théorie la plus répandue est celle d'une course-poursuite entre l'éducation et la technologie. Disons-le d'emblée : cette théorie ne permet pas de tout expliquer. En particulier, nous verrons qu'elle ne permet pas de rendre compte de façon satisfaisante de la montée des super-cadres et des inégalités salariales américaines depuis les années 1970. Mais elle contient néanmoins des éléments intéressants et importants pour expliquer certaines évolutions historiques. Nous allons donc commencer par l'exposer.

La théorie repose sur deux hypothèses. La première est que le salaire d'un salarié donné est égal à sa productivité marginale, c'est-à-dire à sa contribution individuelle à la production de l'entreprise ou de l'administration dans laquelle il travaille. La seconde est que cette productivité dépend avant tout de sa qualification, et de l'état de l'offre et de la demande de qualifications dans la société considérée. Par exemple, dans une société où très peu de salariés ont une qualification d'ingénieur (soit une « offre » faible pour cette qualification) et où la technologie en vigueur demande beaucoup d'ingénieurs (soit une « demande » forte), alors il y a toutes les chances pour que la confrontation de cette offre faible et de cette demande forte conduise à un salaire très élevé pour les ingénieurs (par comparaison aux autres salariés), et donc à une inégalité salariale importante entre les salariés les mieux payés et les autres.

Quelles que soient ses limites et sa naïveté (en pratique, la productivité d'un salarié n'est pas une grandeur immuable et objective écrite sur son front, et les rapports de force entre groupes sociaux jouent souvent un rôle central pour fixer les salaires des uns et des autres), cette théorie simple – voire simpliste – a le mérite de mettre l'accent sur deux forces sociales et économiques qui jouent de fait un rôle fondamental dans la détermination de l'inégalité des salaires, y compris dans le cadre de théories plus sophistiquées et moins naïves : l'offre et la demande de qualifications. En pratique, l'offre de qualifications dépend en particulier de l'état du système éducatif : combien de personnes ont pu avoir accès à telle ou telle filière, quelle est la qualité de ces formations, dans quelle mesure elles ont été complétées par des expériences professionnelles adéquates, etc. Quant à la demande de qualifications, elle dépend notamment de l'état des technologies disponibles pour produire les biens et services consommés dans la société considérée. Quelles que soient les autres forces en jeu, il paraît évident que ces deux éléments – l'état du système de formation d'un côté, l'état de la technologie de l'autre – jouent un rôle essentiel, et au minimum influent sur les rapports de force entre les différents groupes en présence.

Ces deux éléments dépendent eux-mêmes de multiples forces. Le système éducatif dépend en particulier des politiques publiques suivies dans ce domaine, des critères de sélection dans les différentes filières, du mode de financement du système et du coût des études pour les élèves et leurs familles, ou encore des possibilités de formation en cours de vie professionnelle. Le progrès technologique dépend du rythme des inventions et de leur mise en œuvre, et conduit généralement à une demande de qualifications toujours plus forte, et à un renouvellement permanent de leur contenu et des métiers correspondants. D'où l'idée de course-poursuite entre l'éducation et la technologie, et entre groupes sociaux : si l'offre de qualifications ne progresse pas au même rythme que les besoins de la technologie, alors les groupes dont la formation n'a pas suffisamment progressé se retrouvent avec des salaires faibles et des emplois dévalorisés, et les inégalités face au travail progressent d'autant. Pour éviter que les inégalités n'augmentent, le système éducatif doit fournir des formations et des qualifications en progression suffisamment rapide. Et pour que les inégalités diminuent, l'offre de qualifications doit progresser plus vite encore, en particulier pour les groupes les moins bien formés.

Prenons le cas des inégalités salariales en France. Nous avons vu que la hiérarchie des salaires a été relativement stable sur longue période. Le salaire moyen a énormément progressé depuis le début du XXe siècle, mais les écarts de salaire, par exemple entre les déciles les mieux payés et les déciles les moins bien payés, sont restés les mêmes. Comment se fait-il que ces écarts soient restés les mêmes, en dépit de la démocratisation massive du système scolaire qui a eu lieu au cours du siècle écoulé ? L'explication la plus naturelle est que tous les niveaux de qualification ont progressé approximativement au même rythme, si bien que les inégalités se sont simplement translatées vers le haut. Les personnes qui étaient au niveau du certificat d'études sont passées au brevet des collèges puis au bac, mais celles qui étaient au bac sont passées à bac + 3 puis à bac + 8. Autrement dit, la démocratisation du système scolaire n'a pas réduit les inégalités de qualification et n'a donc pas permis de réduire les inégalités de salaires. Mais si elle n'avait pas eu lieu et si les descendants des titulaires du certificat d'études d'il y a un siècle (les trois quarts d'une génération à l'époque) étaient restés à ce niveau, alors les inégalités face au travail, et en particulier les inégalités de salaires, auraient sans nul doute beaucoup augmenté.

Examinons le cas américain. Des chercheurs ont comparé de façon systématique les deux évolutions suivantes entre 1890 et 2005 : d'une part, l'écart de salaire entre les diplômés de l'université et ceux qui se sont arrêtés en fin de lycée ; d'autre part, le rythme de croissance du nombre de diplômés de l'université. Pour Goldin et Katz, la conclusion est sans appel : les deux courbes suivent des évolutions inverses l'une de l'autre. En particulier, l'écart salarial, qui diminuait assez régulièrement jusqu'aux années 1970, a subitement commencé à s'élargir à partir des années 1980, précisément au moment où pour la première fois le nombre de diplômés de l'université s'est mis à stagner, ou tout du moins à croître beaucoup moins vite que par le passé[1]. Pour les deux chercheurs, aucun doute n'est permis : l'accroissement des inégalités salariales s'explique par le fait que les États-Unis n'ont pas suffisamment investi dans l'enseignement supérieur, ou plus précisément ont laissé une grande partie de la population en dehors de l'effort de formation, en particulier du fait de droits d'inscription excessifs à la charge des familles. C'est en réinvestissant fortement dans la formation, et en garantissant l'accès du plus grand nombre à l'université, que l'on pourra inverser la tendance.

Les enseignements des expériences françaises et américaines sont convergents et pointent dans la même direction. À long terme, la meilleure façon de réduire les inégalités face au travail, et également d'accroître la productivité moyenne de la main-d'œuvre et la croissance globale de l'économie, est

1. Voir C. GOLDIN et L. KATZ, *The Race Between Education and Technology : The Evolution of U. S. Educational Wage Differentials, 1890-2005*, Harvard University Press et NBER, 2010.

sans aucun doute d'investir dans la formation. Si le pouvoir d'achat des salaires a été multiplié par cinq en un siècle, c'est parce que la progression des qualifications et les changements technologiques ont permis de multiplier la production par salarié par cinq. Sur longue période, il est évident que les forces de l'éducation et de la technologie sont déterminantes pour la formation des salaires.

De même, si les États-Unis – ou la France – investissaient plus fortement et plus massivement dans les formations professionnelles et supérieures de qualité, et permettaient à de plus larges segments de la population d'y accéder, alors il s'agirait sans aucun doute de la politique la plus efficace visant à augmenter les salaires bas et moyens, et à diminuer la part du décile supérieur dans la masse salariale comme dans le revenu total. Tout laisse à penser que les pays scandinaves, dont nous avons noté qu'ils se caractérisaient par des inégalités salariales plus modérées qu'ailleurs, doivent en grande partie ce résultat au fait que leur système de formation est relativement égalitaire et inclusif[1]. La question du mode de financement de l'éducation, et en particulier de la prise en charge des coûts de l'enseignement supérieur, est dans tous les pays une des questions les plus cruciales du siècle qui s'ouvre. Les données publiquement disponibles sur ces questions sont malheureusement extrêmement limitées, en particulier aux États-Unis et en France. Dans les deux pays, très attachés l'un et l'autre au rôle central de l'école et de la formation dans le processus de promotion sociale, les discours théoriques sur ces questions et sur la méritocratie tranchent singulièrement avec la réalité des origines sociales – souvent extrêmement favorisées – permettant d'accéder aux filières les plus prestigieuses. Nous y reviendrons dans la quatrième partie (chapitre 13).

---

1. Voir chapitre 7, tableau 7.2.

Les limites du modèle théorique : le rôle des institutions

L'éducation et la technologie jouent sans nul doute un rôle crucial à long terme. Ce modèle théorique, fondé sur l'idée selon laquelle le salaire est toujours parfaitement égal à la productivité marginale du salarié, et dépend avant tout de sa qualification, comporte toutefois de nombreuses limites. Passons sur le fait qu'il n'est pas toujours suffisant d'investir dans la formation : il arrive que la technologie ne sache pas utiliser les qualifications. Passons également sur le fait que ce modèle théorique, tout du moins dans son expression la plus simpliste, exprime une vision beaucoup trop instrumentale et utilitariste de la formation. De même que le secteur de la santé n'a pas pour objectif principal de fournir aux autres secteurs des travailleurs en bonne santé, celui de l'éducation n'a pas pour objectif principal de préparer à un métier dans les autres secteurs. Dans toutes les sociétés humaines, la santé et l'éducation ont une valeur en soi : pouvoir passer des années de vie en bonne santé, pouvoir accéder à la connaissance et à la culture scientifique et artistique constituent les objectifs mêmes de la civilisation[1]. Il n'est pas interdit d'imaginer une société idéale où toutes les autres tâches seraient presque totalement automatisées, et où chacun pourrait presque entièrement se consacrer à l'éducation, la culture et la santé, pour lui-même et pour les autres, où chacun serait le professeur, l'écrivain, l'acteur, le docteur de quelqu'un d'autre. Comme nous l'avons déjà noté dans le chapitre 2, ce chemin est dans une certaine mesure déjà tracé : la croissance moderne se

---

1. Dans le langage de la comptabilité nationale, les dépenses de santé et d'éducation sont considérées comme une consommation (une source de bien-être en soi), et non un investissement. Il s'agit là d'une raison supplémentaire expliquant pourquoi l'expression « capital humain » pose problème.

caractérise par un développement considérable de la part des activités éducatives, culturelles et médicales dans les richesses produites et dans la structure de l'emploi.

En attendant ce jour heureux, essayons au moins de faire des progrès dans notre compréhension des inégalités salariales. Or de ce point de vue, plus étroit certes que le précédent, le principal problème de la théorie de la productivité marginale est tout simplement qu'elle ne permet pas de rendre compte de la diversité des évolutions historiques et des expériences internationales. Pour comprendre la dynamique des inégalités salariales, il faut introduire un rôle pour les différentes institutions et règles qui dans toutes les sociétés caractérisent le fonctionnement du marché du travail. Plus encore que les autres marchés, le marché du travail n'est pas une abstraction mathématique dont le fonctionnement serait entièrement déterminé par des mécanismes naturels et immuables, et par d'implacables forces technologiques : c'est une construction sociale faite de règles et de compromis spécifiques.

Nous avons déjà noté dans le chapitre précédent plusieurs épisodes importants de compression ou d'élargissement des hiérarchies salariales, dont il est bien difficile de rendre compte en évoquant uniquement le jeu de l'offre et de la demande pour les différents niveaux de qualifications. Par exemple, la compression des inégalités salariales qui a eu lieu en France comme aux États-Unis au cours de chacune des deux guerres mondiales met en jeu des négociations sur des grilles salariales, dans le public comme dans le privé, et des institutions particulières créées à cet effet, comme le National War Labor Board aux États-Unis. Nous avons également remarqué le rôle central joué par les mouvements du salaire minimum pour expliquer l'évolution des inégalités salariales en France depuis 1950, avec trois sous-périodes clairement identifiées : les années 1950-1968, où le salaire minimum est peu revalorisé et où la hiérarchie salariale s'élargit ; la phase 1968-1983, caractérisée par une progression très rapide du salaire minimum et une forte compression des inégalités de salaires ; et enfin la période 1983-2012, au cours de laquelle le salaire minimum progresse relativement lentement, et où la hiérarchie salariale tend à s'élargir[1]. Il est au début de l'année 2013 de 9,43 euros l'heure.

Aux États-Unis, un salaire minimum fédéral a été introduit dès 1933, soit près de vingt ans avant la France[2]. De la même façon qu'en France, les mouvements du salaire minimum ont joué un rôle important dans l'évolution des inégalités salariales américaines. Il est frappant de constater qu'en termes de pouvoir d'achat, le niveau maximum du salaire minimum a été atteint il y a près d'un demi-siècle, en 1969, avec 1,60 dollar par heure (soit 10,10 dollars de 2013, compte tenu de l'inflation entre 1968 et 2013), à une époque où le taux de chômage était inférieur à 4 %. De 1980 à 1990, sous Reagan et Bush père, le salaire minimum fédéral est resté bloqué à 3,35 dollars, d'où une baisse significative de pouvoir d'achat compte tenu de l'inflation. Puis il passe à 5,25 dollars sous Clinton, dans les années 1990, est gelé à ce niveau sous Bush fils, avant d'être relevé à plusieurs reprises depuis 2008 par l'administration Obama. Il est au début de l'année 2013 de 7,25 dollars l'heure, soit à peine 6 euros, c'est-à-dire un tiers plus bas que le salaire minimum français, alors même que le contraire était vrai jusqu'au début des années 1980 (voir graphique 9.1[3]). Dans son discours sur l'État de l'Union de

---

1. Il existe bien sûr de multiples sous-épisodes à l'intérieur de chaque phase : ainsi le salaire minimum horaire a augmenté d'environ 10 % entre 1998 et 2002 afin de compenser le passage de la durée légale du travail de 39 heures à 35 heures par semaine et de préserver le même salaire mensuel.

2. De la même façon que pour l'impôt sur le revenu, cet épisode fut l'enjeu d'une rude bataille avec la Cour suprême, qui annula le salaire minimum en 1935, avant que ce dernier soit définitivement réintroduit par Roosevelt en 1938.

3. Sur le graphique 9.1, nous avons converti les salaires minima nominaux en euros et dollars de 2013. Voir graphiques supplémentaires S9.1-S9.2 disponibles en ligne pour les salaires minima nominaux.

février 2013, le président Obama a annoncé son intention de le porter aux alentours de 9 dollars l'heure au cours de la période 2013-2016[1].

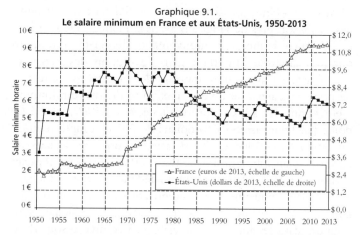

Graphique 9.1.
Le salaire minimum en France et aux États-Unis, 1950-2013

Lecture : converti en pouvoir d'achat de 2013, le salaire minimum horaire est passé de 3,8 $ à 7,3 $ de 1950 à 2013 aux États-Unis, et de 2,1 € à 9,4 € en France.
Sources et séries : voir piketty.pse.ens.fr/capital21c.

Les inégalités salariales en vigueur aux États-Unis dans le bas de la distribution des salaires ont suivi de près ces évolutions : l'écart entre les 10 % des salaires les plus faibles et le salaire moyen a fortement augmenté dans les années 1980, puis s'est significativement réduit dans les années 1990, avant d'augmenter de nouveau dans les années 2000. Il est intéressant de noter, cependant, que les inégalités dans le haut de la distribution – par exemple la part des 10 % des salaires les plus élevés dans la masse salariale totale – n'ont pas cessé d'augmenter, pendant toute cette période. De façon évidente,

---

1. Certains États ont en 2013 un salaire mimum plus élevé que le minimum fédéral : 8,00 dollars en Californie et dans le Massachusetts, et jusqu'à 9,20 dollars dans l'État de Washington.

le salaire minimum a un impact dans le bas de la distribution et beaucoup moins dans le haut, où d'autres forces sont à l'œuvre.

Grilles salariales et salaire minimum

Il ne fait aucun doute que le salaire minimum joue un rôle essentiel dans la formation et l'évolution des inégalités salariales, comme le montrent les expériences françaises et américaines. Chaque pays a en ce domaine son histoire propre, sa chronologie particulière. Rien d'étonnant à cela : les régulations du marché du travail dépendent notamment des perceptions et des normes de justice sociale en vigueur dans la société considérée, et sont intimement liées à l'histoire sociale, politique et culturelle propre à chaque pays. Les États-Unis utilisent le salaire minimum pour augmenter fortement les salaires modestes dans les années 1950-1960, puis délaissent cet outil à partir des années 1970-1980 ; en France, c'est exactement l'inverse : le salaire minimum est gelé dans les années 1950-1960, et beaucoup plus régulièrement utilisé depuis les années 1970. Le graphique 9.1 illustre ce contraste saisissant.

On pourrait multiplier les exemples nationaux. Le Royaume-Uni a choisi d'introduire un salaire minimum national en 1999, à un niveau intermédiaire entre les États-Unis et la France : il est en 2013 de 6,19 livre par heure (soit environ 8,05 euros[1]). Des pays comme l'Allemagne et la Suède ont choisi de ne pas avoir de salaire minimum au niveau national, et de laisser aux syndicats la tâche de négocier avec les

---

1. Pour un taux de change de 1,30 euro par livre. En pratique l'écart avec le salaire minimum français est plus important, compte tenu du différentiel du taux de cotisations patronales (qui viennent s'ajouter au salaire brut). Nous reviendrons sur ces questions dans la quatrième partie.

employeurs des salaires minima – et le plus souvent des grilles salariales complètes – au niveau de chaque branche d'activité. En pratique, les minima dans ces deux pays sont en 2013 supérieurs à 10 euros par heure dans de nombreuses branches (donc plus élevés que dans les pays dotés d'un salaire minimum national). Mais ils peuvent être sensiblement inférieurs dans certains secteurs peu régulés ou peu syndiqués. Afin de fixer un plancher commun, l'Allemagne envisage d'introduire un salaire minimum national en 2013-2014. Il n'est évidemment pas question d'écrire ici l'histoire détaillée des minima salariaux et des grilles salariales dans les différents pays, et de leur impact sur les inégalités salariales. Plus modestement, il s'agit plutôt d'indiquer brièvement suivant quels principes généraux il est possible d'analyser ces institutions qui régulent dans tous les pays la formation des salaires.

Quelle est en effet la justification de règles telles que des grilles de salaires plus ou moins rigides ou un salaire minimum ? La première est tout simplement qu'il n'est pas toujours facile de connaître, à tout moment et en tout lieu, la productivité marginale d'un salarié donné. C'est évident dans le secteur public, mais c'est tout aussi clair dans le secteur privé : il n'est pas si simple de savoir, au sein d'une organisation comportant plusieurs dizaines de salariés, et parfois plusieurs dizaines de milliers de salariés, quelle est exactement la contribution d'un salarié individuel à la production d'ensemble. On peut certes obtenir une estimation approximative, tout du moins pour les fonctions et tâches duplicables, c'est-à-dire qui peuvent être occupées par plusieurs salariés de façon identique ou quasi identique. Par exemple, s'agissant d'un ouvrier sur une chaîne de montage, ou d'un serveur dans un restaurant McDonald's, l'entreprise peut calculer combien lui rapporterait – en termes de chiffre d'affaires supplémentaire – le fait d'avoir un ouvrier ou un serveur de plus. Mais il ne s'agira dans tous les cas que d'une estimation approximative, d'un intervalle de productivité et non d'une certitude absolue. Dans ces conditions, comment les salaires doivent-ils être fixés ? Plusieurs raisons suggèrent que laisser au chef d'entreprise le pouvoir absolu de fixer chaque mois, ou bien chaque jour (pourquoi pas ?), le salaire de chaque employé peut non seulement être porteur d'arbitraire et d'injustice, mais également d'inefficacité pour l'entreprise dans son ensemble.

En particulier, il peut être collectivement efficace de faire en sorte que les salaires soient relativement stables dans le temps, et ne varient pas de façon incessante en fonction des aléas des ventes de l'entreprise. Le plus souvent, les propriétaires et les dirigeants de l'entreprise disposent en effet de revenus et de patrimoines sensiblement plus élevés que ceux de leurs salariés, et peuvent donc plus aisément amortir les chocs de revenus de court terme. Dans ces conditions, il peut être dans l'intérêt général que le contrat salarial comporte également une dimension assurantielle, dans le sens où le salaire est garanti dans le temps, et se répète chaque mois, quasiment à l'identique (ce qui n'interdit pas des primes ou des bonus). C'est la révolution de la mensualisation des salaires, qui s'impose progressivement dans tous les pays développés au cours du XXe siècle, dans les lois et dans les négociations entre salariés et employeurs. Le salaire journalier, qui était la norme au XIXe siècle, disparaît petit à petit. Il s'agit d'une étape essentielle dans la constitution du salariat comme groupe social déterminé, caractérisé précisément par un statut et une rémunération stables et prévisibles, et en cela clairement distinct du petit peuple de journaliers et d'artisans ouvriers payés à la tâche qui caractérisent les sociétés des XVIIIe et XIXe siècles[1].

Cette justification des salaires fixés à l'avance comporte évi-

---

[1]. Il existe encore des variations importantes entre pays : au Royaume-Uni, de nombreux prix et revenus – par exemple les loyers, allocations, ainsi qu'un certain nombre de salaires – sont toujours fixés par semaine et non par mois. Sur ces questions, voir notamment R. CASTEL, *Les Métamorphoses de la question sociale. Une chronique du salariat*, Fayard, 1995.

demment des limites. Si les ventes s'effondrent durablement, alors le maintien des salaires et de l'emploi aux niveaux antérieurs peut en pratique être le plus sûr chemin vers la faillite de l'entreprise. Tout est une question de degré : le fait que les salaires bas et moyens soient globalement beaucoup plus stables que le niveau de production, et que les profits et les salaires élevés absorbent l'essentiel de la volatilité de court terme, est une bonne chose ; mais la rigidité salariale absolue est à éviter.

Outre cette justification fondée sur l'incertitude et le partage social des risques, l'autre argument classique en faveur des salaires minima et des grilles salariales est le problème des « investissements spécifiques ». Concrètement, les fonctions et tâches particulières qui doivent être remplies dans une entreprise donnée exigent souvent de la part des salariés des investissements spécifiques à l'entreprise, dans le sens où ils ne sont d'aucune utilité – ou tout du moins d'une utilité limitée – dans les autres entreprises : il s'agit par exemple des méthodes de travail, de l'organisation ou des qualifications particulières liées au processus de production spécifique à l'établissement considéré. Si le salaire peut être fixé unilatéralement et modifié à tout moment par le chef d'entreprise, sans que les salariés connaissent à l'avance leur rémunération, alors il y a de fortes chances que ces derniers ne s'investissent pas autant qu'ils le devraient. Il peut donc être dans l'intérêt général que les rémunérations des uns et des autres soient fixées à l'avance. Au-delà de la question des grilles salariales, cet argument fondé sur la notion d'investissements spécifiques s'applique également aux autres décisions de la vie d'une entreprise, et constitue la principale raison pour restreindre le pouvoir des actionnaires – jugés parfois trop court-termistes – et instituer une propriété sociale et partagée entre tous les *stake-holders* de l'entreprise (y compris bien sûr les salariés), comme dans le modèle de « capitalisme rhénan » évoqué dans la deuxième partie. Il s'agit sans doute de la justification la plus importante pour les grilles salariales.

Plus généralement, dans la mesure où les employeurs disposent d'un pouvoir de négociation supérieur à celui des salariés, et où l'on s'écarte des conditions de concurrence « pure et parfaite » décrites dans les modèles théoriques les plus simples, il peut être justifié de restreindre le pouvoir des employeurs en instituant des règles strictes sur les salaires. Par exemple, si un petit groupe d'employeurs se trouve en situation de monopsone sur un marché du travail local, c'est-à-dire qu'ils sont quasiment les seuls à pouvoir offrir du travail (du fait notamment de la mobilité réduite de la main-d'œuvre locale), alors ils tenteront vraisemblablement d'exploiter au maximum leur avantage et de baisser les salaires autant que possible, éventuellement nettement au-dessous de la productivité marginale des salariés. Dans ces conditions, imposer un salaire minimum peut être non seulement juste, mais également efficace, dans le sens où une augmentation du minimum légal peut rapprocher l'économie de l'équilibre concurrentiel et augmenter le niveau d'emploi. Ce modèle théorique à base de concurrence imparfaite constitue la justification la plus évidente pour l'existence d'un salaire minimum : il s'agit de faire en sorte qu'aucun employeur ne puisse exploiter son avantage concurrentiel au-delà d'une certaine limite.

Là encore, tout dépend évidemment du niveau du salaire minimum : cette limite ne peut pas être fixée dans l'absolu, indépendamment de l'état général des qualifications et de la productivité dans la société considérée. En l'occurrence, de multiples études menées aux États-Unis dans les années 1980-2000, notamment par Card et Krueger, ont démontré que le salaire minimum américain est tombé à un niveau tellement bas au cours de cette période que son relèvement permet d'augmenter les bas salaires sans pertes d'emplois, ou même en augmentant le niveau d'emploi, suivant le plus pur modèle de monopsone[1]. Sur la base de ces études, il paraît probable que

---

1. Voir en particulier D. CARD et A. B. KRUEGER, *Myth and Measure-*

l'augmentation de près de 25 % actuellement envisagée aux États-Unis (de 7,25 dollars à 9 dollars l'heure) n'entraînera pas ou peu de pertes d'emplois. Il est bien clair que cela ne peut pas se poursuivre indéfiniment : à mesure que l'on augmente le salaire minimum, les effets négatifs sur le niveau d'emploi l'emportent progressivement. Si l'on multiplie le salaire minimum par deux ou trois, il serait bien étonnant que l'impact négatif ne domine pas. Concrètement, il est plus difficile de justifier un fort relèvement du salaire minimum dans un pays comme la France où il est relativement élevé – relativement au salaire moyen et à la production moyenne par salarié – que dans un pays comme les États-Unis. Pour augmenter le pouvoir d'achat des bas salaires en France, mieux vaut mobiliser d'autres outils, comme l'amélioration des qualifications, ou bien la réforme fiscale (les deux outils sont d'ailleurs complémentaires). Pour autant, le salaire minimum ne doit pas être gelé excessivement : il est problématique de faire augmenter durablement les salaires plus vite que la production, mais il est tout aussi malsain de faire augmenter les salaires – ou une partie importante d'entre eux – moins vite que la production. Toutes ces institutions et politiques publiques ont un rôle à jouer, et doivent être utilisées de façon adéquate.

---

ment : *The New Economics of the Minimum Wage*, Princeton University Press, 1995. Card et Krueger exploitent notamment les multiples variations des salaires minima entre États limitrophes. Le monopsone pur correspond à une situation où un seul employeur peut acheter le travail des salariés dans une zone géographique (dans le monopole pur, il y a un seul vendeur). Dans ce cas, il fixe le salaire au plus bas niveau possible, et une augmentation du salaire minimum non seulement ne réduit pas le niveau d'emploi (l'employeur fait une marge tellement importante qu'il embauche toutes les personnes qui se présentent), mais peut au contraire le faire progresser (car plus de personnes se proposent à l'embauche, par exemple parce qu'elles quittent des activités illégales, ce qui est une bonne chose, ou bien parce qu'elles quittent leurs études, ce qui peut être moins bien). C'est précisément ce qu'observent Card et Krueger.

Résumons. À long terme, investir dans la formation et les qualifications est la meilleure façon d'augmenter les salaires et de réduire les inégalités salariales. Sur longue période, ce ne sont pas des salaires minima ou des grilles salariales qui font que les salaires sont multipliés par cinq ou dix : pour atteindre ce type de progression, l'éducation et la technologie sont les forces déterminantes. Il n'en reste pas moins que ces règles jouent un rôle essentiel pour fixer les salaires à l'intérieur d'intervalles déterminés par l'éducation et la technologie. Or ces intervalles peuvent en pratique être relativement larges, à la fois parce que les productivités marginales individuelles ne peuvent être connues que de façon approximative, et du fait de phénomènes d'investissements spécifiques et de concurrence imparfaite.

Comment expliquer l'explosion des inégalités américaines ?

La limite la plus frappante de la théorie de la productivité marginale et de la course-poursuite entre éducation et technologie concerne sans doute l'explosion des très hauts revenus du travail observée aux États-Unis depuis les années 1970. D'après cette théorie, on pourrait certes expliquer l'évolution en évoquant un progrès technique « biaisé en faveur des hautes qualifications » (« *skill-biased technical change* »). Autrement dit, une explication possible – et relativement populaire au sein d'une partie des économistes américains – pourrait être que les très hauts salaires ont progressé beaucoup plus fortement que le salaire moyen aux États-Unis depuis les années 1970, tout simplement parce que l'évolution des qualifications et de la technologie a fait que la productivité des salariés les plus qualifiés a progressé beaucoup plus vite que la productivité moyenne. Cette explication, outre son caractère quelque peu tautologique (on peut toujours « expliquer » n'importe quelle déformation des inégalités salariales en évoquant un changement technique adéquat), pose cependant plusieurs difficultés majeures, qui la rendent à mon sens assez peu convaincante.

Tout d'abord, comme nous l'avons vu dans le dernier chapitre, la montée des inégalités salariales aux États-Unis concerne avant tout les très hauts salaires : les 1 % des rémunérations les plus élevées, et plus encore les 0,1 % les plus élevées. Si l'on considère le décile supérieur dans son ensemble (les 10 % les plus élevés), alors on constate que les « 9 % » ont certes connu des progressions salariales supérieures à la moyenne des salaires, mais néanmoins sans commune mesure avec les progressions observées au niveau des « 1 % ». Concrètement, les rémunérations autour de 100 000 dollars-200 000 dollars ont progressé à peine plus vite que la moyenne, alors que celles supérieures à 500 000 dollars (et plus encore les rémunérations de plusieurs millions de dollars) ont littéralement explosé[1]. Cette très forte discontinuité au sein des hauts salaires pose une première difficulté importante pour la théorie de la productivité marginale : si l'on examine l'évolution des qualifications de ces différents groupes, que ce soit en termes de nombre d'années d'études, de sélectivité des filières suivies, ou d'expériences professionnelles, il est bien difficile de détecter la moindre discontinuité entre les « 9 % » et les « 1 % ». Autrement dit, sur la base d'une théorie « objectiviste » fondée sur les qualifications et les productivités, on aurait dû observer des progressions salariales relativement uniformes au sein du décile supérieur, ou tout du moins beaucoup plus proches entre les différents groupes que les évolutions fortement divergentes observées en pratique.

Que l'on me comprenne bien : il ne s'agit évidemment pas de nier ici l'importance déterminante des investissements dans la formation et dans l'enseignement supérieur défendus par Katz et Goldin. Cette politique visant à favoriser un plus

---

1. Voir en particulier chapitre 8, graphiques 8.6-8.8.

large accès aux universités est indispensable et cruciale à long terme, aux États-Unis comme dans tous les pays. Simplement, si souhaitable soit-elle, cette politique n'a sans doute qu'un impact limité sur le phénomène d'explosion des très fortes rémunérations américaines observé depuis les années 1970-1980.

Autrement dit, plusieurs phénomènes distincts se cumulent au cours des dernières décennies : il y a d'une part la progression de l'écart salarial moyen entre les personnes diplômées de l'université et celles qui se sont arrêtées en fin de lycée, phénomène dont parlent Goldin et Katz, et qui est une réalité ; et il y a d'autre part l'envol des rémunérations des « 1 % » (et plus encore des 0,1 %), qui est un phénomène tout à fait spécifique, qui se déroule au sein même des diplômés universitaires, et souvent parmi des personnes ayant suivi les mêmes filières longues et élitistes. Or il se trouve que ce second phénomène est quantitativement plus important que le premier. En particulier, nous avons vu dans le chapitre précédent que l'envol du centile supérieur explique la plus grande partie – près des trois quarts – de l'augmentation de la part du décile supérieur dans le revenu national américain depuis les années 1970[1]. Il est donc essentiel de

1. Ce fait central est parfois négligé dans le débat académique américain. Outre les travaux déjà cités de Goldin et Katz, on peut également noter l'ouvrage récent de R. BLANK (*Changing Inequality*, University California Press, 2011), presque entièrement centré sur l'évolution de l'écart salarial lié au diplôme (et sur l'évolution des structures familiales). R. RAJAN, dans son livre *Fault Lines* (*op. cit.*), semble également considérer que l'évolution de l'inégalité face au diplôme pèse plus lourd que l'envol du 1 % (ce qui n'est pas exact). Cela s'explique sans doute en partie par le fait que les enquêtes généralement utilisées par les chercheurs en économie du travail et de l'éducation ne permettent pas de prendre pleinement la mesure de l'envol du centile supérieur (seules les données fiscales le permettent). Les enquêtes ont certes l'avantage de comporter davantage d'informations sociodémographiques (en particulier sur les diplômes) que les données fiscales. Mais elles sont fondées sur des échantillons de taille limitée et posent par ailleurs de multiples problèmes liés à l'autodéclaration. Idéalement ces deux

trouver une explication adaptée pour ce phénomène – et *a priori* la piste éducative n'est pas la bonne.

La montée des super-cadres : un phénomène anglo-saxon

La seconde difficulté – et sans doute la difficulté majeure rencontrée par la théorie de la productivité marginale – est que ce décrochage des très hauts salaires a eu lieu dans certains pays développés et pas dans d'autres. Cela laisse à penser que les différences institutionnelles entre pays – et non des causes générales et *a priori* universelles telles que le changement technologique – ont joué un rôle central.

Commençons par examiner le cas des pays anglo-saxons. De façon générale, la montée des super-cadres est dans une large mesure un phénomène anglo-saxon. On observe en effet depuis les années 1970-1980 une hausse significative de la part du centile supérieur dans le revenu national aussi bien aux États-Unis qu'au Royaume-Uni, au Canada, ou en Australie (voir graphique 9.2). Nous ne disposons malheureusement pas pour tous les pays de séries séparées pour l'inégalité des salaires et l'inégalité du revenu total (telles que celles que nous avons présentées pour la France et les États-Unis). Mais les données portant sur la composition des revenus par niveau de revenu total, disponibles dans la plupart des cas, indiquent que dans l'ensemble de ces pays l'envol des hauts salaires explique la plus grande partie – généralement au moins les deux tiers – de la hausse de la part du centile supérieur de la hiérarchie des revenus (le reste s'expliquant par la bonne santé des revenus du capital). Dans tous les pays anglo-saxons, c'est avant tout la montée des super-cadres, à la fois dans le secteur financier

---

types de sources devraient davantage être utilisés conjointement. Sur ces questions méthodologiques, voir annexe technique.

et dans les secteurs non financiers, qui explique la progression des inégalités de revenus des dernières décennies.

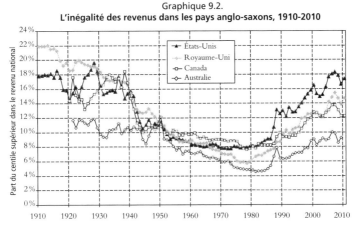

Graphique 9.2.
L'inégalité des revenus dans les pays anglo-saxons, 1910-2010

Lecture : la part du centile supérieur dans le revenu national a progressé depuis les années 1970 dans tous les pays anglo-saxons, mais avec des ampleurs différentes.
Sources et séries : voir piketty.pse.ens.fr/capital21c.

Cette similarité d'ensemble ne doit cependant pas masquer le fait que l'ampleur du phénomène est très différente suivant les pays. Le graphique 9.2 est parfaitement clair sur ce point. Dans les années 1970, la part du centile supérieur dans le revenu national était très proche dans les différents pays. Elle était comprise entre 6 % et 8 % dans les quatre pays anglo-saxons considérés, et les États-Unis ne sortaient pas du lot : ils étaient même légèrement dépassés par le Canada, qui atteignait 9 %, alors que l'Australie fermait la marche avec tout juste 5 % du revenu national pour le centile supérieur à la fin des années 1970 et au début des années 1980. Trente années plus tard, au début des années 2010, la situation est totalement différente. La part du centile supérieur atteint pratiquement 20 % du revenu national aux États-Unis, alors qu'elle est de l'ordre de 14 %-15 % du revenu national au Royaume-Uni et au Canada, et d'à peine 9 %-10 % du revenu national en Australie (voir graphique 9.2[1]). En première approximation, on peut considérer que la progression de la part du centile supérieur aux États-Unis a été de l'ordre de deux fois plus forte qu'au Royaume-Uni et au Canada, et de l'ordre de trois fois plus forte qu'en Australie et en Nouvelle-Zélande[2]. Si la montée des super-cadres était un phénomène purement technologique, on comprendrait mal des écarts aussi importants entre des pays par ailleurs si proches[3].

Examinons maintenant le reste du monde riche, c'est-à-dire l'Europe continentale et le Japon. Le fait central est que la part du centile supérieur dans le revenu national y a augmenté de façon beaucoup plus faible que dans les pays anglo-saxons depuis les années 1970-1980. La comparaison entre les graphiques 9.2 et 9.3 est particulièrement frappante.

1. Il est à noter que nous avons représenté sur le graphique 9.2 – et sur les graphiques suivants – les séries obtenues sans prendre en compte les plus-values (qui ne sont pas mesurées de façon parfaitement comparable dans les différents pays). Compte tenu du fait que les plus-values sont particulièrement développées aux États-Unis (la part du centile supérieur avec plus-values a nettement dépassé 20 % du revenu national dans les années 2000-2010), l'écart avec les autres pays anglo-saxons est en réalité encore plus fort que ce qu'indique le graphique 9.2. Voir par exemple le graphique S9.3 (disponible en ligne).

2. La trajectoire néo-zélandaise est presque identique à la trajectoire australienne. Voir graphique S9.4 (disponible en ligne). De façon générale, afin de ne pas surcharger les graphiques, nous ne présentons ici qu'une partie seulement des pays et des séries disponibles. Nous invitons le lecteur intéressé par les séries complètes à consulter l'annexe technique (http://piketty.pse.ens.fr/capital21c), ou bien le site de la World Top Incomes Database (http://topincomes.parisschoolofeconomics.eu).

3. Le fait que des pays comme les États-Unis et le Canada, si proches par tant d'aspects, suivent parfois des trajectoires très différentes en termes d'inégalités salariales, en raison de multiples différences institutionnelles, a souvent été étudié par les économistes américains et canadiens. Voir par exemple D. CARD et R. FREEMAN, *Small Differences that Matter : Labor Markets and Income Maintenance in Canada and the United States*, University of Chicago Press, 1993.

Certes, on observe une progression significative de la part du centile supérieur dans tous les pays. Au Japon, l'évolution a été quasiment la même qu'en France : la part du centile supérieur était d'à peine 7 % du revenu national au début des années 1980, et elle est d'environ 9 % – voire légèrement plus – au début des années 2010. En Suède, la part du centile supérieur était d'à peine plus de 4 % du revenu national au début des années 1980 (le plus bas niveau enregistré dans la World Top Incomes Database, tous pays et toutes époques confondus), et elle atteint 7 % au début des années 2010[1]. En Allemagne, la part du centile supérieur est passée d'environ 9 % à près de 11 % du revenu national entre le début des années 1980 et le début des années 2010 (voir graphique 9.3).

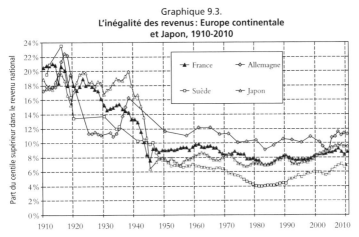

Graphique 9.3.
L'inégalité des revenus : Europe continentale et Japon, 1910-2010

Lecture : par comparaison aux pays anglo-saxons, la part du centile supérieur a peu progressé depuis les années 1970 en Europe continentale et au Japon.
Sources et séries : voir piketty.pse.ens.fr/capital21c.

---

1. Elle atteint même 9 % du revenu national si l'on inclut les plus-values, qui se sont fortement développées en Suède au cours des années 1990-2010. Voir annexe technique.

Si l'on examine les autres pays européens, on observe des évolutions similaires, avec des hausses de la part du centile supérieur de l'ordre de 2-3 points de revenu national au cours des trente dernières années, aussi bien en Europe du Nord qu'en Europe du Sud. Au Danemark, comme dans les autres pays nordiques, le niveau des hauts revenus est plus bas, mais la hausse est similaire : le centile supérieur recevait à peine plus de 5 % du revenu national danois dans les années 1980, et il s'approche de 7 % dans les années 2000-2010. En Italie et en Espagne, les ordres de grandeur sont très proches de ceux observés en France, avec une part du centile supérieur passant approximativement de 7 % à 9 % du revenu national au cours de cette même période, soit de nouveau une hausse d'environ 2 points de revenu national (voir graphique 9.4). L'union du continent européen est sur ce point précis quasi parfaite, si l'on excepte bien sûr le cas du Royaume-Uni, plus proche de la trajectoire observée en Amérique du Nord[1].

Soyons bien clairs : ces hausses de l'ordre de 2-3 points de revenu national, observées au Japon et dans tous les pays d'Europe continentale, correspondent à des augmentations tout à fait significatives des inégalités de revenus. Concrètement, ces hausses signifient par définition que les 1 % des revenus les plus élevés ont progressé sensiblement plus vite que le revenu moyen (et même très sensiblement plus vite, puisque la part du centile supérieur a progressé de l'ordre de 30 %, voire davantage dans certains pays où elle partait de plus bas), ce qui est très frappant pour les personnes qui

---

1. Tous les autres pays européens couverts dans la WTID, en particulier la Hollande, la Suisse, la Norvège, la Finlande et le Portugal, indiquent des évolutions comparables à celles observées dans les autres pays d'Europe continentale. Il est à noter que les données concernant l'Europe du Sud sont relativement complètes : elles débutent en 1933 en Espagne avec la création de l'impôt sur le revenu, mais elles comportent plusieurs interruptions par la suite ; en Italie, l'impôt sur le revenu est créé en 1923, mais les dépouillements complets disponibles ne débutent qu'en 1974. Voir annexe technique.

L'inégalité des revenus du travail

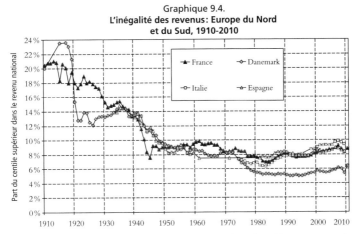

Graphique 9.4.
L'inégalité des revenus: Europe du Nord et du Sud, 1910-2010

Lecture: par comparaison aux pays anglo-saxons, la part du centile supérieur a peu progressé depuis les années 1970 en Europe du Nord comme en Europe du Sud.
Sources et séries: voir piketty.pse.ens.fr/capital21c.

vivent ces évolutions et qui souvent entendent parler presque quotidiennement, dans les journaux et à la radio, des hausses de salaire parfois vertigineuses des « super-cadres ». Cela est particulièrement frappant dans le contexte économique des années 1990-2010, où le revenu moyen stagne, ou tout du moins progresse à un rythme beaucoup plus faible que par le passé.

Le monde du millime supérieur

Il faut en outre noter que plus on monte haut dans la hiérarchie des revenus, plus les hausses ont été spectaculaires. Et même si ces hausses concernent au final un nombre limité de personnes, elles n'en sont pas moins extrêmement visibles, et posent naturellement la question de leur justification. Si l'on examine l'évolution de la part du millime supérieur – les 0,1 % les plus riches – dans le revenu national dans les pays anglo-saxons d'une part (voir graphique 9.5), et en Europe continentale et au Japon d'autre part (voir graphique 9.6), alors on constate certes des différences notoires – la part du millime supérieur passe au cours des dernières décennies de 2 % à près de 10 % du revenu national aux États-Unis, soit une progression inégalée[1] –, mais également une progression très sensible dans tous les pays. En France et au Japon, la part du millime supérieur passe d'à peine 1,5 % du revenu national au début des années 1980 à environ 2,5 % au début des années 2010, soit un quasi-doublement ; en Suède, la même part passe dans le même temps de moins de 1 % à plus de 2 % du revenu national.

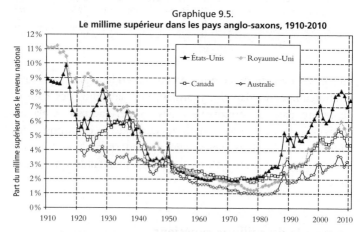

Lecture : la part du millime supérieur (les 0,1 % les plus riches) dans le revenu national a fortement progressé depuis les années 1970 dans tous les pays anglo-saxons.
Sources et séries : voir piketty.pse.ens.fr/capital21c.

Afin que les ordres de grandeur soient bien clairs pour tous, rappelons qu'une part de 2 % du revenu national pour

1. La part du millime supérieur a dépassé 8 % pendant les années 2000-2010 aux États-Unis si l'on omet les plus-values, et a dépassé 12 % si on les prend en compte. Voir annexe technique.

L'inégalité des revenus du travail

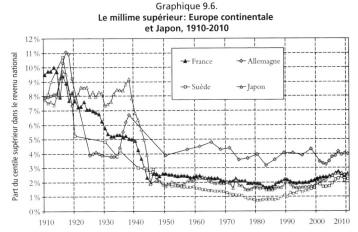

Graphique 9.6.
Le millime supérieur : Europe continentale et Japon, 1910-2010

Lecture : par comparaison aux pays anglo-saxons, la part du millime supérieur a peu progressé depuis les années 1970 en Europe continentale et au Japon.
Sources et séries : voir piketty.pse.ens.fr/capital21c.

0,1 % de la population signifie par définition que chacun au sein de ce groupe dispose en moyenne d'un revenu vingt fois plus élevé que la moyenne du pays en question (soit 600 000 euros si le revenu moyen est de 30 000 euros par habitant adulte) ; une part de 10 % signifie que chacun dispose de cent fois la moyenne (soit 3 millions d'euros si le revenu moyen est de 30 000 euros[1]). Rappelons également que les 0,1 % les plus riches regroupent par définition 50 000 personnes dans un pays dont la population est de 50 millions d'adultes (comme la France du début des années 2010). Il s'agit donc d'un groupe à la fois très minoritaire (dix fois

1. Les « 0,1 % » en France ou au Japon sont donc passés de quinze à vingt-cinq fois le revenu moyen (soit de 450 000 euros à 750 000 euros si le revenu moyen est de 30 000 euros), alors que les « 0,1 % » aux États-Unis sont passés de vingt à cent fois (soit de 600 000 euros à 3 millions d'euros, toujours pour le même revenu moyen de 30 000 euros). Ces ordres de grandeur sont approximatifs, mais permettent de mieux visualiser le phénomène et de le relier aux rémunérations souvent évoquées dans les médias.

plus minoritaire que les 1 %), et non négligeable de par sa place dans le paysage social et politique[1]. Le fait central est que dans tous les pays riches – y compris en Europe continentale et au Japon – ce groupe a connu au cours des années 1990-2010 des progressions spectaculaires de pouvoir d'achat, alors même que le pouvoir d'achat moyen stagnait.

Il n'en reste pas moins que ce phénomène d'explosion des très hauts revenus demeure à ce jour d'une ampleur limitée d'un point de vue macroéconomique en Europe continentale et au Japon : la hausse des très hauts revenus est certes impressionnante, mais cela concerne pour l'instant trop peu de personnes pour que l'impact soit aussi fort qu'aux États-Unis. Concrètement, le transfert en direction des « 1 % » porte sur 2-3 points de revenu national en Europe continentale et au Japon, contre 10-15 points aux États-Unis, soit entre cinq et sept fois plus[2].

La façon la plus simple d'exprimer la différence entre les zones géographiques est sans doute la suivante : aux États-Unis, l'inégalité des revenus a retrouvé dans les années 2000-2010 les niveaux records observés dans les années 1910-1920 (sous une autre forme, avec un rôle plus important que par le passé

---

1. Au niveau du « 1 % » considéré dans son ensemble, le revenu moyen est bien sûr nettement plus faible : une part de 10 % du revenu national pour les 1 % les plus riches signifie par définition que leur revenu moyen est dix fois plus élevé que la moyenne des revenus (et une part de 20 % signifie qu'il est vingt fois plus élevé). La notion de coefficient de Pareto (sur laquelle nous reviendrons dans le chapitre 10) permet de relier les parts du décile, du centile et du millime supérieurs : dans les pays faiblement inégalitaires (comme la Suède dans les années 1970), les membres du top 0,1 % sont à peine deux fois plus riches en moyenne que ceux du top 1 %, si bien que la part du millime supérieur dans le revenu total représente à peine un cinquième de celle du centile supérieur ; dans les pays fortement inégalitaires (comme les États-Unis des années 2000-2010), ils sont jusqu'à quatre-cinq fois plus riches, si bien que la part du millime supérieur représente 40 %-50 % de celle du centile supérieur.

2. Suivant si l'on compte les plus-values ou non. Voir annexe technique pour les séries complètes.

pour les hauts revenus du travail, et moins important pour les hauts revenus du capital) ; au Royaume-Uni et au Canada, elle est en voie de faire de même ; en Europe continentale et au Japon, l'inégalité des revenus demeure à ce jour beaucoup plus faible que ce qu'elle était au début du XXe siècle, et n'a en réalité que peu changé depuis 1945, si l'on se place dans une perspective de très long terme. La comparaison des graphiques 9.2 et 9.3 est particulièrement claire sur ce point.

Cela n'implique évidemment pas que les évolutions européennes et japonaises des dernières décennies doivent être négligées, bien au contraire : la trajectoire ressemble par certains aspects à celle observée aux États-Unis, avec une ou deux décennies de retard, et rien n'oblige à attendre que cette évolution prenne l'ampleur macroéconomique qu'elle a fini par prendre aux États-Unis pour s'en préoccuper.

Mais le fait est que l'évolution est à ce jour beaucoup moins forte en Europe continentale et au Japon qu'aux États-Unis (et, dans une moindre mesure, que dans les autres pays anglo-saxons). Or cela peut nous informer sur les mécanismes en jeu. Cette divergence entre les différentes parties du monde riche est en effet d'autant plus frappante que le changement technologique a été le même un peu partout : en particulier, les technologies de l'information concernent évidemment tout autant le Japon, l'Allemagne, la France, la Suède ou le Danemark que les États-Unis, le Royaume-Uni ou le Canada. De même, la croissance économique – plus précisément la croissance de la production par habitant, c'est-à-dire de la productivité – a été sensiblement la même dans toutes les parties du monde riche, avec des écarts portant souvent sur quelques dixièmes de points de pourcentage, ainsi que nous l'avons vu dans les chapitres précédents[1]. Dans ces conditions, cette divergence aussi massive dans les évolutions de la répartition des revenus demande une explication, que

---

1. Voir en particulier chapitre 5, tableau 5.1.

la théorie de la productivité marginale, de la technologie et de l'éducation ne semble pas en mesure de fournir.

L'Europe : plus inégalitaire que le Nouveau Monde en 1900-1910

On notera également que, contrairement à une idée répandue en ce début de XXIe siècle, les États-Unis n'ont pas toujours été plus inégalitaires que l'Europe, loin de là. Comme nous l'avons déjà noté dans les chapitres précédents, l'inégalité des revenus était en réalité plus élevée en Europe au début du XXe siècle. Cela nous est confirmé par tous les indicateurs utilisés et par l'ensemble des sources historiques dont nous disposons. En particulier, la part du centile supérieur atteignait ou dépassait 20 % du revenu national dans tous les pays européens vers 1900-1910 (voir graphiques 9.2-9.4). Cela vaut non seulement pour le Royaume-Uni, la France, l'Allemagne, mais également pour la Suède et le Danemark (preuve que les pays nordiques n'ont pas toujours été des modèles égalitaires, loin s'en faut), et plus généralement pour tous les pays européens pour lesquels il existe des estimations pour cette période[1].

Une telle similarité dans les niveaux de concentration des revenus en vigueur dans les sociétés européennes de la Belle Époque exige évidemment une explication. Compte tenu du fait que les plus hauts revenus étaient constitués très majoritairement de revenus du capital au cours de cette

---

1. Pour la Suède et le Danemark, on observe même pour certaines années isolées de la période 1900-1910 des parts du « 1 % » atteignant 25 % du revenu national, c'est-à-dire des niveaux plus élevés que ceux constatés au Royaume-Uni, en France ou en Allemagne à la même époque (où le maximum observé est plus proche de 22 %-23 %). Compte tenu des limitations des sources disponibles, il n'est toutefois pas certain que ces écarts soient véritablement significatifs. Voir annexe technique.

période¹, l'explication est à chercher avant tout du côté de la concentration des patrimoines. Pourquoi la concentration des patrimoines était-elle si forte en Europe vers 1900-1910 ?

Il est intéressant de noter que l'inégalité était moins forte qu'en Europe non seulement aux États-Unis et au Canada (avec des parts de l'ordre de 16 %-18 % du revenu national pour le centile supérieur au début du XXe siècle), mais également et surtout en Australie et en Nouvelle-Zélande (avec des parts de l'ordre de 11 %-12 %). C'est donc l'ensemble du Nouveau Monde – et plus encore les parties les plus neuves et les plus récemment peuplées du Nouveau Monde – qui semble moins inégalitaire que la vieille Europe à la Belle Époque.

Il est tout aussi intéressant de noter que le Japon, en dépit de toutes ses différences sociales et culturelles avec l'Europe, semble se caractériser par le même niveau élevé d'inégalités au début du XXe siècle, avec environ 20 % du revenu national pour le centile supérieur. Les données disponibles ne permettent pas de faire des comparaisons aussi complètes qu'il serait souhaitable, mais tout indique que du point de vue de la structure comme du niveau des inégalités, le Japon faisait bien partie du même « Ancien Monde » que la vieille Europe. Il est également frappant de constater la similarité dans les évolutions observées au Japon et en Europe sur l'ensemble du XXe siècle (voir graphique 9.3).

Nous reviendrons plus loin sur les raisons de la très forte concentration patrimoniale observée à la Belle Époque, et sur les transformations – et en particulier le mouvement de déconcentration – constatées au cours du XXe siècle dans les différents pays. Nous verrons en particulier que l'inégalité plus élevée des patrimoines observée en Europe et au Japon

---

1. Pour tous les pays pour lesquels nous disposons de données sur la composition des revenus par niveau de revenu similaires à celles que nous avons présentées pour la France et les États-Unis dans le chapitre précédent (voir graphiques 8.3-8.4 et 8.9-8.10), nous constatons cette même réalité.

s'explique notamment par la plus faible croissance démographique qui caractérise l'Ancien Monde, et qui conduit de façon quasi mécanique à une plus forte accumulation et concentration du capital.

À ce stade, insistons simplement sur l'ampleur de ces retournements entre pays et continents. Cela apparaît sans doute encore plus clairement si l'on examine l'évolution de la part du décile supérieur dans le revenu national. Nous avons représenté sur le graphique 9.7 les évolutions obtenues pour la part du décile supérieur aux États-Unis et dans quatre pays européens (Royaume-Uni, France, Allemagne, Suède) depuis le début du XXe siècle. Nous avons indiqué les moyennes décennales de façon à focaliser l'attention sur les évolutions de long terme[1].

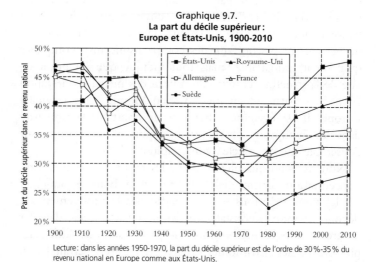

Graphique 9.7.
La part du décile supérieur :
Europe et États-Unis, 1900-2010

Lecture : dans les années 1950-1970, la part du décile supérieur est de l'ordre de 30 %-35 % du revenu national en Europe comme aux États-Unis.
Sources et séries : voir piketty.pse.ens.fr/capital21c.

---

1. Voir graphique S9.6 disponible en ligne pour le même graphique avec les séries annuelles. Les séries portant sur les autres pays sont similaires et sont disponibles en ligne.

On constate qu'à la veille de la Première Guerre mondiale la part du décile supérieur était de l'ordre de 45 %-50 % du revenu national dans tous les pays européens, contre un peu plus de 40 % aux États-Unis. Puis, à la suite des guerres mondiales, les États-Unis sont devenus légèrement plus inégalitaires que l'Europe : la part du décile supérieur a baissé sur les deux continents à la suite des chocs des années 1914-1945, mais la chute a été nettement plus marquée en Europe (ainsi qu'au Japon), ce qui s'explique naturellement par le fait que les chocs subis par les patrimoines ont été beaucoup plus massifs. Pendant les années 1950-1970, la part du décile supérieur est assez stable et relativement proche aux États-Unis et en Europe, autour de 30 %-35 % du revenu national. Puis la très forte divergence qui débute dans les années 1970-1980 conduit à la situation suivante : dans les années 2000-2010, la part du décile supérieur atteint 45 %-50 % du revenu national aux États-Unis, soit approximativement le même niveau qu'en Europe en 1900-1910 ; au sein des pays européens, on observe également une grande diversité de cas, du plus inégalitaire (le Royaume-Uni, avec plus de 40 % du revenu national pour le décile supérieur) au plus égalitaire (la Suède, avec moins de 30 %), en passant par tous les cas intermédiaires (l'Allemagne et la France, autour de 35 %).

Si l'on calcule – de façon légèrement abusive – une moyenne pour l'ensemble de l'Europe à partir de ces quatre pays, on obtient une comparaison particulièrement claire entre les deux continents : les États-Unis étaient moins inégalitaires que l'Europe en 1900-1910, légèrement plus inégalitaires dans les années 1950-1960, et beaucoup plus inégalitaires dans les années 2000-2010 (voir graphique 9.8[1]).

---

1. Nous avons simplement indiqué sur le graphique 9.8 la moyenne arithmétique entre les quatre pays européens du graphique 9.7. Ces quatre pays sont très représentatifs de la diversité européenne, et l'évolution ne serait guère différente si l'on incluait les autres pays disponibles en Europe

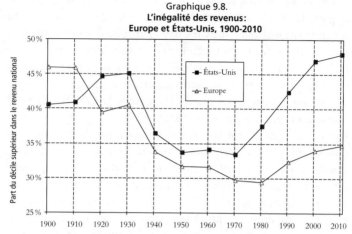

Graphique 9.8.
L'inégalité des revenus:
Europe et États-Unis, 1900-2010

Lecture: la part du décile supérieur dans le revenu national était plus forte en Europe en 1900-1910; elle est nettement plus forte aux États-Unis en 2000-2010.
Sources et séries: voir piketty.pse.ens.fr/capital21c.

Au-delà de cette trame générale à long terme, il existe bien sûr de multiples histoires nationales particulières, avec d'incessantes fluctuations de court et moyen terme, liées notamment aux spécificités des évolutions sociales et politiques propres à chaque pays, comme nous l'avons vu dans le chapitre précédent en analysant de façon plus détaillée le mouvement des inégalités en France et aux États-Unis. Nous ne pouvons faire de même ici pour chaque pays[1].

Mentionnons simplement que la période de l'entre-deux-guerres apparaît un peu partout comme particulièrement

---

du Nord et en Europe du Sud, ou si l'on pondérait par le revenu national de chaque pays. Voir annexe technique.

1. Nous renvoyons le lecteur intéressé aux études de cas rassemblées pour vingt-trois pays dans les deux volumes publiés en 2007 et 2010. Voir A. ATKINSON et T. PIKETTY, *Top Incomes over the 20th Century: A Contrast Between Continental-European and English-Speaking Countries*, op. cit.; *Top Incomes: A Global Perspective*, Oxford University Press, 2010.

tumultueuse et chaotique, avec des chronologies variant fortement suivant les pays. En Allemagne, l'hyperinflation des années 1920 fait rapidement suite à la défaite militaire, puis les nazis arrivent au pouvoir quelques années plus tard, après que la dépression mondiale a replongé le pays dans la crise. Il est intéressant de noter que la part du centile supérieur progresse fortement en Allemagne de 1933 à 1938, totalement à contre-courant des autres pays : cela reflète notamment la remontée des profits industriels (dopés par la commande publique aux industries d'armement), et plus généralement le rétablissement des hiérarchies de revenus qui caractérise la période nazie. Remarquons également que l'Allemagne semble se caractériser depuis les années 1950 par un niveau du centile supérieur – et plus encore du millime supérieur – sensiblement plus élevé que dans la plupart des autres pays d'Europe continentale (en particulier plus élevé qu'en France) et qu'au Japon, alors même que le niveau global des inégalités n'y est pas très différent. Ce phénomène peut s'expliquer de différentes façons, entre lesquelles il est difficile de trancher (nous y reviendrons).

Il faut également souligner que les sources fiscales allemandes comportent des lacunes importantes, en grande partie du fait de l'histoire mouvementée du pays au XXe siècle, si bien qu'il est difficile de faire toute la lumière sur chacune des évolutions et de réaliser des comparaisons parfaitement précises avec les autres pays. L'impôt sur le revenu est créé relativement tôt – dès les années 1880-1890 – dans la plupart des États allemands, notamment en Prusse et en Saxe. Mais la législation comme les statistiques fiscales ne sont unifiées au niveau de toute l'Allemagne qu'au lendemain de la Première Guerre mondiale. Les sources statistiques connaissent ensuite de fréquentes discontinuités au cours des années 1920, avant de s'interrompre totalement de 1938 à 1950, si bien qu'il est impossible d'étudier l'évolution de la répartition des revenus pendant la Seconde Guerre mondiale et dans l'immédiat après-guerre.

Il s'agit là d'une différence importante avec les autres pays fortement impliqués dans le conflit, en particulier le Japon et la France, dont les administrations fiscales continuent d'établir pendant les années de guerre les mêmes dépouillements statistiques que par le passé, sans aucune interruption, comme si de rien n'était. Si l'on en juge par l'expérience des autres pays, notamment le Japon et la France (dont les trajectoires sont très proches sur ce point), il est probable que la part des hauts revenus dans le revenu total a atteint un point bas absolu en Allemagne en 1945 (« année zéro » où les patrimoines et leurs revenus étaient réduits à peu de chose outre-Rhin), avant de commencer à remonter fortement dès 1946-1947. Toujours est-il que lorsque les statistiques fiscales allemandes reprennent leur cours normal, en 1950, la hiérarchie des revenus a déjà en partie retrouvé son niveau de 1938. En l'absence de source complète, il est difficile d'aller plus loin. Les multiples changements territoriaux de l'Allemagne au cours du siècle écoulé, tout récemment avec l'unification de 1990-1991, ajoutés au fait que les dépouillements fiscaux les plus complets ne sont établis que tous les trois ans (et non annuellement comme dans la plupart des autres pays), compliquent encore un peu plus l'étude fine du cas allemand[1].

---

1. Pour une analyse historique approfondie de la dynamique des inégalités allemandes – compte tenu de l'imperfection des sources disponibles –, voir F. DELL, *L'Allemagne inégale. Inégalités de revenus et de patrimoine en Allemagne, dynamique d'accumulation du capital et taxation de Bismarck à Schröder 1870-2005*, EHESS, 2008.

Les inégalités dans les pays émergents : plus faibles qu'aux États-Unis

Examinons maintenant le cas des pays pauvres et émergents. Les sources historiques permettant d'étudier la dynamique de la répartition des richesses sur longue période sont malheureusement beaucoup plus réduites dès que l'on sort des pays riches. Il existe toutefois plusieurs pays pauvres et émergents pour lesquels on peut trouver des sources fiscales sur la longue durée permettant de faire des comparaisons – approximatives – avec les résultats obtenus pour les pays développés. Peu après avoir introduit un impôt progressif sur le revenu global en métropole, le colonisateur britannique décide de faire de même dans plusieurs de ses possessions : c'est ainsi qu'un impôt sur le revenu – assez proche dans sa conception de l'impôt introduit en 1909 au Royaume-Uni – voit le jour dès 1913 en Afrique du Sud, et dès 1922 dans l'empire des Indes (y compris l'actuel Pakistan). Le colonisateur néerlandais fait de même en instituant un impôt sur le revenu en Indonésie en 1920. Plusieurs pays d'Amérique du Sud introduisent l'impôt sur le revenu dans l'entre-deux-guerres, par exemple l'Argentine en 1932. Nous disposons pour ces quatre pays – Afrique du Sud, Inde, Indonésie et Argentine – de données fiscales débutant respectivement en 1913, 1922, 1920 et 1932 et se prolongeant – avec des lacunes – jusqu'aux années 2000-2010. Ces données sont de même nature que celles dont nous disposons pour les pays riches, et peuvent être exploitées en utilisant les mêmes méthodes, et en particulier les estimations de revenu national réalisées dans ces différents pays depuis le début du XXe siècle.

Les estimations obtenues sont indiquées sur le graphique 9.9. Plusieurs points méritent d'être soulignés. Tout d'abord, le résultat le plus frappant est sans doute que les ordres de grandeur obtenus pour la part du centile supérieur dans le

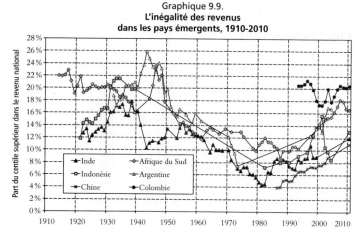

Graphique 9.9.
L'inégalité des revenus dans les pays émergents, 1910-2010

Lecture : mesurée par la part du centile supérieur, l'inégalité des revenus a progressé dans les pays émergents depuis les années 1980, mais se situe en 2000-2010 au-dessous du niveau américain.
Sources et séries : voir piketty.pse.ens.fr/capital21c.

revenu national dans les pays pauvres ou émergents sont en première approximation extrêmement proches de ceux observés dans les pays riches. Pendant les phases les plus inégalitaires, en particulier au cours de la première moitié du XXᵉ siècle, des années 1910 aux années 1940, le centile supérieur détient autour de 20 % du revenu national dans les quatre pays considérés : environ 15 %-18 % en Inde, et jusqu'à 22 %-25 % en Afrique du Sud, en Indonésie et en Argentine. Pendant les phases les plus égalitaires, c'est-à-dire essentiellement des années 1950 aux années 1970, la part du centile supérieur tombe à des niveaux compris entre 6 % et 12 % suivant les pays (à peine 5 %-6 % en Inde, 8 %-9 % en Indonésie et en Argentine, 11 %-12 % en Afrique du Sud). On assiste un peu partout à une remontée depuis les années 1980 de la part du décile supérieur, qui se situe dans les années 2000-2010 aux alentours de 15 % du revenu national (autour de 12 %-13 % en Inde et en Indonésie, et 16 %-18 % en Afrique du Sud et en Argentine).

Nous avons également représenté sur le graphique 9.9 deux pays pour lesquels les sources fiscales disponibles permettent d'étudier uniquement les évolutions en cours depuis le milieu des années 1980 et le début des années 1990 : la Chine et la Colombie[1]. On observe en Chine une forte progression de la part du centile supérieur dans le revenu national au cours des dernières décennies, mais en partant d'un niveau relativement bas au milieu des années 1980, presque scandinave : moins de 5 % du revenu national pour le centile supérieur, d'après les sources disponibles, ce qui n'est pas très étonnant s'agissant d'un pays communiste, caractérisé par des grilles salariales très compressées et une quasi-absence de revenus du capital privé. La hausse des inégalités chinoises a été très rapide à la suite du mouvement de libéralisation de l'économie des années 1980 et pendant la croissance accélérée des années 1990-2000, mais d'après nos estimations la part du décile supérieur se situe dans les années 2000-2010 autour de 10 %-11 % du revenu national, soit un niveau inférieur à l'Inde et à l'Indonésie (autour de 12 %-14 %, soit approximativement le niveau du Royaume-Uni ou du Canada), et très nettement inférieur à l'Afrique du Sud et à l'Argentine (autour de 16 %-18 %, soit approximativement le niveau des États-Unis).

La Colombie apparaît au contraire comme l'un des pays les plus inégalitaires enregistrés dans la World Top Incomes Database : la part du centile supérieur se situe aux alentours de 20 % du revenu national tout au long des années 1990-2010,

1. En Chine il n'existait pas à proprement parler d'impôt sur le revenu avant 1980, si bien qu'aucune source ne permet d'étudier l'évolution de l'inégalité des revenus pour l'ensemble du XXe siècle (les séries présentées ici débutent en 1986). Pour la Colombie, les données fiscales que nous avons rassemblées à ce jour ne débutent qu'en 1993, mais l'impôt sur le revenu existait bien avant, et il est tout à fait possible que nous finissions par retrouver des données antérieures (les données fiscales historiques ont été relativement mal archivées dans plusieurs pays sud-américains).

sans tendance claire (voir graphique 9.9). Il s'agit d'un niveau d'inégalité encore plus élevé que celui atteint par les États-Unis dans les années 2000-2010, tout du moins si l'on exclut les plus-values : en incluant les plus-values, les États-Unis ont légèrement dépassé la Colombie au cours des dix dernières années.

Il faut cependant souligner de nouveau les limitations considérables des données dont nous disposons pour mesurer la dynamique de la répartition des richesses dans les pays pauvres et émergents, et pour faire des comparaisons satisfaisantes avec les pays riches. Les ordres de grandeur que nous venons d'indiquer sont les plus fiables auxquels nous pouvons parvenir compte tenu des sources disponibles, mais la vérité est que nos connaissances restent fort maigres. Dans les rares pays émergents pour lesquels on dispose de données fiscales depuis les premières décennies du XXᵉ siècle, il existe de multiples lacunes et interruptions dans les données, souvent dans les années 1950-1970, au moment de l'Indépendance, comme en Indonésie. Nous essayons actuellement d'inclure dans notre base de données historiques de nombreux autres pays, en particulier parmi les ex-colonies britanniques et françaises, en Indochine, en Afrique du Nord et en Afrique centrale et occidentale, mais il est souvent difficile de faire le lien entre les données de l'époque coloniale et les sources fiscales contemporaines[1].

Lorsque les données fiscales existent, leur intérêt est en outre réduit par le fait que l'impôt sur le revenu dans les pays moins développés ne concerne souvent qu'une petite minorité de la population, si bien par exemple que l'on peut estimer la part du centile supérieur dans le revenu total et non celle du décile supérieur. Lorsque les données le permettent, comme pour l'Afrique du Sud pour certaines sous-périodes,

---

1. La liste des projets en cours est disponible sur le site de la World Top Incomes Database.

on constate que les plus hauts niveaux observés pour la part du décile supérieur sont de l'ordre de 50 %-55 % du revenu national, soit un étiage comparable – ou légèrement plus élevé – aux plus hauts niveaux d'inégalités observés dans les pays riches, en Europe en 1900-1910 ou aux États-Unis en 2000-2010.

On constate par ailleurs une certaine détérioration des données fiscales à partir des années 1990-2000. Cela est dû en partie à l'arrivée des fichiers numériques, qui conduisent souvent les administrations à interrompre les publications statistiques détaillées qui existaient dans les époques plus anciennes où elles en avaient elles-mêmes besoin, ce qui peut paradoxalement mener à une détérioration des sources d'information à l'âge du numérique (on observe le même type de phénomène dans les pays riches)[1]. Mais cela semble surtout correspondre à une certaine désaffection pour l'impôt progressif sur le revenu en général, aussi bien au sein des organisations internationales que chez certains gouvernements[2]. Un cas particulièrement emblématique est celui de l'Inde, qui a totalement cessé au début des années 2000 d'établir et de publier les dépouillements détaillés issus des déclarations de revenus, qui existaient pourtant sans discontinuer depuis 1922. La conséquence étrange est qu'il est plus difficile d'étudier l'évolution des hauts revenus en Inde en ce début de XXIe siècle qu'au cours du siècle passé[3].

---

2. Lorsque l'on peut accéder aux fichiers fiscaux, la numérisation constitue bien sûr une amélioration des sources d'information. Mais si les fichiers sont inaccessibles, ou bien mal archivés (ce qui arrive souvent), alors la disparition des publications statistiques en papier peut conduire dans de nombreux cas à une perte de mémoire fiscale et historique.

1. Plus l'impôt s'approche d'un impôt purement proportionnel, moins le besoin de données détaillées par tranches de revenus se fait sentir. Nous reviendrons dans la quatrième partie sur les évolutions proprement fiscales : rappelons simplement qu'elles ont un impact sur l'outil d'observation.

3. La mise à jour pour l'année 2010 indiquée sur le graphique 9.9 a été

Ce manque d'information et de transparence démocratique est d'autant plus regrettable que la question de la répartition des richesses et des fruits de la croissance se pose avec au moins autant d'acuité dans les pays pauvres et émergents que dans les pays riches. Il faut également souligner que la très forte croissance officiellement enregistrée dans les pays émergents au cours des dernières décennies, notamment en Inde et en Chine, provient presque exclusivement des statistiques de production. Lorsque l'on tente de mesurer la progression des revenus en utilisant des enquêtes portant sur les budgets des ménages, il est souvent bien difficile de retrouver les taux de croissance macroéconomiques annoncés : les revenus indiens et chinois progressent certes à des rythmes élevés, mais nettement moins élevés que ceux prévus par les statistiques de la croissance officielle. Ce paradoxe du « trou noir » de la croissance dans les pays émergents est évidemment problématique. Cela peut venir du fait que la croissance de la production est surestimée (il existe de multiples incitations administratives à manipuler les flux de production), ou bien que la croissance du revenu est sous-estimée (les enquêtes auprès des ménages ont aussi leurs imperfections), ou plus sûrement les deux à la fois. En particulier, cela peut également s'expliquer par le fait que les plus hauts revenus – particulièrement mal enregistrés dans les enquêtes déclaratives – ont capté une part disproportionnée de la croissance de la production.

Dans le cas de l'Inde, on peut estimer – sur la simple base des revenus déclarés – que la progression de la part du centile supérieur dans le revenu national constatée grâce aux données fiscales permet d'expliquer à elle seule entre un quart et un tiers du « trou noir » de croissance entre 1990

---

réalisée à partir de données extrêmement imparfaites sur les rémunérations de dirigeants d'entreprises et doit être considérée comme une première approximation. Voir annexe technique.

et 2000[1]. Compte tenu de la détérioration des statistiques fiscales dans les années 2000, il est impossible de prolonger correctement cet exercice de décomposition sociale de la croissance. Dans le cas de la Chine, les statistiques établies par l'administration fiscale sont encore plus rudimentaires que pour l'Inde et témoignent du manque absolu de transparence des autorités chinoises sur ces questions. Dans l'état actuel des choses, les estimations indiquées sur le graphique 9.9 sont les plus fiables auxquelles on puisse parvenir[2]. Mais il est urgent que des données plus complètes soient rendues publiques par les administrations de ces deux pays, comme d'ailleurs de tous les pays. Quand cela sera fait, peut-être se rendra-t-on compte que l'inégalité en Inde et en Chine a progressé plus vite qu'on ne l'imaginait.

En tout état de cause, on remarquera que, quelle que soit l'imperfection des administrations fiscales des pays pauvres et émergents, les données issues des déclarations de revenus permettent de faire apparaître des niveaux de hauts revenus beaucoup plus élevés – et beaucoup plus réalistes – que les enquêtes auprès des ménages. Par exemple, les déclarations fiscales permettent de constater que le centile supérieur détient à lui seul plus de 20 % du revenu national en Colombie dans les années 2000-2010 (et près de 20 % en Argentine). Il est possible que l'inégalité réelle soit plus élevée encore. Mais le fait que les revenus les plus élevés déclarés dans les enquêtes menées dans ces mêmes pays sont souvent à peine quatre-

---

1. Voir A. BANERJEE et T. PIKETTY, « Top Indian incomes, 1922-2000 », *World Bank Economic Review*, 2005. Voir aussi *id.*, « Are the rich growing richer ? Evidence from Indian tax data », *in* : A. DEATON et V. KOZEL, *Data and Dogma : the Great Indian Poverty Debate*, McMillan, 2004. Le « trou noir » représente lui-même près de la moitié de la croissance totale en Inde entre 1990 et 2000 : le revenu par habitant a progressé de près de 4 % par an d'après les comptes nationaux, et d'à peine plus de 2 % par an d'après les enquêtes auprès des ménages. L'enjeu est donc important.

2. Voir annexe technique.

cinq fois plus élevés que le revenu moyen (personne n'est vraiment riche), si bien que la part du centile supérieur est généralement inférieure à 5 % du revenu national selon ce type de source, semble peu crédible. On voit à quel point les enquêtes auprès des ménages, qui constituent souvent l'unique source utilisée par les organisations internationales (en particulier par la Banque mondiale) et les gouvernements pour mesurer les inégalités, contribuent à donner une vision biaisée et faussement apaisée de la répartition des richesses. Tant que les estimations officielles ne compléteront pas les données d'enquêtes par une utilisation systématique des données administratives et fiscales, il sera impossible d'aboutir à des décompositions crédibles du taux de croissance macroéconomique entre les différents groupes sociaux en présence et les différents déciles et centiles de la hiérarchie des revenus – dans les pays pauvres et émergents comme dans les pays riches.

L'illusion de la productivité marginale

Revenons à la question de l'explosion des inégalités salariales observées depuis les années 1970-1980 aux États-Unis (et à un degré moindre au Royaume-Uni et au Canada). Nous avons vu que la théorie de la productivité marginale et de la course-poursuite entre technologie et éducation n'était guère convaincante : l'envol des très hautes rémunérations a été extrêmement concentré au sein du centile supérieur (voire du millime supérieur), et a concerné uniquement certains pays et non d'autres (le Japon comme l'Europe continentale ont pour l'instant été beaucoup moins touchés que les États-Unis), alors même que les transformations technologiques auraient dû concerner de façon beaucoup plus continue tout le haut de la distribution des qualifications, et ce, dans l'ensemble des pays de niveau de développement similaire. Le fait que l'inégalité des revenus atteigne dans les États-Unis des années 2000-2010 un niveau plus élevé que celui observé dans les pays pauvres et émergents aux différentes époques – par exemple plus élevé qu'en Inde ou en Afrique du Sud dans les années 1920-1930, 1960-1970 ou 2000-2010 – conduit également à douter d'une explication fondée uniquement sur l'inégalité objective des productivités. Est-on bien sûr que l'inégalité fondamentale des qualifications et des productivités individuelles soit plus forte aux États-Unis en ce début de XXIe siècle que dans l'Inde à moitié analphabète d'il y a quelques dizaines d'années (ou même d'aujourd'hui) ou dans l'Afrique du Sud de l'apartheid (ou post-apartheid) ? Si tel était le cas, ce serait peut-être un peu inquiétant pour les institutions éducatives américaines, qui doivent certainement être améliorées et devenir plus accessibles, mais qui ne méritent sans doute pas cet excès d'indignité.

L'explication qui me semble la plus convaincante pour rendre compte de l'envol des très hautes rémunérations américaines est la suivante. Tout d'abord, s'agissant des fonctions de cadres dirigeants au sein de grandes entreprises, dont nous avons vu qu'elles constituaient la grande majorité des salaires les plus élevés, l'idée même d'un fondement objectif en termes de « productivité » individuelle pour expliquer les rémunérations me semble un peu naïve. Pour les fonctions duplicables, par exemple un ouvrier ou un serveur de plus, on peut approximativement estimer la « productivité marginale » apportée par ce salarié, avec toutefois des marges d'erreur non négligeables, comme nous l'avons déjà noté plus haut. Mais s'agissant de fonctions uniques ou quasi uniques ces marges d'erreur deviennent inévitablement beaucoup plus considérables. À dire vrai, dès lors que l'on introduit l'hypothèse d'information imparfaite – éminemment justifiée dans ce contexte – dans les modèles économiques standard, c'est la notion même de « productivité marginale individuelle » qui devient mal définie et qui n'est pas loin de se transformer en une pure construction idéologique permettant de justifier un statut plus élevé.

Concrètement, imaginons une grande société internationale employant 100 000 personnes à travers le monde et réalisant un chiffre d'affaires annuel de 10 milliards d'euros, soit 100 000 euros par salarié. Supposons que les achats de biens et services représentent la moitié de ce chiffre d'affaires (c'est une proportion typique pour l'économie dans son ensemble), si bien que la valeur ajoutée de cette société – ce dont elle dispose pour rémunérer le travail et le capital qu'elle emploie et utilise directement – est de 5 milliards d'euros, soit 50 000 euros par salarié. Pour fixer le salaire du directeur financier de la société (ou de ses adjoints, ou du directeur du marketing et de son équipe, etc.), il faudrait en principe estimer sa productivité marginale, c'est-à-dire sa contribution aux 5 milliards d'euros de valeur ajoutée : est-elle de 100 000 euros, 500 000 euros ou 5 millions d'euros par an ? Il est évidemment impossible de répondre précisément et objectivement à cette question. On pourrait certes tenter une expérimentation, en essayant plusieurs directeurs financiers, chacun pendant quelques années, et tâcher de déterminer, au sein d'un chiffre d'affaires de 10 milliards d'euros, quel a été l'impact dudit directeur. On voit bien que l'estimation obtenue serait inévitablement extrêmement approximative, avec une marge d'erreur beaucoup plus importante que la rémunération maximale envisageable pour ce poste, y compris dans un environnement économique totalement stable[1]. Sans compter que, dans un environnement caractérisé par une redéfinition quasi permanente des contours des entreprises

---

1. De fait, le résultat principal – et somme toute assez évident – des modèles économiques d'expérimentation optimale en présence d'information imparfaite est que les agents concernés (ici les entreprises) n'ont jamais intérêt à parvenir à une information complète, dès lors qu'il existe des coûts d'expérimentation (il est coûteux d'essayer des dizaines de directeurs financiers avant d'en choisir un pour de bon), et ce, d'autant plus que l'information a une valeur publique qui excède sa valeur privée pour l'entreprise concernée. Voir annexe technique pour des indications bibliographiques.

et des fonctions exactes au sein de chaque société, une telle évaluation expérimentale est évidemment sans espoir.

Face à cette difficulté informationnelle et cognitive, comment sont déterminées en pratique de telles rémunérations ? Elles sont généralement fixées par les supérieurs hiérarchiques, et les rémunérations supérieures sont fixées par les supérieurs eux-mêmes, ou bien par des comités de rémunérations comportant diverses personnes ayant généralement elles-mêmes des revenus comparables (en particulier des cadres dirigeants d'autres grandes sociétés). Les assemblées générales d'actionnaires jouent parfois un rôle complémentaire, mais cela ne concerne généralement qu'un petit nombre de postes de direction, et non l'ensemble des cadres supérieurs et dirigeants. En tout état de cause, compte tenu de l'impossibilité d'estimer précisément la contribution de chacun à la production de l'entreprise considérée, il est inévitable que les décisions issues de tels processus soient en grande partie arbitraires, et dépendent des rapports de force et des pouvoirs de négociation des uns et des autres. Il n'y a rien de désobligeant à supposer que les personnes se retrouvant en situation de fixer leur propre salaire ont naturellement tendance à avoir la main un peu lourde, ou tout du moins à se montrer plus optimistes que la moyenne quant à l'évaluation de leur productivité marginale. Tout cela est bien humain, surtout dans une situation où l'information est objectivement très imparfaite. Sans aller jusqu'à parler de la « main qui se sert dans la caisse », force est de constater que cette image est sans doute plus adaptée que celle de la « main invisible », métaphore du marché selon Adam Smith. En pratique, la main invisible n'existe pas, pas plus que la concurrence « pure et parfaite », et le marché s'incarne toujours dans des institutions spécifiques, comme des supérieurs hiérarchiques ou des comités de rémunérations.

Cela n'implique pas que les supérieurs et les comités peuvent fixer n'importe quel salaire, et choisissent toujours et partout le plus haut niveau possible. Les institutions et règles caractérisant la « gouvernance » des entreprises dans un pays donné sont toujours imparfaites et balbutiantes, mais il existe tout de même un certain nombre de contre-pouvoirs. Ces institutions sont fortement influencées par les normes sociales en vigueur dans la société considérée, en particulier chez les cadres dirigeants et les actionnaires (ou leurs représentants s'agissant d'actionnaires institutionnels comme des sociétés financières ou des fonds de pension), ainsi que par l'acceptabilité sociale de tel ou tel niveau de rémunération par les salariés moins bien payés de l'entreprise, et la société dans son ensemble. Ces normes sociales dépendent notamment des systèmes de croyances au sujet de la contribution des uns et des autres à la production des entreprises et à la croissance du pays. Compte tenu des très grandes incertitudes à ce sujet, il n'est guère étonnant que ces perceptions varient suivant les époques et les pays, et dépendent de chaque histoire nationale particulière. Le point important est que, compte tenu de ce que sont ces normes dans un pays donné, il est malaisé pour une entreprise particulière d'aller à leur encontre.

Sans une théorie de cette nature, il me semble très difficile d'expliquer les très fortes différences observées entre pays concernant le niveau des plus hautes rémunérations, en particulier entre les États-Unis (et à un degré moindre les autres pays anglo-saxons) d'une part, et l'Europe continentale et le Japon d'autre part. Autrement dit, les inégalités salariales ont fortement progressé aux États-Unis et au Royaume-Uni, tout simplement parce que les sociétés américaines et britanniques sont devenues beaucoup plus tolérantes face aux rémunérations extrêmes à partir des années 1970-1980. Une évolution similaire des normes sociales a également eu lieu dans les sociétés européennes et japonaises, mais elle a commencé plus tard (dans les années 1980-1990, voire 1990-2000), et elle a été à ce jour beaucoup moins forte. Actuellement, au début des années 2010, les rémunérations de plusieurs millions d'euros continuent de choquer bien davantage en Suède, en Allemagne, en France, au Japon ou en Italie, qu'aux États-Unis ou au Royaume-Uni. Il n'en a pas toujours été ainsi, loin de là : rappelons que les États-Unis étaient dans les années 1950-1960 nettement plus égalitaires que la France, en particulier pour ce qui concerne les hiérarchies salariales. Mais il en est ainsi depuis les années 1970-1980, et tout indique que cela a joué un rôle central dans l'évolution des inégalités salariales dans les différents pays.

Le décrochage des super-cadres : une puissante force de divergence

Cette approche en termes de normes et d'acceptabilité sociale semble *a priori* assez plausible, mais elle ne fait que repousser la difficulté un peu plus loin. Il faut ensuite expliquer d'où viennent ces normes sociales et comment elles évoluent, ce qui de toute évidence relève au moins autant de la sociologie, de la psychologie et de l'étude des croyances et perceptions, et de l'histoire culturelle et politique, que de l'économie stricto sensu. La question des inégalités relève des sciences sociales au sens large, et non d'une seule de ces disciplines. En l'occurrence, nous avons déjà remarqué que la « révolution conservatrice » anglo-saxonne des années 1970-1980, dont l'un des aspects est cette plus grande tolérance vis-à-vis des salaires très élevés des super-cadres, avait sans doute été en partie causée par le sentiment de rattrapage, voire de dépassement, qui saisit les États-Unis et le Royaume-Uni à cette époque (même si les Trente Glorieuses européennes et japonaises étaient en réalité la conséquence presque mécanique des chocs des années 1914-1945). Mais il est bien évident que d'autres facteurs ont sans doute joué un rôle important.

Soyons précis. Il ne s'agit pas de prétendre ici que les inégalités salariales dans leur ensemble sont entièrement déterminées par les normes sociales en matière d'équité des rémunérations. Ainsi que nous l'avons déjà noté, la théorie de productivité marginale et de la course-poursuite entre éducation et technologie permet d'expliquer de façon plausible l'évolution à long terme de la répartition des salaires, tout du moins jusqu'à un certain niveau de salaires et jusqu'à un certain degré de précision. La logique de la technologie et des qualifications met des bornes à l'intérieur desquelles la plupart des salaires doivent se fixer. Mais pour les fonctions non duplicables, et au fur et à mesure que les fonctions deviennent de moins en duplicables, notamment au sein des hiérarchies managériales des grandes sociétés, les marges d'erreur sur les productivités individuelles deviennent considérables. Le pouvoir explicatif de la technologie et des qualifications devient alors de plus en plus faible, et celui des normes sociales de plus en plus fort. Cela ne concerne de façon vraiment déterminante qu'une petite minorité de salariés, sans doute à peine quelques pourcents, voire moins de 1 %, suivant les pays et les époques.

Mais le fait essentiel – qui n'avait rien d'évident *a priori* – est que les variations dans le temps et entre pays de la part salariale reçue par le centile supérieur de la hiérarchie des salaires peuvent prendre une importance considérable, comme le démontrent les évolutions contrastées observées au sein des pays riches depuis les années 1970-1980. Ce décrochage inédit des salaires des super-cadres doit sans doute être mis en relation avec la taille des grandes entreprises et la diversité des fonctions en leur sein. Au-delà de ce problème objectivement complexe de gouvernance des grandes organisations, il est possible que ce décrochage s'explique également par une forme d'« extrémisme méritocratique », c'est-à-dire par un besoin des sociétés modernes, et en particulier de la société américaine, de désigner elles-mêmes des gagnants et de leur offrir des rémunérations d'autant plus extravagantes qu'ils semblent avoir été choisis en fonction de leur mérite propre, et non suivant les logiques inégalitaires du passé. Nous y reviendrons.

En tout état de cause, il est clair qu'il s'agit potentiellement d'un puissant mécanisme poussant à la divergence de la répartition des richesses : si les personnes les mieux payées fixent – au moins en partie – leur propre salaire, cela peut conduire à des inégalités de plus en plus fortes. Il est très difficile de dire *a priori* jusqu'où peut mener un tel processus. Reprenons le cas décrit plus haut du directeur financier d'une grande société réalisant 10 milliards d'euros de chiffre d'affaires : il semble improbable que l'on décide un jour que la productivité marginale dudit directeur soit de 1 milliard ou même de 100 millions (ne serait-ce que parce qu'il n'y aura pas assez d'argent pour payer toute l'équipe dirigeante) ; en revanche, certains considèrent que des rémunérations individuelles de 1 million, 10 millions ou même parfois 50 millions peuvent parfaitement se justifier (l'incertitude sur les productivités individuelles est telle qu'il n'existe aucun garde-fou évident). On peut tout à fait imaginer que la part du centile supérieur dans la masse salariale totale atteigne 15 %-20 % aux États-Unis, ou bien 25 %-30 %, ou même davantage.

Outre la comparaison des évolutions nationales entre pays riches depuis les années 1970-1980, les données démontrant de la façon la plus convaincante la faillite de la « gouvernance d'entreprise », et le fait que la fixation des plus hautes rémunérations n'a que peu à voir avec une logique rationnelle de productivité, sont les suivantes. Lorsque l'on rassemble des bases de données au niveau d'entreprises individuelles – cela est possible pour les sociétés cotées dans l'ensemble des pays riches –, il est bien difficile d'expliquer les variations observées des rémunérations des dirigeants en fonction de la performance des entreprises considérées. Plus précisément, on peut décomposer pour un certain nombre d'indicateurs de performance – la progression des ventes de l'entreprise, le niveau de ses profits, etc. – les variations dues à des causes extérieures à l'entreprise (par exemple, l'état général de la conjoncture, les chocs sur le prix mondial des matières premières, les variations des taux de change, ou bien la performance moyenne du secteur considéré) et le reste des variations. Seules les variations du second type peuvent potentiellement être affectées – au moins en partie – par les dirigeants de l'entreprise. Si les rémunérations suivaient la logique de la productivité marginale, on devrait s'attendre à ce qu'elles ne varient pas – ou peu – en fonction de la première composante, et seulement – ou principalement – en fonction de la seconde. Or le fait est que l'on observe exactement le contraire : c'est quand les ventes ou les profits progressent pour des raisons extérieures que les rémunérations des dirigeants augmentent le plus fortement. Cela ressort particulièrement clairement si l'on examine le cas des sociétés américaines : c'est ce que Bertrand et Mullainhatan appellent la « rémunération de la chance » (« *pay for luck*[1] »).

Nous reprendrons et généraliserons cette approche dans la quatrième partie. Nous verrons que cette tendance à « rémunérer la chance » varie fortement dans le temps et suivant les pays, notamment en fonction de l'évolution de la fiscalité, et plus particulièrement du taux marginal supérieur du revenu, qui semble jouer un rôle de « garde-fou fiscal » (quand il est élevé) ou de « pousse-au-crime » (quand il est faible), tout du moins jusqu'à un certain point. Cette évolution fiscale est évidemment elle-même liée aux transformations des normes sociales concernant les inégalités, mais une fois lancée elle suit sa propre logique. Concrètement, la très forte baisse du taux marginal supérieur dans les pays anglo-saxons depuis les années 1970-1980 (alors même qu'ils avaient été les inven-

---

1. Voir M. BERTRAND et S. MULLAINHATAN, « Are CEOs rewarded for luck ? The ones without principals are », *Quarterly Journal of Economics*, 2001. Voir également l'ouvrage de L. BEBCHUK and J. FRIED, *Pay Without Performance*, Harvard University Press, 2004.

teurs de la fiscalité quasi confiscatoire sur les revenus jugés indécents au cours des décennies précédentes) semble avoir totalement transformé les modes de fixation des rémunérations des cadres dirigeants, ces derniers ayant maintenant de beaucoup plus fortes incitations que par le passé à tout faire pour obtenir des augmentations importantes. Nous analyserons également dans quelle mesure ce mécanisme amplificateur porte en germe une force de divergence de nature plus proprement politique : la baisse du taux supérieur conduit à une explosion des hautes rémunérations, qui elle-même accroît l'influence politique – à travers notamment le financement des partis, groupes de pression et instituts de réflexion – du groupe social qui a intérêt au maintien de ce taux bas, ou à son abaissement ultérieur.

10.

L'inégalité de la propriété du capital

Venons-en maintenant à la question de l'inégalité des patrimoines et de son évolution historique. La question est d'autant plus importante que la réduction des inégalités patrimoniales – et des revenus qui en sont issus – observée au cours de la première moitié du XXe siècle est la seule raison pour laquelle l'inégalité totale des revenus a diminué au cours de cette période. Pour la France comme pour les États-Unis, nous avons vu que l'inégalité des revenus du travail n'avait pas diminué de façon structurelle entre les années 1900-1910 et 1950-1960 (contrairement aux prédictions optimistes de la théorie de Kuznets, fondée sur l'idée d'un transfert graduel et mécanique de la main-d'œuvre des secteurs les moins bien payés vers les activités les mieux rémunérées), et que la forte baisse de l'inégalité totale des revenus s'expliquait pour l'essentiel par l'effondrement des hauts revenus du capital. Tous les éléments dont nous disposons indiquent qu'il en va de même pour tous les autres pays développés[1]. Il est donc essentiel de comprendre comment et pourquoi cette compression historique des inégalités patrimoniales a eu lieu.

L'importance de cette question est en outre renforcée par le fait que la concentration de la propriété du capital semble repartie à la hausse en ce début du XXIe siècle, tout cela dans un contexte de hausse tendancielle du rapport capital/revenu et de croissance faible. Ce possible processus de divergence patrimoniale suscite de multiples interrogations quant à son impact à long terme, et apparaît dans une certaine mesure plus inquiétant encore que le processus de divergence des super-cadres, qui demeure à ce jour géographiquement localisé.

L'hyperconcentration patrimoniale : Europe et Amérique

Comme nous l'avons déjà noté dans le chapitre 7, la répartition des patrimoines – et donc des revenus du capital – est toujours beaucoup plus concentrée que celle des revenus du travail. Dans toutes les sociétés connues, à toutes les époques, la moitié de la population la plus pauvre en patrimoine ne détient presque rien (généralement à peine 5 % du patrimoine total), le décile supérieur de la hiérarchie des patrimoines possède une nette majorité de ce qu'il y a à posséder (généralement plus de 60 % du patrimoine total, et parfois jusqu'à 90 %), et la population comprise entre ces deux groupes (soit par construction 40 % de la population)

---

1. En particulier, toutes les données sur la composition des revenus par niveau de revenu global vont dans ce sens. Il en va de même des séries débutant à la fin du XIXe siècle (en Allemagne, au Japon, et dans plusieurs pays nordiques). Les données disponibles pour les pays pauvres et émergents sont plus parcellaires mais vont également dans le même sens. Voir annexe technique.

détient une part comprise entre 5 % et 35 % du patrimoine total[1]. Nous avons également noté que l'émergence d'une véritable « classe moyenne patrimoniale », c'est-à-dire le fait que ce groupe intermédiaire soit désormais nettement plus riche en patrimoine que la moitié la plus pauvre de la population et détienne collectivement entre un quart et un tiers du patrimoine national, constitue sans doute la plus importante transformation structurelle de la répartition des richesses sur longue période.

Il nous faut maintenant comprendre les raisons de cette transformation. Pour cela, il faut commencer par préciser la chronologie. Quand et comment la réduction des inégalités patrimoniales a-t-elle commencé ? Il faut tout d'abord indiquer que les sources disponibles – à savoir principalement les données successorales – ne permettent malheureusement pas à ce jour d'étudier l'évolution historique des inégalités de patrimoines pour autant de pays que pour les inégalités de revenus. Nous disposons d'estimations historiques relativement complètes pour principalement quatre pays : France, Royaume-Uni, États-Unis et Suède. Les enseignements apportés par ces expériences sont toutefois relativement clairs et convergents, notamment pour ce qui concerne les similitudes et les différences entre les trajectoires européennes et américaines[2]. En outre, l'immense avantage des données patrimoniales, par comparaison aux données portant sur les revenus, est qu'elles permettent dans certains cas de remonter

---

1. Voir en particulier chapitre 7, tableau 7.2.
2. Les séries partielles disponibles pour les autres pays donnent également des résultats cohérents. Par exemple, les évolutions observées au Danemark et en Norvège depuis le XIXe siècle sont très proches de la trajectoire constatée en Suède. Les données portant sur le Japon et l'Allemagne indiquent une dynamique proche de la France. Une étude récente sur l'Australie donne des résultats cohérents avec ceux obtenus pour les États-Unis. Voir annexe technique.

beaucoup plus loin dans le temps. Nous allons exposer tour à tour les résultats obtenus pour ces quatre pays.

La France : un observatoire des patrimoines

Le cas de la France est particulièrement intéressant, car il s'agit du seul pays pour lequel nous disposons d'une source historique véritablement homogène permettant d'étudier la répartition des patrimoines de façon continue depuis la fin du XVIIIe et le tout début du XIXe siècle. Cela s'explique par la mise en place dès 1791, peu après l'abolition des privilèges fiscaux de la noblesse, d'un impôt sur les successions et les donations – et plus généralement d'un système d'enregistrement des patrimoines – étonnamment moderne et universel pour l'époque. Le nouvel impôt successoral mis en place par la Révolution française est universel en un triple sens : il frappe de la même façon tous les types de biens et de propriétés (terres agricoles, biens immobiliers urbains et ruraux, liquidités, titres de dette publique ou privée, actifs financiers de toutes natures, actions, parts de sociétés, meubles, objets précieux, etc.), quel que soit leur détenteur (noble ou roturier), et quels que soient les montants concernés, si faibles soient-ils. L'objectif de cette réforme fondatrice n'était d'ailleurs pas seulement de rapporter des recettes fiscales au nouveau régime, mais également de permettre à l'administration de conserver la trace de l'ensemble des transmissions patrimoniales par succession (au décès) ou par donation (du vivant des personnes), de façon à pouvoir garantir à tous le plein exercice du droit de propriété. Dans la langue administrative officielle, l'impôt sur les successions et donations a toujours fait partie, de la loi de 1791 à nos jours, de la catégorie plus large des « droits d'enregistrement », et plus spécifiquement des « droits de mutation », droits qui sont prélevés sur les « mutations à titre gratuit » (c'est-à-dire les transferts de titres de propriété effectués sans contrepartie financière, par succession ou donation), mais également, suivant des modalités particulières, sur les « mutations à titre onéreux » (c'est-à-dire les transferts en échange d'argent ou d'autres titres). Il s'agit donc d'abord de permettre à chaque possédant, petit ou gros, d'enregistrer des biens, et de pouvoir ainsi jouir en toute sécurité de son droit de propriété, et par exemple de faire appel à la force publique en cas de contestation. C'est ainsi que se met en place, à la fin des années 1790 et au tout début des années 1800, un système relativement complet d'enregistrement des propriétés, et en particulier un cadastre pour les biens immobiliers, qui perdure jusqu'à aujourd'hui.

Nous reviendrons dans la quatrième partie sur l'histoire des impôts successoraux dans les différents pays. À ce stade, les impôts nous intéressent principalement comme source. Notons donc simplement que dans la plupart des autres pays il faut attendre la fin du XIXe et le début du XXe siècle pour que se mettent en place des impôts comparables. Au Royaume-Uni, il faut attendre la réforme de 1894 pour que soient unifiés les droits prélevés sur les transmissions de biens immobiliers (*real estate*) et sur celles portant sur les actifs financiers et les biens personnels (*personal estate*), et les années 1910-1920 pour que des statistiques successorales homogènes portant sur l'ensemble des propriétés se mettent en place. Aux États-Unis, l'impôt fédéral sur les successions et donations n'est créé qu'en 1916, et encore ne porte-t-il que sur une petite minorité de la population (il existe des impôts très hétérogènes au niveau des États concernant parfois des segments plus importants de propriétaires). La conséquence est qu'il est très difficile d'étudier dans ces deux pays l'évolution des inégalités patrimoniales avant la Première Guerre mondiale : il existe certes de nombreux actes notariés et inventaires de biens au décès, mais il s'agit le plus souvent d'actes sous seing privé, portant sur des sous-ensembles particuliers de la population et des biens, dont il n'est pas évident de tirer des conclusions générales.

Cela est d'autant plus regrettable que la Première Guerre mondiale représente un choc considérable pour les patrimoines et leur répartition. L'un des principaux intérêts de l'étude du cas français est précisément de pouvoir mettre ce tournant essentiel dans une perspective historique plus longue. De 1791 à 1901, l'impôt sur les successions et donations est strictement proportionnel : le taux varie suivant le lien de parenté, mais il est le même quel que soit le montant transmis, et il est le plus souvent très faible (généralement à peine 1 % ou 2 %). L'impôt devient légèrement progressif en 1901, à la suite d'une longue bataille parlementaire. L'administration, qui publiait déjà depuis les années 1820 des statistiques détaillées sur les flux annuels de successions et de donations, se met à établir à partir de 1902 toutes sortes de dépouillements par tranches de successions, qui deviendront de plus en plus sophistiqués (tris croisés par âge, niveau de successions, types de biens, etc.) jusqu'aux années 1950-1960. À partir des années 1970-1980, il est possible d'utiliser des fichiers numériques comprenant des échantillons représentatifs de l'ensemble des déclarations de successions et de donations déposées en France au cours d'une année donnée, ce qui permet de prolonger ces dépouillements statistiques jusqu'aux années 2000-2010. Outre ces riches sources directement produites par l'administration fiscale au cours des deux derniers siècles, nous avons également collecté des dizaines de milliers de déclarations individuelles, qui ont été très bien conservées dans les archives nationales et départementales depuis les toutes premières années du XIXe siècle, afin de constituer des échantillons de grande taille allant des années 1800-1810 aux années 2000-2010. Au final, les archives successorales françaises offrent un point de vue exceptionnellement riche et détaillé sur deux siècles d'accumulation et de répartition des patrimoines[1].

Les métamorphoses d'une société patrimoniale

Nous avons indiqué sur le graphique 10.1 les principaux résultats obtenus concernant l'évolution de la concentration patrimoniale de 1810 à 2010[2]. La première conclusion est qu'aucune tendance à la réduction de l'inégalité de la propriété du capital n'est perceptible avant les chocs des années 1914-1945. On constate au contraire une légère tendance à la hausse tout au long du XIXe siècle (à partir d'un niveau de départ déjà très élevé), et même une accélération de la spirale inégalitaire au cours des années 1880-1913. Le décile supérieur de la hiérarchie des patrimoines détenait déjà entre 80 % et 85 % du patrimoine total au début du XIXe siècle ; il en détient près de 90 % au début du XXe siècle. À lui seul, le centile supérieur de la répartition détenait entre 45 % et 50 % du patrimoine national dans les années 1800-1810 ;

---

1. Pour une description précise des différentes sources, voir T. PIKETTY, « On the long-run evolution of inheritance : France 1820-2050 », art. cité, (version résumée publiée dans *Quarterly Journal of Economics*, 2011). Les déclarations individuelles ont été collectées avec Gilles Postel-Vinay et Jean-Laurent Rosenthal dans les archives parisiennes. Nous utilisons également des déclarations précédemment rassemblées pour l'ensemble de la France dans le cadre du projet dit des « TRA », grâce aux efforts de nombreux autres chercheurs (en particulier Jérôme Bourdieu, Lionel Kesztenbaum et Akiko Suwa-Eisenman). Voir annexe technique.

2. Pour une analyse détaillée de ces résultats, voir T. PIKETTY, G. POSTEL-VINAY et J.-L. ROSENTHAL, « Wealth concentration in a developing economy : Paris and France, 1807-1994 », *American Economic Review*, 2006. Nous présentons ici une version mise à jour de ces séries. Le graphique 10.1 ainsi que les graphiques suivants se concentrent sur les moyennes décennales afin de focaliser l'attention sur les évolutions de long terme. Toutes les séries annuelles disponibles sont accessibles en ligne.

cette part dépasse les 50 % dans les années 1850-1860, et elle atteint 60 % du patrimoine total vers 1900-1910[1].

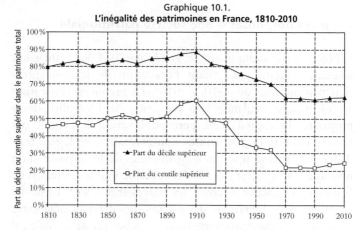

Graphique 10.1.
L'inégalité des patrimoines en France, 1810-2010

Lecture : le décile supérieur (les 10 % des patrimoines les plus élevés) détenait 80 %-90 % du patrimoine total dans les années 1810-1910, et 60 %-65 % aujourd'hui.
Sources et séries : voir piketty.pse.ens.fr/capital21c.

Lorsqu'on analyse ces données avec le recul historique dont nous disposons aujourd'hui, on ne peut qu'être frappé par l'impressionnante concentration des patrimoines qui caractérise la société française de la Belle Époque – en dépit de tous les discours rassurants des élites économiques et politiques de la IIIe République. À Paris, qui rassemble vers 1900-1910 à peine plus d'un vingtième de la population française, mais le quart des patrimoines, la concentration des fortunes est plus élevée encore et semble progresser sans limite au cours des décennies précédant la Première Guerre mondiale. Dans la capitale, où les deux tiers de la population meurent quasiment sans aucun

1. Les parts des déciles et centiles indiquées sur les graphiques 10.1 et suivants ont été calculées en pourcentage du total des patrimoines privés. Mais, compte tenu du fait que ces derniers représentent généralement la quasi-totalité du patrimoine national, cela ne fait pas une grande différence.

patrimoine à transmettre au XIXᵉ siècle (contre environ la moitié dans le reste du pays), mais où se concentrent aussi les plus grandes fortunes, la part du centile supérieur est d'environ 55 % au début du siècle, dépasse 60 % dans les années 1880-1890, puis 70 % à la veille de la Première Guerre mondiale (voir graphique 10.2). Au vu de cette courbe, il est naturel de se demander jusqu'où la concentration des fortunes aurait pu monter en l'absence des guerres.

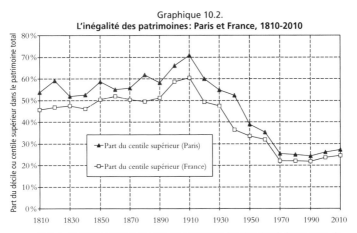

Lecture : le centile supérieur (les 1 % des patrimoines les plus élevés) détient 70 % du patrimoine total à Paris à la veille de la Première Guerre mondiale.
Sources et séries : voir piketty.pse.ens.fr/capital21c.

Nos sources successorales permettent également de constater que l'inégalité des patrimoines est quasiment aussi forte à l'intérieur de chaque classe d'âge, et ce, tout au long du XIXᵉ siècle. Précisons à ce sujet que les estimations indiquées sur les graphiques 10.1-10.2 (et les graphiques suivants) portent sur l'inégalité des patrimoines au sein de l'ensemble de la population adulte vivante à chaque date indiquée : nous partons des patrimoines au décès, mais nous repondérons chaque observation en fonction du nombre de personnes vivantes au sein de cette classe d'âge au cours de l'année considérée. En pratique, cela ne fait pas beaucoup de différence : la concentration patrimoniale parmi les vivants est plus forte d'à peine quelques points que l'inégalité des fortunes au décès, et toutes les évolutions temporelles sont sensiblement les mêmes[1].

Quelle était la concentration des patrimoines en vigueur en France au XVIIIe siècle et à la veille de la Révolution ? En l'absence de source comparable à la source successorale créée par les assemblées révolutionnaires (on ne dispose pour l'Ancien Régime que d'actes sous seing privé, hétérogènes et incomplets, comme pour le Royaume-Uni et les États-Unis jusqu'à la fin du XIXe siècle), il est malheureusement impossible de faire des comparaisons précises. Mais tout semble indiquer que l'inégalité des patrimoines privés s'est légèrement réduite entre les années 1780 et les années 1800-1810, compte tenu des redistributions de terres agricoles et des annulations de titres de dette publique réalisées pendant la Révolution, et plus généralement des chocs subis par les fortunes aristocratiques. Il est possible que la part du décile supérieur atteignait, ou même dépassait légèrement, 90 % du patrimoine total à la veille de 1789, et que la part du centile supérieur atteignait

---

1. Cette méthode, dite du « multiplicateur de mortalité » (« *mortality multiplier* »), revient à repondérer chaque observation par l'inverse du taux de mortalité du groupe d'âge considéré : un mort âgé de 40 ans représente plus de vivants qu'un mort âgé de 80 ans (il faut également prendre en compte les différentiels de mortalité par niveau de richesse). Elle a été mise au point par des économistes et statisticiens français et britanniques dans les années 1900-1910 (en particulier Mallet, Séailles, Strutt et Stamp), puis a été utilisée dans toutes les recherches historiques ultérieures. Lorsqu'elles existent, les données issues des enquêtes sur les patrimoines ou des impôts annuels sur les patrimoines des vivants (en particulier dans les pays nordiques, où de tels impôts existent depuis le début du XXe siècle, ou bien en France, avec les données issues de l'impôt sur la fortune des années 1990-2010) permettent de vérifier le bien-fondé de cette méthode et d'affiner les hypothèses sur les différentiels de mortalité. Sur ces aspects méthodologiques, voir annexe technique.

voire dépassait 60 %. À l'inverse, le « milliard des émigrés » et le retour de la noblesse sur le devant de la scène politique ont favorisé la reconstitution d'un certain nombre de fortunes anciennes pendant la période des monarchies censitaires (1815-1848). De fait, nos données successorales permettent de constater que le pourcentage de noms aristocratiques au sein du centile supérieur de la hiérarchie des patrimoines parisiens passe graduellement d'à peine 15 % dans les années 1800-1810 à près de 30 % dans les années 1840, avant de se mettre à décliner inexorablement à partir des années 1850-1860 et de tomber à moins de 10 % dans les années 1890-1900[1].

L'importance des mouvements entraînés par la Révolution française ne doit toutefois pas être exagérée. Pour finir, par-delà ces variations (probable baisse des inégalités patrimoniales des années 1780 aux années 1800-1810, puis hausse graduelle de 1810-1820 jusqu'en 1900-1910, notamment à partir des années 1870-1880), le fait majeur est la relative stabilité de l'inégalité de la propriété du capital à un niveau extrêmement élevé au cours des XVIIIe et XIXe siècles et jusqu'au début du XXe siècle. Tout au long de cette période, le décile supérieur détient toujours de l'ordre de 80 %-90 % du patrimoine total, et le centile supérieur environ 50 %-60 %. Comme nous l'avons vu dans la deuxième partie, la structure du capital s'est totalement transformée entre le XVIIIe et le début du XXe siècle (le capital terrien a été presque entièrement remplacé par le capital industriel, financier et immobilier, et ne pèse quasiment plus rien dans les patrimoines de la Belle Époque), mais son niveau global – mesuré en années de revenu national – est resté relativement stable. En particulier, la Révolution française n'a eu que peu d'impact sur le rapport capital/revenu. Nous venons de voir qu'il en va de même pour la répartition du capital. Dans les années 1810-1820, à l'époque du père Goriot,

---

1. Voir annexe technique. Ce pourcentage dépassait probablement 50 % avant 1789.

de Rastignac et de Mlle Victorine, la fortune est sans doute légèrement moins inégalement répartie que sous l'Ancien Régime. Mais la différence est somme toute assez réduite : il s'agit dans les deux cas de sociétés patrimoniales caractérisées par une hyperconcentration du capital, des sociétés dans lesquelles l'héritage et le mariage jouent un rôle essentiel, et où mettre la main sur un patrimoine élevé apporte une aisance que les études et le travail ne peuvent permettre d'atteindre. À la Belle Époque, la fortune est encore plus concentrée qu'au moment du discours de Vautrin. Mais il s'agit dans le fond de la même société et de la même structure fondamentale des inégalités, de l'Ancien Régime à la IIIe République, en dépit des immenses transformations économiques et politiques qui ont eu lieu entre ces deux époques.

Nos sources successorales permettent également de constater que la baisse de la part du décile supérieur dans le patrimoine national au XXe siècle s'est faite entièrement au bénéfice des 40 % du milieu, et que la part des 50 % les plus pauvres n'a guère évolué (elle a toujours été inférieure à 5 %). Tout au long du XIXe comme du XXe siècle, la moitié la plus pauvre de la population ne possède quasiment aucun patrimoine. En particulier, à l'âge du décès, on constate qu'environ la moitié la plus pauvre ne possède aucun actif immobilier ou financier susceptible d'être transmis, ou bien que les maigres biens sont entièrement absorbés par les frais liés au décès ou par les dettes (auquel cas les héritiers choisissent généralement de renoncer à l'héritage). Cette proportion dépasse les deux tiers des décès à Paris tout au long du XIXe siècle, et jusqu'à la Première Guerre mondiale, sans tendance à la baisse. Ce vaste groupe inclut par exemple le père Goriot, qui meurt abandonné par ses filles, dans la pauvreté la plus absolue : sa logeuse, Mme Vauquer, réclame le reliquat de pension à Rastignac, qui doit aussi payer le coût de l'enterrement, qui à lui seul dépasse la valeur des maigres effets personnels du vieil homme. Si l'on considère l'ensemble de la France, c'est environ la moitié de la population qui meurt ainsi sans patrimoine à transmettre – ou avec un patrimoine négatif – au XIXe siècle, et cette proportion n'évoluera guère au XXe siècle[1].

L'inégalité du capital dans l'Europe de la Belle Époque

Les données disponibles pour les autres pays européens, malgré leurs imperfections, démontrent sans ambiguïté que l'extrême concentration des patrimoines aux XVIIIe et XIXe siècles et jusqu'à la Première Guerre mondiale est un phénomène qui concerne l'ensemble de l'Europe, et pas seulement la France.

Au Royaume-Uni, il existe à partir des années 1910-1920 des statistiques successorales détaillées, qui ont été abondamment exploitées par les chercheurs (notamment par Atkinson et Harrisson). Si on les complète par les estimations disponibles pour les années récentes, ainsi que par les estimations plus fragiles et moins homogènes réalisées par Peter Lindert pour 1810 et 1870 (à partir d'échantillons d'inventaires au décès), on obtient une évolution d'ensemble très proche de la trajectoire française, avec un niveau général d'inégalité toujours un peu plus élevé outre-Manche. La part du décile supérieur était de l'ordre de 85 % du patrimoine total en 1810-1870, et dépasse les 90 % vers 1900-1910 ; la part du centile supérieur serait passée d'environ 55 %-60 % du patrimoine total en 1810-1870 à près de 70 % dans les années 1910 (voir graphique 10.3). Les sources britanniques sont imparfaites, en particulier pour le XIXe siècle, mais les ordres de grandeur sont parfaitement clairs : la concentration des patrimoines

---

1. Sur cette question, voir également J. BOURDIEU, G. POSTEL-VINAY, A. SUWA-EISENMANN, « Pourquoi la richesse ne s'est-elle pas diffusée avec la croissance ? Le degré zéro de l'inégalité et son évolution en France : 1800-1940 », *Histoire et mesure*, 2003.

était extrêmement forte au Royaume-Uni au XIXe siècle et ne manifestait jusqu'en 1914 aucune tendance à la baisse, au contraire. D'un point de vue français, le plus frappant est que l'inégalité du capital était finalement à peine plus forte au Royaume-Uni qu'en France à la Belle Époque, alors même que les élites républicaines du moment aimaient décrire la France comme un pays égalitaire par comparaison au voisin monarchique d'outre-Manche. En vérité, la nature formelle du régime politique n'avait visiblement que peu d'impact sur la réalité de la répartition des richesses dans les deux pays.

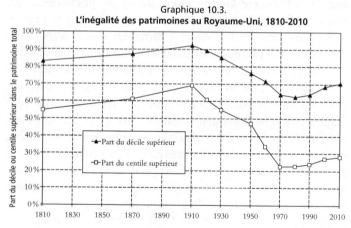

Graphique 10.3.
L'inégalité des patrimoines au Royaume-Uni, 1810-2010

Lecture : le décile supérieur détenait 80 %-90 % du patrimoine total dans les années 1810-1910, et 70 % aujourd'hui.
Sources et séries : voir piketty.pse.ens.fr/capital21c.

En Suède, où des données très riches débutant dans les années 1910 ont récemment été exploitées par Ohlsonn, Roine et Waldenström, et où il existe également des estimations réalisées pour 1810 et 1870 (notamment par Lee Soltow), on constate également une trajectoire très proche de ce que l'on observe en France et au Royaume-Uni (voir graphique 10.4). En particulier, les sources patrimoniales suédoises confirment ce que nous avons déjà appris grâce aux déclarations de revenus : la Suède n'est pas le pays structurellement égalitaire que l'on imagine parfois. La concentration des patrimoines a certes atteint en Suède dans les années 1970-1980 le point le plus bas observé dans nos séries historiques (avec à peine plus de 50 % du patrimoine total pour le décile supérieur, et guère plus de 15 % pour le centile supérieur). Mais outre qu'il s'agit tout de même d'une inégalité élevée, qui a augmenté sensiblement depuis les années 1980-1990 (la concentration des patrimoines au début des années 2010 semble à peine plus faible qu'en France), le fait important sur lequel il me semble essentiel d'insister ici est que la concentration des patrimoines en 1900-1910 était tout aussi forte en Suède qu'en France et au Royaume-Uni. Toutes les sociétés européennes à la Belle Époque semblent se caractériser par une très forte concentration des patrimoines. Il est essentiel de comprendre quelles en sont les raisons et pourquoi cette réalité s'est profondément transformée au cours du siècle dernier.

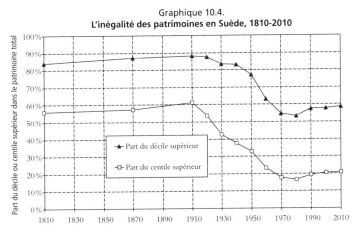

Graphique 10.4.
L'inégalité des patrimoines en Suède, 1810-2010

Lecture : le décile supérieur détenait 80 %-90 % du patrimoine total dans les années 1810-1910, et 55 %-60 % aujourd'hui.
Sources et séries : voir piketty.pse.ens.fr/capital21c.

Il est intéressant de noter que ce niveau extrême de concentration de patrimoines – de l'ordre de 80 %-90 % du capital possédé par le décile supérieur, dont environ 50 %-60 % pour le centile supérieur – semble également se retrouver approximativement dans la plupart des sociétés jusqu'au XIXe siècle, et en particulier dans les sociétés agraires traditionnelles, aussi bien à l'époque moderne qu'au Moyen Âge et dans l'Antiquité. Les sources disponibles sont trop fragiles pour espérer faire des comparaisons précises et étudier des évolutions temporelles, mais les ordres de grandeur obtenus pour la part du décile supérieur et du centile supérieur dans le total des fortunes (en particulier dans le total des terres agricoles) sont généralement très proches de ce que nous trouvons pour la France, le Royaume-Uni et la Suède du XIXe siècle et de la Belle Époque[1].

L'émergence de la classe moyenne patrimoniale

La double interrogation qui va désormais nous préoccuper est donc la suivante. Pourquoi les inégalités patrimoniales étaient-elles si extrêmes – et même de plus en plus fortes – jusqu'à la Première Guerre mondiale ? Et pourquoi, en dépit du fait que les patrimoines dans leur ensemble ont retrouvé en ce début de XXIe siècle leur prospérité du début du XXe siècle (comme le montre l'évolution du rapport capital/revenu), la concentration du capital se situe-t-elle aujourd'hui nettement au-dessous de ces records historiques, et est-on bien sûr que ces raisons soient définitives et irréversibles ?

De fait, la seconde conclusion qui ressort très clairement

---

1. Voir par exemple les intéressantes données sur la répartition des terres collectées par R. S. BAGNALL, « Landholding in late roman Egypt. The distribution of wealth », *Journal of Roman Studies*, 1992. Il existe d'autres travaux de ce type donnant des résultats proches. Voir annexe technique.

des données françaises représentées sur le graphique 10.1 est que la concentration des patrimoines, comme celle des revenus issus des patrimoines, ne s'est apparemment jamais totalement remise des chocs des années 1914-1945. La part du décile supérieur, qui atteignait 90 % du patrimoine total dans les années 1910, est tombée à 60 %-70 % dans les années 1950-1970 ; la part du centile supérieur a chuté plus fortement encore, passant de 60 % dans les années 1910 à 20 %-30 % dans les années 1950-1970. Par comparaison aux tendances antérieures au premier conflit mondial, la rupture est nette et massive. Depuis les années 1980-1990, les inégalités patrimoniales sont certes reparties à la hausse, et nous verrons que la globalisation financière rend de plus en plus difficile la mesure des patrimoines et de leur répartition dans le cadre national . l'inégalité du capital au XXIe siècle devra de plus en plus être envisagée au niveau mondial. Mais, quelles que soient ces incertitudes, il ne fait aucun doute que les inégalités patrimoniales se situent actuellement nettement au-dessous de ce qu'elles étaient il y a un siècle : environ 60 %-65 % du patrimoine total pour le décile supérieur au début des années 2010, ce qui est à la fois très élevé et sensiblement plus faible qu'à la Belle Époque. La différence essentielle est qu'il existe maintenant une classe moyenne patrimoniale possédant environ un tiers du patrimoine national, ce qui n'est pas rien.

Les données disponibles pour les autres pays européens montrent là encore qu'il s'agit d'un phénomène général. Au Royaume-Uni, la part du décile supérieur est passée de plus de 90 % à la veille du premier conflit mondial à environ 60 %-65 % dans les années 1970 ; elle est actuellement de l'ordre de 70 % ; la part du centile supérieur s'est littéralement effondrée à la suite des chocs du XXe siècle, passant de près de 70 % dans les années 1910 à guère plus de 20 % dans les années 1970, pour finalement se situer aux alentours de 25 %-30 % au début des années 2010 (voir graphique 10.3). En

Suède, les niveaux de concentration du capital sont toujours un peu plus faibles qu'au Royaume-Uni, mais la trajectoire d'ensemble est finalement assez proche (voir graphique 10.4). Dans tous les cas, on constate que la chute des 10 % les plus riches de la hiérarchie des fortunes s'est faite pour l'essentiel au bénéfice de la classe moyenne patrimoniale (définie comme les 40 % suivants), et non de la moitié la plus pauvre de la population, dont la part dans le patrimoine total a toujours été minuscule (généralement autour de 5 %), y compris en Suède (où elle n'a jamais dépassé 10 %). Dans certains cas, en particulier au Royaume-Uni, on constate que la chute des 1 % les plus riches a également bénéficié pour une part non négligeable aux 9 % suivants. Mais, par-delà les particularités nationales, la similitude générale entre les différentes trajectoires européennes est très frappante. La transformation structurelle majeure est l'apparition d'un groupe central représentant près de la moitié de la population, constitué de personnes ayant réussi à accéder au patrimoine, et détenant collectivement entre un quart et un tiers du patrimoine national.

L'inégalité du capital en Amérique

Examinons maintenant le cas américain. Là encore, il existe à partir des années 1910-1920 des statistiques successorales largement utilisées par les chercheurs (en particulier par Lampman, Kopczuk et Saez), avec toutefois des limites importantes liées au faible pourcentage de la population concerné par l'impôt fédéral sur les successions. Ces estimations peuvent être complétées par les enquêtes détaillées sur les patrimoines réalisées par la Federal Reserve américaine depuis les années 1960 (exploitées notamment par Kennickell et Wolff), et par des estimations plus fragiles portant sur 1810 et 1870 et se fondant sur des inventaires au décès et un recensement des patrimoines exploités respectivement par Jones et Soltow[1].

On constate plusieurs différences importantes entre les trajectoires européennes et américaines. Tout d'abord, il semblerait que l'inégalité des patrimoines en vigueur aux États-Unis autour de 1800 n'était pas beaucoup plus élevée qu'en Suède dans les années 1970-1980. S'agissant d'un pays neuf, composé pour une large part d'une population de migrants arrivés au Nouveau Monde sans patrimoine (ou avec un capital limité), cela n'a rien de très étonnant : le processus d'accumulation et concentration des fortunes n'a pas eu le temps de se mettre en place. Les données sont toutefois hautement imparfaites et varient fortement suivant que l'on considère les États du Nord (où des estimations indiquent des niveaux d'inégalité inférieurs à la Suède des années 1970-1980) ou les États du Sud (où l'inégalité est plus proche des niveaux européens de la même époque)[2].

La concentration croissante des patrimoines américains au cours du XIXe siècle semble bien établie. Autour de 1910, l'inégalité du capital est devenue très forte aux États-Unis, tout en demeurant sensiblement plus faible qu'en Europe : autour de 80 % du patrimoine total pour le décile supérieur, et environ 45 % pour le centile supérieur (voir graphique 10.5). Il est intéressant de noter que ce processus de rattrapage inégalitaire du Nouveau Monde sur la vieille Europe inquiétait beaucoup les économistes américains de l'époque. La lecture du livre consacré par Willford King à la répartition des richesses aux États-Unis en 1915 – première étude

---

1. Les indications bibliographiques et techniques précises sont données dans l'annexe technique.

1. Certaines estimations font apparaître des parts du centile supérieur inférieures à 15 % du patrimoine total pour l'ensemble des États-Unis autour de 1800, mais cela est entièrement dû au fait de se concentrer sur les personnes libres, choix évidemment très discutable. Les estimations indiquées ici portent sur l'ensemble de la population (libre et esclave). Voir annexe technique.

d'ensemble sur la question – est de ce point de vue particulièrement éclairante[1]. Vu d'aujourd'hui, cela peut surprendre : nous sommes habitués depuis plusieurs décennies maintenant à ce que les États-Unis soient plus inégalitaires que l'Europe, et même souvent se revendiquent comme tels (l'inégalité américaine est régulièrement décrite outre-Atlantique comme une condition du dynamisme entrepreneurial, et l'Europe comme un temple de l'égalitarisme soviétoïde). Mais il y a un siècle, les perceptions comme la réalité étaient rigoureusement inverses : il était évident pour tout le monde que le Nouveau Monde était par nature moins inégalitaire que la vieille Europe, et cette différence était également un sujet de fierté. À la fin du XIXe siècle, au cours de la période dite du « Gilded Age », où s'accumulent aux États-Unis des fortunes industrielles et financières inconnues jusqu'alors (c'est l'époque des Rockefeller, Carnegie, J. P. Morgan), de nombreux observateurs outre-Atlantique s'alarment à l'idée que le pays puisse perdre son esprit pionnier et égalitaire – en partie mythique, certes, mais partiellement justifié par comparaison à la concentration des fortunes européennes. Nous verrons dans la prochaine partie que cette peur de ressembler à l'Europe explique sans doute en partie l'invention en Amérique, à partir des années 1910-1920, d'une fiscalité lourdement progressive sur les grosses successions – jugées contraires aux valeurs américaines –, ainsi que sur les revenus jugés excessifs. C'est peu dire que les perceptions de l'inégalité, de la redistribution et des différentes identités nationales ont beaucoup changé depuis un siècle.

---

2. Voir W. I. KING, *The Wealth and Income of the People of the United States*, MacMillan, 1915. L'auteur, professeur de statistiques et d'économie à l'université du Wisconsin, rassemble des données imparfaites mais suggestives sur plusieurs États américains, les compare à des estimations européennes, issues notamment des statistiques fiscales prussiennes de l'époque, et trouve des écarts plus réduits que ce qu'il imaginait *a priori*.

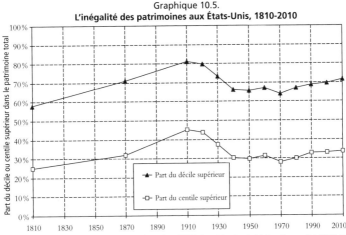

Graphique 10.5.
L'inégalité des patrimoines aux États-Unis, 1810-2010

Lecture : le décile supérieur détenait environ 80 % du patrimoine total dans les années 1910, et 70 %-75 % aujourd'hui.
Sources et séries : voir piketty.pse.ens.fr/capital21c.

L'inégalité américaine des patrimoines diminue au cours de la période 1910-1950, de même que l'inégalité des revenus, mais beaucoup moins fortement qu'en Europe : il faut dire qu'elle part de moins haut et que les chocs causés par les guerres sont moins violents. Au début des années 2010, la part du décile supérieur dépasse les 70 % du patrimoine total et celle du centile supérieur avoisine les 35 %[1].

Au final, la déconcentration des patrimoines a été relativement limitée aux États-Unis au cours du siècle écoulé : la part du décile supérieur est passée de 80 % à 70 % du patrimoine total, alors qu'elle est passée de 90 % à 60 % en Europe (voir graphique 10.6[2]).

---

1. Il est possible que ces niveaux, issus des enquêtes officielles de la Federal Reserve, soient un peu sous-estimés (compte tenu des difficultés d'estimation des plus hautes fortunes) et que la part du centile atteigne 40 %. Voir annexe technique.

2. La moyenne européenne indiquée sur le graphique 10.6 a été calculée

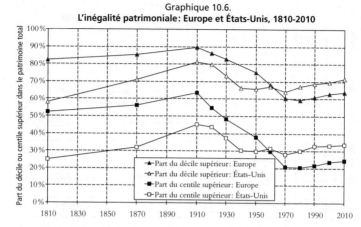

Graphique 10.6.
L'inégalité patrimoniale : Europe et États-Unis, 1810-2010

Lecture : jusqu'au milieu du xxe siècle, les inégalités patrimoniales étaient plus fortes en Europe qu'aux États-Unis.
Sources et séries : voir piketty.pse.ens.fr/capital21c.

On voit tout ce qui sépare les expériences européennes et américaines. En Europe, le XXe siècle a conduit à une transformation complète de la société : les inégalités de fortunes, qui à la veille du premier conflit mondial étaient aussi fortes que sous l'Ancien Régime, se sont réduites à un niveau inconnu auparavant, à tel point que près de la moitié de la population a pu accéder à un minimum de patrimoine, et a pu pour la première fois posséder collectivement une part non négligeable du capital national. Cela explique, au moins en partie, le grand élan d'optimisme qui anime l'Europe pendant les Trente Glorieuses (on a l'impression d'avoir dépassé le capitalisme, les inégalités et la société de classes du passé), ainsi sans doute que les plus grandes difficultés à accepter depuis les années 1980 que cette irrésistible marche en avant vers le progrès social se soit enrayée (on

---

à partir des cas de la France, du Royaume-Uni et de la Suède (tout indique qu'ils sont représentatifs). Voir annexe technique.

se demande encore quand le mauvais génie capitaliste va retourner dans sa bouteille).

Aux États-Unis, les perceptions sont très différentes. Dans une certaine mesure, il existait déjà une classe moyenne patrimoniale – blanche – au début du XIXe siècle. Elle a été mise à mal pendant le « Gilded Age », puis a repris des couleurs au milieu du XXe siècle, et est de nouveau mise à mal depuis les années 1970-1980. Ce « yo-yo » américain se retrouve d'ailleurs dans l'histoire fiscale du pays. Aux États-Unis, le XXe siècle n'est pas synonyme de grand bond en avant en matière de justice sociale. Les inégalités patrimoniales américaines sont en réalité plus fortes au début du XXIe siècle qu'elles ne l'étaient au début du XIXe. Aux États-Unis, le paradis perdu est celui des origines, celui dont parlent les Tea Parties, et non celui des Trente Glorieuses et de ses interventions étatiques destinées à faire courber l'échine au capital.

La mécanique de la divergence patrimoniale : r versus g dans l'histoire

Essayons maintenant d'expliquer les faits observés : l'hyperconcentration patrimoniale qui caractérise l'Europe au XIXe siècle et jusqu'au premier conflit mondial ; la forte compression de l'inégalité du capital à la suite des chocs des années 1914-1945 ; et le fait que la concentration des patrimoines n'ait – à ce jour – pas retrouvé ses records européens du passé.

Précisons qu'aucune donnée à ma connaissance ne permet de déterminer avec certitude la part exacte des différents mécanismes dans le mouvement d'ensemble. On peut toutefois tenter de les hiérarchiser, sur la base des sources et des analyses dont nous disposons. Voici la principale conclusion à laquelle je suis parvenu.

La force principale expliquant l'hyperconcentration patrimoniale observée dans les sociétés agraires traditionnelles, et dans une large mesure dans toutes les sociétés jusqu'à la Première Guerre mondiale (le cas des sociétés pionnières du Nouveau Monde est pour des raisons évidentes très particulier, et peu représentatif au niveau mondial et à très long terme), est liée au fait qu'il s'agit d'économies caractérisées par une faible croissance, et par un taux de rendement du capital nettement et durablement supérieur au taux de croissance.

Cette force de divergence fondamentale, déjà évoquée dans l'introduction, fonctionne de la façon suivante. Considérons un monde de croissance faible, par exemple de l'ordre de 0,5 %-1 % par an, comme cela était le cas jusqu'aux XVIIIe et XIXe siècles. Le taux de rendement du capital, dont nous avons vu qu'il était généralement de l'ordre de 4 %-5 % par an, est par construction beaucoup plus élevé que le taux de croissance dans de telles sociétés. Concrètement, cela signifie que les patrimoines issus du passé se recapitalisent beaucoup plus vite que la croissance de l'économie, y compris en l'absence de tout revenu du travail.

Par exemple, si $g = 1\%$ et $r = 5\%$, alors il suffit d'épargner un cinquième des revenus du capital – et de consommer les quatre autres cinquièmes – pour qu'un capital hérité de la génération précédente progresse au même rythme que l'économie dans son ensemble. Si l'on épargne davantage, par exemple parce que le capital est suffisamment considérable pour générer un train de vie acceptable en consommant une fraction plus réduite des rentes annuelles, le patrimoine s'accroîtra plus vite que la moyenne de l'économie, et les inégalités patrimoniales auront tendance à s'élargir, tout cela sans qu'il soit nécessaire d'apporter le moindre revenu du travail. On voit donc, d'un strict point de vue logique, qu'il s'agit de conditions idéales pour que prospère une société d'héritiers, une société caractérisée à la fois par une très forte concentration patrimoniale et une grande pérennité dans le temps et à travers les générations de ces patrimoines élevés.

Or il se trouve qu'il s'agit très précisément des conditions qui caractérisent nombre de sociétés dans l'histoire, et en particulier les sociétés européennes au XIXe siècle. Comme l'indique le graphique 10.7, le taux de rendement pur du capital était nettement plus élevé que le taux de croissance en France de 1820 à 1913, en moyenne de l'ordre de 5 %, alors que la croissance fluctuait autour de 1 % par an. Les revenus du capital représentaient près de 40 % du revenu national, et il suffisait d'en épargner un quart pour générer un taux d'épargne de l'ordre de 10 % (voir graphique 10.8), et permettre ainsi aux patrimoines de progresser un peu plus vite que les revenus, et à la concentration des patrimoines de croître tendanciellement. Nous verrons dans le prochain chapitre que l'essentiel des patrimoines au cours de cette période provient effectivement de l'héritage, et que cette suprématie des capitaux hérités – en dépit d'un grand dynamisme économique pour l'époque, et d'une impressionnante sophistication financière – s'explique par les effets dynamiques de l'inégalité fondamentale $r > g$: les très riches données successorales françaises permettent d'être extrêmement précis sur ce point.

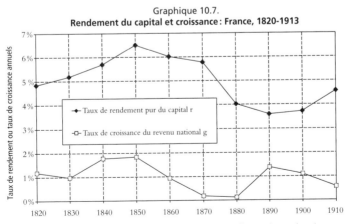

Graphique 10.7.
Rendement du capital et croissance : France, 1820-1913

Lecture : le taux de rendement du capital est nettement plus élevé que le taux de croissance en France de 1820 à 1913.
Sources et séries : voir piketty.pse.ens.fr/capital21c.

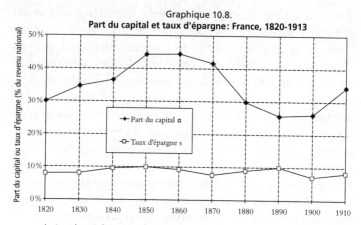

Graphique 10.8.
Part du capital et taux d'épargne: France, 1820-1913

Lecture: la part des revenus du capital dans le revenu national est nettement plus élevée que le taux d'épargne en France de 1820 à 1913.
Sources et séries: voir piketty.pse.ens.fr/capital21c.

Pourquoi le rendement du capital est-il supérieur au taux de croissance ?

Poursuivons le raisonnement logique. Existe-t-il des raisons profondes expliquant pourquoi le rendement du capital devrait être systématiquement supérieur au taux de croissance ? Précisons d'emblée qu'il s'agit à mes yeux davantage d'une réalité historique que d'une nécessité logique absolue.

Tout d'abord, l'inégalité fondamentale $r > g$ correspond effectivement à une réalité historique incontestable. Confrontés pour la première fois à cette affirmation, de nombreux interlocuteurs commencent souvent par s'étonner et par s'interroger sur la possibilité logique d'une telle relation. La façon la plus évidente de se convaincre que l'inégalité $r > g$ est bel et bien une réalité historique est sans doute la suivante.

Comme nous l'avons vu dans la première partie, le taux de croissance a été quasi nul pendant l'essentiel de l'histoire de l'humanité : en combinant croissance démographique et économique, on peut considérer que le taux de croissance global entre l'Antiquité et le XVIIe siècle n'a jamais excédé durablement 0,1 %-0,2 % par an. Quelles que soient les incertitudes historiques, il ne fait aucun doute que le taux de rendement du capital a toujours été nettement supérieur : la valeur centrale observée sur la longue durée gravite autour d'un rendement de 4 %-5 % par an. Il s'agit notamment de ce que rapporte la rente foncière, en pourcentage de la valeur des terres, dans la plupart des sociétés agraires traditionnelles. Même en adoptant une estimation beaucoup plus basse du rendement pur du capital – par exemple en considérant comme nombre de propriétaires terriens à travers l'histoire qu'il n'est pas si simple de gérer un vaste domaine, et qu'une partie de ce rendement correspond en réalité à la juste rémunération du travail hautement qualifié apporté par le possédant –, on aboutirait à un rendement minimal (et à mon sens peu réaliste, et sensiblement trop faible) d'au moins 2 %-3 % par an. Cela serait dans tous les cas nettement supérieur à 0,1 %-0,2 %. Pendant l'essentiel de l'histoire de l'humanité, le fait majeur est que le taux de rendement du capital a toujours été au moins dix ou vingt fois supérieur au taux de croissance de la production et du revenu. Il s'agissait, dans une large mesure, du fondement même de la société : c'est ce qui permettait à une classe de possédants de se consacrer à autre chose que sa propre subsistance.

Afin d'illustrer ce point de la façon le plus claire possible, j'ai représenté sur le graphique 10.9 l'évolution au niveau mondial du taux de rendement du capital et du taux de croissance depuis l'Antiquité jusqu'au XXIe siècle.

Il s'agit évidemment d'estimations approximatives et incertaines ; mais les ordres de grandeur et les évolutions d'ensemble peuvent être considérés comme valables. Pour le taux de croissance au niveau mondial, j'ai repris les estimations historiques et les prévisions pour l'avenir analysées dans la première partie. Pour le taux de rendement du capital au

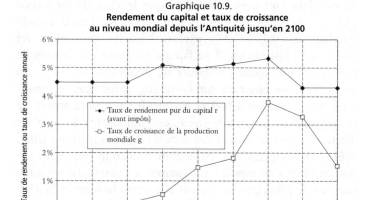

Graphique 10.9.
Rendement du capital et taux de croissance
au niveau mondial depuis l'Antiquité jusqu'en 2100

Lecture : le taux de rendement du capital (avant impôts) a toujours été supérieur au taux de croissance mondial, mais l'écart s'est resserré au xxe siècle et pourrait s'élargir de nouveau au xxie siècle.
Sources et séries : voir piketty.pse.ens.fr/capital21c.

niveau mondial, il s'agit pour la période 1700-2010 des estimations du rendement pur du capital obtenues pour le Royaume-Uni et la France et analysées dans la deuxième partie. Pour les périodes antérieures, j'ai retenu un rendement pur de 4,5 %, ce qui doit être considéré comme une valeur minimale (les données historiques disponibles suggèrent plutôt des rendements moyens de l'ordre de 5 %-6 %[1]). Pour le XXIe siècle, j'ai supposé que la valeur observée au cours de la période 1990-2010 (soit environ 4 %) allait se prolonger,

---

1. Pour la rente foncière, les données les plus anciennes disponibles pour l'Antiquité et le Moyen Âge suggèrent des rendements annuels de l'ordre de 5 %. Pour les prêts à intérêts, on observe souvent dans les périodes anciennes des taux supérieurs à 5 % – typiquement de l'ordre de 6 %-8 % –, y compris pour des prêts gagés sur des biens immobiliers. Voir par exemple les données rassemblées par S. HOMER et R. SYLLA, *A History of Interest Rates*, Rutgers University Press, 1996. Ces données ne permettent cependant pas de connaître précisément la représentativité de ces différents rendements.

mais tout cela est bien sûr incertain : comme nous l'avons vu dans la deuxième partie, il existe des forces poussant vers une diminution de ce rendement, et d'autres allant dans la direction de son augmentation. Précisons également que les rendements du capital indiqués sur le graphique 10.8 sont des rendements avant impôts (et avant prise en compte des pertes en capital liées aux guerres, et des plus-values et moins-values, particulièrement importantes au cours du XXe siècle).

On constate sur le graphique 10.9 que le taux de rendement pur du capital – généralement 4 %-5 % – a toujours été nettement supérieur au taux de croissance mondial au cours de l'histoire, mais que l'écart s'est fortement resserré au cours du XXe siècle, et notamment dans la seconde moitié du siècle, quand la croissance mondiale a atteint 3,5 %-4 % par an. Selon toute vraisemblance, l'écart devrait s'élargir de nouveau au cours du XXIe siècle, au fur et à mesure du ralentissement de la croissance (notamment démographique). D'après le scénario central analysé dans la première partie, le taux de croissance mondial pourrait être de l'ordre de 1,5 % par an entre 2050 et 2100, soit approximativement le même niveau qu'au XIXe siècle. L'écart entre r et g retrouverait alors un niveau comparable à celui qui prévalait pendant la révolution industrielle.

On voit immédiatement le rôle central que peuvent jouer les impôts sur le capital – et les chocs de diverses natures – dans un tel contexte. Jusqu'à la Première Guerre mondiale, les impôts sur le capital étaient très réduits (il n'existait dans la plupart des pays ni impôt sur les revenus ni impôt sur les bénéfices des sociétés, et les taux des impôts successoraux ne dépassaient généralement pas quelques pourcents). On peut donc considérer pour simplifier que les taux de rendement avant et après impôts étaient quasiment les mêmes. À partir de la Première Guerre mondiale, les taux des impôts sur les revenus, les bénéfices et les patrimoines les plus élevés atteignent rapidement des niveaux importants. Depuis les années 1980-1990, dans un contexte idéologique largement transformé, de plus en plus marqué par la globalisation financière et la concurrence exacerbée entre États pour attirer les capitaux, les taux de ces impôts se mettent à baisser, et dans certains cas ne sont pas loin de disparaître purement et simplement.

J'ai indiqué sur le graphique 10.10 des estimations du rendement moyen du capital après prise en compte des impôts et après déduction d'une estimation moyenne des pertes en capital liées aux destructions pour la période 1913-1950. Pour fixer les idées, j'ai également supposé que la concurrence fiscale allait conduire progressivement à une disparition complète des impôts sur le capital au cours du XXIe siècle : le taux moyen d'imposition du rendement du capital est fixé à 30 % pour la période 1913-2012, puis passe à 10 % en 2012-2050 et 0 % en 2050-2100. En pratique, les choses sont plus compliquées : les impôts varient énormément suivant les pays et les types de patrimoines, ils peuvent parfois être progressifs (c'est-à-dire que leur taux augmente avec le niveau de revenu ou de patrimoine, tout du moins en principe), et rien ne dit évidemment que la concurrence fiscale ira jusqu'à son terme (nous reprendrons l'étude de cette question dans la quatrième partie).

On constate que le rendement net d'impôts (et net de pertes) est tombé à tout juste 1 %-1,5 % par an au cours de la période 1913-1950, c'est-à-dire au-dessous du taux de croissance. Cette situation inédite s'est produite de nouveau entre 1950 et 2012, compte tenu du taux de croissance exceptionnellement élevé. Au final, on observe que les chocs fiscaux et non fiscaux du XXe siècle ont conduit pour la première fois dans l'histoire le rendement net du capital à passer au-dessous du taux de croissance. Par une conjonction de facteurs (destructions liées aux guerres, politiques fiscales progressives entraînées par les chocs des années 1914-1945,

L'inégalité de la propriété du capital

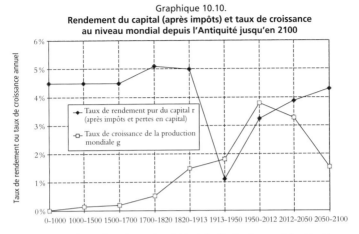

Graphique 10.10.
Rendement du capital (après impôts) et taux de croissance au niveau mondial depuis l'Antiquité jusqu'en 2100

Lecture : le taux de rendement du capital (après impôts et pertes en capital) est tombé au-dessous du taux de croissance au XXe siècle et pourrait repasser au-dessus au XXIe siècle.
Sources et séries : voir piketty.pse.ens.fr/capital21c.

croissance exceptionnelle des Trente Glorieuses), cette situation inhabituelle eu égard à l'histoire s'est prolongée pendant tout un siècle. Tout laisse à penser qu'elle est sur le point de prendre fin. Si la concurrence fiscale va jusqu'à son terme, ce qui n'est pas exclu, l'écart entre r et g retrouvera au cours du XXIe siècle un niveau proche du XIXe (voir graphique 10.10). Si l'imposition moyenne du capital se maintient à un niveau de l'ordre de 30 %, ce qui n'a rien d'évident, alors le rendement net du capital repassera probablement dans tous les cas nettement au-dessus du taux de croissance, tout du moins dans le scénario central.

Afin de faire apparaître cette possible évolution de façon plus claire encore, j'ai regroupé sur le graphique 10.11 les deux sous-périodes 1913-1950 et 1950-2012 en une seule moyenne pour l'ensemble du siècle 1913-2012, période inédite au cours de laquelle le rendement net du capital a été inférieur à la croissance. J'ai également regroupé les deux sous-périodes 2012-2050 et 2050-2100 en une seule

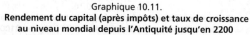

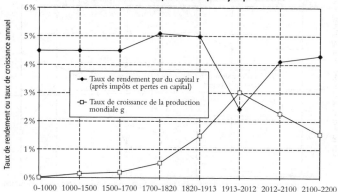

Graphique 10.11.
Rendement du capital (après impôts) et taux de croissance au niveau mondial depuis l'Antiquité jusqu'en 2200

Lecture : le taux de rendement du capital (après impôts et pertes en capital) est tombé au-dessous du taux de croissance au XX⁰ siècle et pourrait repasser au-dessus au XXI⁰ siècle.
Sources et séries : voir piketty.pse.ens.fr/capital21c.

moyenne séculaire 2012-2100, et nous avons supposé que les taux de la seconde moitié du XXIe siècle se maintiendraient au XXIIe, ce qui est évidemment tout à fait incertain. Ce graphique 10.11 a au moins le mérite de faire apparaître le caractère tout à fait inhabituel – et potentiellement unique – du XXe siècle pour ce qui concerne la comparaison de r et de g. On peut également noter que l'hypothèse d'une croissance mondiale de 1,5 % par an à très long terme est aux yeux de nombreux observateurs excessivement optimiste. Rappelons que la croissance moyenne de la production par habitant a été de 0,8 % par an au niveau mondial entre 1700 et 2012, et que la croissance démographique – également de 0,8 % sur les trois derniers siècles – devrait d'après les prévisions les plus répandues s'abaisser fortement d'ici à la fin du XXIe siècle. Il faut cependant souligner que la principale limite du graphique 10.11 est qu'il suppose par définition qu'aucune réaction politique notoire ne viendra altérer le cours du capitalisme et de la globalisation financière au cours des deux prochains siècles − ce qui au vu de l'histoire mouvementée du siècle passé est évidemment une hypothèse forte, et à mon sens assez peu plausible, précisément parce que les conséquences inégalitaires d'une telle situation seraient considérables, et ne seraient sans doute pas acceptées durablement (nous reviendrons amplement sur cette délicate question).

Pour résumer : on voit donc que l'inégalité $r > g$ correspond certes à une réalité historique incontestable − vérifiée jusqu'au premier conflit mondial, et sans doute de nouveau au XXIe siècle −, mais qu'il s'agit d'une réalité sociale et politique qui dépend pour une large part des chocs subis par les patrimoines, ainsi que des politiques publiques et des institutions mises en place pour réguler le rapport capital-travail.

La question de la préférence pour le présent

Reprenons. L'inégalité $r > g$ correspond avant tout à une réalité historique, plus ou moins vérifiée suivant les périodes et la conjoncture politique. D'un point de vue strictement logique, on peut tout à fait imaginer des sociétés où le taux de croissance serait naturellement supérieur au rendement du capital − y compris d'ailleurs en l'absence de toute intervention publique. Tout dépend d'une part de la technologie (à quoi sert le capital ?), et d'autre part des attitudes face à l'épargne et à la propriété (pourquoi choisit-on de détenir du capital ?). Comme nous l'avons noté dans la deuxième partie, on peut dans l'absolu tout à fait imaginer des sociétés où le capital ne servirait à rien (et se réduirait à une pure réserve de valeur, avec un rendement rigoureusement nul), mais dont les habitants choisiraient d'en détenir en grande quantité, en prévision par exemple d'une catastrophe future − ou d'un grand potlatch − ou bien simplement parce qu'il s'agirait d'une population particulièrement patiente et prévoyante pour les générations futures. Si cette société se caractérise de surcroît par une croissance rapide de la productivité du travail – grâce à des inventions incessantes, ou bien parce que le pays est engagé dans un processus de rattrapage accéléré sur d'autres pays techniquement plus avancés –, il se peut très bien que le taux de croissance soit nettement supérieur au rendement du capital.

En pratique, cependant, il ne semble pas exister d'exemple de société dans l'histoire où le taux de rendement du capital soit tombé naturellement et durablement à des niveaux inférieurs à 2 %-3 % – et les valeurs moyennes habituellement observées, au-delà de la diversité des placements et des rendements, sont généralement plus proches de 4 %-5 % (avant impôts). En particulier, le rendement des terres agricoles dans les sociétés traditionnelles, comme le rendement des biens immobiliers dans les sociétés contemporaines, qui constituent dans les deux cas les formes de propriété les plus répandues et les plus sûres, est généralement de l'ordre de 4 %-5 % par an, avec peut-être une légère tendance à la baisse sur très longue période (3 %-4 % au lieu de 4 %-5 %), comme nous l'avons vu dans la deuxième partie.

Le modèle économique le plus souvent utilisé pour expliquer cette relative stabilité du rendement du capital autour de 4 %-5 % (et le fait qu'il ne descende jamais au-dessous de 2 %-3 %) repose sur la notion de « préférence pour le présent ». Autrement dit, les agents économiques se caractériseraient par un taux de préférence pour le présent (souvent noté θ) mesurant leur impatience et leur façon de prendre en compte l'avenir. Par exemple, si $\theta = 5\%$, cela signifie qu'ils sont prêts à sacrifier 105 euros de consommation l'année prochaine pour pouvoir consommer 100 euros supplémentaires dès cette année. Cette « théorie », comme souvent avec les modèles théoriques des économistes, a un côté légèrement tautologique (on peut toujours expliquer n'importe quel comportement observé en supposant que les personnes concernées ont des préférences – des « fonctions d'utilité », dans le langage de la profession – les poussant à agir en ce sens ; ce qu'apporte réellement une telle « explication » n'est pas toujours très clair), et un pouvoir prédictif radical et implacable. En l'occurrence, dans une économie de croissance nulle, on ne sera pas surpris d'apprendre que le taux de rendement du capital r doit être rigoureusement égal au taux de préférence pour le présent θ[1]. Selon cette théorie, la stabilité historique du rendement du capital autour de 4 %-5 % s'expliquerait donc par des raisons psychologiques : l'impatience humaine et les dispositions moyennes de l'espèce impliqueraient que le rendement du capital ne peut guère s'éloigner d'un tel niveau.

Outre son caractère tautologique, cette théorie pose un certain nombre de difficultés. Certes, l'intuition générale véhiculée par ce modèle explicatif – de même par exemple que par la théorie de la productivité marginale – ne peut pas être entièrement fausse. Toutes choses égales par ailleurs, une société plus patiente, ou qui prévoit des chocs difficiles pour l'avenir, aura sans doute tendance à faire plus de réserves et à accumuler davantage de capital. De même, dans une société où l'on aurait accumulé tellement de capital que le rendement serait tombé durablement à un niveau extrêmement faible, par exemple à peine 1 % par an (ou bien où toutes les formes de détention de patrimoines, y compris au sein des classes modestes et moyennes, seraient tellement taxées que le rendement net serait tombé à ce niveau), il est probable qu'une part non négligeable des détenteurs de

---

1. Si le fait de détenir un capital rapporte un rendement supérieur à la préférence pour le présent, alors chacun souhaitera diminuer sa consommation présente et épargner davantage (le stock de capital se mettra donc à croître indéfiniment, jusqu'à ce que le rendement tombe au niveau du taux de préférence pour le présent) ; dans le cas contraire, chacun voudra se défaire d'une partie de son capital afin d'augmenter sa consommation présente (le stock de capital se mettra donc à diminuer jusqu'à ce que le rendement du capital remonte). Dans les deux cas, on revient toujours vers $r = \theta$.

patrimoines chercherait à se défaire de leurs terres, de leurs maisons et de leurs actifs financiers, si bien que le stock total de capital se mettrait sans doute à diminuer, jusqu'à ce que le rendement remonte quelque peu.

Le problème de cette théorie est qu'elle est trop systématique et simpliste : il est impossible de résumer tous les comportements d'épargne, toutes les attitudes face à l'avenir, à partir d'un unique et indépassable paramètre psychologique. Si l'on prend au sérieux la version la plus extrême de ce modèle (modèle dit à « horizon infini », car les agents calculent les conséquences de leur stratégie d'épargne pour leurs descendants les plus éloignés, comme s'il s'agissait d'eux-mêmes, à l'aune de leur taux de préférence pour le présent), alors l'implication serait qu'il est impossible de faire varier, ne serait-ce que d'un dixième de pourcent, le taux de rendement net du capital : toute tentative en ce sens, par exemple au travers de la politique fiscale, déclencherait une réaction infiniment forte dans un sens ou dans l'autre (en termes d'épargne ou de désépargne), de façon que le rendement net revienne à son unique équilibre. Une telle prédiction n'est guère réaliste : toutes les expériences historiques démontrent que l'élasticité de l'épargne est sans doute positive, mais certainement pas infinie, surtout tant que le rendement varie dans des proportions modérées et raisonnables[1].

Une autre difficulté de ce modèle théorique, interprété dans sa version la plus stricte, est qu'il implique que le taux de rendement du capital r devrait – pour maintenir l'économie en équilibre – progresser très fortement avec le taux de croissance g, à tel point que l'écart entre r et g devrait être sensiblement plus élevé dans un monde en croissance

---

1. Le modèle à horizon infini et préférence pour le présent implique de fait une élasticité infinie de l'épargne – et donc de l'offre de capital – à long terme. Il suppose donc par hypothèse l'impossibilité de toute politique fiscale touchant le capital.

forte que dans un monde en croissance nulle. De nouveau, cette prédiction peu réaliste et peu conforme à l'expérience historique (il est possible que le rendement du capital s'élève dans une économie de croissance forte, mais sans doute pas suffisamment pour que l'écart r-g augmente significativement, tout du moins si l'on en croit les expériences observées) provient de l'hypothèse d'horizon infini. On peut toutefois noter que ce mécanisme contient une intuition en partie valide et en tout état de cause intéressante d'un strict point de vue logique. Dans ce modèle économique standard, reposant en particulier sur l'existence d'un marché « parfait » du capital (chacun obtient comme rendement pour son épargne la productivité marginale du capital la plus élevée disponible dans l'économie, et chacun peut également emprunter autant qu'il le souhaite à ce taux), la raison pour laquelle le rendement du capital r est systématiquement et nécessairement plus élevé que le taux de croissance g est la suivante. Si r était inférieur à g, alors les agents économiques, en constatant que leurs revenus futurs – et ceux de leurs descendants – augmentent plus vite que le taux auquel il est possible d'emprunter, se sentiraient infiniment riches et auraient tendance à vouloir emprunter sans limite afin de consommer ces ressources immédiatement (jusqu'à ce que le taux r repasse au-dessus du taux g). Sous sa forme extrême, ce mécanisme n'est pas entièrement plausible. Mais il montre que l'inégalité r > g est parfaitement vérifiée dans les modèles économiques les plus standard, et a même d'autant plus de chances d'être vérifiée que le marché du capital fonctionne de façon efficace[1].

1. Formellement, dans le modèle standard à horizon infini, le taux de rendement d'équilibre est donné par la formule suivante : $r = \theta + \gamma \times g$ (où θ est le taux de préférence pour le présent et où γ mesure la concavité de la fonction d'utilité ; on estime généralement que ce paramètre est compris entre 1,5 et 2,5). Par exemple, si $\theta = 5\%$ et $\gamma = 2$, alors $r = 5\%$ pour $g = 0\%$, et $r = 9\%$ pour $g = 2\%$, si bien que l'écart r-g passe de 5 % à 7 % quand la croissance passe de 0 % à 2 %. Voir annexe technique.

Résumons. Les comportements d'épargne et les attitudes face à l'avenir ne peuvent être résumés par un unique paramètre. Ces choix doivent être analysés dans le cadre de modèles plus complexes, mettant en jeu des considérations portant à la fois sur la préférence pour le présent, l'épargne de précaution, les effets liés au cycle de vie, l'importance que l'on attache à la richesse en tant que telle, et tant d'autres encore. Ces choix dépendent de l'environnement social et institutionnel (par exemple du système public de retraites), de stratégies et de pressions familiales, de limitations que les différents groupes sociaux s'imposent à eux-mêmes (comme certains fiefs dans les lignées aristocratiques, qui ne peuvent être vendus librement par les héritiers), autant que de facteurs psychologiques et culturels individuels.

À mes yeux, l'inégalité $r > g$ doit être analysée avant tout comme une réalité historique, dépendant de multiples mécanismes, et non comme une nécessité logique absolue. Elle résulte de la conjonction de plusieurs forces, largement indépendantes les unes des autres : d'une part, le taux de croissance g est structurellement relativement faible (généralement à peine plus de 1 % par an, dès lors que la transition démographique est accomplie, et que le pays considéré se trouve à la frontière technologique mondiale, où le rythme d'innovation est relativement lent) ; d'autre part, le taux de rendement du capital r dépend de nombreux paramètres technologiques, psychologiques, sociaux, culturels, etc., dont la conjonction semble généralement déboucher sur un rendement de l'ordre de 4 %-5 % (ou en tout état de cause nettement supérieur à 1 %).

Existe-t-il une répartition d'équilibre ?

Venons-en maintenant aux conséquences de l'inégalité $r > g$ sur la dynamique de la concentration des patrimoines. Comme nous l'avons déjà noté, le fait que le rendement du capital dépasse nettement et durablement le taux de croissance est une force poussant vers l'élargissement des inégalités patrimoniales. Par exemple, si g = 1 % et r = 5 %, alors il suffit que les détenteurs de patrimoines élevés choisissent de réinvestir chaque année plus de un cinquième du revenu de leur capital pour que ces patrimoines s'accroissent plus vite que le revenu moyen de la société en question. Dans ces conditions, les seules forces permettant d'éviter une spirale inégalitaire indéfinie et capables de faire en sorte que les inégalités patrimoniales se stabilisent à un niveau fini sont les suivantes. D'une part, si les détenteurs de patrimoine dans leur ensemble accroissent leur fortune plus vite que le revenu moyen, alors le rapport capital/revenu aura tendance à augmenter sans limite, ce qui à long terme devrait conduire à une baisse du taux de rendement du capital. Cela dit, ce mécanisme peut prendre des décennies, surtout dans le cadre d'une économie ouverte où les détenteurs de patrimoines peuvent accumuler des actifs étrangers, comme cela était le cas au Royaume-Uni et en France au XIXe siècle et jusqu'au premier conflit mondial. En principe, ce processus finit toujours par s'arrêter à un moment (quand les détenteurs d'actifs étrangers finissent par posséder la planète entière), mais évidemment cela peut prendre un certain temps. Cela explique pour une large part l'accroissement apparemment sans limite des centiles supérieurs de la hiérarchie britannique et française des patrimoines à la Belle Époque.

D'autre part, au niveau des trajectoires patrimoniales individuelles, ce processus de divergence peut être contrecarré par divers types de chocs, par exemple des chocs démographiques – l'absence de descendant valide, ou au contraire un trop grand nombre de descendants (conduisant par là même à un émiettement du capital familial), ou bien des disparitions précoces, ou trop tardives – ou encore des chocs économiques, par exemple un mauvais investissement, une révolte paysanne, une crise financière, un rendement médiocre, et ainsi de suite. Il existe toujours des chocs de cette nature au sein des familles, qui font que même les sociétés les plus immobiles connaissent toujours un certain renouvellement. Mais le point essentiel est que, pour une structure de chocs donnée, une forte inégalité r-g conduit mécaniquement à une concentration extrême des patrimoines.

Entails et substitutions héréditaires

On notera également au passage l'importance des choix démographiques (moins les riches ont d'enfants, et plus la concentration patrimoniale sera forte), et bien entendu des règles de transmission. Nombre de sociétés aristocratiques traditionnelles reposent sur le principe de la primogéniture, accordant au fils aîné la totalité de l'héritage, ou tout du moins une part disproportionnée du patrimoine parental, de façon précisément à éviter l'émiettement et à préserver – ou à accroître – la fortune familiale. Ce privilège donné à l'aîné concerne notamment le domaine terrien principal, souvent avec des contraintes pesant sur la propriété : l'héritier ne peut dilapider le bien et doit se contenter de consommer les revenus du capital, qui est ensuite transmis à l'héritier suivant dans l'ordre de succession, généralement le petit-fils aîné ; il s'agit du système des *entails* en droit britannique (ou du système équivalent de la « substitution héréditaire » dans l'Ancien Régime français). C'est l'origine du malheur d'Elinor et de Marianne dans *Le Cœur et la Raison* : le domaine de Norland passe directement de leur père à leur demi-frère John Dashwood, qui après y avoir doctement réfléchi avec sa femme Fanny décide finalement de ne rien leur laisser ; le destin des deux sœurs est tout entier tracé par ce terrible dialogue. Dans *Persuasion*, le patrimoine de sir Walter passe directement à son neveu, au détriment là encore de ses trois filles. Jane Austen, elle-même peu gâtée par l'héritage, et qui comme sa sœur restera vieille fille, sait de quoi elle parle.

En matière patrimoniale, la Révolution française et le Code civil qui en est issu sont assis sur deux piliers essentiels : l'abolition des substitutions héréditaires et l'abolition de la primogéniture, avec l'affirmation du principe de division égalitaire des biens entre les frères et les sœurs. Ce principe s'est appliqué avec constance et rigueur depuis 1804 : en France, la « quotité disponible » – c'est-à-dire la part du patrimoine dont les parents peuvent disposer librement par testament – ne représente qu'un quart des biens pour les parents de trois enfants ou plus[1], et on ne peut y déroger que dans des circonstances extrêmes, par exemple si vos enfants ont assassiné votre nouveau conjoint. Il est important de bien comprendre que cette double abolition repose à la fois sur un principe d'égalité – les cadets, cadettes, benjamins et benjamines valent autant que les aînés et aînées, et rien ne saurait y déroger, quels que soient les caprices des parents – et sur un principe de liberté et d'efficacité économique. En particulier, l'abolition des *entails*, qu'Adam Smith n'aimait guère, et que Voltaire, Rousseau et Montesquieu abhorraient, repose sur une idée simple : la libre circulation des biens, et la possibilité de les réallouer en permanence vers le meilleur usage possible, en fonction du jugement de la génération vivante, quoi qu'aient pu en penser les ancêtres aujourd'hui disparus. Il est intéressant de noter que la Révolution américaine, non sans débats, a abouti aux mêmes choix : les *entails* ont été interdits, y compris dans les États du Sud (suivant la formule célèbre de Thomas Jefferson : « Le monde appartient aux vivants »), et le principe de division égalitaire des héritages à l'intérieur des fratries a été inscrit dans la loi comme règle par défaut, c'est-à-dire en l'absence de testament contraire (ce qui est essentiel : la liberté testamentaire intégrale continue certes de prévaloir aujourd'hui encore aux États-Unis, sans aucune réserve héréditaire, de même d'ailleurs qu'au Royaume-Uni ; mais en pratique c'est la règle

---

1. Un tiers des biens avec deux enfants, la moitié avec un enfant unique.

par défaut qui s'applique dans l'immense majorité des cas). Il s'agit là d'une différence essentielle entre la France et les États-Unis d'une part, où s'applique dès le XIXᵉ siècle le principe de partage égalitaire entre les vivants[1], et le Royaume-Uni d'autre part, où la primogéniture continuera de s'appliquer comme règle par défaut jusqu'en 1925 pour une partie des biens, en particulier pour le capital terrien et agricole. En Allemagne, il faut attendre la république de Weimar en 1919 pour que soit aboli l'équivalent germanique des *entails*[2].

À l'époque de la Révolution française, ces législations égalitaires, antiautoritaires (il s'agit notamment de remettre en cause l'autorité des parents, tout en affirmant celle du nouveau chef de famille, au détriment parfois de celle des épouses) et libérales – absolument révolutionnaires pour l'époque – suscitent un optimisme considérable, tout du moins parmi les hommes[3]. Les partisans de la Révolution sont convaincus qu'ils tiennent là la clé de l'égalité future. Si l'on ajoute à cela que le Code civil donne à chacun la même égalité de droits face au marché et à la propriété, et que les corporations sont abolies, l'issue finale ne fait aucun doute : un tel système ne peut qu'aboutir à la

---

1. Il est à noter que Napoléon introduit en 1807 le « majorat » pour sa noblesse d'Empire (supplément de part successoral pour les premiers descendants mâles sur certains biens fonciers liés à des titres de noblesse ; le système concerne quelques milliers de personnes), et que Charles X tente de recréer les « substitutions héréditaires » pour sa propre noblesse en 1826. Ces réminiscences d'Ancien Régime ne touchent qu'une faible part de la population et seront définitivement supprimées en 1848.

2. Voir à ce sujet le livre de J. BECKERT, *Inherited Wealth*, Princeton University Press, 2008.

3. En théorie, les femmes ont selon le Code civil les mêmes droits que les hommes en matière de partage patrimonial. Mais l'épouse ne peut disposer librement de ses biens (les asymétries en cette matière – ouverture et gestion des comptes en banque, vente des biens, etc. – ne disparaîtront totalement que dans les années 1970), si bien qu'en pratique le nouveau droit est avant tout favorable aux chefs de famille (les cadets et les benjamins acquièrent les droits des aînés, mais les filles restent à la traîne). Voir annexe technique.

disparition des inégalités du passé. Cet optimisme s'exprime par exemple avec force dans l'*Esquisse d'un tableau historique des progrès de l'esprit humain*, publié en 1794 par le marquis de Condorcet : « Il est aisé de prouver, écrit-il, que les fortunes tendent naturellement à l'égalité, et que leur excessive disproportion ou ne peut exister, ou doit promptement cesser, si les lois civiles n'établissent pas des moyens factices de les perpétuer et de les réunir, et si la liberté du commerce et de l'industrie fait disparaître l'avantage que toute loi prohibitive, tout droit fiscal, donnent à la richesse acquise[1]. »

Le Code civil et l'illusion de la Révolution française

Comment dès lors expliquer que la concentration des patrimoines n'ait cessé de progresser en France tout au long du XIXe siècle et ait atteint à la Belle Époque un niveau plus extrême encore qu'au moment de l'introduction du Code civil, et à peine plus faible qu'au Royaume-Uni, monarchique et aristocratique ? De toute évidence, l'égalité des droits et des opportunités ne suffit pas à mener à l'égalité des fortunes.

En vérité, dès lors que le taux de rendement du capital dépasse fortement et durablement le taux de croissance, la dynamique de l'accumulation et de la transmission des patrimoines conduit mécaniquement à une très forte concentration de la propriété – et le partage égalitaire à l'intérieur des fratries n'y change pas grand-chose. Comme nous l'avons indiqué plus haut, il existe toujours des chocs démographiques ou économiques au sein des trajectoires patrimoniales familiales. On peut démontrer, à l'aide d'un modèle mathématique relativement simple, que pour une structure donnée de chocs de cette nature, l'inégalité de la répartition des patrimoines tend à s'approcher dans le long terme d'un niveau d'équilibre,

---

1. Voir P. ROSANVALLON, *La Société des égaux, op. cit.*, p. 50.

et que ce niveau d'équilibre est une fonction croissante de l'écart r-g entre le taux de rendement et le taux de croissance. Intuitivement, la différence r-g mesure la vitesse avec laquelle un patrimoine dont les revenus seraient entièrement réépargnés et recapitalisés creuse l'écart avec le revenu moyen. Plus r-g est élevé, et plus la force de divergence est puissante. Si les chocs démographiques et économiques prennent une forme multiplicative (un bon ou un mauvais investissement a un effet d'autant plus fort que le capital initial est important), la répartition d'équilibre atteinte dans le long terme prend la forme d'une loi de Pareto (forme mathématique qui est celle d'une fonction puissance et qui permet de décrire relativement bien les répartitions observées). On peut montrer assez simplement que le coefficient de cette loi de Pareto, qui mesure le degré d'inégalité de la répartition de la propriété, est une fonction fortement croissante de la différence r-g[1].

Concrètement, si l'écart entre le rendement du capital et la croissance prend une valeur aussi forte que celle observée en France au XIXe siècle, avec un rendement moyen de l'ordre de 5 % par an et une croissance de l'ordre de 1 % par an, alors ce modèle prédit que le processus dynamique et cumulatif d'accumulation des fortunes conduira mécaniquement à une concentration patrimoniale extrêmement forte, avec typiquement autour de 90 % du capital détenu par le décile supérieur de la hiérarchie, et plus de 50 % pour le centile supérieur[2].

Autrement dit, l'inégalité fondamentale r > g permet de

---

1. L'équation mathématique permettant de relier le coefficient de Pareto et la différence r-g est présentée dans l'annexe technique.
2. Cela n'implique évidemment pas que la logique r > g soit nécessairement la seule force en jeu : ce modèle et ces calculs reposent sur une simplification de la réalité, et ne peuvent prétendre identifier de façon parfaitement précise et certaine le rôle exact joué par chaque mécanisme (plusieurs forces contradictoires peuvent se compenser). Mais cela montre que cette logique est en soi suffisante pour expliquer mécaniquement le degré de concentration observé. Voir annexe technique.

rendre compte de la très forte inégalité du capital observée au XIXe siècle – et d'une certaine façon de l'échec de la Révolution française. Car si les assemblées révolutionnaires ont mis en place une fiscalité universelle (et nous ont au passage fourni un incomparable observatoire des patrimoines – outil inestimable de connaissance), la vérité est que les taux d'imposition finalement retenus étaient tellement faibles – à peine 1 %-2 % sur les patrimoines transmis en ligne directe tout au long du XIXe siècle, y compris pour les plus grosses successions – qu'ils ne pouvaient avoir aucun impact décelable sur l'écart entre le taux de rendement du capital et le taux de croissance. Dans ces conditions, il n'y a rien d'étonnant à ce que les inégalités de fortunes soient presque aussi fortes au XIXe siècle et à la Belle Époque dans la France républicaine que dans le Royaume-Uni monarchique. La nature formelle du régime pèse peu par comparaison à l'inégalité $r > g$.

Quant à la question du partage égalitaire entre frères et sœurs, elle pèse un peu, mais moins que l'écart r-g. Concrètement, la primogéniture, ou plus précisément la primogéniture pour les terres agricoles, de moins en moins importantes en proportion du capital national britannique au cours du XIXe siècle, contribue à accroître l'ampleur des chocs démographiques et économiques (cela crée une inégalité supplémentaire suivant le rang dans la fratrie), et conduit à un coefficient de Pareto plus élevé et à une plus forte concentration du capital. Cela peut contribuer à expliquer pourquoi la part du décile supérieur est légèrement plus élevée au Royaume-Uni vers 1900-1910 (un peu plus de 90 % du patrimoine total, contre un peu moins de 90 % en France), et surtout pourquoi la part du centile supérieur est significativement plus forte outre-Manche : 70 % contre 60 %, ce qui semble notamment s'expliquer par le maintien d'un petit nombre de très grands domaines terriens. Mais cet effet est en partie compensé par la faiblesse de la croissance démographique française (l'inégalité cumulative des patrimoines est structurellement plus forte avec une population stagnante, toujours au travers de l'écart r-g), et n'a finalement qu'un impact modéré sur la répartition d'ensemble, qui est finalement très proche dans les deux pays[1].

À Paris, où le Code civil napoléonien s'applique avec toute sa rigueur depuis 1804 et où l'inégalité ne peut être mise sur le compte des aristocrates britanniques ou de la reine d'Angleterre, le centile supérieur de la hiérarchie des fortunes détient en 1913 plus de 70 % du patrimoine total, c'est-à-dire encore plus qu'au Royaume-Uni. La réalité est tellement frappante qu'elle a même atteint le monde du dessin animé : dans *Les Aristochats*, dont l'action se déroule à Paris en 1910, le montant de la fortune de la vieille dame n'est pas précisé ; mais si l'on en juge par la splendeur de l'hôtel particulier, et par l'énergie que met le majordome Edgar pour se débarrasser de Duchesse et de ses trois chatons, la somme doit sans doute être conséquente.

On notera également que, du point de vue de la logique $r > g$, le fait que le taux de croissance soit passé d'à peine 0,2 % par an jusqu'au XVIIe siècle à 0,5 % au XVIIIe siècle puis 1 % au XIXe siècle ne semble pas avoir fait beaucoup de différence : par comparaison à un taux de rendement de l'ordre de 5 %, cela ne change pas grand-chose, d'autant plus que la révolution industrielle semble avoir eu pour effet d'accroître

---

1. Le cas de la Suède est intéressant, car il combine plusieurs forces contradictoires qui semblent s'équilibrer : d'une part, le rapport capital/revenu est historiquement plus faible qu'en France ou au Royaume-Uni au XIXe et au début du XXe siècle (la valeur des terres est plus faible, et le capital domestique est en partie détenu par l'étranger ; de ce point de vue, la Suède se rapproche du Canada) ; d'autre part, la primogéniture s'applique jusqu'à la fin du XIXe siècle, et certains *entails* liés à d'importantes fortunes dynastiques suédoises perdurent jusqu'à nos jours. Au final, la concentration patrimoniale suédoise en 1900-1910 est plus faible qu'au Royaume-Uni et proche du niveau français. Voir graphiques 10.1-10.4 et les travaux d'Ohlsson, de Roine et de Waldenström.

légèrement le rendement du capital[1]. D'après le modèle théorique, pour que l'inégalité de la répartition d'équilibre diminue sensiblement, pour un taux de rendement donné de l'ordre de 5 % par an, il faut que le taux de croissance dépasse les 1,5 %-2 % – ou bien que des impôts sur le capital réduisent le rendement net au-dessous de 3 %-3,5 %, ou les deux à la fois (nous y reviendrons).

Précisons enfin que si l'écart r-g entre le rendement du capital et le taux de croissance dépasse un certain seuil, il n'existe plus de répartition d'équilibre : les inégalités patrimoniales croissent sans limite, et le sommet de la distribution diverge indéfiniment par rapport à la moyenne. Le niveau exact de ce seuil dépend naturellement des comportements d'épargne : la divergence a d'autant plus de chances de se produire que les détenteurs de patrimoines élevés ne savent plus très bien comment dépenser leur argent et n'ont d'autre choix que d'en recapitaliser une large part. Là encore, *Les Aristochats* sont une bonne référence : Adélaïde de Bonnefamille dispose manifestement de rentes considérables, à tel point qu'elle ne sait plus quoi inventer pour chérir Duchesse, Marie, Toulouse et Berlioz, qui passent de cours de piano en leçons de peinture, où ils s'ennuient un peu[2]. Nous verrons dans le prochain chapitre que ce cas de figure explique très bien la hausse tendancielle de la concentration des patrimoines en France – et particulièrement à Paris – à la Belle Époque : les détenteurs de patrimoines importants sont de plus en plus âgés et rééparagnent une part importante de leurs rentes,

---

1. Rappelons que les estimations du rendement « pur » du capital indiquées sur le graphique 10.10 doivent être considérées comme des bornes minimales, et que le rendement moyen observé a atteint 6 %-7 % par an au XIXe siècle au Royaume-Uni et en France (voir chapitre 6).

2. Heureusement, Duchesse et ses chatons finiront par rencontrer Thomas O'Malley, chat de gouttière de son état, plus populaire et surtout plus distrayant (un peu comme Jack Dawson pour la jeune Rose sur le pont du *Titanic*, deux ans plus tard, en 1912).

si bien que leur capital croît sensiblement plus vite que la croissance de l'économie. Comme nous l'avons noté, une telle spirale inégalitaire ne peut en principe pas durer indéfiniment : le mécanisme stabilisateur passe par le fait que l'épargne en question ne saura plus où s'investir, et que le rendement mondial du capital finira par chuter, de façon qu'une répartition d'équilibre voie le jour et que les inégalités se stabilisent. Mais cela peut prendre longtemps, et vu qu'en 1913 la part du centile supérieur dans les fortunes parisiennes dépassait déjà les 70 %, on peut légitimement s'inquiéter sur le niveau auquel cette stabilisation aurait eu lieu en l'absence des chocs entraînés par la Première Guerre mondiale.

Pareto et l'illusion de la stabilité des inégalités

Un point de méthode et d'histoire sur les mesures statistiques des inégalités est ici utile. Nous avons déjà évoqué dans le chapitre 7 le cas du statisticien italien Corrado Gini et de son fameux indicateur visant à résumer les inégalités d'un pays, tellement synthétique qu'il finit par donner une vision un peu trop technique et apaisée – et surtout peu lisible – des inégalités. Un cas plus intéressant encore est celui de son compatriote Vilfredo Pareto, dont les principaux travaux sont publiés dans les années 1890-1910, à commencer par la fameuse « loi de Pareto ». Dans l'entre-deux-guerres, les fascistes italiens firent de Pareto et de sa théorie des élites l'un de leurs économistes officiels, non sans un certain sens de la récupération. Il faut dire que Pareto avait salué l'arrivée au pouvoir de Mussolini, peu avant sa mort en 1923, et surtout que ses thèses sur l'implacable stabilité des inégalités – qu'il serait illusoire selon lui de prétendre vouloir modifier – avaient objectivement de quoi les séduire.

Ce qui frappe le plus, quand on lit les travaux de Pareto avec le recul d'aujourd'hui, est qu'il ne disposait de toute évidence d'aucune donnée susceptible de conclure à une telle stabilité. Pareto écrit vers 1900 : il utilise les quelques tabulations fiscales disponibles à son époque, issues des impôts sur les revenus appliqués en Prusse et en Saxe, ainsi que dans quelques villes suisses et italiennes, dans les années 1880-1890. Il s'agit de données éparses, portant au maximum sur une dizaine d'années, et qui de surcroît indiquent plutôt une légère tendance à la hausse des inégalités, ce que Pareto cherche à dissimuler, non sans une certaine mauvaise foi[1]. En tout état de cause, il est bien évident que de tels matériaux ne permettent pas de conclure quoi que ce soit concernant les tendances de long terme ou la stabilité des inégalités dans l'histoire universelle.

Au-delà de la question des préjugés politiques (Pareto se méfiait par-dessus tout des socialistes et de leurs illusions redistributrices ; en cela il ne différait guère de nombreux collègues de son temps, comme Leroy-Beaulieu, qu'il appréciait et sur lequel nous reviendrons), le cas de Pareto est intéressant car il illustre une certaine illusion de la stabilité éternelle à laquelle conduit parfois l'usage immodéré des mathématiques en sciences sociales. En cherchant à étudier à quelle vitesse le nombre de contribuables diminue quand on s'élève dans la hiérarchie des revenus, Pareto constate que ce rythme de décroissance peut être approximé par une loi mathématique que l'on appellera par la suite « loi de Pareto », et qui est simplement une fonction puissance (*power law*)[2]. De fait, encore aujourd'hui, les répartitions de patrimoines, ainsi que les répartitions de revenus, qui découlent en partie des revenus de patrimoines, peuvent être étudiées en utilisant cette même famille de courbes mathématiques. Encore faut-il préciser que

---

1. Pour une analyse des données de Pareto, voir T. Piketty, *Les Hauts Revenus en France au XXe siècle*, *op. cit.*, p. 527-530.

2. Les formules correspondantes sont énoncées et expliquées dans l'annexe technique.

cela ne vaut que pour le sommet de ces répartitions, et qu'il ne s'agit que d'une relation approximative, valable localement, qui peut notamment s'expliquer par des processus de chocs multiplicatifs tels que ceux décrits plus haut.

De plus et surtout, il est important de bien comprendre qu'il s'agit d'une famille de courbes et non d'une courbe unique : tout dépend des coefficients et des paramètres qui caractérisent cette courbe. En l'occurrence, les données que nous avons rassemblées dans le cadre de la World Top Incomes Database, ainsi que les données sur les inégalités de patrimoines que nous venons de présenter, démontrent que les coefficients de Pareto ont énormément varié historiquement. Quand on dit qu'une courbe de répartition des richesses suit une loi de Pareto, on n'a en vérité rien dit du tout. Il peut s'agir tout aussi bien d'une répartition où le décile supérieur détient à peine plus de 20 % du revenu total (à l'image d'une répartition scandinave des revenus dans les années 1970-1980), que d'une répartition où le décile supérieur détient 50 % du total (à l'image d'une répartition américaine des revenus dans les années 2000-2010), ou encore d'une répartition où le décile supérieur détient 90 % du total (à l'image d'une répartition française ou britannique des patrimoines dans les années 1900-1910). Il s'agit chaque fois de lois de Pareto, mais avec des coefficients totalement distincts. Ces différentes réalités sociales, économiques et politiques n'ont évidemment rien à voir les unes avec les autres[1].

---

1. La façon la plus simple de retenir les coefficients de Pareto est d'utiliser ce que l'on appelle parfois les « coefficients inversés », qui en pratique varient de 1,5 à 3,5. Un coefficient inversé de 1,5 signifie que le revenu ou le patrimoine moyen au-delà d'un certain seuil est égal à une fois et demie ce seuil (les personnes disposant de plus de 1 million d'euros possèdent en moyenne 1,5 million d'euros ; et ainsi de suite pour n'importe quel seuil), ce qui correspond à une inégalité relativement faible (il y a peu de personnes très riches). Un coefficient inversé de 3,5 correspond au contraire à une inégalité très forte. Une autre façon d'appréhender les

Encore aujourd'hui, certains s'imaginent parfois, à la suite de Pareto, que la répartition des richesses se caractériserait par une implacable stabilité, conséquence d'une loi presque divine. En vérité, rien n'est plus faux : quand on étudie les inégalités dans une perspective historique, ce qui est important et ce qui doit être expliqué, ce ne sont pas les légères stabilités, mais bien plutôt les changements considérables. En l'occurrence, s'agissant de la concentration des patrimoines, un mécanisme transparent permettant de rendre compte des très fortes variations historiques observées (au niveau des coefficients de Pareto comme de la part du décile supérieur et du centile supérieur dans le patrimoine total) est lié à la différence r-g entre le rendement du capital et le taux de croissance.

Pourquoi l'inégalité patrimoniale du passé ne s'est-elle pas reconstituée ?

Venons-en maintenant à la question essentielle. Pourquoi l'inégalité patrimoniale de la Belle Époque ne s'est-elle pas reconstituée, et est-on bien sûr que ces raisons soient définitives et irréversibles ?

Précisons d'emblée que nous ne pouvons apporter de réponse parfaitement certaine et satisfaisante. Plusieurs facteurs ont joué un rôle important, et joueront un rôle essentiel à

---

fonctions puissance est la suivante : un coefficient de 1,5 signifie que les membres du top 0,1 % sont à peine deux fois plus riches en moyenne que ceux du top 1 % (et ainsi de suite pour le top 0,01 % à l'intérieur du top 0,1 %, etc.) ; un coefficient de 3,5 signifie au contraire qu'ils sont plus de cinq fois plus riches. Tout cela est expliqué dans l'annexe technique, où sont également présentés des graphiques indiquant l'évolution historique des coefficients de Pareto tout au long du XXe siècle dans les différents pays de la WTID.

l'avenir, et il est tout simplement impossible d'afficher en cette matière des certitudes mathématiques.

La très forte réduction des inégalités patrimoniales à la suite des chocs des années 1914-1945 est la partie la plus facile à expliquer. Comme nous l'avons vu dans la deuxième partie, les patrimoines ont subi une série de chocs extrêmement violents à la suite des guerres et des politiques entraînées par les guerres, conduisant à un effondrement du rapport capital/revenu. On pourrait certes s'imaginer que cette réduction des fortunes aurait dû frapper tous les patrimoines de façon proportionnelle, quel que soit leur niveau dans la hiérarchie, laissant par là même inchangée l'inégalité du capital. Mais ce serait oublier que tous les patrimoines n'ont pas les mêmes origines et ne jouent pas les mêmes fonctions. Tout en haut de la hiérarchie des fortunes, le patrimoine est le plus souvent le produit d'une accumulation venant de loin, et cela prend beaucoup plus de temps de reconstituer des fortunes aussi importantes que d'accumuler un patrimoine modeste et moyen.

En outre, les plus hauts patrimoines servent à financer un niveau de vie. Or les données détaillées que nous avons collectées dans les archives successorales démontrent sans ambiguïté que nombre de rentiers au cours de l'entre-deux-guerres n'ont pas réduit leur train de vie suffisamment vite après les chocs subis par les patrimoines et leurs revenus à la suite de la Première Guerre mondiale et des années 1920-1930, si bien qu'ils se sont retrouvés à amputer progressivement leur capital pour financer leurs dépenses courantes, et par conséquent à transmettre un patrimoine sensiblement plus faible que celui qu'ils avaient reçu, et ne permettant en aucune façon de prolonger l'équilibre social antérieur. Les données parisiennes sont particulièrement frappantes sur ce point. Par exemple, on peut calculer que les 1 % des héritiers parisiens les plus riches disposent à la Belle Époque d'un patrimoine leur permettant de financer un niveau de vie de l'ordre de quatre-vingts, cent fois plus élevé que le salaire moyen de l'époque[1], tout en réinvestissant une petite partie du rendement du capital, de façon à faire progresser légèrement le patrimoine reçu. De 1872 à 1912, le système paraît parfaitement équilibré : ce groupe transmet à la génération suivante de quoi financer un train de vie également de l'ordre de quatre-vingts, cent fois le salaire moyen de la génération suivante, voire un peu plus, d'où un accroissement tendanciel de la concentration des fortunes. L'équilibre se brise tout net dans l'entre-deux-guerres : les 1 % des héritiers parisiens les plus riches continuent de vivre approximativement comme par le passé, mais ce qu'ils laissent à la génération suivante permet de financer un niveau de vie d'à peine trente-quarante fois le salaire moyen de l'époque, voire vingt fois à la fin des années 1930. Pour les rentiers, c'est le début de la fin. Il s'agit sans doute du mécanisme le plus important expliquant la déconcentration des patrimoines observée dans tous les pays européens (et dans une moindre mesure aux États-Unis) à la suite des chocs des années 1914-1945.

Ajoutons que la composition des plus hauts patrimoines les exposait plus massivement – en moyenne – aux pertes en capital entraînées par les deux guerres mondiales. En particulier, les données détaillées sur la composition des portefeuilles disponibles dans les archives successorales montrent que les actifs étrangers représentaient jusqu'à un quart des patrimoines les plus importants à la veille de la Première Guerre mondiale, dont près de la moitié pour les obligations publiques émises par les États étrangers (et notamment par la Russie, qui s'apprêtait à faire défaut). Même si nous ne disposons malheureusement pas de données similaires aussi précises pour le Royaume-Uni, il ne fait aucun doute que

---

1. Cela correspond à un niveau de vie de l'ordre de 2-2,5 millions d'euros annuels dans un monde où le salaire moyen est de l'ordre de 24 000 euros par an (2 000 euros par mois). Voir annexe technique.

les actifs étrangers jouaient un rôle au moins aussi important pour les hauts patrimoines britanniques. Or en France comme au Royaume-Uni les actifs étrangers ont quasiment disparu à la suite des deux guerres mondiales.

Il ne faut toutefois pas surestimer l'importance de ce facteur explicatif, dans la mesure où les détenteurs des patrimoines les plus élevés sont parfois les plus à même de procéder au bon moment aux réallocations de portefeuille les plus profitables. En outre, il est frappant de constater que tous les niveaux de patrimoines, et pas seulement les plus élevés, comprenaient à la veille de la Première Guerre mondiale des quantités non négligeables d'actifs étrangers. De façon générale, si l'on examine la structure des patrimoines parisiens à la fin du XIXe siècle et à la Belle Époque, on ne peut qu'être frappé par le caractère extrêmement diversifié et « moderne » de ces portefeuilles. À la veille de la guerre, les biens immobiliers représentent à peine plus du tiers des actifs (dont approximativement les deux tiers pour des biens immobiliers parisiens et à peine un tiers pour les biens provinciaux, dont une petite quantité de terres agricoles), alors que les actifs financiers en constituent près des deux tiers, et se décomposent en différents ensembles conséquents d'actions et d'obligations, françaises et étrangères, publiques et privées, relativement équilibrés à tous les niveaux de fortunes (voir tableau 10.1)[1]. La société de rentiers qui s'épanouit à la Belle Époque n'est pas une

---

1. On notera que l'immobilier parisien (qui à l'époque se détenait principalement au niveau de l'immeuble dans son ensemble) était inaccessible pour les patrimoines moyens et modestes, qui sont les seuls pour lesquels les biens immobiliers provinciaux – et en particulier les terres agricoles – ont encore une certaine importance. César Birotteau, en refusant à sa femme un placement aussi ringard que quelques bonnes terres près de Chinon, se voulait audacieux et précurseur. Mal lui en a pris. Voir le tableau S10.4 disponible en ligne pour une version plus détaillée du tableau 10.1 permettant de constater la très forte croissance des actifs étrangers entre 1872 et 1912, en particulier au niveau des plus hauts portefeuilles.

L'inégalité de la propriété du capital

Tableau 10.1.
La composition des patrimoines parisiens, 1872-1912

	Actifs immobiliers (immeubles, maisons, terres agricoles)	dont : Immobilier Paris	dont : Immobilier Province	Actifs financiers	dont : Actions	dont : Obligations privées	dont : Obligations publiques	dont : Autres actifs financiers (dépôts, espèces)	Meubles, objets précieux, etc.
Composition du patrimoine total									
1872	42 %	29 %	13 %	56 %	15 %	19 %	13 %	9 %	2 %
1912	36 %	25 %	11 %	62 %	20 %	19 %	14 %	9 %	3 %
Composition des 1 % des patrimoines les plus élevés									
1872	43 %	30 %	13 %	55 %	16 %	16 %	13 %	10 %	2 %
1912	32 %	22 %	10 %	65 %	24 %	19 %	14 %	8 %	2 %
Composition des 9 % suivants									
1872	42 %	27 %	15 %	56 %	14 %	22 %	13 %	7 %	2 %
1912	41 %	30 %	12 %	55 %	14 %	18 %	15 %	9 %	3 %
Composition des 40 % suivants									
1872	27 %	1 %	26 %	62 %	13 %	25 %	16 %	9 %	11 %
1912	31 %	7 %	24 %	58 %	12 %	14 %	14 %	18 %	10 %

Lecture : en 1912, les actifs immobiliers représentent 36 % du patrimoine total parisien, les actifs financiers 62 %, et les meubles et objets précieux 3 %.
Sources : voir piketty.pse.ens.fr/capital21c.

société du passé fondée sur le capital terrien et statique : elle incarne au contraire une certaine modernité patrimoniale et financière. Simplement, la logique cumulative de l'inégalité r > g la rend prodigieusement et durablement inégalitaire. Des marchés plus libres et plus concurrentiels, des droits de propriété mieux assurés ont peu de chances de réduire les inégalités dans une telle société, puisque ces conditions sont déjà remplies au plus haut point. Et, de fait, ce sont les chocs subis par les patrimoines et leurs revenus à partir de la Première Guerre mondiale qui ont modifié cet équilibre.

Rappelons enfin que la période 1914-1945 s'est achevée dans plusieurs pays européens – et notamment en France – par un certain nombre de redistributions qui ont beaucoup plus fortement touché les plus hauts patrimoines – et en particulier les actionnaires des grandes sociétés industrielles – que les patrimoines modestes et moyens. On pense notamment aux nationalisations sanctions de la Libération (l'exemple emblématique est celui de la régie Renault), ainsi qu'à l'impôt de solidarité nationale institué également en 1945. Cet impôt exceptionnel et progressif prélevé à la fois sur le capital et sur les enrichissements survenus au cours de l'Occupation ne fut prélevé qu'une seule fois, mais ses taux extrêmement élevés ont constitué un choc supplémentaire très lourd pour les personnes concernées[1].

1. L'impôt de solidarité nationale institué par l'ordonnance du 15 août 1945 comprend un prélèvement exceptionnel sur la valeur de tous les patrimoines estimée au 4 juin 1945, à des taux allant jusqu'à 20 % pour les patrimoines les plus élevés, et un prélèvement exceptionnel pesant sur tous les enrichissements nominaux de patrimoine survenus entre 1940 et 1945, à des taux allant jusqu'à 100 % pour les enrichissements les plus importants. En pratique, compte tenu de la très forte inflation (les prix ont fait plus que tripler entre 1940 et 1945), ce prélèvement revient à taxer à 100 % tous ceux qui ne se sont pas suffisamment appauvris, comme le reconnaît d'ailleurs André Philip, membre SFIO du gouvernement provisoire du général de Gaulle, qui explique qu'il est inévitable que le prélèvement pèse également

Les éléments d'explication : le temps, l'impôt et la croissance

Au final, il n'y a donc rien d'étonnant à ce que la concentration des patrimoines ait fortement diminué dans tous les pays entre 1910 et 1950. Autrement dit, la portion descendante des graphiques 10.1-10.5 n'est pas la partie la plus difficile à expliquer. La partie la plus étonnante *a priori*, et d'une certaine façon la plus intéressante, est que la concentration des patrimoines ne semble s'être jamais remise de ces chocs.

Il faut certes insister sur le fait que l'accumulation du capital est un processus de long terme, s'étalant sur plusieurs générations. La concentration patrimoniale observée en Europe à la Belle Époque est la conséquence d'un processus cumulatif s'étalant sur de nombreuses décennies, voire sur plusieurs siècles. Comme nous l'avons vu dans la deuxième partie, il faut attendre les années 2000-2010 pour que le total des patrimoines privés, immobiliers et financiers, exprimé en années de revenu national, retrouve approximativement le niveau qui était le sien à la veille de la Première Guerre mondiale – ce processus de remontée historique du rapport capital/revenu dans les pays riches est d'ailleurs selon toute vraisemblance toujours en cours.

Pour ce qui concerne la répartition des patrimoines, il aurait été tout aussi peu réaliste de s'imaginer que la violence des chocs des années 1914-1945 puisse s'effacer en dix ou vingt ans et que la concentration des fortunes retrouve dans les années 1950-1960 son niveau de 1910. On peut également

---

sur « ceux qui ne se sont pas enrichis, et peut-être même sur ceux qui, monétairement, se sont appauvris en ce sens que leur fortune ne s'est pas accrue dans la même proportion que la hausse générale des prix, mais qui ont pu conserver leur fortune globale, alors qu'il y a tant de Français qui ont tout perdu » (voir *L'Année politique 1945*, p. 159).

remarquer que l'inégalité du capital est repartie à la hausse depuis les années 1970-1980. Il est donc possible qu'un processus de rattrapage – plus lent encore que la remontée du rapport capital/revenu – soit en cours et que la concentration patrimoniale s'apprête à retrouver mécaniquement ses niveaux du passé.

Cette première explication, fondée sur l'idée que le temps écoulé depuis 1945 n'est pas suffisamment long, a sa part de vérité. Mais elle est insuffisante : quand on examine l'évolution de la part du décile supérieur de la hiérarchie des patrimoines, et plus encore la part du centile supérieur (qui était de l'ordre de 60 %-70 % du patrimoine total dans tous les pays européens vers 1910, et qui n'est que de 20 %-30 % en 2010), on a nettement l'impression qu'un changement structurel s'est produit à la suite des chocs des années 1914-1945, un changement qui empêche à la concentration patrimoniale de retrouver entièrement ses niveaux antérieurs. L'enjeu n'est pas seulement quantitatif, loin de là. Comme nous le verrons dans le prochain chapitre, en reprenant la question posée par le discours de Vautrin au sujet des niveaux de vie auxquels l'héritage et le travail permettent d'accéder, la différence entre une part de 60 %-70 % et une part de 20 %-30 % du patrimoine national détenue par le centile supérieur est relativement simple : dans un cas, le centile supérieur de la hiérarchie des revenus est très nettement dominé par les hauts revenus issus du capital hérité (nous sommes dans la société de rentiers décrite par les romanciers du XIXe siècle) ; dans le second, les hauts revenus du travail – pour une répartition donnée – équilibrent approximativement les hauts revenus du capital (nous sommes passés à une société de cadres, ou tout du moins à une société plus équilibrée). De même, l'apparition d'une « classe moyenne patrimoniale » détenant collectivement entre un quart et un tiers du patrimoine national, et non plus entre un vingtième et un dixième (c'est-à-dire guère plus que la moitié la plus pauvre de la société), correspond à une transformation sociale majeure.

Quels sont donc les changements structurels intervenus entre 1914 et 1945, et plus généralement au cours du XXᵉ siècle, par comparaison aux siècles précédents, qui font que la concentration patrimoniale ne semble pas en mesure de retrouver entièrement ses niveaux antérieurs, alors même que les patrimoines privés considérés dans leur ensemble ont pratiquement renoué en ce début de XXIᵉ siècle avec leur prospérité d'antan ? L'explication la plus naturelle et la plus importante est l'apparition au cours du siècle dernier d'une fiscalité significative sur le capital et sur ses revenus. Il est important d'insister sur le fait que la très forte concentration patrimoniale observée en 1900-1910 est le produit d'une longue période historique sans guerre ou catastrophe majeure (tout du moins par comparaison à la violence des conflits du XXᵉ siècle), et aussi – et peut-être surtout – d'un monde sans impôt, ou presque. Jusqu'à la Première Guerre mondiale, il n'existe dans la plupart des pays aucun impôt sur les revenus du capital ou sur les bénéfices des sociétés ; dans les rares cas où de tels impôts existent, ils sont prélevés à des taux très faibles. Il s'agit donc de conditions idéales pour accumuler et transmettre des fortunes considérables, et vivre des revenus produits par ces patrimoines. Au cours du XXᵉ siècle, de nombreuses formes d'imposition des dividendes, des intérêts, des profits et des loyers sont apparues, ce qui a radicalement changé la donne.

Pour simplifier, on peut considérer dans un premier temps que le taux moyen d'imposition du rendement du capital était très proche de 0 % jusqu'en 1900-1910 (et dans tous les cas inférieur à 5 %), et qu'il s'est établi en moyenne dans les pays riches aux alentours de 30 % à partir des années 1950-1980, et dans une certaine mesure jusqu'aux années 2000-2010, même si la tendance récente est clairement une pression à la baisse, dans le cadre de la concurrence fiscale entre États, venant notamment des pays de plus petite taille. Or un taux moyen d'imposition de l'ordre de 30 %, qui revient à réduire un rendement du capital avant impôt de 5 % à un rendement net d'impôt de 3,5 %, est en soi suffisant pour avoir des effets considérables à long terme, compte tenu de la logique multiplicative et cumulative qui caractérise le processus dynamique d'accumulation et de concentration des patrimoines. En utilisant les modèles théoriques décrits plus haut, on peut montrer qu'un taux d'imposition effectif de 30 % – s'il s'applique effectivement à toutes les formes de capital – peut être suffisant pour expliquer à lui seul une très forte déconcentration patrimoniale (du même ordre que la baisse de la part du centile supérieur observée historiquement[1]).

Il faut souligner que l'impôt dans ce cadre n'a pas pour effet de réduire l'accumulation totale de patrimoines, mais de modifier structurellement la répartition à long terme du patrimoine entre les différents déciles de la hiérarchie des fortunes. Du point de vue du modèle théorique, comme d'ailleurs dans la réalité historique, le fait de faire passer le taux d'imposition du capital de 0 % à 30 % (et le rendement net du capital de 5 % à 3,5 %) peut très bien n'avoir aucun effet sur le stock total de capital à long terme, pour la bonne et simple raison que la baisse des patrimoines du centile supérieur est compensée par la montée de la classe moyenne. Ceci est précisément ce qui s'est produit au XXe siècle – une leçon parfois oubliée aujourd'hui.

De ce point de vue, il faut également prendre en compte le développement au cours du XXe siècle d'impôts progressifs, c'est-à-dire pesant à des taux structurellement plus lourds d'une part sur les plus hauts revenus, et tout particulièrement les hauts revenus du capital (tout du moins jusqu'aux années 1970-1980), et d'autre part sur les plus hautes successions. Au XIXe siècle, les impôts successoraux étaient extrêmement faibles : tout juste 1 %-2 % sur les transmissions de parents à enfants. Un

---

1. Voir annexe technique.

tel impôt n'a évidemment aucun effet sensible sur le processus d'accumulation des patrimoines. Il s'agissait davantage d'un droit d'enregistrement destiné à protéger le droit de propriété. L'impôt successoral français devient progressif en 1901, mais le taux le plus élevé applicable en ligne directe ne dépasse pas 5 % (et encore ne s'applique-t-il qu'à quelques dizaines de successions chaque année). Un tel taux, prélevé une fois par génération, ne peut pas avoir beaucoup d'effet sur la concentration patrimoniale, quoi qu'aient pu en penser les détenteurs de patrimoines à l'époque. Il en va différemment des taux de 20 %-30 %, voire parfois bien davantage, qui à la suite des chocs militaires, économiques et politiques des années 1914-1945 se sont appliqués aux plus hautes successions dans la plupart des pays riches. La conséquence est que chaque génération doit maintenant réduire son train de vie et épargner davantage (ou bien réaliser des investissements particulièrement profitables) afin de permettre au patrimoine familial de croître aussi vite que le revenu moyen de la société. Il devient donc plus difficile de maintenir son rang. Inversement, il devient plus aisé à ceux qui partent de plus bas de se faire une place, par exemple en rachetant les entreprises ou les actifs vendus au moment d'une succession. Des simulations simples montrent là encore qu'un impôt progressif sur les successions peut réduire très fortement la part du centile supérieur caractérisant la répartition des patrimoines dans le long terme[1]. Les différences entre les régimes successoraux applicables dans les différents pays peuvent également contribuer à expliquer certains écarts entre pays, comme la plus forte concentration des très hauts revenus du capital (qui semble renvoyer à une plus forte concentration patrimoniale) observée outre-Rhin depuis la Seconde Guerre mondiale : l'impôt successoral appliqué aux plus fortes successions

1. Voir en particulier T. PIKETTY, *Les Hauts Revenus en France au XXe siècle*, *op. cit.*, p. 396-403. Voir aussi *id.*, « Income inequality in France, 1901-1998 », art. cité.

n'a généralement pas dépassé 15 %-20 % en Allemagne, alors qu'il a souvent atteint 30 %-40 % en France[1].

Le raisonnement théorique comme les simulations numériques suggèrent que l'évolution du rôle joué par l'impôt peut suffire à expliquer – sans même évoquer d'autres transformations structurelles – l'essentiel des évolutions observées. Il faut à ce sujet redire que la concentration patrimoniale, bien que sensiblement plus faible qu'en 1900-1910, demeure extrêmement forte : nul besoin donc d'un système fiscal parfait et idéal pour parvenir à un tel résultat, et pour rendre compte d'une transformation dont il ne faut pas exagérer l'ampleur.

Le XXIe siècle sera-t-il encore plus inégalitaire que le XIXe siècle ?

Compte tenu des nombreux effets en jeu et des multiples incertitudes liées à ces simulations, il serait cependant tout à fait excessif d'en conclure que d'autres facteurs n'ont pas également joué un rôle significatif. Dans le cadre de notre analyse, on voit déjà que deux éléments ont probablement joué un rôle important, indépendamment de toute transformation du système fiscal, et peuvent continuer de jouer un rôle significatif à l'avenir : d'une part, la légère et probable baisse de la part du capital et du taux de rendement du capital à très long terme ; et, d'autre part, le fait qu'en dépit du ralentissement prévisible de la croissance au cours du XXIe siècle, le taux de croissance – tout du moins dans sa composante proprement économique, c'est-à-dire le taux de croissance de la productivité : en clair, le progrès des connaissances et les inventions technologiques – se situera à l'avenir à un

---

1. Voir les simulations présentées par F. Dell, *L'Allemagne inégale, op. cit.*, 2008. Voir aussi *id.*, « Top incomes in Germany over the 20th century », *Journal of the European Economic Association*, 2005.

L'inégalité de la propriété du capital 597

niveau sensiblement plus élevé que le niveau extrêmement faible observé pendant l'essentiel de l'histoire de l'humanité, jusqu'au XVIIIe siècle. Concrètement, comme l'indique le graphique 10.11, il est probable que l'écart r–g sera à l'avenir plus faible que ce qu'il était jusqu'au XVIIIe siècle, à la fois du fait d'un rendement plus faible (par exemple 4 %-4,5 % au lieu de 4,5 %-5 %) et d'une croissance plus forte (1 %-1,5 % au lieu de 0,1 %-0,2 %), y compris dans le cas de figure où la concurrence entre États mènerait à la suppression toute forme d'imposition du capital. Si l'on en croit les simulations théoriques, cela impliquerait que la concentration du patrimoine, y compris dans ce cas de figure, ne retournerait pas nécessairement au niveau extrême de 1900-1910.

Il n'y aurait pourtant pas lieu de se réjouir, d'une part parce que cette situation mènerait tout de même à une progression très forte des inégalités patrimoniales (la part de la classe moyenne dans le patrimoine national pourrait être divisée approximativement par deux : il n'est pas sûr du tout que cela soit accepté comme un pis-aller par le corps social et politique), et d'autre part parce que ces simulations théoriques restent relativement certaines, et qu'il existe d'autres forces poussant potentiellement dans la direction inverse, celle d'une concentration du capital encore plus forte qu'en 1900-1910. Il s'agit en particulier de la possibilité d'une croissance démographique négative (qui pourrait pousser la croissance du XXIe siècle, notamment dans les pays riches, à des niveaux inférieurs à ceux du XIXe, ce qui pourrait conduire à donner aux patrimoines accumulés dans le passé une importance inconnue jusqu'ici) et d'une possible tendance vers un marché du capital de plus en plus sophistiqué, de plus en plus « parfait » au sens des économistes (ce qui, rappelons-le, signifie que le rendement obtenu est de plus en plus déconnecté des caractéristiques individuelles du détenteur, et donc pousse dans un sens rigoureusement inverse à celui des valeurs méritocratiques, et renforce la logique de l'inégalité $r > g$). Nous verrons également dans le chapitre 12 que la globalisation financière semble engendrer un lien de plus en plus fort entre le rendement obtenu et la taille initiale du portefeuille investi, et que cette inégalité des rendements du capital constitue une force de divergence supplémentaire, et extrêmement inquiétante, pour la dynamique de la répartition mondiale des patrimoines au XXIe siècle.

Résumons : le fait que la concentration de la propriété du capital soit en ce début de XXIe siècle sensiblement plus faible dans les pays européens que ce qu'elle était à la Belle Époque est pour une large part la conséquence combinée d'événements accidentels (les chocs des années 1914-1945) et d'institutions spécifiques, en particulier dans le domaine de la fiscalité du capital et de ses revenus. Si ces institutions devaient être définitivement mises à mal, il existe un fort risque pour que resurgissent des inégalités patrimoniales proches de celles observées dans le passé, voire supérieures sous certaines conditions. Rien n'est certain en ce domaine, et pour aller plus loin dans cette direction il nous faut maintenant étudier plus directement la dynamique de l'héritage, puis la dynamique mondiale dans les patrimoines. Mais une conclusion apparaît d'ores et déjà clairement : il serait illusoire d'imaginer qu'il existe dans la structure de la croissance moderne, ou dans les lois de l'économie de marché, des forces de convergence menant naturellement à une réduction des inégalités patrimoniales ou à une harmonieuse stabilisation.

11.
Mérite et héritage dans le long terme

Nous savons à présent que l'importance globale du capital n'est pas très différente en ce début de XXIe siècle de ce qu'elle était au XVIIIe siècle. Seule sa forme a changé : le capital était terrien, il est devenu immobilier, industriel et financier. Nous savons également que la concentration des patrimoines demeure très forte, bien que sensiblement moins extrême qu'il y a un siècle et au cours des siècles passés. La moitié la plus pauvre ne possède toujours rien, mais il existe maintenant une classe moyenne patrimoniale possédant entre un quart et un tiers des patrimoines, et les 10 % les plus riches n'en possèdent plus que les deux tiers, au lieu des neuf dixièmes. Nous avons également vu que les mouvements comparés du rendement du capital et du taux de croissance, et de l'écart r-g, permettaient de rendre compte d'une part importante de ces évolutions, et en particulier de la logique cumulative qui explique les très fortes concentrations patrimoniales observées dans l'histoire.

Mais pour mieux comprendre cette logique cumulative il nous faut maintenant étudier directement l'évolution à long terme de l'importance relative de l'héritage et de l'épargne dans la formation des patrimoines. La question est centrale, car dans l'absolu un même niveau de concentration patrimoniale pourrait fort bien renvoyer à des réalités totalement différentes. Il se pourrait que le niveau global du capital soit resté le même, mais que sa nature profonde se soit totalement transformée, par exemple parce que nous serions passés d'un capital largement hérité à un capital épargné au cours d'une vie à partir des revenus du travail. Une explication possible souvent évoquée pour un tel changement pourrait être l'allongement de l'espérance de vie, qui aurait pu conduire à une hausse structurelle de l'accumulation de capital en vue de la retraite. Nous allons voir que cette grande transformation de la nature du capital a été en réalité beaucoup moins forte que ce que l'on imagine parfois, voire inexistante dans certains pays. Selon toute vraisemblance, l'héritage va jouer au XXIe siècle un rôle considérable et comparable à celui qu'il a joué dans le passé.

Plus précisément, nous allons aboutir à la conclusion suivante. Dès lors que le taux de rendement du capital est fortement et durablement plus élevé que le taux de croissance de l'économie, il est presque inévitable que l'héritage, c'est-à-dire les patrimoines issus du passé, domine l'épargne, c'est-à-dire les patrimoines issus du présent. D'un point de vue strictement logique, il pourrait en aller autrement ; mais les forces poussant en ce sens sont extrêmement puissantes. L'inégalité $r > g$ signifie en quelque sorte que le passé tend à dévorer l'avenir : les richesses venant du passé progressent mécaniquement plus vite, sans travailler, que les richesses produites par le travail, et à partir desquelles il est possible d'épargner. Presque inévitablement, cela tend à donner une importance démesurée et durable aux inégalités formées dans le passé, et donc à l'héritage.

Dans la mesure où le XXIe siècle se caractérisera par un abaissement de la croissance (démographique et économique) et un rendement du capital élevé (dans un contexte de concurrence exacerbée entre pays pour attirer les capitaux), ou tout du moins dans les pays où une telle évolution se produira, l'héritage retrouvera donc sans doute une importance voisine de celle qui était la sienne au XIXe siècle. Une telle évolution est déjà nettement perceptible en France et dans plusieurs pays européens, où la croissance s'est largement réduite ces dernières décennies. Elle est pour l'instant moins prononcée aux États-Unis, essentiellement du fait d'une croissance démographique plus soutenue qu'en Europe. Mais si la croissance finit par s'abaisser un peu partout au cours du siècle qui s'ouvre, comme le suggèrent notamment les prévisions démographiques centrales des Nations unies, ainsi qu'un certain nombre de prévisions proprement économiques, alors il est vraisemblable que le retour de l'héritage concernera l'ensemble de la planète.

Pour autant, cela n'implique pas que la structure des inégalités au XXIe siècle sera la même qu'au XIXe, d'une part parce que la concentration patrimoniale est moins extrême (il y aura sans doute davantage de rentiers petits et moyens, et moins de très gros rentiers, tout du moins dans l'immédiat), d'autre part parce que la hiérarchie des revenus du travail tend à s'élargir (la montée des super-cadres), et enfin parce que les deux dimensions sont plus fortement corrélées qu'autrefois. On peut être en même temps super-cadre et « moyen rentier » au XXIe siècle : le nouvel ordre méritocratique recommande d'ailleurs cette alliance, au détriment sans doute du travailleur petit et moyen, surtout s'il est un rentier minuscule.

L'évolution du flux successoral sur longue période

Reprenons la question par le commencement. Dans toutes les sociétés, il existe deux façons principales d'atteindre l'aisance : par le travail ou par l'héritage[1]. La question centrale est de savoir lequel de ces deux modes d'enrichissement est le plus répandu et le plus efficace pour accéder aux différents déciles et centiles supérieurs de la hiérarchie des revenus et des niveaux de vie.

Dans le discours que Vautrin tient à Rastignac et que nous avons évoqué dans le chapitre 7, la réponse ne fait aucun doute : il est impossible par les études et le travail d'espérer mener une vie confortable et élégante, et la seule stratégie réaliste est d'épouser Mlle Victorine et son héritage. L'un de mes tout premiers objectifs, dans cette recherche, a été de savoir dans quelle mesure la structure des inégalités dans la société française du XIXe siècle ressemble au monde que décrit Vautrin, et surtout de comprendre pourquoi et comment ce type de réalité évolue au cours de l'histoire.

Il est utile de commencer par examiner l'évolution sur longue période du flux successoral annuel (flux que l'on appelait parfois l'« annuité successorale » au XIXe siècle et au début du XXe siècle), c'est-à-dire la valeur totale des successions et donations transmises au cours d'une année, exprimée en pourcentage du revenu national. De cette façon, on mesure l'importance de ce qui est transmis chaque année (donc l'importance des richesses venues du passé et qu'il est possible de s'approprier par héritage au cours d'une année donnée), par comparaison aux revenus produits et gagnés au cours de cette même année (rappelons que les revenus

---

1. Nous excluons ici le vol et la rapine, qui ne sont pourtant pas totalement absents dans l'histoire. Le cas de l'appropriation privée des ressources naturelles sera évoqué dans le prochain chapitre.

du travail représentent eux-mêmes autour des deux tiers du total de ce revenu national, et que les revenus du capital rémunèrent en partie l'héritage lui-même).

Nous allons analyser le cas de la France, qui est de loin le mieux connu sur longue période, puis nous verrons que cette évolution se retrouve – dans une certaine mesure – dans les autres pays européens, et nous examinerons enfin ce qu'il est possible de dire au niveau mondial.

Le graphique 11.1 représente l'évolution du flux successoral en France de 1820 à 2010[1]. Deux faits apparaissent clairement. Tout d'abord, le flux successoral représente chaque année l'équivalent de 20 %-25 % du revenu national au XIXe siècle, avec une légère tendance à la hausse à la fin du siècle. Nous verrons qu'il s'agit là d'un niveau extrêmement élevé pour un flux annuel, et que cela correspond à une situation où la quasi-totalité du stock de patrimoine provient de l'héritage. Si l'héritage est omniprésent dans le roman du XIXe siècle, ce n'est pas seulement du fait de l'imagination des écrivains, et en particulier de Balzac, lui-même criblé de dettes et contraint d'écrire sans arrêt pour les rembourser. C'est avant tout parce que l'héritage occupe de fait une place centrale et structurante dans la société du XIXe siècle, comme flux économique et comme force sociale. Et son importance ne faiblit pas au cours du temps, bien au contraire : vers 1900-1910, à la Belle Époque, le flux successoral pèse encore un peu plus lourd que dans les années 1820, à l'époque de Vautrin, de Rastignac et de la pension Vauquer (près de 25 % du revenu national, contre guère plus de 20 %).

---

1. Afin de nous concentrer sur les évolutions longues, nous nous focalisons ici sur l'évolution par moyennes décennales. Les séries annuelles sont disponibles en ligne. Les aspects techniques et méthodologiques de cette recherche sont présentés de façon plus précise dans T. PIKETTY, « On the long-run evolution of inheritance : France 1820-2050 », art. cité ; une version résumée a été publiée dans *Quarterly Journal of Economics*, 2011. Ces documents sont disponibles dans l'annexe technique.

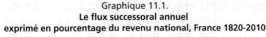

Graphique 11.1.
**Le flux successoral annuel
exprimé en pourcentage du revenu national, France 1820-2010**

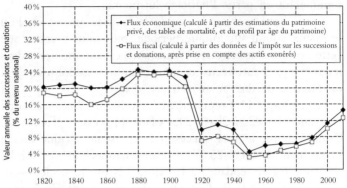

Lecture : le flux successoral annuel représentait 20 %-25 % du revenu national au XIXe siècle et jusqu'en 1914, avant de chuter à moins de 5 % dans les années 1950, et de remonter à 15 % en 2010.
Sources et séries : voir piketty.pse.ens.fr/capital21c.

On observe ensuite un effondrement spectaculaire du flux successoral entre les années 1910 et les années 1950, suivi par une remontée régulière depuis les années 1950 jusqu'aux années 2000-2010, avec une accélération à partir des années 1980. L'ampleur des variations à la baisse puis à la hausse au cours du siècle écoulé est extrêmement forte. Le flux annuel de successions et donations était relativement stable – en première approximation, et par comparaison aux chocs qui ont suivi – jusqu'au premier conflit mondial, avant d'être subitement divisé par environ cinq-six entre les années 1910 et 1950 (où le flux successoral est d'à peine 4 %-5 % du revenu national), puis d'être multiplié par environ trois-quatre entre les années 1950 et 2000-2010 (où le flux avoisine les 15 % du revenu national).

Les évolutions indiquées sur le graphique 11.1 correspondent à des transformations profondes de la réalité – et aussi des perceptions – de l'héritage, et dans une large mesure de la structure des inégalités. Comme nous allons le voir, la compression du flux successoral à la suite des chocs des années 1914-1945 a été près de deux fois plus forte que la chute des patrimoines privés dans leur ensemble. L'effondrement successoral est donc un phénomène qui ne peut se résumer à un effondrement patrimonial (même si les deux évolutions sont évidemment étroitement liées). L'idée de la fin de l'héritage a d'ailleurs marqué les représentations collectives beaucoup plus fortement encore que l'idée de la fin du capital. Dans les années 1950-1960, les successions et donations ne représentent plus que l'équivalent de quelques points de revenu national par an, si bien que l'on peut légitimement s'imaginer que l'héritage a pratiquement disparu et que le capital, outre qu'il est globalement moins important que par le passé, est désormais une substance que l'on accumule par soi-même, grâce à l'épargne et à l'effort. Plusieurs générations ont grandi avec cette réalité (parfois il est vrai un peu embellie dans leurs perceptions), notamment les générations du baby-boom – celles nées dans les années 1940-1950, et encore très présentes en ce début de XXIe siècle –, et assez naturellement elles se sont parfois imaginé qu'il s'agissait là d'une nouvelle normalité.

À l'inverse, les générations plus jeunes, en particulier celles nées à partir des années 1970-1980, connaissent déjà – dans une certaine mesure – l'importance nouvelle que l'héritage va jouer dans leur vie et dans celle de leurs proches. Par exemple, la présence ou non de donations significatives détermine pour une large part qui en leur sein va devenir propriétaire, à quel âge, avec quel conjoint, où et pour quelle surface, ou en tout cas bien plus fortement que pour la génération de leurs parents. Leur vie, leur carrière professionnelle, leurs choix familiaux et personnels sont beaucoup plus influencés par l'héritage – ou par son absence – que celle des baby-boomers. Ce mouvement de retour de l'héritage reste cependant incomplet et toujours en cours (le niveau du flux successoral en 2000-2010 se situe environ au milieu entre le point bas des années 1950 et le point haut des années 1900-1910), et à ce jour il a beaucoup moins profondément transformé les perceptions que le mouvement précédent, qui continue dans une large mesure de dominer les représentations. Il pourrait en aller tout autrement d'ici à quelques décennies.

Flux fiscal et flux économique

Plusieurs points doivent être immédiatement précisés au sujet des évolutions représentées sur le graphique 11.1. Tout d'abord, il est essentiel d'inclure les donations − les transmissions de patrimoines faites du vivant des personnes, parfois quelques années avant le décès, parfois un peu plus tôt − dans le flux successoral, car cette forme de transmission a toujours joué un rôle très significatif en France au cours des deux derniers siècles, comme d'ailleurs dans toutes les sociétés. L'importance exacte des donations relativement aux successions a en outre beaucoup varié dans le temps, et ne pas les inclure dans l'analyse risquerait donc d'entraîner des biais importants dans l'analyse et dans les comparaisons spatiales et temporelles. Fort heureusement, les donations sont relativement bien enregistrées en France (quoique sans doute légèrement sous-estimées), ce qui n'est pas le cas dans tous les pays.

Ensuite, et surtout, la richesse des sources historiques françaises nous permet de calculer le flux successoral de deux façons différentes, à partir de données et de méthodes totalement indépendantes les unes des autres. Cela nous conduit d'une part à constater la très grande cohérence entre les deux évolutions représentées sur le graphique 11.1 (que nous avons choisi d'appeler le « flux fiscal » et le « flux économique »), ce qui est rassurant, et démontre la robustesse des faits historiques ainsi mis à jour. Cela va nous permettre d'autre part de mieux décomposer et analyser les différentes forces en jeu derrière ces évolutions[1].

De façon générale, on peut procéder de deux façons pour estimer l'annuité successorale dans un pays donné. On peut soit partir directement du flux observé de successions et donations (par exemple à partir de données fiscales : c'est ce que nous appelons ici le « flux fiscal ») ; soit partir du stock de capital privé et calculer le flux théorique de transmission patrimoniale qui a logiquement eu lieu au cours d'une année donnée (c'est ce que nous appelons ici le « flux économique »). Chaque méthode a ses avantages et ses inconvénients. La première méthode est plus directe, mais les données fiscales sont dans de nombreux pays trop incomplètes pour qu'elle soit totalement satisfaisante. En France, comme nous l'avons noté dans le chapitre précédent, le système d'enregistrement des successions et donations est exceptionnellement précoce (il remonte à la Révolution) et étendu (il concerne en principe toutes les transmissions, y compris la plupart de celles qui sont peu ou pas taxées, avec toutefois quelques exceptions), si bien que cette méthode fiscale est praticable. Il faut cependant corriger les données fiscales pour prendre en compte certaines petites transmissions échappant à l'obligation déclarative (relativement peu importantes), et surtout en ajoutant une estimation des transmissions sous forme d'actifs exonérés de droits de succession, tels que les contrats d'assurance vie, qui se sont beaucoup développés depuis les années 1970-1980 (et qui représentent aujourd'hui près de un sixième du total des patrimoines privés français).

La seconde méthode, celle du « flux économique », a l'avan-

---

[1]. Les développements qui suivent sont un peu plus techniques que les précédents (quoique nécessaires pour bien comprendre l'origine des évolutions observées), et certains lecteurs choisiront peut-être de passer quelques pages et d'aller directement aux implications de ces évolutions et à l'analyse du XXIe siècle, du discours de Vautrin et du dilemme de Rastignac.

tage de reposer sur des données non fiscales, et de donner par conséquent une vision plus complète des transmissions patrimoniales, et surtout indépendante des vicissitudes de la fiscalité et des stratégies de contournement de l'impôt dans les différents pays. L'idéal est de pouvoir appliquer les deux méthodes pour un même pays. On peut d'ailleurs interpréter l'écart entre les deux évolutions indiquées sur le graphique 11.1 (on notera que le flux économique est toujours un peu plus élevé que le flux fiscal) comme une estimation de la fraude fiscale ou des défauts du système d'enregistrement des transmissions. Cet écart peut aussi être dû à d'autres raisons, en particulier aux multiples imperfections des différentes données disponibles et de la méthode utilisée. Pour certaines sous-périodes, l'écart est loin d'être négligeable. Les évolutions d'ensemble observées sur longue période, qui nous intéressent en premier lieu dans le cadre de cette recherche, sont cependant parfaitement cohérentes avec chacune des deux méthodes.

Les trois forces : l'illusion de la fin de l'héritage

Le principal avantage de l'approche par le flux économique est qu'elle oblige à avoir une perspective d'ensemble sur les trois forces qui concourent dans tous les pays à la détermination du flux successoral et à son évolution historique.

De façon générale, le flux économique annuel de successions et de donations, exprimé en proportion du revenu national, que nous noterons b_y, est égal au produit de trois forces :

$$b_y = \mu \times m \times \beta$$

Où β est le rapport capital/revenu (ou plus précisément le rapport entre le total des patrimoines privés – qui seuls peuvent être transmis par succession, contrairement aux actifs publics – et le revenu national), m est le taux de mortalité, et μ mesure le rapport entre le patrimoine moyen au décès et le patrimoine moyen des vivants.

Cette décomposition est une pure égalité comptable : par définition elle est toujours vraie, en tout temps et en tout lieu. En particulier, c'est ainsi que nous avons estimé le flux économique représenté sur le graphique 11.1. Cette décomposition en trois forces constitue une tautologie, mais il s'agit – je crois – d'une tautologie utile, dans la mesure où elle permet de clarifier l'étude d'une question qui, sans être d'une complexité logique effroyable, a suscité beaucoup de confusion dans le passé.

Examinons ces trois forces une à une. La première est le rapport capital/revenu β. Cette force exprime une évidence : pour que le flux de richesse héritée soit élevé dans une société donnée, encore faut-il que le stock total de richesse privée susceptible d'être transmis soit important.

La deuxième force, celle du taux de mortalité m, décrit un mécanisme qui est tout aussi évident. Toutes choses égales par ailleurs, le flux successoral est d'autant plus élevé que le taux de mortalité est important. Dans une société où chacun serait éternel et où le taux de mortalité m serait rigoureusement nul, l'héritage disparaîtrait : le flux successoral b_y serait nul lui aussi, quelle que soit l'importance des capitaux privés β.

La troisième force, celle du rapport μ entre la richesse moyenne au décès et la richesse moyenne des vivants, est également tout à fait transparente[1].

Supposons que le patrimoine moyen des personnes en âge de décéder soit le même que celui de l'ensemble de la population. Dans ce cas, μ = 1, et le flux successoral b_y est simplement égal au produit du taux de mortalité m et du rapport capital/revenu β. Par exemple, si le rapport capital/

---

1. Ce terme μ est corrigé de façon à réintégrer les donations faites avant le décès (voir plus loin).

revenu β est égal à 600 % (le stock de patrimoine privé représente six années de revenu national), et si le taux de mortalité de la population adulte est de 2 % par an[1], alors le flux successoral annuel sera mécaniquement égal à 12 % du revenu national.

Si le patrimoine des défunts est en moyenne deux fois plus élevé que celui des vivants, c'est-à-dire si μ = 2, alors le flux successoral annuel sera mécaniquement égal à 24 % du revenu national (toujours pour β = 6 et m = 2 %), soit approximativement le niveau observé au XIXe et au début du XXe siècle.

On voit que le rapport μ dépend du profil par âge du patrimoine. Plus le patrimoine moyen tend à s'élever avec l'âge, plus le rapport μ est élevé, et plus le flux successoral sera important.

Inversement, dans une société où le patrimoine aurait principalement pour fonction de financer les années passées à la retraite, et où les personnes âgées choisiraient de consommer au cours de leur retraite le capital accumulé pendant leur vie active (par exemple au travers de rentes annuelles ou d'« annuités » versées par leur fonds de pension ou leur capital retraite et s'éteignant à leur décès), suivant en cela la théorie pure de la « richesse de cycle de vie » (*life-cycle wealth*) développée dans les années 1950-1960 par l'économiste italo-américain Franco Modigliani, alors par construction le rapport μ serait nul, puisque chacun s'organiserait pour mourir sans capital, ou tout du moins avec un capital très faible. Dans le cas extrême où μ = 0, alors par définition l'héritage a

---

1. C'est-à-dire si un adulte sur cinquante meurt chaque année. Dans la mesure où les mineurs possèdent généralement très peu de patrimoine, il est plus clair d'écrire la décomposition à partir du taux de mortalité adulte (et en définissant μ également à partir des seuls adultes). Une petite correction est ensuite nécessaire pour prendre en compte les patrimoines des mineurs. Voir annexe technique.

totalement disparu, quelles que soient par ailleurs les valeurs prises par β et m. D'un point de vue strictement logique, on peut parfaitement imaginer un monde où le capital privé aurait une ampleur considérable (β très élevé), mais où le patrimoine prendrait essentiellement la forme de fonds de pension – ou de formes de richesses équivalentes s'éteignant au décès des personnes (*annuitized wealth* en anglais, « richesse viagère » en français) –, si bien que le flux successoral serait rigoureusement nul, ou tout du moins très faible. La théorie de Modigliani donne une vision apaisée et unidimensionnelle de l'inégalité sociale, selon laquelle les inégalités de capital sont simplement la translation dans le temps des inégalités face au travail (les cadres accumulent plus de réserves pour leur retraite que les ouvriers, mais de toute façon les uns et les autres consommeront leur capital d'ici à leur mort). Cette théorie a eu un grand succès pendant les Trente Glorieuses, à une époque où la sociologie fonctionnaliste américaine – notamment celle de Talcott Parsons – aimait elle aussi décrire un monde de classes moyennes et de cadres où l'héritage aurait presque disparu[1]. Elle est encore aujourd'hui très populaire parmi les baby-boomers.

Cette décomposition du flux successoral en trois forces ($b_y = \mu \times m \times \beta$) est importante pour penser historiquement l'héritage et son évolution, car chacune de ces forces incarne un ensemble significatif de croyances et de raisonnements – au demeurant parfaitement plausibles, *a priori* – au nom desquels on s'est souvent imaginé, notamment au cours des décennies optimistes de l'après-Seconde Guerre mondiale, que la fin de l'héritage, ou tout du moins une diminution graduelle et progressive de son importance, était en quelque sorte l'aboutissement logique et naturel de l'histoire. Or nous allons voir que non seulement une telle disparition graduelle n'a rien d'inéluctable – comme l'illustre assez clairement l'évolution

---

[1]. Voir à ce sujet J. BECKERT, *Inherited Wealth*, *op. cit.*, p. 291.

française –, mais que la courbe en U observée dans le cas de la France est en réalité la conséquence combinée de trois courbes en U concernant chacune de ces trois forces μ, m et β. C'est d'ailleurs le fait que ces trois forces aient conjugué en même temps leurs effets, en partie pour des raisons accidentelles, qui explique l'ampleur considérable de l'évolution globale, et en particulier le niveau exceptionnellement bas atteint par le flux successoral dans les années 1950-1960, à tel point que l'on a pu croire à une quasi-disparition de l'héritage.

Nous avons déjà étudié de façon détaillée dans la deuxième partie de ce livre la courbe en U suivie par le rapport capital/revenu β dans son ensemble. La croyance optimiste associée à cette première force est tout à fait claire, et *a priori* parfaitement plausible : l'héritage tend à perdre de son importance au cours de l'histoire, tout simplement parce que les patrimoines (ou plus précisément les patrimoines non humains, ceux que l'on peut posséder, échanger sur un marché et transmettre de façon pleine et entière, par le biais du droit de propriété) perdent de leur importance. Cette croyance optimiste est tout à fait plausible d'un point de vue logique, et elle imprègne toute la théorie moderne du capital humain (notamment les travaux de Gary Becker), même si elle n'est pas toujours formulée explicitement[1]. Mais comme

---

1. Becker n'exprime jamais de façon parfaitement explicite l'idée selon laquelle la montée du capital humain aurait réduit l'importance de l'héritage, mais elle est souvent implicite dans ses travaux : en particulier, il note régulièrement que la société est devenue « plus méritocratique » du fait de l'importance croissante de l'éducation (sans donner plus de précision). Becker est également l'auteur de modèles théoriques dans lesquels l'héritage permet aux parents de compenser les enfants les moins doués et les moins dotés en capital humain, et tend donc à réduire les inégalités ; compte tenu de l'extrême concentration verticale de l'héritage (le décile supérieur possède toujours plus de 60 % du patrimoine à transmettre, et la moitié inférieure presque rien), cet éventuel effet de redistribution horizontale au sein des

nous l'avons vu les choses ne se sont pas déroulées ainsi, ou tout du moins pas avec l'ampleur que l'on imagine parfois : le capital terrien est devenu immobilier, industriel, financier, mais il n'a en réalité rien perdu de son importance globale, comme l'atteste le fait que le rapport capital/revenu semble en passe de retrouver en ce début de XXIe siècle son niveau record de la Belle Époque et des siècles passés.

Pour des raisons que l'on peut qualifier en partie de technologiques, le capital joue toujours aujourd'hui un rôle central dans les processus de production, et donc dans la vie sociale. On a toujours besoin avant de commencer à produire de pouvoir avancer des fonds, pour payer des bureaux ou des équipements, pour financer des investissements matériels et immatériels de toutes natures, et bien sûr pour se loger. Les qualifications et les compétences humaines ont évidemment beaucoup progressé dans l'histoire. Mais le capital non humain a également progressé dans des proportions équivalentes : il n'y a donc pas de raison évidente *a priori* de s'attendre à une disparition progressive de l'héritage de ce côté-là.

La mortalité sur longue période

La seconde force qui pourrait expliquer la fin naturelle de l'héritage est l'allongement de l'espérance de vie, au travers d'une baisse du taux de mortalité m et d'un report dans le temps de l'héritage (on hérite tellement tard que cela ne compte plus). De fait, la réduction du taux de mortalité est une évidence dans le long terme : en proportion de la population, on meurt moins souvent dans une société où l'espérance de vie est de quatre-vingts ans que dans une

---

fratries riches (au demeurant peu présent dans les données, que Becker n'utilise presque pas) n'est pourtant guère susceptible de l'emporter. Voir annexe technique.

société où elle est de soixante ans. Et, toutes autres choses égales par ailleurs, en particulier pour un β et un μ donnés, une société où l'on meurt moins souvent – en proportion de la population – est aussi une société où la masse de l'héritage est plus réduite en proportion du revenu national. En France, comme d'ailleurs dans tous les pays, on constate que le taux de mortalité baisse inexorablement au cours de l'histoire : il était d'environ 2,2 % par an au sein de la population adulte au XIXe siècle et jusqu'en 1900, avant de s'abaisser régulièrement tout au long du XXe siècle[1], pour finalement se situer autour de 1,1 %-1,2 % en 2000-2010, soit quasiment une division par deux en un siècle (voir graphique 11.2).

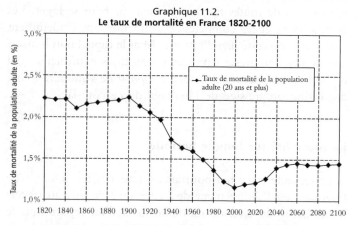

Graphique 11.2.
Le taux de mortalité en France 1820-2100

Lecture : le taux de mortalité a chuté en France au cours du XXe siècle (allongement de l'espérance de vie) et devrait légèrement remonter au XXIe siècle (effet baby-boom).
Sources et séries : voir piketty.pse.ens.fr/capital21c.

Mais il y aurait une erreur de raisonnement majeure à s'imaginer que cette force conduit inéluctablement à une disparition

---

1. Si l'on excepte évidemment les saignées dues aux guerres, et qui sont ici masquées par le jeu des moyennes décennales. Voir annexe technique pour les séries annuelles.

progressive de l'héritage. Tout d'abord, le taux de mortalité a commencé à remonter en France dans les années 2000-2010, et d'après les prévisions démographiques officielles cette hausse devrait se poursuivre jusqu'aux années 2040-2050, après quoi la mortalité adulte devrait se stabiliser autour de 1,4 %-1,5 %. Cela s'explique mécaniquement par l'arrivée à l'âge du décès des générations du baby-boom, plus nombreuses que les générations précédentes (mais de même taille, approximativement, que les suivantes[1]). Autrement dit, le baby-boom et la hausse structurelle de la taille des générations que ce phénomène a entraînée en France ont conduit à une réduction temporairement très forte du taux de mortalité en France, simplement du fait du rajeunissement et de la croissance de la population. La démographie française a ceci de plaisant qu'elle est extrêmement simple et permet donc d'illustrer clairement les principaux effets. Au XIXe siècle, la population était quasiment stationnaire, et l'espérance de vie était d'environ soixante ans, soit une durée de vie adulte à peine supérieure à quarante ans : le taux de mortalité était donc proche de 1/40e, en l'occurrence environ 2,2 %. Au XXIe siècle, la population – d'après les prévisions officielles – devrait de nouveau se stabiliser, avec une espérance de vie de près de quatre-vingt-cinq ans, soit une durée de vie adulte de l'ordre de soixante-cinq années, et un taux de mortalité en régime stationnaire d'environ 1/65e, en l'occurrence environ 1,4 %-1,5 % compte tenu là encore de la légère croissance démographique. Sur longue période, dans un pays développé

---

1. La France compte environ 800 000 naissances par an (entre 750 000 et 850 000, sans *trend* dans un sens ou dans l'autre), de la fin des années 1940 au début des années 2010, et d'après les prévisions officielles il devrait en être de même tout au long du XXIe siècle. La taille des générations avoisinait le million de naissances au XIXe siècle, mais avec une mortalité infantile significative, si bien que la taille des générations atteignant l'âge adulte n'a en vérité guère changé depuis la fin du XVIIIe siècle – si l'on excepte les fortes baisses liées aux guerres et à l'entre-deux-guerres. Voir annexe technique.

et démographiquement quasi stagnant comme la France (et où la hausse de la population provient principalement du vieillissement), la baisse du taux de mortalité adulte est de l'ordre de un tiers.

Cet effet de remontée du taux de mortalité entre les années 2000-2010 et 2040-2050, lié à l'arrivée en âge de décéder des générations relativement nombreuses du baby-boom, est certes purement mécanique, mais il est important. Il explique en partie pourquoi le flux successoral s'est établi à un niveau relativement bas au cours de la seconde moitié du XXe siècle, et pourquoi la remontée sera d'autant plus forte dans les décennies à venir. De ce point de vue, la France n'est pas le pays où cet effet sera le plus massif, loin de là. Dans les pays européens où la population a commencé à décroître significativement, ou n'est pas loin de le faire (du fait de la nette diminution de la taille des générations), en particulier en Allemagne, en Italie ou en Espagne, ainsi évidemment qu'au Japon, ce même phénomène va conduire à une hausse beaucoup plus forte qu'en France du taux de mortalité adulte au cours de la première moitié du XXIe siècle, et va mécaniquement beaucoup accroître le volume de transmission patrimoniale. Le vieillissement de la population repousse les décès dans le temps mais ne les supprime pas : seule une augmentation forte et continue de la taille des générations permet de réduire durablement et structurellement le taux de mortalité et le poids de l'héritage. Mais lorsque le vieillissement s'accompagne d'une stabilisation de la taille des générations, comme en France, ou pire encore d'une baisse de taille des générations, comme cela est le cas de nombreux pays riches, alors tous les éléments sont réunis pour un flux successoral extrêmement élevé. Dans le cas extrême d'un pays où la taille des classes d'âge serait divisée par deux à chaque génération (car chaque couple déciderait d'avoir un seul enfant), le taux de mortalité – et donc le flux successoral – pourrait monter à des niveaux inconnus jusqu'à présent. À l'inverse, dans un pays où la taille des classes d'âge double à chaque génération, comme cela s'est vu dans de nombreuses parties du monde au XXe siècle, et n'a pas encore tout à fait disparu, notamment en Afrique, le taux de mortalité tombe à des niveaux très bas, et l'héritage compte peu – toutes choses égales par ailleurs.

La richesse vieillit avec la population : l'effet μ × m

Oublions maintenant ces effets – importants mais en principe transitoires, sauf à imaginer à très long terme une population terrestre infiniment grande ou infiniment petite – liés à des variations dans la taille des générations, et plaçons-nous dans une perspective de très long terme où le nombre de personnes par génération serait par hypothèse totalement stabilisé. En quoi l'allongement de l'espérance de vie affecte-t-il vraiment l'importance de l'héritage dans une telle société ? Certes, l'allongement de la durée de la vie réduit structurellement le taux de mortalité. En France, où l'on décédera en moyenne autour de 80-85 ans au XXIe siècle, la mortalité adulte se stabilisera à moins de 1,5 % par an, contre 2,2 % au XIXe siècle, quand on décédait en moyenne à guère plus de 60 ans. Cette augmentation de l'âge moyen au décès a mécaniquement conduit à une hausse similaire de l'âge moyen au moment de l'héritage. Au XIXe siècle, on héritait en moyenne à tout juste 30 ans ; au XXIe siècle, on héritera le plus souvent autour de 50 ans. Comme l'indique le graphique 11.3, l'écart entre l'âge moyen au décès et à l'héritage s'est toujours situé aux alentours de 30 ans, pour la bonne et simple raison que l'âge moyen à la naissance des enfants – ce que l'on appelle souvent la « durée des générations » – s'est établi de manière relativement stable autour de 30 ans sur longue période (on notera néanmoins une légère hausse en ce début de XXIe siècle).

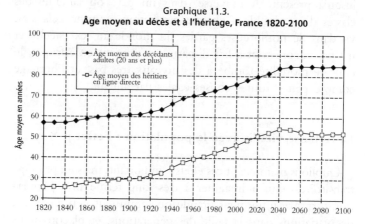

Graphique 11.3.
Âge moyen au décès et à l'héritage, France 1820-2100

Lecture : l'âge moyen au décès est passé d'à peine 60 ans à près de 80 ans au cours du xxᵉ siècle, et l'âge moyen à l'héritage est passé de 30 ans à 50 ans.
Sources et séries : voir piketty.pse.ens.fr/capital21c.

Mais le fait que l'on décède et que l'on hérite plus tard implique-t-il pour autant que l'héritage perde en importance ? Pas nécessairement, d'une part parce que la montée en puissance des donations a en partie compensé cet effet, comme nous le verrons plus loin ; et d'autre part car il se peut que l'on hérite plus tardivement de montants plus importants, conséquence du fait que le patrimoine tend également à vieillir dans une société de plus en plus âgée. Autrement dit, l'abaissement tendanciel du taux de mortalité – inéluctable sur très longue période – peut être compensé par une hausse non moins structurelle de la richesse relative des personnes âgées, si bien que le produit des deux termes $\mu \times m$ demeure inchangé, ou tout du moins s'abaisse beaucoup moins que ce que l'on aurait pu imaginer. Or ceci est précisément ce qui s'est produit en France : le rapport μ entre le patrimoine moyen au décès et le patrimoine moyen des vivants a fortement augmenté depuis les années 1950-1960, et ce vieillissement graduel de la fortune explique une part importante du mouvement de retour de l'héritage observé au cours de ces dernières décennies.

Concrètement, on constate que le produit $\mu \times m$, qui mesure par définition le taux annuel de transmission du patrimoine (c'est-à-dire le flux successoral exprimé en pourcentage du patrimoine privé total), est nettement reparti à la hausse au cours des dernières décennies, en dépit de la baisse continue du taux de mortalité, comme le montre très clairement le graphique 11.4. Le taux annuel de transmission du patrimoine, que les économistes du XIXe et du début du XXe siècle appelaient le « taux de dévolution successorale », est relativement stable des années 1820 aux années 1910, autour de 3,3 %-3,5 %, soit environ 1/30e. On avait d'ailleurs coutume de dire, à cette époque, qu'un patrimoine se transmet en moyenne une fois tous les trente ans, c'est-à-dire une fois par génération, ce qui correspond à une vision simplifiée – un peu trop statique – mais en partie justifiée de la réalité du moment[1]. Le taux annuel de transmission a fortement baissé au cours de la période 1910-1950, pour se situer à guère plus de 2 % dans les années 1950, avant de remonter régulièrement depuis lors, pour finalement dépasser 2,5 % en 2000-2010.

---

1. La théorie du « taux de dévolution successorale » était particulièrement populaire en France dans les années 1880-1910, avec notamment les travaux de Foville, Colson, Levasseur, qui constataient avec satisfaction que leurs estimations de la fortune nationale (obtenues par recensement des actifs) étaient approximativement égales à trente fois l'annuité successorale annuelle. Cette méthode, parfois appelée « *estate multiplier* » (« multiplicateur successoral ») était également utilisée au Royaume-Uni, notamment par Giffen, même si les économistes britanniques – moins bien dotés en données successorales – préféraient mobiliser les flux de revenus du capital issus des impôts cédulaires sur les revenus.

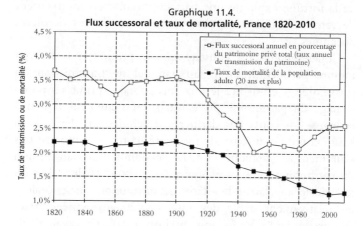

Graphique 11.4.
Flux successoral et taux de mortalité, France 1820-2010

Lecture : le flux de successions et donations représente chaque année 2,5 % du patrimoine privé total en 2000-2010, contre 1,2 % pour le taux de mortalité.
Sources et séries : voir piketty.pse.ens.fr/capital21c.

Pour résumer : on hérite certes de plus en plus tard dans une société vieillissante, mais comme la richesse vieillit elle aussi cela tend à compenser cet effet. En ce sens, une société où l'on meurt de plus en plus vieux est très différente d'une société où l'on ne meurt plus du tout, et où l'héritage disparaît effectivement. L'allongement de la durée de la vie déplace l'ensemble des événements de la vie un peu plus loin – on étudie plus longtemps, on commence à travailler plus tard, et ainsi de suite pour l'héritage, le départ à la retraite, et l'âge au décès –, mais ne modifie pas nécessairement l'importance relative de l'héritage et des revenus du travail, ou tout du moins beaucoup moins que ce que l'on imagine parfois. Le fait d'hériter plus tardivement peut certes obliger plus souvent qu'autrefois à devoir choisir une profession. Mais cela est compensé par des montants hérités plus importants, d'autant plus qu'ils peuvent prendre la forme de donations anticipées. En tout état de cause, il s'agit davantage d'une différence de degré que de la rupture civilisationnelle parfois imaginée.

Richesse des morts, richesse des vivants

Il est intéressant d'examiner plus précisément l'évolution historique du rapport μ entre la richesse moyenne parmi les défunts et parmi les vivants, que nous avons représentée sur le graphique 11.5. On remarque tout d'abord qu'au cours des deux derniers siècles, des années 1820 aux années 2010, les défunts ont toujours été – en moyenne – plus riches que les vivants en France : le rapport μ a toujours été supérieur à 100 %, et généralement très nettement supérieur à 100 %, à l'exception de l'immédiat après-Seconde Guerre mondiale, dans les années 1940-1950, où le rapport obtenu en omettant de réintégrer les donations faites avant le décès était très légèrement inférieur à 100 %. Rappelons que, d'après la théorie du cycle de vie chère à Modigliani, le patrimoine devrait être accumulé principalement en vue de la retraite, notamment dans les sociétés vieillissantes, si bien que les personnes âgées devraient consommer l'essentiel de leurs réserves pendant leurs vieux jours et mourir avec peu ou pas de patrimoine. C'est le fameux « triangle de Modigliani », enseigné à tous les étudiants d'économie, et selon lequel le patrimoine monte d'abord avec l'âge, à mesure que chacun fait des réserves en vue de la vie active. Le rapport μ devrait donc être systématiquement égal à 0 %, ou tout du moins très faible, et en tout cas nettement inférieur à 100 %. Le moins que l'on puisse dire, c'est que cette théorie du capital et de son évolution dans les sociétés avancées, tout à fait plausible *a priori* (plus la société vieillit, plus on accumule pour ses vieux jours, et plus on meurt avec un patrimoine faible), ne permet pas de rendre compte des faits observés de façon satisfaisante. De toute évidence, l'épargne en vue de la retraite ne représente qu'une des raisons – et pas la plus importante – pour lesquelles les uns et les autres accumulent des patrimoines : le motif de transmission et de perpétuation familiale du capital a toujours joué un rôle central.

En pratique, les différentes formes de richesse viagère (*annuitized wealth*), donc non transmissible aux descendants, représentent au total moins de 5 % du patrimoine privé en France. Cette part monte au maximum à 15 %-20 % dans les pays anglo-saxons où les fonds de pension sont les plus développés, ce qui est loin d'être négligeable, mais insuffisant pour modifier radicalement la fonction successorale du patrimoine (d'autant plus que rien ne dit que la richesse de cycle de vie se substitue à la richesse transmissible : elle pourrait fort bien s'y ajouter ; nous y reviendrons[1]). Il est certes très difficile de dire comment aurait évolué la structure de l'accumulation patrimoniale au cours du XXe siècle en l'absence des systèmes publics de retraite par répartition, qui ont permis de garantir un niveau de vie satisfaisant à l'immense majorité des retraités, de façon d'ailleurs beaucoup plus fiable et égalitaire que ne le peut l'épargne financière, qui avait sombré à la suite des guerres. Il est possible qu'en leur absence le niveau global d'accumulation patrimoniale (mesuré par le rapport capital/revenu) serait en ce début de XXIe siècle beaucoup plus élevé encore[2]. Toujours est-il que le rapport capital/revenu est approximativement au même niveau aujourd'hui que ce qu'il était à la Belle Époque (quand le besoin d'accumulation en vue de la retraite était beaucoup plus limité, compte tenu de l'espérance de vie), et

---

1. En pratique, ces deux formes de richesse se mêlent souvent dans les mêmes produits financiers de long terme (à l'image des motivations multiples des détenteurs) : en France, les contrats d'assurance vie peuvent comporter une part de capital transmissible aux enfants et une part – généralement assez réduite – correspondant à une sortie en rente annuelle (s'éteignant donc au décès du détenteur) ; au Royaume-Uni ou aux États-Unis, les différents types de capital retraite et de fonds de pension comportent de plus en plus souvent une part rachetable et transmissible.

2. Suivant l'expression consacrée, la retraite par répartition est « le patrimoine de ceux qui n'ont pas de patrimoine ». Nous reviendrons dans la quatrième partie de ce livre (chapitre 13) sur l'analyse des différents systèmes de retraite.

que la richesse viagère représente une part à peine plus élevée du patrimoine total qu'il y a un siècle.

Graphique 11.5.
Le rapport entre le patrimoine moyen au décès et le patrimoine moyen des vivants, France 1820-2010

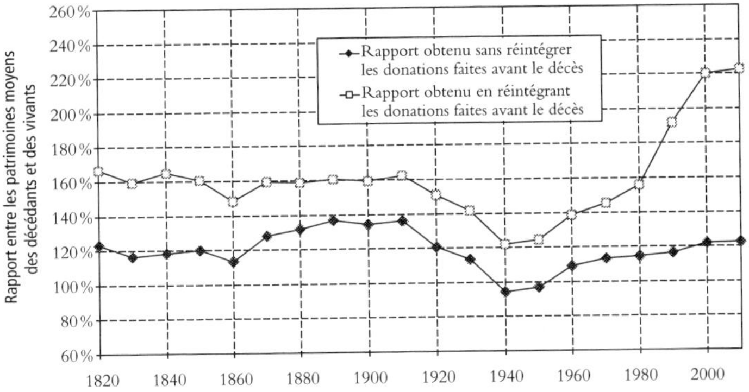

Lecture : en 2000-2010, le patrimoine moyen au décès est 20 % plus élevé que celui des vivants si l'on omet les donations faites avant le décès, mais plus de deux fois plus élevé si on les réintègre.
Sources et séries : voir piketty.pse.ens.fr/capital21c.

On notera également l'importance des donations tout au long des deux siècles écoulés, et leur envol spectaculaire au cours des dernières décennies. La valeur totale des donations représente chaque année environ 30 %-40 % de celle des successions des années 1820 aux années 1860 (elles prennent alors souvent la forme de dot, c'est-à-dire de donation faite aux époux au moment du mariage, souvent avec des restrictions sur l'usage du bien fixées par contrat de mariage). Puis la valeur des donations diminue légèrement et se stabilise autour de 20 %-30 % de celle des successions des années 1870 aux années 1960, avant d'augmenter fortement et régulièrement, pour atteindre 40 % dans les années 1980, 60 % dans les années 1990, et plus de 80 % dans les années 2000-2010. En ce début de XXIe siècle, le capital transmis par donation est presque aussi important que les successions proprement dites. Les donations expliquent près de la moitié du niveau atteint par le flux successoral actuel, et il est donc tout à fait essentiel de le prendre en compte. Concrètement, si l'on oubliait de prendre en compte les donations faites avant le décès, alors on trouverait que le patrimoine moyen à l'âge du décès est en 2000-2010 à peine plus de 20 % plus élevé que celui des vivants. Mais cela vient simplement du fait que les défunts ont déjà transmis près de la moitié de leurs actifs. Si l'on réintégrait dans le patrimoine des défunts les donations faites avant décès, on trouverait que le rapport µ – ainsi corrigé – est en réalité supérieur à 220 % : leur patrimoine corrigé est plus de deux fois plus élevé que celui des vivants. Il s'agit véritablement d'un nouvel âge d'or des donations, beaucoup plus massif encore que celui du XIXe siècle.

Il est intéressant de noter que les donations, aujourd'hui comme au XIXe siècle, sont dans l'immense majorité des cas au bénéfice des enfants, souvent dans le cadre d'un investissement immobilier, et qu'elles se font en moyenne environ dix ans avant le décès du donateur (cet écart est lui aussi relativement stable dans le temps). L'importance croissante des donations depuis les années 1970-1980 permet donc de rajeunir quelque peu l'âge moyen du receveur : dans les années 2000-2010, l'âge moyen lors des successions s'approche de 45-50 ans, mais l'âge moyen lors des donations est de l'ordre de 35-40 ans, si bien que l'écart avec la situation prévalant au XIXe et au début du XXe siècle est moins massif que ce qu'indique le graphique 11.3[1]. L'explication la plus convaincante pour cet envol graduel et progressif des donations, qui a commencé dès les années 1970-1980, bien avant les mesures d'incitations fiscales (qui datent des années 1990-2000), est d'ailleurs que les parents qui en ont les moyens ont progressivement pris conscience, compte tenu de l'allongement de l'espérance de vie, qu'il pouvait être justifié de permettre à leurs enfants d'accéder au

---

1. Pour des données détaillées à ce sujet, voir T. Piketty, « On the long-run evolution of inheritance », art. cité.

patrimoine vers 35-40 ans plutôt que vers 45-50 ans, ou parfois plus tard. En tout état de cause, quel que soit le rôle exact joué par les différentes explications possibles, le fait est que ce nouvel âge d'or des donations, que l'on retrouve dans d'autres pays européens, notamment en Allemagne, est un ingrédient essentiel du retour de l'héritage actuellement en cours.

Quinquagénaires et octogénaires : âge et fortune à la Belle Époque

Afin de mieux comprendre la dynamique de l'accumulation patrimoniale et les données détaillées que nous avons exploitées afin de calculer les coefficients µ, il est utile d'examiner l'évolution du profil du patrimoine moyen en fonction de l'âge. Nous avons indiqué dans le tableau 11.1 les profils pour quelques années de 1820 à 2010[1]. Le fait le plus frappant est sans doute l'impressionnant vieillissement de la fortune tout au long du XIXe siècle, au fur et à mesure que le patrimoine devenait plus fortement concentré. En 1820, les personnes âgées sont à peine plus riches en moyenne que les quinquagénaires (que nous avons choisis comme groupe de référence) : 34 % plus riches en moyenne pour les sexagénaires, et 53 % plus riches pour les octogénaires. Mais cet écart ne cesse de se creuser par la suite. Vers 1900-1910, le patrimoine moyen détenu par les sexagénaires et septuagénaires est de l'ordre de 60 %-80 % plus élevé que celui des quinquagénaires, et les octogénaires sont deux fois et demie plus riches. Ajoutons qu'il s'agit là de la moyenne pour l'ensemble de la France. Si l'on se restreint à Paris, où se concentrent les patrimoines les plus importants, la situation est beaucoup plus extrême encore. À la veille de la Première Guerre mondiale, les fortunes parisiennes vieillissent de plus en plus, avec des septuagénaires

---

1. Les données annuelles complètes sont disponibles en ligne.

et des octogénaires qui sont en moyenne trois fois, voire parfois plus de quatre fois, plus riches que les quinquagénaires[1]. Certes, une majorité de personnes âgées décède sans aucun patrimoine, et l'absence de système de retraite tend à aggraver cette pauvreté du troisième âge. Mais au sein de la minorité qui possède du bien le vieillissement de la fortune est extrêmement impressionnant (on pense naturellement à la vieille dame des *Aristochats*). De toute évidence, cet enrichissement spectaculaire des octogénaires ne s'explique pas par les revenus de leur travail ou par leur activité entrepreneuriale : on les imagine mal créant des start-up tous les matins.

Tableau 11.1.
Le profil du patrimoine en fonction de l'âge en France, 1820-2010

Patrimoine moyen du groupe d'âge (en % du patrimoine moyen des 50-59 ans)	20-29 ans	30-39 ans	40-49 ans	50-59 ans	60-69 ans	70-79 ans	80 ans et plus
1820	29 %	37 %	47 %	100 %	134 %	148 %	153 %
1850	28 %	37 %	52 %	100 %	128 %	144 %	142 %
1880	30 %	39 %	61 %	100 %	148 %	166 %	220 %
1902	26 %	57 %	65 %	100 %	172 %	176 %	238 %
1912	23 %	54 %	72 %	100 %	158 %	178 %	257 %
1931	22 %	59 %	77 %	100 %	123 %	137 %	143 %
1947	23 %	52 %	77 %	100 %	99 %	76 %	62 %
1960	28 %	52 %	74 %	100 %	110 %	101 %	87 %
1984	19 %	55 %	83 %	100 %	118 %	113 %	105 %
2000	19 %	46 %	66 %	100 %	122 %	121 %	118 %
2010	25 %	42 %	74 %	100 %	111 %	106 %	134 %

Lecture : en 1820, le patrimoine moyen des personnes âgées de 60 à 69 ans est 34 % plus élevé que celui des 50-59 ans, et celui des personnes âgées de 80 ans et plus est 53 % plus élevé que celui des 50-59 ans.
Sources : voir piketty.pse.ens.fr/capital21c.

---

1. Précisons que ces estimations prennent en compte une correction relativement forte pour la mortalité différentielle (c'est-à-dire le fait que les personnes plus riches vivent en moyenne plus vieilles), phénomène important, mais qui n'est pas l'explication pour le profil décrit ici. Voir annexe technique.

Il s'agit d'un fait frappant, d'une part parce que cela explique le haut niveau du rapport µ entre la richesse moyenne au décès et celle des vivants à la Belle Époque (et donc l'importance du flux successoral), et d'autre part et surtout parce que cela nous informe assez précisément sur le processus économique à l'œuvre. Les données individuelles dont nous disposons sont extrêmement claires sur ce point : la très forte croissance des patrimoines aux âges élevés observée à la fin du XIXe et au début du XXe siècle est la conséquence mécanique de l'inégalité r > g et de la logique cumulative et multiplicative qu'elle entraîne. Concrètement, les personnes âgées détenant les patrimoines les plus importants disposent souvent de revenus annuels issus de leur capital nettement supérieurs à ce dont elles ont besoin pour financer leur train de vie. Supposons par exemple qu'elles obtiennent un rendement de 5 %, qu'elles en consomment les deux cinquièmes et qu'elles en réinvestissent les trois cinquièmes. Leur patrimoine progresse donc de 3 % par an, et elles seront à l'âge de 85 ans plus de deux fois plus riches qu'elles ne l'étaient à l'âge de 60 ans. Il s'agit d'un mécanisme simple, mais extrêmement puissant, et qui permet de très bien rendre compte des faits observés, à la différence près que les fortunes les plus considérables peuvent souvent réépargner bien plus que les trois cinquièmes du rendement obtenu (ce qui accentue le processus de divergence du patrimoine aux âgés élevés), et que la croissance générale du revenu moyen et du patrimoine moyen n'est pas tout à fait nulle (elle est de l'ordre de 1 % par an, ce qui modère légèrement le processus).

L'étude de la dynamique de l'accumulation et de la concentration patrimoniale à l'œuvre dans la France des années 1870-1914, en particulier à Paris, est riche d'enseignement pour le monde d'aujourd'hui, et pour l'avenir. Outre que les données disponibles sont exceptionnellement détaillées et fiables et nous permettent de mettre au jour cette dynamique de façon parfaitement claire, cette période est en effet emblématique de la première mondialisation commerciale et financière. Elle se caractérise par des marchés de capitaux modernes et diversifiés, et par des portefeuilles complexes composés de multiples types de placements français et étrangers, à revenu variable et à revenu fixe, publics et privés. La croissance économique n'est certes que de 1 %-1,5 % par an – mais comme nous l'avons vu ce rythme est en réalité tout à fait substantiel si l'on se place d'un point de vue générationnel, ou dans une perspective historique très longue. Il ne s'agit en aucune façon d'une société terrienne et statique. Il existe à cette époque de nombreuses innovations techniques et industrielles – la voiture, l'électricité, le cinéma, et ainsi de suite – dont beaucoup ont d'ailleurs leur origine en France, au moins en partie. Entre 1870 et 1914, dans les fortunes françaises ou parisiennes observées à l'âge de 50 ans ou de 60 ans, toutes n'étaient pas des fortunes héritées, loin de là : on observe un nombre non négligeable de patrimoines industriels et financiers trouvant leur origine principale dans des activités entrepreneuriales.

Il n'en reste pas moins que la dynamique dominante à l'œuvre, et qui pour finir explique la plus grande partie de la concentration patrimoniale, découle mécaniquement de l'inégalité $r > g$. Que la fortune à 50 ou 60 ans soit elle-même issue de l'héritage ou d'une vie plus active, le fait est qu'au-delà d'un certain seuil le capital tend à se reproduire tout seul et à s'accumuler au-delà de toute limite. La logique $r > g$ implique que l'entrepreneur tend toujours à se transformer en rentier, soit un peu plus tard dans sa vie (ce problème devient central à mesure que la vie s'allonge : le fait que l'on ait eu de bonnes idées à 30 ou 40 ans n'implique pas que l'on en ait encore à 70 ou 80 ans, et pourtant le patrimoine continue souvent de se reproduire tout seul), soit bien sûr au cours de la génération suivante. Quels qu'aient pu être l'inventivité industrielle et le dynamisme entrepreneurial des élites économiques françaises du XIXe siècle et de la Belle Époque, le fait central est que leurs efforts et leurs actions n'ont finalement fait que renforcer et pérenniser une société de rentiers – en grande partie à leur insu, du fait de la logique r > g.

Le rajeunissement des patrimoines par les guerres

Cette mécanique autoentretenue s'effondre à la suite des chocs violents subis par les capitaux, leurs revenus et leurs détenteurs au cours des années 1914-1945. Les guerres conduisent en effet à un très fort rajeunissement des patrimoines. Cela apparaît très nettement sur le graphique 11.5 : pour la première fois de l'histoire – et la seule fois à ce jour – le patrimoine moyen au décès est dans les années 1940-1950 inférieur à celui des vivants. Cela apparaît encore plus clairement lorsque l'on examine les profils détaillés par groupe d'âge (voir tableau 11.1). En 1912, à la veille de la guerre, les octogénaires sont plus de deux fois et demie plus riches que les quinquagénaires. En 1931, ils ne sont plus que 40 % plus riches. Et en 1947, ce sont les quinquagénaires qui sont devenus les plus fortunés : dans une société où les patrimoines dans leur ensemble sont, il est vrai, tombés à un niveau très bas, le fait est que ce sont maintenant les quinquagénaires qui sont devenus 50 % plus riches que les octogénaires. Affront suprême, ces derniers sont même passés légèrement au-dessous des quadragénaires en 1947 : voici bien une époque où l'on remet en cause toutes les certitudes. Au lendemain de la Seconde Guerre mondiale, le profil du patrimoine en fonction de l'âge a subitement pris l'allure d'une courbe en forme de cloche (d'abord croissante puis décroissante en fonction de l'âge, avec un sommet au niveau du groupe des 50-59 ans, soit une forme proche du « triangle de Modigliani », à la différence importante près que la courbe ne tombe pas à zéro aux âges les plus élevés, loin de là), alors que la courbe était systématiquement et continûment croissante avec l'âge tout au long du XIXe siècle et jusqu'à la Première Guerre mondiale.

Ce rajeunissement spectaculaire de la fortune s'explique simplement. Comme nous l'avons vu dans la deuxième partie, tous les patrimoines sont frappés par de multiples chocs au cours des années 1914-1945 – destructions, inflation, faillites, expropriations, et ainsi de suite –, si bien que le rapport capital/revenu s'est fortement réduit. On pourrait là encore penser que ces chocs ont frappé en première approximation tous les patrimoines de la même façon, si bien que le profil par âge du patrimoine demeure inchangé. Mais la différence est que les jeunes générations, qui au demeurant n'avaient pas grand-chose à perdre, ont pu se remettre de ces chocs plus aisément que les personnes âgées. Quelqu'un qui a 60 ans en 1940 et qui perd tout son patrimoine dans un bombardement, une expropriation ou une faillite a peu de chances de s'en remettre : il est probable qu'il décédera vers 1950-1960, à 70 ou 80 ans, avec presque rien à transmettre. À l'inverse, une personne qui a 30 ans en 1940 et qui perd tous ses avoirs – sans doute peu de chose – a encore largement le temps d'accumuler un patrimoine après la guerre, et il est probable qu'il sera vers 1950-1960 un quadragénaire plus riche que notre septuagénaire. La guerre agit comme une remise à zéro – ou une quasi-remise à zéro – des compteurs de l'accumulation patrimoniale et conduit mécaniquement à un grand rajeunissement des fortunes. En ce sens, ce sont bien les guerres qui ont fait table rase du passé au XXe siècle et qui ont donné l'illusion d'un dépassement structurel du capitalisme.

Il s'agit là de l'explication centrale pour le niveau exceptionnellement bas du flux successoral dans les décennies de l'après-Seconde Guerre mondiale : les personnes qui auraient dû hériter dans les années 1950-1960 n'ont pas grand-chose à hériter, car leurs parents n'ont pas eu le temps de se remettre des chocs des décennies précédentes et meurent avec peu de patrimoine.

En particulier, cela permet de comprendre pourquoi l'effondrement successoral est encore plus massif que l'effondrement patrimonial : près de deux fois plus important. Comme nous l'avons vu dans la deuxième partie, le total des patrimoines privés est divisé par plus de trois entre les années 1910 et les années 1950 : le stock de capital privé est passé de près de sept années de revenu national à tout juste deux-deux années et demie de revenu national (voir chapitre 3, graphique 3.6). Le flux successoral annuel est quant à lui divisé par près de six : il passe d'environ 25 % du revenu national à la veille de la Première Guerre mondiale à tout juste 4 %-5 % du revenu national dans les années 1950 (voir graphique 11.1).

Mais le fait essentiel est que cette situation ne dure pas longtemps. Par nature, le « capitalisme de reconstruction » n'est qu'une étape transitoire, et non le dépassement structurel que l'on s'est pris parfois à imaginer. Dès les années 1950-1960, à mesure que le capital s'accumule de nouveau et que le rapport capital/revenu β augmente, les fortunes se mettent à vieillir de nouveau, si bien que le rapport μ entre le patrimoine moyen au décès et celui des vivants remonte également. Le retour du patrimoine va de pair avec son vieillissement et prépare donc un retour plus fort encore de l'héritage. Le profil observé en 1947 n'est déjà plus qu'un souvenir en 1960 : les sexagénaires et les septuagénaires dépassent légèrement les quinquagénaires (voir tableau 11.1). C'est le tour des octogénaires dans les années 1980. Le profil devient de plus en plus fortement croissant dans les années 1990-2000. En 2010, le patrimoine moyen des octogénaires est plus de 30 % plus élevé que celui des quinquagénaires. Si l'on réintégrait dans le patrimoine des différents groupes d'âge les donations faites avant le décès (ce qui n'est pas le cas dans le tableau 11.1), alors le profil serait beaucoup plus fortement croissant en 2000-2010, approximativement dans les mêmes proportions qu'en 1900-1910 (avec des patrimoines moyens pour les 70-79 ans et les 80 ans et plus de l'ordre de deux fois plus élevés que ceux des 50-59 ans), à la différence près que la plupart des décès ont maintenant lieu aux âges les plus élevés, d'où un rapport µ sensiblement plus élevé (voir graphique 11.5).

Comment évoluera le flux successoral au XXIe siècle ?

Compte tenu de la forte progression du flux successoral observée au cours des dernières décennies, il est naturel de se demander si cette hausse va se poursuivre. Nous avons représenté sur le graphique 11.6 deux évolutions possibles pour le XXIe siècle. Il s'agit d'une part d'un scénario central, correspondant à l'hypothèse d'un taux de croissance de 1,7 % par an pour la période 2010-2100[1] et d'un rendement net du capital de 3 % pour la période 2010-2100[2], et d'autre part d'un scénario alternatif, correspondant à l'hypothèse d'une croissance réduite à 1 % pour la période 2010-2100 et d'un rendement net du capital montant à 5 %. Cela correspond à une suppression complète de tous les impôts pesant sur le capital et ses revenus, y compris sur les bénéfices des sociétés, ou bien à une suppression partielle doublée d'une hausse de la part du capital.

Dans le scénario central, les simulations issues du modèle théorique (utilisé avec succès pour rendre compte des évolutions de la période 1820-2010) suggèrent que le flux successoral devrait poursuivre sa progression jusqu'aux années 2030-2040, puis se stabiliser autour de 16 %-17 % du revenu national. D'après le scénario alternatif, le flux successoral progresserait de façon plus importante, jusqu'aux

---

1. C'est-à-dire exactement le taux de croissance moyen de la période 1980-2010.
2. Cela suppose un maintien de la part du capital dans le revenu national à son niveau moyen de la période 1980-2010, doublé d'un maintien du système fiscal actuel. Voir annexe technique.

Mérite et héritage dans le long terme

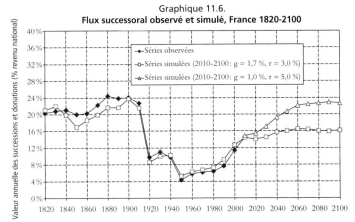

Graphique 11.6.
Flux successoral observé et simulé, France 1820-2100

Lecture : les simulations issues du modèle théorique indiquent que le niveau du flux successoral au XXIe siècle dépendra du taux de croissance et du rendement net du capital.
Sources et séries : voir piketty.pse.ens.fr/capital21c.

années 2060-2070, puis se stabiliserait autour de 24 %-25 % du revenu national, soit un niveau similaire à celui observé dans les années 1870-1910. Dans un cas, le retour de l'héritage ne serait que partiel ; dans l'autre, il serait complet (tout du moins pour ce qui concerne la masse des successions et donations) ; mais dans les deux cas le flux de successions et donations serait en tout état de cause très élevé au XXIe siècle, et en particulier beaucoup plus élevé que ce qu'il a été lors de la phase exceptionnellement basse observée au milieu du XXe siècle.

Il faut évidemment souligner l'ampleur des incertitudes entourant de telles prévisions, qui ont principalement un intérêt illustratif. L'évolution du flux successoral dans le siècle qui s'ouvre dépend de multiples paramètres économiques, démographiques, politiques, dont toute l'histoire du siècle passé démontre qu'ils peuvent faire l'objet de retournements de grande ampleur, et largement imprévisibles. On peut aisément imaginer d'autres scénarios conduisant à d'autres évolutions, par exemple en cas d'accélération spectaculaire de la croissance démographique ou économique (cela semble peu plausible) ou bien de changement radical dans les politiques publiques vis-à-vis du capital privé ou de l'héritage (ce qui est peut-être plus réaliste)[1].

Insistons également sur le fait que l'évolution du profil par âge des patrimoines dépend au premier chef des comportements d'épargne, c'est-à-dire des raisons qui font que les uns et les autres accumulent des patrimoines. Comme nous l'avons déjà abondamment noté, ces raisons sont multiples et extrêmement variées, et sont souvent présentes dans des proportions diverses au sein de chaque individu : on peut épargner pour faire des réserves en vue de la retraite, ou d'une possible perte d'emploi ou de salaire (épargne de cycle de vie ou de précaution) ; ou bien pour constituer ou perpétuer un capital familial, ou simplement par goût pour la richesse et le prestige qu'elle confère parfois (épargne dynastique ou d'accumulation pure). Dans l'absolu, on peut tout à fait imaginer un monde où chacun choisirait de transformer en rente viagère l'ensemble de sa fortune, de façon à mourir sans aucun patrimoine : si de tels comportements devenaient subitement prédominants au XXIe siècle, alors le flux successoral serait évidemment ramené à peu de chose, quelles que soient par ailleurs les valeurs prises par le taux de croissance et le taux de rendement du capital.

Les deux scénarios d'évolution présentés sur le graphique 11.6 n'en sont pas moins les plus plausibles, compte tenu des informations actuellement disponibles. En particulier, nous avons supposé le maintien au cours des années 2010-2100 du même type de comportement d'épargne que celui observé dans le passé, que l'on peut caractériser de la façon suivante. Par-delà les très grandes variations de comportements individuels[2], on

---

1. D'autres variantes et scénarios d'évolution sont présentés dans l'annexe technique.
2. Certains aiment le patrimoine, d'autres préfèrent les voitures ou l'opéra.

constate que les taux d'épargne sont en moyenne nettement plus élevés quand le revenu ou le patrimoine initial sont plus élevés[1], mais que les variations en fonction de la tranche d'âge sont beaucoup plus réduites : en moyenne, en première approximation, on épargne dans des proportions comparables à tous les âges. En particulier, on n'observe pas le comportement massif de désépargne aux âges élevés prédit par la théorie du cycle de vie, quelle que soit l'évolution de l'espérance de vie. Cela s'explique sans doute par l'importance du motif de transmission familiale (personne ne souhaite vraiment mourir sans richesse, y compris dans des sociétés vieillissantes), mais aussi par une logique d'accumulation pure, ainsi que par le sentiment de sécurité – et non seulement de prestige et de pouvoir – que procure le patrimoine[2]. La très forte concentration des patrimoines (la part du décile supérieur est toujours d'au moins 50 %-60 % du patrimoine total, y compris au sein de chaque groupe d'âge) est le chaînon manquant qui permet d'expliquer l'ensemble de ces faits, et que néglige totalement la théorie de Modigliani. Ce retour graduel depuis les années 1950-1960 à une inégalité patrimoniale de type dynastique permet de comprendre l'absence de désépargne aux âges élevés (l'essentiel du patrimoine est détenu par des personnes qui ont les moyens de financer leur niveau de vie sans vendre leurs actifs), et donc le maintien de l'héritage à un niveau élevé et la perpétuation du nouvel équilibre, avec une mobilité certes positive mais réduite.

Le point essentiel est que, pour une structure donnée des comportements d'épargne, ce processus cumulatif est d'autant plus rapide et inégalitaire que le taux de rendement du capital

---

1. On peut davantage se permettre d'épargner quand on dispose d'un salaire plus élevé, ou bien quand on n'a pas de loyer à payer, et plus encore quand les deux conditions sont réunies.

2. Par exemple, à revenu donné, les personnes sans enfants accumulent autant que les autres.

est élevé et que le taux de croissance est faible. La très forte croissance des Trente Glorieuses explique la relative lenteur de la remontée du rapport µ (entre la richesse moyenne au décès et celle des vivants), et donc du flux successoral, au cours des années 1950-1970. Inversement, l'abaissement de la croissance explique l'accélération du vieillissement des patrimoines et du retour de l'héritage observée depuis les années 1980. Intuitivement, quand la croissance est forte, par exemple quand les salaires augmentent de 5 % par an, il est plus facile pour les jeunes générations d'accumuler des patrimoines et de faire jeu égal avec les plus âgés. Dès lors que la croissance salariale s'abaisse vers 1 %-2 % par an[1], les jeunes actifs sont presque inévitablement dominés par les plus âgés, dont le patrimoine progresse au rythme du rendement du capital. Ce processus simple mais important permet de très bien rendre compte de l'évolution du rapport µ et du flux successoral annuel, et explique pourquoi les séries observées et simulées sont extrêmement proches au cours de l'ensemble de la période 1820-2010[2].

Quelles que soient les incertitudes, il est donc naturel de considérer que ces simulations fournissent un guide utile pour l'avenir. D'un point de vue théorique, on peut démontrer que pour une large classe de comportements d'épargne, et pour une croissance faible comparée au rendement du capital, alors la hausse du rapport µ équilibre presque exactement la baisse tendancielle du taux de mortalité m, si bien que le produit µ × m ne dépend quasiment plus de l'espérance de vie, et est presque entièrement déterminé par la durée

---

1. Voire en deçà si l'on retire la part croissante du revenu national finançant les retraites et la santé.

2. Pour une description technique plus précise de ces simulations, qui visent avant tout à reproduire l'évolution du profil par âge du patrimoine (en prenant comme données les évolutions proprement macroéconomiques et démographiques), voir annexe technique.

d'une génération. Le résultat central est qu'une croissance de l'ordre de 1 % est de ce point de vue peu différente d'une croissance rigoureusement nulle : dans les deux cas, l'intuition selon laquelle le vieillissement conduit à la fin de l'héritage se révèle fausse. Dans une société qui vieillit, on hérite plus tard, mais on hérite de montants plus élevés (tout du moins pour ceux qui héritent), si bien que l'importance globale de l'héritage demeure inchangée[1].

Du flux successoral annuel au stock de patrimoine hérité

Comment passe-t-on du flux successoral annuel au stock de patrimoine hérité ? Les données détaillées dont nous disposons sur le flux successoral et sur les âges des défunts, héritiers, donateurs et donataires, nous permettent d'estimer pour chaque année de la période 1820-2010 le total des patrimoines hérités par les personnes vivantes au cours de l'année en question (il s'agit donc principalement d'additionner les successions et donations reçues au cours des trente années précédentes, parfois davantage en cas d'héritage particulièrement précoce ou de longévité exceptionnelle, et inversement dans les cas contraires), et de déterminer ainsi la part de l'héritage dans le total des patrimoines privés. Les principaux résultats sont indiqués sur le graphique 11.7, où nous avons également représenté les simulations réalisées pour la période 2010-2100 à partir des deux scénarios analysés plus haut.

1. Plus précisément : on peut montrer que le rapport $\mu \times m$ s'approche de $1/H$ quand la croissance s'abaisse, quelle que soit l'espérance de vie. Avec un rapport capital/revenu β de l'ordre de 600-700 %, on voit pourquoi le flux successoral b_y tend à retourner vers des valeurs $b_y = \beta/H$ de l'ordre de 20 %-25 %. L'intuition du taux de « dévolution successorale » développée par les économistes du XIXe siècle est donc approximativement valable dans une société de croissance faible. Voir annexe technique.

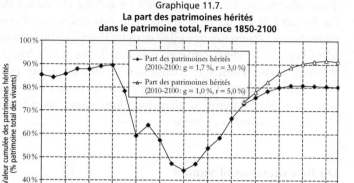

Graphique 11.7.
La part des patrimoines hérités dans le patrimoine total, France 1850-2100

Lecture : les patrimoines hérités représentaient 80 %-90 % du patrimoine total en France au XIXe siècle ; cette part est tombée à 40 %-50 % au XXe siècle et pourrait remonter vers 80 %-90 % au XXIe siècle.
Sources et séries : voir piketty.pse.ens.fr/capital21c.

Les ordres de grandeur à retenir sont les suivants. Au XIXe et jusqu'au début du XXe siècle, lorsque le flux successoral atteint chaque année l'équivalent de 20 %-25 % du revenu national, les patrimoines hérités représentent la quasi-totalité du total des patrimoines privés : entre 80 % et 90 %, avec une tendance à la hausse. Il faut toutefois souligner qu'il existe toujours dans de telles sociétés, à tous les niveaux de fortunes, une part significative des détenteurs de patrimoines – entre 10 % et 20 % – qui ont accumulé leur fortune à partir de rien. Il ne s'agit pas de sociétés immobiles. Simplement, les patrimoines hérités constituent l'immense majorité des cas. Cela ne doit d'ailleurs pas surprendre : si l'on cumule un flux successoral annuel de l'ordre de 20 % du revenu national pendant approximativement trente ans, on aboutit mécaniquement à une énorme masse de successions et de donations, de l'ordre de six années de revenu national, qui représente donc la quasi-totalité des patrimoines[1].

1. Les choses sont en réalité un peu plus complexes, car nous prenons en

Au cours du XXe siècle, à la suite de l'effondrement du flux successoral, cet équilibre s'est totalement transformé. Le point le plus bas est atteint dans les années 1970 : après plusieurs décennies d'héritages faibles et d'accumulation de nouveaux patrimoines, le capital hérité représente à peine plus de 40 % du capital privé. Pour la première fois sans doute dans l'histoire – à l'exception des pays neufs –, les patrimoines accumulés du vivant des personnes constituent la majorité des patrimoines : près de 60 %. Il est important de réaliser deux choses : d'une part, le capital a effectivement changé de nature dans l'après-guerre ; d'autre part, nous sortons tout juste de cette période exceptionnelle. Il n'en reste pas moins que nous en sommes nettement sortis : la part des patrimoines hérités dans le patrimoine total n'a cessé de progresser depuis les années 1970, elle est redevenue nettement majoritaire dès les années 1980-1990, et d'après les dernières données disponibles le capital hérité représente en 2010 environ les deux tiers du capital privé en France, contre à peine un tiers pour le capital constitué à partir de l'épargne. Compte tenu des niveaux très élevés du flux successoral actuel, il est hautement probable si les tendances se poursuivent que la part des patrimoines hérités continue de croître dans les décennies à venir, dépasse 70 % d'ici à 2020, et s'approche de 80 % dans les années 2030-2040. Dans le scénario où la croissance s'abaisserait à 1 % et où le rendement net du capital monterait à 5 %, la part des patrimoines hérités pourrait poursuivre sa progression et atteindre 90 %

---

compte le fait que certains héritiers consomment une partie de leur héritage ; inversement nous incluons dans les patrimoines hérités le rendement cumulé de ces patrimoines (dans la limite toutefois du patrimoine détenu par les héritiers : si l'on capitalisait entièrement tous les héritages reçus, y compris le rendement consommé par les héritiers, par exemple sous forme de loyers économisés, alors on dépasserait nettement 100 % du patrimoine total). Voir annexe technique pour des estimations utilisant les différentes définitions.

d'ici à 2050-2060, soit approximativement le même niveau qu'à la Belle Époque.

On voit donc que la courbe en U suivie par le flux successoral annuel en proportion du revenu national au cours du XXᵉ siècle s'accompagne d'une courbe en U tout aussi spectaculaire au niveau du stock cumulé des patrimoines hérités en proportion du patrimoine national. Afin de bien comprendre le lien entre ces deux courbes, il est utile de comparer le niveau du flux successoral à celui du taux d'épargne, dont nous avons vu dans la deuxième partie qu'il était généralement de l'ordre de 10 % du revenu national. Lorsque le flux successoral représente 20 %-25 % du revenu national, comme cela était le cas au XIXᵉ siècle, cela signifie que les sommes reçues chaque année sous forme de successions et donations sont plus de deux fois plus importantes que le flux d'épargne nouvelle. Si l'on ajoute à cela qu'une partie de cette épargne nouvelle provient des revenus du capital hérité (il s'agit même de la majeure partie de l'épargne au XIXᵉ siècle), on voit bien qu'il est inévitable avec de tels flux annuels que le patrimoine hérité domine largement le patrimoine épargné. À l'inverse, quand le flux successoral tombe à tout juste 5 % du revenu national, comme cela était le cas dans les années 1950-1960, soit deux fois moins que le flux d'épargne nouvelle (en supposant toujours un taux d'épargne de l'ordre de 10 %, ce qui est approximativement le cas), il n'est pas étonnant que le capital épargné domine le capital hérité. Le fait central est que le flux successoral annuel est repassé devant le taux d'épargne au cours des années 1980-1990, et lui est nettement supérieur dans les années 2000-2010, avec au début des années 2010 l'équivalent de près de 15 % du revenu national reçu chaque année sous forme de successions et donations.

Pour mieux prendre la mesure des sommes en jeu, il est sans doute utile de rappeler que le revenu disponible (monétaire) des ménages représente environ 70 %-75 % du

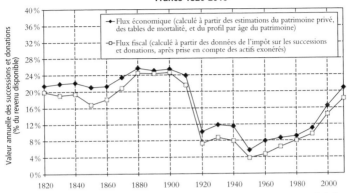

Graphique 11.8.
Le flux successoral annuel exprimé en pourcentage du revenu disponible, France 1820-2010

Lecture : exprimé en pourcentage du revenu disponible (et non du revenu national), le flux successoral a retrouvé en 2010 un niveau de l'ordre de 20 %, proche de celui observé au XIXe siècle.
Sources et séries : voir piketty.pse.ens.fr/capital21c.

revenu national dans un pays comme la France en ce début de XXIe siècle (compte tenu de l'importance des transferts en nature : santé, éducation, sécurité, divers services publics, etc., non pris en compte dans le revenu disponible). Si l'on exprime le flux successoral non pas en proportion du revenu national, comme nous l'avons fait jusqu'ici, mais en proportion du revenu disponible, alors on constate que les successions et donations reçues chaque année par les ménages français représentent au début des années 2010 l'équivalent de 20 % de leur revenu disponible, et ont donc – en ce sens – déjà retrouvé leur niveau des années 1820-1910 (voir graphique 11.8). Ainsi que nous l'avons expliqué dans le chapitre 5, il est sans doute plus justifié pour faire des comparaisons spatiales et temporelles d'utiliser le revenu national (et non le revenu disponible) comme dénominateur de référence. Il n'en reste pas moins que la comparaison avec le revenu disponible exprime également une certaine réalité, en un sens plus concrète, et permet de réaliser que l'héritage représente d'ores et déjà l'équivalent de un cinquième des autres ressources monétaires dont disposent les ménages (par exemple pour épargner), et devrait rapidement atteindre un quart, voire davantage.

Retour au discours de Vautrin

Afin de se faire une idée encore plus concrète de ce que représente l'héritage dans la vie des uns et des autres, et afin notamment de répondre précisément à l'interrogation existentielle posée par le discours de Vautrin (quel niveau de vie peut-on atteindre par l'héritage, et quel niveau de vie peut-on atteindre par le travail ?), la meilleure façon de procéder consiste à se placer au niveau des générations qui se sont succédé en France depuis le début du XIXe siècle, et à comparer les différents types de ressources auxquelles elles ont eu accès au cours de leur vie. Cette perspective par génération et sur l'ensemble de la vie est la seule qui permette de prendre correctement en compte le fait que l'héritage n'est pas une ressource que l'on reçoit chaque année[1].

Examinons tout d'abord l'évolution de la part que représente en moyenne l'héritage dans les ressources totales reçues par les générations nées en France dans les années 1790-2030 (voir graphique 11.9). Nous avons procédé de la façon

---

1. En particulier, quand on constate que le flux successoral représente l'équivalent de 20 % du revenu disponible, cela ne signifie évidemment pas que chacun reçoit chaque année l'équivalent de 20 % de revenus supplémentaires à travers un flux régulier des successions et donations. Cela signifie que chacun reçoit quelques fois dans sa vie – typiquement au décès de ses deux parents, et parfois également sous forme de plusieurs donations – des montants beaucoup plus importants, par exemple plusieurs années de revenu, et qu'au total ces successions et donations représentent chaque année l'équivalent de 20 % du revenu disponible de l'ensemble des ménages.

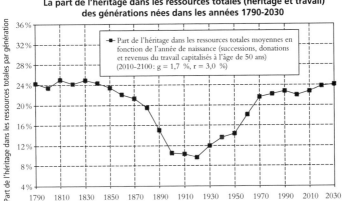

Graphique 11.9.
La part de l'héritage dans les ressources totales (héritage et travail) des générations nées dans les années 1790-2030

Lecture : l'héritage représentait 25 % des ressources des générations du XIXe siècle, et à peine 10 % pour celles nées en 1910-1920 (qui auraient dû hériter vers 1950-1960).
Sources et series : voir piketty.pse.ens.fr/capital21c.

suivante. À partir de nos séries portant sur le flux successoral annuel, et des données détaillées disponibles sur les âges des défunts, héritiers, donateurs et donataires, tout au long de la période étudiée, nous avons calculé la part de l'héritage dans les ressources totales reçues au cours de la vie en fonction de l'année de naissance. Toutes les ressources, c'est-à-dire l'héritage (successions et donations) d'une part et les revenus du travail d'autre part, après déduction des impôts[1], ont été capitalisées sur l'ensemble de la vie en utilisant le rendement net moyen du capital en vigueur en France au cours des différentes années. Cette méthode est la plus justifiée en première approche, mais il est à noter qu'elle conduit sans doute à sous-estimer légèrement la part de l'héritage, dans la mesure où les héritiers (et les patrimoines élevés en général) parviennent le plus souvent

---

1. Les revenus de remplacement (pensions de retraite et allocations chômage) ont été inclus dans les revenus du travail, de la même façon que dans la deuxième partie.

à obtenir un rendement plus élevé que l'épargne issue des revenus du travail[1].

Les résultats obtenus sont les suivants. Si l'on considère l'ensemble des personnes nées en France dans les années 1790, on constate que l'héritage représente environ 24 % des ressources totales reçues au cours de leur vie, et donc que les revenus du travail représentent par construction environ 76 % des ressources totales. Pour les personnes nées dans les années 1810, la part de l'héritage est de 25 %, et celle des revenus du travail est de 75 %. Il en va de même, en première approximation, pour toutes les générations du XIXe siècle, tout du moins pour celles qui ont hérité avant la Première Guerre mondiale. On notera que la part de l'héritage dans les ressources totales, de l'ordre de 25 % au XIXe siècle, est légèrement plus élevée que le niveau du flux successoral exprimé en proportion du revenu national (environ 20 %-25 % à la même époque) : cela vient du fait que les revenus du capital – généralement autour de un tiers du revenu national – sont *de facto* réattribués pour partie à l'héritage et pour partie aux revenus du travail[2].

Pour les générations nées à partir des années 1870-1880, la

---

1. Toutes les ressources ont été capitalisées à l'âge de 50 ans, mais à partir du moment où l'on utilise le même rendement pour capitaliser les différentes ressources le choix de l'âge de référence n'a aucune importance pour le calcul de la part de l'héritage et du travail dans le total. La question de l'inégalité des rendements du capital sera examinée dans le prochain chapitre.

2. Pour une analyse complète des liens entre ces différents ratios, voir annexe technique. Le fait que le flux successoral (jusqu'à 20 %-25 % du revenu national) et les revenus du capital (typiquement 25 %-35 % du revenu national) puissent parfois prendre des valeurs voisines doit pour l'essentiel être considéré comme une coïncidence résultant de paramètres démographiques et technologiques spécifiques (le flux successoral d'équilibre $b_y = \beta/H$ découle du rapport capital/revenu et de la durée des générations, alors la part du capital d'équilibre α découle notamment de la forme de la fonction de production).

part de l'héritage dans les ressources totales se met à décliner progressivement : cela vient du fait qu'une part croissante de ces personnes aurait dû recevoir leur héritage après la Première Guerre mondiale, si bien que ces personnes touchent en pratique moins que prévu, compte tenu des chocs subis par les capitaux de leurs parents. Le point le plus bas est atteint pour les générations nées dans les années 1910-1920 : ces personnes auraient dû hériter dans l'immédiat après-Seconde Guerre mondiale et pendant les années 1950-1960, c'est-à-dire au moment où le flux successoral est le plus bas, si bien que l'héritage représente à peine 8 %-10 % de leurs ressources totales. La remontée commence avec les générations nées dans les années 1930-1950, qui héritent en particulier au cours des années 1970-1990, et pour lesquelles l'héritage atteint 12 %-14 % des ressources totales. Mais c'est surtout pour les générations nées à partir des années 1970-1980, qui commencent à recevoir des donations et successions dans les années 2000-2010, que l'héritage reprend une importance inconnue depuis le XIXe siècle : autour de 22 %-24 % des ressources totales. On voit là à quel point nous sortons tout juste de cette expérience historique spectaculaire de la « fin de l'héritage », et à quel point les différentes générations du XXe siècle auront connu des expériences dissemblables vis-à-vis de l'épargne et du capital : les cohortes du baby-boom ont dû se construire par elles-mêmes, presque autant que celles de l'entre-deux-guerres et du début du siècle, dévastées par les guerres ; les cohortes nées dans le dernier tiers du siècle sont au contraire soumises au poids de l'héritage, presque autant que celles du XIXe et du XXIe siècle.

Le dilemme de Rastignac

Nous n'avons pour l'instant examiné que des moyennes. Or l'une des principales caractéristiques de l'héritage est d'être réparti de façon très inégalitaire. En introduisant l'inégalité de l'héritage d'une part, et l'inégalité des revenus du travail d'autre part, au sein des estimations précédentes, nous allons enfin pouvoir analyser dans quelle mesure le sombre discours de Vautrin se vérifie aux différentes époques. On constate sur le graphique 11.10 que les générations nées à la fin du XVIIIe siècle et au cours du XIXe siècle, à commencer bien sûr par Eugène de Rastignac (que Balzac fait naître en 1798), font effectivement face au terrible dilemme décrit par l'ex-bagnard : en mettant la main sur un patrimoine, il est possible d'atteindre un niveau de vie beaucoup plus élevé que par les études et le travail.

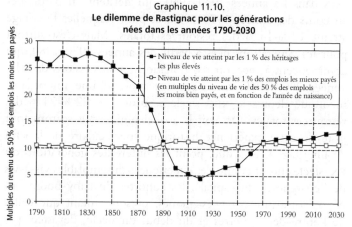

Lecture : au XIXe siècle, les 1 % des héritages les plus élevés permettent d'atteindre un niveau de vie beaucoup plus élevé que les 1 % des emplois les mieux payés.
Sources et séries : voir piketty.pse.ens.fr/capital21c.

Afin que les différents niveaux de ressources puissent être interprétés de façon aussi concrète et intuitive que possible, nous les avons exprimés en multiples du niveau de vie moyen atteint aux différentes époques par les 50 % des travailleurs les moins bien payés. Ce niveau de vie, que l'on peut qualifier de « populaire », correspond en général à environ la moitié du revenu national moyen de l'époque en question et fournit un point de référence utile pour juger de l'inégalité d'une société[1].

Les principaux résultats obtenus sont les suivants. Au XIXe siècle, les ressources dont disposent au cours d'une vie les 1 % des héritiers les plus riches (les 1 % des personnes recevant l'héritage le plus élevé de leur génération) correspondent à environ vingt-cinq, trente fois ce niveau de vie populaire. Autrement dit, il est possible en s'appropriant un tel héritage, en général grâce à ses parents ou à ceux de son conjoint, de s'offrir tout au long de sa vie de l'ordre de vingt-cinq, trente domestiques rémunérés à ce niveau. Dans le même temps, les ressources apportées par les 1 % des emplois les mieux rémunérés (par exemple les emplois de juge, de procureur ou d'avocat dont parle Vautrin) correspondent à environ dix fois ce niveau de vie populaire. Ce n'est pas négligeable, mais c'est clairement beaucoup moins bien, d'autant plus que comme le remarque fort justement l'ex-bagnard il n'est pas si simple d'accéder à de tels emplois : il ne suffit pas de réussir brillamment ses diplômes de droit ; il faut souvent intriguer pendant de longues années, sans garantie de résultat. Dans de telles conditions, si l'on aperçoit dans son voisinage immédiat un héritage du centile supérieur, mieux vaut sans doute ne pas le laisser passer ; à tout le moins, ce choix mérite réflexion.

---

1. En règle générale, les 50 % des revenus du travail les plus bas reçoivent collectivement autour de 30 % du total des revenus du travail (voir chapitre 7, tableau 7.1) et gagnent donc individuellement environ 60 % du salaire moyen (soit 40 %-50 % du revenu national moyen, compte tenu du fait que les revenus du travail représentent généralement autour de 65 %-75 % du revenu national). Par exemple, dans la France du début des années 2010, les 50 % des salariés les moins bien payés ont des rémunérations qui s'échelonnent approximativement entre le salaire minimum et une fois et demie le salaire minimum, et gagnent en moyenne de l'ordre de 15 000 euros par an (1 250 euros par mois), contre environ 30 000 euros (2 500 euros par mois) pour le revenu national moyen par habitant.

Si l'on fait maintenant les mêmes calculs pour les générations nées dans les années 1910-1920, on voit que les choix de vie ne se posent plus du tout de la même façon. Les 1 % des héritages les plus élevés apportent des ressources qui sont à peine cinq fois plus élevées que le niveau de vie populaire. Les 1 % des emplois les mieux payés apportent quant à eux toujours environ dix-douze fois ce niveau (c'est la conséquence mécanique du fait que la part du centile supérieur de la hiérarchie des salaires a été relativement stable autour de 6 %-7 % de la masse salariale totale sur longue période[1]). Pour la première fois sans doute dans l'histoire, on peut vivre deux fois mieux en accédant à un emploi du centile supérieur plutôt qu'à un héritage du centile supérieur : les études, le travail et le mérite paient plus que la succession.

On remarquera que le choix est presque aussi clair pour les générations du baby-boom : les Rastignac nés dans les années 1940-1950 ont tout intérêt à viser un emploi du centile supérieur (qui rapporte toujours dix-douze fois le niveau de vie populaire) et à ne pas écouter les sirènes des Vautrin de leur temps (le centile supérieur de l'héritage monte à tout juste six-sept fois le niveau de vie populaire). Pour toutes ces générations, la réussite par le travail est devenue plus rentable, et non seulement plus morale.

Concrètement, ces résultats indiquent également que pendant toute cette période, et pour l'ensemble des générations nées des années 1910 aux années 1950, le centile supérieur de la hiérarchie des revenus est très majoritairement composé de personnes vivant principalement de leur travail. Il s'agit là d'un événement considérable, non seulement parce que cela représente une grande première historique (en France et selon

---

1. Rappelons qu'une part de 6 %-7 % de la masse salariale pour le centile supérieur signifie par définition que chacun au sein du centile supérieur gagne en moyennne six-sept fois le salaire moyen, soit dix-douze fois le salaire moyen reçu par les 50 % les moins bien payés. Voir chapitres 7-8.

toute vraisemblance dans l'ensemble des pays européens), mais aussi parce que le centile supérieur constitue dans toutes les sociétés un groupe extrêmement important[1]. Comme nous l'avons noté dans le chapitre 7, le centile supérieur représente une élite relativement vaste, et qui joue un rôle central dans la structuration économique, politique et symbolique de la société[2]. Dans toutes les sociétés traditionnelles (l'aristocratie, rappelons-le, représentait entre 1 % et 2 % de la population en 1789) et jusqu'à la Belle Époque (malgré les espoirs suscités par la Révolution française), ce groupe a toujours été dominé par le capital hérité. Le fait qu'il en ait été autrement pour toutes les générations nées pendant la première moitié du XXe siècle est un événement majeur, qui a contribué à nourrir une foi sans précédent dans l'irréversibilité du progrès social et la fin du monde ancien. Les inégalités n'étaient certes pas absentes des Trente Glorieuses, mais elles étaient pensées avant tout à travers le prisme apaisant des inégalités salariales. Un monde salarial certes traversé par des clivages significatifs entre ouvriers, employés, cadres – ces disparités ont d'ailleurs tendance à s'accroître en France dans les années 1950-1960. Mais un monde fondamentalement uni, communiant dans le même culte du travail, fondé sur le même idéal méritocratique, et dont on pensait qu'il avait définitivement dépassé les inégalités patrimoniales et arbitraires du passé.

Pour les générations nées dans les années 1970-1980, et plus encore pour les générations suivantes, les réalités sont bien différentes. En particulier, les choix de vie sont devenus beaucoup plus complexes : les héritages du centile supérieur

---

1. On obtient des évolutions similaires à celles indiquées sur le graphique 11.10 si l'on considère le décile supérieur ou le millime supérieur plutôt que le centile supérieur (qui nous semble toutefois être le groupe le plus significatif à étudier). Voir graphiques GS11.9-11.10 (disponibles en ligne).

2. Par définition 500 000 personnes adultes dans un pays comptant 50 millions d'habitants majeurs, comme la France aujourd'hui.

apportent approximativement autant que les emplois du centile supérieur (voire légèrement plus : douze-treize fois le niveau de vie populaire pour l'héritage, contre dix-onze fois pour le travail). On remarquera toutefois que la structure des inégalités et du centile supérieur en ce début de XXIe siècle est également très différente de ce qu'elle était au XIXe siècle : cela est dû au fait que la concentration de l'héritage est aujourd'hui nettement moins forte qu'autrefois[1]. Les générations actuelles font face à des inégalités et à des structures sociales qui leur sont propres, et qui sont d'une certaine façon intermédiaires entre le monde cynique de Vautrin (où l'héritage dominait le travail) et le monde enchanté des Trente Glorieuses (où le travail dominait l'héritage). D'après ces résultats, le centile supérieur de la hiérarchie sociale en vigueur en France en ce début de XXIe siècle devrait comprendre des proportions comparables de hauts revenus issus de l'héritage et du travail.

Arithmétique élémentaire des rentiers et des cadres

Récapitulons. Il existe deux conditions pour que puisse prospérer une société patrimoniale et rentière, c'est-à-dire une société où les revenus issus du capital hérité dominent les revenus du travail au sommet de la hiérarchie sociale, à l'image des univers décrits notamment par Balzac ou Jane Austen. Il faut tout d'abord que le poids global du capital, et en son sein du capital hérité, soit important. Typiquement, il faut que le rapport capital/revenu soit de l'ordre de six-sept et que le capital hérité représente l'essentiel du stock. Dans de telles sociétés, l'héritage peut représenter environ un

---

1. La masse des héritages n'est pas loin d'avoir retrouvé son niveau du XIXe siècle, mais il est devenu plus rare de recevoir des héritages suffisamment élevés pour financer sans travailler un train de vie de l'ordre de plusieurs dizaines de fois le niveau de vie populaire.

quart des ressources totales dont disposent en moyenne les différentes générations (voire jusqu'à un tiers des ressources totales si l'on prend une estimation haute de l'inégalité des rendements du capital), comme cela était le cas aux XVIIIe et XIXe siècles et jusqu'en 1914. Cette première condition, qui concerne la masse de l'héritage, est de nouveau en passe d'être remplie au XXIe siècle.

La seconde condition est que la concentration de l'héritage doit être extrêmement forte. Si l'héritage était réparti de la même façon que les revenus du travail (avec des niveaux identiques pour la part du décile supérieur, du centile supérieur, etc., dans le total des héritages et des revenus du travail), le monde de Vautrin ne pourrait jamais exister : les revenus du travail représentant une masse qui est toujours beaucoup plus importante que les revenus issus de l'héritage (au moins trois fois plus forte[1]), les 1 % des revenus du travail les plus élevés seraient mécaniquement et systématiquement beaucoup plus importants que les 1 % des revenus hérités les plus élevés[2].

Pour que l'effet concentration domine l'effet masse, il est indispensable que le centile supérieur de la hiérarchie de l'héritage détienne à lui seul une part prépondérante du patrimoine hérité total. Tel était précisément le cas des sociétés des XVIIIe et XIXe siècles, avec environ 50 %-60 % du patrimoine total pour le centile supérieur (voire 70 % au Royaume-Uni ou à Paris à la Belle Époque), c'est-à-dire près de dix fois plus que la part du centile supérieur de la hiérarchie des revenus du

---

1. Environ trois fois plus importante aux XVIIIe et XIXe siècles comme au XXIe siècle (quand les revenus du travail représentent environ les trois quarts des ressources totales, et les revenus hérités environ un quart), et près de dix fois plus importante au XXe siècle (quand les revenus du travail représentent les neuf dixièmes des ressources, et les revenus hérités un dixième). Voir graphique 11.9.

2. Environ trois fois plus importants aux XVIIIe et XIXe siècles comme au XXIe siècle, et près de dix fois plus au XXe siècle. Il en irait de même pour les 10 % les plus élevés, les 0,1 % les plus élevés, etc.

travail dans la masse salariale totale (environ 6 %-7 %, niveau dont nous avons vu qu'il était relativement stable sur longue période). Ce rapport de un à dix entre les concentrations patrimoniales et salariales permet de contrebalancer le rapport de un à trois entre les masses, et de comprendre pourquoi un héritage du centile supérieur permet de vivre pratiquement trois fois mieux qu'un emploi du centile supérieur dans la société patrimoniale du XIXe siècle (voir graphique 11.10).

Cette arithmétique élémentaire des rentiers et des cadres permet également de comprendre pourquoi les centiles supérieurs de l'héritage et du travail s'équilibrent à peu près en France en ce début de XXIe siècle : la concentration patrimoniale est de l'ordre de trois fois plus forte que celle des salaires (à peine plus de 20 % du patrimoine total pour le centile supérieur des patrimoines, contre 6 %-7 % de la masse salariale totale pour le centile) et équilibre donc approximativement l'effet masse. On voit aussi pourquoi les héritiers étaient si nettement dominés par les cadres pendant les Trente Glorieuses (l'effet concentration, de un à trois, était trop faible pour équilibrer l'énorme effet masse, de un à dix). Mais en dehors de ces situations de chocs extrêmes, ou de politiques publiques spécifiques (notamment fiscales), la structure « naturelle » des inégalités semble plutôt conduire à une domination des rentiers sur les cadres. En particulier, lorsque la croissance est faible et que le rendement du capital est nettement supérieur au taux de croissance, il est presque inévitable – tout du moins dans les modèles dynamiques les plus plausibles – que la concentration patrimoniale tende vers des niveaux tels que les hauts revenus du capital hérité dominent largement les hauts revenus du travail[1].

---

1. Voir annexe technique pour l'analyse des conditions mathématiques sur les différentes répartitions impliquant que les rentiers dominent les cadres (et inversement).

La société patrimoniale classique : le monde de Balzac et de Jane Austen

Les romanciers du XIXe siècle n'utilisent évidemment pas les mêmes catégories que nous pour évoquer les structures sociales de leur temps. Mais ils décrivent les mêmes structures profondes, celles d'un monde où seule la possession d'un patrimoine important permet d'atteindre la véritable aisance. Il est frappant de constater à quel point les structures inégalitaires, les ordres de grandeur et les montants minutieusement choisis par Balzac comme par Jane Austen sont rigoureusement les mêmes des deux côtés de la Manche, malgré les différences des monnaies, des styles littéraires et des intrigues. Comme nous l'avons noté dans le chapitre 2, les repères monétaires sont extrêmement stables dans le monde sans inflation que décrivent Balzac et Austen, ce qui permet aux romanciers de définir très précisément à partir de quel niveau de fortune et de revenu il est possible de vivre avec un minimum d'élégance et d'échapper à la médiocrité. Dans les deux cas, ce seuil à la fois matériel et psychologique se situe aux alentours de vingt ou trente fois le revenu moyen de leur temps. Au-dessous de ce seuil, le héros balzacien ou austenien vit avec difficulté, sans dignité. Ce seuil est parfaitement atteignable si l'on fait partie des 1 % des personnes les plus riches en patrimoines (et de préférence si l'on s'approche des 0,5 %, voire des 0,1 %) des sociétés françaises et anglaises du XIXe siècle : il renvoie donc à un groupe social bien identifié et numériquement conséquent ; un groupe minoritaire, certes, mais suffisamment nombreux pour structurer la société et pour alimenter tout un univers romanesque[1]. Mais

---

1. Les 1 % des héritages les plus élevés offrent un niveau de vie annuel qui est vingt-cinq, trente fois plus élevé que le niveau de vie populaire au XIXe siècle (voir graphique 11.10), c'est-à-dire environ douze-quinze fois

il est totalement hors d'atteinte si l'on se contente d'exercer un métier, si rémunérateur soit-il : les 1 % des professions les mieux payées ne permettent en aucune façon d'accéder à ce train de vie (ni même d'ailleurs les 0,1 %)[1].

Dans la plupart de ces romans, le cadre indissociablement monétaire, social et psychologique est planté dès les premières pages, puis est rappelé de temps à autre, afin que personne n'oublie tout ce qui différencie les personnages en présence, tous ces signes monétaires qui conditionnent leurs existences, leurs rivalités, leurs stratégies et leurs espoirs. Dans *Le Père Goriot*, la déchéance du vieillard s'exprime immédiatement par le fait qu'il a dû progressivement se contenter de la chambre la plus crasseuse et de la nourriture la plus élémentaire de la pension Vauquer, afin de réduire sa dépense annuelle à 500 francs (soit approximativement le revenu moyen annuel de l'époque : la misère absolue pour Balzac[2]). Le vieil homme

---

le revenu national moyen par habitant. Le niveau atteint par les 0,1 % des héritages les plus élevés est de l'ordre de cinq fois plus important (voir chapitre précédent sur les coefficients de Pareto), soit soixante, soixante-quinze fois le revenu moyen. Le seuil de Balzac et d'Austen – vingt-trente fois le revenu moyen – correspond approximativement au revenu moyen des 0,5 % des personnes disposant des héritages les plus élevés (soit 100 000 personnes sur les 20 millions d'adultes que compte la France de 1820-1830, ou 50 000 personnes sur les 10 millions d'adultes britanniques de 1800-1810 ; Balzac comme Austen ont donc un vaste vivier pour choisir leurs personnages).

1. Les 1 % des emplois les mieux payés offrent au XIXe siècle un niveau de vie dix fois plus élevé que le niveau populaire (voir graphique 11.10), soit cinq fois le revenu moyen. On peut estimer que seules les 0,01 % des personnes les mieux payées (soit 2 000 personnes sur 20 millions, au maximum) ont un revenu moyen de l'ordre de vingt-trente fois le revenu moyen de l'époque. Vautrin ne se trompe sans doute pas de beaucoup quand il précise qu'il n'y a pas plus de cinq avocats dans Paris qui gagnent plus de 50 000 francs par an (soit cent fois le revenu moyen). Voir annexe technique.

2. De même que dans le chapitre 2, les revenus moyens auxquels il est fait référence ici renvoient au revenu national moyen par habitant adulte.

a tout sacrifié pour ses filles, qui ont chacune reçu une dot de 500 000 francs, soit une rente annuelle de 25 000 francs, environ cinquante fois le revenu moyen : c'est dans tous les romans balzaciens l'unité élémentaire de la fortune, l'expression de la vraie richesse et de la vie élégante. Le contraste entre les deux extrêmes de la société est posé d'emblée. Pour autant, Balzac n'oublie pas qu'il existe entre la misère absolue et la véritable aisance toutes sortes de situations intermédiaires, plus ou moins médiocres. Le petit domaine des Rastignac, situé près d'Angoulême, rapporte péniblement 3 000 francs par an (soit six fois le revenu moyen) : c'est pour Balzac l'exemple type de la petite noblesse provinciale et désargentée, qui peut tout juste consacrer 1 200 francs par an pour permettre à Eugène de venir étudier son droit dans la capitale. Dans le discours de Vautrin, le traitement annuel de 5 000 francs (soit dix fois le revenu moyen) que pourrait rapporter au jeune Rastignac un emploi de procureur du roi, après bien des efforts et des incertitudes, est l'exemple même de la médiocrité, démontrant mieux que tous les discours que les études ne mènent nulle part. Balzac nous dépeint une société où l'objectif minimum est d'atteindre vingt ou trente fois le revenu moyen de l'époque, voire cinquante fois, comme le permet la dot de Delphine et Anastasie, ou mieux encore cent fois, grâce aux 50 000 francs de rente annuelle que rapporterait le million de Mlle Victorine.

Dans *César Birotteau*, l'audacieux parfumeur vise lui aussi à atteindre le million de francs de patrimoine, de façon à pouvoir conserver la moitié pour lui et sa femme, tout en consacrant 500 000 francs à la dot de sa fille, ce qui lui semble indispensable pour bien la marier et permettre à son futur gendre de racheter sans mal l'étude du notaire Roguin.

Dans les années 1810-1820, ce revenu moyen est d'environ 400-500 francs par an en France, et il dépasse sans doute un peu les 500 francs à Paris. Le salaire des domestiques était de l'ordre de deux-trois fois moindre.

Sa femme voudrait le ramener sur terre, le convaincre qu'ils peuvent prendre leur retraite avec 2 000 francs de rente annuelle et marier leur fille avec seulement 8 000 francs de rente, mais César ne veut rien entendre : il ne veut pas finir comme son associé Pillerault, qui se retire des affaires avec tout juste 5 000 francs de rente. Pour vivre bien, il faut au moins vingt-trente fois le revenu moyen : avec cinq ou dix fois la moyenne, on survit tout juste.

On retrouve très précisément les mêmes ordres de grandeur de l'autre côté de la Manche. Dans *Le Cœur et la Raison* (*Sense and Sensibility*), le cœur de l'intrigue, à la fois monétaire et psychologique, se met en place dans les dix premières pages, dans le cadre du terrible dialogue entre John Dashwood et sa femme Fanny. John vient d'hériter de l'immense domaine de Norland, qui rapporte un revenu de 4 000 livres par an, soit plus de cent fois le revenu moyen de l'époque (à peine plus de 30 livres par an dans le Royaume-Uni des années 1800-1810[1]). C'est l'exemple même du très grand domaine terrien, le sommet de l'aisance dans les romans de Jane Austen. Avec 2 000 livres par an (soit plus de soixante fois le revenu moyen), le colonel Brandon et son domaine de Delaford sont tout à fait dans la norme de ce que l'on attend d'une grande propriété terrienne à l'époque ; à d'autres occasions, on constate que 1 000 livres par an peuvent fort bien suffire à un héros austenien. En revanche, avec 600 livres (vingt fois le revenu moyen), John Willoughby est vraiment à la limite inférieure de l'aisance, à tel point que l'on se demande comment le bel et impétueux jeune homme fait pour vivre sur un si grand pied avec si peu. D'ailleurs cela explique sans doute pourquoi il abandonnera vite Marianne, désemparée et inconsolable, pour Mlle Grey et sa dot de 50 000 livres de capital (2 500 livres de rente annuelle, quatre-vingts fois le

---

1. Rappelons qu'une livre sterling vaut 25 francs au XIXe siècle et jusqu'en 1914. Voir chapitre 2.

revenu moyen), dont on notera au passage qu'elle est presque exactement du même montant que la dot de 1 million de francs de Mlle Victorine, compte tenu du taux de change en vigueur. De même que chez Balzac, une dot égale à la moitié de cette somme, comme celle de Delphine et Anastasie, est déjà tout à fait satisfaisante. Par exemple, Mlle Morton, fille unique de lord Norton, est avec ses 30 000 livres de capital (1 500 livres de rente, cinquante fois le revenu moyen) l'héritière parfaite, la cible de toutes les belles-mères, à commencer par Mme Ferrars, qui la verrait bien avec son fils Edward[1].

Dès les premières pages, l'aisance de John Dashwood est contrastée à la relative pauvreté de ses demi-sœurs Elinor, Marianne et Margaret, qui avec leur mère doivent se contenter en tout et pour tout de 500 livres de rente annuelle pour quatre personnes (soit 125 livres pour chacune : à peine plus de quatre fois le revenu moyen par habitant), ce qui est très insuffisant pour marier les jeunes filles. Mme Jennings, grande amatrice des potins mondains dans la campagne du Devonshire, se plaît d'ailleurs souvent à leur rappeler sans détour lors des multiples bals, visites de courtoisie et séances de musique qui rythment leur existence, et où l'on croise souvent de jeunes et séduisants prétendants, qui malheureusement ne restent pas toujours : « La modicité de votre fortune peut les faire hésiter. » De la même façon que chez Balzac, on vit très modestement avec cinq ou dix fois le revenu moyen dans le roman de Jane Austen. Les revenus

---

1. Un proche de George III, à peine trente ans plus tôt, dans les années 1770, n'avait-il pas dit à Barry Lyndon que toute personne disposant d'un capital de 30 000 livres devrait logiquement être anoblie ? Que de chemin parcouru pour Redmond Barry, depuis le temps où il s'était engagé dans l'armée du roi d'Angleterre, pour à peine 15 livres par an (1 shilling par jour), soit à peine plus de la moitié du revenu moyen par habitant dans le Royaume-Uni des années 1750-1760. La chute était inévitable. On notera au passage que Stanley Kubrick, qui s'inspire d'un roman britannique célèbre du XIXe siècle, cisèle les montants avec la même précision que Jane Austen.

proches de la moyenne de 30 livres, ou au-dessous, ne sont d'ailleurs même pas évoqués : on se doute qu'on n'est pas loin du monde des domestiques, il ne sert donc à rien d'en parler davantage. Quand Edward Ferrars envisage de devenir pasteur et d'accepter la cure de Deliford pour 200 livres par an (entre six et sept fois le revenu moyen), il fait presque figure de saint. Même en complétant sa cure avec les revenus du petit capital que lui a laissé sa famille pour le punir de sa mésalliance, et avec la maigre rente apportée par Elinor, les deux époux n'iront pas très loin, et tout le monde s'étonne qu'ils puissent être « assez aveuglés par l'amour pour penser que 350 livres par an leur vaudraient une existence confortable[1] ». Cette fin heureuse et vertueuse ne doit d'ailleurs pas masquer l'essentiel : en refusant sur les conseils de l'odieuse Fanny d'aider ses demi-sœurs et de partager un tant soit peu son immense fortune, malgré les promesses faites à son père sur son lit de mort, John Dashwood contraint Elinor et Marianne à une vie médiocre et aux humiliations. Leur destin est tout entier scellé par ce terrible dialogue introductif.

À la fin du XIXe siècle, on voit parfois poindre le même type de structure monétaire et inégalitaire en Amérique. Dans *Washington Square*, roman publié en 1881 par Henry James et magnifiquement repris au cinéma dans le film *L'Héritière* réalisé par William Wyler en 1949, l'intrigue est entièrement construite autour d'une confusion sur le montant de la dot. On découvre que les montants sont impitoyables et qu'il vaut mieux ne pas se tromper. Catherine Sloper l'apprend à ses dépens, et voit son fiancé la fuir quand il apprend que sa dot ne représente que 10 000 dollars de rente annuelle au lieu des 30 000 dollars escomptés (soit tout juste vingt fois le revenu moyen américain de l'époque au lieu de soixante fois). « Tu es trop laide », lui lance son père, veuf, richissime et tyrannique, à l'image du prince Bolkonsky avec la princesse

---

1. Voir J. AUSTEN, *Le Cœur et la Raison*, Gallimard, 2009, p. 446.

Marie dans *Guerre et Paix*. La situation des hommes peut également être très fragile : dans *La Splendeur des Amberson*, Orson Welles nous montre la chute d'un arrogant héritier, George, qui à son sommet disposait de 60 000 dollars de rente (cent vingt fois le revenu moyen), avant d'être déclassé autour de 1900-1910 par la révolution automobile et de finir avec un emploi à 350 dollars, au-dessous du revenu moyen.

L'inégalité patrimoniale extrême, condition de la civilisation dans une société pauvre ?

Il est intéressant de noter que les romanciers du XIXe siècle ne se contentent pas de décrire précisément la hiérarchie des patrimoines et des revenus de leur temps. Ils donnent souvent une vision très concrète et charnelle des modes de vie, des réalités quotidiennes qu'autorisent les différents niveaux de revenus. Au passage, on voit parfois poindre une certaine justification de l'inégalité patrimoniale extrême de l'époque, dans le sens où l'on sent entre les lignes qu'elle seule permet l'existence d'un mince groupe social qui peut se préoccuper d'autre chose que de sa subsistance : elle est presque une condition de la civilisation.

En particulier, Jane Austen évoque avec minutie le fonctionnement de la vie à cette époque : les ressources qu'il faut dépenser pour se nourrir, se meubler, s'habiller, se déplacer. Or le fait est qu'en l'absence de toute technologie moderne tout coûte très cher et demande du temps, et surtout du personnel. Il en faut pour préparer et rassembler la nourriture (qui ne peut être conservée aisément), pour se vêtir (la moindre tenue peut valoir plusieurs mois de revenu moyen, voire plusieurs années), et bien sûr pour les déplacements. Il faut pour cela des chevaux, des équipages, qui demandent eux-mêmes du personnel pour s'en occuper, de la nourriture pour les bêtes, et ainsi de suite. Le lecteur se trouve placé dans la situation de constater que l'on vit objectivement très mal si l'on dispose de seulement trois ou cinq fois le revenu moyen, dans le sens où l'on doit passer le plus clair de son temps à se préoccuper de son fonctionnement quotidien. Et si l'on souhaite pouvoir s'offrir des livres, ou bien des instruments de musique, ou encore des bijoux ou des robes de bal, alors il est tout à fait indispensable d'avoir au moins vingt ou trente fois le revenu moyen de l'époque.

Nous avons déjà noté dans la première partie à quel point il est difficile et simpliste de comparer les pouvoirs d'achat sur très longue période, tant la structure des modes de vie et des prix en vigueur a radicalement changé, de façon multidimensionnelle. Il est donc impossible de résumer ces évolutions par un indicateur unique. On peut toutefois rappeler que d'après les indices officiels, le pouvoir d'achat du revenu moyen par habitant en vigueur au Royaume-Uni ou en France autour de 1800 était environ dix fois plus faible que ce qu'il est en 2010. Autrement dit, avec vingt ou trente fois le revenu moyen de 1800, on ne vit sans doute pas mieux qu'avec deux ou trois fois le revenu moyen du monde d'aujourd'hui. Avec cinq ou dix fois le revenu moyen de 1800, on est dans une situation intermédiaire entre le salaire minimum et le salaire moyen du monde d'aujourd'hui.

Il n'en reste pas moins que les héros balzaciens et austeniens utilisent sans gêne les services de dizaines de domestiques, dont on ne connaît généralement pas même le nom. Les romanciers en viennent parfois à se moquer des prétentions et des besoins excessifs de leurs personnages, comme quand Marianne, qui se voit déjà former un couple élégant avec Willoughby, explique en rougissant qu'il est d'après ses calculs difficile de vivre avec moins de 2 000 livres par an (plus de soixante fois le revenu moyen de l'époque) : « Je suis sûre de ne rien demander d'excessif : des domestiques en nombre suffisant, une voiture, deux peut-être, et des chevaux pour la chasse, il faut bien cette somme pour couvrir les frais[1]. » Elinor ne peut s'empêcher de lui signaler qu'elle exagère. De même, Vautrin lui-même explique qu'il faut un revenu de 25 000 francs (plus de cinquante fois le revenu moyen) pour vivre avec un minimum de dignité ; il insiste notamment, avec moult détails, sur les coûts des vêtements, des domestiques et des déplacements. Personne ne lui dit qu'il exagère, mais Vautrin est tellement cynique que c'est une évidence pour tous les lecteurs[2]. On retrouve le même type de décompte décomplexé, avec les mêmes ordres de grandeur sur la notion d'aisance, dans les récits de voyage d'Arthur Young[3].

Quels que soient les excès de leurs personnages, les romanciers du XIXe siècle nous décrivent un monde où l'inégalité est d'une certaine façon nécessaire : s'il n'existait pas une minorité suffisamment dotée en patrimoine, personne ne pourrait se préoccuper d'autre chose que de survivre. Cette vision de l'inégalité a au moins le mérite de ne pas se décrire comme méritocratique. On choisit d'une certaine façon une

---

1. *Ibid.*, p. 138.
1. Son cynisme finira pourtant par convaincre Rastignac, qui dans *La Maison Nucingen* fera affaire avec le mari de Delphine pour mettre lui-même la main sur un patrimoine de 400 000 francs.
2. En octobre 1788, alors qu'il s'apprête à quitter la Normandie, Young note : « L'Europe a maintenant un caractère si uniforme que les familles disposant de 15 000 à 20 000 livres de revenu ont à peu près le même mode de vie partout. » (Il s'agit de livres tournois, équivalentes au franc germinal ; cela représente environ 700-900 livres sterling, et l'équivalent de trente-cinquante fois le revenu moyen français ou anglais de l'époque). Plus loin il précise sa pensée : avec un tel revenu, on peut avoir « six domestiques mâles, cinq filles, huit chevaux, une table ouverte » ; en revanche, avec seulement 6 000 ou 8 000 livres tournois, on peut tout juste se payer « deux serviteurs et trois chevaux ». Il est à noter que le cheptel représente une part importante du capital et des dépenses : en novembre 1789, Young vend à Toulon son cheval pour 600 livres tournois (soit quatre années de traitement annuel pour un « domestique ordinaire ») ; le prix est représentatif pour l'époque. Voir annexe technique.

minorité pour vivre au nom de tous les autres, mais personne ne cherche à prétendre que cette minorité est plus méritante ou plus vertueuse que le reste de la population. Dans cet univers, il est d'ailleurs parfaitement évident que seule la possession d'un patrimoine permet d'atteindre un niveau d'aisance suffisant pour vivre avec dignité : le fait de détenir un diplôme ou une qualification peut sans doute permettre de produire et donc de gagner cinq ou dix fois plus que la moyenne, mais guère davantage. La société méritocratique moderne, notamment en Amérique, est beaucoup plus dure pour les perdants, car elle entend asseoir leur domination sur la justice, la vertu et le mérite, et en l'occurrence sur l'insuffisance de leur productivité[1].

L'extrémisme méritocratique dans les sociétés riches

Il est d'ailleurs intéressant de noter que les croyances méritocratiques les plus vives sont souvent mises en avant pour justifier de très fortes inégalités salariales, d'autant plus fortes qu'elles apparaissent plus justifiées que les inégalités découlant de l'héritage. Depuis Napoléon jusqu'à la Première Guerre mondiale, on trouve en France un petit nombre de très hauts fonctionnaires extrêmement bien payés (allant parfois jusqu'à cinquante ou cent fois le revenu moyen de l'époque), à commencer par les ministres eux-mêmes, et cela est toujours justifié – notamment par l'empereur lui-même, issu de la petite noblesse corse – par l'idée selon laquelle les plus capables et les plus méritants devaient pouvoir par leur traitement et leur travail vivre avec la même dignité et la même élégance que les plus fortunés (une réponse à Vautrin par le haut, en quelque sorte). Comme le note Adolphe

---

1. Cette crainte avait été exprimée dès 1958 par M. YOUNG dans *The Rise of the Meritocracy*, Thames & Hudson.

Thiers en 1831 à la tribune de la Chambre des députés : « Les préfets doivent pouvoir tenir un rang égal à celui des habitants notables des départements où ils habitent[1]. » En 1881, Paul Leroy-Beaulieu explique que l'État, à force de ne relever que les petits traitements, a été beaucoup trop loin. Il prend avec vigueur la défense des hauts fonctionnaires de son temps, qui pour la plupart ne perçoivent guère plus « de 15 000 ou 20 000 francs par an », « chiffres qui paraissent énormes au vulgaire », mais qui en réalité « ne permettent pas de vivre avec élégance et de constituer une épargne de quelque importance[2] ».

Le plus inquiétant, peut-être, est que l'on retrouve ce même type d'argumentation dans les sociétés les plus riches, où l'argument austenien du besoin et de la dignité est pourtant plus difficile à entendre. Dans les États-Unis des années 2000-2010, on entend souvent des justifications de cet ordre pour les rémunérations stratosphériques des super-cadres (parfois cinquante ou cent fois le revenu moyen, voire davantage) : on

---

1. Cette question de l'échelle des salaires de la fonction publique cristallise à l'époque d'innombrables conflits politiques. Les révolutionnaires avaient tenté de mettre en place en 1792 une grille vertueuse et resserrée allant de 1 à 8 (qui sera finalement mise en place en 1948 et très vite contournée par des primes opaques pour les plus hauts fonctionnaires, toujours en vigueur). Napoléon crée un petit nombre de très hauts traitements, tellement peu nombreux que Thiers en 1831 ne voit guère l'intérêt de les réduire (« Avec 3 millions de plus ou de moins donnés ou retirés aux préfets, aux généraux, aux magistrats, aux ambassadeurs, nous avons le luxe de l'Empire ou la simplicité américaine », ajoute-t-il dans le même discours). Le fait que les hauts fonctionnaires américains de l'époque sont payés beaucoup plus modestement qu'en France est également noté par Tocqueville, qui y voit l'un des signes infaillibles de l'esprit démocratique régnant en Amérique. Malgré moult péripéties, cette poignée de très hauts traitements a perduré en France jusqu'au premier conflit mondial (donc jusqu'à la chute des rentiers). Sur ces évolutions, voir annexe technique.

2. Voir T. PIKETTY, *Les Hauts Revenus en France au XXᵉ siècle*, *op. cit.*, p. 530.

insiste sur le fait que sans de telles rémunérations seuls les héritiers pourraient atteindre l'aisance véritable, ce qui serait injuste ; à tout prendre, les revenus de plusieurs millions ou dizaines de millions d'euros donnés aux super-cadres iraient donc dans le sens d'une plus grande justice sociale[1]. On voit là comment les conditions d'une inégalité plus forte et plus violente que celle du passé peuvent graduellement se mettre en place. On peut tout à fait se retrouver à conjuguer à l'avenir les travers des deux mondes, avec d'un côté le retour des très fortes inégalités de capital hérité, et d'autre part des inégalités salariales exacerbées et justifiées par des considérations en termes de mérite et de productivité (dont nous avons vu que le fondement factuel était pourtant très maigre). L'extrémisme méritocratique peut ainsi conduire à une course-poursuite entre les super-cadres et les rentiers, au détriment de tous ceux qui ne sont ni l'un ni l'autre.

Il faut également souligner que l'importance des croyances méritocratiques dans la justification des inégalités de la société moderne ne concerne pas seulement le sommet de la hiérarchie, mais également les disparités opposant les classes populaires et les classes moyennes. À la fin des années 1980, Michèle Lamont réalise plusieurs centaines d'entretiens approfondis avec des représentants des « classes moyennes supérieures » aux États-Unis et en France, aussi bien dans les grandes métropoles (New York, Paris) que dans des villes moyennes (Indianapolis, Clermont-Ferrand), afin de les interroger sur leur trajectoire et sur la façon dont ils se représentent leur identité sociale, leur place dans la société, et sur ce qui les différencie des autres groupes et des catégories populaires. L'une des principales conclusions est que dans les deux pays

---

1. On quitte alors une logique du besoin pour une logique de la démesure et de la consommation relative et ostentatoire. Thosten Veblen ne disait pas autre chose, lorsqu'il écrivait en 1899 *The Theory of the Leisure Class* : le rêve égalitaire américain était déjà bien loin.

ces « élites éduquées » insistent avant tout sur leur mérite et leurs qualités morales personnelles, qu'elles formulent notamment en utilisant les termes de rigueur, patience, travail, effort, et ainsi de suite (mais aussi tolérance, gentillesse, etc.)[1]. Les héros et héroïnes d'Austen et de Balzac n'auraient jamais jugé utile de décrire ainsi leurs qualités personnelles par comparaison au caractère de leurs domestiques (qui, il est vrai, ne sont pas évoqués du tout).

La société des petits rentiers

Revenons au monde d'aujourd'hui, et plus précisément à la France des années 2010. D'après nos estimations, l'héritage va représenter pour les générations nées à partir des années 1970-1980 près du quart des ressources totales – issues de l'héritage et du travail – dont elles vont disposer au cours de leur vie. En termes de masses globales en jeu, l'héritage a donc déjà pratiquement retrouvé l'importance qui était la sienne pour les générations du XIXe siècle (voir graphique 11.9). Encore faut-il préciser qu'il s'agit des prévisions correspondant au scénario central : si les conditions du scénario alternatif se trouvent réunies (baisse de la croissance, hausse du rendement net du capital), alors l'héritage pourrait représenter plus du tiers, voire près des quatre dixièmes, des ressources pour les générations du XXIe siècle[2].

1. Voir M. LAMONT, *Money, Morals and Manners. The Culture of the French and the American Upper-Middle Class*, University of Chicago Press, 1992. Les personnes interrogées par Lamont sont sans doute plus proches du 90e ou du 95e percentile de la hiérarchie des revenus (voire du 98e ou du 99e dans certains cas) que du 60e ou du 70e percentile. Voir également J. NAUDET, *Entrer dans l'élite. Parcours de réussite en France, aux États-Unis et en Inde*, Presses universitaires de France, 2012.
2. Afin de ne pas noircir excessivement le tableau, nous avons uniquement représenté sur les graphiques 11.9-11.11 les résultats du scénario

Mais le fait que l'héritage ait retrouvé le même niveau qu'autrefois en termes de masse globale ne signifie pas qu'il joue le même rôle social qu'auparavant. Ainsi que nous l'avons déjà noté, la très forte déconcentration de la propriété (la part du centile supérieur a été pratiquement divisée par trois en un siècle, passant d'environ 60 % dans les années 1910 à guère plus de 20 % au début des années 2010) et l'émergence d'une classe moyenne patrimoniale impliquent qu'il existe aujourd'hui beaucoup moins de très gros héritages qu'au XIXe siècle ou à la Belle Époque. Concrètement, les dots de 500 000 francs dont le père Goriot et César Birotteau veulent couvrir leurs filles, produisant ainsi une rente annuelle de 25 000 francs (environ cinquante fois le revenu moyen par habitant de 500 francs en vigueur à leur époque), auraient pour équivalent dans le monde d'aujourd'hui un héritage d'environ 30 millions d'euros, produisant des intérêts, dividendes et loyers de l'ordre de 1,5 million d'euros annuels (soit cinquante fois le revenu moyen par habitant d'environ 30 000 euros[1]). Il existe de tels héritages, il en existe même de plus considérables encore ; mais ils sont nettement moins

---

central. Ceux obtenus avec le scénario alternatif sont plus inquiétants encore et sont disponibles en ligne (voir graphiques S11.9-11.11). L'évolution du système fiscal explique pourquoi la part de l'héritage dans les ressources totales des générations peut dépasser nettement son niveau du XIXe siècle sans qu'il aille de même pour le niveau du flux successoral en proportion du revenu national : les revenus du travail sont aujourd'hui taxés à un niveau très substantiel (de l'ordre de 30 % en moyenne, si l'on exclut les cotisations retraite et chômage finançant les revenus de remplacement), alors que le taux effectif moyen de taxation de l'héritage est inférieur à 5 % (pourtant l'héritage donne lieu aux mêmes droits que les revenus du travail pour ce qui concerne l'accès aux transferts en nature – éducation, santé, sécurité, etc. – financés par les impôts). Les questions fiscales seront étudiées dans la quatrième partie du livre.

1. Il en va de même pour les domaines terriens d'une valeur de 30 000 livres dont nous parle Jane Austen, dans un monde où le revenu moyen par habitant est de l'ordre de 30 livres par an.

nombreux qu'au XIXe siècle, alors même que la masse globale des patrimoines et de l'héritage a pratiquement retrouvé le niveau d'autrefois.

D'ailleurs personne aujourd'hui ne mettrait en scène à chaque coin de rue des patrimoines de 30 millions d'euros, à la façon de Balzac, de Jane Austen ou de Henry James. Ce ne sont pas seulement les références monétaires explicites qui ont disparu de la littérature, après que l'inflation a brouillé tous les repères anciens : les rentiers eux-mêmes en sont sortis, et avec leur départ c'est toute la représentation sociale de l'inégalité qui a été renouvelée. Dans la littérature et la fiction contemporaines, les inégalités entre groupes sociaux apparaissent presque exclusivement sous la forme des disparités face au travail, aux salaires, aux qualifications. Une société structurée par la hiérarchie des patrimoines a été remplacée par une structuration presque entièrement fondée sur la hiérarchie du travail et du capital humain. Il est frappant de constater, par exemple, que de nombreuses séries américaines des années 2000-2010 mettent en scène des héros et des héroïnes bardés de diplômes et de qualifications hyperpointues : pour soigner des maladies graves (*Dr House*), résoudre des énigmes policières (*Bones*) et même pour présider les États-Unis (*West Wing*), mieux vaut avoir quelques doctorats en poche, voire un prix Nobel. Il n'est pas interdit de voir dans nombre de ces séries un hymne à une inégalité juste, fondée sur le mérite, le diplôme et l'utilité sociale des élites. On notera toutefois que des créations plus récentes mettent parfois en scène une inégalité plus inquiétante, et plus nettement patrimoniale. Dans *Damages* apparaissent d'horribles grands patrons qui ont volé des centaines de millions d'euros à leurs salariés, et dont les épouses, encore plus égoïstes qu'eux-mêmes, entendent bien divorcer tout en conservant le pactole, piscine comprise. Dans la saison 3, inspirée de l'affaire Madoff, on voit les enfants de l'escroc financier tout faire pour garder le contrôle des actifs de leur père, dissimulés à Antigua, dans les Caraïbes, et protéger ainsi leur train de vie futur[1]. Dans *Dirty Sexy Money*, on voit même de jeunes héritiers décadents, peu dotés en mérite et en vertu, vivre sans vergogne du patrimoine familial. Mais cela reste exceptionnel, et surtout le fait de vivre d'un patrimoine accumulé dans le passé est presque toujours représenté comme quelque chose de négatif, voire d'infamant, alors que cela se passe de façon tout à fait naturelle chez Austen ou Balzac, pour peu qu'il existe entre les personnages un minimum de sentiments vrais.

Cette grande transformation des représentations collectives de l'inégalité est en partie justifiée, mais elle se fonde néanmoins sur plusieurs malentendus. Tout d'abord, s'il est bien évident que le diplôme joue un rôle plus important aujourd'hui qu'au XVIIIe siècle (dans un monde où tout le monde est diplômé et qualifié, il est peu recommandé de rester à la traîne : chacun a intérêt à faire un minimum d'efforts pour acquérir une qualification, y compris parmi ceux qui héritent d'un capital immobilier ou financier important, d'autant plus que l'héritage arrive souvent un peu trop tard au goût des héritiers), cela n'implique pas nécessairement que la société soit devenue plus méritocratique. En particulier, cela n'implique pas que la part du revenu national allant au travail ait véritablement augmenté (nous avons vu qu'il n'en est – presque – rien), et évidemment cela n'implique pas que chacun ait accès aux mêmes opportunités pour atteindre les différents niveaux de qualification : dans une large mesure, les inégalités de formation se sont simplement translatées vers le haut, et rien n'indique que la mobilité intergénération-

---

1. Le thème du magot caché aux Bahamas fait également son apparition dans la saison 4 de *Desperate Housewives* (Carlos Solis doit récupérer ses 10 millions de dollars, ce qui lui vaudra bien des complications avec sa femme), série pourtant gentillette à souhait et peu encline à présenter les inégalités sociales sous un jour inquiétant, sauf bien sûr quand apparaissent de sournois terroristes écologistes menaçant l'ordre établi, ou des minorités mentalement attardées et comploteuses.

nelle en matière éducative ait réellement progressé[1]. Il n'en reste pas moins que la transmission d'un capital humain est toujours moins automatique et mécanique que celle d'un capital immobilier et financier (l'héritier doit faire preuve d'un minimum d'efforts et de volonté), d'où une foi très largement répandue – et en partie justifiée – dans l'idée que la fin de l'héritage aurait permis l'émergence d'une société un peu plus juste.

Le principal malentendu est à mon sens le suivant. D'une part, la fin de l'héritage n'a pas eu lieu : la répartition du capital hérité a changé, ce qui est différent. Dans la France de ce début de XXIe siècle, il existe certes moins de très gros héritages – les héritages de 30 millions d'euros, ou même de 10 millions ou de 5 millions d'euros sont moins nombreux – qu'au XIXe siècle. Mais, compte tenu du fait que la masse globale des héritages est approximativement revenue à son point initial, cela signifie aussi qu'il existe beaucoup plus d'héritages moyens et moyens-gros : par exemple autour de 200 000 euros, 500 000 euros, 1 million d'euros, 2 millions d'euros. Or de tels héritages, tout en étant nettement insuffisants pour que l'on puisse se permettre d'abandonner toute perspective professionnelle et choisir de vivre de ses rentes, représentent tout de même des sommes considérables, surtout par comparaison à ce qu'une bonne partie de la population gagne au terme d'une vie de travail. Autrement dit, nous sommes passés d'une société avec un petit nombre de gros rentiers à une société avec un beaucoup plus grand nombre de rentiers moins gros : une société de petits rentiers, en quelque sorte.

L'indicateur qui me semble le plus pertinent pour représenter cette évolution est décrit sur le graphique 11.11. Il s'agit du pourcentage de personnes qui au sein de chaque génération reçoivent en héritage (successions et donations) des sommes

1. Nous reviendrons dans le chapitre 13 sur cette question.

plus importantes que ce que les 50 % des personnes les moins bien payées gagnent en revenus du travail au cours d'une vie. Cette somme évolue au fil des générations : actuellement le salaire moyen au sein de la moitié inférieure des salaires est de l'ordre de 15 000 euros par an, soit environ 750 000 euros pour cinquante ans de carrière (retraite comprise). Il s'agit *grosso modo* de ce que rapporte une vie passée à proximité du salaire minimum. On constate qu'au XIXe siècle environ 10 % d'une génération héritait de montants supérieurs à cette somme. Ce pourcentage s'est écroulé à guère plus de 2 % pour les générations nées dans les années 1910-1920, et 4 %-5 % pour celles nées dans les années 1930-1950. D'après nos estimations, ce pourcentage est déjà remonté à environ 12 % pour les générations nées dans les années 1970-1980, et pourrait atteindre ou dépasser 15 % pour les générations nées dans les années 2010-2020. Autrement dit, près de un sixième de chaque génération touchera en héritage davantage que ce que la moitié de la population gagne avec son travail tout au long d'une vie (et qui pour une large part est la même moitié que celle qui ne reçoit pratiquement aucun héritage)[1]. Bien sûr, cela n'empêchera pas le sixième en question d'acquérir des diplômes et de travailler, et sans doute de gagner davantage en général par son travail que la moitié la moins bien payée. Mais il s'agit tout de même d'une forme d'inégalité assez perturbante, et qui est en passe d'atteindre une ampleur inédite dans l'histoire. Elle est en outre plus difficile à représenter littérairement et à corriger politiquement, car il s'agit d'une inégalité ordinaire, opposant de larges segments de la population, et non pas une élite et le reste de la société.

---

1. Cette proportion pourrait même dépasser 25 % dans le cadre du second scénario. Voir graphique S11.11 (disponible en ligne).

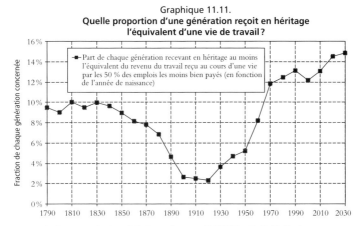

Lecture : au sein des générations nées vers 1970-1980, 12 %-14 % des personnes reçoivent en héritage l'équivalent des revenus du travail reçus au cours de leur vie par les 50 % les moins bien payés. Sources et séries : voir piketty.pse.ens.fr/capital21c.

Le rentier, ennemi de la démocratie

D'autre part, rien ne garantit que la répartition du capital hérité ne finira pas par retrouver ses sommets inégalitaires du passé. Comme nous l'avons déjà noté dans le chapitre précédent, aucune force inéluctable ne s'oppose au retour d'une concentration patrimoniale extrême, aussi forte qu'à la Belle Époque, en particulier en cas d'un abaissement renforcé de la croissance et d'une hausse importante du rendement net du capital, qui pourrait découler par exemple d'une concurrence fiscale exacerbée. Si une telle évolution devait avoir lieu, alors il me semble que cela pourrait provoquer des chocs politiques considérables. Nos sociétés démocratiques s'appuient en effet sur une vision méritocratique du monde, ou tout du moins sur un espoir méritocratique, c'est-à-dire une croyance en une société où les inégalités seraient davantage fondées sur le mérite et le travail que sur la filiation et la rente. Cette croyance et cet espoir jouent un rôle tout à fait central dans la société moderne. Pour une raison simple : en démocratie, l'égalité proclamée des droits du citoyen contraste singulièrement avec l'inégalité bien réelle des conditions de vie, et pour sortir de cette contradiction il est vital de faire en sorte que les inégalités sociales découlent de principes rationnels et universels, et non de contingences arbitraires. Les inégalités se doivent donc d'être justes et utiles à tous (« Les distinctions sociales ne peuvent être fondées que sur l'utilité commune », annonce l'article premier de la Déclaration de 1789), au moins dans l'ordre du discours, et autant que possible dans la réalité. En 1893, Émile Durkheim avait même pronostiqué que les sociétés démocratiques modernes ne supporteraient pas longtemps l'existence de l'héritage et finiraient par restreindre le droit de propriété de façon que la possession s'éteigne avec le décès des personnes[1].

Il est d'ailleurs significatif que les mots mêmes de « rente » et de « rentier » soient devenus des mots à connotation fortement péjorative au cours du XXe siècle. Dans le cadre de ce livre, nous utilisons ces mots dans leur sens descriptif original, c'est-à-dire pour désigner les rentes annuelles produites par un capital, et les personnes qui en vivent. Pour nous, les rentes produites par un capital ne sont rien d'autre que les revenus rapportés par ce capital, qu'il s'agisse de loyers, d'intérêts, de dividendes, de profits, de royalties, ou de toute autre forme juridique, pourvu que ces revenus rémunèrent le simple fait de posséder ce capital, indépendamment de tout travail. C'est dans ce sens original que les mots « rentes » et « rentiers » étaient

---

1. Par comparaison aux théories socio-économiques de Modigliani, Becker ou Parsons, la théorie de Durkheim, formulée dans *De la division du travail social*, a le mérite d'être principalement une théorie politique de la fin de l'héritage. Elle ne s'est pas davantage réalisée que les autres théories, mais on peut considérer que les guerres du XXe siècle n'ont fait que repousser le problème au XXIe siècle.

utilisés aux XVIIIe et XIXe siècles, par exemple dans les romans de Balzac et d'Austen, à un moment où la domination du patrimoine et de ses revenus au sommet de la hiérarchie des revenus était parfaitement assumée et acceptée comme telle, tout du moins au sein des élites. Il est frappant de constater que ce sens originel s'est assez largement perdu au cours du temps, à mesure que s'imposaient les valeurs démocratiques et méritocratiques. Au cours du XXe siècle, le mot « rente » est devenu un gros mot, une insulte, peut-être la pire de toutes. On observe cette évolution du langage dans tous les pays.

Il est particulièrement intéressant de noter que le mot « rente » est souvent utilisé de nos jours dans un tout autre sens, à savoir pour désigner une imperfection du marché (la « rente de monopole »), ou plus généralement tout revenu indu ou injustifié, quelle que soit sa nature. Par moments, on a presque l'impression que la rente est devenue un synonyme du mal économique par excellence. La rente est l'ennemie de la rationalité moderne, et elle doit être traquée par tous les moyens, et notamment par celui-ci : une concurrence toujours plus pure et plus parfaite. Un exemple récent et représentatif de ce type d'usage du mot « rente » nous est fourni par l'interview accordée par l'actuel président de la Banque centrale européenne aux grands quotidiens du continent, quelques mois après sa nomination. Alors que les journalistes le pressent de questions sur les stratégies à suivre pour résoudre les problèmes de l'Europe, il a cette réponse lapidaire : « Il faut combattre les rentes[1]. » Aucune précision supplémentaire ne fut donnée. Il semblerait que le grand argentier avait en tête le manque de concurrence dans le secteur des services, comme les taxis, la coiffure, ou quelque chose comme cela[2].

---

1. Voir interview de Mario Draghi, *Le Monde*, 22 juillet 2012.

2. Loin de moi l'idée de sous-estimer l'importance du problème posé par les taxis. Mais de là à en faire le problème central que le continent européen

Le problème posé par cet usage du mot « rente » est très simple : le fait que le capital produise des revenus, que suivant l'usage originel nous appelons dans ce livre « rente annuelle produite par le capital », n'a strictement rien à voir avec un problème de concurrence imparfaite ou de situation de monopole. À partir du moment où le capital joue un rôle utile dans le processus de production, il est naturel qu'il ait un rendement. Et à partir du moment où la croissance est faible, il est presque inévitable que ce rendement du capital soit nettement supérieur au taux de croissance, ce qui donne mécaniquement une importance démesurée aux inégalités patrimoniales venues du passé. Cette contradiction logique ne sera pas résolue par une dose de concurrence supplémentaire. La rente n'est pas une imperfection de marché : elle est au contraire la conséquence d'un marché du capital « pur et parfait », au sens des économistes, c'est-à-dire un marché du capital offrant à chaque détenteur de capital – et en particulier au moins capable des héritiers – le rendement le plus élevé et le mieux diversifié que l'on puisse trouver dans l'économie nationale ou même mondiale. Il y a certes quelque chose d'étonnant dans cette notion de rente produite par un capital, et que le détenteur peut obtenir sans travailler. Il y a là quelque chose qui heurte le sens commun, et qui de fait a perturbé bien des civilisations, qui ont tenté d'y apporter diverses réponses, pas toujours heureuses, allant de l'interdiction de l'usure jusqu'au communisme de type soviétique (nous y reviendrons). Il n'en reste pas moins que la rente est une réalité dans une économie de marché et de propriété privée du capital. Le fait que le capital terrien soit devenu immobilier, industriel et financier n'a rien changé à cette réalité profonde. On s'imagine parfois que la logique du développement économique serait de rendre de moins en moins opérante la distinction entre travail et capital. En

---

– voire le capitalisme mondial dans son ensemble – doit parvenir à affronter au cours du XXIe siècle, il y a là un pas que je n'ose franchir.

réalité, c'est exactement l'inverse : la sophistication croissante du marché du capital et de l'intermédiation financière vise à séparer de façon toujours plus forte l'identité du possédant et celle du gestionnaire, et donc le revenu pur du capital et celui du travail. La rationalité économique et technologique n'a parfois rien à voir avec la rationalité démocratique. Les Lumières ont engendré la première, et sans doute s'est-on trop souvent imaginé que la seconde en découlerait naturellement, comme par enchantement. Or la démocratie réelle et la justice sociale exigent des institutions spécifiques, qui ne sont pas simplement celles du marché, et qui ne peuvent pas non plus se réduire aux institutions parlementaires et démocratiques formelles.

Résumons : la force de divergence fondamentale sur laquelle nous mettons l'accent dans ce livre, que l'on peut résumer par l'inégalité r > g, n'a rien à voir avec une imperfection des marchés, et ne se réglera pas avec des marchés toujours plus libres et concurrentiels. L'idée selon laquelle la libre concurrence permet de mettre fin à la société de l'héritage et de conduire à un monde toujours plus méritocratique est une dangereuse illusion. L'avènement du suffrage universel, et la fin du cens électoral (qui au XIXe siècle restreignait le droit de vote aux personnes détenant suffisamment de patrimoine, typiquement les 1 % ou 2 % les plus riches en patrimoine dans les sociétés françaises et britanniques des années 1820-1840, c'est-à-dire approximativement les contribuables assujettis à l'impôt sur la fortune dans la France des années 2000-2010), a mis fin à la domination politique légale des détenteurs de patrimoine[1]. Mais il n'a pas aboli, en tant que tel, les forces économiques susceptibles de conduire à une société de rentiers.

---

1. En France, moins de 1 % des hommes adultes avaient le droit de vote sous la Restauration (90 000 électeurs sur 10 millions ; ce pourcentage est ensuite passé à 2 % sous la monarchie de Juillet). Le cens était encore plus strict pour être éligible : moins de 0,2 % des hommes adultes le franchissaient. Le suffrage universel masculin, brièvement introduit en 1793,

Le retour de l'héritage : un phénomène européen puis mondial ?

Les résultats que nous avons obtenus concernant le retour de l'héritage en France peuvent-ils être étendus aux autres pays ? Compte tenu des limitations des données disponibles, il est malheureusement impossible de répondre de façon parfaitement précise à cette question. Il n'existe apparemment dans aucun autre pays des sources successorales aussi riches et systématiques que pour la France. Plusieurs points semblent toutefois bien établis. Tout d'abord, les données imparfaites rassemblées à ce jour pour les autres pays européens, et en particulier pour l'Allemagne et le Royaume-Uni, laissent à penser que la courbe en U observée pour le flux successoral en France au cours du XXe siècle concerne en réalité l'ensemble de l'Europe (voir graphique 11.12).

En Allemagne, en particulier, les estimations disponibles – portant hélas sur un nombre limité d'années – suggèrent que le flux successoral s'est effondré encore plus fortement qu'en France à la suite des chocs des années 1914-1945, passant d'environ 16 % du revenu national en 1910 à tout juste 2 % vers 1960. La remontée a été forte et régulière depuis cette date, avec une accélération à partir des années 1980-1990, et le flux successoral annuel est d'environ 10 %-11 % du revenu national dans les années 2000-2010. Le niveau atteint est moins élevé qu'en France (autour de 15 % du revenu national en 2010), mais compte tenu du plus faible point de départ vers 1950-1960 la remontée du flux successoral est en réalité plus forte en Allemagne. Il

---

s'applique à partir de 1848. Le Royaume-Uni comptait moins de 2 % d'électeurs jusqu'en 1831, puis une série de réformes en 1831 et surtout en 1867, 1884 et 1918 mirent graduellement fin aux exigences en termes de propriété minimale. Voir annexe technique.

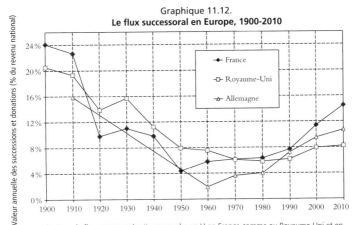

Graphique 11.12.
Le flux successoral en Europe, 1900-2010

Lecture : le flux successoral suit une courbe en U en France comme au Royaume-Uni et en Allemagne. Il est possible que les donations soient sous-estimées au Royaume-Uni en fin de période.
Sources et séries : voir piketty.pse.ens.fr/capital21c.

faut en outre souligner que l'écart actuel s'explique entièrement par la différence de rapport capital/revenu (c'est-à-dire par l'effet β, étudié dans la deuxième partie) : si le total des patrimoines privés devait atteindre à l'avenir le même niveau en Allemagne qu'en France, alors le flux successoral ferait de même (toutes choses égales par ailleurs). Il est également intéressant de noter que cette forte remontée du flux successoral allemand s'explique pour une large part par une très forte progression des donations, de la même façon qu'en France. La masse annuelle des donations enregistrées par l'administration allemande représentait l'équivalent d'environ 10 %-20 % de la masse des successions jusqu'aux années 1970-1980, puis est progressivement montée à environ 60 % dans les années 2000-2010. Enfin, le plus faible flux successoral allemand de 1910 correspond pour une part importante au plus grand dynamisme démographique observé outre-Rhin à la Belle Époque (effet m). Pour des raisons inverses, à savoir la stagnation démographique allemande en ce début de XXIe siècle, il est possible que le flux successoral atteigne des niveaux plus élevés qu'en France dans les décennies à venir[1]. Il en va logiquement de même pour les autres pays européens concernés par le déclin démographique et la chute de la natalité, comme en Italie ou en Espagne, même si nous ne disposons malheureusement d'aucune série historique fiable de flux successoral les concernant.

Pour ce qui concerne le Royaume-Uni, on constate tout d'abord que le flux successoral avait à la Belle Époque approximativement la même importance qu'en France : environ 20 %-25 % du revenu national[2]. Le flux successoral s'effondre moins fortement qu'en France ou en Allemagne à la suite des guerres mondiales, ce qui paraît cohérent avec le fait que le stock de patrimoines privés a été moins violemment affecté (effet β) et que les compteurs de l'accumulation patrimoniale ont été moins fortement remis à zéro (effet μ). Le flux annuel de successions et donations tombe à environ 8 % du revenu national dans les années 1950-1960, puis 6 % dans les années 1970-1980. La remontée observée depuis les années 1980-1990 est significative, mais semble sensiblement moins forte qu'en France ou en Allemagne : d'après les données disponibles, le flux successoral britannique dépasse tout juste 8 % du revenu national en 2000-2010.

Dans l'absolu, on peut imaginer plusieurs explications. Le plus faible flux successoral britannique pourrait s'expliquer par le fait qu'une plus grande part des patrimoines privés

1. Les données allemandes présentées ici ont été rassemblées par C. Schinke, « Inheritance in Germany 1911-2009 : a mortality multiplier approach », PSE, 2012. Voir annexe technique.
2. Le niveau britannique apparaît légèrement plus faible (20 %-21 % au lieu de 23 %-24 %). Il faut toutefois souligner qu'il s'agit d'une estimation du flux fiscal et non du flux économique, et il est donc probable qu'elle soit légèrement sous-estimée. Les données britanniques ont été rassemblées par A. Atkinson, « Wealth and inheritance in Britain from 1896 to the present », LSE, 2012.

prend la forme de fonds de pension, et donc de richesse non transmissible aux descendants. Il ne peut s'agir cependant que d'une petite partie de l'explication, car les fonds de pension ne représentent qu'environ 15 %-20 % du stock total de capital privé au Royaume-Uni. En outre, il n'est pas du tout certain que la richesse de cycle de vie se substitue à la richesse transmissible : d'un point de vue logique, ces deux formes d'accumulation patrimoniale devraient plutôt s'additionner, tout du moins au niveau d'un pays particulier, si bien par exemple qu'un pays reposant davantage sur les fonds de pension pour financer ses retraites devrait se retrouver à accumuler un plus grand stock total de patrimoine privé, et le cas échéant à en investir une partie dans les autres pays[1].

Il est également possible que le plus faible flux successoral britannique s'explique par des attitudes psychologiques différentes vis-à-vis de l'épargne et de la transmission familiale. Avant d'en arriver là, il faut toutefois signaler que l'écart observé en 2000-2010 s'explique entièrement par un plus faible niveau des donations britanniques, qui seraient restées stables autour de 10 % de la masse des successions depuis les années 1970-1980, alors qu'elles sont montées à 60 %-80 % de la masse des successions dans les années 2000-2010 en France comme en Allemagne. Compte tenu des difficultés liées à l'enregistrement des donations, et des différences de pratiques nationales dans ce domaine, cet écart semble relativement suspect, et on ne peut pas exclure qu'il soit dû – au moins en partie – à une sous-estimation des donations au

---

1. Si cela se produit au niveau mondial, alors le rendement global du capital pourrait baisser, et une plus forte richesse de cycle de vie pourrait en partie se substituer à la richesse transmissible (dans la mesure où un plus faible rendement décourage le second type d'accumulation plus fortement que le premier, ce qui n'est pas certain). Nous reviendrons sur ces questions dans le chapitre 12.

Royaume-Uni. Dans l'état actuel des données disponibles, il est malheureusement impossible de dire avec certitude si la plus faible remontée du flux successoral britannique correspond à une différence réelle de comportement (les Britanniques qui en ont les moyens consomment davantage leur patrimoine et le transmettent moins à leurs enfants que leurs homologues français et allemands) ou bien à un biais purement statistique (si l'on appliquait le même ratio donations/successions que celui observé en France et en Allemagne, le flux successoral britannique serait dans les années 2000-2010 de l'ordre de 15 % du revenu national, comme en France).

Les sources successorales disponibles pour les États-Unis posent des problèmes plus redoutables encore. L'impôt fédéral sur les successions créé en 1916 a toujours concerné une petite minorité de successions (généralement à peine 2 %), et les obligations déclaratives pour les donations sont également limitées, si bien que les données statistiques issues de cet impôt sont extrêmement imparfaites. Il est malheureusement impossible de remplacer entièrement ces données fiscales par d'autres sources. En particulier, les successions et donations sont notoirement sous-estimées dans les enquêtes déclaratives sur les patrimoines organisées dans tous les pays par les instituts statistiques. Il s'agit là d'une limitation majeure à nos connaissances, trop souvent oubliée par les travaux utilisant ces enquêtes. En France, on constate par exemple que les donations et successions déclarées dans les enquêtes représentent à peine la moitié du flux observé dans les données fiscales (qui est pourtant par définition une borne inférieure du flux réel, puisque manquent notamment à l'appel les actifs exonérés, tels que l'assurance vie). Manifestement, les personnes interrogées ont tendance à oublier de déclarer aux enquêteurs ce qu'elles ont réellement reçu, et à présenter leur trajectoire patrimoniale sous un jour qui leur est plus favorable (ce qui est d'ailleurs en soi un témoignage intéressant sur les perceptions de l'héritage dans les sociétés modernes[1]). Dans de nombreux pays, et en particulier aux États-Unis, il est malheureusement impossible de faire cette comparaison avec la source fiscale. Mais rien ne permet de penser que le biais déclaratif soit moins important qu'en France, d'autant plus que les perceptions publiques de l'héritage sont au moins aussi négatives aux États-Unis.

Toujours est-il que ce manque de fiabilité des sources américaines implique qu'il est très difficile d'étudier précisément l'évolution historique du flux successoral aux États-Unis. Cela explique également en partie la vigueur de la controverse qui a opposé dans les années 1980 deux thèses rigoureusement inverses parmi les économistes américains, avec d'une part Modigliani (ardent défenseur de la théorie du cycle de vie, et qui défendait l'idée selon laquelle les patrimoines hérités représentaient à peine 20 %-30 % du total des patrimoines américains), et d'autre part Kotlikoff et Summers (qui concluaient au contraire sur la base des données disponibles que la part des patrimoines hérités atteignait 70 %-80 % du patrimoine total). Pour le jeune étudiant que j'étais, découvrant ces travaux au début des années 1990, cette controverse fit l'effet d'un choc : comment peut-on être à ce point en désaccord, surtout entre économistes réputés sérieux ? Il faut tout d'abord préciser que les uns et les autres se fondaient sur des données d'assez mauvaise qualité portant sur la fin des années 1960 et le début des années 1970. Si l'on réexamine ces estimations à la lumière des données disponibles aujourd'hui, il semblerait que la vérité est entre les deux, mais nettement plus proche de Kotlikoff-Summers : les patrimoines hérités représentaient sans doute au moins 50 %-60 % du total des patrimoines privés aux États-Unis dans les années 1970-1980[2]. De façon

---

1. Voir à ce sujet le passionnant livre de A. GOTMAN à partir d'entretiens réalisés auprès de dilapidateurs d'héritages importants : *Dilapidation et prodigalité*, Nathan, 1995.

2. En particulier, Modigliani omettait purement et simplement de

plus générale, si l'on essaie d'estimer pour les États-Unis l'évolution de la part des patrimoines hérités au cours du xxe siècle, telle que nous l'avons représentée pour la France sur le graphique 11.7 (à partir de données beaucoup plus complètes), il semblerait que la courbe en U ait été moins prononcée pour les États-Unis, et que la part de l'héritage y soit un peu plus faible qu'en France au début du xxe siècle comme au début du xxie siècle (et légèrement plus forte dans les années 1950-1970). La raison centrale est la plus forte croissance démographique américaine, qui implique à la fois un plus faible stock de capital relativement au revenu national (effet β), et un moins fort vieillissement des fortunes (effets m et μ). Il ne faut cependant pas exagérer cette différence : l'héritage joue également un rôle important en Amérique. Surtout, il faut insister de nouveau sur le fait que cette différence entre l'Europe et l'Amérique n'a *a priori* pas grand-chose à voir avec une différence culturelle éternelle : elle semble s'expliquer avant tout par une différence dans la structure démographique et la croissance de la population. Si la croissance de la population est amenée à disparaître un jour aux États-Unis, ce que laissent à penser les prévisions à long terme, il est probable que le retour de l'héritage sera aussi fort qu'en Europe.

Pour ce qui concerne les pays pauvres et émergents, nous ne disposons malheureusement pas de sources historiques fiables sur l'héritage et son évolution. Il paraît plausible que si le taux de croissance démographique et économique finit par s'abaisser, ce qui devrait logiquement survenir dans le courtant du siècle, l'héritage prendra un peu partout la

---

prendre en compte les revenus capitalisés dans les patrimoines hérités. Kotlikoff et Summers, quant à eux, les prenaient en compte sans limite (y compris si l'héritage capitalisé dépasse le patrimoine de l'héritier), ce qui est également excessif. Voir annexe technique pour une analyse détaillée de ces questions.

même importance que celle observée dans tous les pays de croissance faible dans l'histoire. Dans la mesure où certains pays connaîtront une croissance démographique négative, le rôle de l'héritage pourrait même prendre une importance inconnue jusqu'ici. Il faut toutefois souligner que cela prendra du temps. Avec le rythme de croissance observé actuellement dans les pays émergents, par exemple en Chine, il paraît évident que le flux successoral est pour l'instant très réduit. Pour les Chinois d'âge actif, qui connaissent actuellement des taux de progression de leurs revenus de l'ordre de 5 %-10 % par an, il est bien clair que leur patrimoine dans l'immense majorité des cas dépend avant tout de leur épargne, et non de celle de leurs grands-parents, qui disposaient de revenus infiniment inférieurs aux leurs. Le retour de l'héritage au niveau mondial est peut-être – sans doute – une perspective importante pour la seconde moitié du XXIe siècle. Mais pour les décennies à venir, il s'agit avant tout d'une réalité pour l'Europe, et à un degré moindre pour les États-Unis.

12.

L'inégalité mondiale des patrimoines au XXIᵉ siècle

Nous avons adopté jusqu'à présent un point de vue trop étroitement national sur la dynamique des inégalités patrimoniales. Certes, nous avons évoqué à plusieurs reprises le rôle central joué par les actifs étrangers au Royaume-Uni et en France au XIXᵉ siècle et à la Belle Époque. Mais cela n'est pas suffisant, car cette question des placements internationaux se pose avant tout pour l'avenir. Il nous faut donc maintenant étudier la dynamique de l'inégalité des patrimoines au niveau mondial et les principales forces en jeu en ce début de XXIᵉ siècle. Les forces de la mondialisation financière ne risquent-elles pas de conduire dans le siècle qui s'ouvre à une concentration du capital encore plus forte que toutes celles observées dans le passé, à moins que ce ne soit déjà le cas ?

Nous allons commencer par étudier cette question en nous plaçant au niveau des fortunes individuelles (la part du capital mondial détenue par les ultrariches des classements des magazines va-t-elle s'accroître sans limite au XXIᵉ siècle ?), puis nous l'analyserons au niveau des inégalités entre pays (les pays actuellement riches finiront-ils par être possédés par les pays pétroliers, ou bien par la Chine, ou bien plutôt par leurs propres milliardaires ?). Mais il nous faut tout d'abord présenter une force négligée jusqu'ici et qui va jouer un rôle essentiel pour analyser l'ensemble de ces évolutions : l'inégalité des rendements du capital.

L'inégalité des rendements du capital

Une hypothèse habituelle des modèles économiques est que le capital rapporte un même rendement moyen à tous les détenteurs de capital, petits et gros. Or rien n'est moins sûr : il est tout à fait possible que les patrimoines plus importants obtiennent en moyenne des rendements plus élevés. On peut imaginer plusieurs raisons pour cela. La plus évidente est que l'on dispose de plus de moyens pour employer des intermédiaires financiers et autres gestionnaires de fortunes quand on possède 10 millions d'euros plutôt que 100 000 euros, ou bien 1 milliard d'euros plutôt que 10 millions d'euros. Dans la mesure où les intermédiaires permettent, en moyenne, d'identifier de meilleurs placements, ces effets de taille associés à la gestion de portefeuilles (ces « économies d'échelle »), conduisent mécaniquement à un rendement moyen plus élevé pour les patrimoines plus importants. La seconde raison est qu'il est plus facile de prendre des risques, et d'être patient, quand on dispose de réserves importantes que quand on ne possède presque rien. Pour ces deux raisons – et tout semble indiquer que la première est en pratique encore plus importante que la seconde –, il est tout à fait vraisemblable que pour un même rendement moyen du capital de l'ordre de 4 % par an les patrimoines les plus élevés parviennent à obtenir davantage, par exemple jusqu'à 6 %-7 % par an, alors que les plus faibles doivent souvent se contenter d'un rendement moyen d'à peine 2 %-3 % par an. De fait, nous allons voir que les fortunes mondiales les plus importantes (y compris les fortunes héritées) ont progressé en moyenne à des taux très élevés au cours des dernières décennies (de l'ordre de 6 %-7 % par an) – sensiblement plus élevés que la progression moyenne des patrimoines.

On voit immédiatement qu'un tel mécanisme peut conduire mécaniquement à une divergence radicale de la répartition du capital. Si les patrimoines du décile supérieur ou du centile supérieur de la hiérarchie mondiale du capital progressent structurellement plus vite que les déciles inférieurs, alors l'inégalité des patrimoines tend naturellement à s'élargir sans limite. Ce processus inégalitaire peut prendre des proportions inédites dans le cadre de la nouvelle économie-monde. En application de la loi des intérêts cumulés décrite dans le chapitre 1, on voit aussi que ce mécanisme de divergence peut aller très vite, et que s'il s'applique sans limite aucune alors la part des plus hauts patrimoines dans le capital mondial peut atteindre en quelques décennies des niveaux extrêmes. L'inégalité des rendements du capital est une force de divergence qui amplifie et aggrave considérablement les effets de l'inégalité $r > g$. Elle implique que la différence $r-g$ peut être élevée pour les plus hauts patrimoines sans l'être nécessairement au niveau de l'économie considérée dans son ensemble.

D'un point de vue strictement logique, la seule force de rappel « naturelle » – c'est-à-dire en dehors de toute intervention publique – est de nouveau la croissance. Tant que la croissance mondiale est forte, cet envol des très hauts patrimoines demeure relativement mesuré en termes relatifs, dans le sens où leur taux de progression n'est pas démesurément plus élevé que la croissance moyenne des revenus et des patrimoines. Concrètement, avec une croissance mondiale de l'ordre de 3,5 % par an, telle que celle qui a été observée en moyenne de 1990 à 2012, rythme qui pourrait se prolonger de 2012 à 2030, la sécession des plus grandes fortunes mondiales est un phénomène qui est certes visible, mais qui est moins spectaculaire que si la croissance mondiale n'était que de 1 % ou 2 % par an. En outre, la forte croissance mondiale inclut actuellement une composante démographique importante, et met en jeu l'arrivée rapide dans les plus hauts patrimoines de la planète de fortunes issues des pays émergents, d'où une impression de fort renouvellement, et dans le même temps un sentiment croissant et pesant de déclassement au sein des pays riches, qui éclipse parfois toutes les autres préoccupations. Pourtant, à plus long terme – quand la croissance mondiale retombera à des niveaux plus bas –, le mécanisme inégalitaire le plus préoccupant est de loin celui qui découle de l'inégalité du rendement du capital, indépendamment de ces questions de rattrapage au niveau international. À long terme, les inégalités patrimoniales à l'intérieur des nations sont sans doute plus préoccupantes encore que les inégalités entre nations.

Nous allons commencer par aborder la question de l'inégalité des rendements du capital à travers le prisme des classements internationaux de fortunes au niveau individuel. Puis nous examinerons le cas des rendements obtenus par les fonds de dotation des grandes universités américaines – question qui peut sembler anecdotique mais qui permet d'analyser de façon claire et dépassionnée l'inégalité du rendement en fonction de la taille du portefeuille initial. Nous étudierons ensuite la question des fonds souverains et de leur rendement, notamment ceux des pays pétroliers et de la Chine, ce qui nous conduira à revenir à la question des inégalités patrimoniales entre pays.

L'évolution des classements mondiaux de fortunes

Il est de bon ton, parmi les chercheurs, de ne pas avoir beaucoup d'estime pour les classements de fortunes publiés par les magazines (*Forbes* aux États-Unis, et de nombreux autres hebdomadaires dans tous les pays). De fait, ces données souffrent de biais importants et posent de sérieux problèmes méthodologiques (c'est un euphémisme). Mais elles ont le mérite d'exister et de tenter de répondre au mieux à une forte et légitime demande sociale d'information sur une question importante de notre temps : la répartition mondiale de la fortune et son évolution. Voici une démarche dont les chercheurs devraient s'inspirer davantage. En outre, il est important de prendre conscience du fait que nous manquons terriblement de sources d'informations fiables sur la dynamique mondiale des patrimoines. En particulier, les administrations nationales et les instituts statistiques officiels sont très largement dépassés par le mouvement d'internationalisation des patrimoines, et les outils d'observations qu'ils proposent – par exemple les enquêtes déclaratives auprès des ménages d'un pays donné – ne permettent pas d'analyser correctement les évolutions en cours en ce début de XXIe siècle. Les classements de fortunes proposés par les magazines peuvent et doivent être améliorés, notamment en les confrontant aux sources administratives, fiscales et bancaires, mais il serait absurde et contreproductif de les ignorer, d'autant plus qu'à l'heure actuelle ces sources administratives sont très mal coordonnées au niveau international. Nous allons donc tenter de voir quels enseignements utiles il est possible de tirer de ces palmarès de la fortune.

Le classement le plus ancien et le plus systématique est la liste mondiale de milliardaires publiée annuellement depuis 1987 par le magazine américain *Forbes*. Chaque année, les journalistes du magazine tentent d'établir la liste complète de tous les individus dans le monde dont le patrimoine net dépasse 1 milliard de dollars, en mobilisant toutes sortes de sources. Le classement a été dominé par un milliardaire japonais de 1987 à 1995, puis américain de 1995 à 2009, et enfin mexicain depuis 2010. D'après *Forbes*, la planète comptait à peine 140 milliardaires en dollars en 1987, et elle en compte plus de 1 400 en 2013, soit une multiplication par dix. Leur patrimoine total aurait progressé plus rapidement encore, passant de moins de 300 milliards de dollars en 1987 à 5 400 milliards en 2013, soit une multiplication par près de vingt (voir graphique 12.1). Compte tenu de l'inflation et de la croissance mondiale depuis 1987, ces chiffres spectaculaires, repris chaque année par tous les médias de la planète, sont cependant difficiles à interpréter. Si on les ramène à la population du globe et au total des patrimoines privés au niveau mondial (dont nous avons étudié l'évolution dans la deuxième partie), on obtient les résultats suivants, qui ont un peu plus de sens. La planète comptait à peine 5 milliardaires pour 100 millions d'habitants adultes en 1987, elle en compte 30 en 2013 ; les milliardaires détenaient tout juste 0,4 % du patrimoine privé mondial en 1987, ils en détiennent plus de 1,5 % en 2013, ce qui leur a permis de dépasser le précédent record atteint en 2008, à la veille de la crise financière mondiale et de la faillite de Lehman Brothers (voir graphique 12.2)[1]. Cette façon d'exprimer les données demeure cependant obscure : il n'y a rien de vraiment étonnant à ce qu'un groupe comprenant six fois plus de personnes en proportion de la population détienne une part quatre fois plus élevée du patrimoine mondial.

---

1. Rappelons que le PIB mondial, exprimé en parité de pouvoir d'achat, est de l'ordre de 85 000 milliards de dollars en 2012-2013 (environ 70 000 milliards d'euros), et que d'après nos estimations le total des patrimoines privés (actifs immobiliers, professionnels et financiers nets de dettes) est d'environ quatre années de PIB mondial, soit de l'ordre de 340 000 milliards de dollars (280 000 milliards d'euros). Voir chapitre 1, chapitre 6, et annexe technique.

**Graphique 12.1.
Les milliardaires d'après le classement *Forbes*, 1987-2013**

Lecture : entre 1987 et 2013, le nombre de milliardaires en $ dans le monde est passé d'après Forbes de 140 à 1400, et leur patrimoine total de 300 milliards de dollars à 5 400 milliards.
Sources et séries : voir piketty.pse.ens.fr/capital21c.

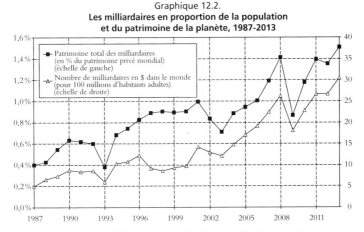

**Graphique 12.2.
Les milliardaires en proportion de la population et du patrimoine de la planète, 1987-2013**

Lecture : entre 1987 et 2013, le nombre de milliardaires pour 100 millions d'adultes est passé de 5 à 30, et leur part dans le patrimoine privé mondial de 0,4 % à 1,5 %.
Sources et séries : voir piketty.pse.ens.fr/capital21c.

La seule façon de donner du sens à ces classements de fortunes est d'examiner l'évolution du patrimoine détenu par un pourcentage fixe de la population mondiale, par exemple le un vingt millionième le plus riche de la population adulte mondiale, soit environ 150 personnes sur 3 milliards d'adultes à la fin des années 1980 et 225 personnes sur 4,5 milliards au début des années 2010. On constate alors que le patrimoine moyen de ce groupe est passé d'à peine plus de 1,5 milliard de dollars en 1987 à près de 15 milliards en 2013, soit une progression moyenne de 6,4 % par an au-dessus de l'inflation[1]. Si l'on considère maintenant le un cent millionième le plus riche de la population mondiale, soit environ 30 personnes sur 3 milliards à la fin des années 1980 et 45 sur 4,5 milliards au début des années 2010, on constate que leur patrimoine moyen est passé d'à peine plus de 3 milliards à près de 35 milliards de dollars, soit une progression annuelle encore un peu plus élevée : environ 6,8 % par an au-dessus de l'inflation. Par comparaison, le patrimoine moyen mondial par habitant adulte a progressé de 2,1 % par an, et le revenu moyen mondial de 1,4 % par an, comme nous l'avons rappelé dans le tableau 12.1[2].

Pour résumer : depuis les années 1980, les patrimoines au niveau mondial ont progressé en moyenne un peu plus vite que les revenus (il s'agit du phénomène de hausse tendancielle du rapport capital/revenu étudié dans la deuxième partie), et les patrimoines les plus élevés ont progressé beaucoup plus vite que la moyenne des patrimoines (c'est le fait nouveau que les classements *Forbes* permettent de mettre au jour de

1. L'inflation est d'environ 2 %-2,5 % par an sur cette période (elle est un peu plus faible en euros qu'en dollars ; voir chapitre 1). Toutes les séries détaillées sont disponibles dans l'annexe technique.
2. Si l'on calcule les moyennes par rapport à la population mondiale totale (enfants compris), qui a sensiblement moins progressé que la population adulte sur la période 1987-2013 (1,3 % par an au lieu de 1,9 %), alors tous les taux de croissance sont remontés vers le haut, mais cela n'affecte guère les écarts entre taux de croissance. Voir annexe technique.

Tableau 12.1.
**Le taux de croissance
des plus hauts patrimoines mondiaux, 1987-2013**

Taux de croissance réel moyen annuel *(après déduction de l'inflation)*	Période 1987-2013
Les un cent millionièmes les plus riches *(environ 30 personnes adultes sur 3 milliards dans les années 1980, 45 personnes sur 4,5 milliards dans les années 2010)*	6,8 %
Les un vingt millionièmes les plus riches *(environ 150 personnes adultes sur 3 milliards dans les années 1980, 225 personnes sur 4,5 milliards dans les années 2010)*	6,4 %
Patrimoine moyen mondial par habitant adulte	2,1 %
Revenu moyen mondial par habitant adulte	1,4 %
Population adulte mondiale	1,9 %
PIB mondial	3,3 %

Lecture : de 1987 à 2013, les plus hauts patrimoines mondiaux ont progressé de 6 %-7 % par an, contre 2,1 % par an pour le patrimoine moyen mondial et 1,4 % par an pour le revenu moyen mondial. Tous ces taux de croissance sont nets de l'inflation (soit 2,3 % par an de 1987 à 2013).
Sources : voir piketty.pse.ens.fr/capital21c.

façon parfaitement claire, dans la mesure bien sûr où ils sont fiables).

On notera que les conclusions exactes obtenues dépendent assez sensiblement des années considérées. Par exemple, si l'on considère la période 1990-2010 et non 1987-2013, le taux de progression réel des plus hauts patrimoines descend autour de 4 % par an au lieu de 6 %-7 %[1]. Cela est dû au fait que l'année 1990 est un point haut dans le cycle boursier et immobilier mondial, alors que l'année 2010 est un point plutôt bas (voir graphique 12.2). Toutefois, quelles que soient les années choisies, le rythme structurel de progression des plus hauts patrimoines apparaît toujours beaucoup plus rapide

1. Voir annexe technique, tableau S12.1.

– de l'ordre de deux fois plus rapide, au minimum – que la croissance du revenu moyen et du patrimoine moyen. Si l'on examine l'évolution de la part des différents millionièmes de hauts patrimoines dans le patrimoine mondial, on constate des multiplications par plus de trois en moins de trente ans (voir graphique 12.3). Certes, les masses demeurent relativement limitées quand on les exprime en proportion du patrimoine mondial – mais le rythme de divergence n'en est pas moins spectaculaire. Si une telle évolution devait se poursuivre indéfiniment, la part de ces groupes extrêmement étroits pourrait atteindre des niveaux très substantiels d'ici à la fin du XXIe siècle[1].

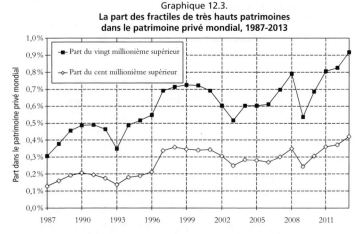

Graphique 12.3.
La part des fractiles de très hauts patrimoines dans le patrimoine privé mondial, 1987-2013

Lecture : entre 1987 et 2013, la part du vingt millionième supérieur est passée de 0,3 % à 0,9 % du patrimoine total, et la part du cent millionième de 0,1 % à 0,4 %.
Sources et séries : voir piketty.pse.ens.fr/capital21c.

1. Par exemple, si l'on suppose que le rythme de divergence observé entre 1987 et 2013 au niveau du vingt millionième supérieur s'applique à l'avenir à l'ensemble du fractile constitué par les 1 400 milliardaires du classement 2013 (soit environ le trois millionième supérieur), alors la part de ce fractile passera de 1,5 % du patrimoine mondial en 2013 à 7,2 % en 2050 et 59,6 % en 2100. Voir annexe technique.

Cette conclusion peut-elle être étendue à des segments plus vastes de la répartition mondiale des patrimoines, auquel cas la divergence deviendrait massive beaucoup plus rapidement ? La première limite des classements de fortunes publiés par *Forbes* et les autres magazines est qu'ils concernent trop peu de personnes pour être véritablement significatifs à ce jour d'un point de vue macroéconomique. Quels que soient l'ampleur des progressions en jeu et le niveau pharaonique de certains patrimoines individuels, les données ne portent que sur quelques centaines de personnes dans le monde (parfois quelques milliers), si bien qu'ils représentent à ce stade à peine plus de 1 % du patrimoine mondial[1]. Cela laisse tout de même près de 99 % du capital mondial en dehors du champ d'étude, ce qui est regrettable[2].

Des classements de milliardaires aux « rapports mondiaux sur la fortune »

Pour aller plus loin, et pour estimer la part du décile, du centile ou du millime supérieur de la hiérarchie mondiale des fortunes, il faut utiliser des sources fiscales et statistiques du type de celles que nous avons mobilisées dans le chapitre 10. Nous avions alors constaté une hausse tendancielle des inégalités patrimoniales dans tous les pays riches depuis les

1. Les classements nationaux de fortunes réalisés par les magazines dans les différents pays, en particulier aux États-Unis, en France, au Royaume-Uni et en Allemagne, descendent un peu plus bas dans la hiérarchie des patrimoines que le classement mondial de *Forbes*, et la part des fortunes couvertes monte parfois jusqu'à 2 %-3 % du patrimoine privé total du pays. Voir annexe technique.

2. Dans les médias, les patrimoines des milliardaires sont parfois exprimés en proportion du flux annuel de production mondiale (ou bien du PIB de tel ou tel pays, ce qui donne des résultats effrayants) ; cela a plus de sens de les exprimer en proportion du stock de patrimoine mondial.

années 1980-1990, aussi bien aux États-Unis qu'en Europe, et il n'y aurait donc rien d'étonnant à ce que l'on retrouve cette tendance au niveau de la planète tout entière. Malheureusement, les sources disponibles sont entachées de multiples approximations (il est possible que nous sous-estimions la tendance à la hausse dans les pays riches, et par ailleurs de nombreux pays émergents manquent à l'appel, dans le sens où les sources disponibles sont tellement approximatives, notamment du fait de l'absence d'une fiscalité progressive adéquate, qu'on hésite parfois à les utiliser), si bien qu'il est très difficile à l'heure actuelle de prétendre pouvoir estimer de façon précise l'évolution de la part du décile, du centile ou du millime supérieur au niveau mondial.

Depuis quelques années, afin de répondre à une demande sociale croissante d'informations sur ces questions, plusieurs institutions financières internationales ont pris le relais des magazines et ont tenté d'étendre leurs classements, en publiant des « rapports mondiaux sur la richesse » allant au-delà des seuls milliardaires. En particulier, le Crédit suisse (l'une des principales banques helvétiques) publie chaque année depuis 2010 un ambitieux rapport sur la répartition mondiale du patrimoine couvrant l'ensemble de la population de la planète[1]. D'autres banques et compagnies d'assurances − Merrill Lynch, Allianz, etc. − se sont spécialisées dans l'étude de la population des millionnaires en dollars au niveau mondial (les fameux HNIW : « *High net worth individuals* »). Chacune veut son rapport, de préférence sur papier glacé. Il est bien sûr ironique de voir les institutions vivant pour une large part de la gestion de fortunes se mettre à remplir le rôle

---

1. Ces rapports s'appuient notamment sur les travaux novateurs de J. Davies, S. Sandtrom, A. Shorrocks et E. N. Wolff, « The level and distribution of global household wealth », *Economic Journal*, 2011, et sur des données du type de celles présentées dans le chapitre 10. Voir annexe technique.

des administrations statistiques officielles, et tenter de produire des connaissances désintéressées sur la répartition du patrimoine dans le monde. Il faut également reconnaître que ces rapports sont souvent amenés à faire des hypothèses et des approximations héroïques, et pas toujours convaincantes, pour parvenir à une vision véritablement « mondiale » du patrimoine. En tout état de cause, ces rapports ne couvrent en général que les toutes dernières années, ou au maximum les dix dernières années, et ne permettent malheureusement pas d'étudier les évolutions à long terme, ni même d'établir des tendances véritablement fiables concernant l'inégalité mondiale des patrimoines, compte tenu de la nature extrêmement parcellaire des données utilisées[1].

De la même façon que les classements *Forbes* et assimilés, ces rapports ont cependant le mérite d'exister, et témoignent en creux du fait que les administrations statistiques nationales et internationales – et dans une large mesure la communauté des chercheurs – ne jouent pas le rôle qu'elles devraient remplir sur cette question. Il s'agit d'abord d'un enjeu de transparence démocratique : en l'absence d'informations fiables et globales sur la répartition des patrimoines, il est possible de dire tout et son contraire, et d'alimenter tous les fantasmes, dans un sens ou dans un autre. De tels rapports, si imparfaits soient-ils, et en attendant que les uns et les autres remplissent le rôle qu'on espère d'eux, peuvent contribuer à mettre un peu de contenu et de discipline dans le débat public[2].

---

1. En général les sources utilisées pour estimer les répartitions de patrimoines (séparément pour chaque pays) portent sur des années relativement éloignées, et la mise à jour annuelle se fonde presque uniquement sur des données agrégées de type comptes nationaux. Voir annexe technique.

2. Par exemple, de nombreux médias français, habitués depuis des années à décrire l'Hexagone comme sujet à une fuite massive de ses patrimoines les plus élevés (sans vraiment chercher à vérifier l'information, autrement que par quelques anecdotes individuelles), ont été étonnés de constater chaque automne depuis 2010 dans les rapports du Crédit suisse que la France appa-

Si l'on adopte la même démarche globale que ces rapports et si l'on confronte les différentes estimations disponibles, on peut aboutir approximativement à la conclusion suivante. L'inégalité de la répartition des patrimoines au niveau mondial au début des années 2010 apparaît comparable par son ampleur à celle observée au sein des sociétés européennes vers 1900-1910. La part du millime supérieur semble être actuellement de près de 20 % du patrimoine total, celle du centile supérieur d'environ 50 % du patrimoine total, et celle du décile supérieur paraît comprise entre 80 % et 90 % ; la moitié inférieure de la population mondiale possède sans aucun doute moins de 5 % du patrimoine total.

Concrètement, les 0,1 % les plus riches de la planète, soit environ 4,5 millions d'adultes sur 4,5 milliards, semblent détenir un patrimoine net moyen de l'ordre de 10 millions d'euros, soit près de deux cents fois le patrimoine moyen au niveau mondial (environ 60 000 euros par adulte), d'où une part dans le patrimoine total de près de 20 %. Les 1 % les plus riches, soit environ 45 millions d'adultes sur 4,5 milliards, possèdent un patrimoine moyen de l'ordre de 3 millions d'euros (il s'agit *grosso modo* de la population dépassant 1 million d'euros de patrimoine individuel), soit cinquante fois le patrimoine moyen, d'où une part dans le patrimoine total de l'ordre de 50 %.

Il est important d'insister sur les incertitudes considérables entourant ces estimations (y compris pour le patrimoine total et moyen mondial), qui doivent davantage encore que toutes les

---

raît comme le leader européen de la fortune : le pays est systématiquement classé numéro 3 mondial (derrière les États-Unis et le Japon, et nettement devant le Royaume-Uni et l'Allemagne) du classement des pays hébergeant le plus grand nombre de millionnaires en dollars. En l'occurrence, l'information semble exacte (autant que les sources disponibles permettent d'en juger), même si les méthodes du Crédit suisse le conduisent à beaucoup sous-estimer le nombre de millionnaires allemands, et donc à fortement exagérer l'écart entre la France et l'Allemagne. Voir annexe technique.

statistiques mentionnées dans ce livre être considérées comme de simples ordres de grandeur permettant de fixer les idées[1].

Il faut également souligner que cette très forte concentration patrimoniale, sensiblement plus forte que celle observée à l'intérieur des pays, provient pour une large part des inégalités internationales. Au niveau mondial, le patrimoine moyen est d'à peine 60 000 euros par adulte, si bien que de très nombreux habitants des pays développés – y compris au sein de la « classe moyenne patrimoniale » – apparaissent très riches au niveau de la hiérarchie mondiale considérée dans son ensemble. Pour cette même raison, il n'est pas certain que les inégalités patrimoniales considérées dans leur ensemble s'accroissent véritablement au niveau mondial : il est possible que les effets de rattrapage entre pays l'emportent actuellement sur les forces de divergence, au moins pendant un certain temps. Les données disponibles ne permettent pas de trancher de façon certaine à ce stade[2].

Tous les éléments dont nous disposons laissent cependant à penser que les forces de divergence sont d'ores et déjà dominantes au sommet de la hiérarchie mondiale des patrimoines. Cela vaut non seulement pour les patrimoines des milliardaires du classement *Forbes*, mais sans doute également pour les patrimoines de l'ordre de 10 millions ou 100 millions d'euros. Or cela représente des masses beaucoup plus importantes de personnes et donc de fortunes : le groupe

1. Voir annexe technique.
2. Pour ce qui concerne la répartition mondiale des revenus au niveau individuel, il semblerait que l'envol de la part des centiles supérieurs (qui ne concerne pas tous les pays) n'ait pas empêché une baisse du coefficient de Gini au niveau mondial (tout en réduisant fortement l'ampleur, et avec de très fortes incertitudes liées à la mesure des inégalités dans certains pays, notamment en Chine). La répartition mondiale des patrimoines étant beaucoup plus concentrée vers le haut de la distribution, il est cependant tout à fait possible que l'envol de la part des centiles supérieurs l'emporte. Voir annexe technique.

social constitué par le millime supérieur (4,5 millions de personnes détenant en moyenne de l'ordre de 10 millions d'euros) possède environ 20 % du patrimoine mondial, ce qui est beaucoup plus substantiel que le 1,5 % détenu par les milliardaires de *Forbes*[1]. Il est donc essentiel de bien comprendre l'ampleur du mécanisme de divergence susceptible d'affecter un tel groupe, ce qui dépend notamment de l'inégalité des rendements du capital à ce niveau de portefeuille. Cela déterminera si cette divergence au sommet est suffisamment forte pour l'emporter sur la force de rattrapage international. Le processus de divergence est-il massif uniquement au sein des milliardaires, ou bien l'est-il tout autant pour les groupes immédiatement inférieurs ?

Par exemple, si le millime supérieur bénéficie d'une croissance de son patrimoine de 6 % par an, alors que la progression du patrimoine moyen mondial n'est que de 2 % par an, cela impliquerait au bout de trente ans que sa part dans le capital de la planète aura plus que triplé. Le millime supérieur détiendrait alors plus de 60 % du patrimoine mondial, ce qui est assez difficile à concevoir dans le cadre des institutions politiques actuelles, sauf à imaginer un système répressif particulièrement efficace, ou bien un appareil de persuasion extrêmement puissant, ou les deux à la fois. Et si ce groupe bénéficie d'une croissance de son patrimoine de seulement 4 % par an, il en résultera tout de même un quasi-doublement de sa part, qui passerait à près de 40 % du patrimoine mondial en l'espace de trente ans. Là encore, cela impliquerait que cette force de divergence au sommet de la hiérarchie l'emporte nettement sur les forces de rattrapage et de convergence au niveau mondial, si bien que la part du décile et du centile

---

1. On peut estimer le patrimoine moyen du dix-millime supérieur (450 000 adultes sur 45 milliards) aux alentours de 50 millions d'euros, soit près de mille fois le patrimoine moyen mondial, et sa part dans le patrimoine mondial aux environs de 10 %.

supérieurs augmente sensiblement, avec de fortes redistributions des classes moyennes et moyennes supérieures mondiales vers les très riches. Il est probable qu'un tel appauvrissement des classes moyennes susciterait de violentes réactions politiques. Il est bien sûr impossible à ce stade d'être certain qu'un tel scénario soit sur le point de se produire. Mais il est important de réaliser que l'inégalité $r > g$, doublée de l'inégalité du rendement du capital en fonction du niveau initial de la fortune, peut potentiellement conduire la dynamique mondiale de l'accumulation et de la répartition des patrimoines vers des trajectoires explosives et des spirales inégalitaires hors de tout contrôle. Comme nous allons le voir, seul un impôt progressif sur le capital prélevé au niveau mondial (ou tout du moins au niveau de zones économiques régionales suffisamment importantes, comme l'Europe ou l'Amérique du Nord) peut permettre de contrecarrer efficacement une telle dynamique.

Héritiers et entrepreneurs dans les classements de fortunes

L'un des enseignements les plus frappants des classements *Forbes* est qu'au-delà d'un certain seuil toutes les fortunes – héritées ou entrepreneuriales – progressent à des rythmes extrêmement élevés, que le titulaire de la fortune en question exerce ou non une activité professionnelle. Il ne faut certes pas surestimer la précision des conclusions que l'on peut tirer de ces données, qui ne portent que sur un nombre réduit d'observations, et qui sont issues d'un processus de collecte relativement approximatif et parcellaire. Il n'en reste pas moins qu'il s'agit là d'un fait intéressant.

Prenons un exemple particulièrement clair, tout en haut de la hiérarchie mondiale du capital. Entre 1990 et 2010, la fortune de Bill Gates – fondateur de Microsoft, leader mondial des systèmes d'exploitation, incarnation de la fortune entrepreneuriale, numéro un du classement *Forbes* pendant plus de dix ans – est passée de 4 milliards de dollars à 50 milliards de dollars[1]. Dans le même temps, celle de Liliane Bettencourt – héritière de L'Oréal, leader mondial des cosmétiques fondé par son père Eugène Schueller, inventeur génial en 1907 de teintures pour cheveux promises à un grand avenir, à la façon de César Birotteau un siècle plus tôt – est passée de 2 milliards à 25 milliards de dollars, toujours selon *Forbes*[2]. Dans les deux cas, cela correspond à une progression annuelle moyenne de plus de 13 % par an entre 1990 et 2010, soit un rendement réel de l'ordre de 10 %-11 % par an, si l'on retire l'inflation.

Autrement dit, Liliane Bettencourt n'a jamais travaillé, mais cela n'a pas empêché sa fortune de progresser exactement aussi vite que celle de Bill Gates l'inventeur, dont le patrimoine continue d'ailleurs de croître tout aussi rapidement depuis qu'il a cessé ses activités professionnelles. Une fois une fortune lancée, la dynamique patrimoniale suit sa logique propre, et un capital peut continuer de progresser à un rythme soutenu pendant des décennies, simplement du fait de sa taille. Il faut en particulier souligner qu'au-delà d'un certain seuil les effets de taille, liés notamment aux économies d'échelle dans la gestion du portefeuille et dans la prise de risque, sont renforcés par le fait que le patrimoine peut se recapitaliser presque intégralement. Avec un patrimoine d'un tel niveau,

---

1. Bill Gates a été numéro un du classement *Forbes* de 1995 à 2007, avant de laisser sa place à Warren Buffet en 2008-2009, puis à Carlos Slim depuis 2010 jusqu'à 2013.

2. Les premières teintures inventées en 1907 furent nommées « L'Auréale », du nom d'une coiffure féminine à la mode à l'époque et rappelant une auréole, et conduisirent à la création en 1909 de la Société française de teintures inoffensives pour cheveux, qui allait devenir, après la création de multiples autres marques (comme Monsavon en 1920) la société L'Oréal en 1936. La correspondance avec César Birotteau, qui dans l'imagination de Balzac fit fortune en inventant l'Eau carminative et la Double Pâte des sultanes au début du XIXe siècle, est frappante.

le train de vie du détenteur absorbe au maximum quelques dixièmes de pourcents du capital chaque année, et la quasi-totalité du rendement peut donc être réinvestie[1]. Il s'agit là d'un mécanisme économique élémentaire, mais néanmoins important, et dont on sous-estime trop souvent les conséquences redoutables pour la dynamique à long terme de l'accumulation et de la répartition des patrimoines. L'argent tend parfois à se reproduire tout seul. Cette réalité crue n'avait pas échappé à Balzac, par exemple quand il fait le récit de l'irrésistible ascension patrimoniale de l'ex-ouvrier vermicellier : « Le citoyen Goriot amassa les capitaux qui plus tard lui servirent à faire son commerce avec toute la supériorité que donne une grande masse d'argent à celui qui la possède[2]. »

On peut également noter que Steve Jobs, qui plus encore que Bill Gates incarne dans l'imaginaire collectif le symbole de l'entrepreneur sympathique et de la fortune méritée, ne possédait en 2011, au sommet de sa gloire et des cours boursiers de sa société Apple, qu'à peine 8 milliards de dollars, soit six fois moins que le fondateur de Microsoft (pourtant moins inventif que le fondateur d'Apple, d'après de nombreux observateurs), et trois fois moins que Liliane Bettencourt. Dans les classements *Forbes*, on trouve des dizaines d'héritiers plus riches que Jobs. De toute évidence, la fortune n'est pas qu'affaire de mérite. Cela s'explique notamment par le fait que les patrimoines hérités parviennent souvent à obtenir un rendement très élevé du simple fait de leur taille initiale.

Il est malheureusement impossible de poursuivre plus loin ce type d'investigation, car les données de type *Forbes* sont

---

1. Avec un capital de 10 milliards d'euros, il suffit de consacrer l'équivalent de 0,1 % du capital à la consommation pour financer un train de vie de 10 millions d'euros. Si le rendement obtenu est de 5 %, cela signifie que le taux d'épargne sur ce rendement est de 98 % ; il passe à 99 % si le rendement est de 10 % ; dans tous les cas, la consommation est insignifiante.

2. Voir H. DE BALZAC, *Le Père Goriot, op. cit.*, p. 105-109.

beaucoup trop limitées pour permettre des analyses systématiques et fiables (contrairement par exemple aux données sur les dotations universitaires, que nous utiliserons plus loin). En particulier, il faut souligner que les méthodes utilisées par les magazines conduisent à sous-estimer de façon significative l'importance des fortunes héritées. Les journalistes ne disposent en effet d'aucune liste fiscale ou administrative complète permettant de repérer les fortunes. Ils fonctionnent donc sur une base pragmatique, en rassemblant des informations de sources très disparates, souvent en passant des coups de téléphone ou en envoyant des mails, ce qui permet d'obtenir des informations certes irremplaçables, mais pas toujours très fiables. Ce pragmatisme n'est pas condamnable en soi : il est avant tout la conséquence du fait que la puissance publique n'organise pas correctement la collecte d'informations sur ce sujet, à partir par exemple de déclarations annuelles de patrimoines, ce qui remplirait une très utile mission d'intérêt général et pourrait se faire en grande partie de façon automatisée, grâce aux technologies modernes. Mais il est important d'en apprécier les conséquences. En pratique, les journalistes des magazines partent notamment des listes des grandes entreprises cotées et cherchent à déterminer la structure de leur actionnariat. Ce processus implique par nature qu'il est beaucoup plus difficile de repérer les fortunes héritées (qui sont souvent placées dans des portefeuilles relativement diversifiés) que les fortunes entrepreneuriales ou en voie de constitution (qui en règle générale sont plus fortement concentrées sur une seule entreprise).

Pour les patrimoines hérités les plus importants, de l'ordre de plusieurs dizaines de milliards de dollars ou d'euros, sans doute peut-on supposer que les actifs demeurent placés pour une large part dans l'entreprise familiale (comme les actifs de la famille Bettencourt dans L'Oréal, ou bien la famille Walton dans Wal-Mart aux États-Unis), auquel cas ces fortunes sont tout aussi aisément détectables que celles de Bill Gates ou de Steve Jobs. Mais cela n'est sans doute pas le cas à tous les niveaux : dès lors que l'on descend autour de quelques milliards de dollars (d'après *Forbes*, il y a chaque année plusieurs centaines de fortunes nouvelles de ce niveau dans le monde), et plus encore au niveau de quelques dizaines ou quelques centaines de millions d'euros, il est probable qu'une part importante des fortunes héritées prenne la forme de portefeuilles relativement diversifiés, auquel cas il est très difficile pour les journalistes des magazines de les détecter (d'autant plus que les personnes en question ont en général beaucoup moins envie de se faire connaître publiquement que les entrepreneurs). Pour cette simple raison de biais statistique, il est inévitable que les classements de fortunes tendent à sous-estimer l'importance des fortunes héritées.

Certains magazines, comme *Challenges* en France, précisent d'ailleurs qu'ils cherchent uniquement à répertorier les fortunes dites « professionnelles », c'est-à-dire investies principalement dans une entreprise particulière, et que les patrimoines prenant la forme de portefeuilles diversifiés ne les intéressent pas. Le problème est qu'il est difficile d'obtenir de leur part une définition précise de ce qu'ils entendent par là : faut-il dépasser un certain seuil de détention du capital de la société pour être classé comme fortune « professionnelle », ce seuil dépend-il de la taille de la société, et si oui suivant quelle formule ? En réalité, le critère pour être retenu paraît surtout très pragmatique : figurent dans le classement les fortunes dont les journalistes ont eu connaissance, et qui remplissent le critère fixé (dépasser le milliard de dollars dans le cas de la liste de *Forbes*, ou bien faire partie des cinq cents plus grandes fortunes répertoriées pour un pays donné dans le cas de *Challenges* et de nombreux magazines dans d'autres pays). Ce pragmatisme peut se comprendre. Mais on voit bien qu'un mode d'échantillonnage aussi imprécis pose de sérieux problèmes si l'on souhaite faire des comparaisons dans le temps ou entre pays. Si l'on ajoute à cela le fait que ces classements, qu'ils soient réalisés par *Forbes*, *Challenges* ou d'autres magazines, ne sont jamais très clairs sur l'unité d'observation (il s'agit en principe de l'individu, mais parfois des groupes familiaux entiers sont inclus dans une même fortune, ce qui crée un biais allant dans l'autre sens, puisque cela tend à exagérer la taille des hauts patrimoines), on voit à quel point ces matériaux sont fragiles pour étudier la question délicate de la part de l'héritage dans la formation des patrimoines ou de l'évolution des inégalités patrimoniales[1].

Il faut ajouter qu'il existe souvent dans ces magazines un biais idéologique assez évident en faveur des entrepreneurs, et une volonté à peine voilée de les célébrer, quitte à en exagérer l'importance. Ce n'est pas faire injure au magazine *Forbes* que de remarquer qu'il peut souvent être lu, et qu'il se présente d'ailleurs lui-même, comme un hymne à l'entrepreneuriat et à la fortune utile et méritée. Le propriétaire du magazine, Steve Forbes, lui-même milliardaire, deux fois candidat malheureux à l'investiture présidentielle pour le parti républicain, n'en est pas moins un héritier : c'est son grand-père qui a créé en 1917 le fameux magazine, à l'origine de la fortune des Forbes, qu'il a ensuite lui-même développée. Les classements publiés par le magazine proposent d'ailleurs parfois une décomposition des milliardaires en trois groupes :

---

1. Dans le cas de *Challenges*, les fortunes enregistrées entre 50 et 500 millions d'euros semblent trop peu nombreuses par comparaison aux nombres de déclarations d'impôt sur la fortune figurant dans les tranches correspondantes (d'autant plus qu'une bonne part des biens professionnels ne sont pas retenus dans le patrimoine imposable à l'ISF et les statistiques correspondantes), ce qui s'explique peut-être par le fait que le classement *Challenges* ne prend pas en compte les patrimoines diversifiés. En définitive, les deux sources sous-estiment le nombre véritable de patrimoines importants, pour des raisons opposées (la source *Challenges* survalorise les patrimoines professionnels, la source fiscale les sous-estime, tout cela avec dans les deux cas des définitions changeantes et instables), ce qui laisse dominer un sentiment d'opacité et une certaine perplexité du citoyen. Voir annexe technique.

les entrepreneurs purs, les héritiers purs, et les personnes qui ont hérité d'une fortune tout en la faisant fructifier. D'après les données publiées par *Forbes*, chacun de ces trois groupes représente généralement autour de un tiers du total, avec toutefois une tendance – selon le magazine – à la baisse de la part des héritiers purs et une augmentation de celle des héritiers partiels. Le problème est qu'aucune définition précise de ces différents groupes n'a jamais été donnée par *Forbes* (en particulier concernant la frontière exacte entre héritiers purs et partiels) et qu'aucun montant n'est indiqué concernant les héritages[1]. Dans ces conditions, il est bien difficile de conclure quoi que ce soit de précis au sujet de cette possible tendance.

Compte tenu de toutes ces difficultés, que peut-on dire concernant les parts respectives des héritiers et des entrepreneurs dans les plus hautes fortunes ? Si l'on prend en compte à la fois les héritiers purs et partiels des classements de *Forbes* (en supposant que les seconds reposent pour moitié sur l'héritage), et si l'on ajoute à cela les bais méthodologiques conduisant à sous-estimer les fortunes héritées, il semble relativement naturel de conclure que ces dernières représentent plus de la moitié des plus hautes fortunes mondiales. Une estimation autour de 60 %-70 % semble *a priori* relativement réaliste, soit un niveau sensiblement inférieur à celui observé dans la France de la Belle Époque (80 %-90 %), ce qui pourrait s'expliquer par le taux de croissance élevé observé actuellement au niveau mondial, qui implique notamment l'arrivée

---

1. Conceptuellement, il n'est d'ailleurs pas si simple de définir ce qu'est un rendement normal pour une fortune héritée. La définition adoptée dans le chapitre précédent consiste à appliquer le même rendement moyen à tous les patrimoines, ce qui conduirait sans doute à faire apparaître Liliane Bettencourt comme une héritière très partielle (compte tenu du rendement très élevé obtenu sur sa fortune), plus partielle sans doute que Steve Forbes lui-même, qui la classe pourtant comme héritière pure, alors qu'il se range bien sûr lui-même dans celle des « fructificateurs ». Voir annexe technique.

rapide dans le classement de nouvelles fortunes issues des pays émergents. Mais il ne s'agit que d'une hypothèse, et non d'une certitude.

La hiérarchie morale des fortunes

En tout état de cause, il me semble urgent d'aller au-delà de ce débat souvent caricatural autour du mérite et de la fortune, qui me paraît mal formulé. Personne ne nie l'importance d'avoir dans une société des entrepreneurs, des inventions et des innovations – et il y en avait bien sûr beaucoup à la Belle Époque, par exemple dans l'automobile, le cinéma, l'électricité, tout comme aujourd'hui. Simplement, l'argument entrepreneurial ne permet pas de justifier toutes les inégalités patrimoniales, aussi extrêmes soient-elles, sans souci pour les faits. Le problème est que l'inégalité $r > g$, doublée de l'inégalité des rendements en fonction de la taille du capital initial, conduit souvent à une concentration excessive et pérenne du patrimoine : si justifiées soient-elles au départ, les fortunes se multiplient et se perpétuent parfois au-delà de toute limite et de toute justification rationnelle possible en termes d'utilité sociale.

Les entrepreneurs tendent ainsi à se transformer en rentiers, non seulement lors du passage des générations, mais également au cours d'une même vie, d'autant plus que les existences individuelles s'allongent sans cesse : le fait d'avoir eu de bonnes idées à l'âge de 40 ans n'implique pas que l'on en ait encore à l'âge de 90 ans, pas plus bien sûr qu'à la génération suivante. Et pourtant la fortune est toujours là, parfois multipliée par plus de dix en vingt ans, comme le montrent les cas de Bill Gates et de Liliane Bettencourt.

Il s'agit là de la raison centrale justifiant l'introduction d'un impôt progressif annuel sur les plus grandes fortunes mondiales, seule façon de permettre un contrôle démocratique de ce processus potentiellement explosif, tout en préservant le dynamisme entrepreneurial et l'ouverture économique internationale. Cette idée et ses limites seront étudiées dans la quatrième partie de ce livre.

À ce stade, notons simplement que cette approche fiscale permet également de dépasser le débat sans issue sur la hiérarchie morale des fortunes. Toute fortune est à la fois en partie justifiée et potentiellement excessive. Le vol pur et simple n'existe que rarement, de même que le mérite absolu. L'impôt progressif sur le capital a précisément l'avantage de pouvoir traiter ces différentes situations de façon souple, continue et prévisible, tout en produisant de la transparence démocratique et financière sur les patrimoines et leur évolution, ce qui n'est pas rien.

Trop souvent, le débat public mondial sur les fortunes se réduit à quelques affirmations péremptoires – et en grande partie arbitraires – sur les mérites comparés de telle ou telle personne. Par exemple, il est assez courant d'opposer actuellement le nouveau leader mondial de la fortune, Carlos Slim, magnat mexicain de l'immobilier et des télécoms, issu d'une famille libanaise et souvent décrit dans les pays occidentaux comme devant sa fortune à des rentes de monopole obtenues par l'entremise du gouvernement de son pays (forcément corrompu), et l'ancien leader mondial, Bill Gates, paré de toutes les vertus de l'entrepreneur modèle et méritant. Par moments, on a presque l'impression que c'est Bill Gates en personne qui a inventé l'informatique et le microprocesseur, et qu'il serait encore dix fois plus riche s'il avait pu recevoir l'intégralité de sa productivité marginale et de son apport personnel au bien-être mondial (fort heureusement, le bon peuple de la planète a eu droit aux largesses de ses effets externes). Sans doute ce véritable culte s'explique-t-il par ce besoin irrépressible des sociétés démocratiques modernes de donner du sens aux inégalités. Disons-le tout net : je ne connais presque rien à la façon exacte dont Carlos Slim et Bill Gates se sont enrichis, et je suis bien incapable de disserter sur leurs mérites respectifs. Mais il me semble que Bill Gates a lui aussi bénéficié d'une situation de quasi-monopole de fait sur les systèmes d'exploitation (de même d'ailleurs que beaucoup de fortunes bâties dans les nouvelles technologies, des télécoms à Facebook). Par ailleurs, j'imagine que ses contributions se sont appuyées sur les travaux de milliers d'ingénieurs et de chercheurs en électronique et informatique fondamentale, sans qui aucune invention dans ces domaines n'aurait été possible, et qui n'ont pas breveté leurs articles scientifiques. En tout état de cause, il me semble excessif d'opposer de façon aussi extrême ces deux situations individuelles, souvent sans même chercher à examiner précisément les faits[1].

Quant aux milliardaires japonais (Yoshiaka Tsutsumi et Taikichiro Mori) qui ont précédé Bill Gates de 1987 à 1994 à la tête du classement *Forbes*, on a jugé bon, dans les pays occidentaux, d'aller jusqu'à oublier leur nom. Sans doute considère-t-on qu'ils ne devaient leur fortune qu'à la bulle immobilière et boursière en vigueur alors au pays du Soleil-Levant, ou à de peu reluisants tripatouillages asiatiques. La croissance japonaise des années 1950 aux années 1980 a pourtant été la plus forte de l'histoire, beaucoup plus forte que celle des États-Unis des années 1990-2010, et on peut imaginer que les entrepreneurs y ont parfois joué un rôle utile.

Plutôt que de se livrer à des considérations sur la hiérarchie morale de la fortune, qui se résument souvent en pratique à

---

1. Pour des affirmations particulièrement fortes sur les mérites comparés de Carlos Slim et de Bill Gates, et ne reposant malheureusement sur aucune information précise, voir par exemple D. ACEMOGLU et J. ROBINSON, *Why Nations Fail. The Origins of Power, Prosperity and Poverty*, Crown Publishers, 2012, p. 34-41. La dureté du ton surprend d'autant plus que ce livre ne traite pas véritablement du sujet de la répartition idéale des fortunes. L'ouvrage est centré sur la défense du rôle joué dans le processus de développement par les systèmes de droits de propriété issus des révolutions britannique, américaine et française (les institutions fiscalo-sociales plus récentes sont peu abordées).

un exercice d'occidentalo-centrisme, il me semble plus utile de tenter de comprendre les lois générales qui gouvernent en moyenne les dynamiques patrimoniales, par-delà les considérations de personnes, et d'imaginer des modes de régulation – notamment fiscaux – s'appliquant à tous de la même façon, quelles que soient les nationalités en jeu. En France, lors du rachat en 2006 d'Arcelor (alors deuxième groupe sidérurgique mondial) par le magnat de l'acier Lakshmi Mittal, puis de nouveau à l'automne 2012 au sujet des investissements jugés insuffisants sur le site de production de Florange, les médias hexagonaux étaient particulièrement remontés contre le milliardaire indien. En Inde, tout le monde est convaincu que cette hostilité s'explique, au moins en partie, par la couleur de sa peau. Est-on bien sûr que cela ne joue aucun rôle ? Certes, les méthodes de Mittal sont brutales, et son train de vie fait scandale. Toute la presse française s'est offusquée notamment des luxueuses maisons londoniennes de Mittal, « valant trois fois son investissement à Florange[1] ». Mais il est possible que l'on se scandalise moins fortement lorsque ce train de vie concerne un hôtel particulier à Neuilly-sur-Seine, ou bien un autre milliardaire bien de chez nous, comme

---

1. Voir par exemple dans le magazine *Capital*, 3 décembre 2012 : « 180 millions d'euros… Une somme qui devient toute relative quand on sait qu'elle représente à peine un tiers du patrimoine immobilier que le patron du groupe, Lakshmi Mittal, s'est récemment constitué à Londres. En effet, l'homme d'affaires vient d'acheter l'ancienne ambassade des Philippines (70 millions de livres, soit 86 millions d'euros), supposément pour sa fille Vanisha. Peu avant, c'est à son fils Aditya que le généreux père de famille avait offert une demeure de 117 millions de livres (144 millions d'euros). Les deux propriétés se situent avenue Kensington Palace Gardens, surnommée "l'allée des milliardaires", non loin du palace paternel. Le logement de Lakshmi Mittal est en effet connu comme la "maison privée la plus chère du monde" et possède bain turc, piscine incrustée de joyaux, marbre issu de la même carrière que celui du Taj Mahal, suites et quartier pour les domestiques… Au total, donc, ces trois demeures valent 542 millions d'euros, soit trois fois les 180 millions de Florange. »

Arnaud Lagardère, jeune héritier pourtant peu connu pour son mérite, sa vertu et son utilité sociale, et à qui l'État français décidait au même moment de verser plus de 1 milliard d'euros pour lui permettre de sortir du capital d'EADS (leader aéronautique mondial).

Prenons un dernier exemple, plus extrême encore. En février 2012, la justice française fit saisir plus de 200 m³ de biens (voitures de luxe, tableaux de maître, etc.) dans l'hôtel particulier possédé avenue Foch par Teodorin Obiang, fils du dictateur de Guinée-Équatoriale. Loin de moi l'idée de plaindre l'infortuné milliardaire : il ne fait aucun doute que sa participation dans la société d'exploitation du bois guinéen (dont il tire apparemment l'essentiel de ses revenus) a été mal acquise, et que ces ressources ont été de fait volées aux habitants de Guinée-Équatoriale. L'affaire est en outre exemplaire et instructive, dans le sens où elle montre que la propriété privée est un peu moins sacrée que ce que l'on dit parfois, et qu'il est techniquement possible, quand on le souhaite, de trouver son chemin dans le dédale complexe des multiples sociétés écrans par lesquelles Teodorin Obiang administrait ses biens et ses participations. Mais il ne fait guère de doute que l'on peut trouver sans difficulté, à Paris ou à Londres, d'autres exemples de fortunes individuelles reposant *in fine* sur des appropriations privées de ressources naturelles, concernant par exemple des oligarques russes ou qataris. Peut-être ces appropriations privées de pétrole, de gaz ou d'aluminium s'apparentent-elles moins clairement à du vol pur et simple que le bois de Teodorin Obiang ; peut-être aussi est-il plus justifié d'intervenir judiciairement quand le vol a été commis au détriment d'un pays très pauvre que d'un pays un peu moins pauvre[1]. Au moins m'accordera-t-on

---

1. Le classement *Forbes* introduit un critère intéressant, mais difficile à appliquer avec une précision absolue : il exclut les « despotes », et plus généralement les personnes tenant leur fortune « du fait de leur position

que ces différents cas relèvent davantage d'un continuum que d'une différence absolue de nature, et que la fortune est souvent jugée plus suspecte quand elle a la peau noire. En tout état de cause, les procédures judiciaires ne peuvent pas régler tous les problèmes de biens mal acquis et de fortunes indues qui existent dans le monde. L'impôt sur le capital permet d'envisager un traitement plus systématique et plus pacifique de la question.

De façon générale, le fait central est que le rendement du capital mélange de manière souvent indissociable des éléments relevant d'un véritable travail entrepreneurial (force absolument indispensable au développement économique), d'autres qui relèvent de la chance à l'état brut (on est là au bon moment pour racheter un actif prometteur à un bon prix), et d'autres enfin qui s'apparentent à du vol pur et simple. L'arbitraire des enrichissements patrimoniaux dépasse largement la question de l'héritage. Le capital a par nature des rendements volatils et imprévisibles, et peut aisément générer pour tout un chacun des plus-values – ou des moins-values – immobilières ou boursières équivalentes à plusieurs dizaines d'années de salaire. Au sommet de la hiérarchie des fortunes, ces effets sont plus extrêmes encore. Il en a toujours été ainsi. Dans *Ibycus*, Alexeï Tolstoï dépeint en 1926 l'horreur capitaliste. En 1917, à Pétersbourg, le comptable Simon Nevzorov écrase l'armoire sur la figure de l'antiquaire qui lui proposait un emploi, et lui vole ainsi une petite fortune. L'antiquaire s'était lui-même enrichi en rachetant à vil prix les biens des aristocrates fuyant la Révolution. Quant à Nevzorov, il parvient en six mois à

---

politique » (comme la reine d'Angleterre). Mais si la fortune a été acquise avant d'arriver au pouvoir, alors la personne reste dans le classement : par exemple l'oligarque géorgien Bidzina Ivanishvili figure toujours dans la liste 2013, bien qu'il ait pris la tête du gouvernement fin 2012 ; il est crédité d'une fortune de 5 milliards de dollars, soit l'équivalent d'un quart du PIB de son pays (entre 5 % et 10 % du patrimoine national géorgien).

multiplier par dix le capital initial, grâce au tripot qu'il monte à Moscou avec son nouvel ami Ritecheff. Nevzorov est le parasite vivant, petit, mesquin. Il démontre par sa personne à quel point le capital est le contraire du mérite : l'accumulation du capital commence parfois par le vol, et l'arbitraire de son rendement revient souvent à perpétuer le vol initial.

Le rendement pur des dotations universitaires

Afin de mieux comprendre la question de l'inégalité des rendements du capital, tout en dépassant les questions des personnes, il est utile d'examiner le cas des dotations en capital des universités américaines au cours des dernières décennies. Il s'agit en effet de l'un des rares cas où l'on dispose de données très complètes sur les investissements réalisés et les rendements purs obtenus sur une période relativement longue, en fonction de la taille du capital initial.

Il existe actuellement plus de huit cents universités publiques et privées aux États-Unis gérant des fonds de dotation. Ces fonds vont de quelques dizaines de millions de dollars, comme le North Iowa Community College (classé 785e en 2012, avec une dotation de 11,5 millions de dollars), à plusieurs dizaines de milliards de dollars. Les premières universités du classement sont invariablement Harvard (avec au début des années 2010 autour de 30 milliards de dollars), suivie de Yale (près de 20 milliards de dotation), puis de Princeton et Stanford avec plus de 15 milliards. Puis viennent le MIT et Columbia avec un peu moins de 10 milliards, les universités de Chicago et de Pennsylvanie autour de 7 milliards, et ainsi de suite. Au total, les quelque huit cents universités américaines possèdent au début des années 2010 des actifs de près de 400 milliards de dollars (soit un peu moins de 500 millions de dollars en moyenne par université et une dotation médiane légèrement inférieure à 100 millions). Cela représente certes moins de

1 % du total des patrimoines privés possédés par les ménages américains. Mais il s'agit tout de même d'une masse importante, qui procure chaque année des ressources significatives aux universités américaines, ou tout du moins à certaines d'entre elles[1]. Surtout, et c'est le point qui nous intéresse le plus ici, les dotations en capital des universités américaines donnent lieu à la publication de comptes financiers fiables et détaillés, qui peuvent être utilisés pour étudier année après année les rendements obtenus par les uns et les autres, ce qui n'est pas le cas pour les patrimoines privés. En particulier, ces données ont été rassemblées depuis la fin des années 1970 par l'association professionnelle des universités américaines, et ont donné lieu chaque année depuis 1979 à des publications statistiques importantes de la part de cette association.

Les principaux résultats que l'on peut tirer de ces données sont indiqués dans le tableau 12.2[2]. La première conclusion est que le rendement moyen obtenu par les dotations universitaires américaines a été extrêmement élevé au cours des dernières décennies : 8,2 % par an en moyenne sur la période 1980-2010 (et 7,2 % si l'on se restreint à la sous-période 1990-2010[3]). Certes, il y eut des hauts et des bas au cours

---

1. La dotation en capital totale des universités américaines représente l'équivalent d'environ 3 % du PIB américain, et les revenus produits chaque année sont de l'ordre de 0,2 % de PIB, soit à peine 10 % des dépenses totales de l'enseignement supérieur aux États-Unis. Mais cette part peut monter jusqu'à 30 %-40 % des ressources dans les universités les mieux dotées. Par ailleurs, ces dotations en capital jouent un rôle dans la gouvernance et l'autonomie des établissements qui dépasse souvent leur poids dans les ressources totales. Voir annexe technique.

2. Les données utilisées proviennent pour l'essentiel des rapports publiés par la National Association of College and University Business Officers, ainsi que des rapports financiers publiés par plusieurs universités (en particulier Harvard, Yale, Princeton). Voir annexe technique.

3. Pour les résultats par sous-période, voir annexe technique, tableau S12.2.

de chacune de ces décennies, avec des années de rendement faible voire négatif, par exemple en 2008-2009, et des années fastes où le rendement universitaire moyen dépassait nettement 10 %. Mais le point important est que si l'on fait des moyennes sur dix, vingt ou trente ans, on constate des rendements extrêmement élevés, du même type d'ailleurs que ceux observés pour les milliardaires du classement *Forbes*.

Tableau 12.2.
Le rendement des dotations en capital des universités américaines, 1980-2010

Taux de rendement réel moyen annuel (après déduction des frais de gestion et de l'inflation)	Période 1980-2010
Toutes universités confondues (850)	8,2 %
dont : Harvard-Yale-Princeton	10,2 %
dont : dotations supérieures à 1 milliard de $ (60)	8,8 %
dont : dotations comprises entre 500 millions et 1 milliard de $ (66)	7,8 %
dont : dotations comprises entre 100 et 500 millions de $ (226)	7,1 %
dont : dotations inférieures à 100 millions de $ (498)	6,2 %

Lecture : de 1980 à 2010, les universités américaines ont obtenu un rendement réel moyen de 8,2 % sur leur dotation en capital, d'autant plus élevé que leur dotation initiale était importante. Les rendements indiqués sont nets de tous les frais de gestion, et nets de l'inflation (2,4 % par an de 1980 à 2010).
Sources : voir piketty.pse.ens.fr/capital21c.

Précisons que les rendements indiqués dans le tableau 12.2 sont les rendements nets réels effectivement obtenus par les dotations universitaires, après prise en compte des plus-values et après déduction de l'inflation, des impôts en vigueur (presque inexistants s'agissant de fondations d'utilité publique) et de tous les frais de gestion, en particulier après déduction de la masse salariale de toutes les personnes au sein de l'université ou à l'extérieur qui ont mis au point et exécuté la stratégie de placement de la dotation. Il s'agit donc véritablement du rendement pur du capital, au sens où nous l'avons défini dans ce livre, c'est-à-dire ce que rapporte un capital du simple fait de sa détention, en dehors de tout travail.

La seconde conclusion qui apparaît clairement à la lecture du tableau 12.2 est que le rendement obtenu croît fortement avec la taille de la dotation. Pour les quelque cinq cents universités sur huit cent cinquante dont la dotation est inférieure à 100 millions de dollars, le rendement est de 6,2 % sur la période 1980-2010 (et de 5,1 % sur la période 1990-2010), ce qui est déjà assez confortable et sensiblement plus élevé que le rendement moyen obtenu par les patrimoines privés dans leur ensemble au cours de cette période[1]. Le rendement s'élève régulièrement à mesure que l'on monte dans les niveaux de dotations. Pour les soixante universités ayant plus de 1 milliard de dollars de dotation, il atteint 8,8 % par an en moyenne sur la période 1980-2010 (7,8 % sur la période 1990-2010). Si l'on considère le trio de tête (Harvard, Yale, Princeton), qui n'a pas changé entre 1980 et 2010, le rendement atteint 10,2 % sur la période 1980-2010 (10,0 % sur la période 1990-2010) soit deux fois plus que les universités les moins bien dotées[2].

Si l'on examine les stratégies de placement des différentes universités, on constate à tous les niveaux de dotations des portefeuilles très bien diversifiés, avec une nette préférence pour les actions américaines et étrangères et les obligations du secteur privé (les obligations publiques, en particulier celles

1. Il faut toutefois souligner que l'essentiel de l'écart provient du fait que les détenteurs de patrimoines privés doivent généralement acquitter des impôts significatifs : le rendement moyen réel avant impôts est de l'ordre de 5 % par an aux États-Unis sur la période 1980-2010. Voir annexe technique.

2. Les nombres d'universités indiqués entre parenthèses dans le tableau 12.2 correspondent aux dotations de 2010, mais pour ne pas biaiser les résultats les rendements ont été calculés en classant les universités en fonction de la dotation en vigueur au début de chaque décennie. Tous les résultats détaillés sont disponibles dans l'annexe technique : voir en particulier tableau S12.2.

émises par l'État américain, peu rémunératrices, représentent toujours moins de 10 % des portefeuilles et sont presque totalement absentes des plus grosses dotations). À mesure que l'on monte dans la hiérarchie des dotations, on observe surtout une très forte progression des « stratégies alternatives », c'est-à-dire des placements à très haut rendement tels que les actions non cotées (*private equity*), et en particulier les actions non cotées étrangères (qui demandent une forte expertise) ; les fonds spéculatifs (*hedge funds*), les produits dérivés ; et les placements immobiliers et en matières premières : énergie, ressources naturelles, divers produits dérivés autour des matières premières (il s'agit là encore de placements exigeant une expertise très spécifique, et potentiellement très rentables)[1]. Si l'on examine l'importance prise par l'ensemble de ces « placements alternatifs », dont le seul point commun est de sortir du cadre des placements financiers classiques (actions, obligations) accessibles à tout un chacun, alors on constate qu'ils représentent à peine plus de 10 % des portefeuilles pour les dotations inférieures à 50 millions d'euros, puis atteignent rapidement 25 % entre 50 et 100 millions d'euros, 35 % entre 100 et 500 millions d'euros, 45 % entre 500 millions et 1 milliard, pour finalement culminer à plus de 60 % des portefeuilles pour les dotations supérieures à 1 milliard d'euros. Les données disponibles, qui ont le mérite d'être publiques et extrêmement détaillées, permettent de constater sans aucune ambiguïté que ce sont ces placements alternatifs qui permettent aux très grosses dotations d'obtenir des rendements réels qui frisent les 10 % par an, alors que les plus petites dotations doivent se contenter de 5 %.

Il est intéressant de constater que la volatilité des rende-

---

1. Il est à noter que l'immobilier peut constituer un placement à très haut rendement si l'on parvient à dénicher les bons projets d'investissement au niveau mondial (il s'agit en pratique aussi bien d'immobilier professionnel et commercial que d'immobilier résidentiel, souvent à grande échelle).

ments d'une année sur l'autre ne semble pas significativement plus élevée pour les dotations les plus fortes : le rendement moyen obtenu par Harvard ou Yale varie autour de sa moyenne, mais pas démesurément plus que celui des dotations plus petites, et dès lors que l'on fait des moyennes sur quelques années le premier est systématiquement plus élevé que le second, avec un écart approximativement constant dans le temps. Autrement dit, le rendement plus élevé obtenu par les plus grosses dotations n'est pas dû principalement à une plus forte prise de risque, mais plutôt à une stratégie de placement plus sophistiquée permettant d'accéder à des portefeuilles structurellement et durablement plus rentables[1].

Capital et économies d'échelle

La principale explication pour ces faits semble découler des économies d'échelle et des effets de taille liés aux frais de gestion des portefeuilles. Concrètement, Harvard dépense actuellement près de 100 millions de dollars par an en *management costs* pour gérer sa dotation en capital. Cela représente une belle somme pour rémunérer une équipe étoffée et hyperpointue de gestionnaires de portefeuille, capable de dénicher les meilleures opportunités de placements alternatifs de par le monde. Mais à l'échelle de la dotation de Harvard (environ 30 milliards de dollars) cela représente des frais de gestion d'à peine plus de 0,3 % par an. Si cela permet d'obtenir un rendement annuel de 10 % plutôt que de 5 %, alors il s'agit clairement d'une très bonne affaire. Pour une université dont la dotation serait de seulement 1 milliard de

---

1. Cela est d'ailleurs confirmé par le fait qu'il existe relativement peu de retournements de fortunes au cours de cette période de trente années (1980-2010) : pour l'essentiel la hiérarchie des dotations universitaires reste la même.

dollars (ce qui est déjà une belle dotation), il est en revanche tout à fait exclu de payer 100 millions de dollars pour une équipe de gestionnaires : cela représenterait 10 % de frais de gestion par an. En pratique, les universités limitent leurs frais de gestion à moins de 1 %, et le plus souvent à moins de 0,5 % par an : pour gérer 1 milliard de dotation, on dépensera donc 5 millions de dollars, ce qui ne permet pas de payer la même équipe de spécialistes des placements alternatifs qu'avec 100 millions. Quant au North Iowa Community College et à sa dotation de 11,5 millions de dollars, même en consacrant 1 % par an en frais de gestion, soit 115 000 dollars, il devra se contenter d'un gestionnaire de fortune à mi-temps, ou même plutôt à quart de temps, vu les prix du marché. C'est toujours mieux que l'Américain médian, qui avec à peine 100 000 dollars de fortune sera son propre gestionnaire et devra sans doute se contenter des conseils de son beau-frère. Certes, les intermédiaires financiers et les gestionnaires de patrimoine ne sont pas toujours infaillibles (c'est le moins que l'on puisse dire) ; mais dans la mesure où ils permettent, en moyenne, d'identifier les placements les plus rentables, voici le mécanisme central expliquant pourquoi les dotations plus importantes obtiennent des rendements plus élevés.

Ces résultats sont frappants, car ils illustrent de façon particulièrement claire et concrète les mécanismes qui peuvent conduire à une très forte inégalité du rendement du capital en fonction de la taille du capital initial. En particulier, il est important de réaliser que ce sont ces rendements qui expliquent pour une large part la prospérité des plus grandes universités américaines, et non pas les dons des anciens élèves, qui portent sur des sommes beaucoup plus réduites, de l'ordre de cinq ou dix fois plus faibles que le rendement annuel tiré de la dotation[1].

---

1. Par exemple, dans le cas de Harvard, les rapports financiers annuels indiquent que la dotation a rapporté un rendement réel de l'ordre de 10 %

Pour autant, ces résultats doivent être interprétés avec précaution. En particulier, il serait excessif de prétendre pouvoir les appliquer pour prédire mécaniquement l'évolution de l'inégalité mondiale des fortunes individuelles au cours des décennies à venir. Tout d'abord, ces rendements très élevés observés sur les périodes 1980-2010 et 1990-2010 reflètent pour partie le phénomène de rattrapage de long terme du prix des actifs immobiliers et boursiers au niveau mondial que nous avons analysé dans la deuxième partie, et qui pourrait fort bien ne pas se prolonger (auquel cas tous les rendements à long terme évoqués plus haut devraient sans doute être légèrement abaissés pour les décennies à venir)[1]. Ensuite, il est possible que les économies d'échelle ne jouent massivement que pour des portefeuilles extrêmement importants et soient moins fortes pour des fortunes plus « modestes », du type 10 millions ou 50 millions d'euros, fortunes dont nous avons vu qu'elles pèsent finalement beaucoup plus lourd en termes de masse globale au niveau mondial que les milliardaires du classement *Forbes*. Enfin, il faut souligner que même si tous les frais de gestion ont été déduits, ces rendements reflètent tout de même la capacité de l'institution à choisir les bons gestionnaires. Or une famille n'est pas une institution : il arrive toujours un moment où un enfant prodigue dilapide

---

par an entre 1990 et 2010, alors que les nouveaux dons incorporés dans la dotation représentent en moyenne environ 2 % par an. Ce revenu réel total (rendements et dons) équivalent à 12 % de la dotation a été partagé entre un versement annuel au budget de l'université équivalent à 5 % de la dotation et une recapitalisation équivalente à 7 % par an. Cela a permis à la dotation de passer d'à peine 5 milliards de dollars en 1990 à près de 30 milliards de dollars en 2010, tout en permettant à l'université de consommer un flux annuel de ressources deux fois et demie plus élevé que les dons reçus.

1. Il faut toutefois souligner que cet effet de rattrapage historique ne semble pouvoir porter que sur environ 1 point de rendement supplémentaire annuel, ce qui à l'échelle des rendements évoqués ici est relativement limité. Voir annexe technique.

l'héritage, ce que le *board* de Harvard n'est sans doute pas près de faire, simplement parce que de nombreuses personnes réagiront et se mobiliseront pour mettre dehors les fauteurs de troubles. Ce sont ces « chocs » au sein des trajectoires familiales qui permettent – en principe – d'éviter une croissance infinie des inégalités au niveau individuel et de converger vers une répartition d'équilibre du patrimoine.

Cela étant dit, ces arguments ne sont que partiellement rassurants. Il serait tout de même un peu imprudent de s'en remettre uniquement à cette force éternelle mais incertaine (la dégénérescence des familles) pour limiter la croissance future des milliardaires. Nous avons déjà noté qu'il suffisait d'un écart r-g d'une ampleur modérée pour que la répartition d'équilibre soit extrêmement inégalitaire. Il n'est nul besoin pour cela que le rendement atteigne 10 % par an pour tous les patrimoines élevés : un écart plus réduit suffirait pour provoquer un choc inégalitaire majeur.

Il faut également ajouter que les familles fortunées inventent sans cesse des formules juridiques de plus en plus sophistiquées pour domicilier leur patrimoine – *trust funds*, fondations –, souvent pour des raisons fiscales, mais parfois aussi pour limiter la capacité des générations futures à faire n'importe quoi avec les actifs en question. Autrement dit, la frontière entre individus faillibles et fondations éternelles n'est pas aussi étanche qu'on pourrait le croire. Ces restrictions apportées aux droits des générations futures ont en principe été sévèrement limitées par l'abolition des *entails*, il y a plus de deux siècles (voir chapitre 10). Mais en pratique ces règles peuvent parfois être contournées quand les enjeux l'exigent. En particulier, il est souvent difficile de faire la différence entre les fondations à usage purement privé et familial et les fondations à usage véritablement caritatif. De fait, les familles concernées utilisent ces structures pour cette double fonction, et prennent généralement soin de conserver le contrôle des fondations où elles placent leurs actifs, y compris d'ailleurs lorsque ces structures se présentent comme essentiellement caritatives[1]. Il n'est généralement pas simple de savoir quels sont les droits précis des enfants et des proches dans ces montages complexes, car les détails importants sont souvent donnés dans des statuts qui ne sont pas publics, sans compter qu'un *trust fund* à vocation plus nettement familiale et successorale dédouble parfois la fondation à vocation caritative[2]. Il est également intéressant de noter que les dons déclarés au fisc chutent toujours assez brutalement lorsque l'on durcit les conditions de contrôle (par exemple lorsque l'on exige que le donateur présente des reçus plus précis, ou bien que les fondations concernées présentent des comptes plus détaillés qu'auparavant, afin d'attester que leur objet officiel est bien respecté et que les usages privés ne sont pas excessifs), ce qui confirme l'idée d'une certaine porosité entre les usages privés et publics de ces structures[3]. Au final, il est très difficile de dire précisément quelle fraction des fondations sert des objectifs que l'on peut véritablement qualifier d'intérêt général[4].

---

1. C'est en vertu de ce critère de contrôle effectif que le classement *Forbes* choisit par exemple de comptabiliser comme fortune personnelle de Bill Gates les actifs placés dans la Bill & Melinda Gates Fondation. Le fait de garder le contrôle semble contradictoire avec la notion de don désintéressé.

2. D'après Bernard Arnault, principal actionnaire de LVMH (leader mondial du luxe), l'objectif de la fondation belge dans laquelle il a domicilié ses actions n'est ni caritatif ni fiscal : il est avant tout successoral. « Entre mes cinq enfants et mes deux neveux, il y en a bien un qui se montrera capable de prendre la suite », précise-t-il. Mais il craint les disputes. En plaçant les actions dans la fondation, il les oblige à voter de manière « indissociable », ce qui permet d'« assurer la pérennité du groupe si je venais à disparaître et si mes ayants droit devaient ne pas s'entendre ». Voir *Le Monde*, 11 avril 2013.

3. Les travaux de Gabrielle Fack et Camille Landais, qui reposent sur l'exploitation de réformes de ce type aux États-Unis et en France, sont particulièrement clairs sur ce point. Voir annexe technique.

4. Pour une tentative incomplète d'estimation pour les États-Unis, voir annexe technique.

Quel est l'effet de l'inflation sur l'inégalité des rendements du capital ?

Les résultats obtenus sur le rendement des dotations universitaires nous conduisent également à préciser nos réflexions sur la notion de rendement pur du capital et sur les effets inégalitaires de l'inflation. Comme nous l'avons vu dans le chapitre 1, le taux d'inflation semble s'être stabilisé autour d'une nouvelle norme d'environ 2 % par an dans les pays riches depuis les années 1980-1990, ce qui est à la fois beaucoup plus faible que les sommets inflationnistes observés au courant du XXe siècle et nettement plus fort que l'inflation nulle ou quasi nulle qui était la norme au XIXe siècle et jusqu'en 1914. Dans les pays émergents, l'inflation est actuellement plus forte encore que dans les pays riches (elle dépasse souvent les 5 %). La question est la suivante : quelle est la conséquence d'avoir une inflation de 2 % – ou de 5 % – plutôt que de 0 % sur le rendement du capital ?

On s'imagine parfois, à tort, que l'inflation réduit le rendement moyen du capital. Cela est faux, car en moyenne le prix du capital, c'est-à-dire le prix des actifs immobiliers et financiers, tend à progresser aussi vite que les prix à la consommation. Prenons un pays où le stock de capital représente six années de revenu national ($\beta = 6$), et où la part du capital dans le revenu national est de 30 % ($\alpha = 30\,\%$), ce qui correspond à un rendement moyen de 5 % ($r = 5\,\%$). Imaginons que ce pays passe d'une inflation de 0 % à une inflation de 2 % par an. S'imagine-t-on vraiment que le rendement moyen du capital va passer de 5 % à 3 % ? Évidemment non. En première approximation, si les prix à la consommation augmentent de 2 % par an, il est probable que les prix des actifs vont également progresser en moyenne de 2 % par an. Il n'y aura donc en moyenne ni moins-value ni plus-value, et le rendement du capital sera toujours de 5 % par an. En revanche, il est vraisemblable que l'inflation modifie la répartition de ce rendement moyen entre les individus du pays. Le problème est qu'en pratique les redistributions induites par l'inflation sont toujours complexes, multidimensionnelles, et en grande partie imprévisibles et incontrôlables.

On croit parfois que l'inflation est l'ennemie du rentier, et il est possible que cela explique en partie le goût des civilisations modernes pour l'inflation. C'est en partie vrai, dans le sens où l'inflation oblige à avoir un minimum d'attention pour son capital. En présence d'inflation, celui qui se contente de s'asseoir sur un tas de billets voit ce tas fondre à vue d'œil, et finit ruiné, sans même qu'il soit nécessaire de le taxer. En ce sens, l'inflation est bien une taxe sur la richesse oisive, ou plus précisément sur la richesse qui n'est pas placée du tout. Mais, comme nous l'avons déjà amplement noté dans ce livre, il suffit de placer son patrimoine dans des actifs réels, en particulier des actifs immobiliers ou boursiers, qui représentent des masses autrement plus importantes que les billets[1], pour échapper entièrement à cette taxe inflationniste. Les résultats que nous venons de présenter sur les rendements des dotations universitaires le confirment de la façon la plus claire. De toute évidence, le fait que l'inflation soit de 2 % plutôt que de 0 % n'empêche nullement les patrimoines les plus importants d'obtenir des rendements réels très élevés.

On peut même imaginer que l'inflation tend plutôt à améliorer la position relative des patrimoines plus élevés relativement aux plus faibles, dans le sens où elle renforce l'importance des gestionnaires de fortunes et des intermédiaires financiers. Quand on possède 10 ou 50 millions d'euros, on ne peut peut-être pas se payer les mêmes gestionnaires de fortunes que Harvard, mais on dispose tout de même d'assez de moyens pour rémunérer des conseillers financiers et bénéficier de services bancaires permettant d'échapper à

---

1. Voir chapitre 5.

l'inflation. Quand on possède 10 000 ou 50 000 euros, les choix de portefeuille proposés par son banquier sont beaucoup plus restreints : les contacts sont généralement plutôt brefs, et l'on se retrouve souvent à placer l'essentiel de ses économies sur des comptes chèques peu ou pas rémunérés et sur des livrets d'épargne rapportant à peine plus que l'inflation. Il faut ajouter que certains actifs comportent en eux-mêmes des effets de taille et sont de fait inaccessibles aux petits patrimoines. Il est important de réaliser que cette inégalité d'accès aux placements les plus rémunérateurs est une réalité qui concerne l'ensemble de la population (et qui va donc bien au-delà du cas extrême des « placements alternatifs » prisés par les très grandes fortunes ou dotations en capital). Par exemple, il existe pour certains produits financiers proposés par les banques des « tickets d'entrée » relativement élevés (parfois plusieurs centaines de milliers d'euros), si bien que les épargnes modestes doivent souvent se contenter de produits moins intéressants (ce qui gonfle d'autant les marges disponibles pour les placements plus importants, et bien sûr pour rémunérer la banque elle-même).

Ces effets de taille concernent également et surtout l'immobilier. En pratique, il s'agit du cas le plus important et le plus évident pour l'immense majorité de la population. La façon la plus simple d'investir son argent, pour tout un chacun, est d'être propriétaire de son logement. Cela permet d'être protégé de l'inflation (la valeur du bien augmente généralement au moins aussi vite que les prix à la consommation), et cela évite d'avoir à payer un loyer, ce qui correspond à un rendement réel de l'ordre de 3 %-4 % par an. Mais quand on dispose de 10 000 euros ou de 50 000 euros, il ne suffit pas de décider d'être propriétaire de son logement : encore faut-il en avoir la possibilité. Or, sans apport initial conséquent, ou bien avec un emploi jugé trop précaire, il est souvent difficile d'obtenir un emprunt suffisant. Et même quand on dispose de 100 000 ou 200 000 euros, et que l'on a le mauvais goût d'exercer son activité professionnelle dans une grande ville et d'avoir un salaire qui ne fait pas partie des deux ou trois centiles supérieurs de la hiérarchie salariale, il peut être difficile de devenir propriétaire de son appartement, même si l'on accepte de s'endetter sur de longues durées et à des taux souvent élevés. La conséquence est que ceux qui démarrent avec un petit patrimoine initial vont plus souvent rester locataires : ils vont donc se retrouver à payer un loyer important (et à apporter un rendement élevé à un propriétaire) pendant de longues années, parfois pendant toute leur vie, alors que leur épargne placée en banque est tout juste protégée de l'inflation.

À l'inverse, ceux qui démarrent avec un patrimoine plus important, grâce à un héritage ou une donation, ou bien qui disposent d'un salaire suffisamment élevé, ou les deux à la fois, vont pouvoir devenir plus vite propriétaires de leur logement, ce qui va leur permettre d'obtenir un rendement réel d'au moins 3 %-4 % par an sur leur épargne, et d'épargner davantage grâce au loyer économisé. Cette inégalité d'accès à la propriété immobilière du fait d'effets de taille a certes toujours existé[1]. En outre, elle peut en principe être contournée, par exemple en achetant un appartement plus petit que celui dont on a besoin pour vivre (pour le louer), ou bien en plaçant son argent. Mais elle a été dans une certaine mesure aggravée par l'inflation moderne : au XIXᵉ siècle, à l'époque de l'inflation zéro, il est relativement facile pour une petite épargne d'obtenir un rendement réel de 3 % ou 4 %, par exemple en achetant des titres de dette publique ; aujourd'hui, un tel rendement est souvent inaccessible pour les épargnants les plus modestes.

Résumons. Le principal effet de l'inflation n'est pas de réduire le rendement moyen du capital, mais de le redistribuer.

---

1. Elle était même bien pire au XIXᵉ siècle, tout au moins à la ville, et notamment à Paris, où la plupart des immeubles jusqu'à la Première Guerre mondiale n'étaient pas découpés en parcelles individuelles (il fallait donc avoir les moyens d'acheter un immeuble entier).

Et même si les effets de l'inflation sont complexes et multidimensionnels, tout semble indiquer que la redistribution induite se fait plutôt au détriment des patrimoines les plus faibles et au bénéfice des plus élevés, donc dans le sens inverse à celui généralement souhaité. On peut certes penser que l'inflation a également pour effet de réduire légèrement le rendement pur moyen du capital, dans le sens où elle oblige chacun à accorder plus d'attention au placement de ses avoirs. On peut comparer ce changement historique à l'augmentation sur très longue période du taux de dépréciation du capital, qui contraint à de plus fréquentes décisions d'investissement et de remplacement des actifs par d'autres[1]. Dans les deux cas, il faut donc un peu plus travailler aujourd'hui qu'autrefois pour obtenir un rendement donné : le capital est devenu plus « dynamique ». Mais il s'agit là d'une façon relativement indirecte, et assez peu efficace, de combattre la rente : tout semble indiquer que la légère baisse du rendement pur moyen du capital ainsi induite est beaucoup moins importante que l'augmentation de l'inégalité du rendement, et en particulier ne menace guère les patrimoines les plus élevés. L'inflation ne met pas fin à la rente : au contraire, elle contribue sans doute à renforcer l'inégalité de la répartition du capital.

Que l'on me comprenne bien : il ne s'agit pas de proposer ici et maintenant le retour du franc-or et de l'inflation zéro. Sous certaines conditions, l'inflation peut avoir des vertus, plus limitées toutefois que ce que l'on imagine parfois. Nous y reviendrons quand nous évoquerons le rôle des banques centrales et de la création monétaire, notamment dans des situations de panique financière et de crise de la dette publique. Il peut en outre exister d'autres façons que l'inflation zéro et la rente d'État du XIXe siècle pour que les plus modestes accèdent à une épargne rémunératrice. Mais il est important de réaliser dès à présent que l'inflation est un

---

1. Voir chapitre 5.

outil extrêmement grossier, voire contreproductif, si l'objectif souhaité est d'éviter le retour d'une société de rentiers, et plus généralement de réduire les inégalités patrimoniales. L'impôt progressif sur le capital est une institution nettement plus adaptée, tant pour des raisons de transparence démocratique que d'efficacité réelle.

Le rendement des fonds souverains : capital et politique

Examinons maintenant le cas des fonds souverains, qui se sont fortement développés ces dernières décennies, notamment parmi les pays pétroliers. Les données publiquement disponibles sur les stratégies de placement et les rendements effectivement obtenus sont malheureusement beaucoup moins détaillées et systématiques que celles portant sur les dotations universitaires, ce qui est d'autant plus regrettable que les enjeux financiers sont autrement plus lourds. Le fonds norvégien, qui pèse à lui seul plus de 700 milliards d'euros en 2013 (soit deux fois plus que toutes les universités américaines réunies), est celui qui publie les rapports financiers les plus détaillés. Sa stratégie de placement, au moins à ses débuts, semble plus classique que celle des dotations universitaires, sans doute en partie parce qu'elle se fait sous le contrôle de la population (qui accepterait peut-être moins bien que le *board* de Harvard des placements massifs en *hedge funds* et en actions non cotées), et les rendements obtenus semblent nettement moins bons[1].

---

1. Le rendement nominal moyen affiché pour la période 1998-2012 n'est que de 5 % par an. Il est toutefois difficile de le comparer précisément avec les rendements étudiés plus haut, d'une part parce que la période 1998-2012 est moins bonne que 1990-2010 ou 1980-2010 (les statistiques du fonds norvégien ne débutent malheureusement qu'en 1998), d'autre part parce que ce rendement relativement faible s'explique en partie par l'appréciation de la couronne norvégienne.

Les responsables du fonds ont obtenu ces dernières années l'autorisation de se lancer de façon plus importante dans les placements alternatifs (en particulier dans l'immobilier international), et il est possible que ces rendements augmentent à l'avenir. On notera également que les frais de gestion du fonds s'élèvent à moins de 0,1 % de la dotation (contre 0,3 % pour Harvard) ; mais compte tenu du fait que le fonds est plus de vingt fois plus gros, cela permet tout de même de bien réfléchir à la stratégie de placement. On apprend également que sur l'ensemble de la période 1970-2010 environ 60 % de l'argent du pétrole a été placé dans le fonds, et 40 % a été consommé annuellement en dépenses publiques. Les autorités norvégiennes ne vont pas jusqu'à nous dire précisément quel est l'objectif à long terme de montée en puissance du fonds, et à partir de quelle date le pays pourra commencer à consommer les rendements obtenus, ou tout du moins une partie d'entre eux. Sans doute ne le savent-elles pas elles-mêmes : tout dépend de l'évolution des réserves pétrolières, du prix du baril et du rendement obtenu dans les décennies à venir.

Si l'on examine les autres fonds souverains, et en particulier ceux du Moyen-Orient, on constate malheureusement une beaucoup plus grande opacité. Les rapports financiers sont le plus souvent assez sommaires. Il est généralement impossible de connaître précisément la stratégie de placement, et les rendements obtenus sont évoqués de façon allusive, et parfois peu cohérente d'une année sur l'autre. Les derniers rapports publiés par l'Abu Dhabi Investment Authority, qui gère le plus important fonds souverain mondial (approximativement à égalité avec la Norvège), annoncent un rendement réel moyen supérieur à 7 % par an sur la période 1990-2010, et supérieur à 8 % sur la période 1980-2010. Compte tenu des rendements observés sur les dotations universitaires, cela semble tout à fait plausible. Mais en l'absence d'informations annuelles détaillées il est difficile d'aller plus loin.

Il est intéressant de noter qu'il existe apparemment des stratégies de placement très différentes suivant les fonds, qui vont d'ailleurs de pair avec des stratégies de communication très différentes vis-à-vis de leur population, et aussi des stratégies politiques différentes sur la scène internationale. Alors qu'Abu Dhabi annonce haut et fort un rendement élevé, il est frappant de constater à quel point le fonds d'Arabie Saoudite, qui vient immédiatement après Abu Dhabi et la Norvège dans la hiérarchie des fonds pétroliers, et devant le Koweït, le Qatar et la Russie, choisit au contraire de faire profil bas. Il est clair que les petits pays pétroliers du golfe Persique, qui ont une population locale limitée, s'adressent avant tout à la communauté financière internationale. Les rapports saoudiens sont plus sobres et intègrent la présentation de leurs réserves dans des documents à visée plus générale indiquant l'évolution des comptes nationaux et des budgets publics. Ils s'adressent avant tout à la population du royaume, qui s'approche des 20 millions d'habitants au début des années 2010, ce qui reste faible par comparaison aux grands pays de la région (80 millions en Iran, 85 millions en Égypte, 35 millions en Irak), mais ce qui est incomparablement plus élevé que les micro-États du Golfe[1]. Outre cette posture différente, il semblerait que les réserves saoudiennes soient également placées de façon beaucoup moins agressive. D'après les documents officiels, le rendement moyen obtenu sur les réserves de l'Arabie Saoudite ne dépasserait pas 2 %-3 %, et cela s'expliquerait notamment par le fait qu'une très grande partie de ces réserves serait placée en titres de la

---

1. Les Émirats arabes unis (dont Abu Dhabi est la plus grosse composante) ont, d'après le dernier recensement de 2010, une population nationale d'à peine 1 million d'habitants (et plus de 7 millions de travailleurs étrangers). La population nationale du Koweït est du même ordre. Le Qatar compte environ 300 000 nationaux et 1,5 million d'étrangers. L'Arabie Saoudite compte à elle seule près de 10 millions d'étrangers (en plus de sa population nationale de près de 20 millions).

dette publique américaine. Les rapports financiers saoudiens sont loin de donner toutes les informations nécessaires pour connaître l'évolution détaillée de leur portefeuille, mais les éléments disponibles sont globalement beaucoup plus fournis que ceux donnés par les micro-États, et ce point précis semble exact.

Pourquoi l'Arabie Saoudite choisirait-elle de placer ses réserves en bons du Trésor américains, alors qu'il est possible d'obtenir de biens meilleurs rendements ailleurs ? La question mérite d'autant plus d'être posée que cela fait des décennies que les dotations des universités américaines n'investissent plus dans les titres publics de leur propre pays, et vont chercher le rendement là où il se trouve dans le vaste monde, dans des fonds spéculatifs, des actions non cotées ou des produits dérivés de matières premières. Certes, les titres de l'État américain offrent une garantie de stabilité enviable dans un monde instable, et il est possible que l'opinion saoudienne n'ait guère de goût pour les placements alternatifs. Il n'en reste pas moins que la dimension politique et militaire d'un tel choix ne peut pas être ignorée : même si cela n'est pas dit explicitement, il n'est pas illogique pour l'Arabie Saoudite de prêter à bas taux au pays qui la protège militairement. À ma connaissance, personne n'a tenté de calculer précisément la rentabilité d'un tel investissement. Mais il paraît évident que le taux de rendement est sans doute assez élevé. Si les États-Unis, soutenus par les autres pays occidentaux, n'étaient pas venus déloger l'armée irakienne du Koweït en 1991, il est probable que l'Irak aurait ensuite menacé les gisements saoudiens, et on ne peut pas exclure que d'autres pays de la région, comme l'Iran, seraient rentrés dans ce jeu militaire régional de redistribution de la rente pétrolière. La dynamique de la répartition mondiale du capital est un processus qui est à la fois économique, politique et militaire. Il en allait déjà ainsi à l'époque coloniale, quand les puissances de l'époque – Royaume-Uni et France en tête – étaient promptes à sortir la canonnière pour protéger leurs investissements. De toute évidence, il en ira de même au XXIe siècle, dans des configurations géopolitiques différentes, et difficiles à prévoir.

Les fonds pétroliers vont-ils posséder le monde ?

Jusqu'où peuvent monter les fonds souverains dans les décennies à venir ? D'après les estimations disponibles, notoirement imparfaites, la totalité des placements des fonds souverains représenterait en 2013 un peu plus de 5 300 milliards de dollars, dont environ 3 200 milliards pour les fonds des pays pétroliers (en ajoutant aux principaux fonds cités plus haut un grand nombre de fonds moins importants : Dubaï, Libye, Kazakhstan, Algérie, Iran, Azerbaïdjan, Brunei, Oman, etc.), et approximativement 2 100 milliards pour les fonds des pays non pétroliers (c'est-à-dire principalement la Chine, Hong Kong, Singapour, et beaucoup de plus petits fonds de nombreux pays[1]). Pour se rappeler les ordres de grandeur, on peut noter qu'il s'agit presque exactement de la même masse que la fortune totale des milliardaires répertoriés par *Forbes* (environ 5 400 milliards de dollars en 2013). Autrement dit, dans le monde d'aujourd'hui, les milliardaires possèdent approximativement 1,5 % du total des patrimoines privés dans le monde, et les fonds souverains possèdent également l'équivalent d'environ 1,5 % du patrimoine privé mondial. On peut se rassurer en notant que cela laisse tout de même 97 % du capital mondial pour le reste de la planète[2]. On peut

---

1. Voir annexe technique.
2. Il faut également prendre en compte les actifs publics non financiers (bâtiments publics, écoles, hôpitaux, etc., ainsi que les actifs financiers non intégrés formellement dans des fonds souverains) et déduire les dettes publiques. Le patrimoine public net représente actuellement moins de 3 % des patrimoines privés en moyenne dans les pays riches (il est parfois

aussi appliquer aux fonds souverains les mêmes projections que pour les milliardaires et en conclure qu'ils ne prendront une importance décisive – plus de 10 %-20 % du capital mondial – qu'au cours de la seconde moitié du XXIe siècle, et que nous sommes donc assez loin de devoir payer notre loyer mensuel à l'émir du Qatar (ou au contribuable norvégien). Cela est partiellement vrai, mais il n'en serait pas moins excessif d'ignorer la question. Tout d'abord, il n'est pas interdit de se soucier du loyer de nos enfants et petits-enfants, et il n'est pas nécessaire d'attendre que l'évolution prenne une telle ampleur pour s'en préoccuper. Ensuite, une bonne part du capital mondial prend des formes peu liquides (notamment sous forme de capital immobilier et professionnel non échangeable sur des marchés financiers), si bien que la part des fonds souverains – et dans une moindre mesure des milliardaires – dans les actifs financiers immédiatement mobilisables, par exemple pour reprendre une entreprise en faillite, racheter un club de football, ou investir dans un quartier en difficulté et suppléer ainsi aux carences d'un État impécunieux, est en réalité plus élevée[1]. De fait, la question de ces investissements en provenance des pays pétroliers est de plus en plus présente au sein des pays riches, et notamment en France, pays dont nous avons déjà noté dans la

---

négatif), donc cela ne fait pas beaucoup de différence. Voir chapitres 3-5 et annexe technique.

1. Si l'on exclut l'immobilier et les actifs professionnels non cotés, alors les actifs financiers au sens strict représentent au début des années 2010 entre un quart et un tiers du patrimoine privé mondial, c'est-à-dire entre une année et une année et demie de PIB mondial (et non quatre années). Les fonds souverains représentent donc l'équivalent de 5 % des actifs financiers mondiaux. Nous nous référons ici aux actifs financiers nets détenus par les ménages ou les gouvernements. Compte tenu des très fortes participations croisées entre sociétés financières et non financières, à l'intérieur des pays comme entre pays, les actifs financiers bruts sont beaucoup plus élevés : plus de trois années de PIB mondial. Voir annexe technique.

deuxième partie du livre qu'il est sans doute l'un des moins bien préparés psychologiquement à ce grand retour du capital.

Enfin et surtout, la différence essentielle avec les milliardaires est que les fonds souverains – tout du moins ceux des pays pétroliers – vont progresser non seulement du fait de la recapitalisation de leur rendement, mais également du fait des recettes pétrolières qui vont venir abonder ces fonds dans les décennies à venir. Or même s'il existe de nombreuses incertitudes à ce sujet – tant pour ce qui concerne la taille des réserves que l'évolution de la demande et du prix du pétrole –, tout semble indiquer que cet effet peut largement dominer celui du rendement. La rente annuelle issue de l'exploitation des ressources naturelles, définie comme la différence entre les recettes et les coûts de production, représente depuis le milieu des années 2000 de l'ordre de 5 % du PIB mondial (dont la moitié pour la rente pétrolière proprement dite, et la moitié pour les autres ressources naturelles : essentiellement gaz, charbon, minerais, bois), contre environ 2 % dans les années 1990, et moins de 1 % au début des années 1970[1]. Selon certains modèles de prévisions, le prix du pétrole, actuellement autour de 100 dollars le baril (contre 25 dollars au début des années 2000), pourrait s'établir durablement autour de 200 dollars à partir de 2020-2030. Si une part suffisamment importante de la rente correspondante est placée chaque année dans les fonds souverains (une part qui devrait toutefois augmenter sensiblement par comparaison aux rythmes actuels), alors on peut sans difficulté écrire un scénario où les actifs des fonds souverains dépasseraient 10 %-20 % du total des patrimoines mondiaux d'ici à 2030-2040. Aucune loi économique n'empêche une telle trajectoire : tout dépend des conditions de l'offre et de la

---

1. La rente issue des ressources naturelles avait déjà dépassé 5 % du PIB mondial du milieu des années 1970 au milieu des années 1980. Voir annexe technique.

demande, de la découverte ou non de nouveaux gisements ou sources d'énergie, de la vitesse avec laquelle les uns et les autres s'habitueront à vivre sans pétrole. Dans tous les cas de figure, il est presque inévitable que les fonds pétroliers continuent leur progression actuelle et que leur part dans les actifs mondiaux soit d'ici à 2030-2040 au moins deux-trois fois plus élevée que ce qu'elle est aujourd'hui, ce qui représenterait déjà une évolution considérable.

Si une telle évolution devait avoir lieu, il est probable que les pays occidentaux supporteraient de plus en plus mal l'idée d'être possédés pour une part significative par les fonds pétroliers, et que cela déclencherait à plus ou moins brève échéance des réactions politiques de diverses natures, par exemple sous forme de restrictions quant aux possibilités d'achat et de détention d'actifs immobiliers, industriels et financiers nationaux par les fonds souverains, voire sous forme d'expropriations partielles ou totales. Il s'agit là d'une réaction qui n'est ni particulièrement brillante politiquement, ni spécialement efficace économiquement, mais qui a le mérite d'être à la portée d'un gouvernement national, y compris dans un pays de petite taille. On peut d'ailleurs remarquer que les pays pétroliers eux-mêmes ont déjà commencé à restreindre leurs investissements étrangers et se sont mis à investir massivement sur leur propre territoire pour y établir des musées, des hôtels, des universités, voire des stations de ski, parfois de façon totalement démesurée du strict point de vue de la rationalité économique et financière. Cela peut être interprété comme une prise de conscience précoce du fait qu'il est plus difficile d'être exproprié chez soi qu'à l'étranger. Rien ne garantit cependant que ce processus se fera toujours de façon paisible : personne ne connaît la position exacte de la frontière psychologique et politique à ne pas franchir en matière de détention d'un pays par un autre.

La Chine va-t-elle posséder le monde ?

Le cas des fonds souverains des pays non pétroliers se pose un peu différemment. Pourquoi un pays sans ressource naturelle particulière déciderait-il de posséder un autre pays ? On peut certes penser à une ambition néocoloniale, une pure volonté de puissance, comme à l'époque du colonialisme européen. Mais la différence est que les pays européens disposaient alors d'une avance technologique leur permettant d'asseoir leur domination. La Chine et les autres pays émergents non pétroliers sont certes engagés dans un processus de croissance extrêmement rapide. Mais tout indique que cela cessera quand le rattrapage de productivité et de niveau de vie sera achevé. La diffusion des connaissances et des techniques de production est un processus qui est fondamentalement égalisateur : une fois que le moins avancé a rattrapé le plus avancé, il cesse de croître plus vite.

Dans le scénario central d'évolution du rapport capital/revenu au niveau mondial présenté dans le chapitre 5, nous avons supposé que les taux d'épargne des différents pays allaient se stabiliser aux alentours de 10 % du revenu national à mesure que ce processus de convergence internationale allait à son terme. Dans ce cas, l'accumulation du capital prendra des proportions comparables dans tous les pays. Une part très importante du stock de capital mondial sera certes accumulée dans les pays asiatiques, et notamment en Chine, à la mesure de leur part à venir dans la production mondiale. Mais le rapport capital/revenu selon ce scénario central devrait prendre des valeurs similaires sur les différents continents, sans déséquilibre majeur donc entre l'épargne et l'investissement dans les différentes zones. La seule exception concerne l'Afrique : dans le scénario central représenté sur les graphiques 12.4-12.5, le rapport capital/revenu devrait se situer à un niveau sensiblement plus bas sur le continent africain que sur les autres continents tout au long du XXIᵉ siècle (essentiellement du fait d'un rattrapage économique beaucoup plus lent, et d'une transition démographique également plus progressive)[1]. En régime de libre circulation des capitaux, cela devrait logiquement conduire à renforcer les flux d'investissements venant des autres continents, notamment de l'Asie et de la Chine. Pour les raisons déjà évoquées, cela pourrait provoquer des tensions importantes, d'ailleurs déjà en partie perceptibles.

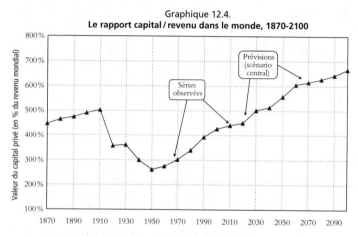

Graphique 12.4.
Le rapport capital/revenu dans le monde, 1870-2100

Lecture : d'après les simulations du scénario central, le rapport capital / revenu au niveau mondial pourrait s'approcher de 700 % d'ici à la fin du XXIᵉ siècle.
Sources et séries : voir piketty.pse.ens.fr/capital21c.

On peut bien sûr concevoir des scénarios beaucoup plus fortement déséquilibrés que ce scénario central. Mais il est important d'insister sur le fait que les forces de divergence sont beaucoup moins évidentes que dans le cas des fonds pétroliers,

1. Nous avons implicitement inclus dans nos hypothèses de taux d'épargne à long terme pour la Chine (comme pour les autres pays) aussi bien l'épargne publique que l'épargne privée. Nous sommes bien incapables de prévoir les articulations futures entre propriété publique (notamment au travers des fonds souverains) et privée en Chine dans les décennies à venir.

L'inégalité mondiale des patrimoines au XXIe siècle

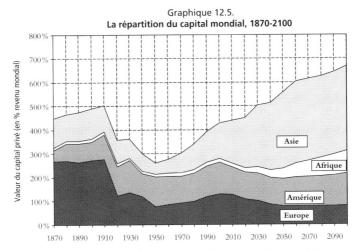

Graphique 12.5.
La répartition du capital mondial, 1870-2100

Lecture : d'après le scénario central, les pays asiatiques devraient détenir environ la moitié du capital mondial au XXIe siècle.
Sources et séries : voir piketty.pse.ens.fr/capital21c.

qui reposent sur une manne totalement hors de proportion avec les besoins des populations propriétaires de la manne en question (d'autant plus que les populations concernées sont parfois insignifiantes numériquement), d'où une logique d'accumulation sans fin, que l'inégalité $r > g$ peut transformer en une divergence permanente de la répartition du capital au niveau mondial. Pour résumer, la rente pétrolière peut effectivement, dans une certaine mesure, permettre d'acheter le reste de la planète et de vivre ensuite des rentes du capital correspondant[1].

Dans le cas de la Chine, de l'Inde et des autres pays émergents, les choses sont très différentes : ces pays rassemblent

---

1. Au moins ce processus transparent de transformation de la rente pétrolière en une rente capitalistique diversifiée a-t-il le mérite d'illustrer le point suivant : le capital a pris historiquement différentes formes – terrienne, pétrolière, financière, professionnelle, immobilière, etc. –, mais cela n'a pas véritablement changé sa logique profonde, ou en tout cas beaucoup moins que ce que l'on imagine parfois.

des populations considérables dont les besoins sont loin d'être satisfaits, tant en termes de consommation que d'investissement. On peut certes imaginer des scénarios où le taux d'épargne chinois se situerait de façon permanente à un niveau plus élevé que les taux européens et américains, par exemple parce que la Chine choisirait un système de retraite entièrement fondé sur la capitalisation et non sur la répartition, choix qui peut être assez tentant dans un régime de croissance faible (et plus encore de croissance démographique négative)[1]. Par exemple, si la Chine épargne 20 % de son revenu national jusqu'en 2100, tandis que l'Europe et l'Amérique en épargnent 10 %, alors une bonne partie du Vieux Continent et du Nouveau Monde sera possédée d'ici à la fin du siècle par de gigantesques fonds de pension chinois[2]. Cela est logiquement possible, mais assez peu plausible, d'une part parce que les salariés chinois, et la société chinoise dans son ensemble, préféreront sans doute, non sans raison, s'appuyer pour une part importante sur des systèmes publics de retraite par répartition (comme en Europe et en Amérique) ; et d'autre part pour les raisons politiques déjà soulignées plus haut pour le cas des fonds pétroliers, et qui s'appliqueraient tout autant dans le cas des fonds de pension chinois.

Divergence internationale, divergence oligarchique

En tout état de cause, cette menace de divergence internationale liée à une possession graduelle des pays riches par

---

1. Dans le système de retraite par répartition, les cotisations versées par les actifs servent directement à payer les pensions des retraités, sans être placées. Sur ces questions, voir chapitre 13.
2. Entre un quart et la moitié du capital européen et américain (voire davantage, suivant les hypothèses) pourrait dans ce cas de figure être concerné. Voir annexe technique.

la Chine (ou par les fonds pétroliers) paraît beaucoup moins crédible et dangereuse qu'une divergence de type oligarchique, c'est-à-dire un processus où les pays riches seraient possédés par leurs propres milliardaires, ou plus généralement où l'ensemble des pays – y compris bien sûr la Chine et les pays pétroliers – serait de plus en plus massivement détenu par les milliardaires et autres multimillionnaires de la planète. Comme nous l'avons vu plus haut, cette tendance est déjà bien engagée. Avec l'abaissement programmé du taux de croissance mondial, et la concurrence toujours plus vive entre pays pour attirer les capitaux, tout laisse à penser que l'inégalité $r > g$ sera forte dans le siècle qui s'ouvre. Si l'on ajoute à cela l'inégalité du rendement du capital suivant la taille du capital initial, que la complexité croissante des marchés financiers globalisés peut avoir tendance à renforcer, on voit que tous les ingrédients sont réunis pour que la part détenue par le centile et le millime supérieurs de la hiérarchie mondiale des patrimoines dans le capital de la planète atteigne des niveaux inconnus. Il est certes difficile de dire à quel rythme se fera cette divergence. Mais, en tout état de cause, le risque d'une divergence oligarchique paraît beaucoup plus fort que celui d'une divergence internationale[1].

Il faut en particulier insister sur le fait que la peur d'une détention par la Chine relève à l'heure actuelle du fantasme pur et simple. Les pays riches sont en réalité beaucoup plus riches que ce qu'ils imaginent parfois. La totalité des patrimoines immobiliers et financiers, nets de toutes les dettes, détenus par les ménages européens représente au début des années 2010 quelque 70 000 milliards d'euros. Par comparaison, la totalité des actifs détenus dans les différents fonds

---

1. La divergence pétrolière peut d'ailleurs être considérée comme une divergence de type oligarchique : c'est parce que la rente pétrolière est détenue par un petit groupe de personnes que les fonds pétroliers peuvent donner lieu à une accumulation infinie et durable.

souverains chinois et dans les réserves de la Banque de Chine représente environ 3 000 milliards d'euros, c'est-à-dire plus de vingt fois moins[1]. Les pays riches ne sont pas près d'être possédés par les pays pauvres ; il faudrait d'abord que ces derniers s'enrichissent, ce qui va prendre encore des décennies.

D'où vient alors cette peur, ce sentiment de dépossession, en partie irrationnel ? Cela s'explique sans doute par une tendance universelle à chercher ailleurs des responsables pour les difficultés domestiques. Par exemple, on s'imagine parfois en France que les riches acheteurs étrangers sont responsables de la flambée de l'immobilier parisien. Or si l'on examine minutieusement l'évolution des transactions en fonction de l'identité des acheteurs et du type d'appartement, on constate que la progression du nombre d'acheteurs étrangers (ou résidents à l'étranger) permet d'expliquer à peine 3 % de la hausse des prix. Autrement dit, les très hauts niveaux de capitalisation immobilière observés actuellement s'expliquent à 97 % par le fait qu'il y a suffisamment d'acheteurs français et résidents en France assez prospères pour soutenir de tels cours[2].

Il me semble que ce sentiment de dépossession s'explique avant tout par le fait que les patrimoines sont très fortement concentrés au sein des pays riches (pour une bonne part de la population, le capital est une abstraction), et que le processus de sécession politique des patrimoines les plus importants a déjà très largement commencé. Pour la plupart des habitants des pays riches,

---

2. Le PIB de l'Union européenne avoisine les 15 000 milliards d'euros en 2012-2013, contre environ 10 000 milliards d'euros pour le PIB de la Chine en parité de pouvoir d'achat (et 6 000 milliards au taux de change courant, ce qui s'agissant d'actifs financiers internationaux est peut-être plus pertinent). Voir chapitre 1. Les actifs étrangers nets chinois progressent vite, mais pas au point de pouvoir se comparer au total des patrimoines privés des pays riches. Voir annexe technique.

1. Voir A. SOTURA, « Les étrangers font-ils monter les prix de l'immobilier ? Estimation à partir de la base de la chambre des notaires de Paris, 1993-2008 », EHESS et PSE, 2011.

notamment en Europe et en France, cette idée selon laquelle les ménages européens détiennent vingt fois plus de capital que les réserves chinoises semble relativement abstraite, dans la mesure où il s'agit de patrimoines privés, et non de fonds souverains immédiatement mobilisables, par exemple pour aider la Grèce, comme l'a aimablement proposé la Chine ces dernières années. Ces patrimoines privés européens sont pourtant une réalité, et si les gouvernements de l'Union européenne en décidaient ainsi il serait tout à fait possible de les mettre à contribution. Mais le fait est qu'il très difficile pour un gouvernement pris isolément de réguler ou d'imposer les patrimoines et leurs revenus. C'est d'abord cette perte de souveraineté démocratique qui explique le sentiment de dépossession qui agite aujourd'hui les pays riches, et singulièrement les pays européens, dont le territoire est morcelé en petits États concurrents les uns des autres pour attirer les capitaux, ce qui aggrave les processus à l'œuvre. La très forte progression des positions financières brutes entre pays (chacun est de plus en plus possédé par ses voisins), analysée dans le chapitre 5, participe également de cette évolution et de cette impuissance.

Nous verrons dans la quatrième partie de ce livre dans quelle mesure un impôt mondial sur le capital – ou à défaut européen – peut constituer un outil adapté pour dépasser ces contradictions, et quelles autres réponses sont susceptibles d'être apportées par les gouvernements qui auront à affronter cette réalité. Précisons d'emblée que la divergence oligarchique est non seulement plus probable que la divergence internationale, mais également beaucoup plus difficile à combattre, car elle demande un haut degré de coordination internationale entre pays qui sont ordinairement habitués à se concurrencer. La sécession patrimoniale tend d'ailleurs à effacer la notion même de nationalité, puisque les plus fortunés peuvent dans une certaine mesure partir avec leur patrimoine et changer de nationalité, de façon à effacer toute trace avec la communauté d'origine. Seule une réponse coordonnée à un niveau régional relativement large permet de dépasser cette difficulté.

Les pays riches sont-ils si pauvres ?

Il faut également souligner que la dissimulation d'une partie importante des actifs financiers mondiaux dans les paradis fiscaux limite d'ores et déjà de façon importante notre capacité à analyser la géographie globale des patrimoines. Si l'on s'en tient aux données officielles publiées par les administrations statistiques des différents pays, et rassemblées par les organisations internationales (à commencer par le Fonds monétaire international), il semblerait que la position patrimoniale des pays riches vis-à-vis du reste du monde soit négative. Comme nous l'avons vu dans la deuxième partie, le Japon et l'Allemagne ont des positions positives assez importantes vis-à-vis du reste du monde (c'est-à-dire qu'ils possèdent au travers de leurs ménages, entreprises et gouvernement beaucoup plus d'actifs dans le reste du monde que le reste du monde n'en possède chez eux), ce qui traduit le fait qu'ils ont accumulé de forts excédents commerciaux au cours des dernières décennies. Mais les États-Unis ont une position négative, et la plupart des pays européens autres que l'Allemagne ont une position proche de zéro ou négative[1]. Au total, quand on additionne l'ensemble des pays riches, on parvient à une position légèrement négative, équivalente à environ − 4 % du PIB mondial au début des années 2010, alors qu'elle était proche de zéro au milieu des années 1980, comme l'indique le graphique 12.6[2]. Il faut toutefois insister

---

1. Voir en particulier chapitre 5, graphique 5.7.
2. Sur le graphique 12.6, les « pays riches » regroupent le Japon, l'Europe occidentale et les États-Unis. Le fait d'ajouter le Canada et l'Océanie ne changerait presque rien. Voir annexe technique.

sur le fait qu'il s'agit d'une très légère position négative (cela représente tout juste 1 % du patrimoine mondial). Dans tous les cas, comme nous l'avons déjà amplement noté, nous vivons dans une période historique où les positions internationales sont relativement équilibrées, tout du moins par comparaison à la période coloniale, où la position positive des pays riches vis-à-vis du reste du monde était incomparablement plus forte[1].

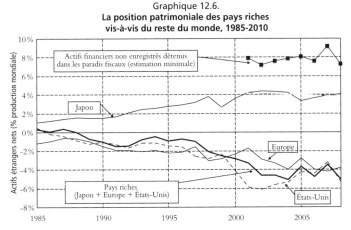

Graphique 12.6.
La position patrimoniale des pays riches vis-à-vis du reste du monde, 1985-2010

Lecture : les actifs financiers non enregistrés détenus dans les paradis fiscaux sont plus élevés que la dette étrangère nette officielle des pays riches.
Sources et séries : voir piketty.pse.ens.fr/capital21c.

Toujours est-il que cette position officielle, légèrement négative, devrait en principe avoir pour contrepartie une position positive équivalente pour le reste du monde. Autrement dit, les pays pauvres devraient posséder plus d'actifs dans les pays riches que ces derniers n'en possèdent chez eux, avec un écart de l'ordre de 4 % du PIB mondial (environ

3. Voir chapitres 3-5.

1 % du patrimoine mondial) en leur faveur. En réalité, il n'en est rien : si l'on additionne l'ensemble des statistiques financières pour les différents pays du monde, on obtient la conclusion que les pays pauvres ont également une position négative et que la planète dans son ensemble a une position très nettement négative. Autrement dit, nous serions possédés par la planète Mars. Il s'agit d'une « anomalie statistique » relativement ancienne, mais dont les organisations internationales ont constaté l'aggravation au fil des années (la balance des paiements est régulièrement négative au niveau mondial : plus d'argent sort des pays qu'il n'en rentre dans les autres pays, ce qui est en principe impossible), sans pouvoir véritablement l'expliquer. Il faut souligner en particulier que ces statistiques financières et ces balances de paiements concernent en principe l'ensemble des territoires de la planète (en particulier les banques situées dans les paradis fiscaux ont théoriquement l'obligation de transmettre leurs comptes aux institutions internationales, tout du moins de façon globale), et que plusieurs types de biais et d'erreurs de mesure peuvent *a priori* expliquer cette « anomalie ».

En confrontant l'ensemble des sources disponibles et en exploitant des données bancaires suisses inexploitées à ce jour, Gabriel Zucman a pu montrer que l'explication la plus plausible pour cet écart est l'existence d'une masse importante d'actifs financiers non enregistrés détenus par les ménages dans les paradis fiscaux. Son estimation, prudente, est que cette masse représente l'équivalent de près de 10 % du PIB mondial[1]. Certaines estimations proposées par des organisations non gouvernementales concluent à des masses encore plus importantes (jusqu'à deux ou trois fois plus fortes). Dans l'état actuel des sources disponibles, l'estimation de Zucman me semble légèrement plus réaliste. Mais il est bien évident

---

1. Soit près de 7 %-8 % du total des actifs financiers nets mondiaux (voir plus haut).

que ces estimations sont par nature incertaines, et il est possible qu'il s'agisse d'une borne inférieure[1]. En tout état de cause, le fait important est que cette borne inférieure est déjà extrêmement élevée. En particulier, elle est plus de deux fois plus forte que la position négative officielle de l'ensemble des pays riches (voir graphique 12.6[2]). Or tout indique que la très grande majorité de ces actifs financiers localisés dans les paradis fiscaux est détenue par des résidents des pays riches (au moins les trois quarts). La conclusion est évidente : la position patrimoniale des pays riches vis-à-vis du reste du monde est en réalité positive (les pays riches possèdent en moyenne les pays pauvres, et non l'inverse, ce qui dans le fond n'est pas vraiment étonnant), mais cette évidence est masquée par le fait que les habitants les plus fortunés des pays riches dissimulent une partie de leurs actifs dans des paradis fiscaux. Ce résultat implique en particulier que la très forte hausse des patrimoines privés – en proportion du revenu national – observée dans les pays riches au cours des dernières décennies, et que nous avons analysée dans la deuxième partie de ce livre, est en réalité un peu plus forte encore que ce que nous avons pu mesurer à partir des comptes officiels. Il en va de même pour la tendance à la hausse de la part des hauts patrimoines dans le patrimoine total[3]. De plus et

2. Voir annexe technique pour une discussion de l'estimation haute réalisée en 2012 par Henry pour le Tax Justice Network et de l'estimation intermédiaire de 2010 de Palan, Murphy et Chavagneux.

2. Les données du graphique 12.6 sont issues de G. ZUCMAN, « The missing wealth of Nations : are Europe and the U. S. net debtors or net creditors ? », *Quarterly Journal of Economics*, 2013.

3. Selon une estimation réalisée par Roine et Waldenström, la prise en compte des actifs possédés à l'étranger (estimés à partir des incohérences de la balance suédoise des paiements) peut conduire sous certaines hypothèses à rapprocher fortement la part du centile supérieur en Suède du niveau constaté aux États-Unis (qui devrait sans doute être relevé lui aussi). Voir annexe technique.

surtout, cela démontre les difficultés posées par l'enregistrement des actifs dans le capitalisme globalisé de ce début de XXIe siècle, qui vont jusqu'à brouiller notre perception de la géographie élémentaire de la fortune.

QUATRIÈME PARTIE
RÉGULER LE CAPITAL AU XXIᵉ SIÈCLE

13.
Un État social pour le XXIe siècle

Nous avons analysé dans les trois premières parties de ce livre l'évolution de la répartition des richesses et de la structure des inégalités depuis le XVIIIe siècle. Il nous faut maintenant tenter d'en tirer les leçons pour l'avenir. En particulier, l'un des principaux enseignements de notre enquête est que ce sont les guerres, dans une large mesure, qui ont fait table rase du passé et qui ont conduit à une transformation de la structure des inégalités au XXe siècle. En ce début de XXIe siècle, certaines inégalités patrimoniales que l'on croyait révolues semblent en passe de retrouver leurs sommets historiques, voire de les dépasser, dans le cadre de la nouvelle économie-monde, porteuse d'immenses espoirs (la fin de la pauvreté) et de déséquilibres qui le sont tout autant (des individus aussi riches que des pays). Peut-on imaginer pour le XXIe siècle un dépassement du capitalisme qui soit à la fois plus pacifique et plus durable, ou bien doit-on simplement attendre les prochaines crises, ou les prochaines guerres, véritablement mondiales cette fois ? Sur la base des évolutions et expériences historiques que nous avons mises à jour, quelles institutions et politiques publiques pourraient permettre de réguler de façon à la fois juste et efficace le capitalisme patrimonial mondialisé du siècle qui s'ouvre ?

Ainsi que nous l'avons déjà noté, l'institution idéale permettant d'éviter une spirale inégalitaire sans fin et de reprendre le contrôle de la dynamique en cours serait un impôt mondial et progressif sur le capital. Un tel outil aurait en outre le mérite de produire de la transparence démocratique et financière sur les patrimoines, ce qui est une condition nécessaire pour une régulation efficace du système bancaire et des flux financiers internationaux. L'impôt sur le capital permettrait de faire prévaloir l'intérêt général sur les intérêts privés, tout en préservant l'ouverture économique et les forces de la concurrence. Il n'en va pas de même des différentes formes de repli national ou identitaire qui risquent fort de servir de pis-aller à cette institution idéale. Dans sa forme véritablement mondiale, l'impôt sur le capital est sans doute une utopie. À défaut, une telle solution peut toutefois être appliquée avec profit à une échelle régionale ou continentale, et en particulier européenne, en commençant par les pays qui le souhaitent. Mais avant d'en arriver là il nous faut tout d'abord replacer cette question de l'impôt sur le capital (qui ne sera jamais que l'un des éléments d'un système fiscal et social idéal) dans un contexte beaucoup plus large, celui du rôle de la puissance publique dans la production et la répartition des richesses, et de la construction d'un État social adapté au XXIe siècle.

La crise de 2008 et la question du retour de l'État

La crise financière planétaire ouverte en 2007-2008 est généralement décrite comme la plus grave qu'ait connue le capitalisme mondial depuis celle de 1929. Cette comparaison est en partie justifiée, mais elle ne doit pas faire oublier plusieurs différences essentielles. La plus évidente est que la crise récente n'a pas débouché sur une dépression aussi dévastatrice que la précédente. Entre 1929 et 1935, le niveau de production des grands pays développés a chuté d'un quart, le chômage a augmenté d'autant, et la planète n'est totalement sortie de cette « grande dépression » qu'en entrant dans la Seconde Guerre mondiale. La crise actuelle, fort heureusement, a été nettement moins cataclysmique. C'est pourquoi on l'oppose souvent à celle des années 1930 en la désignant sous l'appellation un peu plus rassurante de « grande récession ». Les principales économies développées ont certes à peine retrouvé en 2013 leur niveau de production de 2007, les finances publiques y sont en piteux état, et les perspectives de croissance apparaissent durablement moroses, notamment en Europe, empêtrée dans une interminable crise de la dette publique (ce qui est ironique, s'agissant d'un continent où le rapport patrimoine/revenu est le plus élevé du monde). La chute de la production, au plus fort de la récession, en 2009, n'a toutefois pas dépassé 5 % dans la plupart des pays riches, ce qui est suffisant pour en faire la plus grave récession globale depuis la Seconde Guerre mondiale, mais ce qui est très différent de l'effondrement massif et des faillites en série observés dans les années 1930. La croissance des pays émergents a en outre très vite repris ses rythmes antérieurs et tire la croissance mondiale des années 2010.

La principale raison pour laquelle la crise de 2008 n'a pas débouché sur une dépression aussi grave que celle de 1929 est que les gouvernements et les banques centrales des pays riches n'ont cette fois-ci pas laissé le système financier s'effondrer et ont accepté de créer les liquidités nécessaires permettant d'éviter les cascades de faillites bancaires, qui dans les années 1930 avaient mené le monde au bord du gouffre. Cette politique monétaire et financière pragmatique, aux antipodes de l'orthodoxie « liquidationniste » qui avait prévalu un peu partout après le krach de 1929 (il faut « liquider » les canards boiteux, pensait notamment le président américain Hoover, jusqu'à son remplacement par Roosevelt au début de l'année 1933), a permis d'éviter le pire. Elle a également rappelé au monde que les banques centrales ne sont pas là pour regarder passer les trains et se contenter de maintenir une inflation faible. Dans des situations de panique financière totale, elles jouent un rôle indispensable de prêteur de dernier ressort, et elles sont même la seule institution publique permettant dans l'urgence d'éviter l'effondrement complet de l'économie et de la société. Cela étant, les banques centrales ne sont pas outillées pour résoudre tous les problèmes du monde. La politique pragmatique qui a suivi la crise de 2008 a sans doute permis d'éviter le pire, mais elle n'a pas véritablement apporté de réponse durable aux problèmes structurels qui l'ont rendue possible, en particulier le manque criant de transparence financière et la montée des inégalités. La crise de 2008 apparaît comme la première crise du capitalisme patrimonial mondialisé du XXIe siècle. Il est peu probable que ce soit la dernière.

De nombreux observateurs dénoncent et regrettent l'absence d'un véritable « retour de l'État » sur la scène économique, et font remarquer que la crise des années 1930, malgré toute sa brutalité, avait au moins eu le mérite de conduire à des changements beaucoup plus radicaux, notamment en termes de politique fiscale et budgétaire. Roosevelt n'avait-il pas en quelques années porté à plus de 80 % le taux supérieur de l'impôt fédéral sur le revenu, applicable aux revenus les plus démesurément élevés, alors que ce taux n'était que de 25 % sous Hoover ? Par comparaison, on se demande encore à Washington si l'administration Obama parviendra pendant son second mandat à porter le taux supérieur du niveau laissé par Bush (environ 35 %) au-delà de celui où Clinton l'avait porté dans les années 1990 (autour de 40 %).

Nous reviendrons dans le prochain chapitre sur cette question des taux d'imposition confiscatoires sur les revenus jugés indécents (et économiquement inutiles), qui est effectivement une innovation américaine marquante de l'entre-deux-guerres, et qui à mon sens mériterait d'être repensée et ressuscitée, notamment dans le pays qui l'a imaginée en premier.

Mais, outre que l'on ne saurait résumer une politique fiscale et budgétaire à la question du taux supérieur confiscatoire appliqué aux revenus les plus élevés (qui par définition ne rapporte presque rien), et que l'impôt progressif sur le capital est un outil plus adapté pour répondre aux défis du XXIe siècle que l'impôt progressif sur le revenu inventé au XXe siècle (nous verrons toutefois que ces deux outils peuvent jouer des rôles utiles et complémentaires à l'avenir), il est important de dissiper dès à présent un important malentendu.

La question du « retour de l'État » ne se pose pas du tout de la même façon dans les années 2010 que dans les années 1930, pour une raison simple : le poids de l'État est beaucoup plus lourd aujourd'hui qu'il ne l'était à l'époque, et il est même dans une large mesure plus lourd qu'il ne l'a jamais été. C'est pourquoi la crise actuelle se traduit à la fois par une mise en accusation des marchés et une remise en cause du poids et du rôle de la puissance publique. Cette seconde remise en cause n'a pas cessé depuis les années 1970-1980, et elle ne cessera jamais : à partir du moment où la puissance publique joue dans la vie économique et sociale le rôle central qu'elle a acquis dans les décennies de l'après-guerre, il est normal et légitime que ce rôle soit en permanence débattu et remis en question. Cela peut sembler injuste à certains, mais cela est inévitable et naturel. Il en résulte parfois une certaine confusion, et des incompréhensions violentes opposant des positions apparemment irréconciliables. Certains réclament à cor et à cri le retour de l'État, sous toutes ses formes, laissant entendre qu'il aurait disparu ; d'autres exigent son démantèlement immédiat, notamment là où il est le plus absent, aux États-Unis, où certains groupes issus des Tea Parties veulent supprimer la Réserve fédérale et revenir à l'étalon-or. En Europe, les joutes verbales entre « Grecs paresseux » et « Allemands nazis » ne sont pas toujours plus tendres. Tout cela ne facilite pas le règlement des problèmes. Pourtant, les deux points de vue, anti-marché et anti-État, ont chacun leur part de vérité : il faut tout à la fois inventer de nouveaux outils permettant de reprendre le contrôle d'un capitalisme financier devenu fou, et rénover et moderniser profondément et en permanence les systèmes de prélèvements et de dépenses qui sont au cœur de l'État social moderne, et qui ont atteint un degré de complexité qui menace parfois gravement leur intelligibilité et leur efficacité sociale et économique.

Cette double tâche peut sembler insurmontable, et elle constitue de fait un défi immense pour nos sociétés démocratiques dans le siècle qui s'ouvre. Mais elle est nécessaire et même incontournable : il est impossible de convaincre une majorité de citoyens qu'il faut créer de nouveaux outils publics (de surcroît à l'échelon supranational) si l'on ne démontre pas dans le même temps que les outils déjà en place fonctionnent correctement. Pour bien comprendre la nécessité de cette double tâche, il nous faut d'abord revenir un peu en arrière et rappeler brièvement les grandes lignes d'évolution de la structure des prélèvements et des dépenses publiques dans les pays riches depuis le XIXe siècle.

Le développement d'un État social au XXe siècle

Pour mesurer l'évolution du rôle de la puissance publique dans la vie économique et sociale, le plus simple consiste à examiner l'importance prise par l'ensemble des impôts et prélèvements dans le revenu national. Nous avons représenté sur le graphique 13.1 les trajectoires historiques de quatre pays (États-Unis, Royaume-Uni, France, Suède) relativement représentatifs de la diversité des situations observées dans les pays riches[1]. On constate plusieurs similarités frappantes dans ces évolutions, ainsi que des différences importantes.

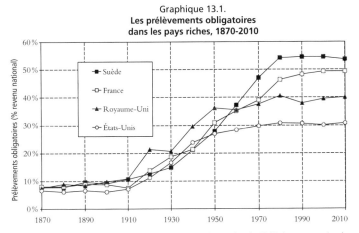

Graphique 13.1.
Les prélèvements obligatoires dans les pays riches, 1870-2010

Lecture : les prélèvements obligatoires représentaient moins de 10 % du revenu national dans les pays riches jusqu'en 1900-1910 ; ils en représentent entre 30 % et 55 % en 2000-2010.
Sources et séries : voir piketty.pse.ens.fr/capital21c.

La première similarité est que les impôts représentaient moins de 10 % du revenu national dans tous les pays au XIXe siècle et jusqu'à la Première Guerre mondiale. Cela correspond à une situation où l'État s'implique très peu dans la vie éco-

---

1. Suivant l'usage, nous avons inclus dans les prélèvements obligatoires l'ensemble des impôts, taxes, cotisations sociales, prélèvements de toute nature que chacun est dans l'obligation de payer, sauf à se mettre hors la loi. Les distinctions entre ces différentes notions – en particulier entre impôts et cotisations – ne sont pas toujours très claires, et en tout état de cause n'ont pas la même signification dans tous les pays. Pour faire des comparaisons historiques et internationales, il est important de prendre en compte l'ensemble des prélèvements, qu'ils soient acquittés à l'État central ou fédéral, aux collectivités locales ou régionales, ou aux diverses administrations publiques (caisses de Sécurité sociale, etc.). Pour simplifier l'exposition, nous parlerons parfois des « impôts », mais sauf précision contraire nous incluons toujours l'ensemble des prélèvements obligatoires. Voir annexe technique.

nomique et sociale. Avec 7 %-8 % du revenu national, il est possible de remplir les grandes fonctions régaliennes (police, justice, armée, affaires étrangères, administration générale, etc.), mais pas beaucoup plus. Une fois financés le maintien de l'ordre, le respect du droit de propriété et les dépenses militaires (qui à elles seules représentent souvent près de la moitié du total), il ne reste pas grand-chose dans les caisses publiques[1]. Les États à cette époque financent aussi quelques routes et infrastructures minimales, ainsi qu'un certain nombre d'écoles, d'universités et de dispensaires, mais les services publics d'éducation et de santé accessibles au plus grand nombre sont le plus souvent assez sommaires[2].

À partir des années 1920-1930 et jusqu'aux années 1970-1980, on assiste dans l'ensemble du monde riche à un accroissement considérable de la part du revenu national que les différents pays choisissent de consacrer aux impôts et aux dépenses publiques (et en particulier aux dépenses sociales). Dans tous les pays développés, en tout juste un demi-siècle, la part des impôts dans le revenu national est multipliée par un facteur d'au moins trois ou quatre (parfois par plus de cinq, comme dans les pays nordiques). On constate ensuite, là encore dans tous les pays, une stabilisation presque complète de la part des impôts dans le revenu national depuis les années 1980 jusqu'aux années 2010. Cette stabilisation se

1. Les dépenses militaires représentent généralement au moins 2 %-3 % du revenu national et peuvent monter très au-delà dans un pays particulièrement actif militairement (plus de 4 % du revenu national actuellement aux États-Unis), ou dans des pays qui se sentent menacés dans leur sécurité et leur droit de propriété (plus de 10 % du revenu national en Arabie Saoudite ou dans les pays du Golfe).

2. Les budgets d'éducation et de santé ne dépassent généralement pas 1 %-2 % du revenu national au XIXe siècle. Pour une perspective historique sur le lent développement des dépenses sociales depuis le XVIIIe siècle et sur l'accélération au XXe siècle, voir P. LINDERT, *Growing Public. Social Spending and Economic Growth since the 18th century*, Cambridge University Press, 2004.

fait à des niveaux assez différents les uns des autres : à peine plus de 30 % du revenu national aux États-Unis, autour de 40 % au Royaume-Uni, et entre 45 % et 55 % du revenu national en Europe continentale (45 % en Allemagne, 50 % en France, et près de 55 % en Suède)[1]. Les écarts entre pays sont loin d'être négligeables[2]. Mais il est frappant de constater à quel point les évolutions séculaires d'ensemble sont proches les unes des autres, en particulier concernant la stabilité quasi parfaite observée dans tous les pays au cours des trois dernières décennies. Les alternances politiques et les spécificités nationales ne sont pas totalement absentes du graphique 13.1 (par exemple pour le Royaume-Uni et la France[3]). Mais elles n'ont qu'une importance somme toute limitée face à cette stabilisation d'ensemble[4].

1. On notera que le poids des prélèvements obligatoires est exprimé ici en proportion du revenu national (soit généralement autour de 90 % du produit intérieur brut, une fois déduits les quelque 10 % correspondant à la dépréciation du capital), ce qui me semble plus justifié, dans la mesure où la dépréciation n'est un revenu pour personne (voir chapitre 1). Si l'on exprime les prélèvements en proportion du PIB, alors les parts obtenues sont par définition de l'ordre de 10 % plus faibles (par exemple, 45 % du PIB au lieu de 50 % du revenu national).

2. Les écarts de quelques points entre pays peuvent être dus à des différences purement statistiques. Les écarts de 5-10 points correspondent à des différences réelles et substantielles dans le rôle joué par la puissance publique dans les différents pays.

3. Au Royaume-Uni, les impôts reculent de quelques points dans les années 1980, ce qui correspond à la phase thatchérienne de désengagement de l'État, puis remontent dans les années 1990-2000, à mesure que les nouveaux gouvernements réinvestissent dans les services publics. En France, la poussée du poids de l'État est un peu plus tardive qu'ailleurs : elle se poursuit très fortement dans les années 1970-1980, et la stabilisation débute plutôt vers 1985-1990. Voir annexe technique.

4. Afin de nous concentrer sur les tendances de long terme, nous avons là encore représenté des moyennes décennales. Les séries annuelles de taux de prélèvements obligatoires incluent souvent toutes sortes de petites variations cycliques, transitoires et peu significatives. Voir annexe technique.

Ainsi donc, tous les pays riches, sans exception, sont passés au cours du XXe siècle d'un équilibre où ils consacrent moins d'un dixième de leur revenu national aux impôts et aux dépenses communes, à un nouvel équilibre où ils en consacrent durablement entre un tiers et la moitié[1]. Plusieurs points essentiels doivent être précisés au sujet de cette transformation fondamentale.

Tout d'abord, on voit à quel point la question du « retour de l'État » peut sembler pour beaucoup incongrue dans le contexte actuel : le poids de la puissance publique n'a jamais été aussi élevé. Pour avoir une vision d'ensemble du rôle de l'État dans la vie économique et sociale, il faut certes prendre en compte d'autres indicateurs. L'État intervient en fixant des règles, et non seulement en prélevant des impôts pour financer des dépenses et des transferts. Par exemple, les marchés financiers sont beaucoup moins étroitement régulés depuis les années 1980-1990 qu'ils ne l'étaient des années 1950 aux années 1970. L'État peut également intervenir comme producteur et détenteur du capital : les privatisations réalisées au cours des trois dernières décennies dans le secteur industriel et financier ont là encore réduit son rôle par comparaison aux trois décennies de l'immédiat après-guerre. Il n'en reste pas moins que du point de vue de son poids fiscal et budgétaire, ce qui n'est pas rien, la puissance publique n'a jamais joué un rôle économique aussi important qu'au cours des dernières décennies. Aucune tendance à la baisse n'est décelable, contrairement à ce que l'on entend parfois. Certes, dans un contexte de vieillissement de la population, de progrès des technologies médicales et de besoins de formation sans cesse plus forts, le simple fait de stabiliser les prélèvements publics en proportion du revenu national est en soi une gageure,

---

1. Le Japon se situe légèrement au-dessus des États-Unis (32 %-33 % du revenu national). Le Canada, l'Australie et la Nouvelle-Zélande sont plus proches du niveau du Royaume-Uni (35 %-40 %).

qu'il est toujours plus facile de promettre dans l'opposition que de réaliser une fois au pouvoir. Il n'en reste pas moins que les prélèvements obligatoires représentent aujourd'hui près de la moitié du revenu national un peu partout en Europe, et que personne n'envisage sérieusement pour les décennies à venir un accroissement comparable à celui qui a eu lieu au cours de la période 1930-1980. À la suite de la crise des années 1930, et dans le contexte de l'après-guerre et de la reconstruction, on pouvait raisonnablement considérer que la solution aux problèmes du capitalisme était un accroissement sans limite du poids de l'État et de ses dépenses sociales. Aujourd'hui, les choix sont forcément plus complexes. Le grand bond en avant de l'État a déjà eu lieu : il n'aura pas lieu une seconde fois, ou tout du moins pas sous cette forme.

Les formes de l'État social

Pour mieux comprendre les enjeux derrière ces chiffres, il nous faut maintenant décrire un peu plus précisément à quoi a servi cette hausse historique des prélèvements obligatoires. Cette transformation correspond à la mise en place d'un « État social » au cours du XXe siècle[1]. Au XIXe siècle et jusqu'en 1914, la puissance publique se contentait d'assurer les grandes missions régaliennes. Ces missions mobilisent aujourd'hui encore un peu moins d'un dixième du revenu national. La hausse de la part des prélèvements dans les richesses produites a permis à la puissance publique de prendre en charge des missions sociales de plus en plus importantes, représentant entre un quart et un tiers du revenu national suivant les pays, que l'on peut décomposer en première approximation

---

1. La notion d'« État social » me semble plus conforme à la réalité et à la diversité des missions remplies par la puissance publique que celles, plus restrictives, d'« État providence » ou de *Welfare State*.

en deux moitiés de taille comparable. Il s'agit d'une part des dépenses publiques d'éducation et de santé, et d'autre part des revenus de remplacement et de transfert[1].

Les dépenses publiques d'éducation et de santé représentent entre 10 % et 15 % du revenu national dans tous les pays développés en ce début de XXIe siècle[2]. À l'intérieur de ce schéma d'ensemble, on constate des différences significatives entre pays. L'éducation primaire et secondaire est presque entièrement gratuite pour toute la population dans tous les pays, mais l'enseignement supérieur peut être fortement payant, en particulier aux États-Unis, et à un degré moindre au Royaume-Uni. Le système public d'assurance-maladie est universel (c'est-à-dire ouvert à toute la population) un peu partout en Europe, y compris bien sûr au Royaume-Uni[3]. Il est en revanche réservé aux plus pauvres et aux personnes âgées aux États-Unis (ce qui ne l'empêche pas d'être très coûteux[4]). Dans tous les pays développés, ces dépenses publiques permettent de prendre en charge une très grande partie du coût des services d'éducation et de santé : environ les trois quarts en Europe, et la moitié aux États-Unis.

1. Voir tableau S13.2 disponible en ligne pour une décomposition complète des dépenses publiques pour plusieurs pays riches (France, Allemagne, Royaume-Uni et États-Unis) en 2000-2010.
2. Typiquement 5 %-6 % pour l'éducation et 8 %-9 % pour la santé. Voir annexe technique.
3. Le National Health Service fondé en 1948 fait tellement partie de l'identité nationale britannique que sa création a été mise en scène dans le spectacle d'ouverture des jeux Olympiques de 2012, aux côtés de la révolution industrielle et des groupes de rock des années 1960.
4. Si l'on ajoute le coût des assurances privées, le système de santé américain est de très loin le plus cher du monde (près de 20 % du revenu national, contre 10 %-12 % en Europe), alors même qu'une part importante de la population n'est pas couverte et que les indicateurs sanitaires sont plutôt moins bons qu'en Europe. Quels que soient leurs défauts, il ne fait aucun doute que les systèmes publics universels d'assurance maladie offrent un meilleur rapport coût-bénéfice que le système américain.

L'objectif poursuivi est de permettre l'égalité d'accès à ces biens fondamentaux : chaque enfant doit pouvoir avoir accès à la formation, quel que soit le revenu de ses parents ; chacun doit pouvoir avoir accès aux soins, y compris – et même surtout – lorsqu'il traverse une mauvaise passe.

Les revenus de remplacement et de transfert représentent généralement entre 10 % et 15 % (parfois près de 20 %) du revenu national dans la plupart des pays riches en ce début du XXIe siècle. Contrairement aux dépenses publiques d'éducation et de santé, qui peuvent être considérées comme un transfert en nature, les revenus de remplacement et de transfert font partie du revenu disponible des ménages : la puissance publique prélève des masses importantes d'impôts et de cotisations, puis les reverse à d'autres ménages sous forme de revenus de remplacement (pensions de retraite, allocations chômage) et de divers transferts monétaires (allocations familiales, minima sociaux, etc.), si bien que le revenu disponible total des ménages considéré dans son ensemble est inchangé[1].

En pratique, les retraites représentent de très loin la plus grande partie (entre les deux tiers et les trois quarts) du total des revenus de remplacement et de transfert. On observe là encore des variations significatives entre pays, à intérieur de ce schéma d'ensemble. En Europe continentale, les pensions de retraite dépassent souvent à elles seules les 12 %-13 % du revenu national (avec l'Italie et la France dans le haut du classement, devant l'Allemagne et la Suède). Aux États-Unis et au Royaume-Uni, le système public de retraite est beaucoup plus sévèrement plafonné pour les salaires moyens et élevés (le taux de remplacement, c'est-à-dire le montant de la pension exprimé en proportion des salaires précédemment obtenus, chute

---

1. L'augmentation des dépenses publiques d'éducation et de santé réduit au contraire le revenu disponible (monétaire) des ménages, ce qui explique pourquoi ce dernier est passé de 90 % du revenu national au début du XXe siècle à environ 70 %-80 % en ce début de XXIe siècle. Voir chapitre 5.

assez vite dès lors que le salaire dépasse le salaire moyen), et les pensions ne représentent guère plus de 6 %-7 % du revenu national[1]. Il s'agit dans tous les cas de masses considérables : dans tous les pays riches, le système public de retraite constitue la source principale de revenus pour au moins les deux tiers des retraités (et généralement pour plus des trois quarts). Malgré tous leurs défauts, et quels que soient les défis auxquels ils font maintenant face, le fait est que ce sont ces systèmes de retraite publics qui ont permis dans tous les pays développés d'éradiquer la pauvreté du troisième âge, qui était encore endémique dans les années 1950-1960. Avec l'accès à l'éducation et à la santé, il s'agit de la troisième révolution sociale fondamentale qu'a permis de financer la révolution fiscale du XXe siècle.

Par comparaison aux retraites, les allocations chômage représentent des masses beaucoup plus réduites (typiquement 1 %-2 % du revenu national), ce qui reflète le fait que l'on passe en moyenne une plus petite partie de sa vie au chômage qu'à la retraite. Les revenus de remplacement correspondants n'en sont pas moins utiles le moment venu. Enfin, les minima sociaux correspondent à des masses encore moins importantes (moins de 1 % du revenu national), presque insignifiantes à l'échelle de la totalité des dépenses publiques. Il s'agit pourtant des dépenses qui sont souvent le plus violemment contestées : on suspecte les bénéficiaires de choisir de s'installer éternellement dans l'assistance, alors même que le taux de recours à ces minima est généralement beaucoup plus faible que pour les autres prestations, ce qui reflète le fait que les effets de stigmatisation (et souvent la complexité

---

1. On désigne classiquement comme « beverigdien » ce système plafonné (avec comme cas extrême une retraite quasi forfaitaire pour tous, comme au Royaume-Uni), par opposition aux systèmes de retraite de type « bismarckien », « scandinave » ou « latin », où les retraites sont quasi proportionnelles aux salaires pour la grande majorité de la population (voire la quasi-totalité en France, où le plafond est exceptionnellement élevé : huit fois le salaire moyen, contre deux-trois fois dans la plupart des pays).

de ces dispositifs) dissuadent souvent ceux qui y ont droit de les demander[1]. On observe ce type de remise en question des minima sociaux aussi bien aux États-Unis (où la mère célibataire, noire et oisive, joue le rôle du repoussoir absolu pour les contempteurs du maigre *Welfare State* américain) qu'en Europe[2]. Dans les deux cas, les masses en jeu ne représentent en réalité qu'une toute petite partie de l'État social.

Au total, si on additionne les dépenses publiques d'éducation et de santé (10 %-15 % du revenu national) et les revenus de remplacement et de transfert (également autour de 10 %-15 % du revenu national, parfois près de 20 %), on aboutit à une masse totale de dépenses sociales (au sens large) comprise entre 25 % et 35 % du revenu national, qui représente dans tous les pays riches la quasi-totalité de la hausse de la part des prélèvements obligatoires constatée au XXe siècle. Autrement dit, le développement de l'État fiscal au cours du siècle dernier correspond pour l'essentiel à la constitution d'un État social.

---

1. En France, qui brille souvent par la complexité extrême de ses dispositifs sociaux et par l'empilement des règles et des structures, moins de la moitié des personnes qui devraient en principe toucher le « RSA activité » (revenu de solidarité active venant en complément d'un très bas salaire à temps partiel) en ont fait la demande.

2. Une différence importante entre les deux continents est que les systèmes de revenu minimum ont toujours été réservés aux personnes ayant des enfants à charge aux États-Unis. Pour les personnes sans enfants à charge, l'État carcéral fait parfois office d'État providence (en particulier pour les jeunes Noirs). Environ 1 % de la population adulte américaine est derrière les barreaux en 2013. Ce taux moyen d'incarcération est le plus élevé du monde (légèrement devant la Russie, loin devant la Chine). Il dépasse les 5 % pour les hommes noirs adultes (tous âges confondus). Voir annexe technique. Une autre particularité est l'usage des *Food Stamps* (dont le but est de s'assurer que les bénéficiaires consomment bien de la nourriture, au lieu de s'adonner à la boisson ou à d'autres vices), ce qui est là encore assez peu cohérent avec la vision libérale du monde souvent prêtée aux États-Unis. Cela témoigne de l'importance des préjugés américains à l'égard des plus pauvres, qui semblent plus extrêmes qu'en Europe, sans doute en partie parce qu'ils sont renforcés par des préjugés raciaux.

La redistribution moderne : une logique de droits

Résumons. La redistribution moderne ne consiste pas à transférer des richesses des riches vers les pauvres, ou tout du moins pas d'une façon aussi explicite. Elle consiste à financer des services publics et des revenus de remplacement plus ou moins égaux pour tous, notamment dans le domaine de l'éducation, de la santé et des retraites. Dans ce dernier cas, le principe d'égalité s'exprime par une quasi-proportionnalité au salaire obtenu pendant la vie active[1]. Pour ce qui concerne l'éducation et la santé, il s'agit d'une véritable égalité d'accès pour chacun, quel que soit son revenu ou celui de ses parents, tout du moins au niveau des principes. La redistribution moderne est construite autour d'une logique de droits et d'un principe d'égalité d'accès à un certain nombre de biens jugés fondamentaux.

Si l'on se place à un niveau relativement abstrait, on peut trouver des justifications pour cette approche en termes de droits dans différentes traditions politiques et philosophiques nationales. Le préambule de la Déclaration d'indépendance américaine de 1776 commence par affirmer le droit égal de chacun à la poursuite du bonheur[2]. Dans la mesure où l'éducation et la santé y participent, on peut rattacher ces droits sociaux modernes à ce propos liminaire, avec un peu d'imagination toutefois, car leur réalisation a été longue. L'article premier de la Déclaration des droits de l'homme et du citoyen de 1789 annonce également : « Les hommes

---

1. Avec les variations entre pays décrites plus haut.
2. « *We hold these truths to be self-evident, that all men are created equal, that they are endowed by their Creator with certain unalienable Rights, that among these are Life, Liberty and the pursuit of Happiness ; that to secure these rights, Governments are instituted among Men, deriving their just powers from the consent of the governed.* »

naissent et demeurent libres et égaux en droits » et apporte immédiatement la précision suivante : « Les distinctions sociales ne peuvent être fondées que sur l'utilité commune. » Il s'agit là d'une addition importante : l'existence d'inégalités bien réelles est évoquée dès la seconde phrase, après que la première a affirmé le principe d'égalité absolue. Telle est bien en effet la tension centrale derrière toute approche en termes de droits : jusqu'où doit aller l'égalité des droits ? S'agit-il uniquement du droit de pouvoir contracter librement, l'égalité face au marché, ce qui à l'époque de la Révolution française semblait déjà tout à fait révolutionnaire ? Et si l'on inclut l'égalité du droit à l'éducation, à la santé, à la retraite, comme on a commencé à le faire avec l'État social mis en place au XXe siècle, doit-on aussi inclure aujourd'hui le droit à la culture, au logement, au voyage ?

La seconde phrase de l'article premier de la Déclaration des droits de 1789 a le mérite de fournir une réponse possible à cette question, puisqu'elle renverse en quelque sorte la charge de la preuve : l'égalité est la norme, l'inégalité n'est acceptable que si elle est fondée sur « l'utilité commune ». Encore faut-il définir ce terme. Les rédacteurs de l'époque visent avant tout l'abolition des ordres et privilèges de l'Ancien Régime, qui apparaissent alors comme l'exemple même de l'inégalité arbitraire, inutile, qui n'est donc pas dans « l'utilité commune ». Mais on peut choisir de l'appliquer de façon plus large. Une interprétation raisonnable est que les inégalités sociales ne sont acceptables que si elles sont dans l'intérêt de tous, et en particulier des groupes sociaux les plus désavantagés[1]. Il

---

1. Il existe des débats interminables sur cette notion d'« utilité commune », dont l'examen dépasserait de beaucoup le cadre de ce livre. Ce qui est certain, c'est que les rédacteurs de la Déclaration de 1789 n'avaient pas du tout à l'esprit l'utilitarisme au sens d'une bonne partie des économistes depuis John Stuart Mill, c'est-à-dire la somme mathématique des utilités individuelles (la fonction d'utilité étant supposée « concave » – elle croît de moins en moins fortement à mesure que le revenu s'élève –, la redistribu-

faut donc étendre les droits fondamentaux et les avantages matériels accessibles à tous autant qu'il est possible, tant que cela est dans l'intérêt de ceux qui ont le moins de droits et qui font face aux opportunités de vie les moins étendues[1]. Le « principe de différence » introduit par le philosophe américain John Rawls dans sa *Théorie de la justice* énonce un objectif peu éloigné[2]. L'approche de l'économiste indien Amartya Sen en termes de « capabilités » maximales et égales pour tous relève d'une logique qui n'est pas très différente[3].

À un niveau purement théorique, il existe en vérité un certain consensus – en partie factice – sur les principes abstraits de justice sociale. Les désaccords apparaissent beaucoup plus clairement lorsque l'on tente de donner un peu de substance à ces droits sociaux et à ces inégalités, et de les incarner dans des contextes historiques et économiques

---

tion des riches vers les pauvres permet d'augmenter l'utilité totale). Cette représentation mathématique du caractère désirable de la redistribution ne semble entretenir que peu de relation avec la façon dont tout un chacun se représente la question. La notion de droit paraît plus opérante.

1. Il paraît raisonnable de définir les plus désavantagés comme les personnes qui ont eu à faire face aux facteurs non contrôlables les plus défavorables. Dans la mesure où l'inégalité des conditions de vie est due, au moins en partie, à des facteurs que les individus ne contrôlent pas, comme l'inégalité des dotations transmises par la famille (héritage, capital culturel, etc.) ou par la bonne fortune (dons particuliers, chance, etc.), alors il est juste que la puissance publique cherche également à réduire autant que possible ces inégalités de conditions. La frontière entre égalisation des opportunités et des conditions est souvent assez poreuse (l'éducation, la santé, le revenu sont à la fois opportunités et conditions). La notion rawlsienne de biens fondamentaux permet de dépasser cette opposition factice.

2. « *Social and economic inequalities are to be to the greatest benefit of the least advantaged members of society.* » La formulation de 1971 a été reprise dans *Political Liberalism*, publié en 1993.

3. Ces approches principalement théoriques ont été récemment prolongées par Marc Fleurbaey et John Roemer, avec quelques tentatives d'applications empiriques. Voir annexe technique.

spécifiques. En pratique, les conflits portent plutôt sur les moyens de faire progresser réellement et efficacement les conditions de vie des plus désavantagés, sur l'étendue précise des droits qu'il est possible d'accorder à tous (compte tenu notamment des contraintes économiques et budgétaires, et des multiples incertitudes qui y sont liées), ou encore sur la délimitation exacte des facteurs que les individus contrôlent ou ne contrôlent pas (où commencent l'effort et le mérite, où s'arrête la chance ?). Ces questions ne seront jamais tranchées par des principes abstraits ou des formules mathématiques. Elles ne peuvent l'être que par la délibération démocratique et la confrontation politique. Les institutions et les règles organisant ces débats et ces décisions jouent donc un rôle central, ainsi que les rapports de force et de persuasion entre groupes sociaux. Les Révolutions américaine et française ont toutes deux affirmé à la fin du XVIIIe siècle le principe absolu d'égalité des droits, ce qui était sans doute un progrès pour l'époque. Mais en pratique les régimes politiques issus de ces révolutions se sont surtout concentrés pendant le XIXe siècle sur la protection du droit de propriété.

Moderniser l'État social, et non le démanteler

Toujours est-il que la redistribution moderne, et en particulier l'État social bâti dans les pays riches au cours du XXe siècle, s'est construite autour d'un ensemble de droits sociaux fondamentaux : le droit à l'éducation, à la santé, à la retraite. Quels que soient les limitations et les défis auxquels font face aujourd'hui ces systèmes de prélèvements et de dépenses, ils représentent un immense progrès historique. Au-delà des conflits électoraux et du jeu politique partisan, ces systèmes sociaux font l'objet d'un très large consensus, notamment en Europe, où domine un attachement très fort à ce qui est perçu comme un « modèle social européen ».

Aucun courant d'opinion significatif, aucune force politique d'importance, n'envisage sérieusement de revenir à un monde où le taux de prélèvement redescendrait à 10 % ou 20 % du revenu national, et où la puissance publique se limiterait aux fonctions régaliennes[1].

Mais, à l'inverse, aucun courant significatif ne soutient l'idée que le processus d'extension indéfinie de l'État social devrait reprendre dans l'avenir au même rythme qu'au cours de la période 1930-1980 (ce qui pourrait porter le taux de prélèvement à 70 %-80 % du revenu national d'ici à 2050-2060). Certes, dans l'absolu, rien n'interdit d'imaginer une société où les impôts représenteraient les deux tiers ou les trois quarts du revenu national, à partir du moment où ils seraient prélevés d'une façon transparente, efficace et acceptée par tous, et surtout où ils seraient utilisés pour financer des besoins et des investissements jugés prioritaires, par exemple dans la formation, la santé, la culture, l'énergie propre et le développement durable. L'impôt n'est ni bon ni mauvais en soi : tout dépend de la manière dont on le prélève, et de ce que l'on en fait[2]. Il existe cependant deux bonnes raisons de penser qu'une progression aussi forte n'est ni réaliste ni souhaitable, tout du moins à un horizon prévisible.

Tout d'abord, le processus très rapide d'extension du rôle de l'État observé pendant les Trente Glorieuses a été

---

1. Les choses sont différentes aux États-Unis, où certains groupes minoritaires mais significatifs remettent en cause radicalement l'existence même de tout programme social fédéral, voire de tout programme social tout court. Les préjugés raciaux semblent là encore jouer un certain rôle (par exemple dans les débats sur l'extension du système de santé défendue par l'administration Obama).

2. À l'échelle de l'Europe, ce sont les pays les plus riches et les plus productifs qui ont les impôts les plus élevés (entre 50 % et 60 % du revenu national en Suède et au Danemark) et les pays les plus pauvres et les moins développés qui ont les impôts les plus faibles (à peine plus de 30 % du revenu national en Bulgarie et en Roumanie). Voir annexe technique.

grandement facilité et accéléré par la croissance exceptionnellement forte qui caractérise cette période, tout du moins en Europe continentale[1]. Quand les revenus progressent de 5 % par an, il n'est pas trop difficile d'accepter qu'une part de cette croissance soit affectée chaque année à la progression du taux de prélèvements et de dépenses publiques (et donc que ces derniers progressent plus vite que la croissance moyenne), surtout dans un contexte où les besoins en termes d'éducation, de santé et de retraite sont évidents, tant il est vrai que l'on part de très bas en 1930 ou en 1950. Il en va très différemment depuis les années 1980-1990 : avec une croissance du revenu moyen par habitant adulte limitée à guère plus de 1 % par an, personne ne souhaite une hausse massive et continue des prélèvements, qui aggraverait encore la stagnation des revenus, ou bien la transformerait en régression claire et nette. On peut imaginer des redistributions entre prélèvements, ou une plus forte progressivité fiscale, pour une masse globale plus ou moins stable ; mais il est très difficile d'envisager une hausse générale et durable du taux moyen d'imposition. Ce n'est pas par hasard si l'on observe une stabilisation dans tous les pays riches, quelles que soient les spécificités nationales et les alternances politiques (voir graphique 13.1). En outre, il n'est pas du tout certain que les besoins justifient un accroissement indéfini des prélèvements publics. Certes, il existe des besoins objectivement croissants en termes de formation et de santé, qui peuvent sans doute justifier un léger accroissement des prélèvements publics à l'avenir. Mais les habitants des pays riches ont également des besoins légitimes de pouvoir d'achat pour acheter toutes sortes de biens et services produits par le secteur privé, par

---

2. Aux États-Unis et surtout au Royaume-Uni, la rapide extension de l'État social s'est faite avec une croissance nettement moins élevée, d'où peut-être un sentiment plus fort de dépossession, doublé d'un sentiment de rattrapage par les autres pays, déjà évoqué (voir en particulier chapitre 2).

exemple pour voyager, se vêtir, se loger, accéder à de nouveaux services culturels, s'offrir la dernière tablette, et ainsi de suite. Dans un monde de croissance faible de la productivité, de l'ordre de 1 %-1,5 %, dont nous avons vu qu'il s'agissait en réalité d'un rythme non négligeable à très long terme, il faut faire des choix entre différents types de besoins, et il n'y a pas de raison évidente de penser que les prélèvements publics devraient financer à terme la quasi-totalité des besoins.

Par ailleurs, au-delà de cette logique de besoin et de partage de la croissance entre différents besoins, il faut prendre en compte le fait que le secteur public, lorsqu'il dépasse une certaine taille, pose de sérieux problèmes d'organisation. Là encore, on ne peut présager de rien dans le très long terme. On peut tout à fait imaginer le développement de nouveaux modes d'organisation décentralisés et participatifs, l'invention de formes innovantes de gouvernance, permettant à terme de structurer de façon efficace un secteur public beaucoup plus vaste que celui qui existe actuellement. La notion même de « secteur public » est d'ailleurs en soi réductrice : le fait qu'il existe un financement public n'implique pas que la production du service en question soit réalisée par des personnes directement employées par l'État ou les collectivités publiques au sens strict. Dans le secteur de l'éducation ou de la santé, il existe dans tous les pays une grande diversité de structures juridiques, notamment sous forme de fondations et d'associations, qui sont de fait des structures intermédiaires entre les deux formes polaires que sont l'État et l'entreprise privée, et qui participent à la production de services publics. Au total, l'éducation et la santé représentent plus de 20 % de l'emploi et du PIB dans les économies développées, soit davantage que tous les secteurs industriels réunis : ce n'est donc pas totalement négligeable. Ce mode d'organisation de la production correspond en outre à une réalité durable et universelle. Par exemple, personne n'envisage de transformer les universités américaines en société par actions. Il est tout à fait possible que ces formes intermédiaires s'étendent à l'avenir, par exemple dans les secteurs culturels ou dans les médias, où le modèle de société à but lucratif est déjà loin d'être la forme unique et pose souvent de sérieux problèmes, notamment en termes de conflits d'intérêts. Nous avons également vu en étudiant la structure et la valorisation du capital en Allemagne que la notion même de propriété privée n'était pas univoque, y compris dans le secteur industriel le plus classique (l'automobile). L'idée selon laquelle il existerait une seule forme possible de propriété du capital et d'organisation de la production ne correspond en aucune façon à la réalité présente du monde développé : nous vivons dans un système d'économie mixte, différent sans doute de celui imaginé dans l'immédiat après-guerre, mais néanmoins bien réel. Il en ira de même à l'avenir, sans doute de plus en plus : de nouvelles formes d'organisation et de propriété sont à inventer.

Cela étant dit, avant d'apprendre à organiser efficacement des financements publics représentant les deux tiers ou les trois quarts du revenu national, il serait bon d'améliorer l'organisation et le fonctionnement d'un secteur public qui représente actuellement la moitié du revenu national (en incluant les revenus de remplacement et de transfert), ce qui n'est déjà pas une mince affaire. En Allemagne comme en France ou en Italie, au Royaume-Uni comme en Suède, les débats autour de l'État social dans les années et décennies à venir porteront avant tout sur ces questions d'organisation, de modernisation et de consolidation : pour une masse totale de prélèvements et de dépenses plus ou moins inchangée en proportion du revenu national (ou peut-être en légère hausse, si l'on suit une logique de besoin), comment améliorer le fonctionnement des hôpitaux et des crèches, que changer aux remboursements d'honoraires médicaux ou de médicaments, comment réformer les universités ou les écoles primaires, comment ajuster le calcul des retraites ou des allocations chômage en fonction de l'évolution de l'espérance de vie ou du chômage des jeunes ? À partir du moment où les dépenses publiques représentent près de la moitié du revenu national, toutes ces discussions sont légitimes, et même indispensables. Si l'on ne se réinterroge pas en permanence sur les façons de rendre ces services toujours plus adaptés aux besoins du public, alors le consensus autour de ce haut niveau de prélèvements, et donc de l'État social, ne durera peut-être pas éternellement.

L'analyse des perspectives de réformes dans l'ensemble de ces champs d'action de l'État social dépasserait évidemment de beaucoup le cadre de ce livre. Nous allons simplement préciser quelques-uns des enjeux liés à deux domaines d'intervention particulièrement importants pour l'avenir, et très directement liés à notre enquête : d'une part, la question de l'égalité d'accès à la formation, et notamment à l'enseignement supérieur ; et d'autre part, la question de l'avenir des systèmes de retraite de répartition dans un monde de croissance faible.

Les institutions éducatives permettent-elles la mobilité sociale ?

Dans tous les pays, sur tous les continents, l'un des principaux objectifs des institutions éducatives et des dépenses publiques d'éducation est de permettre une certaine mobilité sociale. L'objectif revendiqué est que chacun puisse avoir accès à la formation, quelles que soient ses origines sociales. Dans quelle mesure les institutions existantes remplissent-elles réellement cet objectif ?

Nous avons déjà vu dans la troisième partie de ce livre que l'élévation considérable du niveau moyen de formation qui a eu lieu au cours du XXe siècle n'a pas permis de réduire l'inégalité des revenus du travail. Tous les niveaux de qualification ont été tirés vers le haut (le certificat d'études est devenu baccalauréat, le baccalauréat est devenu doctorat) et, compte tenu des transformations des techniques et des besoins, tous les niveaux de salaire ont progressé à des rythmes voisins, si bien que l'inégalité n'a pas changé. La question que nous posons maintenant est celle de la mobilité : la massification de l'enseignement a-t-elle permis un renouvellement plus rapide des gagnants et perdants de la hiérarchie des qualifications, pour une inégalité donnée ? D'après les données disponibles, la réponse semble négative : la corrélation intergénérationnelle des diplômes et des revenus du travail, qui mesure la reproduction dans le temps des hiérarchies, ne semble pas manifester de tendance à la baisse dans le long terme, et aurait même eu tendance à augmenter au cours de la période récente[1]. Il faut toutefois souligner qu'il est beaucoup plus difficile de mesurer la mobilité sur deux générations que l'inégalité en un point donné du temps, et que les sources disponibles pour estimer l'évolution historique de la mobilité sont extrêmement imparfaites[2]. Le résultat le plus clairement établi dans ce domaine de recherche est le fait que la reproduction intergénérationnelle est la plus faible dans les pays nordiques et qu'elle est la plus élevée aux États-Unis (avec un coefficient de corrélation deux-trois fois plus élevé outre-Atlantique qu'en Suède). La France, l'Allemagne et le

1. D'après les travaux d'Anders Bjorklund et d'Arnaud Lefranc, portant sur la Suède et la France, il semblerait que la corrélation intergénérationnelle ait légèrement diminué pour les générations nées dans les années 1940-1950 par comparaison à celles nées dans les années 1920-1930, avant de remonter pour les générations nées dans les années 1960-1970. Voir annexe technique.

2. On peut mesurer la mobilité pour les générations nées au XXe siècle (avec une précision et une comparabilité imparfaites entre pays), mais il est presque impossible de remonter dans le temps et de mesurer la mobilité intergénérationnelle au XIXe siècle, sauf bien sûr à travers l'héritage (voir chapitre 11). Mais il s'agit là d'une question différente de celle de la mobilité des qualifications et des revenus du travail à laquelle nous nous intéressons ici, et sur laquelle se concentrent ces mesures de mobilité intergénérationnelle (les données utilisées dans ces travaux ne permettent pas d'isoler la mobilité des revenus du capital).

Royaume-Uni sont apparemment dans une situation intermédiaire, moins mobiles que l'Europe du Nord, mais plus mobiles que les États-Unis[1].

Ces résultats contrastent singulièrement avec la croyance dans l'« exceptionnalisme américain » qui a longtemps imprégné la sociologie outre-Atlantique, et selon laquelle les États-Unis se caractériseraient par une mobilité sociale exceptionnellement forte par comparaison aux sociétés de classe à l'européenne. Sans doute la société de colons était-elle plus mobile au début du XIXe siècle. Nous avons également noté que l'héritage était historiquement plus faible aux États-Unis, et que la concentration patrimoniale a également longtemps été plus réduite qu'en Europe, tout du moins jusqu'à la Première Guerre mondiale. Mais au XXe siècle, et au début du XXIe, toutes les données disponibles suggèrent que la mobilité sociale est au final plus faible aux États-Unis qu'en Europe.

Ces résultats peuvent s'expliquer, au moins en partie, par le fait que l'accès à l'enseignement supérieur, ou tout du moins aux universités les plus élitistes, nécessite aux États-Unis le paiement de droits d'inscription qui sont souvent extrêmement élevés. Compte tenu de la très forte augmentation de ces droits dans les universités américaines au cours des années 1990-2010, progression qui a d'ailleurs suivi d'assez près celle des revenus américains les plus élevés, tout laisse à penser que les indicateurs de reproduction intergénérationnelle observés aux États-Unis dans le passé vont encore s'aggraver

---

1. Le coefficient descend à 0,2-0,3 en Suède ou en Finlande et monte jusqu'à 0,5-0,6 aux États-Unis. Le Royaume-Uni (0,4-0,5) paraît plus proche des États-Unis, mais les écarts avec l'Allemagne et la France (0,4) ne sont pas toujours significatifs. Sur ces comparaisons internationales de coefficient de corrélation intergénérationnelle des revenus du travail (qui sont également confirmées par les corrélations entre jumeaux), voir notamment les travaux de Markus Jantti. Voir annexe technique.

pour les générations à venir[1]. La question de l'inégalité d'accès à l'enseignement supérieur devient d'ailleurs de plus en plus un sujet de débat outre-Atlantique. En particulier, des travaux récents ont montré que la proportion de diplômés stagnait autour de 10 %-20 % parmi les enfants dont les parents appartiennent aux deux quartiles les plus pauvres de la hiérarchie des revenus, alors qu'elle était passée entre 1970 et 2010 de 40 % à 80 % pour les enfants du quartile le plus élevé (les 25 % les plus riches)[2]. Autrement dit, le revenu des parents est devenu un prédicteur presque parfait de l'accès à l'université.

Méritocratie et oligarchie à l'université

Cette inégalité d'accès semble se répéter au sommet de la hiérarchie économique, non seulement du fait de frais d'inscription très élevés pour les universités privées les plus prestigieuses (y compris pour des parents appartenant à la classe moyenne très supérieure), mais également parce que les décisions d'admission dépendent manifestement de façon significative de la capacité financière des parents à faire des dons aux universités. Une étude a ainsi mis en évidence que les dons faits par les anciens élèves à leur université étaient étrangement concentrés dans les périodes où leurs enfants sont en âge de candidater à l'université[3]. En confrontant les différentes sources

1. Les droits d'inscription sont de 54 000 dollars par an pour un *undergraduate* à Harvard en 2012-2013, en incluant la chambre et divers frais (dont 38 000 dollars pour les *tuitions* au sens strict). Certaines universités sont plus chères que Harvard, qui bénéficie des revenus élevés de sa dotation (voir chapitre 12).
2. Voir G. DUNCAN et R. MURNANE, *Whither Opportunity ? Rising Inequality, Schools, and Children's Life Chances*, Russel Sage Foundation, 2011 (voir en particulier chapitre 6). Voir annexe technique.
1. Voir J. MEER et H. ROSEN, « Altruism and the child cycle of alumni donations », *American Economic Journal : Economic Policy*, 2009.

disponibles, on peut par ailleurs estimer que le revenu moyen des parents des étudiants de Harvard est actuellement de l'ordre de 450 000 dollars, soit approximativement le revenu moyen des 2 % des foyers américains les plus riches[1]. Cela paraît peu compatible avec l'idée d'une sélection uniquement fondée sur le mérite. Le contraste entre le discours méritocratique officiel et la réalité semble ici particulièrement extrême. Il faut également souligner l'absence complète de transparence qui existe sur ces procédures de sélection[2].

On aurait bien tort cependant de s'imaginer que l'inégalité d'accès à l'enseignement supérieur se pose uniquement aux États-Unis. Il s'agit d'une des questions les plus importantes auxquelles l'État social doit faire face au XXIe siècle. Aucun pays à ce stade n'y a apporté de réponse vraiment satisfaisante. Les droits d'inscription universitaires sont certes beaucoup plus faibles en Europe, si l'on excepte le cas du Royaume-Uni[3]. Dans les autres pays, qu'il s'agisse de la Suède ou des autres pays nordiques, de l'Allemagne, de la France, de l'Italie ou de l'Espagne, les droits d'inscription sont généralement relativement faibles (moins de 500 euros). Même s'il existe des exceptions, comme les écoles de com-

---

1. Cela ne signifie pas que Harvard recrute uniquement parmi les 2 % des Américains les plus riches. Simplement, cela signifie que les recrutements au-dessous des 2 % les plus riches sont suffisamment rares, et les recrutements au sein des 2 % les plus riches suffisamment haut placés dans ce groupe, pour que la moyenne générale soit celle-là. Voir annexe technique.
2. Des statistiques aussi élémentaires que le revenu ou le patrimoine moyen des parents des étudiants des différentes universités américaines sont très difficiles à obtenir, et peu étudiées.
3. Les droits maximaux que peuvent faire payer les universités britanniques ont été portés à 1 000 livres en 1998, 3 000 livres en 2004, et 9 000 livres en 2012. La part des droits d'inscription dans les ressources totales des universités britanniques semble en passe de retrouver dans les années 2010 son niveau des années 1920 et d'égaler le niveau américain. Voir les intéressantes séries historiques établies par V. CARPENTIER, « Public-private substitution in higher education », *Higher Education Quarterly*, 2012.

merce ou Sciences-Po en France, et même si la situation évolue rapidement, il s'agit à ce jour d'une différence très frappante avec les États-Unis : en Europe continentale, on considère en général que les droits d'inscription doivent être nuls ou faibles, et que l'accès à l'enseignement supérieur doit être gratuit ou quasi gratuit, de même que pour l'éducation primaire ou secondaire[1]. Au Québec, la décision de porter graduellement les droits d'inscription d'environ 2 000 dollars à près de 4 000 dollars a été interprétée comme une volonté de basculer vers un système inégalitaire à l'américaine, et a conduit à la grève étudiante de l'hiver 2012, et finalement à la chute du gouvernement et à l'annulation de la mesure.

Mais il serait naïf de s'imaginer que la gratuité suffit pour régler tous les problèmes. Des mécanismes de sélection sociale et culturelle plus subtils, tels que ceux analysés en 1964 par Pierre Bourdieu et Jean-Claude Passeron dans *Les Héritiers*, viennent souvent remplacer la sélection financière. En pratique, le système français des grandes écoles aboutit bien souvent à consacrer une dépense publique plus élevée à des étudiants issus de milieux sociaux plus favorisés, et une dépense publique plus faible aux étudiants de l'université, issus en moyenne de milieux plus modestes. Là encore, le contraste entre le discours officiel sur la méritocratie républicaine et la réalité (l'argent public amplifie l'inégalité des origines sociales) est particulièrement extrême[2]. D'après les données disponibles,

---

1. La Bavière et la Basse-Saxe viennent même de décider début 2013 de supprimer les droits d'inscription universitaires de 500 euros par semestre et de pratiquer comme le reste de l'Allemagne la gratuité totale. Dans les pays nordiques, les droits ne dépassent pas quelques centaines d'euros, comme en France.

2. On retrouve la même redistribution à l'envers dans l'enseignement primaire et secondaire : les élèves des écoles et lycées les plus défavorisés ont droit à des enseignants moins expérimentés et moins formés, et donc à une dépense publique moyenne plus faible par enfant que les élèves des écoles et lycées les plus favorisés. C'est d'autant plus regrettable qu'une meilleure

il semblerait que le revenu moyen des parents des étudiants de Sciences-Po soit actuellement de l'ordre de 90 000 euros, ce qui correspond approximativement au revenu moyen des 10 % des foyers français les plus riches. Le bassin de recrutement est donc cinq fois plus vaste que celui de Harvard, mais il n'en est pas moins relativement restreint[1]. Aucune donnée ne permet de faire le même calcul pour les étudiants des autres grandes écoles, mais il est probable que le résultat ne serait guère différent.

Entendons-nous bien : il n'existe pas de façon simple d'atteindre une réelle égalité des chances dans l'enseignement supérieur. Il s'agit d'un enjeu central pour l'État social au XXIe siècle, et le système idéal reste à inventer. Les droits d'inscription élevés créent une inacceptable inégalité d'accès, mais ils apportent une autonomie, une prospérité et un dynamisme qui font l'attractivité des universités américaines de par le monde[2]. Dans l'absolu, il est possible de concilier les avantages de la décentralisation avec ceux de l'égalité d'accès, en apportant aux universités un financement public élevé et incitatif. C'est d'une certaine façon ce que font les systèmes publics d'assurance-maladie : on s'appuie sur une certaine autonomie

---

répartition des moyens au primaire permettrait de réduire fortement l'inégalité des chances scolaires. Voir T. PIKETTY, M. VALDENAIRE, *L'Impact de la taille des classes sur la réussite scolaire dans les écoles, collèges et lycées français*, ministère de l'Éducation nationale, 2006.

1. De même que pour Harvard, ce revenu moyen ne signifie pas que Sciences-Po recrute uniquement parmi les 10 % les plus riches. Voir annexe technique pour la répartition complète des revenus des parents des étudiants de Sciences-Po en 2011-2012.

2. D'après le fameux classement de Shanghai, les États-Unis comptent 53 universités parmi les 100 meilleures universités mondiales en 2012-2013, contre 31 pour l'Europe (dont 9 pour le Royaume-Uni). Le classement s'inverse toutefois au niveau des 500 meilleures universités mondiales (150 pour les États-Unis, contre 202 pour l'Europe, dont 38 pour le Royaume-Uni). Cela reflète l'inégalité importante qui existe au sein des quelque 800 universités américaines (voir chapitre 12).

des producteurs (les médecins, les hôpitaux) tout en prenant en charge collectivement le coût des soins de façon que tous les patients puissent y accéder. On peut faire la même chose avec les universités et les étudiants. Les universités des pays nordiques suivent une stratégie de cet ordre. Cela nécessite certes des financements publics importants, qui ne sont pas faciles à mobiliser dans le contexte actuel de consolidation de l'État social[1]. Une telle stratégie est toutefois beaucoup plus satisfaisante que les autres systèmes expérimentés récemment, qu'il s'agisse des droits d'inscription variant avec le niveau de revenu des parents[2], ou des emprunts remboursables sous forme de supplément d'impôt sur le revenu[3].

En tout état de cause, pour avoir une chance de faire des progrès sur ces questions essentielles pour l'avenir, il serait bon de commencer par établir davantage de transparence. Aux États-Unis, en France et dans la plupart des pays, les discours à la gloire du modèle méritocratique national sont rarement fondés sur un examen attentif des faits. Il s'agit le plus souvent

---

1. On notera toutefois que, par comparaison à d'autres dépenses (comme les retraites), il est relativement abordable de passer des plus faibles dépenses en enseignement supérieur (à peine 1 % du revenu national en France) aux plus élevées (entre 2 % et 3 % en Suède ou aux États-Unis).

2. Par exemple, les droits d'inscription à Sciences-Po vont actuellement de 0 euro pour les revenus les plus modestes à près de 10 000 euros pour les revenus parentaux supérieurs à 200 000 euros. Ce système a le mérite de produire des données sur les revenus (assez peu exploitées, malheureusement). Mais, par comparaison aux financements publics à la scandinave, un tel système revient *grosso modo* à privatiser l'usage de l'impôt progressif : ce que paient les parents aisés est consacré à leurs enfants, et non à celui des autres ; c'est évidemment leur intérêt, pas celui des autres.

3. Les *income-contingent loans* appliqués en Australie ou au Royaume-Uni correspondent à des emprunts souscrits par les étudiants d'origine modeste et qui ne seront repayés qu'une fois atteint un certain niveau de revenu. Cela s'apparente à un supplément d'impôt sur le revenu pour les étudiants modestes, alors que les plus aisés bénéficient des dons (généralement non taxés) de leurs parents.

de justifier les inégalités existantes, sans considération pour les échecs parfois patents du système en place. En 1872, Émile Boutmy créait Sciences-Po en lui donnant une claire mission : « Contraintes de subir le droit du plus nombreux, les classes qui se nomment elles-mêmes les classes élevées ne peuvent conserver leur hégémonie politique qu'en invoquant le droit du plus capable. Il faut que, derrière l'enceinte croulante de leurs prérogatives et de la tradition, le flot de la démocratie se heurte à un second rempart fait de mérites éclatants et utiles, de supériorité dont le prestige s'impose, de capacités dont on ne puisse pas se priver sans folie[1]. » Essayons de prendre au sérieux cette incroyable déclaration : elle signifie que c'est par instinct de survie que les classes élevées quittent l'oisiveté et inventent la méritocratie, faute de quoi le suffrage universel risque de les déposséder. Sans doute peut-on la mettre sur le compte du contexte de l'époque : la Commune de Paris vient d'être réprimée, et le suffrage universel masculin est tout juste rétabli. Elle a cependant le mérite de rappeler une vérité essentielle : donner du sens aux inégalités et légitimer la position des gagnants est une question d'importance vitale, qui justifie parfois toutes les approximations.

L'avenir des retraites : répartition et croissance faible

Les systèmes publics de retraite reposent pour l'essentiel sur le principe de répartition : les cotisations prélevées sur les salaires sont immédiatement utilisées pour payer les pensions des retraités. Aucune somme n'est placée, tout est immédiatement reversé, contrairement aux systèmes par

---

1. Voir É. BOUTMY, *Quelques idées sur la création d'une Faculté libre d'enseignement supérieur*, 1871. Voir également P. FAVRE, « Les sciences d'État entre déterminisme et libéralisme. Émile Boutmy (1835-1906) et la création de l'École libre des sciences politiques », *Revue française de sociologie*, 1981.

capitalisation. Dans les systèmes par répartition, fondés sur le principe de solidarité entre générations (on paie des cotisations pour les retraités actuels, dans l'espoir que nos enfants feront de même pour nous demain), le taux de rendement est égal par définition au taux de croissance de l'économie : les cotisations permettant de financer les retraites de demain seront d'autant plus élevées que la masse salariale aura progressé. En principe, cela implique également que les actifs d'aujourd'hui ont intérêt à ce que la masse salariale progresse aussi rapidement que possible : ils doivent donc investir dans les écoles et les universités de leurs enfants, et encourager la natalité. Autrement dit, toutes les générations sont liées les unes aux autres : une société vertueuse et harmonieuse semble à portée de main[1].

Quand les systèmes par répartition ont été introduits, au milieu du XXe siècle, les conditions étaient de fait idéales pour que de tels enchaînements se produisent. La croissance démographique était élevée, la croissance de la productivité l'était plus encore. Au total, le taux de croissance avoisinait les 5 % par an dans les pays d'Europe continentale : tel était donc le rendement du système par répartition. Concrètement, les personnes qui ont cotisé des années 1940 aux années 1980 ont ensuite été repayées (ou le sont encore actuellement) sur la base de masses salariales incomparablement plus élevées que celles sur lesquelles elles avaient cotisé. Il en va différemment aujourd'hui. L'abaissement du taux de croissance aux environs de 1,5 % par an dans les pays riches – et peut-être à terme dans l'ensemble de la planète – réduit d'autant le rendement de la répartition. Tout laisse à penser que le taux de rendement moyen du capital va se situer au cours du XXIe siècle nettement au-dessus du taux de croissance

---

1. Pour une analyse et une défense de ce modèle « multisolidaire », voir A. MASSON, *Des liens et des transferts entre générations*, Éditions de l'EHESS, 2009.

économique (environ 4 %-4,5 % pour le premier, à peine 1,5 % pour le second)[1].

Dans ces conditions, il est tentant d'en conclure que les systèmes de retraite par répartition doivent être remplacés au plus vite par des systèmes fondés sur le principe de capitalisation. Les cotisations doivent être placées et non reversées immédiatement aux retraités, et de cette façon elles pourront se recapitaliser à plus de 4 % par an et financer nos retraites dans quelques décennies. Il y a pourtant plusieurs erreurs importantes dans ce raisonnement. Tout d'abord, à supposer qu'un système par capitalisation soit effectivement préférable, la transition de la répartition vers la capitalisation comporte une difficulté qui n'est pas tout à fait négligeable : elle laisse une génération de retraités totalement sur le carreau. La génération qui s'apprête à partir à la retraite et qui a financé les pensions de la génération précédente verrait d'un assez mauvais œil que les cotisations qui s'apprêtaient à lui être versées pour payer son loyer et ses courses partent en réalité s'investir dans le vaste monde. Il n'existe pas de solution simple à ce problème de transition, qui à lui seul rend une telle réforme totalement inenvisageable, tout du moins sous cette forme extrême.

Ensuite, il faut prendre en compte dans cette analyse des mérites comparés des différents systèmes de retraite le fait que le taux de rendement du capital est en pratique extrêmement volatil. Il serait bien hasardeux d'aller placer toutes les cotisations retraites d'un pays sur les marchés financiers mondiaux. Le fait que l'inégalité $r > g$ soit vérifiée en moyenne ne signifie pas qu'elle soit toujours vrai. Quand on a suffisamment de moyens et que l'on peut se permettre d'attendre dix ou vingt ans avant de retrouver sa mise, le rendement de la capitalisation est effectivement très attirant. Mais quand il s'agit de financer le niveau de vie de base de toute une génération, il serait tout à fait déraisonnable de jouer ainsi

1. Voir chapitre 10, graphiques 10.9-10.11.

avec les dés. La première justification des systèmes de retraite par répartition est qu'ils sont les plus à même de garantir le montant des pensions de façon fiable et prévisible : le taux de croissance de la masse salariale est peut-être plus faible que le taux de rendement du capital, mais il est entre cinq et dix fois moins volatil[1]. Il en ira de même au XXIe siècle, et la retraite par répartition continuera donc de faire partie de l'État social idéal de l'avenir, dans tous les pays.

Cela étant dit, cela n'implique pas que la logique r > g puisse être entièrement ignorée et que rien ne doive être changé aux systèmes actuellement en place dans les pays développés. Il y a évidemment le défi du vieillissement. Dans un monde où l'on décède entre 80 et 90 ans, il est difficile de conserver les mêmes paramètres que ceux mis en place à une époque où l'on décédait entre 60 et 70 ans. En outre, l'augmentation de l'âge de départ à la retraite n'est pas seulement une façon d'augmenter les ressources disponibles pour les salariés et les retraités (ce qui est toujours bon à prendre, vu la faible croissance). Cela correspond aussi à un besoin de réalisation individuelle dans le travail : pour beaucoup de personnes, se faire mettre à la retraite à 60 ans et s'apprêter à entrer dans une période d'inactivité potentiellement plus longue que la durée de leur carrière professionnelle est une perspective qui n'a rien de réjouissant. Toute la difficulté est qu'il existe sur ces questions une très grande diversité de situations individuelles. Certaines personnes occupant des métiers principalement intellectuels peuvent certes souhaiter rester en poste jusqu'à 70 ans (on peut espérer que leur part dans l'emploi total augmente au cours du temps). Mais

---

1. Rappelons que cette volatilité est la raison même pour laquelle la répartition a été introduite après la Seconde Guerre mondiale : tous ceux qui avaient placé leurs cotisations retraite sur les marchés financiers dans les années 1920-1930 s'étaient retrouvés ruinés, et personne n'avait envie de retenter l'expérience des systèmes obligatoires de retraite par capitalisation qui avaient été mis en place dans de nombreux pays avant la guerre (par exemple dans le cadre des lois de 1910 et 1928 en France).

il en existe beaucoup d'autres qui ont commencé à travailler tôt et qui exercent des métiers pénibles ou peu épanouissants, et qui aspirent légitimement à prendre leur retraite relativement tôt (d'autant plus que leur espérance de vie est souvent plus faible que celle des personnes plus qualifiées). Le problème est que de nombreuses réformes menées récemment dans les pays développés ont tendance à ne pas distinguer correctement ces différents cas, voire à demander plus d'efforts aux seconds qu'aux premiers, d'où des réactions de rejet.

L'une des principales difficultés auxquelles se trouvent confrontées ces réformes est que les systèmes de retraite ont souvent atteint une complexité extrême, avec des dizaines de régimes et de règles différents pour les fonctionnaires, les salariés du secteur privé, les non-salariés. Pour toutes les personnes qui ont connu plusieurs statuts au cours de la vie, ce qui est de plus en plus fréquent pour les jeunes générations, le droit à la retraite est parfois une énigme. Cette complexité n'a rien d'étonnant : elle résulte du fait que ces systèmes se sont souvent construits par strates successives, à mesure que ces régimes étaient étendus à de nouveaux groupes sociaux et professionnels, suivant un mouvement qui dans la plupart des pays développés a débuté dès le XIXe siècle (en particulier pour le secteur public). Mais elle rend très difficile l'élaboration de solutions partagées, car chacun a l'impression que son régime est moins bien traité que les autres. L'empilement des règles et des régimes conduit souvent à brouiller les enjeux, et en particulier à sous-estimer l'importance des ressources qui sont déjà consacrées aux systèmes de retraites et qui ne peuvent pas être augmentées indéfiniment. Par exemple, la complexité du système français fait que beaucoup de jeunes salariés n'ont pas une compréhension claire de leur droit à la retraite : certains ont même l'impression qu'il n'auront rien, alors même que le système repose sur un taux global de cotisation retraites très substantiel (de l'ordre de 25 % des salaires bruts). La mise en place d'un régime unique de retraites fondé sur des comptes individuels, permettant à chacun d'acquérir les mêmes droits, quelle que soit la complexité de sa trajectoire professionnelle, fait partie des réformes les plus importantes auxquelles l'État social a à faire face au XXIe siècle[1]. Un tel système permettrait à chacun de mieux anticiper ce qu'il peut attendre de la retraite par répartition, et donc aussi de mieux organiser ses choix d'épargne et d'accumulation patrimoniale, qui dans un monde de croissance faible jouera nécessairement un rôle important, aux côtés du système par répartition. La retraite est le patrimoine de ceux qui n'ont pas de patrimoine, dit-on souvent. C'est exact, mais cela ne dispense pas d'essayer de faire que l'accumulation patrimoniale puisse également concerner les plus modestes[2].

La question de l'État social dans les pays pauvres et émergents

Le processus de construction de l'État social observé dans les pays développés au cours du XXe siècle a-t-il une portée universelle, et finira-t-on par observer la même évolution générale dans les pays pauvres et émergents ? Rien n'est moins sûr. Il faut tout d'abord souligner les différences importantes qui existent à l'intérieur même du monde riche : les pays

---

1. C'est dans une large mesure ce qui a été réalisé par la réforme mise en place en Suède dans les années 1990. Ce système pourrait être amélioré et appliqué à d'autres pays. Voir par exemple A. BOZIO, T. PIKETTY, *Pour un nouveau système de retraite. Des comptes individuels de cotisations financés par répartition*, Éditions rue d'Ulm, 2008.

2. On peut d'ailleurs imaginer que le système unifié de retraite offre en complément du système par répartition une possibilité de rendement garanti pour des épargnes modestes et moyennes. Comme nous l'avons vu dans le chapitre précédent, il est souvent très difficile pour les plus modestes d'accéder au rendement moyen du capital (ou même tout simplement à un rendement positif). C'est d'une certaine façon ce que fait la (petite) partie en capitalisation du système suédois.

d'Europe occidentale semblent s'être stabilisés autour d'un taux de prélèvement public de l'ordre de 45 %-50 % du revenu national, alors que les États-Unis et le Japon paraissent solidement installés à tout juste 30 %-35 %. Cela montre que différents choix sont possibles pour un même niveau de développement.

Si l'on examine l'évolution du taux de prélèvement dans les pays les plus pauvres de la planète depuis les années 1970-1980, on constate des niveaux extrêmement bas de prélèvements publics, généralement compris entre 10 % et 15 % du revenu national, aussi bien en Afrique subsaharienne qu'en Asie du Sud (en particulier en Inde). Si l'on considère les pays de niveau de développement intermédiaire, en Amérique latine, en Afrique du Nord ou en Chine, on observe des taux de prélèvement compris entre 15 % et 20 % du revenu national, inférieurs à ceux observés dans les pays riches aux mêmes niveaux de développement. Le plus frappant est que l'écart avec les pays riches a continué de se creuser au cours des dernières décennies. Alors que le taux de prélèvement moyen dans les pays riches a poursuivi sa progression avant de se stabiliser (de 30 %-35 % au début des années 1970 à 35 %-40 % depuis les années 1980-1990), celui observé dans les pays pauvres et intermédiaires s'est abaissé de façon significative. En Afrique subsaharienne et en Asie du Sud, le taux de prélèvement moyen était légèrement inférieur à 15 % dans les années 1970 et au début des années 1980, et il est tombé à guère plus de 10 % dans les années 1990-2000.

Cette évolution est préoccupante, dans la mesure où le processus de construction d'un État fiscal et social a été dans tous les pays aujourd'hui développés un élément essentiel du processus de modernisation et de développement. Toutes les expériences historiques suggèrent qu'avec 10 %-15 % du revenu national en recettes fiscales il est impossible d'aller très au-delà des fonctions régaliennes traditionnelles : si l'on veut faire fonctionner correctement la police et la justice, il ne reste pas grand-chose pour financer l'éducation et la santé. L'autre choix possible est de mal payer tout le monde, policiers, juges, instituteurs, infirmières, auquel cas il est probable qu'aucun de ces services publics ne fonctionnera correctement. Cela peut conduire à un cercle vicieux, dans la mesure où la médiocrité des services publics contribue à miner la confiance en l'État, ce qui en retour rend plus compliquée la mobilisation de recettes fiscales significatives. Le développement d'un État fiscal et social est intimement lié au processus de construction de l'État tout court. Il s'agit donc d'une histoire éminemment politique et culturelle, intimement liée aux spécificités de chaque histoire nationale et aux clivages propres à chaque pays.

Dans le cas présent, il semblerait cependant que les pays riches et les organisations internationales portent une certaine responsabilité. La situation initiale n'était déjà pas très bonne : le processus de décolonisation a donné lieu dans les années 1950-1970 à des périodes politiques relativement chaotiques, marquées suivant les pays par des guerres d'indépendance avec l'ex-puissance colonisatrice, des frontières plus ou moins arbitraires, des tensions militaires liées à la guerre froide, ou encore des expériences socialistes généralement peu concluantes, parfois par un mélange de tout cela. Par ailleurs, à partir des années 1980-1990, la nouvelle vague ultralibérale venue des pays développés impose aux pays pauvres des coupes dans les secteurs publics et place au dernier rang des priorités la construction d'un système fiscal propice au développement. Une recherche récente très détaillée a démontré que la chute des recettes fiscales observée dans les pays les plus pauvres au cours des années 1980-1990 s'explique pour une large part par l'effondrement des droits de douane, qui dans les années 1970 rapportaient de l'ordre de 5 % du revenu national. La libéralisation des échanges n'est certes pas nécessairement mauvaise en soi – mais à condition que cela ne soit pas brutalement imposé de l'extérieur, et surtout que l'on prenne en compte le fait que cela doit être graduellement compensé par le développement d'une administration fiscale capable de prélever d'autres impôts et de trouver des recettes de substitution. Les pays aujourd'hui développés, qui ont réduit leurs droits de douane à leur rythme tout au long du XIXe et du XXe siècle, à mesure que cela leur semblait utile et qu'ils savaient comment les remplacer, n'avaient fort heureusement personne pour leur expliquer ce qu'ils devaient faire[1]. Cet épisode illustre un phénomène plus général, à savoir la tendance des pays riches à utiliser les pays moins développés comme un champ d'expérimentation, sans véritablement chercher à tirer parti des enseignements de leur propre expérience historique[2]. On observe actuellement une grande diversité de tendances à l'œuvre dans les pays pauvres et émergents. Certains, comme la Chine, sont relativement avancés dans la modernisation de leur système fiscal, avec en particulier un impôt sur le revenu concernant une part importante de la population et rapportant des recettes substantielles. Un État social, du type de ceux observés dans les pays développés européens, américains et asiatiques, est peut-être en cours de construction (avec ses spécificités, et avec évidemment de grandes incertitudes quand à ses soubassements

---

1. Nous résumons ici les principaux résultats obtenus par J. Cagé et L. Gadenne, « The fiscal cost of trade liberalization », Harvard et PSE, 2012 (voir en particulier Figure 1).
2. Certains problèmes d'organisation des services de santé et d'éducation qui se posent actuellement dans les pays pauvres sont tout à fait spécifiques et ne peuvent pas véritablement s'appuyer sur les expériences passées des pays aujourd'hui développés (on pense par exemple aux problèmes liés à l'épidémie du sida), auquel cas des expérimentations nouvelles, éventuellement de type aléatoire, peuvent parfaitement se justifier. Voir par exemple A. Barnerjee et E. Duflo, *Repenser la pauvreté*, Seuil, 2012. Il me semble toutefois qu'en règle générale l'économie du développement tend à négliger les expériences historiques réelles, ce qui en l'occurrence conduit à sous-estimer le fait qu'il est difficile de développer un État social efficace avec des recettes fiscales dérisoires. L'une des difficultés centrales tient évidemment au passé colonial (l'expérimentation aléatoire offre un terrain plus neutre).

politiques et démocratiques). D'autres pays, comme l'Inde, ont beaucoup plus de mal à s'extraire d'un équilibre caractérisé par un très faible taux de prélèvement[1]. Dans tous les cas, la question du développement d'un État fiscal et social dans le monde émergent revêt une importance capitale pour l'avenir de la planète.

---

1. Voir N. QIAN, T. PIKETTY, « Income inequality and progressive income taxation in China and India : 1986-2015 », *American Economic Journal : Applied Economics*, 2009. La différence entre les deux pays est étroitement liée à la plus grande salarisation de la main-d'œuvre chinoise. L'expérience historique démontre que la construction d'un État fiscal et social et le développement d'un statut salarial vont souvent de pair.

14.

Repenser l'impôt progressif sur le revenu

Dans le chapitre précédent, nous nous sommes intéressés à la constitution et à l'évolution de l'État social, en nous concentrant sur le contenu des besoins sociaux et des dépenses publiques correspondantes (éducation, santé, retraites, etc.), et en prenant comme donnés le niveau global des prélèvements et son évolution. Nous allons maintenant, dans ce chapitre et dans le suivant, étudier plus précisément la structure des impôts, taxes et prélèvements qui ont permis cette transformation, et tenter d'en tirer les leçons pour l'avenir. Nous allons voir que l'innovation majeure au XXe siècle en matière fiscale a été la création et le développement de l'impôt progressif sur le revenu. Cette institution a joué un rôle central dans la réduction des inégalités au cours du siècle dernier, mais elle est aujourd'hui gravement menacée par les forces de la concurrence fiscale entre pays, et aussi sans doute parce qu'elle a été mise en place dans l'urgence, sans être véritablement pensée dans ses fondements. Il en va de même de l'impôt progressif sur les successions, qui est la deuxième innovation importante du XXe siècle et qui a également été remise en cause au cours des dernières décennies. Mais avant d'en arriver là il nous faut d'abord replacer ces deux outils dans le cadre plus général de la progressivité fiscale et de son rôle dans la redistribution moderne.

La redistribution moderne : la question de la progressivité fiscale

L'impôt n'est pas une question technique. Il s'agit d'une question éminemment politique et philosophique, sans doute la première d'entre toutes. Sans impôts, il ne peut exister de destin commun et de capacité collective à agir. Il en a toujours été ainsi. On trouve au cœur de chaque bouleversement politique important une révolution fiscale. L'Ancien Régime disparaît quand les assemblées révolutionnaires votent l'abolition des privilèges fiscaux de la noblesse et du clergé, et mettent en place une fiscalité universelle et moderne. La Révolution américaine naît de la volonté des sujets des colonies britanniques de prendre en main leurs propres impôts et leur propre destin (« *No taxation without representation* »). Les contextes ont changé en deux siècles, mais l'enjeu essentiel reste le même. Il s'agit de faire en sorte que les citoyens puissent choisir souverainement et démocratiquement les ressources qu'ils souhaitent consacrer à leurs projets communs : formation, santé, retraites, inégalités, emploi, développement durable, etc. Fort logiquement, la forme concrète que prennent les impôts est dans toutes les sociétés au centre de la confrontation politique. Il s'agit de se mettre d'accord sur qui doit payer quoi et au nom de quels principes, ce qui n'est pas une mince affaire, tant il est vrai que les uns et les autres diffèrent en de nombreuses dimensions, à commencer bien sûr par le revenu et le capital. En particulier, il existe dans toutes les sociétés des personnes ayant un revenu du travail élevé et un capital hérité faible, et inversement : le lien entre ces différentes dimensions n'est fort heureusement jamais parfait. Les visions du système fiscal idéal peuvent varier d'autant.

On distingue classiquement les impôts sur le revenu, les impôts sur le capital, et les impôts sur la consommation. On peut retrouver des prélèvements relevant de ces trois ensembles à pratiquement toutes les époques, dans des proportions diverses. Ces catégories ne sont d'ailleurs pas exemptes d'ambiguïtés, et les frontières ne sont pas toujours parfaitement claires. Par exemple, l'impôt sur le revenu concerne en principe les revenus du capital autant que les revenus du travail : il s'agit donc pour partie d'un impôt sur le capital. On inclut généralement dans les impôts sur le capital à la fois les prélèvements pesant sur le flux de revenus du capital (par exemple sur les bénéfices des sociétés) et ceux assis sur la valeur du stock du capital (par exemple la taxe foncière, l'impôt sur les successions ou l'impôt sur la fortune). Les impôts sur la consommation comprennent à l'époque moderne la taxe sur la valeur ajoutée et les diverses taxes sur les échanges, les boissons, l'essence, le tabac, et tel ou tel bien ou service particulier. Ces taxes existent depuis toujours, et sont souvent les plus détestées de toutes les taxes et les plus lourdes pour les classes populaires, à l'image de la gabelle (taxe sur le sel) sous l'Ancien Régime. On dit souvent que ces impôts sont « indirects », dans le sens où ils ne dépendent pas directement du revenu ou du capital du contribuable individuel : ils sont payés indirectement, au travers du prix de vente, quand on fait ses courses. Dans l'absolu, on pourrait tout à fait imaginer un impôt direct sur la consommation, qui dépendrait du montant consommé par chacun, mais cela ne s'est jamais vu[1].

---

1. Sauf dans les propositions de l'économiste britannique Kaldor, sur lesquelles nous reviendrons plus bas, mais il s'agissait alors de compléter l'impôt progressif sur le revenu et les successions et d'éviter qu'il ne soit contourné (et non de s'y substituer, comme on l'imagine parfois).

Au XXe siècle, une quatrième catégorie de prélèvements est apparue, celle des cotisations sociales. Il s'agit d'une forme particulière de prélèvements pesant sur les revenus, en général uniquement sur les revenus du travail (salaires et revenus d'activité non salariée), et affectée aux caisses de Sécurité sociale, principalement pour financer les revenus de remplacements (pensions de retraite, allocations chômage), ce qui peut parfois permettre de clarifier la gouvernance et l'organisation de l'État social. Certains pays, comme la France, utilisent également les cotisations sociales pour financer d'autres dépenses sociales, comme l'assurance maladie et les allocations familiales, si bien qu'au total les cotisations sociales représentent près de la moitié des prélèvements et ajoutent plutôt à la complexité. À l'inverse, d'autres pays, comme le Danemark, choisissent de financer leurs dépenses sociales au travers d'un énorme impôt sur le revenu, dont les recettes sont affectées pour partie aux retraites, au chômage, à la santé, et ainsi de suite. À dire vrai, ces distinctions entre différentes formes juridiques de prélèvements sont en partie arbitraires[1].

Au-delà de ces querelles de frontières, un critère souvent plus pertinent pour caractériser les différents impôts concerne le caractère plus ou moins proportionnel ou progressif du prélèvement. Un impôt est dit proportionnel quand son taux est le même pour tous (on parle aussi de «*flat tax*»). Un impôt est progressif quand son taux est plus élevé pour les plus riches (ceux qui ont le revenu le plus élevé, ou le capital le plus élevé, ou la consommation la plus élevée, suivant que l'on considère un impôt progressif sur le revenu, le capital

---

1. Par exemple, quand une partie des cotisations sociales a été étendue en France à l'ensemble des revenus (revenus du capital, pensions de retraite, et non plus seulement salaires et revenus d'activité non salariée) pour former en 1990 la « contribution sociale généralisée » (CSG), alors les recettes correspondantes ont été reclassées comme impôt sur les revenus dans les catégories internationales.

ou la consommation), et plus faible pour les plus modestes. Un impôt peut aussi être régressif, quand le taux s'abaisse pour les plus riches, soit parce que ces derniers parviennent à échapper pour partie à l'impôt de droit commun (légalement, par l'optimisation fiscale, ou illégalement, par l'évasion), soit parce que le droit commun prévoit que l'impôt soit régressif, comme dans la fameuse *poll tax* qui a coûté à Margaret Thatcher son poste de Premier ministre en 1990[1].

Si l'on prend en compte l'ensemble des prélèvements, on constate que l'État fiscal moderne n'est souvent pas loin d'être proportionnel au revenu, surtout dans les pays où la masse de prélèvements est importante. Cela n'a rien d'étonnant : il est impossible de prélever la moitié du revenu national et de financer des droits sociaux ambitieux sans demander une contribution substantielle à l'ensemble de la population. La logique de droits universels qui préside au développement de l'État fiscal et social moderne se marie d'ailleurs assez bien avec l'idée d'un prélèvement proportionnel ou légèrement progressif.

L'impôt progressif : un rôle localisé mais essentiel

Il serait erroné, cependant, d'en conclure que la progressivité fiscale ne joue qu'un rôle limité dans la redistribution moderne. Tout d'abord, même si le prélèvement est globalement assez proche de la proportionnalité pour la majorité de la population, le fait que le taux s'élève sensiblement – ou au contraire s'abaisse nettement – pour les revenus ou les patrimoines les plus élevés peut avoir un impact dynamique très important sur la structure d'ensemble des inégalités. En

---

1. La *poll tax* adoptée en 1988 (et abolie en 1991) était un impôt local prévoyant une taxe d'un même montant pour chaque personne adulte, quel que soit le niveau du revenu ou du capital, d'où un taux d'imposition plus faible pour les plus riches en proportion de leur revenu ou capital.

particulier, tout semble indiquer que la progressivité fiscale au sommet de la hiérarchie des revenus et des successions explique en partie pourquoi la concentration des patrimoines, à l'issue des chocs des années 1914-1945, n'a jamais totalement retrouvé son niveau astronomique de la Belle Époque. À l'inverse, l'abaissement spectaculaire de la progressivité sur les hauts revenus aux États-Unis et au Royaume-Uni depuis les années 1970-1980, alors même que ces deux pays avaient été le plus loin dans cette direction dans l'après-guerre, explique sans doute pour une large part l'envol des très hautes rémunérations. Dans le même temps, la montée de la concurrence fiscale au cours des dernières décennies, dans un contexte de libre circulation des capitaux, a conduit à un développement sans précédent des régimes dérogatoires concernant les revenus du capital, qui un peu partout dans le monde échappent désormais en grande partie au barème progressif de l'impôt sur le revenu. Cela concerne notamment l'espace européen, morcelé entre des États de petite taille qui se sont montrés incapables jusqu'à présent de développer un minimum de coordination en matière fiscale. Il en résulte une course-poursuite sans fin pour réduire notamment l'impôt sur les bénéfices des sociétés et pour exempter les intérêts, dividendes et autres revenus financiers du régime d'imposition de droit commun auquel sont soumis les revenus du travail.

La conséquence est que le prélèvement fiscal est aujourd'hui devenu régressif au sommet de la hiérarchie des revenus dans la plupart des pays, ou est en passe de le devenir. Par exemple, une estimation détaillée faite pour la France de 2010, prenant en compte la totalité des prélèvements obligatoires et les attribuant au niveau individuel en fonction des revenus et des patrimoines détenus par les uns et les autres, aboutit au résultat suivant. Le taux global d'imposition (47 % du revenu national en moyenne dans cette estimation) est d'environ 40 %-45 % au sein des 50 % des personnes disposant des revenus les plus faibles, puis passe à environ 45 %-50 % parmi les

40 % suivants, avant de se mettre à décliner au sein des 5 % des revenus les plus élevés, et surtout des 1 % les plus riches, avec à peine 35 % au niveau des 0,1 % les plus aisés. Pour les plus pauvres, les taux d'imposition élevés s'expliquent par l'importance des impôts sur la consommation et des cotisations sociales (qui au total représentent les trois quarts des prélèvements en France). La légère progressivité observée à mesure que l'on s'élève dans les classes moyennes s'explique par la montée en puissance de l'impôt sur le revenu. À l'inverse, la nette régressivité constatée au sein des centiles supérieurs s'explique par l'importance prise par les revenus du capital et par le fait qu'ils échappent largement au barème progressif, ce que ne peuvent totalement compenser les impôts pesant sur le stock de capital (qui sont de loin les plus progressifs[1]). Tout laisse à penser que cette courbe en cloche se retrouverait également dans les autres pays européens (et probablement aux États-Unis) et qu'elle est en réalité encore plus marquée que ce qu'indique cette estimation imparfaite[2].

Si cette régressivité fiscale au sommet de la hiérarchie sociale devait se confirmer et s'amplifier à l'avenir, il est

---

1. Voir C. LANDAIS, T. PIKETTY, E. SAEZ, *Pour une révolution fiscale. Un impôt sur le revenu pour le XXIe siècle*, Seuil, 2011, p. 48-53. Voir également www.revolution-fiscale.fr.

2. En particulier, cette estimation ne prend pas en compte les revenus dissimulés dans les paradis fiscaux (dont nous avons vu dans le chapitre 12 qu'ils étaient importants) et suppose qu'un certain nombre de « niches fiscales » sont utilisées dans les mêmes proportions à tous les niveaux de revenus et de patrimoines (ce qui conduit probablement à surestimer le taux réel d'imposition au sommet de la hiérarchie). Il faut souligner que le système fiscal français est exceptionnellement complexe et se caractérise par la multiplication des régimes dérogatoires et la superposition des assiettes et des modes de prélèvement (par exemple la France est le seul pays développé à ne pas avoir institué de prélèvement à la source pour l'impôt sur le revenu, alors même que les cotisations sociales et la contribution sociale généralisée sont prélevées à la source depuis toujours). Cette complexité aggrave la régressivité et menace l'intelligibilité d'ensemble du système (de même que pour les retraites).

probable que cela aurait des conséquences importantes sur la dynamique des inégalités patrimoniales et le possible retour d'une très forte concentration du capital. Par ailleurs, il est bien évident qu'une telle sécession fiscale des plus riches est potentiellement extrêmement dommageable pour le consentement fiscal dans son ensemble. Le relatif consensus autour de l'État fiscal et social, déjà fragile par temps de croissance faible, s'en trouve amoindri, notamment au sein des classes moyennes, qui assez naturellement ont du mal à accepter de payer plus que les classes supérieures. Cette évolution favorise la montée des individualismes et des égoïsmes : puisque le système dans son ensemble est injuste, alors pourquoi faudrait-il continuer de payer pour les autres ? C'est pourquoi il est vital pour l'État social moderne que le système fiscal qui le sous-tend conserve un minimum de progressivité, ou à tout le moins ne devienne pas nettement régressif à son sommet.

Il faut en outre ajouter que cette façon de représenter la progressivité du système fiscal, en se plaçant du point de vue de la hiérarchie des revenus, omet par définition de prendre en compte les ressources reçues par héritage[1], dont nous avons vu qu'elles devenaient de moins en moins négligeables. Or l'héritage est en pratique beaucoup moins lourdement taxé que les revenus[2]. Comme nous l'avons vu dans la troisième partie (chapitre 11), cela contribue à renforcer le « dilemme de Rastignac ». Si l'on classait les individus par centile de ressources totales reçues au cours d'une vie (revenus du travail et héritages capitalisés), ce qui est une façon plus satisfaisante de se représenter la question de la progressivité, alors la courbe en cloche serait plus fortement régressive au

---

1. Seuls les revenus issus du capital hérité sont pris en compte (avec les autres revenus du capital), et non le capital hérité lui-même.
2. Par exemple, en France, le taux moyen d'imposition des successions et donations est d'à peine 5 % ; il atteint tout juste 20 % pour le centile supérieur de la hiérarchie de l'héritage. Voir annexe technique.

sommet de la hiérarchie qu'elle ne l'est lorsque l'on considère uniquement les revenus[1].

Enfin, il faut souligner que la mondialisation commerciale, dans la mesure où elle met une pression particulièrement forte sur les travailleurs les moins qualifiés des pays riches, pourrait dans l'absolu justifier un accroissement de la progressivité fiscale, et non pas une diminution, ce qui complique encore un peu plus le contexte d'ensemble. Certes, à partir du moment où l'on souhaite conserver un taux global de prélèvements obligatoires de l'ordre de la moitié du revenu national, il est inévitable que chacun soit mis à contribution dans des proportions importantes. Mais plutôt que d'avoir une très légère progressivité globale du prélèvement (si l'on excepte le sommet), on pourrait très bien imaginer une progressivité plus marquée[2]. Cela ne résoudrait pas tous les problèmes, mais ce serait suffisant pour améliorer sensiblement la situation des moins qualifiés[3]. Et si cette progressivité fiscale accrue ne vient pas, alors il ne faut pas s'étonner que ceux qui bénéficient le moins du libre échange (ou parfois y perdent nettement) aient tendance à le remettre en cause. L'impôt progressif est une institution indispensable pour faire en sorte que chacun bénéficie de la mondialisation, et son absence de plus en plus criante peut aboutir à la remise en cause de cette dernière. Nous y reviendrons dans le prochain chapitre.

Pour ces différentes raisons, l'impôt progressif est un élément essentiel pour l'État social : il a joué un rôle essentiel dans son développement et dans la transformation de la structure

---

1. Voir chapitre 11, graphiques 11.9-11.11, et annexe technique.

2. Par exemple, au lieu de passer de 40 %-45 % au niveau des 50 % les plus pauvres à 45 %-50 % au niveau des 40 % suivants, on pourrait limiter le prélèvement à 30 %-35 % sur le premier groupe en l'augmentant à 50 %-55 % sur le second.

3. Compte tenu de la faible mobilité intergénérationnelle, cela serait en outre plus juste (du point de vue des critères de justice évoqués dans le chapitre précédent). Voir annexe technique.

des inégalités au XXᵉ siècle, et il constitue une institution centrale pour assurer sa viabilité au XXIᵉ siècle. Or cette institution est aujourd'hui gravement menacée, intellectuellement (les différentes fonctions de la progressivité n'ont jamais été pleinement débattues) et politiquement (la concurrence fiscale permet à des catégories entières de revenus de s'extraire des règles de droit commun).

L'impôt progressif au XXᵉ siècle : l'éphémère produit du chaos

Revenons en arrière et essayons de mieux comprendre comment nous en sommes arrivés là. Tout d'abord, il est important de réaliser que l'impôt progressif au XXᵉ siècle est le produit des guerres au moins autant que celui de la démocratie. L'impôt progressif a été mis en place dans le chaos et l'improvisation, ce qui explique au moins en partie pourquoi il n'a pas suffisamment été pensé dans ses différentes missions et pourquoi il est remis en cause aujourd'hui.

Certes, l'impôt progressif sur le revenu a été institué dans de nombreux pays avant le déclenchement de la Première Guerre mondiale. Si l'on excepte le cas de la France, où le vote de la loi du 15 juillet 1914 créant l'impôt général sur le revenu est directement dicté par les impératifs financiers du conflit qui s'annonce (la loi était enterrée au Sénat depuis des années, et seule l'imminence de la déclaration de guerre débloque la situation[1]), la création se fait en général « à froid »,

---

1. La loi du 15 juillet 1914 crée l'impôt général sur le revenu (IGR), qui est un impôt progressif sur le revenu global et qui est à l'origine de l'actuel impôt sur le revenu. Elle sera complétée par la loi du 31 juillet 1917 créant les impôts dits « cédulaires » (pesant séparément sur chaque catégorie ou « cédule » de revenus, comme les bénéfices des sociétés ou les salaires), qui sont à l'origine de l'actuel impôt sur les sociétés. Pour un récit détaillé de l'histoire mouvementée de l'impôt sur le revenu en France depuis la réforme

dans le cadre du jeu normal des institutions parlementaires, comme en 1909 au Royaume-Uni et en 1913 aux États-Unis. En Europe du Nord, dans plusieurs États allemands, au Japon, la création de l'impôt progressif sur le revenu est encore plus précoce : 1870 au Danemark, 1887 au Japon, 1891 en Prusse, 1903 en Suède. Autour de 1900-1910, même si l'impôt sur le revenu ne concerne pas encore tous les pays développés, un consensus international est en passe de se dégager autour du principe de progressivité et de son application au revenu global (c'est-à-dire à la somme des revenus du travail, salariaux et non salariaux, et des revenus du capital de toute nature : loyers, intérêts, dividendes, profits, parfois plus-values)[1]. Un tel système apparaît à beaucoup comme une façon à la fois juste et efficace de répartir les impôts. Le revenu global mesure la capacité contributive de chacun, et la progressivité permet d'envisager une limitation des inégalités produites par le capitalisme industriel, tout cela dans le respect de la propriété privée et des forces de la concurrence. De multiples rapports et livres publiés à cette époque contribuent à populariser l'idée et à convaincre une partie des élites politiques et des économistes libéraux, même si beaucoup resteront très hostiles au principe même de la progressivité, notamment en France[2].

---

fondatrice de 1914-1917, voir T. PIKETTY, *Les Hauts Revenus en France au XXe siècle*, *op. cit.*, p. 233-334.

1. Il faut souligner que l'impôt progressif vise avant tout à imposer les très hauts revenus du capital (dont chacun est bien conscient à l'époque qu'ils dominent la hiérarchie des revenus) et qu'il ne serait venu à l'idée de personne, dans aucun pays, de leur accorder des exemptions particulières.

2. Les nombreux ouvrages publiés par l'économiste américain Edwin Seligman entre 1890 et 1910 pour vanter les mérites de l'impôt progressif sur le revenu sont par exemple traduits dans toutes les langues et suscitent des débats passionnés. Sur cette période et ces débats, voir P. ROSANVALLON, *La Société des égaux*, *op. cit.*, p. 227-233. Voir également N. DELALANDE, *Les Batailles de l'impôt. Consentement et résistances de 1789 à nos jours*, Seuil, 2011.

L'impôt progressif sur le revenu serait-il donc l'enfant naturel de la démocratie et du suffrage universel ? Les choses sont plus compliquées. On constate en effet que les taux appliqués, y compris aux niveaux de revenus les plus astronomiques, demeurent extrêmement modérés jusqu'à la Première Guerre mondiale. Cela vaut pour tous les pays, sans aucune exception. L'ampleur du choc politique entraîné par la guerre apparaît de façon particulièrement claire sur le graphique 14.1, sur lequel nous avons représenté l'évolution du taux supérieur (c'est-à-dire le taux appliqué sur les revenus plus élevés) aux États-Unis, au Royaume-Uni, en Allemagne et en France de 1900 à 2013. On voit que le taux supérieur stagne à des niveaux insignifiants jusqu'en 1914, puis monte en flèche à l'issue du conflit. Ces évolutions sont représentatives des trajectoires observées dans l'ensemble des pays riches[1].

En France, dans le cadre de l'impôt sur le revenu créé en 1914, le taux le plus élevé n'est que de 2 %, et il ne concerne qu'une infime minorité de contribuables. Ce n'est qu'après la guerre, dans un contexte politique et financier radicalement transformé, que le taux supérieur sera porté à un niveau « moderne » : 50 % en 1920, puis 60 % en 1924, et même 72 % en 1925. Il est particulièrement frappant de constater que la loi décisive du 25 juin 1920, qui porte le taux supérieur à 50 %, et qui peut véritablement être assimilée à une seconde naissance de l'impôt sur le revenu, est adoptée par la « Chambre bleu horizon » (l'une des Chambres

---

1. Le taux supérieur est généralement un taux « marginal », dans le sens où il ne s'applique qu'à la « marge », c'est-à-dire à la fraction de revenu supérieure à un certain seuil. Le taux supérieur concerne généralement moins de 1 % de la population (parfois moins de 0,1 %), et il est préférable, pour avoir une vision complète de la progressivité, d'examiner les taux effectifs acquittés par les différents centiles (qui peuvent être nettement inférieurs). L'évolution du taux supérieur n'en est pas moins intéressante, et il s'agit par définition d'une borne supérieure du taux effectif pesant sur les plus riches.

Repenser l'impôt progressif sur le revenu

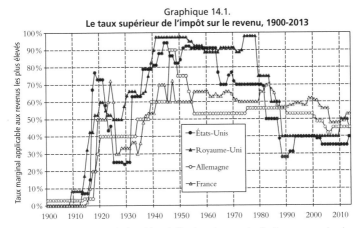

Graphique 14.1.
Le taux supérieur de l'impôt sur le revenu, 1900-2013

Lecture : le taux marginal supérieur de l'impôt sur le revenu (applicable aux revenus les plus élevés) aux États-Unis est passé de 70 % en 1980 à 28 % en 1988.
Sources et séries : voir piketty.pse.ens.fr/capital21c.

les plus à droite de toute l'histoire de la République) et la majorité dite du « Bloc national », c'est-à-dire par une majorité constituée pour une large part des groupes parlementaires qui avant la Première Guerre mondiale s'étaient le plus farouchement opposés à la création d'un impôt sur le revenu avec un taux supérieur de 2 %. Ce revirement complet des députés situés dans la partie droite de l'échiquier politique s'explique évidemment par la situation financière désastreuse héritée de la guerre. L'État a accumulé durant le conflit des dettes considérables, et, au-delà des discours rituels sur le thème « l'Allemagne paiera », tout le monde se rend bien compte qu'il est indispensable de trouver des ressources fiscales nouvelles. Dans un contexte où les pénuries et le recours à la planche à billets ont porté l'inflation à des niveaux inconnus avant la guerre, où les salaires ouvriers n'ont toujours pas retrouvé leur pouvoir d'achat de 1914 et où plusieurs vagues de grève menacent le pays de paralysie en mai-juin 1919, puis de nouveau au printemps de 1920, on a l'impression que la couleur politique importe peu : il faut trouver des ressources fiscales nouvelles, et on imagine mal que les titulaires de hauts revenus soient épargnés. C'est dans ce contexte politique chaotique et explosif, marqué également par la Révolution bolchevique de 1917, que l'impôt progressif est né sous sa forme moderne[1].

Le cas de l'Allemagne est particulièrement intéressant, car l'impôt progressif sur le revenu existe depuis plus de vingt ans quand éclate la guerre. Or les taux d'imposition n'ont jamais été relevés de façon significative pendant la période de paix. En Prusse, le taux supérieur est totalement stable à 3 % de 1891 à 1914, puis passe à 4 % de 1915 à 1918, avant d'être brutalement relevé à 40 % en 1919-1920, dans un contexte politique radicalement différent. Aux États-Unis, qui étaient pourtant le pays le plus prêt intellectuellement et politiquement pour une fiscalité lourdement progressive, et qui prend la tête du mouvement dans l'entre-deux-guerres, il faut également attendre 1918-1919 pour que le taux supérieur soit subitement porté à 67 % puis 77 %. Au Royaume-Uni, le taux applicable aux revenus les plus élevés avait été fixé à 8 % en 1909, ce qui était relativement haut pour l'époque,

---

1. Les taux indiqués sur le graphique 14.1 ne prennent pas en compte les majorations d'impôt de 25 % introduites par la loi de 1920 pour les contribuables célibataires sans enfants et les contribuables mariés « qui au bout de deux ans de mariage n'ont toujours pas eu d'enfant » (en les incluant, le taux supérieur serait de 62 % en 1920 et 90 % en 1925). Cet intéressant dispositif, qui témoigne de la force du traumatisme français en matière de dénatalité, et aussi de l'imagination sans limite du législateur fiscal pour exprimer les peurs et les espoirs d'un pays, deviendra de 1939 à 1944 la « taxe de compensation familiale » et se prolongera de 1945 à 1951 dans le cadre du système du quotient familial (les couples mariés sans enfants, normalement dotés de 2 parts, tombent alors à 1,5 part s'ils n'ont toujours pas d'enfant « au bout de trois ans de mariage » ; on notera que l'Assemblée constituante de 1945 allonge d'un an le délai de grâce fixé en 1920 par le Bloc national). Voir T. PIKETTY, *Les Hauts Revenus en France au XXe siècle*, op. cit., p. 233-334.

mais il faut aussi attendre la fin de la guerre pour qu'il soit soudainement porté à plus de 40 %.

Il est bien sûr impossible de dire ce qui serait arrivé sans le choc de 1914-1918. Sans doute un mouvement était-il lancé. Mais il paraît évident que cette marche en avant vers la progressivité aurait à tout le moins été beaucoup plus lente – et peut-être n'aurait-elle jamais atteint ce niveau. Les taux pratiqués avant 1914, qui sont toujours inférieurs à 10 % (et généralement inférieurs à 5 %), y compris pour les revenus les plus élevés, ne sont en réalité pas très différents des taux appliqués au cours du XVIIIe et du XIXe siècle. Il faut en effet rappeler que si l'impôt progressif sur le revenu global est une création de la fin du XIXe et du début du XXe siècle, il existe des formes beaucoup plus anciennes d'impositions des revenus, généralement avec des règles différentes suivant les revenus, et le plus souvent avec des taux proportionnels ou quasi proportionnels (par exemple avec un taux fixe au-delà d'un abattement). Dans la plupart des cas, les taux sont de l'ordre de 5 %-10 % (au maximum). C'est le cas par exemple du système d'imposition « cédulaire », c'est-à-dire avec des taux séparés pour chaque catégorie ou « cédule » de revenu (rente foncière, intérêts, profits, salaires, etc.), mis en place au Royaume-Uni en 1842 et qui tient lieu d'impôt britannique sur le revenu jusqu'à la création en 1909 de la *super-tax* (impôt progressif sur le revenu global[1]).

En France, sous l'Ancien Régime, il existe également différentes formes d'impôts directs sur les revenus, comme la taille, le dixième et le vingtième, avec typiquement des taux de 5 % ou 10 % (comme leur nom l'indique), s'appliquant à des assiettes plus ou moins incomplètes et avec des

---

1. Un impôt progressif sur le revenu global avait également été brièvement appliqué au Royaume-Uni pendant les guerres napoléoniennes, ainsi qu'aux États-Unis pendant la guerre de Sécession, mais dans les deux cas ces impôts ont été supprimés peu après la fin du conflit.

exceptions parfois nombreuses. Le projet de *dixme* royale proposé en 1707 par Vauban, qui visait à taxer la totalité des revenus du royaume (y compris la rente foncière aristocratique et ecclésiastique) à un taux de 10 %, ne sera jamais totalement appliqué, ce qui n'empêche pas le système fiscal de connaître quelques perfectionnements au cours du XVIIIe siècle[1]. Par rejet pour les procédés inquisitoriaux associés à la monarchie, et sans doute aussi afin d'éviter à la bourgeoisie industrielle en plein essor d'avoir à payer des impôts trop importants, le législateur révolutionnaire a ensuite choisi d'instituer une fiscalité « indiciaire », dans le sens où l'impôt dû était calculé à partir d'indices censés mesurer la capacité contributive du contribuable, et non à partir du revenu lui-même, qui n'a jamais à être déclaré. Par exemple, la contribution des portes et fenêtres est calculée en fonction du nombre de portes et de fenêtres de l'habitation principale du contribuable, indicateur d'aisance qui a le grand mérite pour le contribuable de permettre au fisc de déterminer l'impôt dû sans avoir à pénétrer dans sa maison, et encore moins dans ses livres de comptes. L'impôt le plus important du nouveau système créé en 1792, la contribution foncière, est calculé en fonction de la valeur locative de toutes les propriétés foncières possédées par le contribuable[2]. Le montant de l'impôt est fixé à partir d'estimations de valeurs locatives moyennes révisées lors des grandes enquêtes décennales organisées par l'administration fiscale pour recenser l'ensemble des propriétés du territoire, si bien que le contribuable n'a pas à déclarer le revenu

1. Voir M. TOUZERY, *L'Invention de l'impôt sur le revenu. La taille tarifée 1715-1789*, Comité pour l'histoire économique et financière, 1994.
2. Les fonds de commerce et biens professionnels sont taxés par la contribution des patentes. Sur le système des « quatre vieilles » (les quatre contributions directes qui, avec les droits de succession, forment le cœur du système fiscal créé en 1791-1792), voir T. PIKETTY, *Les Hauts Revenus en France au XXe siècle, op. cit.*, p. 234-239.

réellement perçu chaque année. Compte tenu de la faible inflation, cela importe peu. En pratique, cette taxe foncière s'apparente à un impôt proportionnel sur la rente foncière et n'est pas très différent de l'impôt cédulaire britannique (le taux effectif varie suivant les périodes et les départements, sans jamais dépasser 10 %).

Pour compléter le système, la IIIe République naissante décide de créer en 1872 un impôt sur le revenu des valeurs mobilières. Il s'agit d'un impôt proportionnel s'appliquant aux intérêts, dividendes et autres revenus financiers, alors en plein essor en France et presque entièrement exonérés d'impôt, alors qu'ils sont couverts par le système cédulaire britannique. Mais là encore le taux est fixé à un niveau extrêmement modeste (3 % de 1872 à 1890, puis 4 % de 1890 à 1914), tout du moins par comparaison aux taux observés à partir du début des années 1920. Jusqu'au premier conflit mondial, dans tous les pays développés, on semble considérer qu'un taux d'imposition « raisonnable » ne doit jamais dépasser 10 %, quel que soit le niveau des revenus concernés, si élevés soient-ils.

La question de l'impôt progressif sous la IIIe République

Il est intéressant de noter qu'il en va de même pour l'impôt progressif sur les successions, qui est avec l'impôt sur le revenu la deuxième innovation fiscale importante du début du XXe siècle, et dont les taux restent également relativement modérés jusqu'en 1914 (voir graphique 14.2). Le cas de la France sous la IIIe République est là encore emblématique : voici un pays qui est supposé entretenir une véritable passion avec l'idée d'égalité, où le suffrage universel masculin a été réinstitué en 1871, et qui pourtant refuse avec obstination, pendant près d'un demi-siècle, de basculer franchement dans la progressivité fiscale, et où seule la Première Guerre mondiale viendra vraiment modifier les attitudes. Certes, l'impôt successoral institué par la Révolution française, strictement proportionnel de 1791 à 1901, devient progressif à la suite de la loi du 25 février 1901. Mais en réalité cela ne change pas grand-chose : le taux le plus élevé est fixé à 5 % de 1902 à 1910, puis à 6,5 % de 1911 à 1914, et il ne s'applique qu'à quelques dizaines de fortunes chaque année. Une telle ponction fiscale apparaît exorbitante aux yeux des contribuables fortunés de l'époque, qui ont souvent tendance à considérer qu'un « fils succédant à son père » ne fait en réalité qu'accomplir un « devoir sacré » de perpétuation d'une même propriété familiale, et que cette simple perpétuation ne devrait donner lieu à aucune imposition[1]. Mais en réalité cela n'empêche pas les patrimoines les plus élevés de se transmettre dans leur quasi-totalité d'une génération sur l'autre. Le taux effectif moyen au niveau du centile supérieur de la hiérarchie de l'héritage ne dépasse pas 3 % après la réforme de 1901 (contre 1 % dans le régime proportionnel en vigueur au XIXe siècle). Si l'on examine les choses avec le recul dont nous disposons aujourd'hui, il est évident qu'une telle réforme ne peut guère avoir d'impact sur le processus d'accumulation et d'hyperconcentration patrimoniale à l'œuvre au cours de cette période, quoi qu'aient pu en penser les contemporains.

---

1. Suivant les termes employés par l'une des multiples commissions parlementaires du XIXe siècle qui se prononça contre la progressivité de l'impôt successoral : « Quand un fils succède à son père, ce n'est pas à proprement parler une transmission de biens qui a lieu ; ce n'est qu'une jouissance continuée, disaient les auteurs du Code civil. Cette doctrine serait, si elle était entendue dans un sens absolu, exclusive de tout impôt sur les successions en ligne directe ; elle commande du moins une extrême modération dans la fixation du droit. » *Ibid.*, p. 245.

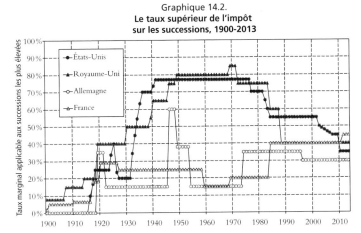

Graphique 14.2.
Le taux supérieur de l'impôt sur les successions, 1900-2013

Lecture : le taux marginal supérieur de l'impôt sur les successions (applicable aux successions les plus élevées) aux États-Unis est passé de 70 % en 1980 à 35 % en 2013.
Sources et séries : voir piketty.pse.ens.fr/capital21c.

De façon générale, il est frappant de constater à quel point les opposants à la progressivité, nettement majoritaires parmi les élites économiques et financières dans la France de la Belle Époque, utilisent en permanence, non sans une certaine dose de mauvaise foi, l'argument d'une France naturellement égalitaire, et qui n'aurait donc nullement besoin d'un impôt progressif. Un exemple particulièrement représentatif et éclairant est celui de Paul Leroy-Beaulieu, qui est l'un des économistes les plus influents de l'époque et qui publie en 1881 son fameux *Essai sur la répartition des richesses et sur la tendance à une moindre inégalité des conditions*, ouvrage qui sera constamment réédité jusqu'au début des années 1910[1]. À dire

---

1. Professeur à l'École libre des sciences politiques, puis au Collège de France de 1880 à 1916, porte-parole enthousiaste de la colonisation au sein des économistes libéraux de son temps, Leroy-Beaulieu est également directeur de *L'Économiste français*, hebdomadaire influent qui est à l'époque l'équivalent de *The Economist* aujourd'hui, en particulier par sa capacité sans

vrai, Leroy-Beaulieu ne dispose d'aucune donnée, d'aucune source susceptible de démontrer la « tendance à une moindre inégalité des conditions ». Qu'à cela ne tienne : il se met à imaginer des raisonnements douteux et peu convaincants, à partir de données totalement inadaptées, pour démontrer coûte que coûte que l'inégalité des revenus est en voie de diminution[1]. Par moments, il semble lui-même se rendre compte que son raisonnement ne tient pas, et il indique alors qu'une telle évolution ne saurait tarder, et que dans tous les cas il ne faut surtout pas interférer, en aucune façon, avec ce processus merveilleux de la mondialisation commerciale et financière, qui permet à l'épargnant français d'investir dans le canal de Panamá aussi bien que dans le canal de Suez, et bientôt dans la Russie des tsars. De toute évidence, Leroy-Beaulieu est fasciné par la mondialisation de son temps, et il est tétanisé à l'idée qu'une révolution brutale puisse tout remettre en cause[2]. Une telle fascination n'a bien sûr rien de répréhensible en soi – à condition qu'elle n'empêche pas d'analyser sereinement les enjeux de son époque. Le grand enjeu en France dans les années 1900-1910 n'est pas l'imminence d'une révolution bolchevique (pas plus qu'aujourd'hui, d'ailleurs), mais plus modestement la création d'impôts pro-

---

limite, et souvent sans discernement, à défendre les intérêts des puissants du moment.

1. Il note par exemple avec satisfaction que le nombre d'indigents secourus n'a progressé que de 40 % en France entre 1837 et 1860, alors même que le nombre de bureaux de bienfaisance a presque doublé. Outre qu'il faut être bien optimiste pour déduire de ces chiffres que le nombre réel d'indigents a diminué (ce que Leroy-Beaulieu fait sans hésitation), une éventuelle baisse du nombre absolu de pauvres, dans un contexte de croissance économique, ne nous dirait évidemment rien du tout sur l'évolution de l'inégalité des revenus. *Ibid.*, p. 522-531.

2. On a parfois l'impression qu'il est l'auteur de la campagne de publicité avec laquelle HSBC tapisse les murs des aéroports depuis quelques années : « Nous voyons un monde d'opportunités. Et vous ? »

gressifs. Pour Leroy-Beaulieu et ses collègues dits du « centre droit » (par opposition à la droite monarchiste), il faut à tout prix s'y opposer, avec un argument implacable : la France est un pays égalitaire, grâce à l'œuvre de la Révolution française, qui a redistribué quelque peu les terres, et surtout qui a institué l'égalité devant le Code civil, l'égalité face au droit de propriété et à la capacité à contracter librement. La France n'a donc nullement besoin d'un impôt progressif et spoliateur. Certes, ajoutent-ils, de tels impôts seraient bien utiles dans des sociétés de classes, des sociétés aristocratiques comme le Royaume-Uni voisin ; mais pas chez nous[1].

En l'occurrence, il aurait suffi que Leroy-Beaulieu consulte les nouveaux dépouillements successoraux publiés par l'administration fiscale peu après la réforme de 1901 pour constater que la concentration des patrimoines est quasiment aussi forte dans la France républicaine de la Belle Époque qu'au Royaume-Uni monarchique. Lors des débats parlementaires de 1907-1908, les partisans de l'impôt sur le revenu font d'ailleurs fréquemment référence à ces statistiques[2]. Il s'agit d'un exemple intéressant montrant qu'un impôt, même appliqué avec des taux faibles, peut être une source de connaissance et de transparence démocratique.

---

1. Un autre argument classique de l'époque est que la technique « inquisitoriale » de la déclaration de revenus ne peut convenir qu'à un pays « autoritaire » comme l'Allemagne, mais serait immédiatement rejetée par un « peuple libre » comme celui de la France. *Ibid.*, p. 481.

2. Ainsi Joseph Caillaux, ministre des Finances de l'époque : « Nous avons été conduits à croire, à dire que la France était le pays des petites fortunes, du capital émietté et dispersé jusqu'à l'infini. Les statistiques que le nouveau régime successoral nous fournit nous obligent à en singulièrement rabattre. […] Messieurs, je ne puis dissimuler que ces chiffres ont pu dans mon esprit modifier quelques-unes de ces idées préconçues. Le fait est qu'un nombre fort restreint de personnes détiennent la plus grande partie de la fortune du pays. » Voir J. CAILLAUX, *L'Impôt sur le revenu*, Berger, 1910, p. 530-532.

Dans les autres pays, on constate également que la Première Guerre mondiale marque une nette rupture dans l'histoire de l'impôt successoral. En Allemagne, la question de l'introduction d'une fiscalité minimale sur les plus hautes transmissions patrimoniales est très présente dans les débats parlementaires de la fin du XIXe siècle et du début du XXe siècle. Les responsables du parti social-démocrate, à commencer par August Bebel et Eduard Bernstein, soulignent que l'impôt successoral permettrait d'alléger les lourds impôts indirects acquittés par les ouvriers et les autres classes salariées, qui auraient ainsi plus de moyens pour améliorer leur sort. Mais les débats au Reichstag échouent : les réformes de 1906 et 1909 aboutissent à la création d'une maigre fiscalité successorale, mais les transmissions en ligne directe et entre époux (c'est-à-dire l'immense majorité des cas) restent entièrement exemptées, quel que soit leur montant. Il faut attendre 1919 pour que l'impôt successoral allemand concerne les transmissions familiales, avec un taux supérieur qui est subitement porté de 0 % à 35 % pour les successions les plus importantes[1]. Le rôle de la guerre et des ruptures politiques qu'elle engendre paraît absolument décisif : sans elles, on voit mal pourquoi et comment les blocages de 1906-1909 auraient été surmontés[2].

On notera toutefois sur le graphique 14.2 un léger frémissement britannique à la hausse à la Belle Époque, plus net encore pour l'impôt sur les successions que pour l'impôt sur

---

1. Sur ces débats, voir J. BECKERT, *Inherited Wealth*, *op. cit.*, p. 220-235. Les taux que nous avons indiqués sur le graphique 14.2 concernent les transmissions en ligne directe (de parents à enfants). Les taux appliqués aux autres transmissions ont toujours été plus élevés en France et en Allemagne. Aux États-Unis et au Royaume-Uni, les taux ne dépendent pas en général de l'identité de l'héritier.

2. Sur le rôle des guerres dans la transformation des perceptions au sujet de l'impôt successoral, voir également K. SCHEVE, D. STASAVADGE, « Democracy, war, and wealth : evidence of two centuries of inheritance taxation », *American Political Science Review*, 2012.

les revenus. Le Royaume-Uni, qui depuis la réforme de 1896 applique déjà un taux supérieur de 8 % sur les transmissions les plus élevés, passe à 15 % en 1908, ce qui commence à être substantiel. Aux États-Unis, l'impôt fédéral sur les successions et donations n'est institué qu'en 1916, mais son taux monte très vite à des niveaux supérieurs à ceux appliqués en France et en Allemagne.

L'impôt confiscatoire sur les revenus excessifs : une invention américaine

De façon générale, si l'on examine l'histoire de la progressivité fiscale au cours du siècle dernier, il est frappant de constater à quel point ce sont les pays anglo-saxons, et en particulier les États-Unis, qui ont inventé l'impôt confiscatoire sur les revenus et patrimoines jugés excessifs. L'examen des graphiques 14.1-14.2 est particulièrement clair. Cela est tellement contraire aux perceptions que l'on a généralement des États-Unis et du Royaume-Uni depuis les années 1970-1980, à l'extérieur comme à l'intérieur de ces pays, qu'il n'est pas inutile de s'arrêter quelque peu sur ce point.

Au cours de l'entre-deux-guerres, tous les pays développés se mettent à expérimenter des taux supérieurs très élevés, souvent de façon erratique. Mais ce sont les États-Unis qui expérimentent en premier des taux supérieurs à 70 %, à la fois pour les revenus, dès les années 1919-1922, puis pour les successions, en 1937-1939. Quand on taxe une tranche de revenus ou de successions à un taux de l'ordre de 70 %-80 %, il est bien évident que l'objectif principal n'est pas de lever des recettes fiscales (et de fait ces tranches n'en rapporteront jamais beaucoup). Il s'agit *in fine* de mettre fin à ce type de revenus ou de patrimoines, jugés socialement excessifs et économiquement stériles par le législateur, ou tout du moins de rendre extrêmement coûteux leur maintien à ce niveau et de décourager très fortement leur perpétuation. Et dans le même temps il ne s'agit pas d'une interdiction absolue ou d'une expropriation. L'impôt progressif constitue toujours une méthode relativement libérale pour réduire les inégalités, dans le sens où cette institution respecte la libre concurrence et la propriété privée, tout en modifiant les incitations privées, éventuellement de façon radicale, mais toujours d'une manière prévisible et continue, suivant des règles fixées à l'avance et démocratiquement débattues, dans le cadre de l'État de droit. L'impôt progressif exprime en quelque sorte un compromis idéal entre justice sociale et liberté individuelle. Ce n'est donc pas par hasard si les pays anglo-saxons, qui dans une certaine mesure se sont montrés les plus attachés aux libertés individuelles au cours de leur histoire, sont aussi ceux qui ont été le plus loin dans la direction de la progressivité fiscale au cours du XXe siècle. Il faut également souligner que les pays d'Europe continentale, et en particulier la France et l'Allemagne, ont exploré d'autres voies dans l'après-guerre, comme la propriété publique des entreprises et la fixation directe du salaire de leurs dirigeants, mesures qui peuvent fort bien se concevoir elles aussi dans le respect du droit et qui d'une certaine façon les dispensaient d'aller aussi loin dans la voie fiscale[1].

À cette explication générale, il faut ajouter des facteurs plus spécifiques. À la fin du XIXe et au début du XXe siècle, pendant la période dite du « Gilded Age », de nombreux observateurs aux États-Unis s'inquiètent du fait que le pays devienne de plus en plus inégalitaire et s'éloigne progressi-

---

1. Pour prendre un exemple extrême, l'Union soviétique n'a jamais eu besoin d'impôt confiscatoire sur les revenus ou patrimoines excessifs, puisque son système économique consistait à contrôler directement la répartition des revenus primaires et à interdire presque totalement la propriété privée (tout cela d'une façon, il est vrai, nettement moins respectueuse du droit). L'Union soviétique a parfois appliqué un impôt sur le revenu, mais de façon tout à fait secondaire, et avec des taux supérieurs très modérés. Il en va de même en Chine. Nous reviendrons sur ce point dans le chapitre suivant.

vement de son idéal pionnier des origines. Nous avons déjà mentionné dans la troisième partie (chapitre 10) le livre que Wilfford King consacre en 1915 à la répartition des richesses aux États-Unis, et les inquiétudes qu'il exprime au sujet d'un possible rapprochement avec les sociétés européennes, perçues alors comme hyperinégalitaires[1]. En 1919, le président de l'American Economic Association, Irving Fisher, va plus loin encore. Il choisit de consacrer sa *Presidential address* à la question des inégalités américaines, et il explique sans détour à ses collègues que la concentration croissante de la fortune est le principal problème économique de l'Amérique. Fisher est affolé par les estimations réalisées par King. Le fait que « 2 % de la population possède plus de 50 % de la fortune » et que « les deux tiers de la population ne possèdent presque rien », lui apparaît comme « une répartition non démocratique de la richesse » (« *an undemocratic distribution of wealth* »), menaçant les fondements mêmes de la société américaine. Plutôt que de restreindre arbitrairement la part des profits ou le rendement du capital, solutions que Fisher évoque pour mieux les rejeter, la méthode la plus adaptée lui semble être d'imposer lourdement les héritages les plus importants (il mentionne une taxation égale aux deux tiers de la succession, voire à la totalité si l'héritage perdure depuis trois générations[2]). Il

---

1. N'en déplaise à Leroy-Beaulieu, la France est mise dans le même sac que le Royaume-Uni ou la Prusse, ce qui dans le fond est assez justifié.

2. Voir I. FISHER, « Economists in public service », *American Economic Review*, 1919. Fisher s'inspire notamment des propositions de l'économiste italien Rignano. Voir G. ERREYGERS, G. DI BARTOLOMEO, « The debates on Eugenio Rignano's inheritance tax proposals », *History of Political Economy*, 2007. L'idée de taxer moins fortement le patrimoine accumulé par la génération précédente que le patrimoine plus ancien, résultant de plusieurs générations d'aisance, est très intéressante sur le principe (la perception de double imposition est souvent beaucoup plus forte dans le premier cas que dans le second, même s'il s'agit bien de générations et donc d'individus distincts dans les deux cas). Elle est cependant difficile à formaliser et à mettre

est frappant de voir à quel point Fisher s'inquiète beaucoup plus des inégalités que Leroy-Beaulieu, alors même qu'il vit dans une société beaucoup moins inégale. La peur de ressembler à la vieille Europe explique sans doute en partie la progressivité fiscale américaine.

Il faut également ajouter la violence extrême de la crise des années 1930 aux États-Unis, ce qui conduit très vite à la mise en accusation des élites économiques et financières, dont il apparaît de plus en plus clairement aux yeux de l'opinion qu'elles se sont enrichies tout en conduisant le pays au désastre (rappelons que la part des hauts revenus dans le revenu national américain atteint des sommets à la fin des années 1920, notamment du fait de plus-values boursières mirobolantes). C'est dans ce contexte que Roosevelt arrive au pouvoir au début de l'année 1933, alors que la crise dure déjà depuis plus de trois ans et qu'un quart du pays est au chômage. Il décide immédiatement de relever fortement le taux supérieur de l'impôt sur le revenu, qui avait été abaissé à 25 % à la fin des années 1920 et sous la désastreuse présidence Hoover, et qui passe à 63 % dès 1933, puis à 79 % en 1937, dépassant ainsi le précédent record de 1919. En 1942, le Victory Tax Act fait passer le taux supérieur à 88 %, niveau porté à 94 % en 1944 avec les différents suppléments. Le taux supérieur se stabilise ensuite aux environs de 90 % jusqu'au milieu des années 1960, puis de 70 % jusqu'au début des années 1980. Au total, sur la période 1932-1980, c'est-à-dire pendant près d'un demi-siècle, le taux supérieur de l'impôt fédéral sur le revenu est en moyenne de 81 % aux États-Unis[1].

Il est important d'insister sur le fait qu'aucun pays d'Europe continentale n'a jamais pratiqué de tels taux (ou bien de façon

---

en pratique (les trajectoires patrimoniales sont souvent très complexes), ce qui explique sans doute pourquoi elle n'a jamais été appliquée.

1. À cela il faut ajouter l'impôt sur le revenu prélevé au niveau des États (dont le taux est généralement compris entre 5 % et 10 %).

tout à fait exceptionnelle, pendant quelques années tout au plus, et en aucune façon pendant un demi-siècle). En particulier, la France et l'Allemagne appliquent des années 1940 aux années 1980 des taux supérieurs généralement compris entre 50 % et 70 %, mais qui ne montent jamais à 80 %-90 %. La seule exception concerne l'Allemagne entre 1947 et 1949 : le taux supérieur est alors de 90 %. Mais il s'agit précisément de la période où les barèmes sont fixés par les autorités alliées d'occupation (en pratique par les autorités américaines). Dès que l'Allemagne retrouve sa souveraineté fiscale, en 1950, le pays décide de revenir très vite vers des taux qui lui semblent plus conformes à sa sensibilité, et le taux supérieur redescend en quelques années à guère plus de 50 % (voir graphique 14.1). On observe exactement le même phénomène au Japon[1].

Le tropisme anglo-saxon pour la progressivité apparaît également, de façon plus extrême encore, pour l'impôt progressif sur les successions. Alors que les États-Unis stabilisent leur taux supérieur entre 70 % et 80 % des années 1930 aux années 1980, la France comme l'Allemagne n'ont jamais dépassé 30 %-40 %, avec là encore comme seule exception les années 1946-1949 en Allemagne (voir graphique 14.2)[2].

Le seul pays à atteindre les sommets américains – voire à les dépasser par moments, pour les revenus comme pour les successions – est le Royaume-Uni. Le taux applicable aux revenus britanniques les plus élevés atteint 98 % pendant les années 1940, puis de nouveau pendant les années 1970, ce

---

1. Le taux supérieur de l'impôt sur le revenu japonais monte brièvement à 85 % en 1947-1949, au moment où il est fixé par l'occupant américain, et retombe immédiatement à 55 % en 1950, dès que le pays retrouve sa souveraineté fiscale. Voir annexe technique.

2. Il s'agit des taux appliqués en ligne directe. Les taux appliqués aux frères, sœurs, cousins, etc. et aux non-parents ont parfois atteint des niveaux plus élevés en France et en Allemagne (par exemple, jusqu'à 60 % pour les non-parents actuellement en France), sans toutefois atteindre les 70 %-80 % appliqués aux enfants aux États-Unis et au Royaume-Uni.

qui est le record historique absolu à ce jour[1]. Il faut aussi noter qu'une distinction souvent appliquée au cours de cette période dans les deux pays concerne la différence entre le « revenu gagné » (*earned income*), c'est-à-dire le revenu du travail (salaires ou revenus d'activités non salariées), et le « revenu non gagné » (*unearned income*), c'est-à-dire le revenu du capital (loyers, intérêts, dividendes, etc.). Le taux supérieur indiqué sur le graphique 14.1 pour les États-Unis et le Royaume-Uni concerne le « revenu non gagné » : il arrive parfois que le taux supérieur applicable au « revenu gagné » soit légèrement inférieur, en particulier pendant les années 1970[2]. Cette distinction est intéressante, car elle exprime en langue fiscale la graduation de la suspicion vis-à-vis des très hauts revenus : tous les revenus trop élevés sont suspects, mais plus encore ceux qui n'ont pas été gagnés. Le contraste avec le contexte actuel, où ce sont au contraire les revenus du capital qui bénéficient d'un régime plus favorable dans de nombreux pays, notamment européens, est saisissant. Il faut noter que le seuil d'application de ces taux supérieurs, variable au cours du temps, est toujours extrêmement élevé : ramené au revenu moyen des années 2000-2010, il se situe le plus souvent entre 0,5 et 1 million d'euros ; dans le cadre de la hiérarchie actuelle, ces taux concerneraient donc moins de 1 % de la population (généralement entre 0,1 % et 0,5 % de la population).

---

1. Ce taux record de 98 % s'applique au Royaume-Uni de 1941 à 1952, puis de 1974 à 1978. Voir annexe technique pour la série complète. Pendant la campagne présidentielle américaine de 1972, le candidat démocrate George McGovern va jusqu'à évoquer un taux supérieur de 100 % pour les successions les plus élevées (ce taux est alors de 77 %), dans le cadre de son plan visant à introduire un revenu minimum inconditionnel. La sèche défaite de McGovern face à Nixon marque le début de la fin de l'enthousiasme redistributif américain. Voir J. BECKERT, *Inherited Wealth, op. cit.*, p. 196.

2. Par exemple, quand le taux supérieur atteint 98 % sur les revenus du capital au Royaume-Uni de 1974 à 1978, il est de 83 % pour les revenus du travail. Voir graphique S14.1 (disponible en ligne).

Le fait de taxer davantage les « revenus non gagnés » est également cohérent avec l'utilisation simultanée d'un impôt successoral lourdement progressif. Si on le remet dans une perspective plus longue, le cas du Royaume-Uni est particulièrement intéressant. Il s'agit du pays où la concentration patrimoniale était la plus extrême au XIXe siècle et à la Belle Époque. Les chocs subis par les hauts patrimoines du fait des guerres du XXe siècle (destructions, expropriations) y ont été moins lourds que sur le continent, mais le pays a choisi de leur faire subir un choc fiscal plus pacifique mais néanmoins considérable, avec un taux supérieur atteignant ou dépassant les 70 %-80 % pendant la période 1940-1980. Le Royaume-Uni est certainement le pays où la réflexion autour de la taxation de l'héritage et des données successorales est la plus intensive au cours du XXe siècle, notamment pendant l'entre-deux-guerres[1]. En novembre 1938, dans la préface à la réédition de son livre classique de 1929 consacré à l'héritage, Josiah Wedgwood considère comme son compatriote Bertrand Russel que les « plouto-démocraties » et leurs élites héréditaires ont failli face à la montée du fascisme. Sa conviction est que « les démocraties politiques qui ne démocratisent pas leur système économique sont intrinsèquement instables ». Il voit dans l'impôt lourdement progressif sur les successions

---

1. Cette réflexion est déjà très présente au XIXe siècle avec les travaux de John Stuart Mill. Elle s'intensifie dans l'entre-deux-guerres avec la sophistication croissante des statistiques successorales. Elle se poursuit dans l'après-guerre avec les travaux déjà cités de James Meade et d'Anthony Atkinson. Il faut aussi mentionner que l'intéressante proposition de Nicholas Kaldor d'un impôt progressif sur la consommation (en réalité sur les trains de vie luxueux) est directement inspirée par la volonté de mettre davantage à contribution les héritiers oisifs, que Kaldor soupçonne d'échapper parfois aux impôts progressifs sur les successions et les revenus (notamment au moyen de *trust funds*), à la différence des professeurs d'université (comme lui-même) qui paient l'impôt sur le revenu rubis sur l'ongle. Voir N. KALDOR, *An Expenditure Tax*, Allen & Unwin, 1955.

l'outil central permettant une telle démocratisation pour le nouveau monde qu'il appelle de ses vœux[1].

L'explosion des salaires des cadres dirigeants : le rôle de la fiscalité

Après avoir connu une grande passion pour l'égalité des années 1930 aux années 1970, les États-Unis et le Royaume-Uni sont repartis avec le même enthousiasme dans la direction opposée au cours des dernières décennies. En particulier, le taux supérieur de leur impôt sur le revenu, après avoir été pendant longtemps nettement au-dessus des niveaux appliqués en France et en Allemagne, est passé nettement au-dessous depuis les années 1980. Pour simplifier, les taux allemands et français sont restés stables autour de 50 %-60 % au cours de la période 1930-2010 (avec une légère baisse en fin de période), alors que les taux américains et britanniques sont passés de 80 %-90 % dans les années 1930-1980 à 30 %-40 % dans les années 1980-2010 (avec un point bas à 28 % à la suite de la grande réforme fiscale reaganienne de 1986) (voir graphique 14.1)[2]. Les pays anglo-saxons ont joué au yo-yo avec leurs riches depuis les années 1930. En comparaison, les pays

---

1. Voir J. WEDGWOOD, *The Economics of Inheritance*, Pelican Books, 1929 (rééd. 1939). Wedgwood décortique avec méticulosité les différents effets en présence, par exemple quand il mesure la faible importance des dons caritatifs, et en conclut que seul l'impôt peut conduire à l'égalisation souhaitée ; ou bien quand il constate que la concentration successorale est presque aussi forte en France qu'au Royaume-Uni vers 1910, ce qui le conduit là encore à conclure que le partage égalitaire à la française – bien que souhaitable – n'est manifestement pas suffisant pour conduire à l'égalité sociale.

2. Pour la France, nous avons inclus sur le graphique 14.1 la CSG (actuellement 8 %) dans l'impôt sur le revenu (qui culmine à 45 % en 2013), d'où un taux supérieur actuellement de 53 %. Voir annexe technique pour la série complète.

d'Europe continentale (dont l'Allemagne et la France sont des exemples relativement représentatifs) et le Japon ont été somme toute beaucoup plus stables dans leur attitude à l'égard des hauts revenus. Nous avons déjà noté dans la première partie de ce livre que ce grand retournement pouvait s'expliquer, au moins en partie, par le sentiment de rattrapage qui saisit les États-Unis et le Royaume-Uni dans les années 1970, et dont se nourrit la vague thatchéro-reaganienne. Certes, ce rattrapage de la période 1950-1980 est pour l'essentiel la conséquence mécanique des chocs subis par l'Europe continentale et le Japon au cours la période 1914-1945. Mais il n'en est pas moins très mal accepté : la hiérarchie de la fortune met en jeu l'honneur et la morale, et n'est pas seulement une question d'argent, au niveau des pays comme des individus. La question qui nous intéresse maintenant est de comprendre les conséquences de ce grand retournement.

Si l'on examine l'ensemble des pays développés, on constate que l'ampleur de la baisse du taux marginal supérieur de l'impôt sur le revenu observée depuis les années 1970 jusqu'aux années 2000-2010 est très étroitement reliée à l'ampleur de la hausse de la part du centile supérieur dans le revenu national au cours de la même période. Concrètement, il existe une corrélation presque parfaite entre ces deux phénomènes : les pays qui ont le plus fortement baissé leur taux supérieur sont aussi ceux où les plus hauts revenus – et notamment les rémunérations des cadres dirigeants des grandes entreprises – ont le plus fortement augmenté ; et inversement les pays qui ont peu baissé leur taux supérieur ont vu les hauts revenus progresser beaucoup plus modérément[1]. Si l'on en croit les

---

1. Cela vaut non seulement pour les États-Unis et le Royaume-Uni (dans le premier groupe), l'Allemagne, la France et le Japon (dans le second), mais également pour l'ensemble de dix-huit pays de l'OCDE pour lesquels les séries de la WTID permettent d'étudier cette question. Voir T. PIKETTY, E. SAEZ, S. STANTCHEVA, « Optimal taxation of top labor incomes : a tale

modèles économiques classiques fondés sur la théorie de la productivité marginale et de l'offre de travail, l'explication pourrait être que la baisse du taux supérieur a puissamment stimulé l'offre de travail et la productivité des cadres dirigeants dans les pays concernés, et que leur productivité marginale (et donc leur salaire) serait ainsi devenue beaucoup plus élevée que dans les autres pays. Cette explication n'est cependant pas très plausible. Comme nous l'avons noté dans la deuxième partie (chapitre 9), la théorie de productivité marginale est un modèle qui rencontre des difficultés conceptuelles et empiriques sérieuses – et aussi qui pèche quelque peu par naïveté – quand il s'agit d'expliquer la formation des rémunérations au sommet de la hiérarchie salariale.

Une explication plus réaliste est que la baisse du taux supérieur, particulièrement massive aux États-Unis et au Royaume-Uni, a totalement transformé les modes de formation et de négociation des salaires de dirigeants. Pour un dirigeant, il est toujours difficile de convaincre les différentes parties prenantes d'une entreprise (subordonnés directs, autres salariés situés plus bas dans la hiérarchie, actionnaires, membres du comité de rémunération) qu'une augmentation importante de rémunération – par exemple, 1 million de dollars en plus – est véritablement justifiée. Dans les années 1950-1960, un cadre dirigeant américain ou britannique avait peu intérêt à se battre pour obtenir une telle augmentation, et les différentes parties prenantes étaient moins prêtes à l'accepter, car de toute façon 80 %-90 % de l'augmentation allait directement dans les caisses du Trésor public. À partir des années 1980, le jeu a totalement changé de nature, et tout semble indiquer que les dirigeants se sont mis à déployer des efforts considérables pour convaincre les uns et les autres de leur accorder des augmentations non moins considérables – ce qui n'est pas

---

of three elasticities », *American Economic Journal : Economic Policy*, 2013 (Figure 3). Voir également annexe technique.

toujours si difficile, compte tenu des très grandes difficultés objectives liées à la mesure de la contribution individuelle d'un dirigeant d'entreprise à la production de sa société, et des modes de composition souvent assez incestueux qui règnent dans les comités de rémunération.

Cette explication a en outre le mérite d'être cohérente avec le fait qu'il n'existe aucune relation statistiquement significative entre la baisse du taux marginal supérieur et le taux de croissance de la productivité des différents pays développés depuis les années 1970. Concrètement, le fait central est que le taux de croissance du PIB par habitant a été presque exactement le même dans tous les pays riches depuis les années 1970-1980. Contrairement à ce que l'on s'imagine parfois outre-Manche ou outre-Atlantique, la vérité des chiffres – autant bien sûr que les comptes nationaux officiels permettent de l'approcher – est que la croissance n'a pas été plus forte depuis les années 1970-1980 au Royaume-Uni et aux États-Unis qu'en Allemagne, en France, au Japon, au Danemark ou en Suède[1]. Autrement dit, la baisse du taux marginal supérieur et la montée des hauts revenus ne semblent pas avoir stimulé la productivité (contrairement aux prédictions de la théorie de l'offre), ou tout du moins pas suffisamment pour que ce soit statistiquement décelable au niveau de l'économie dans son ensemble[2].

---

1. *Ibid.*, Figures 3 et A1 et Table 2. Ces résultats, qui portent sur dix-huit pays, sont également disponibles dans l'annexe technique. Il est à noter que cette conclusion ne dépend pas du choix des années de départ et de fin : dans tous les cas, il n'existe pas de relation statistiquement significative entre la baisse du taux marginal et le taux de croissance ; en particulier, le fait de débuter dans les années 1980 et non dans les années 1960 ou 1970 ne change rien. Pour les taux de croissance des différents pays riches sur la période 1970-2010, voir également chapitre 5, tableau 5.1.

2. Ce qui permet d'exclure une élasticité de l'offre de travail supérieure à 0,1-0,2 et permet d'aboutir au taux marginal optimal décrit plus bas. Tous les détails du raisonnement théorique et des résultats théoriques sont

La confusion considérable qui existe parfois autour de ces questions provient du fait que l'on effectue souvent des comparaisons sur quelques années seulement (ce qui permet de conclure tout et son contraire[1]), ou bien que l'on oublie de retirer la croissance de la population (qui explique l'essentiel de l'écart structurel de croissance totale entre les États-Unis et l'Europe). Peut-être aussi confond-on parfois la comparaison du niveau de production par habitant (qui a toujours été de l'ordre de 20 % plus élevé aux États-Unis, dans les années 1970-1980 comme dans les années 2000-2010) et celle des taux de croissance (qui ont été sensiblement les mêmes sur les deux continents au cours des trois dernières décennies)[2].

---

disponibles dans T. Piketty, E. Saez, S. Stantcheva, « Optimal taxation of top labor incomes : a tale of three elasticities », art. cité, et sont résumés dans l'annexe technique.

1. Il est important de faire des moyennes sur des périodes relativement longues (au moins dix ou vingt ans) pour que ces comparaisons de taux de croissance aient un sens. Sur quelques années, les taux de croissance varient pour toutes sortes de raisons, et il est impossible d'en conclure quoi que ce soit.

2. L'écart de PIB par habitant provient lui-même d'un nombre d'heures travaillées par habitant plus élevé outre-Atlantique. D'après les données internationales les plus standard, le PIB par heure travaillée est sensiblement le même aux États-Unis et dans les pays les plus riches d'Europe continentale (il est en revanche significativement plus faible au Royaume-Uni ; voir annexe technique). L'écart de nombre d'heures s'explique par des congés plus longs et des semaines de travail plus courtes en Europe (l'écart de taux de chômage, quasiment inexistant si l'on compare les États-Unis à l'Allemagne ou aux pays nordiques, compte peu). Sans prétendre traiter ici de cette délicate question, on notera simplement que le choix consistant à passer moins de temps au travail lorsque l'on devient plus productif est au moins aussi justifié que le choix inverse. Qu'il me soit permis d'ajouter le point suivant : le fait que l'Allemagne et la France, en dépit d'un investissement beaucoup plus faible dans l'enseignement supérieur (et d'un système fiscalo-social effroyablement complexe, surtout en France), parviennent au même niveau de PIB par heure travaillée que les États-Unis est en soi miraculeux, et s'explique possiblement par un système éducatif primaire et secondaire plus égalitaire et plus inclusif.

Mais la source principale de confusion provient très probablement du phénomène de rattrapage déjà évoqué. Il est incontestable que le déclin britannique et américain s'est arrêté dans les années 1970-1980, dans le sens où les taux de croissance observés outre-Atlantique et outre-Manche ont cessé d'être inférieurs aux taux allemands, français, nordiques, japonais. Mais il est tout aussi incontestable que cet écart a été réduit à zéro pour une raison toute simple (le rattrapage des pays européens et du Japon sur les pays anglo-saxons était terminé), qui n'a de toute évidence pas grand-chose à voir avec la révolution conservatrice américano-britannique des années 1980, au moins en première approximation[1].

Identités nationales et performance économique

Sans doute ces questions ont-elles une charge émotionnelle trop forte pour les identités nationales et les fiertés des peuples, si bien qu'il est presque impossible de les examiner sereinement. Maggie a-t-elle sauvé le Royaume-Uni ? Bill Gates aurait-il existé sans Ronald Reagan ? Le capitalisme rhénan va-t-il dévorer le petit modèle social français ? Face à des angoisses existentielles aussi profondes, la raison se trouve souvent bien démunie – d'autant plus qu'il est objectivement très difficile d'obtenir des conclusions parfaitement précises et absolument certaines à partir de comparaisons de taux de croissance portant sur quelques dixièmes de pourcents. S'agissant de Bill Gates et de Ronald Reagan, personnages cultes s'il en est (Bill a-t-il inventé l'ordinateur ou seulement la souris ? Ronald a-t-il détruit l'URSS tout seul ou avec l'aide du pape ?), il n'est peut-être pas inutile de rappeler que l'économie américaine était beaucoup plus innovante dans les années 1950-1970 que dans la période 1990-2010, tout du

---

1. Voir en particulier chapitre 2, graphique 2.3.

moins si l'on en juge par le fait que le taux de croissance de sa productivité était près de deux fois plus élevé au cours de la première période, ce qui s'agissant d'une économie se situant dans les deux cas à la frontière mondiale devrait en toute logique être lié à son rythme d'innovation[1]. Un nouvel argument a récemment été avancé : il est possible que l'économie américaine soit devenue plus innovante, mais que cela ne se voie pas dans sa productivité, car en vérité elle innove pour l'ensemble du monde riche, qui survit grâce aux inventions venant d'Amérique. Il semble tout de même bien étonnant que les États-Unis, qui jusqu'à présent étaient relativement peu connus pour leur altruisme international (les Européens se plaignent régulièrement de leurs émissions carbonées, et les pays pauvres de leur pingrerie), ne gardent pas un peu de cette productivité pour eux-mêmes : c'est en principe ce que les brevets sont censés apporter. Mais on voit bien que ce type de débat n'est pas près de cesser[2].

Afin d'essayer de faire néanmoins quelques progrès, nous avons tenté avec Emmanuel Saez et Stefanie Stantcheva d'aller au-delà des comparaisons entre pays et d'exploiter une nouvelle base de données portant sur les rémunérations des cadres dirigeants des sociétés cotées dans l'ensemble des pays développés.

---

1. Le taux de croissance du PIB par habitant aux États-Unis est de 2,3 % par an entre 1950 et 1970, 2,2 % entre 1970 et 1990, et 1,4 % entre 1990 et 2012. Voir chapitre 2, graphique 2.3.

2. L'idée selon laquelle l'Amérique innove pour le reste du monde a été récemment formulée par D. ACEMOGLU, J. ROBINSON, T. VERDIER, « Can't we all be more like scandinavians ? Asymmetric growth and institutions in an interdependent world », MIT, 2012. Il s'agit d'un article essentiellement théorique, dont le principal élément factuel est le fait que le nombre de brevets par habitant est plus élevé aux États-Unis qu'en Europe. Il s'agit d'un fait intéressant, mais qui semble renvoyer au moins en partie à des pratiques juridiques distinctes et qui en tout état de cause devrait permettre au pays innovateur de conserver une productivité significativement supérieure (ou un revenu national plus élevé).

Les résultats obtenus suggèrent que l'envol de ces rémunérations s'explique effectivement assez bien par le modèle de négociation (la baisse du taux marginal conduit à tout faire pour négocier et obtenir une rémunération plus élevée) et n'a pas grand-chose à voir avec une hypothétique amélioration de la productivité des dirigeants en question[1]. Nous retrouvons tout d'abord le résultat selon lequel l'élasticité de la rémunération des dirigeants est encore plus forte vis-à-vis des profits « chanceux » (c'est-à-dire des variations de profits qui ne peuvent être dues à l'action du dirigeant, comme celles liées à la performance moyenne du secteur considéré) que vis-à-vis des profits « non chanceux » (c'est-à-dire des variations non expliquées par ces variables sectorielles), résultat que nous avons déjà décrit dans la troisième partie (chapitre 9), et qui pose tout de même de sérieux problèmes pour la vision incitative de la rémunération des dirigeants. Ensuite et surtout, nous trouvons que l'élasticité vis-à-vis des profits chanceux – en gros, la capacité des dirigeants à obtenir une augmentation sans justification claire en termes de performance économique – a principalement progressé dans les pays où le taux marginal a fortement baissé. Enfin, nous trouvons que ce sont ces variations de taux marginal qui permettent de rendre compte des très fortes hausses de rémunération de dirigeants dans certains pays et non dans d'autres. En particulier, les variations dans la taille des entreprises ou l'importance du secteur financier ne permettent absolument pas d'expliquer les faits observés[2]. De même, l'idée

1. Voir T. Piketty, E. Saez, S. Stantcheva, « Optimal taxation of top labor incomes : a tale of three elasticities », art. cité, Figure 5, Tables 3-4. Les résultats résumés ici reposent sur des données détaillées portant sur près de 3 000 entreprises issues de quatorze pays.

2. X. Gabaix et A. Landier défendent l'idée selon laquelle l'envol des rémunérations des dirigeants découle mécaniquement de l'augmentation de la taille des sociétés (qui augmenterait la productivité des cadres les plus « talentueux »). Voir X. Gabaix et A. Landier, « Why has CEO pay increased so much ? », *Quarterly Journal of Economics*, 2008. Le problème

selon laquelle l'absence de concurrence expliquerait l'envol des rémunérations, et qu'il suffirait d'avoir des marchés plus concurrentiels et de meilleures procédures de gouvernance et de contrôle pour enrayer ce processus, paraît peu réaliste[1]. Nos résultats suggèrent que seuls des taux d'imposition dissuasifs, du type de ceux appliqués aux États-Unis et au Royaume-Uni jusqu'aux années 1970, permettraient de revenir en arrière et de mettre fin à l'envol des hautes rémunérations[2]. S'agissant d'une question aussi complexe et aussi « totale » (économique, politique, sociale, culturelle), il est évidemment impossible d'en être certain : c'est la beauté des sciences sociales. Il est probable par exemple que les normes sociales en matière de rémunération des dirigeants ont également une influence directe sur les niveaux de rémunération observés dans les différents pays, indépendamment de l'effet transitant par le taux d'imposition. Mais tous les éléments disponibles suggèrent que ce modèle explicatif permet le mieux de rendre compte des faits observés.

---

est que cette théorie entièrement fondée sur le modèle de la productivité marginale ne permet aucunement d'expliquer les importantes variations internationales observées (la taille des sociétés a augmenté un peu partout dans les mêmes proportions, et non les rémunérations). Les auteurs utilisent uniquement des données américaines, ce qui limite malheureusement les possibilités de test empirique.

1. L'idée selon laquelle davantage de concurrence pourrait permettre de réduire les inégalités est souvent défendue par les économistes (voir R. RAJAN et L. ZINGALES, *Saving Capitalism from the Capitalists*, Crown Business, 2003 ; L. ZINGALES, *A Capitalism for the People*, Basic Books, 2012 ; ou D. ACEMOGLU et J. ROBINSON, *Why Nations Fail. The Origins of Power, Prosperity and Poverty*, *op. cit.*) et parfois par les sociologues. Voir D. GRUSKY, « What to do about inequality ? », *Boston Review*, 2012.

2. Précisons à ce sujet que contrairement à une idée souvent enseignée, mais rarement vérifiée, aucune donnée n'indique que les cadres dirigeants des années 1950-1980 compensaient leurs plus faibles rémunérations par des avantages en nature plus conséquents. Tout suggère au contraire que ces avantages – jets privés, bureaux somptueux, etc. – ont également progressé depuis 1980.

Repenser la question du taux marginal supérieur

Ces résultats ont des conséquences importantes pour la question du taux marginal supérieur et du degré souhaitable de progressivité fiscale. Ils indiquent en effet que l'utilisation de taux confiscatoires au sommet de la hiérarchie des revenus est non seulement possible, mais encore qu'elle est la seule façon de contenir les dérives observées au sommet des grandes entreprises. D'après nos estimations, le niveau optimal du taux supérieur dans les pays développés serait supérieur à 80 %[1]. La précision d'une telle estimation ne doit pas faire illusion : aucune formule mathématique ou estimation économétrique ne permet de savoir exactement quel taux doit être appliqué, et à partir de quel niveau de revenu il faut atteindre de tels taux. Seules la délibération collective et l'expérimentation démocratique peuvent jouer un tel rôle. Ce qui est certain, cependant, c'est que ces estimations concernent des niveaux de revenu extrêmement élevés, du type de ceux observés au niveau des 1 % ou des 0,5 % des revenus les plus élevés. Tout laisse à penser qu'un taux de l'ordre de 80 % appliqué sur les revenus au-delà de 500 000 dollars ou 1 million de dollars non seulement ne nuirait pas à la croissance américaine, mais permettrait au contraire de mieux la répartir, et de limiter sensiblement des comportements économiquement inutiles (voire nuisibles). Évidemment, il est plus difficile d'appliquer une telle politique dans un petit pays européen ne coopérant pas ou peu avec ses voisins sur le plan fiscal que dans un pays de la taille des États-Unis. Nous reviendrons dans le prochain chapitre sur ces questions de coordination internationale. À ce stade, notons simplement que les États-Unis

---

1. 82 % pour être tout à fait exact. Voir T. PIKETTY, E. SAEZ, S. STANTCHEVA, « Optimal taxation of top labor incomes : a tale of three elasticities », art. cité, Table 5.

ont largement la taille requise pour appliquer efficacement ce type de politique fiscale. L'idée que tous les cadres dirigeants américains fuiraient immédiatement au Canada et au Mexique, et qu'il n'y aurait plus personne de compétent et de motivé pour diriger des entreprises aux États-Unis, n'est pas seulement contradictoire avec l'expérience historique, et avec toutes les données d'entreprises dont nous disposons : cela manque terriblement de bon sens. Un taux de 80 %, appliqué au-delà de 500 000 dollars ou 1 million de dollars, ne rapporterait bien vite qu'assez peu d'argent, car selon toute vraisemblance il remplirait son objectif : limiter drastiquement ce type de rémunération, sans pour autant nuire à la productivité de l'économie américaine dans son ensemble, si bien que les rémunérations plus faibles augmenteraient. Pour obtenir les recettes fiscales dont l'Amérique a par ailleurs bien besoin pour développer son maigre État social et investir dans la formation et la santé (tout en réduisant son déficit public), il faudrait également remonter les taux d'imposition sur les revenus moins élevés (en les fixant par exemple à 50 % ou 60 % au-delà de 200 000 dollars)[1]. Une telle politique fiscale et sociale est parfaitement à la portée des États-Unis.

Pourtant, il semble assez peu probable qu'une telle politique soit adoptée à brève échéance. Comme nous l'avons noté dans le chapitre précédent, il n'est même pas sûr que le taux supérieur appliqué aux États-Unis dépasse 40 % au cours du second mandat Obama. Le processus politique américain serait-il capturé par le 1 % ? Cette hypothèse est

1. On notera que l'impôt progressif joue deux rôles bien distincts dans le modèle théorique que nous proposons (de même d'ailleurs que dans l'histoire de l'impôt progressif) : les taux confiscatoires (du type 80 %-90 % au niveau des 1 % ou 0,5 % les plus riches) permettent de mettre fin aux rémunérations indécentes et inutiles ; les taux élevés mais non confiscatoires (du type 50 %-60 % au niveau des 10 % ou 5 % les plus riches) permettent de lever des recettes fiscales et de contribuer au financement de l'État social, aux côtés des prélèvements acquittés par les 90 % les moins riches.

de plus en plus souvent formulée par les chercheurs américains en sciences politiques et par divers observateurs de la scène politique washingtonienne[1]. Par optimisme, par choix professionnel aussi, je suis naturellement tenté d'accorder plus de poids au débat d'idées. Il me semble qu'un examen plus attentif des différents faits et hypothèses et que l'accès à de meilleures données peuvent permettre d'influencer le processus politique et le débat démocratique, et de les orienter dans une direction plus conforme à l'intérêt général. Par exemple, nous avons noté dans la troisième partie que l'envol des très hauts revenus était souvent sous-estimé par les économistes américains du fait de l'utilisation de données inadéquates, et en particulier d'enquêtes sous-évaluant le niveau et l'évolution des plus hauts revenus, les conduisant par là même à accorder trop de poids à la question de l'écart salarial entre différents groupes de qualifications (question tout à fait centrale à long terme, mais peu pertinente pour comprendre l'envol des 1 %, qui est le phénomène dominant d'un point de vue macro-économique[2]). Il est donc possible d'espérer que l'utilisation de meilleures données (notamment fiscales) finira par s'imposer et par focaliser l'attention sur les bonnes questions.

Cela étant dit, l'histoire de l'impôt progressif au cours du siècle écoulé suggère que le risque de dérive oligarchique est réel, et n'incite guère à l'optimisme pour la suite de l'évolution américaine. Ce sont les guerres qui ont conduit à l'émergence de l'impôt progressif, et non le jeu naturel du suffrage universel. L'expérience de la France à la Belle

2. Voir J. HACKER, P. PIERSON, *Winner-Take-All Politics. How Washington Made the Rich Richer. And Turned its Back on the Middle Class*, Simon & Schuster, 2010 ; K. SCHLOZMAN, S. VERBA, H. BRADY, *The Unheavenly Chorus : Unequal Political Voice and the Broken Promise of American Democracy*, Princeton University Press, 2012 ; T. NOAH, *The Great Divergence*, Bloomsbury Press, 2012.

1. Voir les références données aux travaux de Goldin, Katz, Blank et Rajan dans le chapitre 9.

Époque démontre si besoin est le degré de mauvaise foi atteint par les élites économiques et financières pour défendre leur intérêt, ainsi parfois que par les économistes, qui occupent actuellement une place enviable dans la hiérarchie américaine des revenus[1], et qui ont souvent une fâcheuse tendance à défendre leur intérêt privé, tout en se dissimulant derrière une improbable défense de l'intérêt général[2]. Même si les données à ce sujet sont rares et incomplètes, il semblerait également que la classe politique américaine (tous bords politiques confondus) soit autrement plus riche que les classes politiques européennes, voire totalement déconnectée de la moyenne américaine, ce qui pourrait expliquer pourquoi elle tend à confondre son intérêt privé et l'intérêt général[3]. Sans un choc radical, il paraît relativement probable que l'équilibre actuel se poursuive assez longtemps. L'idéal de la société de pionniers semble décidément bien loin. Le Nouveau Monde est peut-être en passe de devenir la nouvelle vieille Europe de la planète.

---

2. Leurs rémunérations sont tirées vers le haut par celles offertes par le secteur privé – en particulier le secteur financier – à des compétences similaires. Voir chapitre 8.

3. Par exemple au travers de modèles théoriques abscons destinés à démontrer que les plus riches doivent être taxés à un taux nul, voire subventionnés. Pour un bref florilège, voir annexe technique.

1. D'après les données rassemblées par le Center for Responsible Politics à partir des déclarations de patrimoine des élus, le patrimoine moyen des 535 membres du Congrès américain serait supérieur à 15 millions de dollars en 2012. D'après les données rendues publiques par le gouvernement français, le patrimoine moyen des 30 ministres et secrétaires d'État serait actuellement de l'ordre de 1 million d'euros. Quelles que soient les incertitudes, l'écart paraît significatif. Dans les deux pays, le patrimoine moyen par adulte est de l'ordre de 200 000 dollars ou euros. Voir annexe technique.

15.
Un impôt mondial sur le capital

Pour réguler le capitalisme patrimonial mondialisé du XXIe siècle, il ne suffit pas de repenser le modèle fiscal et social du XXe siècle et de l'adapter au monde d'aujourd'hui. Une réactualisation adéquate du programme social-démocrate et fiscal-libéral du siècle dernier est certes indispensable, comme nous avons tenté de le montrer dans les deux chapitres précédents, où nous nous sommes intéressés à deux institutions fondamentales inventées au XXe siècle, et qui doivent continuer de jouer un rôle central à l'avenir : l'État social et l'impôt progressif sur le revenu. Mais pour que la démocratie puisse reprendre le contrôle du capitalisme financier globalisé de ce nouveau siècle, il faut également inventer des outils nouveaux, adaptés aux défis du jour. L'outil idéal serait un impôt mondial et progressif sur le capital, accompagné d'une très grande transparence financière internationale. Une telle institution permettrait d'éviter une spirale inégalitaire sans fin et de réguler efficacement l'inquiétante dynamique de la concentration mondiale des patrimoines[1]. Quels que soient les outils et les régulations qui seront effectivement mis en place, il importe de les évaluer à l'aune de ce système idéal. Nous allons commencer par analyser différents aspects pratiques liés à cette proposition, puis nous la mettrons en perspective dans le cadre plus général des réflexions autour de la régulation du capitalisme, de l'interdiction de l'usure jusqu'à la régulation chinoise du capital.

L'impôt mondial sur le capital : une utopie utile

L'impôt mondial sur le capital est une utopie : on imagine mal à brève échéance l'ensemble des nations du monde s'accorder sur sa mise en place, établir un barème d'imposition s'appliquant à toutes les fortunes de la planète, puis répartir harmonieusement les recettes entre les pays. Mais c'est une utopie utile, me semble-t-il, pour plusieurs raisons. Tout d'abord, même si cette institution idéale ne se met pas en place dans un futur prévisible, il est important d'avoir ce point de référence présent à l'esprit, afin de mieux évaluer ce que permettent et ne permettent pas les solutions alternatives. Nous verrons qu'à défaut d'une solution de cette nature, qui dans sa forme complète exige un niveau très élevé et sans doute peu réaliste à moyen terme de coopération internationale, mais qui peut très bien se mettre en place de façon graduelle et progressive pour les pays qui le souhaitent (pour peu qu'ils soient assez nombreux, par exemple au niveau européen), il est probable que prévaudront diverses formes de repli national. On assistera par exemple à différentes variantes de protectionnisme et de contrôle des capitaux, plus ou moins coordonnées. Ces politiques mèneront sans doute à des frustrations, car elles sont rarement très efficaces, et à des tensions croissantes entre

---

1. Voir troisième partie, chapitre 12.

pays. De tels outils représentent en vérité des substituts bien peu satisfaisants à la régulation idéale que constitue l'impôt mondial sur le capital, qui a le mérite de préserver l'ouverture économique et la mondialisation, tout en la régulant efficacement et en répartissant les bénéfices de façon juste au sein des pays et entre les pays. Beaucoup rejetteront l'impôt sur le capital comme une illusion dangereuse, de la même façon que l'impôt sur le revenu était rejeté il y a un peu plus d'un siècle. Pourtant, à bien y regarder, cette solution est beaucoup moins dangereuse que les options alternatives.

Un tel refus de l'impôt sur le capital serait d'autant plus regrettable qu'il est parfaitement possible d'aller par étapes vers cette institution idéale, en commençant par la mettre en place à une échelle continentale ou régionale et en organisant la coopération entre ces outils régionaux. D'une certaine façon, c'est ce qui commence à s'organiser avec les systèmes de transmissions automatiques d'informations sur les comptes bancaires actuellement débattus à l'échelle internationale, notamment entre les États-Unis et les pays de l'Union européenne. Par ailleurs, il existe d'ores et déjà différentes formes partielles d'impôts sur le capital dans la plupart des pays, en particulier en Amérique du Nord et en Europe, et il convient évidemment de partir de cette réalité. Les formes de contrôle de capitaux qui existent en Chine et dans d'autres parties du monde émergent contiennent également des leçons utiles pour tous. Il existe toutefois plusieurs différences importantes entre ces discussions et dispositifs existants d'une part, et l'impôt sur le capital idéal d'autre part.

Tout d'abord, les projets de transmissions automatiques d'informations bancaires actuellement débattus sont extrêmement incomplets, en particulier pour ce qui est du champ d'actifs couverts et des sanctions envisagées, qui sont nettement insuffisants pour espérer obtenir les résultats escomptés (y compris dans le cadre de la nouvelle loi américaine en cours d'application, loi qui est pourtant plus ambitieuse que les timides règlements européens ; nous y reviendrons). Ce débat ne fait que commencer, et il paraît peu probable qu'il aboutisse à des résultats tangibles sans que des sanctions relativement violentes soient imposées aux banques et surtout aux pays qui vivent de l'opacité financière.

Ensuite, cette question de la transparence financière et des transmissions d'informations est inséparable de la réflexion sur l'impôt sur le capital idéal. Si l'on ne sait pas très bien ce que l'on veut faire de toutes ces informations, il est probable que ces projets auront plus de mal à aboutir que si l'on sait où on veut aller. À mon sens, l'objectif doit être un impôt annuel et progressif prélevé sur le capital au niveau individuel, c'est-à-dire sur la valeur nette des actifs dont chacun a le contrôle. Pour les personnes les plus riches de la planète, la base d'imposition correspondrait donc aux fortunes individuelles estimées par les magazines de type *Forbes* (à supposer bien sûr que ces magazines aient rassemblé les bonnes informations : ce serait d'ailleurs l'occasion de le savoir). Pour tout un chacun, le patrimoine imposable serait également déterminé par la valeur de marché de tous les actifs financiers (notamment dépôts et comptes bancaires, actions, obligations et participations de toutes natures dans des sociétés cotées ou non cotées) et non financiers (en particulier immobiliers) détenus par la personne en question, nette des dettes. Pour ce qui est du barème à appliquer à cette base d'imposition, on peut par exemple imaginer, pour fixer les idées, un taux égal à 0 % au-dessous de 1 million d'euros de patrimoine, 1 % entre 1 et 5 millions d'euros et 2 % au-delà de 5 millions d'euros. Mais on peut aussi préférer un impôt sur le capital beaucoup plus fortement progressif sur les plus hautes fortunes (par exemple, avec un taux de 5 % ou 10 % au-delà de 1 milliard d'euros). On peut aussi trouver des avantages à avoir un taux minimal sur les patrimoines modestes et moyens (par exemple, 0,1 % au-dessous de 200 000 euros, et 0,5 % entre 200 000 et 1 million d'euros).

Ces questions seront discutées plus loin. À ce stade, le point important à avoir présent à l'esprit est que l'impôt sur le capital dont il est question ici est un impôt progressif et annuel sur le patrimoine global : il s'agit d'imposer plus fortement les patrimoines les plus importants, et il s'agit de prendre en compte l'ensemble des actifs, qu'ils soient immobiliers, financiers ou professionnels, sans exception. Cela distingue assez nettement l'impôt sur le capital défendu dans ce livre des impôts sur le patrimoine qui existent actuellement dans les différents pays, même s'il y a des choses importantes à retenir des systèmes déjà en place. En premier lieu, on trouve dans pratiquement tous les pays des impôts sur le patrimoine immobilier, par exemple sous forme de *property tax* dans les pays anglo-saxons ou de taxe foncière en France. Ces impôts ont l'inconvénient de reposer uniquement sur les actifs immobiliers (le patrimoine financier est totalement ignoré, et les emprunts ne peuvent généralement pas être déduits de la valeur des biens, si bien qu'une personne lourdement endettée est taxée de la même façon qu'une autre sans aucune dette), et le plus souvent sur un taux proportionnel ou quasi proportionnel. Ils ont le mérite d'exister et de prélever des masses significatives dans la plupart des pays développés, notamment dans les pays anglo-saxons (typiquement entre 1 % et 2 % du revenu national). En outre, ils reposent dans certains pays (en particulier aux États-Unis) sur des systèmes relativement sophistiqués de déclaration préremplie, avec ajustement automatique de la valeur de marché des biens concernés, qui mériteraient d'être étendus et généralisés à tous les actifs. On trouve par ailleurs dans un certain nombre de pays européens (par exemple en France, en Suisse ou en Espagne, et jusqu'à il y a peu en Allemagne et en Suède) des impôts progressifs sur le patrimoine global. Superficiellement, ces impôts se rapprochent donc davantage de l'impôt sur le capital idéal dont il est question ici. En pratique, cependant, ces impôts sont souvent asphyxiés par les régimes dérogatoires : de nombreux actifs sont exemptés, et d'autres sont évalués sur des bases cadastrales ou des valeurs fiscales arbitraires et sans rapport avec les valeurs de marché, ce qui dans plusieurs pays a conduit à leur suppression. Nous allons voir qu'il faut s'appuyer sur les leçons issues de toutes ces expériences pour bâtir un impôt sur le capital adapté au XXIe siècle.

Un objectif de transparence démocratique et financière

Quel barème faut-il fixer pour l'impôt idéal sur le capital, et quelles recettes peut-on espérer en tirer ? Avant de tenter de répondre à ces interrogations, précisons d'emblée que l'impôt sur le capital dont il est question ici n'a aucunement vocation à remplacer toutes les ressources fiscales existantes. En termes de recettes, il ne s'agira jamais que d'un complément relativement modeste à l'échelle de l'État social moderne : quelques points de revenu national (3-4 points au maximum, ce qui n'est tout de même pas à négliger)[1]. Le rôle principal de l'impôt sur le capital n'est pas de financer l'État social, mais de réguler le capitalisme. Il s'agit d'une part d'éviter une spirale inégalitaire sans fin et une divergence sans limite des inégalités patrimoniales, et d'autre part de permettre une régulation efficace des crises financières et bancaires. Mais, avant de pouvoir remplir ce double rôle, l'impôt sur le capital doit tout d'abord permettre d'atteindre un objectif de transparence démocratique et financière sur les patrimoines et les actifs détenus par les uns et les autres à l'échelle internationale.

Afin d'illustrer l'importance de cet objectif de transparence en tant que tel, commençons par imaginer un impôt mondial sur le capital prélevé à un taux très faible, par exemple à un taux de 0,1 % sur tous les patrimoines, quel que soit leur montant. Par construction, les recettes seraient limitées : avec

---

1. Ces recettes nouvelles peuvent être utilisées pour réduire les prélèvements existants, ou bien pour financer d'autres besoins (comme l'aide internationale ou la réduction de la dette ; nous y reviendrons).

un stock mondial de capital privé de l'ordre de cinq années de production mondiale, cela rapporterait environ 0,5 % du revenu mondial, avec de légères variations suivant les pays, en fonction du niveau de leur rapport capital/revenu (à supposer que les recettes soient perçues en fonction de la résidence des détenteurs du capital, et non de la localisation du capital lui-même, ce qui n'a rien d'évident ; nous y reviendrons). Pourtant, un tel impôt jouerait déjà un rôle très utile.

Tout d'abord, il permettrait de produire de la connaissance et de l'information sur les patrimoines et les fortunes. Les administrations nationales et internationales, les instituts statistiques européens, américains et mondiaux seraient enfin en mesure de produire des informations fiables sur la répartition des patrimoines et leur évolution. Au lieu de consulter les magazines de type *Forbes* ou les rapports sur papier glacé publiés par les gestionnaires de fortunes, sources qui se nourrissent du néant statistique officiel sur ces questions, mais dont nous avons vu les limites dans la troisième partie de ce livre, les citoyens des différents pays pourraient avoir accès à une information publique établie à partir de méthodes et d'obligations déclaratives précisément définies. L'enjeu démocratique est considérable : il est très difficile d'avoir un débat serein sur les grands défis du monde d'aujourd'hui — l'avenir de l'État social, le financement de la transition énergétique, la construction de l'État dans les pays du Sud, etc. — tant que régnera une telle opacité sur la répartition des richesses et des fortunes mondiales. Pour certains, les milliardaires sont tellement riches qu'il suffirait de les taxer à un taux minuscule pour régler tous les problèmes. Pour d'autres, ils sont tellement peu nombreux qu'il n'y a rien de substantiel à attendre de ce côté-là. Comme nous l'avons vu dans la troisième partie, la vérité est sans doute entre les deux. Il faut probablement descendre à des niveaux de patrimoines moins extrêmes (10 ou 100 millions d'euros et non 1 milliard) pour que les enjeux soient véritablement significatifs d'un point de vue macroéconomique. Par ailleurs, nous avons vu que les tendances sont objectivement très inquiétantes : si aucune politique de cette nature n'est mise en place, le risque d'une progression sans limite de la part des plus hautes fortunes dans le patrimoine mondial paraît très élevé, perspective qui ne peut laisser personne indifférent. Dans tous les cas, le débat démocratique ne peut se développer sans base statistique fiable.

Il existe également un enjeu considérable pour la régulation financière. Actuellement, les organisations internationales qui ont la charge de réguler et de surveiller le système financier mondial, à commencer par le Fonds monétaire international, n'ont qu'une connaissance extrêmement approximative de la répartition mondiale des actifs financiers, et en particulier de l'importance des actifs détenus au travers des paradis fiscaux. Nous avons vu que la balance mondiale des actifs et des passifs financiers était systématiquement déséquilibrée (la Terre semble en moyenne détenue par la planète Mars). Prétendre piloter efficacement une crise financière mondiale dans le cadre d'un tel brouillard statistique n'est pas très sérieux. Par exemple, quand survient une faillite bancaire, comme cela est arrivé en 2013 à Chypre, le fait que les autorités européennes comme le FMI ne sachent en réalité presque rien sur l'identité des détenteurs d'actifs financiers dans l'île, et surtout sur le montant précis des fortunes individuelles en question, les conduit à mettre en place des solutions grossières et inefficaces. Nous verrons dans le prochain chapitre que la transparence sur les patrimoines ne permet pas seulement de mettre en place un impôt annuel et permanent sur le capital : cela permet aussi d'envisager un règlement à la fois plus juste et plus efficace des crises bancaires (telles que la crise chypriote), au moyen si nécessaire de prélèvements exceptionnels progressifs et bien calibrés.

Appliqué à un taux de 0,1 %, l'impôt sur le capital s'apparenterait davantage à un droit d'enregistrement qu'à un véritable impôt. Il s'agirait en quelque sorte d'un droit permettant d'enregistrer son titre de propriété, et plus généralement l'ensemble de ses actifs, auprès des autorités financières mondiales, afin de pouvoir en être reconnu comme le propriétaire officiel, avec les avantages et les inconvénients que cela comporte. Comme nous l'avons noté, il s'agit précisément du rôle joué par les droits d'enregistrement et par le cadastre mis en place à la suite de la Révolution française. L'impôt sur le capital serait une sorte de cadastre financier du monde, qui n'existe pas actuellement[1]. Il est important de bien comprendre que l'impôt est toujours plus que l'impôt : il s'agit toujours d'une façon de durcir les définitions et les catégories, de produire des normes, et de permettre d'organiser l'activité économique dans le respect du droit et de ce cadre juridique. Il en a toujours été ainsi, en particulier pour établir le droit de propriété terrien, depuis les temps les plus reculés[2]. À l'époque moderne, c'est la création de l'impôt sur les flux de revenus, de salaires et de profits autour de la Première Guerre mondiale qui oblige à définir précisément les notions de revenu, de salaire et de profit. Cette innovation fiscale a fortement contribué au développement d'une comptabilité d'entreprise obéissant à des normes homogènes, qui n'existait pas auparavant. L'un des principaux enjeux

---

1. Il existe sur chaque continent des institutions financières spécialisées jouant le rôle de dépositaire central (*custodian bank* ; rôle parfois rempli avec celui de chambre de compensation, *clearing house*), dont la fonction est de garder la trace des titres de propriétés dématérialisés émis par les différentes sociétés. Mais la fonction de ces institutions privées est de fournir un service aux sociétés émettrices de titres, et non de rassembler en une même ligne tous les actifs détenus par une même personne. Sur ces institutions, voir G. ZUCMAN, « The missing wealth of Nations : are Europe and the U. S. net debtors or net creditors ? », art. cité.

2. Un cas classique étudié dans la recherche historique est la chute de l'Empire romain, qui a conduit à l'abandon de l'impôt foncier impérial, et donc des titres de propriété et des éléments de cadastre qui allaient avec, ce qui aurait contribué à amplifier le chaos économique au haut Moyen Âge. Voir par exemple P. TEMIN, *The Roman Market Economy*, Princeton University Press, 2012, p. 149-151.

derrière la création d'un impôt moderne sur le stock de capital est justement d'affiner les définitions et les règles de valorisation d'actifs, de passifs et de patrimoine net, qui sont actuellement fixées de façon imparfaite et souvent imprécise par les normes de comptabilité privée en vigueur, ce qui a contribué à la multiplication des scandales financiers depuis le début des années 2000-2010[1].

Enfin et surtout, l'impôt sur le capital oblige à préciser et à étendre le contenu des accords internationaux sur les transmissions automatiques d'informations bancaires. Le principe doit être simple : chaque administration fiscale nationale doit recevoir toutes les informations nécessaires lui permettant de calculer le patrimoine net de chacun de ses ressortissants. Il est en effet impératif que l'impôt sur le capital fonctionne suivant la logique de la déclaration préremplie par l'administration, système qui est déjà en vigueur dans de nombreux pays pour l'impôt sur le revenu (par exemple en France, où chaque contribuable reçoit une déclaration indiquant les salaires déclarés par ses employeurs et les revenus financiers déclarés par les banques). Les choses devraient fonctionner de la même façon avec la déclaration préremplie de patrimoine (cela peut d'ailleurs se faire sur le même document). Chaque contribuable reçoit une déclaration indiquant l'ensemble des actifs et des passifs qu'il détient, tels qu'ils sont connus par l'administration. Ce système est déjà appliqué dans de nombreux États américains dans le cadre de la *property tax*. Le contribuable reçoit chaque année une réévaluation de la valeur de marché de ses propriétés immobilières, calculée par l'administration à partir des prix observés

---

[1]. Pour cette raison, il serait utile d'instituer un impôt à faible taux sur le patrimoine net des sociétés (les fonds propres), conjointement à l'impôt à taux plus élevé sur le patrimoine net des individus. Cela obligerait la puissance publique à se réinvestir fortement sur le terrain des normes comptables, actuellement laissé à des associations de comptables privés. Sur ce sujet, voir N. Véron, M. Autrer, A. Galichon, *L'Information financière en crise. Comptabilité et capitalisme*, Odile Jacob, 2004.

sur les transactions pour des biens similaires. Le contribuable peut bien sûr contester cette évaluation et proposer une autre valeur, à condition de pouvoir la justifier. En pratique, ces rectifications sont très rares, car les données sur les transactions et les prix de vente sont aisément accessibles et difficilement contestables : tout le monde ou presque connaît l'évolution des prix immobiliers dans sa ville, et l'administration dispose de bases de données très complètes[1]. On notera au passage le double avantage de la déclaration préremplie : cela simplifie la vie du contribuable, et cela évite l'inévitable tentation de minorer légèrement la valeur de ses biens[2].

Il est tout à fait essentiel – et parfaitement possible – d'étendre un tel système de déclaration préremplie à l'ensemble des actifs financiers (et des dettes). Pour ce qui est des actifs et passifs détenus dans le cadre d'institutions financières localisées sur le territoire national, cela pourrait être fait dès à présent, puisque les banques, compagnies d'assurances et autres intermédiaires financiers ont déjà l'obligation dans la quasi-totalité des pays développés de transmettre à l'administration fiscale l'ensemble des informations sur les comptes bancaires et les comptes titres qu'ils ont en leur possession. Par exemple, l'administration française sait (ou peut calculer)

---

1. Concrètement, l'administration fait une régression dite « hédonique » calculant le prix de vente en fonction des différentes caractéristiques du bien et propose un prix sur cette base. Il existe dans tous les pays développés des bases de données de transactions permettant de faire de même (elles sont d'ailleurs utilisées pour calculer des indices de prix immobiliers).

2. On constate cette tentation dans tous les systèmes fondés sur l'autodéclaration, comme pour l'impôt sur la fortune en France, où il existe toujours un nombre anormalement bas de valeurs déclarées légèrement au-dessus du seuil d'imposition. Les personnes concernées ont manifestement tendance à minorer légèrement – typiquement de l'ordre de 10 %-20 % – la valeur de leurs biens immobiliers. La déclaration préremplie fournirait une base objective fondée sur des données et une méthode clairement définies et mettrait fin à ce type de comportement.

que telle ou telle personne possède un appartement d'une valeur de 400 000 euros, un portefeuille d'actions valant 200 000 euros, et un emprunt de 100 000 euros, et pourrait donc lui adresser une déclaration préremplie lui indiquant ces différents éléments (d'où il ressort un patrimoine net de 500 000 euros), en lui demandant de rectifier et de compléter le cas échéant. Un tel système, appliqué à l'ensemble de la population sur une base automatique, est autrement plus adapté au XXIe siècle que la solution archaïque consistant à compter sur la mémoire et la bonne foi des uns et des autres pour remplir leur déclaration[1].

Une solution simple : les transmissions automatiques d'informations bancaires

L'enjeu aujourd'hui est d'étendre ces transmissions automatiques d'informations bancaires au niveau international, de façon à pouvoir inclure dans les déclarations préremplies les actifs détenus dans des banques situées à l'étranger. Il est important de réaliser que cela ne pose aucune difficulté technique. À partir du moment où de telles transmissions automatiques ont déjà lieu entre les banques et l'administration fiscale au niveau d'un pays de 300 millions d'habitants comme les États-Unis, ou de pays de 60 millions ou de 80 millions d'habitants comme la France ou l'Allemagne, on comprend bien que le fait d'ajouter les banques localisées aux îles Caïmans ou en Suisse dans le système ne modifie pas radicalement le volume d'informations à traiter. Parmi les autres excuses habituellement évoquées par les paradis fiscaux

---

1. Étrangement, c'est ce système archaïque fondé sur la bonne foi qui a été utilisé en 2013 par le gouvernement français pour obtenir des informations sur les patrimoines de ses propres ministres, officiellement dans le but de rétablir la confiance à la suite du mensonge de l'un d'entre eux.

pour préserver le secret bancaire et ne pas transmettre ces informations de façon automatique, on trouve souvent l'idée selon laquelle les gouvernements concernés pourraient faire un mauvais usage des informations en question. L'argument est là encore peu convaincant : on voit mal pourquoi il ne s'appliquerait pas aux informations bancaires des personnes qui ont la mauvaise idée de détenir un compte dans leur propre pays. La raison la plus plausible pour laquelle les paradis fiscaux défendent le secret bancaire est que cela permet à leurs clients d'éviter d'avoir à faire face à leurs obligations fiscales, et à eux-mêmes de prélever une partie du bénéfice correspondant. Le problème, évidemment, est que cela n'a strictement rien à voir avec les principes de l'économie de marché. Le droit de fixer soi-même son taux d'imposition n'existe pas. On ne peut pas s'enrichir par le libre-échange et l'intégration économique avec ses voisins, puis siphonner leur base fiscale en toute impunité. Cela s'apparente à du vol pur et simple.

La tentative la plus avancée à ce jour pour mettre fin à ce système est la loi américaine dite « Fatca » (« Foreign account tax compliance act »), adoptée en 2010 et dont l'entrée en vigueur graduelle est prévue pour 2014 et 2015, et qui impose à toutes les banques étrangères de transmettre au fisc américain toutes les informations sur les comptes, placements et revenus détenus et perçus par les contribuables américains ailleurs dans le monde. Il s'agit d'un texte beaucoup plus ambitieux que la directive européenne de 2003 sur les revenus de l'épargne, puisque cette dernière concerne uniquement les dépôts bancaires et les placements rémunérés sous forme d'intérêts (les titres autres que les obligations ne sont par définition aucunement concernés, ce qui est fâcheux, car les patrimoines importants prennent principalement la forme de portefeuilles investis en actions, qui entrent pleinement dans le cadre de la loi Fatca), et porte exclusivement sur les pays européens et non sur la planète entière (contrairement là encore à la loi Fatca). Cette timide directive, presque insignifiante, n'est de surcroît toujours pas appliquée, puisqu'en dépit de multiples discussions et propositions d'amendement depuis 2008-2009, le Luxembourg et l'Autriche ont toujours obtenu des autres pays de l'Union européenne la prolongation d'un régime dérogatoire leur permettant d'échapper aux transmissions automatiques et de rester dans le champ de la transmission sur demande motivée. Ce régime, qui continue également de s'appliquer à la Suisse et aux autres territoires européens situés en dehors de l'UE[1], revient à exiger que l'on dispose déjà de quasi-preuves sur la fraude d'un ressortissant pour pouvoir obtenir la transmission d'informations bancaires le concernant, ce qui évidemment limite drastiquement les possibilités de contrôle et de détection d'une fraude. Au cours de l'année 2013, à la suite de l'annonce par le Luxembourg et la Suisse de leur intention de se conformer aux obligations prévues par la loi américaine, de nouvelles discussions ont repris en Europe pour reprendre tout ou partie de ces dispositions dans le cadre d'une nouvelle directive européenne. Il est impossible de dire quand ces discussions aboutiront sur un texte ayant force de loi et quel sera son contenu précis.

On peut simplement noter qu'il existe en ce domaine un écart parfois abyssal entre les déclarations victorieuses des responsables politiques et la réalité de ce qu'ils font. Cela est extrêmement préoccupant pour l'équilibre de nos sociétés démocratiques. Il est particulièrement frappant de constater que les pays qui dépendent le plus de recettes fiscales importantes pour le financement de leur État social, à savoir les pays européens, sont aussi ceux qui ont fait le moins pour avancer réellement dans le règlement du problème, qui est pourtant fort simple techniquement. Cela illustre le drame des petits pays dans la mondialisation. Les États-nations bâtis

---

1. En particulier dans les îles Anglo-Normandes, au Liechtenstein, à Monaco, etc.

au cours des siècles passés n'ont pas la taille adéquate pour édicter et appliquer les règles qui s'imposent dans le cadre du capitalisme patrimonial globalisé du XXIe siècle. Les pays européens ont su s'unir pour mettre en place une monnaie unique (nous reviendrons dans le prochain chapitre sur la portée et les limites de cette unification monétaire), mais n'ont presque rien fait concernant la fiscalité. Les responsables des pays les plus importants de l'UE, qui par définition sont les premiers responsables de cet échec et de l'écart béant entre leurs discours et leurs actes, continuent généralement de s'abriter derrière la responsabilité des autres pays et des institutions européennes. Rien ne permet d'affirmer qu'il en ira différemment dans les années à venir.

Par ailleurs, il faut souligner que la loi Fatca, bien que plus ambitieuse que les directives européennes, est elle-même notoirement insuffisante. Tout d'abord, sa rédaction est insuffisamment précise et systématique, si bien qu'il y a fort à parier que certains actifs financiers, en particulier ceux détenus à travers des *trust funds* et des fondations, parviennent à échapper en toute légalité à l'obligation de transmission automatique d'informations. Ensuite, les sanctions prévues – à savoir une taxe additionnelle de 30 % sur les revenus que les banques récalcitrantes pourraient tirer de leurs activités américaines – sont insuffisantes. Sans doute permettront-elles de convaincre les banques qui ne peuvent se passer d'avoir des activités sur le territoire américain (comme les plus grandes banques suisses ou luxembourgeoises) de se conformer à la loi. Mais on risque d'assister à une recrudescence de petits établissements bancaires spécialisés dans la gestion de portefeuilles étrangers et ne réalisant aucun investissement aux États-Unis. De telles structures, localisées en Suisse, au Luxembourg, à Londres ou dans des territoires plus exotiques, pourront très bien continuer de gérer des actifs détenus par des contribuables américains (ou demain européens) sans transmettre la moindre information et sans subir la moindre sanction.

Il est probable que la seule façon d'obtenir des résultats tangibles est d'imposer des sanctions automatiques non seulement aux banques, mais également aux pays qui refuseraient d'étendre dans leur droit interne les obligations de transmission automatique à tous les établissements basés sur leur territoire. On peut par exemple penser à des sanctions de l'ordre de 30 % de droits de douane sur les pays concernés, ou davantage si nécessaire. Que les choses soient bien claires : l'objectif n'est pas d'aboutir à un embargo généralisé sur les paradis fiscaux, ou à une guerre commerciale sans fin avec la Suisse ou le Luxembourg. Le protectionnisme n'est pas en soi une source de richesses, et dans le fond tout le monde a intérêt au libre-échange et à l'ouverture économique. À condition toutefois que certains pays n'en profitent pas pour siphonner la base fiscale des voisins. Les accords de libre-échange et de libéralisation des mouvements de capitaux négociés depuis les années 1970-1980 auraient dû imposer immédiatement l'échange automatique et systématique d'informations bancaires. Ils ne l'ont pas fait. Ce n'est pas une raison pour s'enferrer éternellement dans un tel régime. Pour des pays qui doivent en partie leur niveau de vie à l'opacité financière, cette évolution est difficile à accepter, d'autant plus que ces pays et territoires ont généralement développé à côté des activités bancaires illicites (ou tout du moins des activités qui seraient fortement remises en cause par les transmissions automatiques d'informations) de véritables services financiers correspondant aux besoins de l'économie réelle internationale, et qui évidemment continueront d'exister quoi qu'il arrive. Il n'en reste pas moins que ces pays subiraient une perte de niveau de vie non négligeable en cas d'application d'un régime de transparence financière généralisée[1]. Il est peu

---

1. Il est difficile d'estimer cette perte, mais il est possible qu'elle atteigne 10 %-20 % du revenu national de pays comme le Luxembourg ou la Suisse (ou de territoires comme la City de Londres), ce qui est une fraction à la

probable qu'ils l'acceptent sans que les sanctions soient mises à exécution, d'autant plus que les autres pays – en particulier les pays plus peuplés de l'Union européenne – n'ont pour l'instant guère brillé par leur détermination sans faille sur ces questions, d'où une crédibilité limitée. En outre, il n'est pas inutile de rappeler que toute la construction européenne a consisté jusqu'ici à expliquer que l'on pouvait obtenir le marché unique et la libre circulation des capitaux sans rien donner en échange (ou presque). Le changement de régime est nécessaire, et même indispensable, mais il serait naïf de s'imaginer que tout cela puisse se faire dans le calme et la douceur. La loi américaine Fatca a eu au moins le mérite de formuler le débat en termes de sanctions concrètes et d'aller au-delà des grands discours inutiles. Il ne reste plus qu'à durcir les termes des sanctions – ce qui n'est pas rien, surtout en Europe.

On notera enfin que l'objectif de la loi Fatca comme des directives européennes n'est pas à ce jour d'établir des déclarations préremplies de patrimoines et de prélever un impôt progressif sur le patrimoine global. L'objectif est avant tout de pouvoir faire la liste des actifs possédés par chacun, pour les besoins internes de l'administration fiscale, notamment afin de repérer les éventuelles insuffisances dans les déclarations de revenus. Les informations recueillies sont également utilisées pour identifier des éventuels manquements concernant la fiscalité patrimoniale (par exemple pour l'impôt successoral, ou bien pour l'impôt sur le patrimoine global pour les pays concernés), mais les contrôles effectués concernent principalement la fiscalité des revenus. On voit toutefois que ces différentes questions sont étroitement liées, et que la trans-

---

fois minoritaire et très substantielle de leur niveau de vie. Dans les paradis fiscaux exotiques et les micro-États, il est probable que cette part dépasse largement 50 %, voire atteigne 80 %-90 % dans certains territoires n'abritant rien d'autre que des domiciliations de sociétés fictives.

parence financière internationale est une question centrale pour l'ensemble de l'État fiscal moderne.

À quoi sert l'impôt sur le capital ?

Supposons maintenant que l'on dispose de ces déclarations préremplies de patrimoines. Faut-il se contenter d'imposer les patrimoines à un taux très faible (du type 0,1 %, suivant une logique de droit d'enregistrement), ou bien faut-il appliquer des taux plus substantiels, et au nom de quelle logique ? La question centrale peut être reformulée de la façon suivante. Sachant qu'il existe par ailleurs un impôt progressif sur le revenu, et dans la plupart des pays un impôt progressif sur les successions, à quoi cela sert-il d'avoir également un impôt progressif sur le capital ? En réalité, ces trois impôts progressifs jouent des rôles distincts et complémentaires, et constituent à mes yeux les trois composantes essentielles d'un système fiscal idéal[1]. On peut distinguer deux logiques justifiant le besoin d'un impôt sur le capital : une logique contributive et une logique incitative.

La logique contributive vient simplement du fait que le revenu est en pratique un concept qui n'est souvent pas bien défini pour les personnes disposant de patrimoines très élevés, et que seule une imposition directe du capital permet d'appréhender correctement la capacité contributive des titulaires de fortunes importantes. Concrètement, imaginons une personne disposant d'une fortune de 10 milliards d'euros. Comme nous l'avons vu en examinant l'évolution des classements *Forbes*, les patrimoines de ce niveau ont progressé très fortement au cours des trois dernières décennies, avec

---

1. Les cotisations sociales s'apparentent à une forme d'imposition des revenus (et sont d'ailleurs regroupées avec l'impôt sur le revenu dans certains pays ; voir chapitre 13).

des taux de croissance réels de l'ordre de 6 %-7 % par an, voire davantage encore pour les fortunes du haut du classement (comme celles de Liliane Bettencourt ou de Bill Gates)[1]. Par définition, cela signifie que le revenu au sens économique, en incluant tous les dividendes et plus-values, et plus généralement toutes les ressources nouvelles dont les personnes concernées ont disposé chaque année pour financer leur consommation et accroître leur patrimoine, a été au cours de cette période au moins égal à 6 %-7 % de leur fortune (en supposant qu'elles ne consomment presque rien)[2]. Imaginons pour simplifier que la personne considérée dispose chaque année d'un revenu économique égal à 5 % de sa fortune de 10 milliards d'euros, soit un revenu annuel de 500 millions d'euros. Il est peu probable que le revenu fiscal de cette personne, tel qu'il figure dans sa déclaration de revenus, soit aussi élevé. En France comme aux États-Unis, et dans tous les pays étudiés, les revenus les plus importants déclarés dans le cadre de l'impôt sur le revenu ne dépassent généralement pas quelques dizaines de millions d'euros. D'après les informations parues dans la presse, et les indications qu'elle a elle-même révélées sur le montant de ses impôts, il semblerait par exemple que le revenu fiscal déclaré par l'héritière de L'Oréal, première fortune française pendant des années, n'ait jamais dépassé les 5 millions d'euros annuels, soit à peine plus de un dix millième de sa fortune (qui dépasse actuellement les 30 milliards d'euros). Quels que soient les incertitudes et les détails concernant ce cas individuel, qui n'a d'ailleurs guère d'importance, le fait est

---

2. Voir en particulier chapitre 12, tableau 12.1.

3. Rappelons la définition classique donnée par l'économiste britannique John Hicks du revenu au sens économique : « Le revenu d'une personne ou d'une collectivité au cours d'une période est la valeur de ce qu'elle peut consommer au maximum durant cette période tout en restant aussi riche à la fin de la période qu'elle l'était au début. »

que le revenu fiscal représente dans un cas de ce type moins de un centième du revenu économique[1].

Le point essentiel est qu'une telle réalité n'a le plus souvent rien à voir avec un phénomène de fraude fiscale ou de comptes suisses non déclarés (ou tout du moins pas à titre principal). Cela provient simplement du fait que même en vivant avec goût et élégance il n'est pas facile de dépenser 500 millions d'euros par an pour financer sa consommation courante. En général, il suffit de se verser quelques millions d'euros par an en dividendes (ou sous une autre forme) et de laisser le reste du rendement de la fortune s'accumuler dans une holding familiale ou une structure juridique ad hoc, dont la mission est précisément de gérer un patrimoine de cette importance, de la même façon par exemple que pour les dotations universitaires. Cela est parfaitement légitime et ne pose pas de problème en soi[2]. À condition cependant d'en tirer les conséquences pour le système fiscal. On comprend bien que si certaines personnes sont imposées sur la base d'un revenu fiscal qui est égal à un centième de leur revenu économique, ou même à un dixième de leur revenu économique, cela ne sert à rien d'appliquer un taux de 50 % ou même de 98 % à

---

1. Même avec un rendement de 2 % (très inférieur à celui effectivement observé pour cette fortune particulière sur la période 1987-2013), le revenu économique associé à une fortune de 30 milliards d'euros devrait être de 600 millions d'euros, et non de 5 millions.

1. Dans le cas de la première fortune française, la difficulté supplémentaire tient au fait que la holding familiale était gérée par l'épouse du ministre du Budget, lui-même trésorier du parti politique qui avait reçu des dons importants de la part de la fortune en question. Ce même parti ayant divisé par trois l'impôt sur la fortune au cours de son séjour au pouvoir, tout cela a fort naturellement suscité une certaine émotion dans le pays et démontre, si besoin est, que les phénomènes de capture du pouvoir politique évoqués dans le chapitre précédent dépassent de très loin le cas américain. Pour mémoire, il s'agit du ministre du Budget qui a précédé celui qui a dissimulé un compte en Suisse, ce qui rappelle qu'en France aussi ces questions de capture dépassent les clivages politiques.

une assiette aussi insignifiante. Le problème est que c'est ainsi que le système fiscal fonctionne en pratique dans l'ensemble des pays développés. Il en résulte des taux effectifs d'imposition (exprimés en pourcentage du revenu économique) extrêmement faibles au sommet de la hiérarchie des fortunes, ce qui est problématique, dans la mesure où cela accentue le caractère explosif de la dynamique des inégalités patrimoniales lorsque le rendement croît avec la fortune initiale, alors même que le système fiscal devrait au contraire atténuer cette logique.

Il existe plusieurs façons de régler ce problème. L'une consiste à intégrer dans le revenu fiscal individuel l'ensemble des revenus qui s'accumulent dans les holdings, *trust funds* ou sociétés dans lesquelles chacun a une participation, en proportion de sa participation. L'autre, plus simple, consiste à se fonder sur la valeur du patrimoine en question pour calculer l'impôt dû. On peut alors choisir d'appliquer un rendement forfaitaire (par exemple, 5 % par an) pour estimer un revenu théorique que ce capital aurait dû rapporter, et intégrer ce revenu théorique au revenu global soumis à l'impôt progressif sur le revenu. Certains pays ont tenté de suivre cette voie, comme la Hollande, avec cependant plusieurs difficultés, concernant notamment l'étendue des actifs couverts et le choix du rendement à appliquer[1]. Une autre solution consiste à appliquer directement un barème progressif au patrimoine global individuel : il s'agit de l'impôt progressif sur le patrimoine global. L'avantage considérable de cette solution est qu'elle permet de graduer le taux d'imposition selon le niveau de la fortune en question, en fonction notamment des taux de rendement effectivement observés en pratique dans cette tranche de fortune.

---

1. En pratique, le système appliqué en Hollande n'est pas totalement satisfaisant : il comporte de nombreuses exceptions et catégories d'actifs échappant à l'imposition (notamment au sein des holdings familiales et autres *trust funds*), et le rendement appliqué est supposé égal à 4 % pour tous les actifs, ce qui peut être trop élevé pour certains patrimoines et pas assez pour d'autres.

Compte tenu de l'envol des rendements constaté au sommet de la hiérarchie des patrimoines, cet argument contributif est le plus important en faveur de l'impôt progressif sur le capital. Suivant cette logique, le capital apparaît simplement comme un meilleur indicateur de la capacité contributive des personnes les plus fortunées que leur revenu annuel, qui est souvent difficile à mesurer. L'impôt sur le capital permet alors de compléter l'impôt sur le revenu pour toutes les personnes dont le revenu fiscal est manifestement insuffisant par comparaison à leur patrimoine[1].

Logique contributive, logique incitative

Pour autant, il ne faut pas négliger un autre argument classique en faveur de l'impôt sur le capital, fondé sur une logique incitative. Cette idée, elle aussi mise en avant dans tous les débats publics sur ces questions, repose sur le fait qu'un impôt sur le capital peut inciter les détenteurs de patrimoines à obtenir le meilleur rendement possible. Concrètement, un impôt égal à 1 % ou 2 % de la valeur de la fortune est relativement léger pour un créateur d'entreprises hautement profitables qui parviendrait à obtenir un rendement de 10 % par an sur son patrimoine. Il est à l'inverse très lourd pour quelqu'un qui ne ferait pas grand-chose de sa fortune et qui en obtiendrait un rendement d'à peine 2 % ou 3 % par an, voire aucun rendement. Dans la logique incitative, l'objectif de l'impôt sur le capital est précisément d'obliger celui qui utilise mal son patrimoine à progressivement s'en défaire pour

---

1. Le plus logique est d'apprécier ce caractère insuffisant à partir des taux moyens de rendement effectivement observés pour la classe de fortune en question, ce qui permet de mettre en cohérence le barème de l'impôt sur le revenu et celui de l'impôt sur le capital. On peut aussi imaginer des taux d'imposition minimaux et maximaux en fonction du revenu et du capital.

payer ses impôts, et à céder ainsi ses actifs à des détenteurs plus dynamiques.

Cet argument a sa part de vérité, mais sa portée ne doit pas être exagérée[1]. En pratique, le rendement du capital ne reflète pas seulement l'effort et le talent du détenteur de patrimoine. D'une part, le rendement moyen obtenu varie de façon systématique avec le niveau de la fortune initiale ; d'autre part, le rendement individuel a une dimension largement imprévisible et chaotique, qui dépend de toutes sortes de chocs économiques auxquels sont soumis les uns et les autres. Par exemple, de multiples raisons peuvent expliquer pourquoi une entreprise fait des pertes à un moment donné. Un système d'imposition qui serait entièrement fondé sur la valeur du stock de capital (et non sur le niveau des bénéfices effectivement réalisés) conduirait à mettre une pression disproportionnée sur de telles sociétés, puisqu'elles paieraient autant d'impôts quand elles font des pertes qu'en période de bénéfices élevés, ce qui pourrait les précipiter dans la faillite définitive[2]. Le système fiscal idéal est naturellement un compromis entre une logique incitative (qui pousse plutôt vers

---

1. La logique incitative est au cœur du livre-plaidoyer de Maurice Allais (*L'Impôt sur le capital et la réforme monétaire*, Éditions Hermann, 1977), qui va jusqu'à défendre la suppression complète de l'impôt sur le revenu et de tous les autres impôts, et leur remplacement intégral par l'impôt sur le capital, ce qui est tout à fait excessif et peu cohérent avec les masses en jeu. Sur les propositions d'Allais et ses prolongements actuels, voir annexe technique. De façon générale, les débats autour de l'impôt sur le capital se caractérisent souvent par des positions extrêmes (cet impôt est soit rejeté en bloc, soit considéré comme l'impôt unique qui doit tout remplacer), de même d'ailleurs que les débats autour de l'impôt successoral (soit il ne faut pas imposer les successions, soit il faut les taxer à 100 %). Il me semble urgent de dépassionner ce débat et de donner à chaque argument et à chaque outil fiscal sa juste place. L'impôt sur le capital est utile, et même indispensable dans le cadre du capitalisme patrimonial du XXIe siècle, mais ne peut pas tout remplacer.

2. Il en va de même pour un chômeur qui continuerait de payer une très lourde taxe foncière (d'autant plus que dans ce cas les emprunts ne sont

un impôt sur le stock de capital) et une logique assurantielle (qui conduit davantage à un impôt sur le flux de revenus issus du capital)[1]. Ce côté imprévisible du rendement du capital explique par ailleurs pourquoi il est plus efficace de mettre à contribution les héritiers non pas une seule fois pour toutes au moment de la transmission (au travers de l'impôt successoral), mais également tout au long de la vie, sous forme d'impôts assis sur les revenus issus du capital hérité et sur la valeur du capital[2]. Il s'ensuit que ces trois impôts – sur l'héritage, le revenu et le capital – jouent des rôles utiles et complémentaires (y compris d'ailleurs si le revenu est parfaitement observable pour tous les contribuables, si fortunés soient-ils)[3].

---

généralement pas déductibles, ce qui peut avoir des conséquences dramatiques dans des cas de ménages surendettés).

1. Ce compromis dépend de l'importance respective des incitations individuelles et des chocs aléatoires dans la détermination du rendement du capital. Suivant les cas, il peut être préférable de taxer les revenus du capital moins fortement que les revenus du travail (et de reposer principalement sur un impôt sur le stock de capital), ou inversement de taxer plus fortement les revenus du capital (comme cela se produisait dans les pays anglo-saxons jusqu'au début des années 1980, sans doute parce que les revenus du capital étaient perçus comme particulièrement arbitraires). Voir T. Piketty, E. Saez, « A theory of optimal capital taxation », NBER Working Paper, 2012 (version courte publiée sous le titre « A theory of optimal inheritance taxation », *Econometrica*, 2013).

2. Cela découle du fait que la valeur capitalisée de l'héritage au cours de la vie n'est pas connue au moment de la transmission. Quand une personne hérite d'un appartement parisien valant 100 000 francs en 1972, personne ne sait que le bien vaudra peut-être 1 million d'euros en 2013, et permettra de gagner ou d'économiser plus de 40 000 euros par an de valeur locative. Plutôt que de faire payer un très fort impôt sur l'héritage en 1972, il est plus efficace d'appliquer un impôt successoral plus limité et de prélever chaque année une taxe foncière, un impôt sur les loyers, et éventuellement un impôt sur la fortune, en fonction de l'évolution de la valeur et du rendement du bien en question.

3. Voir T. Piketty, E. Saez, « A theory of optimal capital taxation », art. cité. Voir également annexe technique.

Ébauche d'un impôt européen sur la fortune

Compte tenu de tous ces éléments, quel est le barème idéal de l'impôt sur le capital, et combien pourrait rapporter un tel impôt ? Il faut préciser que nous nous intéressons ici au cas d'un impôt annuel sur le capital, appliqué de façon permanente, et dont les taux sont donc nécessairement relativement modérés. Dans le cas d'impôts prélevés une seule fois au cours d'une génération, comme l'impôt sur les successions, on peut imaginer des taux très élevés : un tiers, la moitié, voire plus des deux tiers du patrimoine transmis pour les plus hautes successions aux États-Unis et au Royaume-Uni des années 1930 aux années 1980[1]. Il en va de même pour les impôts exceptionnels sur le capital prélevés une seule fois, dans des circonstances inhabituelles. Nous avons par exemple déjà mentionné le cas de l'impôt sur le capital prélevé en France en 1945, à des taux allant jusqu'à 25 %, voire 100 % sur les enrichissements les plus importants survenus entre 1940 et 1945[2]. Il est bien évident que de tels impôts ne peuvent pas être appliqués très longtemps : si l'on prélève un quart du patrimoine chaque année, alors par définition il n'y a plus rien à prélever au bout de quelques années. C'est pourquoi les taux des impôts annuels sur le capital sont toujours beaucoup plus réduits, de l'ordre de quelques pourcents, ce qui parfois peut surprendre, mais ce qui est en réalité substantiel s'agissant d'un impôt prélevé chaque année sur le stock de capital. Par exemple, la taxe foncière (ou *property tax*) représente souvent entre 0,5 % et 1 % de la valeur des biens immobiliers, c'est-à-dire entre un dixième et un quart de la valeur locative du bien (en supposant un rendement locatif moyen de 4 % par an)[3].

---

1. Voir chapitre 14, graphique 14.2.
2. Voir chapitre 10.
3. Par exemple, pour un bien immobilier de 500 000 euros, la taxe

Le point important sur lequel nous allons maintenant insister est le suivant. Compte tenu du très haut niveau atteint par les patrimoines privés européens en ce début de XXIe siècle, un impôt annuel et progressif prélevé à des taux relativement modérés sur les patrimoines les plus importants pourrait rapporter des recettes non négligeables. Considérons par exemple le cas d'un impôt sur la fortune qui serait prélevé au taux de 0 % sur les patrimoines inférieurs à 1 million d'euros, 1 % sur la fraction des patrimoines compris entre 1 et 5 millions d'euros, et 2 % sur la fraction des patrimoines au-delà de 5 millions d'euros. Appliqué à l'ensemble des pays de l'Union européenne, un tel impôt concernerait environ 2,5 % de la population et rapporterait chaque année l'équivalent de 2 % du PIB européen[1]. Ce rendement élevé ne doit pas étonner : il provient simplement du fait que les patrimoines privés représentent plus de cinq années de PIB et que les centiles supérieurs détiennent une part considérable de ce total[2]. On voit donc que si un impôt sur le capital ne saurait financer à

---

annuelle sera comprise entre 2 500 et 5 000 euros, pour une valeur locative annuelle de l'ordre de 20 000 euros. Par construction, un impôt sur le capital appliqué chaque année à un taux de 4 %-5 % sur tous les patrimoines reviendrait à prélever la quasi-totalité de la part des revenus du capital dans le revenu national, ce qui ne semble ni juste ni réaliste, d'autant plus qu'il existe par ailleurs des impôts sur les revenus du capital.

1. Environ 2,5 % de la population adulte européenne dispose en 2013 d'un patrimoine net supérieur à 1 million d'euros, et environ 0,2 % de la population dépasse 5 millions. Le rendement annuel avoisinerait les 300 milliards d'euros, pour un PIB de près de 15 000 milliards. Voir annexe technique et tableau S5.1 pour une estimation détaillée et un simulateur simplifié permettant d'estimer les nombres de contribuables et les recettes associés à d'autres barèmes possibles.

2. Le centile supérieur détient actuellement de l'ordre de 25 % du patrimoine total, soit environ 125 % du PIB européen. Les 2,5 % les plus riches détiennent près de 40 % du patrimoine total, soit environ 200 % du PIB européen. Il n'y a donc rien d'étonnant à ce qu'une taxe avec des taux marginaux de 1 % et 2 % au sein de ce groupe rapporte de l'ordre de 2 points

lui seul l'État social, le complément de ressources qu'il peut apporter ne doit pas être totalement négligé.

En principe, chaque pays de l'Union européenne pourrait obtenir des recettes du même ordre en appliquant seul un tel système. En l'absence de transmission automatique d'informations bancaires entre pays et avec les territoire situés en dehors de l'Union (à commencer par la Suisse), les risques d'évasion sont cependant très importants. Cela explique en partie pourquoi les pays qui appliquent ce type d'impôt sur la fortune (comme la France, qui utilise un barème en apparence assez proche) introduisent généralement de nombreuses exemptions, notamment pour les « actifs professionnels », et en pratique pour la quasi-totalité des plus grosses participations dans les sociétés cotées et non cotées. Cela revient à vider l'impôt progressif sur le capital d'une bonne partie de son contenu, et explique pourquoi les recettes obtenues sont beaucoup plus faibles que celles évoquées ici[1]. Un exemple

---

de PIB. Le rendement serait plus élevé si les taux s'appliquaient à la totalité du patrimoine et non aux fractions supérieures à ces seuils.

1. L'impôt de solidarité sur la fortune (ISF) appliqué en France en 2013 concerne les patrimoines imposables supérieurs à 1,3 million d'euros (après déduction d'un abattement de 30 % sur la résidence principale), avec des taux allant de 0,7 % à 1,5 % sur la tranche la plus élevée (au-delà de 10 millions d'euros). Compte tenu des relèvements du seuil et des exonérations, ses recettes sont inférieures à 0,5 % du PIB. En principe, un actif est dit professionnel si le propriétaire exerce une activité dans l'entreprise en question. En pratique, cette condition est difficile à apprécier et facile à contourner, d'autant plus que se sont ajoutés au fil des ans d'autres régimes dérogatoires (comme les « pactes d'actionnaires », qui permettent également des exonérations partielles ou totales d'ISF dès lors qu'un groupe d'actionnaires s'engage à conserver leur participation pendant une durée minimale). D'après les données disponibles, les plus hauts patrimoines échappent en grande partie à l'ISF. L'administration fiscale française publie très peu de statistiques détaillées par tranche de fortune (beaucoup moins par exemple qu'au début du XXe siècle et jusqu'aux années 1950-1960 à partir des données successorales), ce qui ajoute à l'opacité ambiante. Voir annexe technique.

particulièrement extrême illustrant les difficultés auxquelles font face les pays européens quand ils tentent de prélever isolément un impôt sur le capital nous est fourni par le cas de l'Italie. En 2012, confronté à une dette publique considérable (la plus élevée d'Europe) et à un niveau exceptionnellement élevé des patrimoines privés (également l'un des plus élevés d'Europe, avec l'Espagne[1]), le gouvernement italien décida d'introduire un nouvel impôt sur le patrimoine. Mais de peur de voir les actifs financiers fuir le pays et se réfugier dans des banques suisses, autrichiennes ou françaises, le taux fut fixé à 0,8 % sur les biens immobiliers, et à seulement 0,1 % sur les dépôts bancaires et autres actifs financiers (avec des exonérations complètes pour les actions), sans aucun élément de progressivité. Outre qu'il est difficile d'imaginer un principe économique expliquant pourquoi certains actifs devraient être imposés huit fois moins que d'autres, ce système a pour conséquence regrettable qu'il s'agit *de facto* d'un impôt régressif sur le patrimoine, puisque les patrimoines les plus élevés sont principalement constitués d'actifs financiers (et en particulier d'actions). Cela n'a sans doute pas favorisé l'acceptation sociale de cet impôt, qui fut au cœur des élections italiennes de 2013, où le candidat qui l'avait mis en place, avec les félicitations des autorités européennes et internationales, fut sèchement battu. Le fait central est que sans transmission automatique d'informations bancaires entre pays européens, permettant à chaque pays d'établir des déclarations préremplies indiquant l'ensemble des actifs détenus par ses ressortissants, quel que soit le pays où ces actifs sont localisés, il est très difficile pour un pays isolé d'appliquer actuellement un impôt progressif sur le capital global. Cela est d'autant plus dommageable qu'il s'agit d'un outil particulièrement adapté à la situation économique du continent.

Supposons maintenant que les transmissions automatiques

---

1. Voir notamment chapitre 5, graphiques 5.4 et suivants.

et les déclarations préremplies soient en place, ce qui finira peut-être par arriver. Quel serait le barème idéal ? Comme toujours, il n'existe pas de formule mathématique permettant de répondre à cette question, qui relève de la délibération démocratique. Pour ce qui concerne les patrimoines inférieurs à 1 million d'euros, il serait cohérent de les intégrer dans le même impôt progressif sur le capital, par exemple avec un taux de l'ordre de 0,1 % au-dessous de 200 000 euros de patrimoine net et un taux de l'ordre de 0,5 % sur la fraction comprise entre 200 000 euros et 1 million d'euros. Cela viendrait en remplacement de la taxe foncière (ou *property tax*), qui dans la plupart des pays tient lieu d'impôt sur le patrimoine pour la classe moyenne patrimoniale. Le nouveau système serait à la fois plus juste et plus efficace, car il concernerait le patrimoine global (et non seulement immobilier) et s'appuierait sur la déclaration préremplie, les valeurs de marché et la déduction des emprunts[1]. Dans une large mesure, cela pourrait déjà être fait au niveau de chaque pays.

On peut par ailleurs remarquer qu'il n'y a aucune raison de se limiter à un taux de 2 % sur les patrimoines supérieurs à 5 millions d'euros. À partir du moment où les rendements réels observés au niveau des plus grandes fortunes européennes et mondiales atteignent ou dépassent les 6 %-7 % par an, il n'y aurait rien d'extravagant à ce que les taux appliqués au-delà de 100 millions ou de 1 milliard d'euros de patrimoine soient nettement plus élevés que 2 %. La façon la plus simple et la plus objective de procéder serait de faire évoluer les taux d'imposition en fonction des rendements moyens effectivement constatés au sein de chaque classe de patrimoine au cours des années précédentes. Cela permet d'ajuster le degré de progressivité en fonction de l'évolution des rendements

---

1. Les recettes de l'impôt progressif sur le capital passeraient alors à 3-4 points de PIB, dont entre 1 et 2 points provenant de la taxe foncière. Voir annexe technique.

moyens et de l'objectif souhaité en termes de concentration patrimoniale. Pour éviter la divergence de la répartition, c'est-à-dire une hausse tendancielle de la part des plus hautes fortunes dans le patrimoine total, ce qui semble *a priori* un objectif minimal souhaitable, il est probablement nécessaire d'appliquer des taux supérieurs à 5 % sur les patrimoines les plus importants. Si l'on adopte un objectif plus ambitieux, consistant par exemple à réduire les inégalités patrimoniales vers des niveaux plus modérés que ceux observés aujourd'hui (et dont l'expérience historique démontre qu'ils ne sont aucunement nécessaires pour la croissance), alors on peut tout à fait imaginer des taux atteignant ou dépassant 10 % sur les milliardaires. Il ne m'appartient pas de trancher ici ce débat. Ce qui est certain, c'est que cela n'a guère de sens de prendre comme référence le rendement de la dette publique, comme cela est parfois fait dans le débat public[1]. De toute évidence, ce n'est pas ainsi que sont placés les plus hauts patrimoines.

Un tel impôt européen sur la fortune est-il réaliste ? Aucune contrainte technique ne s'y oppose. Il s'agit de l'outil le plus adapté aux défis économiques de ce début de XXIe siècle, particulièrement sur le Vieux Continent, où les patrimoines privés ont atteint une prospérité inconnue depuis la Belle Époque. Mais pour qu'une telle coopération renforcée puisse voir le jour, ce sont également les institutions politiques européennes qui doivent être adaptées : la seule institution fédérale forte à ce jour est la Banque centrale européenne, ce qui est important, mais notoirement insuffisant. Nous y reviendrons dans le prochain chapitre quand nous étudierons la question de la crise de la dette publique. Avant cela, il est utile de replacer l'impôt sur le capital proposé ici dans une perspective historique plus large.

---

1. Par exemple pour justifier le récent abaissement du taux supérieur de l'ISF français de 1,8 % à 1,5 %.

L'impôt sur le capital dans l'histoire

Dans toutes les civilisations, le fait que le détenteur du capital obtienne sans travailler une part substantielle du revenu national et que le taux de rendement du capital soit généralement d'au moins 4 %-5 % par an a suscité des réactions violentes, souvent indignées, et des réponses politiques de diverses natures. L'une des plus répandues est l'interdiction de l'usure, que l'on retrouve sous différentes formes dans la plupart des religions, en particulier dans le christianisme et l'islam. Les philosophes grecs étaient également très partagés sur l'intérêt, qui conduit à un enrichissement potentiellement infini, puisque le temps ne cesse jamais de s'écouler. C'est ce risque d'illimitation que pointe avec insistance Aristote lorsqu'il souligne que le mot « intérêt » en grec (*tocos*) veut dire « enfant ». Pour le philosophe, l'argent ne doit pas engendrer l'argent[1]. Dans un monde de croissance faible, voire infinitésimale, où la population comme la production sont quasiment les mêmes d'une génération sur l'autre, ce risque d'illimitation semble particulièrement destructeur.

Le problème est que les réponses formulées en termes d'interdit manquent souvent de cohérence. L'interdiction du prêt à intérêt vise généralement à limiter certains types d'investissements et certaines catégories particulières d'activités commerciales ou financières, jugés moins licites et moins dignes que d'autres par les autorités politiques ou religieuses en place, sans pour autant que ces dernières remettent en cause le rendement du capital en général. Dans les sociétés agraires européennes, les autorités chrétiennes se gardent bien de questionner la légitimité de la rente foncière, dont elles bénéficient elles-mêmes, et dont vivent également les groupes

---

1. Voir à ce sujet P. JUDET DE LA COMBE, « Le jour où Solon a aboli la dette des Athéniens », *Libération*, 31 mai 2010.

sociaux sur lesquels elles s'appuient pour structurer la société. L'interdiction de l'usure doit davantage être pensée comme une mesure de contrôle social : certaines formes de capital semblent plus inquiétantes que d'autres, car moins aisément contrôlables. Il ne s'agit pas de questionner le principe général selon lequel un capital peut rapporter un revenu à son détenteur sans que ce dernier ait besoin de travailler. L'idée est plutôt qu'il faut se méfier de l'accumulation infinie : les revenus issus du capital doivent être utilisés de façon saine, si possible pour financer de bonnes œuvres, et certainement pas pour se lancer dans des aventures commerciales et financières qui pourraient éloigner de la vraie foi. Le capital terrien est de ce point de vue très rassurant, puisqu'il semble ne rien pouvoir faire d'autre que se reproduire à l'identique d'une année sur l'autre, d'un siècle sur l'autre[1]. Avec lui, c'est tout l'ordre social et spirituel du monde qui paraît immuable. Avant de devenir l'ennemie jurée de la démocratie, la rente foncière a longtemps été vue comme le ferment d'une société apaisée, au moins pour ceux qui la détiennent.

La solution suggérée par Karl Marx et de nombreux auteurs socialistes du XIXe siècle, et mise en pratique par l'Union soviétique au XXe siècle, est beaucoup plus radicale et a au moins le mérite de la cohérence. En abolissant la propriété privée de l'ensemble des moyens de production, aussi bien pour les terres et l'immobilier que pour le capital industriel, financier et professionnel, à l'exception de quelques maigres coopératives et lopins de terre individuels, c'est bien l'ensemble du rendement privé du capital qui disparaît. L'interdiction

---

1. En réalité, nous avons vu qu'une partie – de plus en plus fortement majoritaire au cours du temps – du capital terrien correspond à des améliorations apportées aux terres, si bien que si l'on regarde les choses sur très longue période le capital terrien est dans le fond peu différent des autres formes de capital accumulables. Il n'en reste pas moins que l'accumulation de capital terrien ne peut dépasser certaines limites et que sa prédominance correspond à un monde de croissance très lente.

de l'usure est donc générale : le taux d'exploitation, qui mesure chez Marx la part de la production que s'approprie le capitaliste, devient enfin nul, et avec lui le taux de rendement privé. En ramenant le rendement du capital à zéro, l'humanité et le travailleur se libèrent enfin de leurs chaînes et des inégalités patrimoniales issues du passé. Le présent peut reprendre ses droits. L'inégalité r > g n'est plus qu'un mauvais souvenir, d'autant plus que le communisme aime la croissance et le progrès technique. Le problème, malheureusement pour les populations concernées par ces expérimentations totalitaires, est que la propriété privée et l'économie de marché n'ont pas simplement pour fonction de permettre la domination des détenteurs du capital sur ceux qui n'ont que leur travail : ces institutions jouent également un rôle utile pour coordonner les actions de millions d'individus, et dont il n'est pas si facile de se passer entièrement. Les désastres humains causés par la planification centralisée l'illustrent de façon parfaitement claire.

L'impôt sur le capital permet d'apporter une réponse à la fois plus pacifique et plus efficace à ce problème éternel posé par le capital privé et son rendement. L'impôt progressif sur le patrimoine individuel est une institution qui permet à l'intérêt général de reprendre le contrôle du capitalisme, tout en s'appuyant sur les forces de propriété privée et de la concurrence. Chaque catégorie de capital est taxée de la même façon, sans discrimination *a priori*, en partant du principe que les détenteurs des actifs sont généralement mieux placés que la puissance publique pour décider des investissements à réaliser[1]. Si nécessaire, l'impôt peut être très lourdement progressif sur les plus hautes fortunes, mais cela

---

1. Cela n'empêche pas de donner aux autres *stakeholders* (salariés, collectivités, associations, etc.) les moyens de peser réellement dans ces décisions, sous forme de droits de vote adaptés. La transparence financière peut jouer ici un rôle essentiel. Nous y reviendrons dans le prochain chapitre.

peut se faire dans le cadre de l'État de droit, à l'issue d'un débat démocratique. Il s'agit de la réponse la plus adaptée à l'inégalité r > g et à l'inégalité du rendement en fonction du capital initial[1].

Sous cette forme, l'impôt sur le capital est une idée neuve, adaptée au capitalisme patrimonial mondialisé du XXIe siècle. Il existe certes des impôts sur le capital foncier depuis la nuit des temps. Mais ces impôts sont généralement proportionnels et à faible taux : il s'agit avant tout de garantir le droit de propriété, suivant une logique de droit d'enregistrement, et certainement pas de redistribuer les fortunes. Les Révolutions anglaise, américaine et française se situent dans cette logique : les systèmes fiscaux qu'elles mettent en place ne visent en aucune façon à réduire les inégalités patrimoniales. Les discussions autour de l'impôt progressif sont vives pendant la Révolution française, mais le principe de la progressivité est finalement rejeté. Il faut souligner que même les propositions les plus audacieuses de l'époque paraissent aujourd'hui relativement modérées en termes de taux d'imposition[2].

---

1. Le taux optimal d'imposition du capital vise précisément à combler l'écart entre le taux de rendement r et le taux de croissance g, ou au moins à limiter certains de ses effets. Par exemple, sous certaines hypothèses, le taux optimal de taxation de l'héritage est donné par la formule $\tau = 1 - G/R$, où G est le taux de croissance générationnel et R le rendement générationnel du capital (si bien que la taxe tend vers 100 % quand la croissance est infiniment faible par rapport au rendement, et vers 0 % quand elle se rapproche du rendement). En général, les choses sont cependant plus complexes, en particulier car le système idéal implique un barème annuel et progressif sur le capital. Les principales formules de taxation optimale (qui permettent de préciser les termes du débat, mais en aucune façon de fournir des réponses toutes faites, tant les effets sont nombreux et difficiles à évaluer avec précision) sont présentées et expliquées dans l'annexe technique.

2. Thomas Paine, dans sa proposition de *Justice agraire* de 1795, envisageait de taxer les héritages à hauteur de 10 % (correspondant selon lui à la part non accumulée, alors que la part accumulée ne serait pas taxée du tout, y compris si elle a été constituée il y a de cela de nombreuses générations).

Il faut attendre le XXᵉ siècle et l'entre-deux-guerres pour que survienne la révolution de l'impôt progressif. Mais cette rupture se déroule dans le chaos, et concerne avant tout l'impôt progressif sur le revenu et l'impôt progressif sur les successions. Certains pays mettent également en place à la fin du XIXᵉ et au début du XXᵉ siècle un impôt progressif annuel sur le capital (notamment en Allemagne et en Suède). Mais les États-Unis, le Royaume-Uni, et la France jusqu'aux années 1980, restent en dehors de ce mouvement[1]. En outre, ces impôts annuels sur le capital mis en place dans quelques pays ont toujours eu des taux relativement réduits, sans doute car ils ont été pensés dans un contexte très différent de celui d'aujourd'hui. De plus et surtout, leur défaut technique originel est qu'ils ont été établis non pas à partir des valeurs de marché des différents actifs immobiliers et financiers, révisées annuellement, mais à partir de valeurs fiscales et cadastrales révisées de façon très irrégulière. Ces valeurs ont fini par perdre tout lien avec les valeurs de marché, ce qui a très vite rendu ces impôts dysfonctionnels et peu utilisés. On retrouve le même défaut avec les bases de la taxe foncière en France et dans de nombreux pays à la suite du choc inflationniste des années 1914-1945[2]. Dans le cas d'un impôt progressif sur

---

Certaines propositions de « droit national d'hérédité » faites pendant la Révolution étaient plus radicales. Les droits de succession et de mutation finalement adoptés, après moult débats, ne dépassent jamais les 1 %-2 % en ligne directe. Sur ces débats et propositions, voire annexe technique.

1. En dépit de multiples débats et propositions américaines et britanniques, en particulier pendant les années 1960-1970, et de nouveau à partir des années 2000-2010. Voir annexe technique.

2. Ce vice de conception provient du fait que ces impôts sur le capital issus du XIXᵉ siècle ont été mis en place dans un monde sans inflation (ou avec une inflation faible), où il semblait suffisant de réviser les valeurs des actifs tous les dix ou quinze ans (pour les actifs immobiliers) ou bien d'utiliser la valeur d'achat (système souvent utilisé pour les actifs financiers). Ces systèmes de valeurs cadastrales et fiscales ont été profondément perturbés par l'inflation des années 1914-1945 et n'ont jamais réussi à fonctionner

le capital, ce défaut de conception peut être mortel : le fait de franchir ou non le seuil d'imposition (ou d'être imposé dans telle ou telle tranche) dépend de considérations plus ou moins arbitraires, comme la date de la dernière révision des valeurs cadastrales dans la ville ou le quartier en question. Ces impôts ont été de plus en plus fortement contestés à partir des années 1960-1970, dans un contexte de forte hausse des prix immobiliers et boursiers, souvent devant les tribunaux (pour violation du principe d'égalité devant l'impôt). Ce processus a mené à la suppression de l'impôt annuel sur le capital en Allemagne et en Suède dans les années 1990 et 2000. Cette évolution s'explique davantage par le caractère archaïque de ces impôts issus du XIXe siècle que par des considérations de concurrence fiscale[1].

L'impôt sur la fortune actuellement appliqué en France est d'une certaine façon plus moderne : il se fonde sur les valeurs de marché des différents actifs, réévaluées chaque année. Cela provient simplement du fait que cet impôt est une création beaucoup plus récente : il a été introduit

---

correctement dans un monde caractérisé par une inflation substantielle permanente.

1. Sur l'histoire de l'impôt allemand sur le capital, de sa création en Prusse en 1891 à son interruption juridictionnelle en 1997 (la loi n'a pas été formellement abolie), voir F. DELL, *L'Allemagne inégale, op. cit.* Sur l'impôt suédois sur le capital, créé en 1947 (mais qui existait en réalité comme supplément d'impôt sur les revenus du capital depuis les années 1910) et supprimé en 2007, voir les travaux déjà cités d'Ohlsson et de Waldenström, et les références données en annexe. Les taux de ces impôts n'ont généralement pas dépassé 1,5 %-2 % sur les plus hauts patrimoines, avec un sommet à 4 % en Suède en 1983 (qui ne s'appliquait cependant qu'à des valeurs fiscales sans grand rapport avec les valeurs de marché). Outre ce phénomène de dégénérescence des bases fiscales, qui concerne aussi l'impôt successoral dans les deux pays, la perception de concurrence fiscale a également joué un rôle dans le cas suédois, où l'impôt successoral a été supprimé en 2005. Cet épisode, peu cohérent avec les valeurs égalitaires du pays, illustre l'incapacité croissante des petits pays à mener une politique autonome.

dans les années 1980, à un moment où l'on ne pouvait pas ignorer que l'inflation – notamment sur les prix des actifs – était une réalité durable. Voici au moins un avantage d'être à contre-courant politique du reste du monde développé : cela permet parfois d'être en avance sur son temps[1]. Cela dit, si l'ISF français a le mérite de se fonder sur les valeurs de marché, et donc de se rapprocher de l'impôt idéal sur le capital sur ce point central, il n'en est pas moins très éloigné par d'autres aspects. Comme nous l'avons déjà noté, il est truffé de règles dérogatoires et ignore la déclaration préremplie. L'étrange impôt sur le patrimoine introduit en Italie en 2012 illustre les limites de ce qu'un pays isolé peut faire en cette matière dans le contexte actuel. Le cas de l'Espagne est également intéressant : la collecte de l'impôt progressif sur la fortune, qui comme en Allemagne et en Suède repose sur des valeurs cadastrales et fiscales plus ou moins arbitraires, a été interrompue en 2008-2010, puis rétablie à partir de 2011-2012, dans un contexte de crise budgétaire aiguë, mais sans en modifier la structure[2]. On voit un peu partout la même tension : l'impôt sur le capital apparaît logiquement

---

1. L'impôt sur les grandes fortunes a été introduit en France en 1981, supprimé en 1986, puis réintroduit en 1988 sous la forme de l'impôt de solidarité sur la fortune. Les valeurs de marché ont parfois des variations brusques qui peuvent sembler arbitraires, mais elles ont le mérite de fournir la seule base objective qui peut être acceptée par tous. À condition toutefois d'ajuster régulièrement les taux et les tranches d'imposition, et de ne pas laisser les recettes s'envoler mécaniquement avec les cours immobiliers ; faute de quoi on s'expose à des révoltes fiscales, comme l'illustre la célèbre Proposition 13 adoptée en Californie en 1978 pour limiter les hausses uniformes de *property tax*.

2. L'impôt espagnol s'applique au-delà de 700 000 euros de patrimoine imposable (avec 300 000 euros de déduction pour la résidence principale), et le taux le plus élevé est de 2,5 % (il a été porté à 2,75 % en Catalogne). En dehors de la France et de l'Espagne, il existe aussi un impôt annuel sur le capital en Suisse, avec des taux relativement bas (moins de 1 %) dus à la compétition entre cantons.

nécessaire (compte tenu de la prospérité des patrimoines privés et de la stagnation des revenus, il faudrait être aveugle pour se passer d'une telle base fiscale, quel que soit d'ailleurs le camp politique au pouvoir), mais difficile à mettre en place correctement dans le cadre d'un seul pays.

Pour résumer : l'impôt sur le capital est une idée neuve, qui doit être entièrement repensée dans le contexte du capitalisme patrimonial globalisé du XXIe siècle, à la fois en termes de taux d'imposition, et dans ses modalités pratiques, en passant à une logique d'échange automatique d'informations bancaires internationales, de déclaration préremplie et de valeurs de marché.

Les régulations de substitution : protectionnisme et contrôle des capitaux

Hors de l'impôt sur le capital, point de salut ? Tel n'est pas mon propos. Il existe d'autres solutions et d'autres voies permettant de réguler le capitalisme patrimonial du XXIe siècle, qui sont d'ailleurs déjà explorées dans plusieurs parties du monde. Simplement, ces modes de régulation alternatifs ne sont pas aussi satisfaisants que l'impôt sur le capital et créent parfois plus de problèmes qu'ils n'en résolvent. Nous avons déjà noté que la façon la plus simple pour un État isolé de retrouver un peu de souveraineté économique et financière est d'avoir recours au protectionnisme et au contrôle des capitaux. Le protectionnisme permet parfois de protéger utilement certains secteurs peu développés dans un pays donné (le temps que les entreprises nationales soient prêtes à affronter la concurrence internationale)[1]. Il est également une arme indispensable vis-à-vis des pays qui ne respectent pas

---

1. À l'inverse, empêcher un concurrent étranger de se développer (la destruction par le colonisateur britannique de la petite industrie textile

les règles (en matière de transparence financière, de normes sanitaires, de respect de la personne humaine, etc.), une arme dont il serait bien fou de se priver. Pour autant, le protectionnisme, s'il est appliqué de façon massive et permanente, n'est pas en soi une source de prospérité et de création de richesses. L'expérience historique suggère qu'un pays qui se lancerait fortement et durablement dans cette voie, tout en annonçant à sa population une vigoureuse progression de ses salaires et de son niveau de vie, s'exposerait probablement à de graves déceptions. Par ailleurs, le protectionnisme ne règle en rien l'inégalité r > g ni la tendance à l'accumulation et à la concentration des patrimoines entre quelques mains à l'intérieur du pays considéré.

La question des contrôles de capitaux se pose différemment. La libéralisation complète et absolue des flux de capitaux, sans aucun contrôle et sans aucune transmission d'information sur les actifs possédés par les uns et les autres dans les différents pays (ou presque), a été le mot d'ordre de la plupart des gouvernements des pays riches depuis les années 1980-1990. Ce programme a notamment été promu par les organisations internationales, en particulier l'OCDE, la Banque mondiale et le FMI, au nom, comme il se doit, de la science économique la plus avancée[1]. Mais il est avant tout l'œuvre de

---

indienne au début du XIXe siècle est restée dans les mémoires de l'Inde) peut parfois avoir des conséquences durables.

1. Ce qui est d'autant plus étonnant que les rares estimations des gains économiques apportés par l'intégration financière concluent à un gain global assez modeste (sans même prendre en compte les effets négatifs sur l'inégalité et l'instabilité, ignorés par ces études). Voir O. JEANNE, P. O. GOURINCHAS, « The elusive gains from international financial integration », *Review of Economic Studies*, 2006. On notera que la position du FMI au sujet des transmissions automatiques d'information est généralement floue et changeante, et consiste le plus souvent à en approuver le principe, pour mieux le torpiller lors de son application concrète, au nom d'arguments techniques assez peu convaincants.

gouvernements démocratiquement élus et reflète les courants d'idée dominants à un moment donné de l'histoire, marqué notamment par la chute de l'Union soviétique et une foi sans limite dans le capitalisme et l'autorégulation des marchés. Depuis la crise financière de 2008, tout le monde se met à douter sérieusement, et il est fort probable que les pays riches auront de plus en plus souvent recours à des mesures de contrôle des capitaux dans les décennies qui viennent. Le monde émergent a en quelque sorte montré la voie, notamment depuis la crise financière asiatique de 1998, qui a convaincu une bonne partie de la planète, de l'Indonésie au Brésil en passant par la Russie, que les programmes d'ajustement et autres thérapies de choc dictés par la communauté internationale n'étaient pas toujours les plus pertinents, et qu'il était grand temps de s'en émanciper. Cette crise a également conduit à encourager la constitution de réserves parfois excessives, qui ne sont sans doute pas la meilleure régulation collective face à l'instabilité économique mondiale, mais qui permettent au moins à des pays isolés de faire face à des chocs tout en préservant leur souveraineté.

Le mystère de la régulation chinoise du capital

Par ailleurs, il est important de réaliser que certains pays ont toujours pratiqué les contrôles de capitaux, et n'ont jamais été touchés par la vague de dérégulation complète des flux financiers et de la balance des paiements. C'est notamment le cas de la Chine, dont la monnaie n'est toujours pas convertible (elle le sera peut-être quand le pays considérera qu'il a accumulé assez de réserves pour faire boire la tasse à n'importe quel spéculateur) et qui contrôle strictement à la fois les capitaux entrants (on ne peut pas investir ou devenir propriétaire d'une grande entreprise chinoise sans demander l'autorisation, qui ne sera généralement accordée que si l'investisseur étranger se contente d'une participation nettement minoritaire) et les capitaux sortants (on ne peut pas sortir ses actifs de Chine sans que la puissance publique ait son mot à dire). Cette question des capitaux sortants est actuellement extrêmement sensible en Chine et se trouve au cœur du modèle chinois de régulation du capital. La question centrale est simple : les millionnaires et milliardaires chinois, de plus en plus nombreux au sein de classements internationaux de fortunes, sont-ils véritablement propriétaires de leur patrimoine, et peuvent-ils par exemple le sortir librement de Chine ? Quels que soient les mystères entourant ces questions, il ne fait aucun doute que la notion de droit de propriété qui s'applique en Chine est différente de celle en vigueur en Europe et aux États-Unis, et renvoie à un ensemble complexe et changeant de droits et de devoirs. Par exemple, tout semble indiquer qu'un milliardaire chinois qui aurait acquis 20 % de Telecom China et qui souhaiterait s'installer en Suisse avec sa famille aurait beaucoup plus de mal qu'un oligarque russe à conserver sa participation financière et à se faire verser des millions d'euros de dividendes. Dans le cas des oligarques russes, les choses semblent plus faciles, si l'on en juge par les énormes flux sortants du pays vers des destinations suspectes, que l'on ne retrouve pas dans le cas chinois, tout du moins pour l'instant. En Russie, il faut certes éviter de se brouiller trop fortement avec le Président et de se faire mettre en prison ; mais pour peu que l'on évite ce cas extrême, il semble possible de vivre durablement d'une fortune issue des ressources naturelles du pays. Les choses sont apparemment plus étroitement contrôlées en Chine. C'est l'une des nombreuses raisons pour lesquelles les comparaisons souvent réalisées dans la presse internationale (occidentale) entre les fortunes des responsables politiques chinois et américains, et selon lesquelles les premiers seraient beaucoup plus riches que les seconds, paraissent relativement fragiles[1].

Loin de moi l'idée de faire ici l'apologie du mode de régulation chinoise du capital, qui paraît extrêmement opaque et instable. Il n'en reste pas moins que le contrôle des capitaux peut être une des façons de réguler et de contenir la dynamique des inégalités patrimoniales. La Chine dispose par ailleurs d'un impôt sur le revenu plus nettement progressif que la Russie (qui comme la plupart des pays de l'ex-bloc soviétique a adopté dans les années 1990 un modèle fiscal de type *flat tax*), bien que nettement insuffisant. Elle parvient à mobiliser des recettes fiscales lui permettant d'investir dans l'éducation, la santé et les infrastructures de façon autrement plus massive que les autres pays émergents, à commencer par l'Inde, qu'elle a nettement distancée[2]. Si elle le souhaite, et surtout si ses élites acceptent de (et parviennent à) mettre en place la transparence démocratique et l'État de droit qui vont avec la modernité fiscale, ce qui n'est pas rien, la Chine aura tout à fait la taille suffisante pour appliquer le

---

1. La comparaison la plus souvent faite dans la presse oppose d'une part le patrimoine moyen des 535 membres du Congrès américain (qui d'après leurs déclarations, *a priori* fiables, rassemblées par le Center for Responsible Politics, serait de « seulement » 15 millions de dollars, ce qui paraît déjà beaucoup plus élevé qu'en Europe, comme nous l'avons déjà noté) et d'autre part le patrimoine moyen des 70 plus riches membres de l'Assemblée nationale populaire de Chine, qui dépasserait le milliard de dollars (d'après le *Hurun Report* 2012, qui est un classement de fortunes chinoises de type *Forbes*, aux méthodes peu claires). Compte tenu des rapports de population, il serait plus justifié de comparer le patrimoine moyen des 3 000 membres de l'Assemblée chinoise (aucune estimation ne semble disponible). Par ailleurs, il semblerait qu'être membre de l'Assemblée chinoise représente pour ces milliardaires une fonction principalement honorifique (et non un travail de législateur). Peut-être serait-il plus justifié de les comparer aux 70 donateurs les plus riches de la scène politique américaine.

2. Voir N. QIAN, T. PIKETTY, « Income inequality and progressive income taxation in China and India : 1986-2015 », art. cité.

type d'impôt progressif sur le revenu et sur le capital dont il est question ici. Par certains côtés, elle est mieux armée pour relever ces défis que l'Europe, qui doit faire face à son propre morcellement politique et à une logique de concurrence fiscale exacerbée, dont il n'est pas sûr du tout que nous ayons vu le bout[1].

En tout état de cause, si les pays européens ne s'unissent pas pour mettre en place une régulation coopérative et efficace du capital, il y a fort à parier que des mesures de contrôle individuel et de préférence nationale (qui ont d'ailleurs largement commencé, avec une promotion parfois irrationnelle des champions locaux et des actionnaires nationaux, dont on s'imagine sans doute que l'on peut davantage les contrôler que des actionnaires étrangers, ce qui est le plus souvent illusoire) se développeront de plus en plus. Sur ce plan, la Chine a une longueur d'avance qu'il sera difficile de rattraper. L'impôt sur le capital est la forme libérale du contrôle des capitaux, et correspond davantage à l'avantage comparatif de l'Europe.

La question de la redistribution de la rente pétrolière

Parmi les autres modes de régulation du capitalisme mondial et des inégalités qu'il suscite, il faut également mentionner la problématique particulière posée par la géographie des ressources naturelles, et notamment de la rente pétrolière. Suivant le tracé exact des frontières, dont on sait qu'elles ont souvent des origines historiques arbitraires, l'inégalité du

---

1. Pour une perspective de très long terme insistant sur le fait que l'Europe a longtemps tiré avantage de son morcellement (la concurrence entre États stimulant les innovations, notamment en matière de technologie militaire), avant qu'il devienne un handicap face à la Chine, voir J.-L. ROSENTHAL, R. B. WONG, *Before and Beyond Divergence. The Politics of Economic Change in China and Europe*, Harvard University Press, 2011.

capital et des destins entre pays prend parfois des proportions extrêmes. Si le monde formait une seule communauté démocratique mondiale, l'impôt idéal sur le capital ne manquerait pas de redistribuer les bénéfices de la rente pétrolière. C'est d'ailleurs ce que font souvent les lois en vigueur à l'intérieur des nations, en transformant en propriété commune une partie des ressources naturelles. Ces lois varient certes dans le temps et entre pays. Mais le point important est que l'on peut espérer que la délibération démocratique conduise en général dans la direction du bon sens. Par exemple, si une personne trouve demain dans son jardin une richesse d'une valeur supérieure à tous les patrimoines réunis du pays, il est probable que l'on trouvera une façon d'adapter les lois permettant de la partager raisonnablement (ou tout du moins peut-on l'espérer).

Le monde ne formant pas une seule communauté démocratique, les délibérations concernant les possibles redistributions de ressources naturelles entre pays se font souvent de façon beaucoup moins paisible. En 1990-1991, au moment de la chute de l'Union soviétique, se déroule un autre événement fondateur du XXIe siècle. L'Irak, pays de 35 millions d'habitants, décide d'envahir son minuscule voisin le Koweït, pays d'à peine 1 million d'habitants, et qui dispose de réserves pétrolières du même ordre que l'Irak. Cela provient des hasards de la géographie, certes, mais aussi du coup de crayon post-colonial des compagnies pétrolières occidentales et de leurs gouvernements, qui trouvent parfois plus facile de commercer avec les pays sans population (il n'est pas clair du tout que ce soit un bon choix à long terme). Toujours est-il que ces mêmes pays ont immédiatement envoyé quelque 900 000 hommes de troupe rétablir les Koweïtiens comme seuls propriétaires légitimes du pétrole (preuve s'il en est que les États peuvent parfois mobiliser des ressources importantes et faire respecter leurs décisions). Ce fut chose faite dès 1991. Cette première guerre d'Irak fut suivie par une seconde en 2003, avec cette fois-ci une coalition occidentale moins fournie. Ces événements continuent de jouer un rôle central dans le monde des années 2010.

Il ne m'appartient pas de calculer ici le barème optimal d'imposition du capital pétrolier qui devrait exister dans une communauté politique mondiale fondée sur la justice et l'utilité commune, ni même dans une communauté politique moyen-orientale. On peut simplement observer que l'injustice de l'inégalité du capital atteint dans cette région du monde des proportions inouïes, qui sans une protection militaire extérieure auraient sans doute cessé d'exister depuis longtemps. En 2013, le budget total dont disposent le ministère égyptien de l'Éducation et ses services locaux pour financer l'ensemble des écoles, collèges, lycées, universités de ce pays de 85 millions d'habitants est inférieur à 5 milliards de dollars[1]. Quelques centaines de kilomètres plus loin, les revenus pétroliers atteignent les 300 milliards de dollars pour l'Arabie Saoudite et ses 20 millions de Saoudiens, et dépassent les 100 milliards de dollars pour le Qatar et ses 300 000 Qataris. Pendant ce temps, la communauté internationale se demande s'il faut renouveler un prêt de quelques milliards de dollars à l'Égypte, ou bien s'il ne faudrait pas plutôt attendre que le pays augmente comme il l'avait promis les taxes sur les boissons gazeuses et les cigarettes. Sans doute est-il normal d'empêcher autant que possible que les redistributions se fassent par les armes (d'autant plus que l'intention de l'envahisseur irakien en 1990 était de s'acheter d'autres armes, et non de construire des écoles). À condition toutefois de trouver d'autres moyens, sous forme de sanctions, de taxes et d'aides, permettant d'imposer une répartition plus juste de la rente pétrolière et de donner aux pays sans pétrole la possibilité de se développer.

---

1. Voir annexe technique.

La redistribution par l'immigration

Une autre forme, *a priori* plus pacifique, de redistribution et de régulation de l'inégalité mondiale du capital est évidemment l'immigration. Plutôt que de déplacer le capital, ce qui pose toutes sortes de difficultés, une solution plus simple consiste parfois à laisser le travail se déplacer vers les salaires plus élevés. Il s'agit bien sûr de la grande contribution des États-Unis à la redistribution mondiale : le pays est ainsi passé d'à peine 3 millions d'habitants au moment de l'Indépendance américaine à plus de 300 millions aujourd'hui, en grande partie du fait des flux migratoires. C'est aussi ce qui fait que les États-Unis sont encore très loin d'être devenus la « vieille Europe de la planète » évoquée dans le dernier chapitre. L'immigration demeure le ciment de l'Amérique, la force stabilisatrice qui fait que le capital issu du passé ne prend pas la même importance qu'en Europe, et aussi la force qui rend politiquement et socialement supportables les inégalités de plus en plus extrêmes de revenus du travail. Pour une bonne partie des 50 % des Américains les moins bien payés, ces inégalités sont secondaires, pour la bonne et simple raison qu'ils sont nés dans un pays moins riche et qu'ils sont eux-mêmes dans une trajectoire nettement ascendante. Il faut souligner que ce mécanisme de redistribution par l'immigration, qui permet à des personnes issues de pays pauvres d'améliorer leur sort en rejoignant un pays riche, concerne pour la décennie 2000-2010 tout autant l'Europe que les États-Unis. De ce point de vue, la distinction entre Ancien et Nouveau Monde est peut-être en passe de perdre une partie de sa pertinence[1].

---

1. Sur la période 2000-2010, les taux d'immigration à caractère permanent (exprimés en pourcentage de la population du pays d'accueil) atteignent 0,6 %-0,7 % par an dans plusieurs pays européens (Italie, Espagne, Suède,

Il faut toutefois souligner que la redistribution par l'immigration, si souhaitable soit-elle, ne règle qu'une partie du problème des inégalités. Une fois que les productions et revenus moyens entre pays ont été égalisés, par l'immigration et surtout par le rattrapage de productivité des pays pauvres sur les pays riches, les problèmes posés par les inégalités, et en particulier par la dynamique de la concentration des patrimoines au niveau mondial, sont toujours là. La redistribution par l'immigration ne fait que repousser le problème un peu plus loin, mais ne dispense pas de mettre en place les régulations – État social, impôt progressif sur le revenu, impôt progressif sur le capital – qui s'imposent. Il n'est d'ailleurs pas interdit de penser que l'immigration a d'autant plus de chances d'être bien acceptée par les populations les moins favorisées des pays riches que ces institutions font en sorte que les bénéfices économiques de la mondialisation profitent à tous. Si l'on pratique à la fois le libre-échange, la libre circulation des capitaux et des personnes, tout cela en mettant à bas l'État social et en supprimant toute forme d'impôt progressif, alors il y a fort à penser que les tentations de repli national et identitaire seront plus fortes que jamais, en Europe comme aux États-Unis.

Il faut enfin souligner que les pays du Sud seraient parmi les premiers à bénéficier d'un système fiscal international plus transparent et plus juste. En Afrique, les flux sortants de capitaux dépassent largement, et depuis toujours, les flux entrants d'aide internationale. Le fait de lancer dans les pays riches des procédures judiciaires contre une poignée d'ex-

---

Royaume-Uni), contre 0,4 % aux États-Unis, et 0,2 %-0,3 % en France et en Allemagne. Voir annexe technique. Avec la crise, certains flux ont déjà commencé à se retourner, en particulier entre l'Europe du Sud et l'Allemagne. Si l'on considère l'Europe dans son ensemble, l'immigration permanente a été assez proche du niveau nord-américain au cours de la période 2000-2010. La natalité reste cependant sensiblement plus forte en Amérique du Nord.

dirigeants africains pour biens mal acquis est sans doute une bonne chose. Mais il serait encore plus utile de mettre en place les coopérations fiscales internationales et les transmissions automatiques d'informations bancaires permettant aux pays africains et européens de mettre fin de façon beaucoup plus systématique et méthodique à ce pillage, qui est d'ailleurs autant le fait de sociétés et d'actionnaires européens et de toutes nationalités que d'élites africaines peu scrupuleuses. Là encore, la transparence financière et l'impôt progressif et mondial sur le capital sont la bonne réponse.

16.
La question de la dette publique

Il existe deux façons principales pour un État de financer ses dépenses : par l'impôt, ou par la dette. D'une manière générale, l'impôt est une solution infiniment préférable, à la fois en termes de justice et d'efficacité. Le problème de la dette est qu'elle doit le plus souvent être repayée, si bien qu'elle est surtout dans l'intérêt de ceux qui ont eu les moyens de prêter à l'État, et à qui il aurait été préférable de faire payer des impôts. Il existe cependant de multiples raisons, bonnes et mauvaises, pour lesquelles les gouvernements se retrouvent parfois à avoir recours à l'emprunt et à accumuler des dettes, ou bien à hériter de dettes importantes des gouvernements précédents. En ce début de XXIe siècle, les pays riches semblent enferrés dans une interminable crise de la dette. On peut certes trouver dans l'histoire des niveaux d'endettement public plus élevés encore, comme nous l'avons vu dans la deuxième partie de ce livre, avec notamment le cas du Royaume-Uni, où la dette publique a dépassé à deux reprises deux années de revenu national, une première fois à l'issue des guerres napoléoniennes, et de nouveau à l'issue de la Seconde Guerre mondiale. Il n'en reste pas moins qu'avec une dette publique avoisinant une année de revenu national (environ 90 % du PIB) en moyenne dans les pays riches le monde développé se retrouve aujourd'hui avec un niveau d'endettement qu'il n'avait pas connu depuis 1945. Le monde émergent, qui est pourtant plus pauvre que le monde riche, à la fois en revenu et en capital, a une dette publique beaucoup plus modérée (autour de 30 % du PIB en moyenne). Cela montre à quel point la question de la dette publique est une question de répartition de la richesse, en particulier entre acteurs publics et privés, et non pas une question de niveau absolu de la richesse. Le monde riche est riche ; ce sont ses États qui sont pauvres. Le cas le plus extrême est celui de l'Europe, qui est à la fois le continent où les patrimoines privés sont les plus élevés du monde et celui qui a le plus de mal à résoudre sa crise de la dette publique. Étrange paradoxe.

Nous allons tout d'abord commencer par examiner les différentes façons de sortir d'un niveau élevé de dette publique. Cela nous conduira à analyser ensuite les différents rôles que jouent en pratique les banques centrales pour réguler et redistribuer le capital, et les impasses auxquelles mène une unification européenne excessivement centrée sur la monnaie, et ignorant trop ouvertement l'impôt et la dette. Nous étudierons enfin la question de l'accumulation optimale de capital public et de son articulation avec le capital privé au XXIe siècle, dans un contexte caractérisé par une croissance faible et une possible dégradation du capital naturel.

Réduire la dette publique :
impôt sur le capital, inflation ou austérité

Comment faire pour réduire significativement une dette publique importante, telle que la dette européenne actuelle ? Il existe trois méthodes principales, que l'on peut combiner dans diverses proportions : l'impôt sur le capital, l'inflation et l'austérité. L'impôt exceptionnel sur le capital privé est la solution la plus juste et la plus efficace. À défaut, l'inflation peut jouer un rôle utile : c'est d'ailleurs ainsi que la plupart des dettes publiques importantes ont été résorbées dans l'histoire. La solution la pire, en termes de justice comme en termes d'efficacité, est une cure prolongée d'austérité. C'est pourtant celle qui est suivie actuellement en Europe.

Commençons par rappeler la structure d'ensemble du patrimoine national en Europe en ce début de XXIe siècle. Comme nous l'avons vu dans la deuxième partie de ce livre, le patrimoine national avoisine actuellement les six années de revenu dans la plupart des pays européens, et il est détenu dans sa quasi-totalité par les agents privés (c'est-à-dire par les ménages). La valeur totale des actifs publics est du même ordre que les dettes publiques (autour d'une année de revenu national), si bien que le patrimoine public net est quasi nul[1]. Les patrimoines privés se partagent en deux moitiés approximativement égales : les actifs immobiliers et les actifs financiers (nets de dettes privées). La position patrimoniale officielle de l'Europe vis-à-vis du reste du monde est en moyenne assez proche de l'équilibre, ce qui signifie que les entreprises européennes comme les dettes publiques européennes sont en moyenne détenues par les ménages européens (ou, plus précisément, que ce qui est détenu par le reste du monde est compensé par ce que les Européens détiennent dans le reste

1. Voir en particulier deuxième partie, chapitre 3, tableau 3.1.

du monde). Cette réalité est obscurcie par la complexité du système d'intermédiation financière (on place ses économies en banque sur un compte d'épargne ou un produit financier, puis la banque va les placer ailleurs) et par l'ampleur des participations croisées entre pays. Mais il ne s'agit pas moins de la réalité : les ménages européens (ou, tout du moins, ceux qui détiennent quelque chose : n'oublions pas que les patrimoines sont toujours très concentrés, avec plus de 60 % du total pour les 10 % les plus riches) possèdent l'équivalent de tout ce qu'il y a à posséder en Europe, y compris bien sûr les dettes publiques[1].

Comment faire dans ces conditions pour réduire la dette publique à zéro ? Une première solution serait de privatiser tous les actifs publics. D'après les comptes nationaux établis dans les différents pays européens, le produit des ventes de tous les bâtiments publics, écoles, lycées, universités, hôpitaux, gendarmeries, infrastructures diverses, etc.[2], permettrait approximativement de rembourser les dettes publiques. Au lieu de détenir la dette publique au travers de leurs placements financiers, les ménages européens les mieux dotés en patrimoine deviendraient directement les propriétaires des écoles, des hôpitaux, des gendarmeries, etc. Il faudrait ensuite leur verser un loyer pour pouvoir utiliser ces actifs et continuer de produire les services publics correspondants. Cette solution, qui est parfois évoquée le plus sérieusement du monde, me semble devoir être repoussée absolument. Pour que l'État

---

1. Ajoutons que si l'on prend en compte les actifs détenus par les ménages européens dans les paradis fiscaux, alors la position patrimoniale réelle de l'Europe vis-à-vis du reste du monde devient nettement positive : les ménages européens possèdent l'équivalent de tout ce qu'il y a à posséder en Europe, et une partie du reste du monde. Voir troisième partie, chapitre 12, graphique 12.6.

2. Ainsi que le produit des ventes des actifs financiers publics (mais ces derniers ne sont plus très importants comparés aux actifs non financiers). Voir chapitres 3-5, et annexe technique.

social européen puisse remplir correctement et durablement ses missions, en particulier dans le domaine de l'éducation, de la santé et de la sécurité, il paraît indispensable qu'il continue de détenir les actifs publics correspondants. Il est toutefois important de comprendre que la situation actuelle, dans laquelle il faut verser chaque année de très lourds intérêts de la dette publique (et non des loyers), n'est pas si différente que cela, puisque ces intérêts grèvent tout aussi lourdement les budgets publics.

La solution de loin la plus satisfaisante pour réduire la dette publique consiste à prélever un impôt exceptionnel sur le capital privé. Par exemple, un impôt proportionnel de 15 % sur tous les patrimoines privés rapporterait près d'une année de revenu national et permettrait donc de rembourser immédiatement toutes les dettes publiques. L'État continuerait de détenir ses actifs publics, mais la valeur de ses dettes serait réduite à zéro, et il n'aurait donc plus d'intérêts à payer[1]. Cette solution est équivalente à une répudiation totale de la dette publique, avec toutefois deux différences essentielles[2].

Tout d'abord, il est toujours très difficile de prévoir l'incidence finale d'une répudiation, même partielle. De telles mesures de défaut complet ou partiel sur la dette publique sont souvent utilisées dans les situations de crise extrême de surendettement public, par exemple en Grèce en 2011-2012, sous forme de *haircut* d'ampleur variable (suivant l'expression consacrée) : on diminue de 10 % ou 20 % (ou davantage) la valeur des titres de dette publique détenus par les banques et les différents créditeurs. Le problème est que si l'on applique

---

1. La réduction de la charge d'intérêts de la dette permettrait pour partie de réduire les impôts, et pour partie de financer certains investissements nouveaux, en particulier dans la formation (voir plus loin).

2. Pour que l'équivalence soit complète, il faut imposer les patrimoines en fonction de la localisation des actifs immobiliers et financiers (y compris les titres de dette publique localisés en Europe), et non seulement de la résidence des détenteurs. Nous reviendrons plus loin sur ce point.

ce type de mesure à grande échelle, par exemple à l'échelle de l'Europe et non de la Grèce (qui représente à peine 2 % du PIB européen), il y a fort à parier que cela déclenche des mouvements de panique bancaire et de faillites en cascade. Suivant l'identité des banques qui détiennent telle ou telle catégorie de titres, la structure de leur bilan, l'identité des établissements qui leur ont prêté de l'argent, des ménages qui ont placé leurs économies dans ces institutions, sous quelle forme, etc., on peut se retrouver avec des incidences finales totalement différentes, qu'il est impossible de prévoir précisément. En outre, il est tout à fait possible que les détenteurs de patrimoines les plus importants parviennent à restructurer à temps leur portefeuille de façon à échapper presque totalement à la *haircut*. On s'imagine parfois que la *haircut* permet de mettre à contribution ceux qui ont pris le plus de risques. Rien n'est plus faux : compte tenu des transactions incessantes qui caractérisent les marchés financiers et les choix de portefeuille, rien ne garantit que ceux qui seront effectivement mis à contribution soient ceux qui doivent l'être. L'avantage de l'impôt exceptionnel sur le capital, qui s'apparente à une *haircut* fiscale, est précisément que cette solution permet d'organiser les choses de façon plus civilisée. On s'assure que chacun contribuera à l'effort demandé, et surtout on évite les faillites bancaires, puisque ce sont les détenteurs finaux des patrimoines (les personnes physiques) et non les établissements financiers qui sont mis à contribution. Pour cela, il est bien sûr indispensable que les autorités publiques disposent en permanence des transmissions automatiques d'informations bancaires sur l'ensemble des actifs financiers détenus par les uns et les autres. Sans cadastre financier, toutes les politiques suivies sont hasardeuses.

De plus, et surtout, l'avantage de la solution fiscale est qu'elle permet de moduler l'effort demandé en fonction du niveau de patrimoine de chacun. Concrètement, cela n'aurait pas beaucoup de sens de prélever un impôt exceptionnel proportionnel de 15 % sur tous les patrimoines privés européens. Mieux vaut appliquer un barème progressif, de façon à épargner les patrimoines les plus modestes et à demander davantage aux patrimoines les plus élevés. D'une certaine façon, c'est déjà ce que font les lois bancaires européennes, puisqu'elles garantissent généralement en cas de faillite les dépôts inférieurs à 100 000 euros. L'impôt progressif sur le capital est une généralisation de cette logique, puisqu'il permet de graduer beaucoup plus finement l'effort demandé en appliquant plusieurs tranches (garantie complète jusqu'à 100 000 euros, garantie partielle de 100 000 euros à 500 000 euros, et ainsi de suite, avec autant de tranches que cela paraît utile). En outre, cet outil peut s'appliquer à l'ensemble des actifs (y compris les actions cotées et non cotées), et non seulement aux dépôts bancaires. Ce dernier aspect est absolument essentiel si l'on souhaite véritablement mettre à contribution les détenteurs de patrimoines les plus importants, dont les économies sont rarement placées sur un compte chèques.

Par ailleurs, il serait sans doute excessif de chercher à réduire d'un seul coup les dettes publiques à zéro. De façon plus réaliste, supposons par exemple que l'on cherche à réduire les dettes des États européens de l'ordre de 20 % du PIB, ce qui permettrait de passer d'environ 90 % du PIB actuellement à 70 % du PIB, soit un niveau se rapprochant de la cible d'endettement maximum de 60 % du PIB fixée par les traités européens actuels[1]. Comme nous l'avons noté dans le chapitre précédent, un impôt progressif sur le capital prélevant 0 % sur les patrimoines nets inférieurs à 1 million d'euros, 1 % sur la tranche de patrimoine comprise entre 1 et 5 millions d'euros, et 2 % sur la tranche supérieure à 5 millions d'euros, rapporterait l'équivalent d'environ 2 % du PIB européen. Pour

---

1. Nous reviendrons plus loin sur la question du niveau optimal d'endettement public à long terme, qui ne peut être résolue indépendamment de celle du niveau d'accumulation de capital public et privé.

obtenir en une seule fois 20 % du PIB en recettes, il suffit donc d'appliquer un impôt exceptionnel avec des taux dix fois plus élevés : 0 % jusqu'à 1 million d'euros, 10 % entre 1 et 5 millions, et 20 % au-delà de 5 millions d'euros[1]. Il est intéressant de noter que le prélèvement exceptionnel sur le capital appliqué en France en 1945, et dont le but était notamment de réduire massivement l'endettement public, avait un barème progressif montant graduellement de 0 % à 25 % pour les patrimoines plus élevés[2].

On peut également obtenir le même résultat en appliquant pendant dix ans l'impôt progressif avec les taux de 0 %, 1 % et 2 %, et en affectant les recettes au désendettement, par exemple au moyen du « fonds de rédemption » proposé en 2011 par le Conseil des économistes attaché auprès du gouvernement allemand. Cette proposition, qui vise à mutualiser toutes les dettes publiques des pays de la zone euro dépassant les 60 % du PIB (en particulier celles de l'Allemagne, de la France, de l'Italie et de l'Espagne), puis à réduire progressivement ce fonds à zéro, est loin d'être parfaite – il lui manque notamment la gouvernance démocratique sans laquelle la mise en commun des dettes européennes ne peut fonctionner, comme nous le verrons plus loin. Mais elle a le mérite d'exister, et elle peut parfaitement se conjuguer avec un prélèvement exceptionnel ou décennal sur le capital[3].

---

2. On peut aussi simuler d'autres barèmes en utilisant le tableau S15.1 (disponible en ligne).

1. Voir chapitre 10.

2. Sur le « fonds de rédemption », voir German Council of Economic Experts, *Annual Report 2011* (novembre 2011) ; *The European Redemption Pact. Questions and Answers* (janvier 2012). Techniquement, les deux idées peuvent parfaitement se compléter. Politiquement et symboliquement, il est possible cependant que la notion de « rédemption » (qui semble renvoyer à une souffrance longue et partagée par l'ensemble de la population) se conjugue mal avec celle d'impôt progressif sur le capital, et que le terme « rédemption » ne soit pas le plus adapté.

L'inflation permet-elle de redistribuer les richesses ?

Reprenons le raisonnement. Nous avons noté que l'impôt exceptionnel sur le capital constitue la meilleure façon de réduire une dette publique importante. Il s'agit de loin de la méthode la plus transparente, la plus juste et la plus efficace. À défaut, il est possible d'avoir recours à l'inflation. Concrètement, la dette publique étant un actif nominal (c'est-à-dire dont le prix est fixé à l'avance et ne dépend pas de l'inflation), et non un actif réel (c'est-à-dire dont le prix évolue en fonction de la situation économique, en général au moins aussi vite que l'inflation, comme le prix des actifs immobiliers ou boursiers), il suffit d'avoir un peu d'inflation supplémentaire pour réduire très fortement la valeur réelle de la dette publique. Par exemple, avec une inflation de 5 % par an plutôt que de 2 %, au bout de cinq ans la valeur réelle de la dette, exprimée en pourcentage du PIB, serait réduite de plus de 15 % supplémentaires (toutes autres choses égales par ailleurs), ce qui est considérable.

Une telle solution est extrêmement tentante. C'est ainsi qu'ont été réduites la plupart des dettes publiques importantes dans l'histoire, notamment au cours du XXe siècle, dans l'ensemble des pays européens. Par exemple, en France et en Allemagne, l'inflation a été respectivement de 13 % et de 17 % par an en moyenne de 1913 à 1950. C'est ce qui a permis à ces deux pays de se lancer dans leur reconstruction avec une dette publique insignifiante au début des années 1950. L'Allemagne, en particulier, est de loin le pays qui a eu le plus massivement recours à l'inflation (et également à l'annulation pure et simple de créances) pour se débarrasser de ses dettes publiques au cours de son histoire[1].

---

1. Outre l'effet de réduction de l'inflation, une part importante des dettes allemandes a été purement et simplement annulée par les Alliés à l'issue de la

Si l'on met de côté la Banque centrale européenne, qui aujourd'hui est de loin la plus réticente à cette solution, ce n'est pas un hasard si toutes les grandes banques centrales de la planète, qu'il s'agisse de la Federal Reserve américaine, de la Banque du Japon ou de la Banque d'Angleterre, tentent actuellement de relever leur cible d'inflation, plus ou moins explicitement, et expérimentent pour cela diverses politiques dites « non conventionnelles » (nous y reviendrons). Si elles y parviennent, et si par exemple leur niveau d'inflation passe à 5 % par an plutôt que 2 % (ce qui n'est pas gagné), ces pays réussiront de fait à sortir du surendettement beaucoup plus rapidement que les pays de la zone euro, dont les perspectives économiques paraissent gravement assombries par l'absence d'issue visible à la crise de la dette, et le manque de clarté des différents pays sur leur vision à long terme de l'union fiscale et budgétaire de l'Europe.

De fait, il est important de bien comprendre que sans prélèvement exceptionnel sur le capital, et sans inflation supplémentaire, cela peut prendre plusieurs décennies pour sortir d'un niveau d'endettement public aussi élevé que celui en vigueur actuellement. Pour prendre un cas extrême : supposons une inflation rigoureusement nulle, une croissance du PIB de 2 % par an (ce qui dans le contexte européen actuel n'a rien de garanti, car la rigueur budgétaire a un impact récessif évident, au moins dans le court terme) et un déficit

---

Seconde Guerre mondiale (ou plus exactement repoussée à une éventuelle unification allemande, et jamais remboursée depuis). D'après les calculs de l'historien allemand Albrecht Ritschl, on aboutit à des montants tout à fait substantiels si on les recapitalise à un taux raisonnable. Une partie de ces dettes correspond à des frais d'occupation prélevés à la Grèce pendant l'occupation allemande, d'où des controverses sans fin et largement indécidables. Cela complique encore un peu plus l'application aujourd'hui d'une pure logique d'austérité et de remboursement des dettes. Sur ces questions, voir A. Ritschl, « Does Germany owe Greece a debt ? The European debt crisis in historical perspective », LSE, 2012.

budgétaire limité à 1 % du PIB (ce qui en pratique implique un excédent primaire important, compte tenu des intérêts de la dette). Alors par définition il faut vingt ans pour réduire l'endettement public (exprimé en pourcentage du PIB) de 20 points[1]. Si la croissance est parfois inférieure à 2 %, et le déficit parfois supérieur à 1 %, alors cela peut prendre facilement trente ou quarante ans. Cela prend des décennies d'accumuler du capital ; cela peut prendre également très longtemps de réduire une dette.

L'exemple historique le plus intéressant d'une cure prolongée d'austérité est celui du Royaume-Uni au XIXe siècle. Comme nous l'avons noté dans la deuxième partie de ce livre (chapitre 3), il aura fallu un siècle d'excédents primaires (environ 2-3 points de PIB par an en moyenne de 1815 à 1914) pour se débarrasser de l'énorme dette publique issue des guerres napoléoniennes. Au total, au cours de cette période, les contribuables britanniques ont versé plus de ressources en intérêts de la dette qu'ils n'en ont consacré à leurs dépenses totales d'éducation. Il s'agit d'un choix qui était sans doute dans l'intérêt des détenteurs des titres de dettes. Mais il est peu probable que ce choix était dans l'intérêt général du pays. Il n'est pas interdit de penser que le retard éducatif britannique a contribué au déclin du Royaume-Uni au cours des décennies suivantes. Il s'agissait certes d'une dette supérieure à 200 % du PIB (et non d'à peine 100 %, comme actuellement), et l'inflation au XIXe siècle était quasi nulle (alors que tout le monde admet aujourd'hui une cible de 2 % par an). On peut donc espérer que l'austérité européenne pourrait se contenter de durer dix ou vingt ans (au minimum), et non pas un siècle. Ce serait tout de même bien long. On peut légitimement considérer que l'Europe a mieux à faire pour

---

1. Si le PIB progresse de 2 % par an et la dette de 1 % par an (en supposant que l'on part d'une dette totale voisine du PIB), alors la dette exprimée en pourcentage du PIB diminue d'environ 1 % par an.

préparer son avenir dans l'économie-monde du XXIe siècle que de consacrer plusieurs points de PIB par an d'excédent primaire à sa dette publique, alors même que les pays européens consacrent généralement moins de un point de PIB à leurs universités[1].

Cela étant posé, il faut également insister sur le fait que l'inflation n'est qu'un substitut très imparfait à l'impôt progressif sur le capital et peut comporter un certain nombre d'effets secondaires peu attractifs. La première difficulté de l'inflation est le risque d'emballement : il n'est pas sûr que l'on sache s'arrêter à 5 % par an. Une fois la spirale inflationniste lancée, chacun veut voir les salaires et les prix qui le concernent évoluer de la façon qui l'arrange, et il peut s'avérer très difficile de stopper une telle mécanique. En France, l'inflation dépasse les 50 % par an de 1945 à 1948, pendant quatre années consécutives. La dette publique est réduite à peu de chose, beaucoup plus radicalement que par le prélèvement exceptionnel sur les patrimoines appliqué en 1945. Mais des millions de petits épargnants sont définitivement ruinés par l'inflation, ce qui contribuera à aggraver une endémique pauvreté du troisième âge pendant les années 1950[2]. En

---

1. Le prélèvement exceptionnel ou décennal sur le capital décrit plus haut est une forme d'excédent primaire affecté à la réduction de la dette. La différence est qu'il s'agit d'une ressource nouvelle, qui ne pèse pas sur la majorité de la population et qui ne grève pas le reste des budgets publics. Il existe en pratique un continuum entre les différentes solutions (impôt sur le capital, inflation, austérité) : tout dépend du dosage et de la façon dont le poids de l'ajustement est réparti entre les différents groupes sociaux. L'impôt sur le capital fait porter l'effort sur les détenteurs de patrimoine élevés, alors que les politiques d'austérité visent le plus souvent à les épargner.
2. L'épargne financière des années 1920-1930 avait certes été largement détruite par l'effondrement des marchés boursiers. Il n'en reste pas moins que l'inflation de 1945-1948 engendre un choc supplémentaire. La réponse fut le minimum vieillesse (créé en 1956) et le développement des systèmes de retraite par répartition (créés en 1945, mais qui ne montent en puissance que très progressivement).

Allemagne, les prix sont multipliés par cent millions entre le début et la fin de l'année 1923. La société et l'économie ressortent durablement traumatisées par cet épisode, qui continue sans nul doute d'influer sur les perceptions allemandes de l'inflation. La seconde difficulté est que l'inflation perd une bonne partie de ses effets souhaités dès lors qu'elle devient permanente et anticipée (en particulier, ceux qui prêtent à l'État exigent un taux d'intérêt plus élevé).

Il reste certes un argument en faveur de l'inflation. Par comparaison à l'impôt sur le capital, qui comme tous les impôts conduit inévitablement à soustraire des ressources à des personnes qui s'apprêtaient à les dépenser utilement (pour consommer ou pour investir), l'inflation a le mérite, dans sa version idéalisée, de ponctionner principalement ceux qui ne savent pas quoi faire de leur argent, c'est-à-dire ceux qui ont conservé trop de liquidités sur leurs comptes bancaires, sur des comptes et livrets peu dynamiques, ou sous leur matelas. Sont épargnés tous ceux qui ont déjà tout dépensé, ceux qui ont tout investi dans des actifs économiques réels (immobiliers ou professionnels), ou mieux encore ceux qui sont endettés (dont la dette nominale est réduite par l'inflation, ce qui leur permet de repartir plus vite encore vers de nouveaux projets d'investissement). Selon cette vision idéale, l'inflation serait en quelque sorte une taxe sur le capital oisif, et un encouragement au capital dynamique. Ce point de vue contient une petite part de vérité, et ne doit pas être totalement négligé.[1] Mais, comme nous l'avons vu en étudiant l'inégalité des rendements en fonction du capital initial, l'inflation n'empêche en rien les patrimoines importants et bien diversifiés d'obtenir un très bon rendement, indépendamment de toute implication personnelle, simplement du fait de leur taille[2].

---

1. Il existe des modèles théoriques fondés sur cette idée. Voir annexe technique.
2. Voir en particulier les résultats présentés dans le chapitre 12.

Au final, la vérité est que l'inflation est un outil relativement grossier et imprécis dans son ciblage. Les redistributions des richesses induites vont parfois dans le bon sens, et parfois dans le mauvais. Certes, si le choix est entre un peu plus d'inflation ou un peu plus d'austérité, il faut sans doute préférer un peu plus d'inflation. Mais la vision parfois exprimée en France selon laquelle l'inflation constituerait un outil quasiment idéal de redistribution (une façon de prendre de l'argent au « rentier allemand » et de forcer la population vieillissante qui prospère outre-Rhin à faire preuve de davantage de solidarité, entend-on souvent) est excessivement naïve et fantasmatique. Une grande vague inflationniste européenne aurait en pratique toutes sortes de conséquences non désirées sur la répartition des richesses, en particulier au détriment de personnes modestes, en France, en Allemagne, et dans tous les pays. À l'inverse, les détenteurs de patrimoines immobiliers et boursiers importants seraient largement épargnés, des deux côtés du Rhin, et partout ailleurs[1]. Qu'il s'agisse de réduire les inégalités patrimoniales sur une base permanente, ou bien de réduire une dette publique exceptionnellement élevée, l'impôt progressif sur le capital est en règle générale un bien meilleur outil que l'inflation.

Que font les banques centrales ?

Afin de mieux comprendre le rôle de l'inflation, et plus généralement le rôle des banques centrales dans la régulation et la redistribution du capital, il est utile de sortir un peu du cadre de la crise actuelle, et de remettre ces questions dans

---

1. Il en irait de même en cas de retour à la monnaie nationale. Il est toujours possible de réduire la dette publique par la planche à billets et l'inflation, mais il est difficile de maîtriser les conséquences distributives d'un tel processus, que ce soit avec l'euro ou avec le franc, le mark ou la lire.

une perspective historique plus longue. À l'époque où l'étalon-or était la norme dans tous les pays, c'est-à-dire jusqu'à la Première Guerre mondiale, le rôle des banques centrales était beaucoup plus réduit qu'aujourd'hui. En particulier, leur pouvoir de création monétaire est fortement limité dans un tel système par l'étendue du stock d'or et d'argent. L'une des difficultés évidentes est précisément que l'évolution générale des prix dépend avant tout des hasards des découvertes aurifères et argentifères. Si le stock d'or mondial est stationnaire, et que la production mondiale s'accroît fortement, alors le niveau des prix doit baisser continûment (une même masse monétaire sert à échanger une production plus importante), ce qui en pratique soulève des difficultés considérables[1]. Si l'on fait subitement de grandes découvertes, dans l'Amérique hispanique aux XVIe-XVIIe siècles, ou en Californie au milieu du XIXe siècle, les prix peuvent monter en flèche, ce qui crée d'autres types de problèmes, et des enrichissements indus[2]. Tout cela n'est pas très satisfaisant, et il est tout à fait improbable que l'on en revienne un jour à un tel régime (l'or, cette « relique barbare », disait Keynes).

Mais à partir du moment où l'on supprime toute référence métallique, on voit bien que le pouvoir de création monétaire des banques centrales devient potentiellement infini et doit donc être sérieusement encadré. C'est tout le débat

---

1. Un exemple historique souvent donné est celui de la légère déflation (baisse des prix et des salaires) en vigueur dans les pays industrialisés à la fin du XIXe siècle. La déflation est généralement très mal acceptée, aussi bien par les producteurs que par les salariés, qui semblent vouloir attendre que les autres prix et salaires diminuent pour accepter que celui qui les concerne baisse également, d'où une grande inertie, que l'on appelle parfois la « rigidité nominale ». L'argument le plus important en faveur d'une inflation faible mais positive (typiquement 2 %) est qu'elle permet plus facilement les ajustements de salaires et de prix relatifs qu'une inflation nulle ou négative.

2. La théorie classique du déclin espagnol met bien sûr en cause les facilités produites par l'or.

sur l'indépendance des banques centrales, qui est source de nombreux malentendus. Retraçons-en rapidement les étapes. Au début de la crise des années 1930, les banques centrales des pays industriels adoptent une politique extrêmement conservatrice : à peine sorties de l'étalon-or, elles refusent de créer les liquidités nécessaires pour sauver les établissements financiers en difficulté, d'où des faillites bancaires en série, qui aggravent terriblement la crise et plongent le monde vers l'abîme. Il est important de bien comprendre l'ampleur du traumatisme causé par cette dramatique expérience historique. Depuis cette date, tout le monde considère que la fonction principale des banques centrales est d'assurer la stabilité du système financier, ce qui implique d'assumer en cas de panique absolue un rôle de « prêteur en dernier recours », consistant à créer les liquidités nécessaires pour éviter l'effondrement généralisé des établissements financiers. Il est essentiel de réaliser que cette conviction est partagée depuis la crise des années 1930 par l'ensemble des observateurs, quelle que soit par ailleurs leur position sur le New Deal ou les diverses formes d'État social mis en place aux États-Unis et en Europe à l'issue des crises des années 1930-1940. Parfois, la foi placée dans le rôle stabilisateur de la Banque centrale semble même inversement proportionnelle à celle mise dans les politiques sociales et fiscales issues de cette même période.

Cela est particulièrement clair dans la monumentale *Histoire monétaire des États-Unis* publiée en 1963 par Milton Friedman. Dans cet ouvrage fondateur, le chef de file des économistes monétaristes accorde une attention méticuleuse aux mouvements courts de la politique monétaire suivie par la Federal Reserve, étudiés notamment à travers les archives et les minutes de ses différents comités de 1857 à 1960[1]. Sans surprise, le point focal de la recherche concerne les années noires de la

---

1. Voir M. FRIEDMAN, A. J. SCHWARTZ, *A Monetary History of the United States, 1857-1960*, Princeton University Press, 1963.

crise de 1929. Pour Friedman, aucun doute n'est permis : c'est bien la politique grossièrement restrictive de la Fed qui a transformé le krach boursier en une crise du crédit, et qui a plongé l'économie dans la déflation et dans une récession d'une ampleur inouïe. La crise est avant tout monétaire, et sa solution l'est donc tout autant. De cette analyse savante, Friedman tire des conclusions politiques transparentes : pour assurer une croissance paisible et sans à-coups dans le cadre des économies capitalistes, il faut et il suffit de suivre une politique monétaire appropriée permettant d'assurer une progression régulière du niveau des prix. D'après la doctrine monétariste, le New Deal et son florilège d'emplois publics et de transferts sociaux mis en place par Roosevelt et les démocrates à la suite de la crise des années 1930 et de la Seconde Guerre mondiale ne sont donc qu'une gigantesque fumisterie, coûteuse et inutile. Pour sauver le capitalisme, nul besoin de *Welfare State* et d'un gouvernement tentaculaire : il suffit d'une bonne Fed. Dans l'Amérique des années 1960-1970, où une partie des démocrates rêve de parachever le New Deal, mais où l'opinion commence à s'inquiéter du déclin relatif des États-Unis à l'égard d'une Europe en pleine croissance, ce message politique simple et fort fait l'effet d'une bombe. Les travaux de Friedman et de l'École de Chicago contribuent sans nul doute à développer un climat de méfiance face à l'extension indéfinie du rôle de l'État et à forger le contexte intellectuel menant à la révolution conservatrice de 1979-1980.

On peut évidemment relire ces mêmes événements en se disant que rien n'interdit de compléter une bonne Fed par un bon État social et une bonne fiscalité progressive. De toute évidence, ces différentes institutions sont davantage complémentaires que substituables. Contrairement à ce que la doctrine monétariste tente de suggérer, le fait que la Fed ait effectivement été grossièrement restrictive au début des années 1930 (comme d'ailleurs les banques centrales des autres pays riches) ne dit évidemment rien du tout du mérite et des limites des autres institutions. Mais tel n'est pas le point qui nous intéresse ici. Le fait est que depuis des décennies tous les économistes, monétaristes, keynésiens ou néoclassiques, tous les observateurs, quelle que soit leur tendance politique, s'accordent à considérer que les banques centrales doivent jouer un rôle de prêteur de dernier ressort et prendre toutes les mesures nécessaires pour éviter l'effondrement financier et la spirale déflationniste.

Ce relatif consensus historique explique pourquoi toutes les banques centrales de la planète, aux États-Unis comme en Europe et au Japon, ont réagi à la crise ouverte en 2007-2008 en assumant ce rôle de prêteur et de stabilisateur. Si l'on excepte le cas de Lehman Brothers en septembre 2008, les faillites bancaires sont restées relativement limitées. Cela n'implique pas pour autant qu'il existe un consensus sur la nature exacte des politiques monétaires « non conventionnelles » qui doivent être suivies dans de telles situations.

Création monétaire et capital national

Concrètement, que font les banques centrales ? Il est tout d'abord important, dans le cadre de notre enquête, de préciser que les banques centrales en tant que telles ne créent pas de richesse : elles redistribuent la richesse. Plus précisément, quand la Fed ou la BCE (Banque centrale européenne) décident de créer 1 milliard de dollars ou d'euros supplémentaires, il serait faux de s'imaginer que le capital national américain ou européen augmente d'autant. En vérité, le capital national ne change pas d'un dollar ou d'un euro, car les opérations effectuées par les banques centrales sont toujours des opérations de prêt. Elles conduisent par définition à la création d'actifs et de passifs financiers qui se compensent exactement au moment où ils sont introduits. Par exemple, la Fed prête 1 milliard de dollars à Lehman Brothers ou à General Motors (ou au gouvernement américain), qui se retrouvent endettées d'autant. Ni le patrimoine net de la Fed, ni celui de Lehman Brothers ou de General Motors, ni *a fortiori* celui des États-Unis ou de la planète n'ont été modifiés en quoi que ce soit par cette opération. Ce serait d'ailleurs bien étonnant si les banques centrales pouvaient par un simple jeu d'écriture augmenter le capital national de leur pays, et de l'univers tout entier par la même occasion.

Tout dépend ensuite de l'impact de cette politique monétaire sur l'économie réelle. Si le prêt fait par la banque centrale permet à la société en question de sortir d'une mauvaise passe et d'éviter ainsi la faillite définitive (faillite qui aurait peut-être conduit à une baisse du patrimoine national), alors une fois que la situation est stabilisée et que le prêt a été remboursé, on peut considérer que le prêt de la Fed a permis d'accroître le patrimoine national (ou tout du moins de ne pas le diminuer). Inversement, si le prêt n'a fait que retarder la faillite inévitable de la société et si cela a même empêché l'émergence d'un concurrent viable (cela peut tout à fait arriver), on doit considérer que cette politique a finalement eu pour effet de diminuer le patrimoine national. Les deux cas de figure sont possibles et sont sans nul doute présents dans des proportions diverses dans toutes les politiques monétaires. Dans la mesure où les banques centrales ont permis de limiter l'ampleur de la récession en 2008-2009, on peut considérer qu'elles ont contribué en moyenne à augmenter le PIB, l'investissement et donc le capital des pays riches et du monde. Mais il va de soi que ce type d'évaluation dynamique sera toujours incertain et sujet à controverse. Ce qui est certain, c'est qu'au moment où les banques centrales augmentent la masse monétaire en faisant un prêt à une société financière ou non financière, ou bien à un gouvernement, cela n'a dans l'immédiat aucun impact sur le capital national, ni d'ailleurs sur le capital public ou privé[1].

---

1. Il est important de noter que la « planche à billets » pure n'existe pas, dans le sens suivant. Quand une banque centrale crée de la monnaie afin de la prêter à son gouvernement, cela prend toujours la forme d'un prêt (dont

En quoi consistent les politiques monétaires « non conventionnelles » expérimentées depuis la crise de 2007-2008 ? Par temps calme, les banques centrales se contentent de s'assurer que la masse monétaire croît au même rythme que l'activité économique, de façon à garantir une inflation faible – de l'ordre de 1 % ou 2 % par an. Concrètement, elles introduisent la monnaie nouvelle en prêtant de l'argent aux banques sur des durées extrêmement courtes – souvent à peine plus de quelques jours. Ces prêts permettent de garantir la solvabilité de l'ensemble du système financier. Les énormes flux de dépôts et de retraits effectués quotidiennement par les ménages et les entreprises ne s'équilibrent en effet jamais parfaitement au jour près pour chaque banque particulière. Depuis 2008, la nouveauté principale réside dans la durée des prêts consentis aux banques privées. Au lieu de prêter à l'horizon de quelques jours, la Fed et la BCE se sont mises à prêter à échéance de trois mois, voire six mois – d'où une très forte augmentation des volumes correspondants au cours du dernier trimestre 2008 et au début de l'année 2009. Elles ont également commencé à prêter sur ces mêmes durées à des sociétés non financières, surtout aux États-Unis, avec des prêts au secteur bancaire allant jusqu'à neuf ou douze mois et des achats directs d'obligations relativement longues. À

---

on conserve la trace dans les comptes de la banque centrale, y compris dans les périodes les plus chaotiques, comme en France en 1944-1948), et non d'un don. Tout dépend là encore de ce qui se passe ensuite : si cette création monétaire conduit à une inflation élevée, alors cela peut entraîner de très fortes redistributions (par exemple la valeur réelle de la dette publique peut se trouver réduite à peu de chose, au détriment d'actifs nominaux privés). L'effet total sur le revenu national et le capital national dépend quant à lui de l'impact de cette politique sur le niveau global d'activité économique du pays. Il peut *a priori* être positif ou négatif, exactement de la même façon que pour les prêts faits aux acteurs privés. Les banques centrales redistribuent le capital monétaire ; mais elles n'ont pas la faculté de créer immédiatement de la richesse nouvelle.

partir de 2011-2012, les banques centrales ont de nouveau élargi la gamme de leurs interventions. Les achats de bons du Trésor et de diverses obligations publiques, pratiqués depuis le début de la crise par la Fed, la Banque du Japon et la Banque d'Angleterre, ont également été appliqués par la BCE, à mesure que la crise de la dette publique s'approfondissait en Europe du Sud.

Plusieurs points doivent être précisés au sujet de ces politiques. Tout d'abord, les banques centrales ont le pouvoir d'éviter la faillite à une banque ou à une société non financière, en lui prêtant l'argent nécessaire pour payer ses salaires et ses fournisseurs. Mais elles n'ont pas le pouvoir d'obliger les entreprises à investir, les ménages à consommer et l'économie à renouer avec la croissance. Elles n'ont pas non plus le pouvoir de décider du taux d'inflation. Les liquidités créées par les banques centrales ont sans doute permis d'éviter la dépression et la déflation, mais le climat économique reste morose dans les pays riches au début des années 2010, particulièrement en Europe, où la crise de la zone euro pèse lourdement sur la confiance. Le fait que les gouvernements des principaux pays riches (États-Unis, Japon, Allemagne, France, Royaume-Uni) se retrouvent à emprunter à des taux exceptionnellement bas en 2012-2013 – à peine 1 % – témoigne certes de l'importance des politiques stabilisatrices menées par les banques centrales. Mais cela démontre surtout que les investisseurs privés ne savent pas très bien quoi faire avec les liquidités prêtées à taux nul ou quasi nul par les autorités monétaires, si bien qu'ils préfèrent le prêter de nouveau aux États jugés les plus sûrs pour un rendement dérisoire. Ces taux d'intérêt très faibles pour certains pays, et beaucoup plus élevés pour d'autres, sont le signe d'une situation économique fébrile et anormale[1].

1. À l'inverse, les taux d'intérêt exigés des pays jugés moins sûrs ont atteint des niveaux extrêmement élevés en 2011-2012 (6 %-7 % en Italie

La force des banques centrales est qu'elles peuvent redistribuer des richesses très rapidement, et en principe dans des proportions infinies. Si nécessaire, une banque centrale peut en l'espace d'une seconde créer autant de milliards qu'elle le souhaite et les porter au compte d'une société ou d'un gouvernement dans le besoin. En cas d'urgence absolue (panique financière, guerre, catastrophe naturelle), cette immédiateté et cette illimitation de la création monétaire constituent des atouts irremplaçables. En particulier, jamais une administration fiscale ne pourrait aller aussi vite pour lever un impôt : il faut définir une assiette, des taux, voter une loi, recouvrer l'impôt, prévoir des possibilités de contestation, etc. S'il fallait procéder ainsi pour résoudre une crise financière, toutes les banques auraient déjà fait faillite. Cette rapidité d'exécution est la principale force des autorités monétaires.

La faiblesse des banques centrales est que leur capacité à décider à qui elles doivent accorder des prêts, pour quel montant et pour quelle durée, et à gérer ensuite le portefeuille financier correspondant est évidemment très limitée. La première conséquence est que la taille de leur bilan ne peut pas dépasser certaines limites. Concrètement, avec toutes les nouvelles gammes de prêts et d'interventions sur les marchés financiers introduites depuis 2008, les bilans des banques centrales ont approximativement doublé de taille. La totalité des actifs et passifs financiers est passée d'environ 10 % à plus de 20 % du PIB pour ce qui est de la Federal Reserve et de la Banque d'Angleterre, et de près de 15 % du PIB à près de 30 % du PIB pour ce qui concerne la Banque centrale européenne. Il s'agit certes d'une évolution spectaculaire. Mais on voit en même temps que ces montants restent relativement modestes par comparaison à la totalité des

---

ou en Espagne, voire 15 % en Grèce). Cela témoigne surtout de la fébrilité des investisseurs et de leurs incertitudes face à l'avenir immédiat.

patrimoines privés nets, qui atteignent ou dépassent 500 % ou 600 % du PIB dans la plupart des pays riches[1].

Dans l'absolu, on pourrait certes imaginer des montants beaucoup plus importants. Les banques centrales pourraient décider de racheter toutes les entreprises d'un pays, tout l'immobilier, financer la transition énergétique, investir dans les universités, piloter l'ensemble de l'économie. Le seul problème, évidemment, est que les banques centrales n'ont pas une administration outillée pour cela, et surtout n'ont pas la légitimité démocratique pour entreprendre de telles choses. Les redistributions opérées par les banques centrales sont immédiates et potentiellement infinies, mais elles peuvent également être infiniment mal ciblées (tout comme les effets de l'inflation sur les inégalités), et il est donc préférable qu'elles ne dépassent pas une certaine ampleur. C'est pourquoi les banques centrales opèrent dans le cadre d'un mandat

---

1. Le total des actifs et passifs financiers bruts est encore plus élevé, puisqu'il atteint dix-vingt années de PIB dans la plupart des pays développés (voir chapitre 5). Les banques centrales ne détiennent donc actuellement que quelques pourcents du total des actifs et passifs financiers dans les pays riches. Les bilans des différentes banques centrales sont disponibles en ligne chaque semaine ou chaque mois. On connaît le détail par catégorie d'actifs et de passifs (mais pas au niveau de chaque société ou pays à qui de l'argent a été prêté). Les billets et pièces ne représentent qu'une toute petite partie du bilan (généralement à peine 2 % du PIB), et l'essentiel correspond à de purs jeux d'écriture, de même que pour les comptes en banque des ménages, des sociétés et des gouvernements. Dans le passé, le bilan des banques centrales a parfois atteint 90 %-100 % du PIB (par exemple en France en 1944-1945, après quoi ce bilan a été largement noyé dans l'inflation). À l'été 2013, le bilan de la Banque du Japon s'approche de 40 % du PIB. Pour des séries historiques sur les bilans des principales banques centrales, voir annexe technique. L'examen de ces bilans est instructif et permet de constater qu'ils sont encore loin d'avoir retrouvé leurs plus hauts niveaux passés. Par ailleurs, l'inflation dépend de multiples autres forces, et notamment de la concurrence internationale sur les prix et les salaires, qui tend actuellement à les maintenir vers le bas et à orienter les hausses vers les prix des actifs.

strict, centré autour de la stabilité du système financier. En pratique, quand la puissance publique décide de venir en aide à certains secteurs industriels particuliers, comme avec General Motors aux États-Unis en 2009-2010, c'est l'État américain et non la banque centrale qui prend directement en charge les prêts, les participations et les diverses conventions d'objectifs avec l'entreprise en question. Il en va de même en Europe : la politique industrielle ou universitaire dépend des États et non de la banque centrale. Ce n'est pas une question d'impossibilité technique ; il s'agit d'un problème de gouvernance démocratique. Si les impôts et les budgets publics demandent du temps pour être votés et appliqués, ce n'est pas entièrement par hasard : quand on déplace des fractions importantes de la richesse nationale, mieux vaut ne pas se tromper.

Parmi les multiples controverses touchant aux limites du rôle des banques centrales, deux questions concernent particulièrement notre enquête et méritent des discussions supplémentaires. Il s'agit d'une part de la complémentarité entre régulation bancaire et impôt sur le capital (question qui est parfaitement illustrée par l'exemple récent de la crise chypriote), et d'autre part des limites de plus en plus évidentes de l'architecture institutionnelle en vigueur actuellement en Europe (où l'on est en train d'expérimenter une construction inédite dans l'histoire, tout du moins à cette échelle : une monnaie sans État).

La crise chypriote : quand l'impôt sur le capital rejoint la régulation bancaire

Le premier rôle des banques centrales, irremplaçable, est de garantir la stabilité du système financier. Elles sont les mieux placées pour s'assurer au quotidien de la position des différentes banques, pour les refinancer le cas échéant, et pour contrôler que le système de paiements fonctionne normalement. Elles sont parfois aidées en cela par des autorités et structures spécifiquement chargées de la régulation bancaire, par exemple pour distribuer les licences requises pour opérer un établissement financier (on ne peut pas créer une banque dans un garage) ou pour vérifier que les ratios prudentiels en vigueur (c'est-à-dire les volumes de réserves et d'actifs réputés peu risqués que les banques doivent détenir pour pouvoir prêter ou investir tel ou tel montant dans des actifs plus risqués) sont bien respectés. Dans tous les pays, les banques centrales et les autorités de régulation bancaire (qui leur sont souvent rattachées) travaillent de concert. Dans le projet actuellement en cours de mise en place d'union bancaire européenne, la BCE est supposée jouer le rôle central. Dans le règlement de certaines crises bancaires jugées particulièrement importantes, les banques centrales travaillent également conjointement avec les structures internationales créées à cet effet, à commencer par le Fonds monétaire international. C'est notamment le cas de la désormais fameuse « Troïka » regroupant la Commission européenne, la BCE et le FMI, et qui tente depuis 2009-2010 d'éteindre la crise financière européenne, mêlant à la fois une crise de la dette publique et une crise bancaire, notamment en Europe du Sud. La récession de 2008-2009 a en effet conduit à une aggravation de l'endettement public, qui était déjà très élevé à la veille de la crise dans la plupart des pays (notamment en Grèce et en Italie), et à une rapide détérioration des bilans bancaires, en particulier dans les pays touchés par l'éclatement de la bulle immobilière (à commencer par l'Espagne). Les deux crises sont au final inextricablement liées. Les banques détiennent des titres de la dette publique dont personne ne sait exactement ce qu'ils valent (la *haircut* a été massive en Grèce, et même s'il a été dit que cette solution unique ne se répéterait pas, la vérité est qu'il est objectivement bien difficile de prévoir la suite de l'action dans de telles circonstances), et les finances publiques des États ne peuvent que continuer à se dégrader tant que se prolongera le marasme économique, qui dépend lui-même pour une large part du blocage du système financier et du crédit.

L'une des difficultés est que ni la Troïka ni les autorités publiques des différents pays concernés ne disposent des transmissions automatiques d'informations bancaires internationales et du « cadastre financier » qui leur permettraient de répartir de façon transparente et efficace les pertes et les efforts. Nous avons déjà évoqué dans le chapitre précédent le cas de l'Italie et de l'Espagne, et leurs difficultés à mettre en place seules un impôt progressif sur le capital pour rétablir leurs finances publiques. Le cas de la Grèce est encore plus extrême. Tout le monde demande à la Grèce de faire payer des impôts à ses ressortissants les plus aisés. Il s'agit sans aucun doute d'une excellente idée. Le problème est qu'en l'absence d'une coopération internationale adéquate la Grèce n'a évidemment pas les moyens d'imposer seule une fiscalité juste et efficace, tant il est facile pour ses plus riches citoyens de déplacer leurs fonds à l'étranger, souvent dans d'autres pays européens. Or les autorités européennes et internationales n'ont à aucun moment pris les mesures permettant d'offrir un tel cadre réglementaire et juridique[1]. En conséquence de quoi, faute de ressources fiscales adéquates, la Grèce comme les autres pays concernés par la crise se retrouvent souvent incités à trouver des recettes en se défaisant des actifs publics qui leur restent, souvent à bas pris, ce qui pour les acheteurs concernés – grecs ou européens de diverses nationalités – est sans nul doute plus intéressant que de payer des impôts.

Un cas particulièrement intéressant est celui de la crise

---

1. Comme nous l'avons noté dans le chapitre précédent, les discussions sur de possibles changements aux règlements européens sur les transmissions automatiques d'informations bancaires ont tout juste commencé dans le courant de l'année 2013 et sont très loin d'avoir abouti.

chypriote de mars 2013. Chypre est une île de 1 million d'habitants, qui a rejoint l'Union européenne en 2004, puis la zone euro en 2008. Son secteur bancaire est hypertrophié, apparemment du fait de très importants dépôts étrangers, notamment russes, attirés par la faible fiscalité et le côté peu regardant des autorités locales. D'après les déclarations des responsables de la Troïka, il semblerait que ces dépôts russes incluent d'énormes sommes individuelles. Chacun imagine donc des oligarques dont les avoirs se chiffrent en dizaines de millions d'euros, ou même en milliards d'euros, si l'on en juge par les classements de fortunes publiés par les magazines. Le problème est qu'aucune statistique, même grossière et approximative, n'a été publiée par les autorités européennes ou par le FMI. Le plus probable est que ces institutions elles-mêmes n'en savent pas grand-chose, pour la bonne et simple raison qu'elles ne se sont jamais donné les moyens de faire des progrès sur cette question pourtant centrale. Une telle opacité ne facilite pas un règlement pacifique et rationnel de ce type de conflit. Le problème, en effet, est que les banques chypriotes n'ont plus l'argent qui figure dans leur bilan. Les sommes ont semble-t-il été investies dans des titres grecs aujourd'hui dévalués et des investissements immobiliers en partie illusoires. Fort naturellement, les autorités européennes hésitent à utiliser l'argent du contribuable européen pour renflouer les banques chypriotes sans contrepartie, surtout s'il s'agit *in fine* de renflouer des millionnaires russes.

Après des mois de réflexion, les membres de la Troïka ont eu l'idée désastreuse de proposer une taxe exceptionnelle sur tous les dépôts bancaires, avec les taux suivants : 6,75 % jusqu'à 100 000 euros, et 9,9 % au-delà. L'idée peut sembler intéressante, dans la mesure où cela ressemble à une taxe progressive sur le capital. À deux nuances importantes près. Tout d'abord, la très légère progressivité est évidemment illusoire. Pour tout un chacun, il s'agit bien de taxer quasiment au même taux le petit épargnant chypriote qui détient

10 000 euros sur son compte chèques et l'oligarque russe possédant 10 millions d'euros. Ensuite, la base d'imposition n'a jamais été définie précisément par les autorités européennes et internationales en charge du dossier. Il semblerait que seuls les dépôts bancaires au sens strict étaient concernés et qu'il suffisait de transférer ses avoirs sur un compte titres en actions ou en obligations, ou vers d'autres actifs financiers ou immobiliers, pour y échapper totalement. Autrement dit, si cette taxe avait été appliquée, elle aurait sans doute été brutalement régressive, compte tenu de la composition et des possibilités de réallocation des portefeuilles les plus importants. Proposée en mars 2013, après avoir été adoptée à l'unanimité par les membres de la Troïka et les dix-sept ministres des Finances représentant les pays de la zone euro, la taxe a été violemment rejetée par la population. Une nouvelle solution a finalement été adoptée, consistant notamment à exempter les dépôts inférieurs à 100 000 euros (ce qui est en principe le niveau de la garantie prévue dans le projet d'union bancaire européenne en cours d'application). Les modalités exactes demeurent toutefois relativement floues. Une approche banque par banque semble en voie d'application, sans que l'on sache précisément les taux de prélèvement et les assiettes utilisés.

Cet épisode est intéressant, car il illustre les limites des banques centrales et des autorités financières. Leur force est leur rapidité d'action ; leur faiblesse est leur capacité limitée à cibler correctement les redistributions qu'elles opèrent. La conclusion est que l'impôt progressif sur le capital est non seulement utile comme impôt permanent, mais qu'il peut également jouer un rôle central sous la forme de prélèvement exceptionnel (avec des taux éventuellement assez élevés) dans le cadre du règlement de crises bancaires majeures. Dans le cas chypriote, il n'est pas nécessairement choquant de demander un effort aux épargnants, dans la mesure où le pays dans son ensemble porte une responsabilité pour la stratégie de développement choisie par son gouvernement.

Ce qui est profondément choquant, en revanche, est que l'on ne cherche même pas à se donner les moyens de mettre en place une répartition juste, transparente et progressive des efforts. La bonne nouvelle est que cela va peut-être conduire les autorités internationales à réaliser les limites des outils dont elles disposent. Si l'on demande aux responsables concernés pourquoi la proposition de taxe chypriote était si peu progressive et avait une assiette si réduite, la réponse immédiate est que personne ne disposait des informations bancaires nécessaires pour appliquer un barème plus fortement progressif[1]. La mauvaise nouvelle est le manque d'empressement des autorités en question à régler le problème, alors même que la solution technique est à portée de main. Il n'est pas du tout exclu que l'impôt progressif sur le capital suscite des blocages purement idéologiques et que ces blocages soient encore très loin d'être dépassés.

L'euro : une monnaie sans État pour le XXIe siècle ?

Au-delà des différentes crises bancaires en Europe du Sud, on voit bien que ces épisodes posent une question plus générale, qui est celle de l'architecture générale de l'Union européenne. Comment s'est-on retrouvé à créer, pour la première fois de l'histoire à cette échelle, une monnaie sans État ? Dans la mesure où le PIB de l'Union européenne représente en 2013 près du quart du PIB mondial, la question a un intérêt général, qui va au-delà des habitants de la zone.

---

1. En particulier, il est indispensable pour appliquer un barème progressif de rassembler les informations sur tous les actifs détenus par une même personne sur différents comptes et dans différentes banques (idéalement à Chypre et dans toute l'Union européenne). L'avantage de la taxe faiblement progressive est qu'elle pouvait être appliquée au niveau de chaque banque prise isolément.

La réponse généralement apportée à cette question est que la création de l'euro, décidée en 1992 par le traité de Maastricht, dans la foulée de la chute du Mur et de l'unification allemande, et effective dans les distributeurs à billets le 1er janvier 2002, n'est qu'une étape dans un long processus. L'union monétaire mène naturellement à une union politique, fiscale, budgétaire, une union sans cesse plus étroite. Il suffit d'être patient et de ne pas brûler les étapes. Sans doute est-ce en partie vrai. Il me semble toutefois qu'à force de ne pas vouloir prévoir précisément le chemin à emprunter, à force de repousser sans cesse le débat précis sur l'itinéraire, les étapes et le point d'arrivée, on risque parfois la sortie de route. Si l'Europe s'est retrouvée à créer une monnaie sans État en 1992, ce n'est pas uniquement par pragmatisme. C'est également parce que cet arrangement institutionnel a été conçu à la fin des années 1980 et au début des années 1990, à un moment où l'on s'imaginait que les banques centrales avaient pour seule fonction de regarder passer les trains, c'est-à-dire de s'assurer que l'inflation reste faible. Après la stagflation des années 1970, les gouvernements comme les opinions publiques se sont laissé convaincre que les banques centrales devaient, avant tout, être indépendantes du pouvoir politique et avoir, pour unique objectif, une cible d'inflation faible. C'est ainsi que l'on en est arrivé à créer une monnaie sans État et une banque centrale sans gouvernement. Cette vision inerte des banques centrales a volé en éclats à la suite de la crise de 2008, où tout le monde a redécouvert le rôle crucial joué par ces institutions en cas de crise grave, et le caractère totalement inadapté de l'arrangement institutionnel européen.

Que l'on me comprenne bien. Compte tenu du pouvoir infini de création monétaire qui est celui des banques centrales, il est parfaitement légitime de le restreindre par des statuts rigides et des missions clairement définies. De même que personne ne souhaite donner à un chef de gouvernement le pouvoir de changer comme bon lui semble le nom des présidents ou des professeurs d'université (sans parler du contenu de leur enseignement), il n'y a rien de choquant à ce que des restrictions fortes régentent les relations du pouvoir politique avec les autorités monétaires. Encore faut-il être précis sur les limites de cette indépendance. Personne à ma connaissance n'a proposé au cours des dernières décennies de redonner aux banques centrales le statut privé qu'elles avaient dans de nombreux pays jusqu'à la Première Guerre mondiale, ou même souvent jusqu'en 1945[1]. Concrètement, le fait que les banques centrales soient des institutions publiques a pour conséquence que leurs dirigeants sont nommés par les gouvernements, et parfois par les Parlements. Ils sont souvent irrévocables pendant la durée de leur mandat (généralement cinq ou six ans), mais cela signifie tout de même qu'ils peuvent être remplacés à ce terme si leur politique est jugée inadéquate, ce qui n'est pas rien. En pratique, les dirigeants de la Federal Reserve, de la Banque du Japon ou de la Banque d'Angleterre se doivent de travailler de concert avec les gouvernements démocratiquement élus et légitimes. En particulier, dans chacun de ces pays, la banque centrale a joué un rôle clé pour stabiliser le taux d'intérêt de la dette publique à un niveau bas et prévisible.

Dans le cas de la Banque centrale européenne, on fait face à des difficultés particulières. Tout d'abord, les statuts de la BCE sont plus restrictifs que les autres : l'objectif d'inflation faible a pris le pas sur l'objectif de plein emploi

1. Par exemple, les deux cents plus gros actionnaires jouent statutairement un rôle central dans la gouvernance de la Banque de France de 1803 à 1936 et déterminent de fait la politique monétaire du pays. Ce rôle est profondément remis en cause par le Front populaire (les gouverneurs et sous-gouverneurs, nommés par le gouvernement, n'ont plus besoin d'être actionnaires), avant la nationalisation complète et définitive de 1945. Depuis cette date, la Banque de France ne compte plus d'actionnaires privés et est un établissement purement public, de même que la plupart des banques centrales dans le monde.

et de croissance, ce qui reflète le contexte idéologique dans lequel elle a été conçue. De façon plus importante encore, ses statuts empêchent la BCE de se porter acquéreur des emprunts publics au moment de leur émission : elle doit d'abord laisser les banques privées prêter de l'argent aux États membres de la zone euro (éventuellement à un taux plus élevé que celui auquel la BCE a prêté aux banques privées), puis racheter les titres sur le marché secondaire, ce qu'elle a fini par faire pour les pays d'Europe du Sud, après moult hésitations[1]. Plus généralement, il est évident que la principale difficulté est que la BCE fait face à dix-sept dettes publiques nationales différentes et à dix-sept gouvernements nationaux, et qu'il est bien difficile de mener son rôle stabilisateur dans un tel contexte. Si la Federal Reserve devait chaque matin choisir entre la dette du Wyoming, de la Californie et de New York, et décider des taux et des quantités suivant sa perception de la tension sur chaque marché particulier, sous la pression des différentes régions, elle aurait bien du mal à mener une politique monétaire sereine.

Depuis l'introduction de l'euro en 2002 jusqu'à 2007-2008, les taux d'intérêt étaient rigoureusement les mêmes pour les différents pays. Personne n'anticipait de possible sortie de l'euro, donc tout semblait bien fonctionner. Mais, dès lors que la crise financière mondiale a commencé, les taux se sont mis à diverger de façon massive. Il faut bien mesurer l'ampleur des conséquences sur les budgets publics. Quand une dette publique avoisine une année de PIB, une différence de quelques points sur le taux d'intérêt a des conséquences considérables. Il est presque impossible d'organiser un débat démocratique serein sur les nécessaires efforts, et

---

1. L'un des moments clés de la crise grecque est l'annonce par la BCE en décembre 2009 du fait qu'elle n'acceptera plus les bons grecs en garantie au cas où la Grèce viendrait à se faire dégrader par les agences de notation (alors même que rien dans ses statuts ne l'obligeait à procéder ainsi).

sur les indispensables réformes de l'État social, face à de telles incertitudes. Pour les pays d'Europe du Sud, il s'agit véritablement de la pire des combinaisons. Avant la création de l'euro, il était possible de dévaluer sa monnaie, ce qui permettait au moins de rétablir la compétitivité et de relancer l'activité économique. La spéculation sur les taux d'intérêt nationaux est d'une certaine façon encore plus déstabilisante que les spéculations qui existaient autrefois sur les taux de change intra-européens, d'autant plus qu'entre-temps les bilans bancaires internationaux ont pris une ampleur telle qu'il suffit d'un mouvement de panique au sein d'une poignée d'opérateurs de marché pour créer des mouvements de très grande ampleur au niveau d'un pays comme la Grèce, le Portugal ou l'Irlande, ou même comme l'Espagne ou l'Italie. En toute logique, la contrepartie à la perte de souveraineté monétaire devrait être l'accès à une dette publique sécurisée et à taux bas et prévisible.

La question de l'unification européenne

Seule une mise en commun des dettes publiques de la zone euro, ou tout du moins des pays en son sein qui le souhaitent, permettrait de sortir de ces contradictions. La proposition allemande de « fonds de rédemption » mentionnée précédemment est un bon point de départ, mais il lui manque un volet politique[1]. Concrètement, il est impossible de décider vingt ans à l'avance quel sera le rythme exact de la

---

1. L'autre limitation, plus technique, du « fonds de rédemption » est que, compte tenu de l'ampleur du *roll over* (une bonne partie de la dette est à échéance de quelques années et doit être renouvelée régulièrement, notamment en Italie), la limite de 60 % du PIB sera atteinte au bout de quelques années ; c'est donc bien l'ensemble de la dette publique qui devra être mutualisé.

« rédemption », c'est-à-dire le rythme auquel le stock de dette commune sera ramené à la cible souhaitée. Tout dépendra de multiples paramètres, à commencer par la conjoncture économique. Pour décider du rythme de désendettement commun, c'est-à-dire *in fine* du déficit public de la zone euro, il faut créer un véritable Parlement budgétaire de la zone euro. La meilleure solution serait de le constituer à partir des députés des Parlements nationaux, de façon à bâtir une souveraineté parlementaire européenne à partir des légitimités démocratiques nationales[1]. Comme tous les Parlements, cette Chambre prendrait ses décisions à la majorité, à l'issue de débats publics et contradictoires. On y verrait des coalitions sur des bases en partie politiques et en partie nationales ; les décisions qui en sortiraient ne seraient pas parfaites ; mais au moins saurait-on ce qui a été décidé et pourquoi, ce qui n'est pas rien. Cela semble une évolution plus prometteuse que celle consistant à s'appuyer sur l'actuel Parlement européen, qui a l'inconvénient de reposer sur vingt-sept pays (dont beaucoup ne sont pas membres de la zone euro et ne souhaitent pas à ce stade poursuivre l'intégration européenne) et de contourner trop ouvertement les souverainetés parlementaires nationales, ce qui s'agissant de décisions sur les déficits budgétaires nationaux paraît problématique. Cela explique sans doute pourquoi les transferts de compétence en direction du Parlement européen ont toujours été très limités, et sans doute le resteront encore longtemps. Il est temps d'en prendre acte et de se doter enfin d'une Chambre parlementaire adaptée à la volonté d'unification exprimée par

1. Ce Parlement pourrait compter une cinquantaine de membres pour chacun des grands pays de la zone, au prorata de la population. Les membres pourraient être issus des commissions des Finances et des Affaires sociales des Parlements nationaux, ou choisis d'une autre façon. Le nouveau traité européen adopté en 2012 prévoit une « conférence des Parlements nationaux », mais il ne s'agit que d'une assemblée purement consultative, sans pouvoir propre, et *a fortiori* sans dette commune.

les pays de la zone euro (dont l'abandon de la souveraineté monétaire est l'illustration la plus claire, pour peu que l'on en mesure bien les conséquences).

Plusieurs arrangements institutionnels complémentaires sont possibles. Au printemps 2013, les autorités italiennes ont repris à leur compte la proposition faite depuis plusieurs années par les responsables politiques allemands concernant l'élection au suffrage universel d'un président de l'Union européenne, proposition qui en toute logique devrait s'accompagner d'une extension de ses pouvoirs. À partir du moment où un Parlement budgétaire vote le déficit de la zone euro, il paraît évident qu'un ministre européen des Finances doit être responsable devant cette Chambre et lui soumettre son projet de budget et de déficit. Ce qui est certain, c'est que la zone euro ne peut se passer d'une véritable enceinte parlementaire pour décider publiquement, démocratiquement et souverainement de ses choix de stratégie budgétaire, et plus généralement de la façon dont elle entend sortir de la crise bancaire et financière dans laquelle elle se débat. Les conseils des chefs d'État ou les conseils des ministres des Finances ne peuvent en aucune façon en faire office. Ces réunions sont secrètes, ne donnent lieu à aucun débat public contradictoire et aboutissent régulièrement à des communiqués de victoire nocturnes annonçant le sauvetage de l'Europe, alors que les participants eux-mêmes ne semblent pas toujours très bien savoir ce qu'ils ont décidé. Le cas de la décision sur la taxe chypriote est emblématique : elle a officiellement été décidée à l'unanimité, mais personne n'a voulu l'assumer publiquement[1]. Une telle situation est digne de l'Europe du congrès de

---

1. La version officielle est que cette quasi-*flat tax* sur les dépôts a été adoptée à la demande du président chypriote, qui aurait voulu taxer lourdement les petits déposants pour éviter de faire fuir les plus gros. Sans doute est-ce en partie le cas : cette crise illustre aussi le drame des petits pays dans la mondialisation, qui pour sauver leur peau et trouver leur niche sont

Vienne (1815) et n'est clairement pas adaptée au XXIe siècle. Les propositions allemandes et italiennes mentionnées plus haut montrent que des progrès sont possibles. Il est toutefois frappant de constater à quel point la France, pourtant prompte à donner des leçons en matière de solidarité européenne, en particulier sur la mutualisation des dettes (tout du moins à un niveau rhétorique[1]), est absente de ce débat, par-delà les alternances politiques[2].

Faute d'une évolution de cette nature, il est très difficile d'imaginer une solution durable à la crise de la zone euro. Outre la mise en commun de la dette et du déficit, il existe bien sûr d'autres outils budgétaires et fiscaux que chaque pays n'est plus véritablement capable d'assumer individuellement et qu'il serait logique de mutualiser. Le premier exemple

---

parfois prêts à se livrer à la concurrence fiscale la plus féroce pour attirer les capitaux les moins recommandables. Le problème est qu'on ne le saura jamais : toutes les négociations ont eu lieu à huis clos.

1. L'actuel gouvernement français est rhétoriquement en faveur de la mutualisation des dettes, mais n'a pas formulé de proposition précise et feint de croire que chaque pays pourrait continuer de décider dans son coin quelle quantité de dette commune il souhaite émettre, ce qui est impossible. La mutualisation implique le vote d'un déficit commun (chaque pays pourrait conserver une dette propre, mais elle ne pourrait être que de taille modeste, à l'image des dettes des collectivités locales et régionales ou des États américains). Fort logiquement, le président de la Bundesbank fait régulièrement remarquer dans les médias que l'on ne peut pas partager une carte de crédit sans partager également le choix du montant des dépenses.

2. L'explication habituelle est que les dirigeants français sont traumatisés par leur défaite au référendum de 2005 sur le Traité constitutionnel européen. L'argument ne convainc pas totalement, dans la mesure où le TCE, dont les dispositions ont pour l'essentiel été adoptées par la suite sans passer par la voie référendaire, ne contenait justement aucune innovation démocratique substantielle et consacrait la toute-puissance du Conseil des chefs d'État et des ministres, c'est-à-dire l'impuissance de l'Europe actuelle. Il est possible que la culture présidentielle française explique pourquoi la réflexion sur l'union politique européenne soit plutôt moins avancée qu'en Allemagne ou en Italie.

qui vient à l'esprit est naturellement l'impôt progressif sur le capital analysé dans le chapitre précédent.

Un exemple encore plus évident est l'impôt sur les bénéfices des sociétés. Cet impôt est sans doute celui pour lequel la concurrence fiscale entre États européens est la plus féroce depuis le début des années 1990. En particulier, plusieurs petits pays, d'abord l'Irlande, puis en ex-Europe de l'Est, ont fait d'un faible taux d'impôt sur les bénéfices des sociétés l'un des axes principaux de leur stratégie de développement et d'attractivité internationale. En principe, dans un système fiscal idéal, fondé sur des échanges automatiques d'informations bancaires parfaitement fiables, l'impôt sur les sociétés ne jouerait qu'un rôle limité. Ce ne serait qu'un précompte payé en avance sur l'impôt sur le revenu (ou l'impôt sur le capital) payé par l'actionnaire ou le créancier individuel[1]. Le problème, en pratique, est que ce précompte est souvent un solde de tout compte, en ce sens qu'une bonne partie de la base fiscale déclarée au niveau de profits imposables des sociétés ne se retrouve jamais au niveau du revenu imposable individuel – d'où l'importance de prélever un taux significatif à la source au niveau de l'impôt sur les sociétés.

La bonne solution serait d'avoir une déclaration unique de bénéfices au niveau européen et de répartir ensuite les recettes en fonction d'un critère moins manipulable que ne le sont actuellement les bénéfices par filiale. Le problème en effet du système actuel est que les sociétés multinationales se retrouvent parfois à payer des montants d'impôts sur les sociétés totalement dérisoires, par exemple en localisant de façon purement fictive leurs profits dans une microfiliale localisée sur un territoire ou un pays peu taxé, en toute impunité, et souvent en toute bonne

---

1. L'impôt progressif sur le revenu ou le capital est plus satisfaisant que l'impôt sur les sociétés car il permet de graduer le taux en fonction du niveau de revenu ou de capital individuel (alors que l'impôt sur les sociétés taxe au même taux tous les bénéfices réalisés, que l'actionnaire soit petit ou gros).

conscience[1]. Il est sans doute plus raisonnable d'abandonner l'idée de pouvoir localiser les profits sur tel ou tel territoire, et de répartir les recettes sur la base des ventes ou des salaires.

Un problème voisin se pose pour l'impôt sur le capital individuel. Le principe général sur lequel se fondent la plupart des conventions fiscales est le principe de résidence : chaque pays impose les revenus et les patrimoines des personnes qui résident sur son territoire plus de six mois par an. Ce principe pratique est de plus en plus difficile à appliquer en Europe, notamment dans les zones frontalières (par exemple entre la France et la Belgique). Par ailleurs, le patrimoine a toujours été en partie imposé en fonction de la localisation de l'actif et non du détenteur. Par exemple, la taxe foncière est payée sur un immeuble parisien, y compris si son détenteur réside à l'autre bout du monde, et quelle que soit sa nationalité. Le même principe s'applique pour l'impôt sur la fortune, mais uniquement sur les biens immobiliers. Rien n'interdirait de l'appliquer aussi sur les actifs financiers, en fonction de la localisation de l'activité économique de la société correspondante. Cela concerne aussi les titres de la dette publique. Une telle extension aux actifs financiers du principe de « résidence du

---

1. À en croire certaines déclarations des dirigeants de sociétés comme Google, il semblerait que leur discours soit à peu près le suivant : « Nous enrichissons la société bien plus que nos profits et nos salaires le laissent à penser, donc c'est bien le moins que nous puissions payer des impôts faibles. » De fait, si une société ou une personne apporte au reste de l'économie un bien-être marginal supérieur au prix qu'elle facture pour ses produits, alors il est parfaitement légitime qu'elle paie peu d'impôts, ou même qu'on la subventionne (on parle en économie d'« externalité positive »). Le problème, évidemment, est que chacun a intérêt à prétendre qu'il est porteur d'une considérable externalité positive pour le reste de l'univers. Or Google n'a comme il se doit pas présenté le début du commencement d'une étude suggérant qu'elle est effectivement dans ce cas de figure. En tout état de cause, il est bien évident qu'il est difficile d'organiser la vie commune dans un monde où chacun prétend fixer lui-même son taux d'imposition.

capital » (et non de résidence du détenteur) exige évidemment des transmissions automatiques d'informations bancaires permettant de suivre les structures complexes d'actionnariat. Ces impôts posent par ailleurs la question des multinationalités[1]. Sur toutes ces questions, il est bien évident que les réponses adéquates ne peuvent être apportées qu'au niveau européen (voire mondial). La bonne solution serait donc de confier au Parlement budgétaire de la zone euro la charge de ces outils.

Tout cela est-il utopique ? Pas plus que de prétendre créer une monnaie sans État. À partir du moment où les pays ont renoncé à leur souveraineté monétaire, il paraît indispensable de leur redonner une souveraineté fiscale sur des sujets qui échappent désormais aux États-nations, comme le taux d'intérêt de la dette publique, l'impôt progressif sur le capital ou l'imposition des bénéfices des sociétés multinationales. Pour les pays européens, la priorité aujourd'hui devrait être de bâtir une puissance publique continentale capable de reprendre le contrôle du capitalisme patrimonial et des intérêts privés, et de porter haut le modèle social européen au XXIe siècle ; les petits désaccords entre modèles nationaux sont relativement secondaires, tant il est vrai que c'est la survie du modèle commun qui est ici en cause[2].

Il faut également souligner que faute d'une telle union politique européenne il y a fort à parier que les forces de la concurrence fiscale continueront de faire sentir leurs effets.

---

1. La proposition a été faite récemment de verser aux organisations internationales un impôt mondial sur la fortune. L'avantage est que cet impôt deviendrait indépendant des nationalités et pourrait être une façon de protéger le droit à la multinationalité. Voir à ce sujet P. WEIL, « Let them eat slightly less cake : an international tax on the wealthiest citizens of the world », Policy Network, 2011.

2. Cette conclusion est assez proche de celle de D. Rodrik, selon laquelle l'État-nation, la démocratie et la globalisation constituent un trio instable au XXIe siècle (l'un des trois termes doit abdiquer devant les deux autres, au moins en partie). Voir D. RODRIK, *The Globalization Paradox. Democracy and the Future of the World Economy*, Norton, 2011.

Il serait erroné de penser que l'on a déjà vu le bout de la concurrence fiscale. En particulier, les prochaines étapes de la course-poursuite à la baisse sur l'impôt sur les sociétés sont déjà en place, avec les projets de type « ACE », qui pourraient aboutir à une suppression pure et simple de l'impôt sur les sociétés à brève échéance[1]. Sans chercher à dramatiser à tout prix, il me semble important de réaliser que le cours normal de la concurrence fiscale est de conduire vers une prédominance des impôts sur la consommation, c'est-à-dire vers un système fiscal du XIXe siècle, ne permettant aucune progressivité et favorisant en pratique les personnes qui ont les moyens d'épargner, ou de déménager, ou mieux encore les deux à la fois[2]. On peut toutefois noter que certaines coopérations fiscales avancent parfois plus vite que ce que

1. Le système ACE (Allowance for Corporate Equity), adopté en Belgique en 2006 (d'où de multiples localisations fictives de sociétés), revient à autoriser une déduction du bénéfice imposable correspondant au rendement « normal » des actions. Ce système est présenté comme l'équivalent de la déduction des intérêts, et comme une façon technique d'égaliser les conditions d'imposition des actions et des obligations. Mais il existe une autre façon de faire, suivie par l'Allemagne (et récemment par la France), consistant à limiter la déduction des intérêts. Certains intervenants dans ce débat, comme le FMI, et dans une certaine mesure la Commission européenne, feignent de croire que les deux solutions sont équivalentes, alors qu'en réalité elles ne le sont pas : si l'on déduit à la fois le rendement « normal » des actions et des obligations, il y a fort à parier que l'impôt disparaisse.

2. En particulier, les taux différenciés par type de bien ne permettent qu'un ciblage extrêmement grossier par classe de revenu. La principale raison pour laquelle la TVA est tant prisée par les gouvernements européens actuels est parce qu'elle permet *de facto* de taxer les biens importés et de faire des mini-dévaluations. Il s'agit bien sûr d'un jeu à somme nulle (une fois que chacun a fait de même, il n'existe plus aucun avantage compétitif), symptomatique d'une union monétaire faiblement coopérative. L'autre justification classique pour l'impôt sur la consommation repose sur l'idée de favoriser l'investissement, mais les fondements conceptuels d'une telle approche sont peu clairs (surtout dans une période historique où le rapport capital/revenu est relativement élevé).

l'on aurait pu imaginer *a priori*, comme le montre le projet de taxe sur les transactions financières, qui pourrait devenir l'une des premières taxes véritablement européennes. Même si l'importance d'une telle taxe paraît bien moindre que celle de l'impôt sur le capital ou l'impôt sur les bénéfices (à la fois en termes de recettes et d'impact distributif), cette évolution récente démontre que rien n'est écrit à l'avance[1]. L'histoire politique et fiscale invente toujours ses propres voies.

Puissance publique et accumulation du capital au XXIe siècle

Prenons maintenant un peu de recul par rapport aux enjeux immédiats de la construction européenne et posons-nous la question suivante : dans une société idéale, quel serait le niveau souhaitable de dette publique ? Disons-le d'emblée : il n'existe pas de certitude absolue à ce sujet, et seule la délibération démocratique peut permettre de répondre à cette question, en fonction des objectifs que se donne une société, et des défis particuliers auxquels elle fait face. Ce qui est certain, c'est qu'il est impossible d'apporter une réponse sensée si l'on ne pose pas par la même occasion une question plus large : quel est le niveau souhaitable de capital public, et quel est le niveau idéal de capital national dans son ensemble ?

Dans le cadre de ce livre, nous avons étudié de façon détaillée l'évolution du rapport capital/revenu β à travers

1. Cette taxe a pour objectif de diminuer le volume des transactions financières à très haute fréquence, ce qui est sans doute une bonne chose. Mais par définition elle ne peut pas prélever beaucoup de recettes puisque le but même est de tarir la source. Les estimations de recettes réalisées sur cette taxe pèchent souvent par optimisme. Elles ne peuvent sans doute guère dépasser 0,5 % du PIB, ce qui est tant mieux, car une telle taxe ne permet par définition aucun ciblage en fonction du niveau de revenu ou de capital individuel. Voir annexe technique.

les pays et les siècles. Nous avons également examiné comment le rapport β de long terme était déterminé par le taux d'épargne et le taux de croissance du pays en question, au travers de la loi β = s/g. Mais nous ne nous sommes pas encore posé la question du rapport β souhaitable. Dans une société idéale, devrait-on disposer de cinq années de revenu national en stock de capital, ou bien de dix années, ou encore de vingt années ? Comment réfléchir à cette question ? Il n'est pas possible de donner une réponse exacte. Mais on peut fixer, sous certaines hypothèses, une borne maximale à la quantité de capital que l'on peut *a priori* envisager d'accumuler. Ce niveau maximal consiste à accumuler tellement de capital que le taux de rendement du capital r, supposé égal à sa productivité marginale, tombe au niveau du taux de croissance g. Si on la prend au pied de la lettre, cette règle r = g, qui a été baptisée « règle d'or de l'accumulation du capital » par Edmund Phelps en 1961, impliquerait un stock de capital beaucoup plus élevé que ceux observés tout au long de l'histoire, puisque comme nous l'avons vu le taux de rendement a toujours été nettement supérieur au taux de croissance. L'inégalité r > g a été particulièrement massive jusqu'au XIXe siècle (avec un rendement de l'ordre de 4 %-5 % et une croissance inférieure à 1 %) et le sera probablement de nouveau au cours du XXIe siècle (avec un rendement moyen toujours autour de 4 %-5 %, et une croissance à long terme sans doute guère supérieure à 1,5 %[1]). Il est très difficile de dire quelle quantité de capital il faudrait accumuler pour que le taux de rendement s'abaisse à 1 % ou 1,5 %. Il est certain qu'il faudrait bien davantage que les six-sept années de revenu national observées actuellement dans les pays les plus intensifs en capital : peut-être faudrait-il accumuler l'équivalent de

---

1. Voir chapitre 10, graphiques 10.9-10.11. Pour évaluer la règle d'or, il faut prendre en compte le taux de rendement avant impôt (supposé égal à la productivité marginale du capital).

dix-quinze années de revenu national en capital, peut-être davantage. Pour que le taux de rendement s'abaisse au taux de croissance minuscule observé avant le XVIIIe siècle (moins de 0,2 %), il est difficile d'imaginer ce que cela pourrait représenter en termes de rapport capital/revenu. Peut-être faudrait-il avoir accumulé l'équivalent de vingt ou trente années de revenu national en capital, de façon que chacun dispose de tellement d'immeubles et de maisons, d'équipements et de machines, d'outils de toutes sortes, pour qu'une unité supplémentaire de capital rapporte moins de 0,2 % en production supplémentaire annuelle.

À dire vrai, la question ainsi posée est sans doute trop abstraite, et la réponse apportée par la règle d'or n'est en pratique pas très utile. Il est probable qu'aucune société humaine n'accumulera jamais autant de capital. La logique qui sous-tend la règle d'or n'est pourtant pas sans intérêt. Résumons-la brièvement[1]. Si la règle d'or $r = g$ est satisfaite, alors par définition cela signifie que dans le long terme la part du capital dans le revenu national est exactement égale au taux d'épargne de l'économie : $\alpha = s$. Inversement, tant que l'inégalité $r > g$ est vérifiée, cela signifie que dans le long terme la part du capital est supérieure au taux d'épargne : $\alpha > s$[2]. Autrement dit, pour que la règle d'or soit satisfaite,

---

1. L'article original, écrit avec une certaine distance ironique, sous forme de fable, mérite d'être relu : E. PHELPS, « The golden rule of accumulation : a fable for growthmen », *American Economic Review*, 1961. On peut également trouver une idée similaire, exprimée cependant de façon moins claire, et sans qu'il soit fait mention de l'expression « règle d'or », dans le livre de M. Allais de 1947 (*Économie et intérêt,* Imprimerie nationale), et dans des articles de Von Neumann de 1945 et de Malinvaud de 1953. Il faut souligner que tous ces travaux (y compris l'article de Phelps) se situent sur un plan exclusivement théorique et ne tentent pas véritablement de discuter quel niveau d'accumulation capitalistique serait susceptible de vérifier l'égalité entre r et g. Voir annexe technique.

2. La part du capital est donnée par $\alpha = r \times \beta$. Dans le long terme,

il faut avoir accumulé tellement de capital que le capital ne rapporte plus rien. Ou, plus précisément, il faut avoir accumulé tellement de capital que le simple fait de maintenir ce stock de capital au même niveau (en proportion du revenu national) exige de réinvestir chaque année l'intégralité de ce que rapporte ce capital. C'est exactement ce que signifie l'égalité $\alpha = s$: la totalité des revenus du capital doit chaque année être épargnée et ajoutée au stock de capital. À l'inverse, tant que l'inégalité $r > g$ est satisfaite, cela signifie que dans le long terme le capital rapporte quelque chose, dans le sens où il n'est pas nécessaire de réinvestir la totalité des revenus du capital pour maintenir au même niveau le rapport capital/revenu.

On voit donc que la règle d'or s'apparente à une stratégie de « saturation du capital ». On accumule tellement de capital que les rentiers n'ont plus rien à consommer, puisqu'il leur faut tout réinvestir s'ils souhaitent que leur capital s'accroisse au même rythme que l'économie, et conserver par là même leur statut social relativement à la moyenne de la société. À l'inverse, tant que $r > g$, il est suffisant de réinvestir chaque année la fraction du rendement correspondant au taux de croissance (g) et de consommer le reste (r-g). L'inégalité $r > g$ est le fondement des sociétés de rentiers. Accumuler suffisamment de capital pour que le rendement s'abaisse au niveau de la croissance peut donc permettre de mettre fin au règne des rentiers.

Mais est-on bien sûr qu'il s'agisse de la meilleure méthode ? Pourquoi les détenteurs du capital, et pourquoi une société dans son ensemble, choisiraient-ils d'accumuler autant de capital ? En réalité, il ne faut pas oublier que le raisonnement qui conduit à la règle d'or permet uniquement de fixer une borne maximale, mais ne justifie nullement en général que

---

$\beta = s/g$, donc $\alpha = s \times r/g$. Il s'ensuit que $\alpha = s$ si $r = g$, et que $\alpha > s$ si et seulement si $r > g$. Voir annexe technique.

l'on aille aussi loin[1]. En pratique, il existe des façons beaucoup plus simples et efficaces permettant de combattre les rentiers, notamment par la voie fiscale : nul besoin d'accumuler des dizaines d'années de revenu national en stock de capital, ce qui exigerait peut-être de se priver pendant des générations[2]. À un niveau purement théorique, tout dépend en principe des origines de la croissance. S'il n'existe aucune croissance de la productivité et si la croissance provient uniquement de la population, alors aller jusqu'à la règle d'or peut avoir du sens. Par exemple, si l'on prend comme donné le fait que la population va éternellement croître de 1 % par an, et si l'on est infiniment patient et altruiste vis-à-vis des générations futures, alors la bonne façon de maximiser la consommation par habitant à long terme est effectivement d'accumuler tellement de capital que le rendement tombe à 1 %. Mais on voit immédiatement les limites du raisonnement. Il est tout d'abord un peu étrange de prendre comme donnée une croissance démographique éternelle : après tout, cela dépend tout de même des choix de fécondité des générations futures, ce dont les générations présentes ne sont pas responsables (sauf à imaginer une technologie contraceptive particulièrement peu développée). Par ailleurs, si la croissance démographique

---

1. Les raisons pour lesquelles il s'agit d'une borne maximale sont expliquées plus précisément dans l'annexe technique.

2. En pratique, l'impôt sur le capital ou la propriété publique peuvent faire en sorte que la part du revenu national allant aux revenus du capital privé (après impôts) soit inférieure au taux d'épargne, sans qu'il soit nécessaire d'accumuler autant. C'est l'idéal social-démocrate de l'après-guerre : les profits financent l'investissement, et non le train de vie des actionnaires. Suivant l'expression fameuse du chancelier allemand Helmut Schmidt : « Les profits d'aujourd'hui sont les investissements de demain et les emplois d'après-demain. » Le capital et le travail se tiennent la main. Mais il est important de comprendre que cela dépend d'institutions telles que l'impôt ou la propriété publique (sauf à imaginer des niveaux d'accumulation inconnus à ce jour).

est elle aussi égale à zéro, alors il faudrait accumuler une quantité infinie de capital : tant que le rendement est légèrement positif, il est toujours dans l'intérêt des générations futures que les générations présentes ne consomment rien et accumulent davantage. Selon Marx, qui suppose implicitement une croissance nulle pour la population comme pour la productivité, c'est ce à quoi aurait dû aboutir le désir d'accumulation infinie des capitalistes, d'où leur chute finale, conduisant à l'appropriation collective des moyens de production, de façon que ce soit l'État soviétique qui prenne en charge pour le bien commun l'accumulation sans limite de capital industriel et de machines toujours plus nombreuses, sans que l'on sache d'ailleurs très bien où les autorités en charge de la planification doivent s'arrêter[1].

Dès lors que la croissance de la productivité est positive, le processus d'accumulation du capital est équilibré par la loi $\beta = s/g$. La question de l'optimum social devient alors encore plus difficile à trancher. Si l'on sait à l'avance que la productivité va croître éternellement de 1 % par an, cela implique que les générations futures seront beaucoup plus productives et plus prospères que les générations présentes. Est-il bien raisonnable dans ces conditions de sacrifier notre consommation présente pour accumuler des quantités inouïes de capital ? Suivant la façon dont on choisit de comparer et de pondérer le bien-être des différentes générations, on peut parvenir à toutes les conclusions possibles : on peut conclure que le plus sage est de ne rien leur laisser du tout (sauf peut-

---

1. D'une certaine façon, la règle d'or, interprétée à la mode soviétique, revient à transférer à la collectivité le désir d'accumulation infinie du capital prêté aux capitalistes. Il est intéressant de noter que dans les passages de la *Théorie générale* consacrés à l'euthanasie des rentiers (chapitres 16 et 24) Keynes développe une idée proche de la « saturation du capital » : c'est en accumulant assez de capital que les rentiers perdront leur rendement et seront euthanasiés. Mais Keynes ne précise pas jusqu'où (nulle trace de $r = g$) et n'envisage pas explicitement une accumulation publique.

être notre pollution), ou bien d'aller jusqu'à la règle d'or, ou n'importe quel point entre ces deux extrêmes. On voit là à quel point la règle d'or est d'une utilité pratique limitée[1].

À la vérité, le simple bon sens aurait dû nous suffire pour conclure qu'aucune formule mathématique ne va nous permettre de trancher la question éminemment complexe consistant à déterminer ce qu'il faut laisser aux générations futures. S'il m'a néanmoins semblé nécessaire de présenter ces débats conceptuels autour de la règle d'or, c'est parce qu'ils ont en ce début de XXIe siècle un certain impact sur le débat public, d'une part au sujet des déficits européens, et d'autre part dans le cadre des controverses autour des conséquences du réchauffement climatique.

Juridisme et politique

Tout d'abord, la notion de « règle d'or » a été utilisée, mais dans un sens tout à fait différent, dans le cadre du débat européen autour des déficits publics[2]. En 1992, lors

---

1. La solution mathématique donnée à ce problème par les économistes est présentée dans l'annexe technique. Pour résumer, tout dépend de ce qu'il est convenu d'appeler la concavité de la fonction d'utilité (au travers de la formule $r = \theta + \gamma \times g$, déjà évoquée dans chapitre 10, et parfois appelée « règle d'or modifiée »). Avec une concavité infinie, on considère que les générations futures n'auront pas besoin d'un centième i-Phone supplémentaire, et on ne leur laisse aucun capital. Dans le cas extrême inverse, on peut aller jusqu'à la règle d'or, ce qui peut nécessiter de leur laisser plusieurs dizaines d'années de revenu national en capital. La concavité infinie est souvent associée à un objectif social de type rawlsien et peut donc sembler tentante. La difficulté est que, si on ne laisse aucun capital, il n'est pas sûr du tout que la croissance de la productivité continue au même rythme. Tout cela rend le problème largement indécidable, et laisse le chercheur aussi perplexe que le citoyen.

2. De façon générale, l'expression « règle d'or » (*golden rule*, en anglais) renvoie à l'idée d'une règle morale permettant de fixer les obligations de

de la création de l'euro, le traité de Maastricht avait prévu que le déficit budgétaire ne dépasse pas 3 % du PIB et que la dette publique totale reste inférieure à 60 % du PIB[1]. La logique économique précise derrière le choix de ces chiffres n'a jamais été totalement explicitée[2]. À dire vrai, si l'on ne prend pas en compte les actifs publics, et plus généralement l'ensemble du capital national, il est bien difficile de justifier rationnellement tel ou tel niveau de dette publique. La véritable raison derrière ces critères contraignants, dont on ne trouve pas d'autre exemple dans l'histoire (par exemple, les Parlements américain, britannique ou japonais ne se sont jamais imposé de telles règles), a déjà été donnée plus haut. Cela découle presque inévitablement du fait que l'on a choisi de créer une monnaie commune sans État, et en particulier sans créer une dette commune et sans unifier le choix du niveau du déficit. En principe, ces critères deviendraient inutiles si le choix du déficit commun devenait l'affaire d'un Parlement budgétaire de la zone euro. Il s'agirait alors d'un choix souverain et démocratique, et il n'existe aucune

---

chacun vis-à-vis des autres. Elle est souvent utilisée en économie et en politique pour évoquer des règles simples permettant de fixer nos obligations vis-à-vis des générations futures. Malheureusement, il n'existe pas de règle simple permettant de régler une bonne fois pour toutes cette question existentielle, qui doit sans cesse être reposée.

1. Ces chiffres ont été repris dans le nouveau traité conclu en 2012, en y ajoutant l'objectif de tendre vers un déficit « structurel » inférieur à 0,5 % du PIB (hors effets de la conjoncture), ainsi que des sanctions automatiques en cas de non-respect de ces engagements. Il est à noter que tous les chiffres de déficits mentionnés dans les traités européens portent sur le déficit secondaire (les intérêts de la dette sont inclus dans les dépenses).

2. Il a parfois été noté qu'un déficit de 3 % permet de stabiliser une dette totale de 60 % du PIB si la croissance nominale du PIB est de 5 % (par exemple, 2 % d'inflation et 3 % de croissance réelle), en vertu de la formule $\beta = s/g$ appliquée à la dette publique. Mais le raisonnement est peu convaincant (en particulier, rien ne justifie vraiment un tel taux de croissance nominal). Voir annexe technique.

raison convaincante de contraindre *a priori* de tels choix, et encore moins d'inscrire de telles règles dans les Constitutions. On peut certes imaginer, compte tenu du caractère encore jeune de cette union budgétaire en construction, que la confiance commune exige des règles spécifiques, par exemple sous forme de super-majorités parlementaires pour dépasser un certain niveau de dette. Mais graver dans le marbre un objectif intangible de déficit et de dette, au mépris des majorités politiques européennes futures, ne serait pas justifié.

Que l'on me comprenne bien : je n'ai aucun goût particulier pour la dette publique, dont j'ai noté à plusieurs reprises qu'elle aboutissait souvent à favoriser des redistributions à l'envers, des plus modestes vers ceux qui ont les moyens de prêter à l'État (et à qui il serait nettement préférable, en règle générale, de faire payer des impôts). Il existe depuis le milieu du XXe siècle et les grandes répudiations de dettes publiques de l'après-guerre (ou plutôt les grands ensevelissements dans l'inflation) beaucoup d'illusions dangereuses au sujet de la dette publique, et des possibilités de redistribution sociale qu'elle offre, qu'il me semble urgent de dissiper.

Plusieurs raisons conduisent toutefois à penser qu'il n'est pas très judicieux de figer des critères budgétaires dans le marbre juridique ou constitutionnel. Tout d'abord, l'expérience historique suggère qu'en cas de crise grave il est souvent nécessaire de prendre dans l'urgence des décisions budgétaires d'une ampleur impossible à imaginer avant la crise. Laisser à un juge constitutionnel (ou à des comités d'experts) le soin de juger au cas par cas de l'opportunité de telles décisions constituerait une forme de régression démocratique. En outre, cela ne serait pas sans risque. Toute l'histoire démontre en effet la fâcheuse tendance des juges constitutionnels à se lancer dans des interprétations extensives et hasardeuses – et généralement très conservatrices – des textes juridiques sur les questions fiscales et budgétaires[1]. Ce conservatisme juridique est actuellement particulièrement dangereux en Europe, où l'on a souvent tendance à faire passer le droit absolu à la libre circulation des personnes, des biens et des capitaux avant celui des États à promouvoir l'intérêt général, ce qui comprend le droit de faire payer des impôts.

De plus et surtout, il faut insister sur le fait que le niveau de déficit ou de dette ne peut être correctement apprécié indépendamment de multiples autres paramètres affectant la richesse nationale. En l'occurrence, si l'on regarde l'ensemble des données disponibles, le fait le plus frappant est que le patrimoine national n'a jamais été aussi élevé en Europe. Le patrimoine public net est certes quasi nul, compte tenu de l'ampleur des dettes publiques, mais le patrimoine privé net est tellement élevé que la somme des deux n'a jamais été aussi élevée depuis un siècle. Donc l'idée selon laquelle nous serions sur le point de laisser des dettes honteuses à nos enfants et petits-enfants, et que nous devrions nous couvrir la tête de cendres pour nous faire pardonner, n'a tout simplement aucun sens. Du point de vue de la véritable règle d'or, qui porte sur l'accumulation totale de capital national, la vérité oblige à dire que les pays européens n'en ont jamais été aussi près. En revanche, ce qui est exact, et pour le coup assez honteux, c'est que ce capital national est extrêmement mal réparti, avec une richesse privée s'appuyant sur

---

1. Aux États-Unis, la Cour suprême a longtemps bloqué l'impôt sur le revenu à la fin du XIXe et au début du XXe siècle, puis le salaire minimum pendant les années 1930, tout en jugeant l'esclavage puis la discrimination raciale parfaitement compatibles avec les droits fondamentaux pendant près de deux siècles. Aux dernières nouvelles, le juge constitutionnel français aurait développé une théorie exceptionnellement précise du niveau du taux supérieur d'imposition compatible à ses yeux avec la Constitution : au terme de raisonnements juridiques de haute volée et connus de lui seul, il hésiterait entre 65 % et 67 %, et se demanderait s'il faut ou non prendre en compte la taxe carbone.

la pauvreté publique, et avec notamment pour conséquence que nous dépensons actuellement bien davantage en intérêts de la dette que nous n'investissons par exemple dans notre enseignement supérieur. C'est d'ailleurs une réalité assez ancienne : compte tenu de la croissance relativement lente en vigueur depuis les années 1970-1980, nous sommes dans une période historique où la dette coûte globalement très cher aux finances publiques[1]. Voici la raison centrale pour laquelle il faut réduire au plus vite cette dette, au moyen idéalement d'un prélèvement progressif et exceptionnel sur le capital privé, et à défaut par l'inflation. Dans tous les cas, ces décisions doivent relever d'un Parlement souverain et du débat démocratique[2].

Réchauffement climatique et capital public

Le second sujet essentiel sur lequel ces questions de règle d'or ont un impact important concerne le réchauffement climatique, et plus généralement la possible détérioration du capital naturel au cours du XXIe siècle. Si l'on adopte une

---

1. Il s'agit du même problème que celui déjà noté concernant le rendement des systèmes de retraite par répartition. Tant que la croissance est forte et que les bases fiscales progressent aussi vite (ou presque aussi vite) que les intérêts de la dette, il est relativement facile de réduire le poids de l'endettement public en pourcentage du revenu national. Il en va différemment avec une croissance faible : la dette devient un fardeau dont il est difficile de se défaire. Si l'on fait la moyenne sur l'ensemble de la période 1970-2010, on constate dans tous les pays riches que la charge des intérêts est beaucoup plus forte que le déficit primaire moyen, qui est quasi nul dans de nombreux pays, notamment en Italie, où la charge moyenne des intérêts de la dette atteint le niveau astronomique de 7 points de PIB en moyenne sur cette période. Voir annexe technique, tableau S16.1.

2. Si l'on cherche à judiciariser et à constitutionnaliser ces questions, il n'est d'ailleurs pas exclu que des solutions comme l'impôt progressif sur le capital soient jugées juridiquement impossibles.

vision globale du capital national et mondial, il s'agit de toute évidence de la principale inquiétude à long terme. Le rapport Stern, publié en 2006, a frappé l'opinion en calculant que les dégâts susceptibles d'être causés à l'environnement d'ici à la fin du siècle pouvaient être chiffrés, selon certains scénarios, en dizaines de points de PIB mondial par an. Parmi les économistes, la controverse autour du rapport Stern a beaucoup tourné autour de la question du taux auquel il faudrait actualiser ces dégâts futurs. Pour le Britannique Nick Stern, il faudrait utiliser un taux d'actualisation relativement faible, de l'ordre du taux de croissance (1 %-1,5 % par an), auquel cas les dégâts futurs apparaissent déjà très élevés du point de vue des générations présentes. La conclusion du rapport est donc la nécessité d'une action forte et immédiate. Pour l'Américain William Nordhaus, il faudrait au contraire utiliser un taux d'actualisation plus proche du taux de rendement moyen du capital (4 %-4,5 % par an), auquel cas les catastrophes futures semblent beaucoup moins inquiétantes. Autrement dit, chacun accepte la même évaluation des dégâts futurs (eux-mêmes évidemment très incertains), mais en tire des conclusions très différentes. Pour Stern, la perte de bien-être global pour l'humanité est telle qu'il est justifié de dépenser dès maintenant l'équivalent d'au moins 5 points de PIB mondial chaque année pour tenter de limiter le réchauffement climatique futur. Pour Nordhaus, ce serait tout à fait déraisonnable, car les générations futures seront plus riches et plus productives que nous. Elles trouveront bien une façon de s'en sortir, quitte à moins consommer, ce qui dans tous les cas sera bien moins coûteux pour le bien-être universel que de faire de tels efforts. Telle est en substance la conclusion de ses savants calculs.

Quitte à choisir, les conclusions de Stern me paraissent plutôt plus raisonnables que celles de Nordhaus, qui témoignent d'un optimisme certes sympathique, et fort opportunément tout à fait cohérent avec la stratégie américaine d'émissions carbonées sans aucune retenue, mais finalement assez peu convaincant[1]. Il me semble cependant que ce débat relativement abstrait sur le taux d'actualisation passe assez largement à côté du débat central. En pratique, on entend de plus en plus souvent évoquer dans le débat public, notamment en Europe, mais également en Chine ou aux États-Unis, la nécessité de lancer une grande vague d'investissements visant à découvrir de nouvelles technologies non polluantes et des formes d'énergie renouvelables suffisamment abondantes pour se passer d'hydrocarbures. Ce débat sur la « relance écologique » est particulièrement présent sur la scène européenne, car on y voit une façon possible de sortir du marasme économique actuel. Cette stratégie est d'autant plus tentante que le taux d'intérêt auquel nombre d'États empruntent est actuellement extrêmement faible. Si les investisseurs privés ne savent pas comment dépenser et investir, alors pourquoi la puissance publique devrait-elle se priver d'investir pour l'avenir, et d'éviter ainsi une dégradation probable du capital naturel[2] ?

1. Sur la façon dont l'un et l'autre calculent leur taux d'actualisation favori, voir annexe technique. Il est intéressant de noter que Stern comme Nordhaus utilisent la même « règle d'or modifiée » que celle décrite plus haut, mais sont totalement à front renversé sur le choix du paramètre de concavité de la fonction de choix social (Nordhaus choisit un paramètre plus rawlsien que Stern afin de justifier le peu de poids accordé aux générations futures). Une issue logique plus satisfaisante consiste à introduire le fait que la substituabilité entre le capital naturel et les autres formes de richesses est loin d'être infinie à long terme (comme l'ont fait Roger Guesnerie et Thomas Sterner). Autrement dit, si le capital naturel est détruit, il ne suffira pas de réduire notre consommation de i-Phone pour réparer les dégâts.

2. Comme nous l'avons noté, cette situation sur les taux d'intérêt de la dette publique est sans doute en partie illusoire et transitoire : les taux d'intérêt sont actuellement très élevés pour certains pays, et il est peu probable que les pays qui empruntent aujourd'hui à moins de 1 % bénéficient de cette situation pendant des décennies (l'analyse de la période 1970-2010 suggère que le taux d'intérêt réel à long terme de la dette publique pour

Il s'agit de l'un des principaux débats de l'avenir. Plutôt que de s'inquiéter de la dette publique (qui est très inférieure aux patrimoines privés, et qui dans le fond peut être supprimée assez facilement), il serait plus urgent de se soucier d'augmenter notre capital éducatif et d'éviter que notre capital naturel ne se dégrade. Il s'agit d'une question autrement plus sérieuse et ardue, car il ne suffit pas d'un trait de plume (ou d'un impôt sur le capital, ce qui revient au même) pour faire disparaître l'effet de serre. En pratique, l'interrogation centrale est la suivante. Supposons que Stern ait approximativement raison et qu'il soit justifié de dépenser chaque année l'équivalent de 5 % du PIB mondial pour éviter la catastrophe. Est-on bien sûr que l'on sache quels investissements réaliser, et comment les organiser ? S'il s'agit d'investissements publics, il est important de comprendre qu'il s'agit de masses considérables, beaucoup plus par exemple que tous les investissements publics actuellement réalisés dans les pays riches[1]. S'il s'agit d'investissements privés, il faut préciser les modalités de financement public, et la nature des droits de propriété sur les technologies et brevets qui en résulteront. Faut-il par ailleurs tout miser sur la recherche de pointe, afin de faire des progrès rapides sur les énergies renouvelables, ou bien faut-il nous imposer immédiatement de très fortes réductions de consommation d'hydrocarbures ? Sans doute est-il sage d'avoir recours à une stratégie équilibrée reposant sur tous les outils disponibles[2]. Mais au-delà de ce

---

les pays riches est de l'ordre de 3 % ; voir annexe technique). Il n'en reste pas moins qu'il s'agit d'un argument économique puissant en faveur de l'investissement public (tout du moins tant que dureront de tels taux).

1. Au cours des dernières décennies, l'investissement public annuel (net de la dépréciation des actifs publics) a représenté dans la plupart des pays riches autour de 1 %-1,5 % du PIB. Voir annexe technique, tableau S16.1.

2. Y compris bien sûr les outils tels que la taxe carbone, qui permet de faire payer plus cher les différentes consommations énergétiques, en fonc-

constat de bon sens, force est de souligner que personne ne connaît à ce jour les réponses qui seront apportées à ces défis et le rôle exact que jouera la puissance publique pour éviter cette possible dégradation du capital naturel au XXIe siècle.

Transparence économique et contrôle démocratique du capital

De façon plus générale, il me semble important d'insister en conclusion sur le fait que l'un des grands enjeux de l'avenir est sans nul doute le développement de nouvelles formes de propriété et de contrôle démocratique du capital. La frontière entre capital public et capital privé est loin d'être aussi claire que ce que l'on s'est parfois pris à l'imaginer après la chute du Mur. Comme nous l'avons noté, il existe d'ores et déjà de nombreux secteurs d'activité, dans l'éducation, la santé, la culture, les médias, où les formes dominantes d'organisation et de propriété n'ont pas grand chose à voir avec les deux paradigmes polaires du capital purement privé (avec le modèle de la société par actions, entièrement aux mains de ses actionnaires) ou du capital purement public (avec une logique également *top/down*, où l'administration déciderait souverainement de l'investissement à réaliser). Il existe évidemment de nombreux modes d'organisation intermédiaire permettant d'utiliser de façon utile les informations et les compétences de chacun. Le marché et le vote ne sont que deux façons polaires d'organiser les décisions collectives : de

---

tion de leur émission en CO_2 (et non en fonction des aléas budgétaires, ce qui a généralement été la logique des taxes sur l'essence). Tout laisse cependant à penser que ce signal prix a moins d'effets sur la réduction des émissions que les approches en termes d'investissement public et de normes de construction (isolation thermique, etc.).

nouvelles formes de participation et de gouvernance sont à inventer[1].

Le point essentiel est que ces différentes formes de contrôle démocratique du capital dépendent pour une large part du degré d'information économique dont disposeront les uns et les autres. La transparence économique et financière n'est pas simplement un enjeu fiscal. Elle est également et peut-être surtout un enjeu de gouvernance démocratique et de participation aux décisions. De ce point de vue, l'enjeu n'est pas tant la transparence financière sur les patrimoines et les revenus au niveau individuel, qui n'a pas véritablement d'intérêt en soi, sauf peut-être dans des circonstances très particulières, comme pour les responsables politiques[2], ou dans un contexte où le manque de confiance ne peut être corrigé autrement[3]. En

---

1. L'idée selon laquelle le marché et la propriété privée permettent de coordonner et d'utiliser efficacement (sous certaines conditions) les informations et compétences de millions d'individus est une idée classique, que l'on retrouve chez Smith comme chez Hayek, Arrow ou Debreu. L'idée selon laquelle les mécanismes de vote constituent un autre mode efficace d'agrégation des informations (et plus généralement des idées, réflexions, etc.) détenues par chacun est également très ancienne : elle remonte à Condorcet. Pour des recherches récentes autour de cette approche constructiviste des institutions politiques et des systèmes électoraux, voir annexe technique.

2. Par exemple, il est important de pouvoir étudier où se situent les responsables politiques des différents pays dans la hiérarchie des revenus et des patrimoines de leur temps (voir chapitres précédents). Il faut toutefois souligner que des tableaux statistiques suffisamment détaillés peuvent être suffisants : les informations strictement individuelles ne sont généralement pas nécessaires.

3. Il est intéressant de noter que l'une des premières actions des assemblées révolutionnaires de 1789-1790 est l'établissement d'un « Grand Livre des pensions » permettant de dresser la liste nominative complète des rentes versées par le pouvoir royal (rentes qui mêlent des remboursements de dettes, des pensions à d'anciens fonctionnaires royaux et de simples faveurs). L'état nominatif de 1 600 pages, comprenant 23 000 noms, avec tous les détails sur les montants (les rentes multiples ont été regroupées en une seule ligne individuelle), le ministère, l'âge, l'année de liquidation, les motifs

règle générale, l'enjeu le plus important pour l'action collective concerne la publication de comptes détaillés des sociétés privées (comme d'ailleurs des administrations publiques), qui sous leur forme publique actuelle sont tout à fait insuffisants pour permettre aux salariés ou aux simples citoyens de se faire une opinion sur les choix en cours, et *a fortiori* pour intervenir dans les décisions. Par exemple, pour prendre un cas pratique qui nous renvoie au tout début de cet ouvrage, les comptes publiés par la société Lonmin, qui possède la mine géante de platine de Marikana, où ont été tués par balles trente-quatre grévistes en août 2012, ne permettent même pas de calculer précisément le partage des richesses produites entre profits et salaires. Il s'agit d'ailleurs d'une caractéristique générale des comptes publiés par les sociétés de par le monde : les données sont regroupées dans des catégories statistiques très larges permettant d'en dire le moins possible sur les enjeux réels, ou bien de réserver les véritables informations aux investisseurs[1]. Il est aisé ensuite de dire que les salariés et leurs représentants ne sont pas suffisamment au fait des réalités économiques de l'entreprise. Sans réelle transparence comptable et financière, sans information partagée, il ne peut exister de démocratie économique. À l'inverse, sans droits réels d'intervention dans les décisions (comme des droits de vote pour les salariés dans les conseils d'administration), la

---

d'attribution, etc., est publié dès avril 1790. Sur cet intéressant document, voir annexe technique.

1. Cela vient notamment du fait que les salaires sont généralement regroupés dans une même ligne avec les consommations intermédiaires (c'est-à-dire les achats faits à d'autres entreprises, qui elles-mêmes rémunèrent à la fois le travail et le capital). La conséquence est que les comptes publiés ne permettent ni de calculer le partage profits-salaires, ni d'examiner les éventuels abus concernant les consommations intermédiaires (qui peuvent être une façon de fournir un complément important de niveau de vie à des cadres dirigeants ou à des actionnaires). Pour l'exemple des comptes de Lonmin et de la mine de Marikana, voir annexe technique.

transparence ne sert pas à grand-chose. L'information doit nourrir des institutions fiscales et démocratiques ; elle n'est pas un but en soi. Pour que la démocratie parvienne un jour à reprendre le contrôle du capitalisme, il faut d'abord partir du principe que les formes concrètes de la démocratie et du capital sont encore et toujours à réinventer[1].

---

1. Le point de vue exigeant sur la démocratie d'un philosophe tel que Jacques Rancière est ici tout à fait indispensable. Voir en particulier J. RANCIÈRE, *La Haine de la démocratie*, La Fabrique, 2005.

Conclusion

J'ai tenté dans cet ouvrage de présenter l'état actuel de nos connaissances historiques sur la dynamique de la répartition des revenus et des patrimoines depuis le XVIIIe siècle, et d'examiner quelles leçons il est possible d'en tirer pour le siècle qui s'ouvre.

Redisons-le : les sources rassemblées dans le cadre de ce livre sont plus étendues que celles des auteurs précédents, mais elles sont imparfaites et incomplètes. Toutes les conclusions auxquelles je suis parvenu sont par nature fragiles et méritent d'être remises en question et en débat. La recherche en sciences sociales n'a pas vocation à produire des certitudes mathématiques toutes faites et à se substituer au débat public, démocratique et contradictoire.

La contradiction centrale du capitalisme : r > g

La leçon générale de mon enquête est que l'évolution dynamique d'une économie de marché et de propriété privée, laissée à elle-même, contient en son sein des forces de convergence importantes, liées notamment à la diffusion des connaissances et des qualifications, mais aussi des forces de divergence puissantes, et potentiellement menaçantes pour nos sociétés démocratiques et les valeurs de justice sociale sur lesquelles elles se fondent.

La principale force déstabilisatrice est liée au fait que le taux de rendement privé du capital r peut être fortement et durablement plus élevé que le taux de croissance du revenu et de la production g.

L'inégalité r > g implique que les patrimoines issus du passé se recapitalisent plus vite que le rythme de progression de la production et des salaires. Cette inégalité exprime une contradiction logique fondamentale. L'entrepreneur tend inévitablement à se transformer en rentier, et à dominer de plus en plus fortement ceux qui ne possèdent que leur travail. Une fois constitué, le capital se reproduit tout seul, plus vite que ne s'accroît la production. Le passé dévore l'avenir.

Les conséquences peuvent être redoutables pour la dynamique à long terme de la répartition des richesses, surtout si l'on ajoute à cela l'inégalité du rendement en fonction de la taille du capital initial, et si ce processus de divergence des inégalités patrimoniales se déroule à l'échelle mondiale.

Le problème n'admet pas de solution simple. La croissance peut certes être encouragée, en investissant dans la formation, la connaissance et les technologies non polluantes. Mais cela ne fera pas monter la croissance à 4 % ou 5 % par an. L'expérience historique indique que seuls des pays en situation de rattrapage par rapport à d'autres, comme l'Europe pendant les Trente Glorieuses, ou la Chine et les pays émergents aujourd'hui, peuvent croître à de tels rythmes. Pour les pays qui se situent à la frontière technologique mondiale, et donc un jour ou l'autre pour la planète dans son ensemble, tout laisse à penser que le taux de croissance ne peut guère dépasser 1 %-1,5 % par an à long terme, quelles que soient par ailleurs les politiques suivies[1].

Avec un rendement moyen du capital de l'ordre de 4 %-5 %, il est donc probable que l'inégalité r > g redevienne la norme au XXIe siècle, comme elle l'a toujours été dans l'histoire, et comme elle l'était encore au XIXe siècle et à la veille de la Première Guerre mondiale. Au XXe siècle, ce sont les guerres qui ont fait table rase du passé et qui ont fortement réduit le rendement du capital, donnant ainsi l'illusion d'un dépassement structurel du capitalisme et de cette contradiction fondamentale.

On pourrait certes taxer assez fortement le rendement du capital de façon à abaisser le rendement privé au-dessous du taux de croissance. Mais si l'on fait cela de façon trop massive et trop uniforme, alors on risque de tuer le moteur de l'accumulation et d'abaisser encore un peu plus le taux de croissance. Les entrepreneurs n'auront même pas le temps de se transformer en rentiers, puisqu'il n'y en aura plus.

La bonne solution est l'impôt progressif annuel sur le capital. Il est ainsi possible d'éviter la spirale inégalitaire sans fin, tout en préservant les forces de la concurrence et les incitations à ce que de nouvelles accumulations primitives se produisent sans cesse. Par exemple, nous avons évoqué la possibilité d'un barème d'imposition avec des taux limités à 0,1 % ou 0,5 % par an sur les patrimoines inférieurs à 1 million d'euros, 1 % entre 1 et 5 millions d'euros, 2 %

---

1. Il faut ajouter que, d'un point de vue strictement logique, une hausse du taux de croissance g peut également conduire à une hausse du rendement du capital r, et ne conduit donc pas nécessairement à une réduction de l'écart r-g. Voir chapitre 10.

entre 5 et 10 millions d'euros, et pouvant monter jusqu'à 5 % ou 10 % par an pour les fortunes de plusieurs centaines de millions ou de plusieurs milliards d'euros. Cela permettrait de contenir la progression sans limite des inégalités patrimoniales mondiales, qui s'accroissent actuellement à un rythme qui n'est pas soutenable à long terme, ce dont même les plus fervents défenseurs du marché autorégulé feraient bien de se soucier. L'expérience historique indique en outre que des inégalités de fortunes aussi démesurées n'ont pas grand-chose à voir avec l'esprit d'entreprise, et ne sont d'aucune utilité pour la croissance. Elles ne sont d'aucune utilité commune, pour reprendre la belle expression de l'article premier de la Déclaration de 1789, avec lequel nous avons ouvert ce livre.

La difficulté est que cette solution, l'impôt progressif sur le capital, exige un très haut degré de coopération internationale et d'intégration politique régionale. Elle n'est pas à la portée des États-nations dans lesquels se sont bâtis les compromis sociaux précédents. Beaucoup s'inquiètent qu'en allant dans cette voie, par exemple au sein de l'Union européenne, on ne fasse que fragiliser les acquis existants (à commencer par l'État social patiemment bâti dans les pays européens à la suite des chocs du XXe siècle), sans parvenir à construire autre chose qu'un grand marché, caractérisé par une concurrence toujours plus pure et plus parfaite. Or cette concurrence pure et parfaite ne changera rien à l'inégalité $r > g$, qui ne provient nullement d'une « imperfection » du marché ou de la concurrence, bien au contraire. Ce risque existe, mais il me semble qu'il n'y a pas véritablement d'autre choix, pour reprendre le contrôle du capitalisme, que de faire le pari de la démocratie jusqu'au bout, en particulier à l'échelle européenne. D'autres communautés politiques de plus grande taille, aux États-Unis ou en Chine, font face à des options un peu plus diversifiées. Mais dans le cas des petits pays européens, qui seront bientôt minuscules à l'échelle de l'économie-monde, la voie du repli national ne peut mener qu'à des frustrations et à des déceptions plus fortes encore que la voie européenne. L'État-nation demeure l'échelon pertinent pour moderniser profondément nombre de politiques sociales et fiscales, ainsi que dans une certaine mesure pour développer des nouvelles formes de gouvernance et de propriété partagée, intermédiaire entre propriété publique et privée, qui est l'un des grands enjeux de l'avenir. Mais seule l'intégration politique régionale permet d'envisager une régulation efficace du capitalisme patrimonial globalisé du siècle qui s'ouvre.

Pour une économie politique et historique

Qu'il me soit permis de conclure ici par quelques mots sur l'économie et les sciences sociales. Comme je l'ai précisé dans l'introduction, je ne conçois d'autre place pour l'économie que comme sous-discipline des sciences sociales, aux côtés de l'histoire, de la sociologie, de l'anthropologie, des sciences politiques, et de tant d'autres. J'espère que ce livre a en partie illustré ce que j'entends par là. Je n'aime pas beaucoup l'expression « science économique », qui me semble terriblement arrogante et qui pourrait faire croire que l'économie aurait atteint une scientificité supérieure, spécifique, distincte de celle des autres sciences sociales. Je préfère nettement l'expression « économie politique », peut-être un peu vieillotte, mais qui a le mérite d'illustrer ce qui me paraît être la seule spécificité acceptable de l'économie au sein des sciences sociales, à savoir la visée politique, normative et morale.

Depuis ses origines, l'économie politique cherche à étudier, scientifiquement, ou tout du moins rationnellement, de façon systématique et méthodique, quel doit être le rôle idéal de l'État dans l'organisation économique et sociale d'un pays, quelles sont les institutions et les politiques publiques nous rapprochant le plus d'une société idéale. Cette prétention invraisemblable à étudier le bien et le mal, qui est une matière dont chaque citoyen est le spécialiste, peut faire sourire, et elle est le plus souvent usurpée, ou tout du moins exagérée. Mais en même temps elle est nécessaire, et même indispensable, car il est trop facile pour les chercheurs en sciences sociales de se placer en dehors du débat public et de la confrontation politique, de se contenter de jouer les commentateurs et les déconstructeurs de tous les discours et de toutes les statistiques. Les chercheurs en sciences sociales, comme d'ailleurs tous les intellectuels, et surtout tous les citoyens, doivent s'engager dans le débat public. Cet engagement ne peut pas se contenter de se faire au nom de grands principes abstraits (la justice, la démocratie, la paix dans le monde). Il doit s'incarner dans des choix, des institutions et des politiques précises, qu'il s'agisse de l'État social, des impôts ou de la dette. Tout le monde fait de la politique, à la place qui est la sienne. Il n'y a pas d'un côté une fine élite de responsables politiques, et de l'autre une armée de commentateurs et de spectateurs, tout juste bons à mettre un bulletin dans l'urne une fois tous les cinq ans. L'idée selon laquelle l'éthique du chercheur et celle du citoyen seraient irréconciliables, et qu'il faudrait séparer le débat sur les moyens et celui sur les fins, me semble être une illusion, compréhensible certes, mais pour finir dangereuse.

Trop longtemps, les économistes ont cherché à définir leur identité à partir de leurs supposées méthodes scientifiques. En réalité, ces méthodes sont surtout fondées sur un usage immodéré des modèles mathématiques, qui ne sont souvent qu'une excuse permettant d'occuper le terrain et de masquer la vacuité du propos. Trop d'énergie a été dépensée, et l'est toujours, dans de pures spéculations théoriques, sans que les faits économiques que l'on cherche à expliquer ou les problèmes sociaux ou politiques que l'on cherche à résoudre aient été clairement définis. On assiste aujourd'hui à un enthousiasme considérable, parmi les chercheurs en économie, pour les méthodes empiriques à base d'expérimentations contrôlées. Utilisées avec modération et discernement, ces méthodes peuvent être très utiles, et elles ont au moins eu le mérite d'orienter une partie de la profession vers les questions concrètes et la connaissance du terrain (il était temps). Mais ces approches nouvelles ne sont parfois pas indemnes elles aussi d'une certaine illusion scientiste. On peut par exemple passer beaucoup de temps à démontrer l'existence incontestable d'une causalité pure et vraie, en oubliant au passage que la question traitée a parfois un intérêt limité. Ces méthodes conduisent souvent à négliger les leçons de l'histoire et à oublier que l'expérience historique demeure notre principale source de connaissance. On ne va pas rejouer l'histoire du xxe siècle en faisant comme si la Première Guerre mondiale n'avait jamais eu lieu, ou bien comme si l'impôt sur le revenu et la retraite par répartition n'avaient jamais été créés. Les causalités historiques sont certes toujours difficiles à établir avec certitude. Est-on bien sûr que telle politique a eu tel effet, ou bien n'est-ce pas également dû à une autre cause ? Et pourtant les leçons imparfaites que l'on peut tirer de la recherche historique, et en particulier de l'étude du siècle écoulé, ont une valeur inestimable et irremplaçable, qu'aucune expérience contrôlée ne pourra jamais égaler. Pour tenter d'être utiles, il me semble que les économistes doivent surtout apprendre à être plus pragmatiques dans leurs choix méthodologiques, à faire feu de tout bois en quelque sorte, et à se rapprocher en cela des autres disciplines des sciences sociales.

À l'inverse, les autres chercheurs en sciences sociales ne doivent pas laisser l'étude des faits économiques aux économistes, et doivent cesser de partir en courant dès qu'un chiffre apparaît, ou bien de crier à l'imposture, et de se contenter de dire que chaque chiffre est une construction sociale, ce qui bien sûr est toujours vrai, mais insuffisant. Dans le fond, ces deux formes de démission reviennent au même, car elles conduisent à laisser le champ libre à d'autres.

Le jeu des plus pauvres

« Tant que les revenus des classes de la société contemporaine demeureront hors de portée de l'enquête scientifique, il sera vain de vouloir entreprendre une histoire économique et sociale valable. » C'est par cette belle phrase que s'ouvre le livre consacré en 1965 par Jean Bouvier, François Furet et Marcel Gillet au *Mouvement du profit en France au XIXe siècle*. Ce livre mérite d'être relu, d'une part parce qu'il s'agit d'un des ouvrages caractéristiques de l'histoire « sérielle » qui prospère en France au XXe siècle (essentiellement des années 1930 aux années 1970), avec ses qualités et ses défauts, et d'autre part et surtout du fait du parcours intellectuel de François Furet, qui illustre à merveille les bonnes et les mauvaises raisons expliquant la mort de ce programme de recherche.

Quand Furet débute sa carrière, jeune historien prometteur, il se dirige vers ce qui lui semble être le sujet de recherche central : « les revenus des classes de la société contemporaine ». Le livre est rigoureux, sans préjugés, et cherche avant tout à rassembler des matériaux et à établir des faits. Pourtant, il s'agit de son premier et dernier ouvrage dans ce domaine. On retrouve dans *Lire et écrire*, magnifique ouvrage publié en 1977 avec Jacques Ozouf et consacré à « L'alphabétisation des Français de Calvin à Jules Ferry », la même volonté d'établir des séries, non plus sur les profits industriels, mais sur les taux d'alphabétisation, les nombres d'instituteurs et les dépenses d'éducation. Mais, pour l'essentiel, Furet s'est rendu célèbre pour ses travaux sur l'histoire politique et culturelle de la Révolution française, dans lesquels on peine à trouver trace des « revenus des classes de la société contemporaine », et où le grand historien, tout préoccupé qu'il est par le combat qu'il mène dans les années 1970 contre les historiens marxistes de la Révolution française (alors particulièrement dogmatiques et nettement dominants, notamment à la Sorbonne), paraît même refuser toute forme d'histoire économique et sociale. Cela me semble dommage, dans la mesure où il est possible – je crois – de concilier les différentes approches. La vie politique, la vie des idées ont évidemment leur autonomie par rapport aux évolutions économiques et sociales. Les institutions parlementaires, l'État de droit, ne sont pas les institutions bourgeoises décrites par les intellectuels marxistes d'avant la chute du Mur. Mais en même temps il est bien évident que les soubresauts des prix et des salaires, des revenus et des patrimoines, contribuent à forger les perceptions et les attitudes politiques, et qu'en retour ces représentations engendrent des institutions, des règles et des politiques qui finissent par modeler les évolutions économiques et sociales. Il est possible, et même indispensable, d'avoir une approche qui soit à la fois économique et politique, salariale et sociale, patrimoniale et culturelle. Les combats bipolaires des années 1917-1989 sont maintenant nettement derrière nous. Loin de stimuler les recherches sur le capital et les inégalités, les affrontements autour du capitalisme et du communisme ont plutôt contribué à les stériliser, aussi bien d'ailleurs parmi les historiens et les économistes que parmi les philosophes[1]. Il est plus que temps de les dépasser, y compris dans les formes que prend la recherche historique, qui demeure me semble-t-il profondément marquée par ces affrontements passés.

Comme je l'ai noté dans l'introduction, il existe sans doute également des raisons purement techniques expliquant la mort prématurée de l'histoire sérielle. Les difficultés matérielles liées à la saisie et au traitement des données expliquent sans doute pourquoi ces travaux (y compris *Le Mouvement du profit en France au XIXe siècle*) consacrent finalement très peu de place à l'interprétation historique, ce qui rend parfois la lecture de ces

---

1. Quand on lit les textes consacrés par Sartre, Althusser ou Badiou à leurs engagements marxistes ou communistes, on a parfois l'impression que la question du capital et des inégalités entre classes sociales ne les intéresse que modérément, et qu'il s'agit d'un prétexte à des joutes d'une autre nature.

ouvrages relativement aride. En particulier, l'analyse des liens entre les évolutions économiques mises à jour et l'histoire politique et sociale de la période étudiée est souvent minimale, et passe derrière une description méticuleuse des sources et des données brutes, qui de nos jours trouvent naturellement leur place dans des tableurs Excel et des bases de données disponibles en ligne.

Il me semble aussi que la fin de l'histoire sérielle est liée au fait que ce programme de recherche est mort avant d'avoir atteint le XXe siècle. Quand on étudie le XVIIIe ou le XIXe siècle, on peut plus ou moins s'imaginer que les évolutions des prix et des salaires, des revenus et des fortunes, suivent une logique économique autonome et n'interagissent pas ou peu avec les logiques proprement politiques et culturelles. Quand on étudie le XXe siècle, une telle illusion vole en éclats immédiatement. Il suffit de jeter un rapide coup d'œil aux courbes suivies par l'inégalité des revenus et des patrimoines ou le rapport capital/revenu pour voir que la politique est partout, et que les évolutions économiques et politiques sont indissociables, et doivent être étudiées de concert. Cela oblige également à étudier l'État, l'impôt et la dette dans ses dimensions concrètes, et à sortir des schémas simplistes et abstraits sur l'infrastructure économique et la superstructure politique.

Certes, un sain principe de spécialisation peut parfaitement justifier que tout le monde ne se mette pas à établir des séries statistiques. Il existe mille et une façons de faire de la recherche en sciences sociales, et celle-ci n'est pas toujours indispensable, loin de là, ni particulièrement imaginative (j'en conviens). Mais il me semble que les chercheurs en sciences sociales de toutes les disciplines, les journalistes et les médiateurs de tous supports, les militants syndicaux et politiques de toutes tendances, et surtout tous les citoyens, devraient s'intéresser sérieusement à l'argent, à sa mesure, aux faits et aux évolutions qui l'entourent. Ceux qui en détiennent beaucoup n'oublient jamais de défendre leurs intérêts. Le refus de compter fait rarement le jeu des plus pauvres.

Table des matières

Sommaire 7

Remerciements 9

Introduction 15
Un débat sans source ? 16
Malthus, Young et la Révolution française 19
Ricardo : le principe de rareté 21
Marx : le principe d'accumulation infinie 24
De Marx à Kuznets : de l'apocalypse au conte de fées. 30
La courbe de Kuznets : une bonne nouvelle
   au temps de la guerre froide................. 34
Remettre la question de la répartition au cœur de
   l'analyse économique....................... 37
Les sources utilisées dans ce livre 39
Les principaux résultats obtenus dans ce livre 47
Forces de convergence, forces de divergence 50

La force de divergence fondamentale : r > g 53
Le cadre géographique et historique 57
Le cadre théorique et conceptuel 62
Plan du livre................................. 66

PREMIÈRE PARTIE. REVENU ET CAPITAL......... 69

1. Revenu et production 71
Le partage capital-travail dans le long terme :
   pas si stable............................... 75
La notion de revenu national 78
Qu'est-ce que le capital ? 82
Capital et patrimoine 84
Le rapport capital/revenu 89
La première loi fondamentale du capitalisme :
   α = r × β................................. 92
La comptabilité nationale, une construction sociale
   en devenir................................ 99
La répartition mondiale de la production 105
Des blocs continentaux aux blocs régionaux....... 108
L'inégalité mondiale : de 150 euros par mois à
   3 000 euros par mois...................... 111
La répartition mondiale du revenu : plus inégale que
   la production............................. 116
Quelles forces permettent la convergence entre pays ?.. 119

2. La croissance : illusions et réalités 125
La croissance sur très longue période 126
La loi de la croissance cumulée 128
Les étapes de la croissance démographique 131
Une croissance démographique négative ?......... 136
La croissance, source d'égalisation des destins 141
Les étapes de la croissance économique 144
Que signifie un pouvoir d'achat multiplié par dix ? . 147
La croissance : une diversification des modes de vie. 151

La fin de la croissance ? 156
Avec 1 % de croissance annuelle, une société se
    renouvelle profondément.................... 159
La postérité des Trente Glorieuses : destins croisés
    transatlantiques 161
La double courbe en cloche de la croissance mondiale. 165
La question de l'inflation 169
La grande stabilité monétaire des XVIIIe et XIXe siècles .. 171
Le sens de l'argent dans le roman classique........ 174
La fin des repères monétaires au XXe siècle........ 176

Deuxième partie. La dynamique du rapport capital/revenu 181

3. Les métamorphoses du capital............ 183
La nature de la fortune : de la littérature à la réalité 184
Les métamorphoses du capital au Royaume-Uni
    et en France................................ 187
Grandeur et chute des capitaux étrangers 193
Revenus et patrimoines : quelques ordres de grandeur.. 196
Richesse publique, richesse privée................ 198
La fortune publique dans l'histoire 202
Le Royaume-Uni : dette publique et renforcement
    du capital privé............................. 206
À qui profite la dette publique ?................. 210
Les aléas de l'équivalence ricardienne 214
La France : un capitalisme sans capitalistes dans l'après-
    guerre...................................... 216

4. De la vieille Europe au Nouveau Monde... 223
L'Allemagne : capitalisme rhénan et propriété sociale . 224
Les chocs subis par le capital au XXe siècle........ 232
Le capital en Amérique : plus stable qu'en Europe.. 238
Le Nouveau Monde et les capitaux étrangers 244
Le Canada : longtemps possédé par la Couronne ... 247

Nouveau Monde et Ancien Monde : le poids de
l'esclavage 250
Capital négrier et capital humain 254

**5. Le rapport capital/revenu
dans le long terme** 259
La deuxième loi fondamentale du capitalisme :
$\beta = s/g$................................. 262
Une loi de long terme 265
Le retour du capital dans les pays riches depuis les
années 1970 270
Au-delà des bulles : croissance faible, épargne forte . 274
Les deux composantes de l'épargne privée 278
Biens durables et objets de valeur............... 282
Le capital privé exprimé en années de revenu
disponible 285
La question des fondations et des autres détenteurs.. 287
La privatisation du patrimoine dans les pays riches .. 289
La remontée historique du prix des actifs 294
Capital national et actifs étrangers nets dans les pays
riches 301
À quel niveau se situera le rapport capital/revenu
mondial au XXIe siècle ? 308
Le mystère de la valeur des terres............... 310

6. Le partage capital-travail au XXIe siècle 315
Du rapport capital/revenu au partage capital-travail.. 316
Les flux : plus difficiles à estimer que les stocks 320
La notion de rendement pur du capital 323
Le rendement du capital dans l'histoire........... 325
Le rendement du capital au début du XXIe siècle ... 328
Actifs réels et actifs nominaux................... 331
À quoi sert le capital ? 335
La notion de productivité marginale du capital..... 337
Trop de capital tue le capital 340

Au-delà de Cobb-Douglas : la question de la stabilité
   du partage capital-travail   344
La substitution capital-travail au XXIe siècle :
   une élasticité supérieure à un   349
Les sociétés agricoles traditionnelles : une élasticité
   inférieure à un   352
Le capital humain est-il une illusion ?   353
Les mouvements du partage capital-travail
   dans le moyen terme.   355
Retour à Marx et à la baisse tendancielle du taux de
   profit.   360
Au-delà des « deux Cambridge »   364
Le retour du capital en régime de croissance faible. .   368
Les caprices de la technologie.   370

TROISIÈME PARTIE. LA STRUCTURE DES INÉGALITÉS. .   373

7. Inégalités et concentration : premiers repères .   375
Le discours de Vautrin   377
La question centrale : travail ou héritage ?   380
Inégalités face au travail, inégalités face au capital. . .   383
Le capital : toujours plus inégalement réparti que
   le travail   385
Inégalités et concentration : quelques ordres de
   grandeur   389
Classes populaires, classes moyennes, classes supérieures. .   393
La lutte des classes, ou la lutte des centiles ?   396
Les inégalités face au travail : des inégalités apaisées ? .   401
Les inégalités face au capital : des inégalités extrêmes   404
L'innovation majeure du XXe siècle :
   la classe moyenne patrimoniale   410
L'inégalité totale des revenus : les deux mondes. . . .   413
Les problèmes posés par les indicateurs synthétiques .   417

Le voile pudique des publications officielles 420
Retour aux « tables sociales » et à l'arithmétique
  politique 423

8. Les deux mondes 427
Un cas simple : la réduction des inégalités
  en France au XXe siècle.................... 428
L'histoire des inégalités : une histoire politique et
  chaotique 432
De la « société de rentiers » à la « société de cadres » 435
Les différents mondes du décile supérieur......... 438
Les limites des déclarations de revenus 444
Le chaos de l'entre-deux-guerres................ 448
Le choc des temporalités...................... 452
La hausse des inégalités françaises depuis les années
  1980-1990............................... 457
Un cas plus complexe : la transformation des inégalités
  aux États-Unis............................ 459
L'explosion des inégalités américaines depuis les années
  1970-1980............................... 463
La hausse des inégalités a-t-elle causé la crise
  financière ? 468
La montée des super-salaires................... 471
La cohabitation du centile supérieur............. 474

9. L'inégalité des revenus du travail 481
L'inégalité des revenus du travail : une course entre
  éducation et technologie ?................... 482
Les limites du modèle théorique : le rôle des
  institutions............................... 487
Grilles salariales et salaire minimum 491
Comment expliquer l'explosion des inégalités
  américaines ?............................. 497
La montée des super-cadres : un phénomène
  anglo-saxon.............................. 500
Le monde du millime supérieur 505

L'Europe : plus inégalitaire que le Nouveau Monde
  en 1900-1910 510
Les inégalités dans les pays émergents : plus faibles
  qu'aux États-Unis 517
L'illusion de la productivité marginale............ 524
Le décrochage des super-cadres : une puissante force
  de divergence 529

10. L'inégalité de la propriété du capital 535
L'hyperconcentration patrimoniale : Europe et
  Amérique 536
La France : un observatoire des patrimoines....... 538
Les métamorphoses d'une société patrimoniale 541
L'inégalité du capital dans l'Europe de la Belle Époque . 547
L'émergence de la classe moyenne patrimoniale 550
L'inégalité du capital en Amérique 552
La mécanique de la divergence patrimoniale :
  r versus g dans l'histoire 557
Pourquoi le rendement du capital est-il supérieur
  au taux de croissance ? 560
La question de la préférence pour le présent 567
Existe-t-il une répartition d'équilibre ? 572
Entails et substitutions héréditaires................ 574
Le Code civil et l'illusion de la Révolution française 577
Pareto et l'illusion de la stabilité des inégalités 582
Pourquoi l'inégalité patrimoniale du passé
  ne s'est-elle pas reconstituée ? 585
Les éléments d'explication : le temps, l'impôt et la
  croissance 591
Le XXIe siècle sera-t-il encore plus inégalitaire
  que le XIXe siècle ? 596

11. Mérite et héritage dans le long terme 599
L'évolution du flux successoral sur longue période.. 602
Flux fiscal et flux économique 606
Les trois forces : l'illusion de la fin de l'héritage.... 608

La mortalité sur longue période 613
La richesse vieillit avec la population : l'effet $\mu \times m$ 617
Richesse des morts, richesse des vivants 621
Quinquagénaires et octogénaires : âge et fortune
   à la Belle Époque 625
Le rajeunissement des patrimoines par les guerres ... 629
Comment évoluera le flux successoral au XXIe siècle ?. 632
Du flux successoral annuel au stock de patrimoine
   hérité 637
Retour au discours de Vautrin 642
Le dilemme de Rastignac 645
Arithmétique élémentaire des rentiers et des cadres. . 650
La société patrimoniale classique : le monde de Balzac
   et de Jane Austen 653
L'inégalité patrimoniale extrême, condition de la
   civilisation dans une société pauvre ? 659
L'extrémisme méritocratique dans les sociétés riches . 662
La société des petits rentiers 665
Le rentier, ennemi de la démocratie 671
Le retour de l'héritage : un phénomène européen
   puis mondial ? 676

12. L'inégalité mondiale des patrimoines au XXIe siècle 685

L'inégalité des rendements du capital 686
L'évolution des classements mondiaux de fortunes . . 688
Des classements de milliardaires aux « rapports
   mondiaux sur la fortune » 695
Héritiers et entrepreneurs dans les classements
   de fortunes 701
La hiérarchie morale des fortunes 708
Le rendement pur des dotations universitaires 714
Capital et économies d'échelle 719
Quel est l'effet de l'inflation sur l'inégalité des
   rendements du capital ? 724

Le rendement des fonds souverains : capital et politique	729
Les fonds pétroliers vont-ils posséder le monde ?	733
La Chine va-t-elle posséder le monde ?	737
Divergence internationale, divergence oligarchique	740
Les pays riches sont-ils si pauvres ?	744

QUATRIÈME PARTIE. RÉGULER LE CAPITAL AU XXIe SIÈCLE ... 749

13. Un État social pour le XXIe siècle ... 751

La crise de 2008 et la question du retour de l'État	752
Le développement d'un État social au XXe siècle	756
Les formes de l'État social	761
La redistribution moderne : une logique de droits	766
Moderniser l'État social, et non le démanteler	769
Les institutions éducatives permettent-elles la mobilité sociale ?	774
Méritocratie et oligarchie à l'université	777
L'avenir des retraites : répartition et croissance faible	782
La question de l'État social dans les pays pauvres et émergents	787

14. Repenser l'impôt progressif sur le revenu . 793

La redistribution moderne : la question de la progressivité fiscale	794
L'impôt progressif : un rôle localisé mais essentiel	797
L'impôt progressif au XXe siècle : l'éphémère produit du chaos	802
La question de l'impôt progressif sous la IIIe République	809
L'impôt confiscatoire sur les revenus excessifs : une invention américaine	815
L'explosion des salaires des cadres dirigeants : le rôle de la fiscalité	822

Identités nationales et performance économique 827
Repenser la question du taux marginal supérieur ... 831

15. Un impôt mondial sur le capital 835
L'impôt mondial sur le capital : une utopie utile ... 836
Un objectif de transparence démocratique
  et financière 840
Une solution simple : les transmissions automatiques
  d'informations bancaires..................... 846
À quoi sert l'impôt sur le capital ? 852
Logique contributive, logique incitative 856
Ébauche d'un impôt européen sur la fortune 859
L'impôt sur le capital dans l'histoire 865
Les régulations de substitution : protectionnisme
  et contrôle des capitaux 872
Le mystère de la régulation chinoise du capital..... 874
La question de la redistribution de la rente pétrolière 877
La redistribution par l'immigration 880

16. La question de la dette publique.......... 883
Réduire la dette publique : impôt sur le capital,
  inflation ou austérité...................... 885
L'inflation permet-elle de redistribuer les richesses ? . 891
Que font les banques centrales ?................. 896
Création monétaire et capital national........... 900
La crise chypriote : quand l'impôt sur le capital
  rejoint la régulation bancaire................ 906
L'euro : une monnaie sans État pour le XXIe siècle ? . 911
La question de l'unification européenne 915
Puissance publique et accumulation du capital au
  XXIe siècle................................. 923
Juridisme et politique 929
Réchauffement climatique et capital public........ 933
Transparence économique et contrôle démocratique
  du capital 937

Conclusion 941
La contradiction centrale du capitalisme : $r > g$ 942
Pour une économie politique et historique 945
Le jeu des plus pauvres 948

Liste des graphiques et tableaux

Introduction
Graphique I.1. L'inégalité des revenus aux États-Unis, 1910-2010 52

Graphique I.2. Le rapport capital/revenu en Europe, 1870-2010 54

Chapitre 1
Graphique 1.1. La répartition de la production mondiale, 1700-2012 106

Graphique 1.2. La répartition de la population mondiale, 1700-2012 106

Graphique 1.3. L'inégalité mondiale, 1700-2012 : divergence puis convergence ?.................. 107

Graphique 1.4. Taux de change et parité de pouvoir d'achat : euro/dollar........................ 113

Graphique 1.5. Taux de change et parité de pouvoir d'achat : euro/yuan......................... 115

Tableau 1.1. La répartition du PIB mondial en 2012 109

Chapitre 2

Graphique 2.1. La croissance de la population mondiale, 1700-2012 129

Graphique 2.2. Le taux de croissance de la population mondiale depuis l'Antiquité jusqu'en 2100 135

Graphique 2.3. Le taux de croissance de la production par habitant depuis la révolution industrielle......... 163

Graphique 2.4. Le taux de croissance de la production mondiale par habitant depuis l'Antiquité jusqu'en 2100 167

Graphique 2.5. Le taux de croissance de la production mondiale totale depuis l'Antiquité jusqu'en 2100 168

Graphique 2.6. L'inflation depuis la révolution industrielle 177

Tableau 2.1. La croissance mondiale depuis la révolution industrielle 127

Tableau 2.2. La loi de la croissance cumulée 130

Tableau 2.3. La croissance démographique depuis la révolution industrielle 134

Tableau 2.4. L'emploi par secteur d'activité en France et aux États-Unis, 1800-2012 152

Tableau 2.5. La croissance de la production par habitant depuis la révolution industrielle................. 157

Chapitre 3

Graphique 3.1. Le capital au Royaume-Uni, 1700-2010.. 188

Graphique 3.2. Le capital en France, 1700-2010........ 189

Graphique 3.3. La richesse publique au Royaume-Uni, 1700-2010 203

Graphique 3.4. La richesse publique en France, 1700-2010 203

Graphique 3.5. Capital privé et public au Royaume-Uni, 1700-2010 204

Graphique 3.6. Capital privé et public en France, 1700-2010 204

Tableau 3.1. Richesse publique et richesse privée en France en 2012 201

Chapitre 4

Graphique 4.1. Le capital en Allemagne, 1870-2010..... 225

Graphique 4.2. La richesse publique en Allemagne, 1870-2010 227

Graphique 4.3. Capital privé et public en Allemagne, 1870-2010 228

Graphique 4.4. Capital privé et public en Europe, 1870-2010 230

Graphique 4.5. Le capital national en Europe, 1870-2010   234

Graphique 4.6. Le capital aux États-Unis, 1770-2010.... 239

Graphique 4.7. La richesse publique aux États-Unis, 1770-2010 242

Graphique 4.8. Capital privé et public aux États-Unis, 1770-2010 243

Graphique 4.9. Le capital au Canada, 1860-2010 248

Graphique 4.10. Capital et esclavage aux Etats-Unis..... 252

Graphique 4.11. Le capital vers 1770-1810 : Ancien et Nouveau Monde 253

Chapitre 5

Graphique 5.1. Capital privé et public : Europe et Amérique, 1870-2010 261

Graphique 5.2. Le capital national en Europe et en Amérique, 1870-2010 261

Graphique 5.3. Le capital privé dans les pays riches, 1970-2010 270

Graphique 5.4. Le capital privé exprimé en années de revenu disponible......................... 286

Graphique 5.5. Capital privé et public dans les pays riches, 1970-2010 291

Graphique 5.6. Valeur de marché et valeur comptable des sociétés.................................. 297

Graphique 5.7. Le capital national dans les pays riches,
1970-2010 302

Graphique 5.8. Le rapport capital/revenu dans le monde,
1870-2100 309

Tableau 5.1. Taux de croissance et taux d'épargne
dans les pays riches, 1970-2010. 275

Tableau 5.2. L'épargne privée dans les pays riches,
1970-2010 279

Tableau 5.3. Épargne brute et nette dans les pays riches,
1970-2010 281

Tableau 5.4. Épargne privée et publique dans les pays riches,
1970-2010 292

Chapitre 6

Graphique 6.1. Le partage capital-travail au Royaume-Uni,
1770-2010 317

Graphique 6.2. Le partage capital-travail en France,
1820-2010 317

Graphique 6.3. Le rendement pur du capital au
Royaume-Uni, 1770-2010 318

Graphique 6.4. Le rendement pur du capital en France,
1820-2010 318

Graphique 6.5. La part du capital dans les pays riches,
1975-2010 351

Graphique 6.6. La part des profits dans la valeur ajoutée
des entreprises en France, 1900-2010 358

Graphique 6.7. La part des loyers dans le revenu national
en France, 1900-2010. 359

Graphique 6.8. La part du capital dans le revenu national
en France, 1900-2010. 359

Chapitre 7

Tableau 7.1. L'inégalité totale des revenus du travail dans
le temps et l'espace. 390

Tableau 7.2. L'inégalité de la propriété du capital dans
le temps et l'espace. 391

Tableau 7.3. L'inégalité totale des revenus (travail et capital) dans le temps et l'espace 392

Chapitre 8

Graphique 8.1. L'inégalité des revenus en France, 1910-2010 429

Graphique 8.2. L'effondrement des rentiers en France, 1910-2010 431

Graphique 8.3. La composition des hauts revenus en France en 1932 436

Graphique 8.4. La composition des hauts revenus en France en 2005 436

Graphique 8.5. L'inégalité des revenus aux États-Unis, 1910-2010 460

Graphique 8.6. Décomposition du décile supérieur aux États-Unis, 1910-2010 461

Graphique 8.7. Hauts revenus et hauts salaires aux États-Unis, 1910-2010 472

Graphique 8.8. Les transformations du centile supérieur aux États-Unis 472

Graphique 8.9. La composition des hauts revenus aux États-Unis en 1929 476

Graphique 8.10. La composition des hauts revenus aux États-Unis en 2007 476

Chapitre 9

Graphique 9.1. Le salaire minimum en France et aux États-Unis, 1950-2013 490

Graphique 9.2. L'inégalité des revenus dans les pays anglo-saxons, 1910-2010 501

Graphique 9.3. L'inégalité des revenus : Europe continentale et Japon, 1910-2010 503

Graphique 9.4. L'inégalité des revenus : Europe du Nord et du Sud, 1910-2010 505

Graphique 9.5. Le millime supérieur dans les pays anglo-saxons, 1910-2010 506

Graphique 9.6. Le millime supérieur : Europe continentale et Japon, 1910-2010 507

Graphique 9.7. La part du décile supérieur : Europe et États-Unis, 1900-2010. 512

Graphique 9.8. L'inégalité des revenus : Europe et États-Unis, 1900-2010. 514

Graphique 9.9. L'inégalité des revenus dans les pays émergents, 1910-2010. 518

Chapitre 10

Graphique 10.1. L'inégalité des patrimoines en France, 1810-2010 542

Graphique 10.2. L'inégalité des patrimoines : Paris et France, 1810-2010 543

Graphique 10.3. L'inégalité des patrimoines au Royaume-Uni, 1810-2010 548

Graphique 10.4. L'inégalité des patrimoines en Suède, 1810-2010 549

Graphique 10.5. L'inégalité des patrimoines aux États-Unis, 1810-2010 555

Graphique 10.6. L'inégalité patrimoniale : Europe et Etats-Unis, 1810-2010. 556

Graphique 10.7. Rendement du capital et croissance : France, 1820-1913 559

Graphique 10.8. Part du capital et taux d'épargne : France, 1820-1913 560

Graphique 10.9. Rendement du capital et taux de croissance au niveau mondial depuis l'Antiquité jusqu'en 2100. 562

Graphique 10.10. Rendement du capital (après impôts) et taux de croissance au niveau mondial depuis l'Antiquité jusqu'en 2100. 565

Graphique 10.11. Rendement du capital (après impôts) et taux de croissance au niveau mondial depuis l'Antiquité jusqu'en 2200. 566

Tableau 10.1. La composition des patrimoines parisiens,
  1872-1912 589

Chapitre 11
Graphique 11.1. Le flux successoral annuel exprimé en
  pourcentage du revenu national, France 1820-2010 ... 604
Graphique 11.2. Le taux de mortalité en France,
  1820-2100 614
Graphique 11.3. Âge moyen au décès et à l'héritage,
  France 1820-2100............................. 618
Graphique 11.4. Flux successoral et taux de mortalité,
  France 1820-2010............................. 620
Graphique 11.5. Le rapport entre le patrimoine moyen
  au décès et le patrimoine moyen des vivants, France
  1820-2010 623
Graphique 11.6. Flux successoral observé et simulé,
  France 1820-2100............................. 633
Graphique 11.7. La part des patrimoines hérités dans le
  patrimoine total, France 1850-2100 638
Graphique 11.8. Le flux successoral annuel exprimé en
  pourcentage du revenu disponible, France 1820-2010.. 641
Graphique 11.9. La part de l'héritage dans les ressources
  totales (héritage et travail) des générations nées
  dans les années 1790-2030 643
Graphique 11.10. Le dilemme de Rastignac pour les
  générations nées dans les années 1790-2030 646
Graphique 11.11. Quelle proportion d'une génération
  reçoit en héritage l'équivalent d'une vie de travail ?... 671
Graphique 11.12. Le flux successoral en Europe,
  1900-2010 677
Tableau 11.1. Le profil du patrimoine en fonction de l'âge
  en France, 1820-2010......................... 626

Chapitre 12
Graphique 12.1. Les milliardaires d'après le classement *Forbes*,
  1987-2013 691

Graphique 12.2. Les milliardaires en proportion de la
population et du patrimoine de la planète, 1987-2013 ... 691

Graphique 12.3. La part des fractiles de très hauts patrimoines
dans le patrimoine privé mondial, 1987-2013 694

Graphique 12.4. Le rapport capital/revenu dans le monde,
1870-2100 738

Graphique 12.5. La répartition du capital mondial,
1870-2100 739

Graphique 12.6. La position patrimoniale des pays riches
vis-à-vis du reste du monde, 1985-2010 745

Tableau 12.1. Le taux de croissance des plus hauts patrimoines
mondiaux, 1987-2013 693

Tableau 12.2. Le rendement des dotations en capital
des universités américaines, 1980-2010 716

Chapitre 13
Graphique 13.1. Les prélèvements obligatoires dans les pays
riches, 1870-2010 757

Chapitre 14
Graphique 14.1. Le taux supérieur de l'impôt sur le revenu,
1900-2013 805

Graphique 14.2. Le taux supérieur de l'impôt sur les
successions, 1900-2013 811

Du même auteur

Introduction à la théorie
de la redistribution des richesses
Economica, 1994

L'Économie des inégalités
La Découverte, 1997 (7ᵉ éd., 2015)

Les Hauts Revenus en France au XXᵉ siècle
Inégalités et redistribution, 1901-1998
Grasset, 2001 (2ᵉ édition, 2014) et Points Histoire, 2016

Vive la gauche américaine ! Chroniques 1998-2004
Éditions de l'Aube, 2004

L'Impact de la taille des classes sur la réussite scolaire
dans les écoles, collèges et lycées français
(coécrit avec Mathieu Valdenaire)
MEN, 2006

Top Incomes Over the Twentieth Century
A Contrast Between Continental European
and English-speaking Countries
(codirigé avec Anthony Atkinson)
Oxford University Press, 2007

Pour un nouveau système de retraite
Des comptes individuels de cotisations
financés par répartition
(coécrit avec Antoine Bozio)
Éd. Rue d'Ulm, 2008

Top Incomes : A Global Perspective
(codirigé avec Anthony Atkinson)
Oxford University Press, 2010
On the Long-Run Evolution of Inheritance
France 1820-2050
École d'économie de Paris, 2010

Pour une révolution fiscale
Un impôt sur le revenu pour le XXIe siècle
(coécrit avec Camille Landais et Emmanuel Saez)
Seuil, 2011

Peut-on sauver l'Europe ?
Chroniques 2004-2012
Éd. LLL, 2012

Capital Is Back :
Wealth-Income Ratios in Rich Countries
1700-2010
(coécrit avec Gabriel Zucman)
École d'économie de Paris, 2013

Pour un traité de démocratisation de l'Europe
*(avec Stéphanie Hennette,
Guillaume Sacriste et Antoine Vauchez)*
Seuil, 2017

Rapport sur les inégalités mondiales. 2018
*(avec Facundo Alvaredo, Lucas Chancel,
Emmanuel Saez et Gabriel Zucman)*
Seuil, 2018

Changer l'Europe, c'est possible !
(collectif)
Seuil, « Points Essais », n° 874, 2019

Capital et idéologie
Seuil, 2019

RÉALISATION : NORD COMPO À VILLENEUVE-D'ASCQ
IMPRESSION : NORMANDIE ROTO IMPRESSION S.A.S. À LONRAI
DÉPÔT LÉGAL : MARS 2020. N0 145505 (2000594)
Imprimé en France